Las vanguardias latinoamericanas

Textos programáticos y críticos

Jorge Schwartz

Las vanguardias latinoamericanas

Textos programáticos y críticos

Traducción de los textos portugueses: Estela dos Santos

CATEDRA

CRITICA Y ESTUDIOS LITERARIOS

1001 1 9 7 1 4 X

© Jorge Schwartz
Ediciones Cátedra, S. A., 1991
Telémaco, 43. 28027 Madrid
ISBN: 84-376-0987-9
Depósito legal: M. 18454-1991
Printed in Spain
Impreso en Selecciones Gráficas
Carretera de Irún, km. 11,500 - Madrid

para Antonio Candido

Prólogo

Esta antología está dividida en dos partes. En la primera se agrupan los textos programáticos: manifiestos, poemas-programa, editoriales de revistas, introducciones a las antologías de las antologías de la época, prefacios, panfletos, cartas abiertas, o sea, todos los textos cuyas propuestas crearon la agresiva retórica de la vanguardia literaria, en su intento de promocionar una nueva estética. Esta parte inicial se organizó geográficamente, según los países donde se produjeron los respectivos movimientos. Se respeta el orden cronológico, así que Chile (léase Vicente Huidobro) tiene el privilegio de abrir este vasto panorama que queda cerrado por Nicaragua. Algunos lectores advertirán que en esta sección faltan países que, sin embargo, están representados en otras secciones de la antología. Fueron excluidos porque no hay en ellos textos con características propias dentro de los manifiestos de la vanguardia. En el caso específico del polémico «Manifiesto regionalista» de 1926, de Gilberto Freyre, no fue incluido porque actualmente se sabe, por declaraciones de su autor, que la redacción es de 1952[1].

La segunda parte, de textos críticos, sigue un orden temático: corrientes estéticas de la época, tensiones ideológicas que generaron polémicas hoy históricas y el importante tópico de la identidad que preocupó a la mayor parte de los intelectuales de las décadas del 20 y del 30. Se trató de abarcar con eso la dupla estética/ideología vigente en esos años.

Estimo que el índice general y los índices específicos que introducen cada una de las partes facilitarán la tarea del lector en la selección del material que busca. Decidí no incluir un índice ono-

---

[1] Cfr. Gilberto Mendonça Teles, *Vanguarda européia e modernismo brasileiro* (6.ª ed.), pág. 279.

mástico, pues los nombres que integran esta antología aparecen y reaparecen esparcidos de modo arbitrario. Por tratarse de una obra de referencia, me pareció que un glosario de nombres resultaría mucho más útil. Igual propósito orientó la elaboración de las notas a pie de página, especialmente las de los textos de autores brasileños.

Además de una introducción de carácter general, hay estudios particulares sobre cada uno de los movimientos de vanguardia y textos sectoriales sobre los tópicos temáticos. No fue mi intención discutir ni glosar las cuestiones teóricas sobre las vanguardias sino describir su vigencia en América Latina.

Cuando inicié los trabajos de esta antología muchos textos eran prácticamente inaccesibles. Hoy, gran parte de los documentos aquí reproducidos ya fueron publicados. Pero estimo que si alguna originalidad tiene este trabajo, reside en la doble articulación entre el Brasil y la América hispana. El peso otorgado al modernismo brasileño fue adrede. No sólo porque es mi centro geográfico, sino también porque permitirá al lector interesado en el abordaje comparativo de las corrientes de vanguardia en América Latina una visión clara de la complejidad de este movimiento, cuyos efectos aún se hacen sentir con intensidad en la actual producción literaria y crítica. Contrariamente a la opinión de Octavio Paz, de que «en 1920 la vanguardia estaba en Hispanoamérica; en 1960, en Brasil»[2], la Semana del 22 —por su amplitud (literatura, escultura, música, pintura, arquitectura), descentralización geográfica (São Paulo, Río de Janeiro, Minas Gerais, Río Grande do Sul, etc.) y por la intensidad polémica— representa, decididamente, el más fértil de los movimientos de vanguardia del continente.

El proyecto de esta antología, por demás ambicioso, no carece de omisiones, todas las cuales son de mi entera responsabilidad. Espero que en una eventual reedición, con la colaboración de los posibles lectores, esas omisiones puedan subsanarse. Las más recientes antologías de mis colegas «vanguardiólogos» colaboraron para que completara y matizara este trabajo. Quedo en deuda con todos ellos.

Salvo indicación expresa, todos mis textos y los documentos originales en portugués fueron traducidos por Estela dos Santos.

*

Muchas personas siguieron la no siempre pacífica trayectoria de esta antología, iniciada en 1977, durante una informal conver-

---

[2] *El signo y el garabato,* pág. 155.

sación con Iumna M. Simon, mientras esperábamos el minibús de la Universidad de Yale. Mis amigos fueron fundamentales para avalar la continuidad del trabajo y la palabra de Antonio Candido decisiva para la presentación de este material como tesis de libre docencia ante la Universidad de São Paulo. Aunque el resultado final difiere de la concepción original, pienso que el objetivo de tender puentes entre culturas distintas para que sea justificado el uso del término América Latina ha sido realizado en este libro.

Del lado de acá, fueron importantes los comentarios y las lecturas entusiastas de Joaquim Alves de Aguiar, Marisa Lajolo y Berta Waldman. Además de la palabra amistosa, la generosidad para escuchar de Valeria De Marco. Del lado de allá, Peggy K. Liss, Inés Azar y Beatriz Sarlo. De acá y de allá Magdalena Schwartz. Enriquecieron el trabajo con sus sugerencias Haroldo de Campos, Ricardo Piglia, Daniel Balderston, Raúl Antelo, Valquiria Wey, Saúl Sosnowski, Neide M. González, Beth Brait, May Lorenzo Alcalá, Antonio Dimas de Moraes y María Augusta Fonseca. También María Aparecida Paschoalim que, lamentablemente, no pudo ver este trabajo publicado.

Los coleccionistas que cedieron generosamente materiales de sus archivos merecen un agradecimiento muy especial. Entre ellos, Merlin H. Forster, Meneca Turconi, Vicky Unruh, Lígia Chiappini, Annateresa Fabris, Telê Ancona Lopez, Luis Mario Schneider, Pierre Rivas y Nelson Osorio.

El entusiasmo y el profesionalismo de Estela dos Santos contribuyeron a volver la versión española más seductora que el original portugués. El trabajo de recreación de los documentos modernistas representa un desafío para cualquier traductor que se precie. El trabajo de edición de Claudio Marcondes (verdadero cirujano plástico del lenguaje), sin duda ayudó a transformar la jerga típica de las tesis en la fluidez de un texto que se pretende didáctico.

Agradezco a quienes, en ocasión de la defensa de tesis de libre docencia, enriquecieron este trabajo con valiosas observaciones: Antonio Candido, Bella Josef, Alfredo Bosi, Aracy A. Amaral y Tânia Franco Carvalhal.

Este proyecto difícilmente se hubiera realizado sin el apoyo de las siguientes instituciones: Organización de Estados Americanos, Conselho Nacional de Desenvolvimento Científico e Tecnológico (CNPq), Fundação do Amparo a Pesquisa do Estado de São Paulo (FAPESP), además de la Pró-Reitoria de Pesquisa de la Universidad de São Paulo en la fase final de redacción de este libro.

De las varias bibliotecas en que se realizaron las investigaciones, mi reconocimiento especial a Dolores M. Martin y a Georgette

11

M. Dorn de la División Hispánica de la Biblioteca del Congreso, y a Ann Hartness de la Nettie Lee Benson Latin American Collection de la Universidad de Texas.

Un recuerdo especial para los queridos alumnos de la Universidad de Texas, la Universidad de Maryland y la Universidade de São Paulo, por compartir los estimulantes seminarios de postgrado sobre las inagotables vanguardias en los años 1988 y 1989.

Por último, vaya mi agradecimiento a Gênese A. da Silva y Soledad Traverso-Rueda, por la investigación y organización del glosario, a Roberto Celi y Nicolás Wey, por la preparación final de los manuscritos.

A falta de los tradicionales esposa e hijos, a quienes se agradace el aguante estoico de los años de privaciones, etc. etc., vaya a Félix y a Lily Schwartz mi reconocimiento por la silenciosa solidaridad durante este largo camino.

LA PARÁBOLA DE LA VANGUARDIAS LATINOAMERICANAS

Alfredo Bosi

> «Yo Vi el Mundo. Comenzaba en Recife.»
> Cícero Dias, Título de un panel expuesto en el «Salón Revolucionario», 1931.

La vocación comparatista de Jorge Schwartz no comienza en la presente obra. Ya era evidente en sus minuciosos estudios sobre Oliverio Girondo y Oswald de Andrade, autores emblemáticos de las vanguardias argentina y brasileña, que Jorge Schwartz, crítico argentino-brasileño y profesor de Literatura Hispanoamericana en São Paulo, publicó hace unos años bajo el título de *Vanguarda e Cosmopolitismo*[1].

Ahora el interés de este estudioso se traslada en el espacio y en el tiempo, volviéndose hacia las muchas y variadas voces literarias de «nuestra América» que se hicieron escuchar en un periodo de intensa fermentación cultural comprendido entre el fin de la primera y el comienzo de la segunda guerra mundial. El trabajo entero está animado por una investigación apasionada: el autor une la solidez de la documentación y la amplitud bibliográfica a la pertinencia del extenso comentario introductorio. Su información idónea no se detiene en el seco registro de los datos, sino que se cruza con puntos de vista personales tendientes a alimentar dudas y polémicas fecundas.

A mi entender, esta es la función de las buenas antologías literarias: combinar historiografía y crítica de modo constante y discre-

---

[1] São Paulo, Ed. Perspectiva, 1983.

13

to para que los lectores puedan apreciar al mismo tiempo el panorama y la mirada selectiva que abraza el conjunto, sin esconder nada, pero no se abstiene de iluminar más vivamente lo que le parece de mayor relieve. Schwartz cumplió cabalmente sus propósitos de comentarista y editor crítico de este vasto material, puesto ahora, finalmente, al alcance de todos los investigadores de las letras latinoamericanas de los años 20 y 30.

No es uno de sus menores méritos el haber integrado firmemente a las vanguardias brasileñas a ese universo de donde la rutina o la incomprensión de otros compiladores acostumbran excluirnos.

*

Consideradas desde una mirada puramente sincrónica, es decir, vistas como un *sistema cultural* definible en el espacio y en el tiempo, nuestras vanguardias literarias no sugieren otra forma que la de un mosaico de paradojas. Es difícil al historiador actual intentar una exposición sintética de esos movimientos, pues la búsqueda de líneas comunes, a cada paso, choca con posiciones y juicios contrastados. Si los lectores de hoy se interesan en detectar el carácter de esa vanguardia continental, el *quid* capaz de distinguirla de su congénere europea, recogen los efectos de tendencias opuestas y, muchas veces, llevadas a sus extremos: nuestras vanguardias tuvieron *demasías de imitación y demasías de originalidad.*

Quien insista en proceder al corte sincrónico deberá registrar, a veces en el mismo grupo y en la misma revista, manifiestos donde se exhibe lo moderno cosmopolita (hasta la frontera de lo modernoso y de lo modernoide con toda su babel de signos tomados de un escenario técnico recién importado) al lado de convicciones exigentes sobre la propia identidad nacional, e incluso étnica, mezcladas con acusaciones al imperialismo que desde siempre atropelló a los pueblos de América Latina.

Así, en el interior de la misma corriente, como, por ejemplo, entre los modernistas brasileños de la etapa más combativa (del 22 al 30, aproximadamente), valores estetizantes *más* reclamos nacionalistas se impodrán a la atención del investigador que pretenda ser analítico y no tener prejuicios. A ese historiador le cabrá, finalmente, la adopción de un lenguaje resbaladizo de conjunciones copulativas que suman frases semánticamente disparatadas, aunque sintácticamente mezclables: «el modernismo fue cosmopolita *y* nacionalista»; «Las vanguardias buscaron inspiración en los ismos parisienses *tanto como* en los mitos indígenas y en los ritos afroantillanos», o también, «el arte latinoamericano del 20 fue *no sólo* absolutamente puro, *sino también* radicalmente comprometido...»

Esta lectura estática tendería a caer por sí misma bajo el peso de las antinomias que pretendería agregar. Las vanguardias no tuvieron la naturaleza compacta de un cristal de roca, ni formaron un sistema coherente en el cual cada etapa refleja la estructura uniforme del conjunto. Las vanguardias se deben contemplar en el flujo del tiempo como el vector de una parábola que atraviesa puntos o momentos distintos.

Pero una visión que persiga modos y ritmos diferentes no deberá, a su vez, disfrazar la imagen de otra unidad, sufrida y obligadamente contradictoria: la unidad del amplio proceso social en que se gestaron nuestras vanguardias. Las diferencias entre el movimiento *a* y el movimiento *b,* o entre posiciones del mismo movimiento, sólo son plenamente inteligibles cuando se logra aclarar por dentro el sentido de la *condición colonial,* ese tiempo histórico de larga duración en el cual conviven y se conflictúan, por fuerza estructural, el prestigio de los modelos metropolitanos y la búsqueda tanteante, de una identidad originaria y original.

En los escritores más vigorosos que, por su complejidad interior, se liberan más a prisa de las palabras de orden, se da la busca de una expresión al mismo tiempo universal y personal que ha de guiar sus poéticas y sus conquistas estéticas. Los saltos, los cambios aparentemente bruscos que se observan, por ejemplo, en Mário de Andrade y en Borges, tuvieron motivaciones de gusto e ideología más profundas que el péndulo de las modas vanguardistas. No obstante, como nada ocurre fuera de la Historia (totalizadora: pública y privada), también las opciones decisivas de estos artistas tan diferentes se inscriben en la dialéctica de la *reproducción del otro* y el *auto-examen,* que mueve toda cultura colonial o dependiente.

Los polos de esa dialéctica, vistos en un intervalo breve de tiempo (de los años 20 hasta fines de los 30), parecen reversibles: una tendencia, cosmopolita o nacionalista, no precede forzosamente a la otra; cualquiera de ellas puede presentarse en primer lugar, tal es su complementaridad en tanto vertientes del mismo proceso.

Combinar el paso con las novísimas corrientes artísticas de los centros internacionales y, enseguida, volver a los tesoros de la vida popular indio-luso-negra, fue el camino de Mário de Andrade, fundador del «desvairismo» (desvarío) y, pocos años después, protagonista en la lucha por la construcción de la literatura nacional. O recorrrer estaciones semejantes en sentido contrario fue la ruta transitada por Jorge Luis Borges, joven poeta de la magia porteña y, más tarde, el más cosmopolita de los escritores hispanoamericanos. ¿Será la vanguardia un puente de dos manos?

De la bivalencia estructural de la condición dependiente nacen tanto las polarizaciones de los grupos cuanto los cambios de rumbo de las trayectorias personales. Son posiciones y pasos de otro modo inexplicables, o mal explicados cuando les son atribuidos tan sólo a la presunta inconsistencia de toda formación cultural periférica.

Basta observar la fecundidad del algunos de esos itinerarios, cuando vividos por intelectuales como Vallejo, Mário de Andrade, Oswald de Andrade, Borges, Carpentier o Mariátegui; y basta detenerse en la forja de ciertos conceptos polémicos (como «nacionalismo pragmático» y «nacionalismo crítico» de Mário; «antropofagia» de Oswald; «nación incompleta», «esbozo de nación» de Mariátegui; o, en otra perspectiva, «realismo mágico» de Asturias y «real maravilloso» de Carpentier) para reconocer en esas invenciones del pensamiento la fantasía y el trabajo de una razón interna y la expresión de un hambre de verdad.

Ambas direcciones (de la incorporación del otro a la búsqueda de la identidad y viceversa) demandan un esfuerzo de comprensión que nos haga vislumbrar algún sentido en la historia de las vanguardias y en el curso de la producción cultural que las siguió a partir de la década del 30.

En Borges y en el empecinamiento con que la inteligencia de nuestra América ha tratado de evitar los riesgos del provincianismo, se afirma el motivo que dictó estos versos de Oliverio Girondo, tan brillante experimentador poético en los años 20 cuanto autor del argentino *Campo nuestro* de 1946:

> Nunca permitas, campo, que se agote
> nuestra sed de horizonte y de galope

La pampa es origen, pero no la determinación. Es fuente, pero no el límite. Da imágenes inaugurales, pero no detiene en sí la última palabra. Y «campo nuestro» es aquí figura: la metonimia de todos los paisajes que inspiraron poesía regional-universal. La poesía no bebe poco en la memoria y la visión, pero el poeta modula su frase en la pauta sorprendente del imaginario donde confluyen las percepciones de la vigilia cotidiana y los sueños de un vivir sin márgenes precisos. Para componer la verdad de la poesía (ésta es la lección que se saca de una vanguardia que viene de los prerománticos), entrar en igualdad de derechos con lo real, lo irreal, y esa zona móvil entre lo real y lo irreal que se llama *lo posible*.

Recurro a un ejemplo tomado de otro contexto regional para ilustrar el pasaje a la universalización:

16

Un ejercicio de singular atención prestada a los ritos afrocubanos por un escritor de vanguardia, Alejo Carpentier, en su novela juvenil *¡Ecué-Yamba-O!,* de 1933, puede servir como subterránea prehistoria de un proyecto narrativo de vastos horizontes, donde lo «particular» —ese rincón donde vive Dios, en la bella frase de Warburg— ofrece el medio más feliz para sondear la cara enigmática de lo universal.

«Hay que tomar *nuestras cosas, nuestros hombres* y proyectarlos en los acontecimientos universales para que el escenario americano deje de ser una cosa exótica.» Son palabras del autor de *El siglo de las luces* y de *El recurso del método,* obras que tejen los delicados hilos que unen mitos precolombinos con la historia de Occidente y, en sentido inverso, el pasado latinoamericano a mitos universales. Y si bajamos a las fuentes del pensamiento y de la poética de Carpentier, reencontraremos algunas inquietudes del más expresivo de los órganos de la vanguardia cubana, la *Revista de Avance,* tal vez la primera que publicó «poesía negra» en la isla; y conviene recordar que de la pluma de su director, Jorge Mañach, salió, en 1928, la *Indagación del choteo,* ensayo que se propuso diseñar el perfil de la «cubanidad». La obra entera de Alejo Carpentier realiza el tránsito del «campo nuestro» a «nuestra sed de horizonte y de galope» del que nos habla el vanguardista Girondo.

Ahora vuelvo la atención hacia otro vector de la parábola: el que parte de la ostensiva ruptura con el pasado y agrede al convencionalismo académico, llamado «realismo» o «copia servil». Ahí se desnuda la médula de todos los movimientos de vanguardia formal. La apología del «espíritu nuevo», del «espíritu moderno» es lo que aproxima a futuristas y ultraístas, a creacionistas y dadaístas, a *desvairistas* y estridentistas. Pero, ¿qué asimilaron todos ellos de las corrientes contemporáneas europeas?

La idea fundamental de la *autonomía de la esfera estética,* que es una tesis radical de la modernidad posrromántica. Según una lectura de extracción sociológica (o marxista o weberiana), las vanguardias estéticas representarían la punta de lanza del proceso moderno de «autonomización» del arte, en la medida en que son movimientos análogos a la creciente división del trabajo y a la especialización técnica de las sociedades industriales avanzadas.

Esta tesis, anclada en una armazón de nexos deterministas, fue relativizada por León Trotski en su interpretación del futurismo. Ese pensador observó que el imaginario más desfavorable tecnocrático lanzado por los grupos futuristas no se gestó en los países donde la industria había alcanzado su auge (Estado Unidos, Inglaterra y Alemania), sino entre escritores de naciones menos desarrolladas, como Rusia, agitada por los cubo-futuristas, e Italia, patria de Marinetti[2].

Por lo tanto, los textos de las vanguardias formales no serían obra mecánicamente producida por el avance económico, sino que encontrarían suelo fértil en la periferia; o, por lo menos, en cierta periferia donde el deseo ardiente de lo nuevo sería más fuerte que las condiciones objetivas de la modernidad.

Ciertas revistas y manifiestos mexicanos, argentinos y brasileños de la década del 20 pueden abonar la tesis de Trotski que, a su vez, debe ser dialectizada, pues algunos de los vanguardistas más lúcidos de ese periodo, como Vallejo, Mariátegui y Mário de Andrade, rechazaron la mitología de la máquina y con mayor vehemencia los rasgos de retórica fascista que la obra de Marinetti ya traía en su buche. La reproducción del otro entre los pueblos dependientes no siempre y necesariamente es ciega, ni la facultad de criticar es privilegio de los que llegaron en primer lugar en la carrera de la revolución tecnológica y de la hegemonía imperialista.

Pienso que el punto básico a considerar en esa cuestión del «trasplante» de corrientes estéricas está en saber, de hecho, *qué* significó para el arte latinoamericano esa operación de renovado contacto con la cultura europea durante el primer cuarto del siglo xx.

La mirada retrospectiva de hoy, pasados setenta años de la eclosión vanguardista, favorece el ejercicio de un criterio que descarte lo superfluo y recoja lo esencial.

Nosotros no inventamos la teoría de la autonomía del arte, es verdad, pero pudimos trabajar su presupuesto general más fecundo: el principio de la libertad, tanto en la dimensión constructiva cuanto en la expresiva.

La libertad estética constituye el *a priori* de todas las vanguardias literarias. El sentido de la libertad propicia, por un lado, la disposición para actuar lúdicamente en el momento de crear formas o de combinarlas; y por otro lado, amplía el territorio subjetivo, tanto en su conquista de un más alto grado de conciencia crítica (piedra de toque de la modernidad), cuanto en la dirección, sólo aparentemente contraria, de abrir la escritura a las pulsiones afectivas que los patrones dominantes suelen censurar.

Dar forma libremente, pensar libremente, expresar libremente.

---

2 Dice Trotski: «Los países atrasados, que no tienen un nivel especial de cultura, reflejaban en sus ideologías las conquistas de los países avanzados con mayor brillo y mayor fuerza, (...) El futurismo, de la misma manera, adquirió su expresión más brillante, no en América o en Alemania, sino en Italia y en Rusia. Ningún material se transporta con más facilidad que el lenguaje» (en *Literatura e Revolução*, Zahar ed., 1969, pág. 112).

Este es el legado verdaderamente radical del «espíritu nuevo» que las vanguardias latinoamericanas transmitieron a sus respectivos contextos nacionales.

No se trata del préstamo de un elenco de temas y léxicos actualizados, lo que habría significado apenas una importación de rasgos pasajeros; se trata de crear un principio que se afirma por la negatividad de su acción. Exactamente como la libertad ética, que no trae en sí contenidos morales prontos (salvo cuando es fariseica), pero limpia el terreno de las opresiones y de las actitudes falsas y deja a la conciencia en sitio abierto para elegir y juzgar sus modos de actuar.

La libertad permite que la «sed de horizonte y de galope» se sacie dónde y cómo le parezca mejor y para ello es necesario que ejerza primero la ruptura con la mala positividad de las convenciones osificadas. Después, o en el curso de la lucha, el escritor va a enfrentar su asunto, que lo llevará de vuelta a sus experiencias vitales y sociales significativas. La libertad, entonces, señalará nuevos términos y límites, exigiendo el tono justo, la perspectiva cierta. Y el modernista, a su vez, cederá ante el moderno que sobrevive a las modas.

El pasaje que vincula estrechamente libertad y opción se dio en la mente de los poetas y narradores que desviaron la parábola de su obra de la proclamación de fórmulas libertarias hacia la «búsqueda tanteante de la identidad», vista páginas atrás como uno de los polos de las letras en la condición colonial.

Los frenos habían sido quitados y era hora de partir, sí, pero ¿hacia dónde? Hacia la propia historia social, hacia la propia historia subjetiva. César Vallejo, Mário de Andrade, Oswald de Andrade, José Carlos Mariátegui, Leopoldo Marechal: nombres que definen ejemplarmente ese decurso. ¿Qué les había dado el conocimiento íntimo que tuvieron del futurismo italiano y ruso, del expresionismo alemán, del surrealismo francés? El deseo de una nueva experiencia intelectual y expresiva que, de inmediato, los apartó de los clichés, medio naturalistas, medio parnasianos, de la *belle époque,* y los arrojó de lleno a la búsqueda del «carácter» o «no carácter» brasileño, peruano, argentino; una aventura por entonces preñada de sentido estético y vastamente social y político.

Si el discurso se mantiene fiel a una inspiración dialéctica (por la cual la repetición y la diferencia se llaman y se aclaran mutuamente), quedan relativizados los dualismos tan prodigados por nuestro lenguaje didáctico cuando secunda el tono drástico de las polémicas: vanguardias de arte puro *versus* vanguardias de arte comprometido; opción estética *versus* opción ideológica, etc. El vector de la parábola que aquí se intenta acompañar no permite al pensamiento anclar en la mera antinomia de actitudes datadas. Lo que interesa al historiador es verificar si hay, y cuándo hay, un potencial de pasaje inmanente a la tensión entre los polos.

El rechazo inicial de los estilos ya agotados dio a la nueva literatura aliento para retomar el trabajo cognitivo y expresivo peculiar de toda acción simbólica. Después de *Macunaíma*, de las *Memorias sentimentais de João Miramar*, de los *Siete ensayos de interpretación de la realidad peruana*, de *Adán Buenosayres* (que el autor comenzó a escribir alrededor de 1930), no parece lícito separar, por espíritu de geometría, la asimilación del principio de libertad formal y el auto examen antropológico, pues ambas tendencias coexistieron y se enlazaron en los proyectos más creativos que siguieron a los manifiestos de las vanguardias.

Llegó el momento en que, estimulado por el conocimiento del otro, el artista latinoamericano se miró a sí mismo y encontró un rostro humano, por lo tanto universal, en sus cantos y mitos, en las pasiones de la cotidianidad y en las figuras de la memoria.

La investigación operada en la médula de la propia cultura alcanzó niveles distintos de originalidad en relación con las literaturas europeas contemporáneas. La notable diversidad de las formaciones sociales latinoamericanas y de sus ritmos de desarrollo explica esas diferencias, así como los resultados artísticos e ideológicos obtenidos por la literatura posvanguardista.

Culturas regionales que se componen de estratos no europeos densos y significativos pudieron inspirar un tipo de literatura «marcada», si se la contrapone a la de las metrópolis. Es el caso del Perú quechua de Ciro Alegría y José María Arguedas; del México azteca y mestizo de Agustín Yáñez y Juan Rulfo; de la Guatemala maya-quiché de Asturias; del Paraguay guaraní del primer Roa Bastos; de la Cuba negra de Nicolás Guillén; del Puerto Rico mestizo de Luis Palés Matos; de las Antillas mulatas de Carpentier, de Jean Price Mars, de Aimé Césaire. Es el caso parcial del Nordeste brasileño negro y mulato de Jorge de Lima. Todos se beneficiaron con el viento de libertad que sopló en los años 20. El sertón minero (luso, negro y caboclo) de *Sagarana*, el primer libro de novelas de Guimarães Rosa, no constituye exactamente una excepción en este encuadre, pero apunta un contexto peculiar del Brasil donde el portugués nunca perdió su hegemonía en el proceso del mestizaje lingüístico.

En esos y otros ejemplos se dibuja el perfil de lo que me parece adecuado llamar «vanguardia enraizada»[3], un proyecto estético

---

[3] Ver «A vanguarda enraizada (o marxismo vivo de Mariátegui)», en *Estudos avançados*, Universidade de São Paulo, IEA, enero-abril, 1990, núm. 8, págs. 50-61.

que encuentra en su propio habitat los materiales, los temas, algunas formas y, principalmente, el *ethos* que informa el trabajo de la invención.

Ejemplos tomados de otras artes, como la música y la pintura, concurren a ilustrar la expresión. Las *Bachianas Brasileiras* de Heitor Vila-Lobos y la *Sinfonía India* del mexicano Carlos Chávez, compuestas en la década del 30, son síntesis geniales de una audición moderna, posimpresionista, de timbres, ritmos y frases melódicas autóctonas. De nuevo, juntas, la libertad y la opción.

De los muralistas mexicanos, Siqueiros, Rivera y Orozco, ya dijo la crítica cómo supieron fundir motivos de la historia nacional con sugerencias formales del cubismo y del expresionismo. En «Tres llamamientos de orientación actual a los pintores y escultores de la nueva generación americana» de 1921, David Alfaro Siqueiro ya proponía tanto «la preponderancia del *espíritu constructivo* sobre el espíritu decorativo» (una propuesta que viene de Cézanne) como «la comprensión del admirable fondo humano del «arte negro» y del «arte primitivo» en general». En este orden de ideas, Siqueiros insistía[4]:

> Aproximémonos, de nuestra parte, a las obras de los antiguos pobladores de nuestros valles, los pintores y escultores indios (mayas, aztecas, incas); nuestra proximidad de clima con ellos nos dará la asimilación del vigor constructivo de sus obras, donde existe un claro conocimiento elemental de la naturaleza, que nos puede servir de punto de partida. Adoptemos su energía sintética.

La metáfora del enraizamiento corre el riesgo de parecer naturalista, razón por la cual conviene aclarar su sentido para alejar posibles equívocos. Tomo la palabra en la acepción amplia de contexto cultural y existencial: una esfera que abarca tanto las percepciones de lo cotidiano más prosaico —la apretada red de la necesidad—, como su reverso, las figuras polisémicas de lo imaginario. Estas últimas viven la ambivalencia de las formaciones simbólicas, pues, aunque hijas del deseo, aspiran al estatuto de «cosa mental»

---

[4] En *Vida Americana,* Barcelona, mayo de 1921. *Apud Modernidade: vanguardas artísticas na América Latina* (org. Ana Maria Beluzzo), São Paulo, Memorial/Unesp, 1990, pág. 242. Veo en ese llamado del gran artista mexicano una perspicacia y un equilibrio de posiciones que no siempre, por el tono dogmático de otros pronunciamientos suyos y de Rivera, supo mantener, lo que perjudicó la fortuna crítica del muralismo. Una apreciación al mismo tiempo simpática y lúcida se lee en el artículo de Luis Cardoza y Aragón, «El humanismo y la pintura mural mexicana», en *Casa de las Américas,* La Habana, marzo-abril, 1987, núm. 161, págs. 101-107.

y «fantasía exacta», para recordar las definiciones que del arte dio Leonardo.

Un escritor se «enraíza» de modo diversos. Puede sentir y comunicar un enorme placer en la descripción de la superficie más humilde de su ambiente, y entonces hará un veraz y vivaz neorrealismo; mas también puede, si ésta fuera su vocación, examinar el subsuelo mítico de la infancia y descubrir en los laberintos de la memoria los arquetipos del amor y de la muerte, de la esperanza y del miedo, de la lucha y de la resignación, sentimientos que habitan las narraciones de todas las latitudes. *Leyendas de Guatemala, Hombres de maíz, Vidas secas, Fogo morto, Sagarana, El reino de este mundo, Los ríos profundos,* ¡qué minas de exploración particular y de variedad universal!

Sus creadores heredaron de la revolución intelectual de entre guerras el supuesto de la libertad por el cual el espíritu sopla donde quiere; y por esa misma razón, ignoraron toda limitación de escuela y grupo, internándose resueltamente en sus propios materiales de vida y pensamiento.

Basta comparar sus conquistas de estructura novelesca y estilo con la prosa de los viejos regionalismos de sus respectivas literaturas, para advertir cómo la vanguardia había limpiado el terreno en las diversas instancias del quehacer narrativo; en la representación de los espacios, en el sentimiento del tiempo, en el nivel de oralidad de los diálogos, en la autenticidad del tono, en la formación del punto de vista.

Los paisajes familiares reciben, en las leyendas guatemaltecas de Asturias, un aura mágica de lugares extraños vistos como si fuera la primera vez. He ahí un caso feliz donde el contacto con el surrealismo despertó en el poeta narrador el deseo de penetrar, no en lo que hay de potencialmente misterioso en la más trivial de las relaciones entre hombre y hombre, hombre y mujer, hombre y naturaleza.

La necesidad desoladora en que vive el sertanejo del Nordeste brasileño es analizada por dentro, sin complacencias folclorizantes, pero también sin prejuicios burgueses, en la prosa cortante de Graciliano Ramos.

Y las palabras del campesino peruano, incluso articuladas en el límpido castellano de Arguedas; traen acentos y modulaciones sintéticas que sólo un amoroso convivio con el habla quechua podría haber inspirado.

El impulso ético terminó coincidiendo con la investigación de un lenguaje donde la verdad y la belleza ajustaron su paso.

La literatura de los años 30 y 40 creó una nueva imagen (densa, dramática, desafiante) de áreas del continente donde eran y continúan siendo hondas las marcas de las dominaciones seculares: el sertón nordestino, las Antillas negras, las aldeas serranas de la América Central y del Perú.

En la misma dirección y con reflejos sensibles en la creación artística y literaria convergieron entonces los estudios antropológicos e históricos sobre las diversas formaciones étnicas y sociales latinoamericanas.

En Cuba, un valiente investigador de las tradiciones populares (música, danza, *santerías...*) y de la economía afroantillana, Fernando Ortiz, fue inspirador y compañero de los inicios de la «poesía mulata» de Nicolás Guillén, y dio apoyos para que el joven Alejo Carpentier profundizase en los secretos del pasado local.

En el Perú, un sólido linaje de investigaciones incaicas y preincaicas acercó a los etnólogos Julio Tello y Castro Pozo al ensayista Mariátegui y al pintor José Sabogal, con honda repercusión en la vocación narrativa y en los ideales políticos de José María Arguedas.

En México, el pensador de *La Raza cósmica,* José Vasconcelos, investido de la autoridad del ministerio de Educación, sostuvo largamente a los muralistas Rivera, Siqueiros y Orozco.

En el Brasil, un antropólogo social de peso, Gilberto Freyre, sin tener los ímpetus revolucionarios que animaron a aquellos estudiosos, empujó a un José Lins do Rego a tratar en formas narrativas que bordean la oralidad sus experiencias de niño en un ingenio de Paraíba.

Imbricaciones de la memoria individual y la memoria grupal, de la expresión novelesca y la investigación antropológica, hicieron de este arte un divisor de aguas entre un tratamiento convencional y naturalista de aquellas formaciones sociales y una reconstrucción afectiva, muchas veces políticamente comprometida, de su vivir cotidiano.

Otra conquista, absolutamente digna de destacar, común a intelectuales entre sí tan diferentes como Ortiz, Mariátegui y Gilberto Freyre, fue la superación, que todos ellos emprendieron, de la idea de *raza.* En esos años prenazis, la inteligencia latinoamericana dio un salto cualitativo que sería irreversible (no sucedió lo mismo con Vasconcelos, como se sabe; ese notable hombre público fue un confuso manipulador del darwinismo, de Nietzsche y del más exaltado nacionalismo).

El mismo principio de liberación estética que presidió el redescubrimiento del *ethos* popular y de las condiciones sociales del continente actuó sobre novelistas y poetas que se volcaron hacia los meandros de la realidad inter e intra subjetiva. Adoptando procedimientos de alto poder analítico (como el monólogo interior y el juego de los focos narrativos), trasladaron las fronteras del realismo psicológico a los territorios del sueño, del delirio o de una cruel hiperconciencia de la anomia y la alienación de la ciudad moderna.

La literatura entre «objetiva» y «expresionista» que se forjó en ese proceso de autoconocimiento del hombre urbano se llamará también, con igual derecho, «enraizada», en la medida en que las contradicciones de la Historia componen una cara interna, vivida y pensada, tan real como la de los destinos colectivos.

Pienso en Buenos Aires y en Santa María imaginaria y verdadera a un tiempo, purgatorio cerrado de las almas y lugar de una geografía absolutamente obvia que sale de los cuentos de Juan Carlos Onetti y de su torturada *Tierra de nadie*. Pienso en Porto Alegre pesadillesco de *Os ratos* de Dyonélio Machado. Y por cierto, hay que extraer de los velos que la experiencia de la ciudad en cambio abrió en los cuentos de Mário de Andrade y en su «Meditação sobre o Tietê», tan paulistas; o en la poesía de Drummond y en los cuentos y novelas de Marques Rebelo, filtros perplejos e irónicos de la cotidianidad carioca de ambos.

Los ejemplos son meramente indicativos y podrían continuar. Por ejemplo: la crítica latinoamericana aún nos debe el mapa de las sendas, algunas sinuosas e insospechables, que el surrealismo recorrió en la historia de nuestra poesía a lo largo de los años 30 y 40. Murilo Mendes, Jorge de Lima, César Moro, un cierto Neruda, el primer Octavio Paz, Xavier Villaurrutia y Lezama Lima esperan una lectura de conjunto que dé cuenta de los lazos de vanguardismo y creencia (religiosa o inmanente) en los poderes órficos de la imagen y de la palabra.

Finalmente, lo que importa es contemplar la variedad de los caminos, solares o nocturnos, corales o solitarios, que la vanguardia franqueó a los escritores latinoamericanos que partieron de ella o la sucedieron inmediatamente. Su destino de puente me parece aún el más rico de promesas: de la libertad abierta hacia ésta o aquélla opción bien concreta. Pero no sólo puente: muelle de donde se zarpa, plataforma de donde levanta vuelo, zona franca que permite al escritor saltar las líneas que separan el espacio ya recorrido y el horizonte que se desea alcanzar.

Lo contrario también puede suceder: la vanguardia, en lugar de lanzar pasajes, se apropia de las formas nuevas y las exalta en sí mismas, abstractamente. En lugar de puentes constituye molinos de letras y castillos de cartas.

Universidad de São Paulo, enero, 1991

Introducción

AMÉRICA LATINA

Ahí tenéis dos palabras que en Europa han sido y son explotadas por todos los arribismos concebibles: América Latina. He aquí un nombre que se lleva y se trae de uno a otro bulevar de París, de uno a otro museo, de una a otra revista tan meramente literaria como intermitente.

En nombre de América Latina consiguen hacerse ricos, conocidos y prestigiosos. América Latina sabe de discursos, versos, cuentos, exhibiciones cinemáticas, con música, pastas, refrescos y humores de domingo. En nombre de América Latina se merodea en torno a las oficinas europeas de explotación de humildades infatuables de América, en busca de difusión de un folclore y una arqueología que se trae por las crines a servir aprendidos apotegmas de sociología barata. En nombre de América Latina se juega el peligroso papel diplomático de oratoria, susceptible de ser engatusado, en banquetes y aniversarios, a favor de flamantes quimeras convencionales de la política europea.

Para todo esto se prestan estas dos palabras. De ellas sacan gran provecho personal todos aquellos que nada pueden hacer por cuenta propia, sino agarrándose al país de su procedencia y a antecedentes y referencias de familia.

*

Aunque estas palabras de César Vallejo no tienen hoy igual vigor que en la época en que fueron dichas (1926)[1], aún conservan cierto grado de legitimidad. Hasta cierto punto puedo endosar esa

---

[1] *Favorables París Poemas* 2 (octubre, 1926), pág. 14. (Ed. facsimilar, Barcelona, César Viguera, s/f.)

25

protesta cuando me encuentro con trabajos que, sistemáticamente, excluyen a las vanguardias brasileñas de su panorama. No me refiero a las investigaciones sectoriales, sino a las que pretenden examinar el vanguardismo latinoamericano desde una perspectiva continental, para las cuales la lengua portuguesa obra como una barrera infranqueable. Por un lado hay trabajos de gran seriedad como, por ejemplo, la antología de Hugo Verani[2], en la que diez países están muy bien representados, pero en cuyo título ya queda indicada la ausencia del Brasil. Lo mismo ocurre con un artículo de Nelson Osorio T., en el cual defiende la «necesidad de intentar el examen de su producción considerándola como un *conjunto continental* y no sólo como una simple suma informativa de manifestaciones nacionales aisladas»[3].

Por otro lado, y aquí el problema es más grave, hay trabajos cuyos títulos incluyen la expresión «América Latina» y que no hacen mención alguna de las vanguardias brasileñas. En el caso, por ejemplo, de *Fundadores de la nueva poesía latinoamericana* de Saúl Yurkievich, tanto en su edición original cuanto en la segunda, ampliada[4]. Otro estudio de Nelson Osorio T., de ámbito continental, excluye de su repertorio al Brasil[5]. Lo mismo sucede en artículos de Noé Jitrik y de Roberto Fernández Retamar[6]. Viejo conocedor del Brasil, el crítico Stefan Baciu no escapa a este problema en su afamada antología de la poesía surrealista[7]. Incluso en un texto fundamental como *Los hijos del limo* de Octavio Paz[8], donde el poeta mexicano hace una reflexión que abarca desde el romanticismo hasta los movimientos de vanguardia en nuestro continente,

---

[2] *Las vanguardias literarias en Hispanoamérica,* Roma, Bulzoni, 1986.

[3] «Para una caracterización histórica del vanguardismo literario hispanoamericano», *Revista Iberoamericana* 114-115 (enero-junio, 1981), págs. 227-254. En mi posición de censura cuento con el apoyo crítico de Merlin H. Forster, cuando se refiere a la ausencia del Brasil en los trabajos de Octavio Corvalán, Frederick S. Stimson y Boyd G. Carter. Ver su artículo «Latin american *vanguardismo:* chronology and terminology», en Merlin H. Forster (ed.), *Tradition and renewal,* Urbana, University of Illinois Press, 1975, pág. 13.

[4] 1.ª ed., 1973; 2.ª ed. ampl., Barcelona, Ariel, 1984.

[5] *El futurismo y la vanguardia en América Latina,* Caracas, Centro de Estudios Latinoamericanos Rómulo Gallegos, 1982.

[6] Noé Jitrik, «Papeles de trabajo: notas sobre la vanguardia latinoamericana», *Revista de Crítica Latinoamericana* 15 (1982), págs. 13-24. Roberto Fernández Retamar, «Sobre la vanguardia latinoamericana», en *Para una teoría de la literatura hispanoamericana,* México, Nuestro Tiempo, 1977, págs. 135-9.

[7] *Antología de la poesía surrealista latinoamericana,* México, Joaquín Mortiz, 1974.

[8] *Los hijos del limo. Del romanticismo a la vanguardia,* Barcelona, Seix Barral, 1974.

no hay espacio para el Brasil. Esto no quiere decir que no existan puentes[9].

Uno de los principales motivos que me llevaron a compilar esta antología fue cierto débito que tengo ante mis dos culturas, la argentina y la brasileña. Así que traté de presentar una visión integrada de un momento específico de la producción cultural del continente. El proyecto es ambicioso. Ya lo es analizar una frase; si un poema más aún. Estudiar a un autor, un estilo de época o un tema son tareas de por sí complejas. ¿Qué decir, entonces, del intento de abordar en una antología a un continente entero? La recuperación de los años 20 y 30 en América Latina implica, además de la investigación de cada una de las corrientes de vanguardia, el estudio detallado de los contextos culturales específicos y de las consecuencias históricas de cada uno de los movimientos.

Una de las primeras preguntas que podrían formularse es si, de hecho, existió una vanguardia en América Latina. Aunque esta cuestión pueda esconder actualmente un fondo retórico, no es arriesgado responder afirmativamente. A partir de la década del 20, la transformación de los panoramas culturales rompe de manera extrema con la tradición finisecular; la vastísima bibliografía disponible y la amplia y rica documentación, ambas aún en su fase de exploración, permiten no sólo confirmar la existencia de las vanguardias sino también delinear una arqueología de los respectivos movimientos. Superados todos los *ismos,* tanto en Europa como en los Estados Unidos y en América Latina, queda como herencia la posibilidad de una historia crítica. Además, la conciencia histórica de los *ismos* comienza con el empeño de los promotores de las diversas corrientes en registrar su propia historia (Apollinaire, Marinetti, Guillermo de Torre, Vicente Huidobro, Germán List Arzubide, Mário de Andrade, Luis Hernández Aquino y otros). Esas versiones continúan sujetas a polémicas y revisiones. Las vanguardias no sólo actuaban de manera apasionada; también presentaban especificidades bien definidas, de acuerdo con los movimientos que las hicieron posibles.

La propuesta de este trabajo no es defender la legitimidad de

---

9 Ángel Rama, mencionado a lo largo de este ensayo; Óscar Collazos (ed.), *Los vanguardismos en la América Latina,* Barcelona, Península, 1977; Haroldo de Campos, *Ruptura dos gêneros da literatura latino-americana,* São Paulo, Perspectiva, 1977; Raúl Antelo, *Na ilha de Marapatá. Mário de Andrade lê os hispanoamericanos,* San Pablo, Hucitec, 1987; Emir Rodríguez Monegal, *The Borzoi Anthology of Latin American Literature,* Nueva York, Knopf, 1977 y otros ensayos de este mismo crítico; o Bella Josef, «Modernismo brasileiro e vanguarda hispanoamericana», en *Actas del XVIII Congreso Internacional de Literatura Ibero-Americana,* Río de Janeiro, 1978, págs. 42-52.

las vanguardias, *ça va sans dire,* ni hacer su necrológica[10], sino intentar, por un lado, la articulación de las vertientes estética e ideológica, presentes en la mayor parte de los textos, y, por el otro lado, buscar una integración histórico-geográfica y la demolición del «Muro de Tordesillas» que siempre aisló al Brasil de la América hispánica. Por fin, se intentó esbozar una historia concisa de las vanguardias a través de sus momentos decisivos.

PERIODIZACIÓN

A pesar de que es común encuadrar a las vanguardias latinoamericanas en el período de los años 20, decenio en el cual los movimientos alcanzan su mayor auge, no me atuve a ese límite cronológico. Una posible fecha inicial, demasiado generosa a mi ver, sería 1909, año en que Marinetti lanza en París el Manifiesto Futurista (20 de febrero de 1909), cuyas repercusiones en América Latina fueron casi inmediatas. Pocas semanas más tarde, en la edición del 5 de abril del prestigioso diario *La Nación* de Buenos Aires, Rubén Darío, epígono del modernismo hispanoamericano, es el primero en publicar una reseña sobre el innovador trabajo de Marinetti como poeta, dramaturgo y director de la revista *Poesía*. Darío traduce los once puntos del manifiesto (a pesar de que lo considera «inútil») y hace un extenso comentario crítico, una especie de irónico canto de cisne de quien, a fines del siglo XIX, había revolucionado la estética simbolista-decadentista en lengua castellana. No menos sorprendente es que, a fines de ese mismo año de 1909, un diario de Salvador, en Bahía, publique el artículo «Uma nova escola literária» de Almacchio Diniz, primera mención al futurismo en el Brasil[11]. Esas dos menciones deben considerarse como las primeras noticias de las vanguardias en tierras latinoamericanas.

Hugo Verani considera 1916 y 1935 las fechas límites del periodo histórico de las vanguardias[12]. Federico Schopf, después de discurrir sobre las dificultades que acarrea establecer marcos cronológicos precisos, hace el siguiente comentario: «Teoría y práctica del vanguardismo se despliegan, en sentido amplio, entre 1916 y 1939;

---

[10] Federico Schopf comienza su estudio *Del vanguardismo a la antipoesía* (Roma, Bulzoni, 1986, pág. 13) con esta afirmación: «El vanguardismo es una peripecia literaria que pertenece ya al pasado.»

[11] Almacchio Diniz, *F. T. Marinetti: sua escola, sua vida, sua obra em literatura comparada,* Río de Janeiro, Edições Lux, 1926, págs. 15-17. Agradezco la referencia a Annateresa Fabris.

[12] *Las vanguardias literarias en Hispanoamérica,* Roma, Bulzoni, 1986, pág. 11.

en el sentido más restringido de su predominio, entre 1922 y 1935»[13]. Nelson Osorio T. sitúa la vanguardia de América Latina en el periodo que va desde los finales de la Primera Guerra Mundial, en 1919, hasta la crisis económica, política y cultural provocada por la quiebra de la Bolsa de Nueva York, en 1929[14]. El caso más extremo en estos intentos de demarcación cronológica es el del crítico húngaro Miklos Szabolscsi, quien propone el año 1905 como fecha inicial[15].

Una fecha más apropiada para la inauguración de las vanguardias latinoamericanas, aunque distante de los años 20, es la lectura del manifiesto *Non serviam* por Vicente Huidobro, en 1914. Los presupuestos estéticos de este texto, base teórica del creacionismo, aliados a la táctica de la lectura pública del manifiesto, hacen de él un ejemplo primero de lo que, convencionalmente, se llamaría vanguardia en América Latina. Tanto por la actitud cuanto por los irreverentes postulados, *Non serviam* representa el momento inaugural de las vanguardias del continente.

Otra posibilidad cronológica es la fijación de 1922 como *annus mirabilis* de las vanguardias internacionales y latinoamericanas[16]. En la introducción al *Índice de la nueva poesía americana,* de 1926, Borges adopta 1922 como fecha generacional iniciadora de una nueva era en las letras: «Desde mil novecientos veintidós —la fecha es tanteadora: se trata de una situación de conciencia que ha ido definiéndose poco a poco— todo eso [las obras de Darío, Lugones, Rodó, etc.] ha caducado». Un año más tarde, en 1927, en la «Justificación» de Pedro Juan Vignale y César Tiempo a la *Exposición de la actual poesía argentina,* encontramos esta frase: «Presentamos aquí, a más de cuarenta poetas aparecidos después de 1922 y que constituyen los diversos núcleos y aledaños de la nueva generación literaria».

El escritor mexicano José Emilio Pacheco es uno de los primeros críticos contemporáneos hispanoamericanos en llamar la atención sobre la internacionalización del fenómeno de 1922: «Surge una articulación única de circunstancias históricas y personales en 1922: el año de *Ulysses, The Waste Land, Trilce, Desolación,* la Semana de Arte Moderno en São Paulo, el nacimiento de *Proa* en Buenos Aires y del estridentismo con *Actual, hoja de vanguardia*[17].

---

[13] *Del vanguardismo a la antipoesía,* Roma, Bulzoni, 1986, págs. 33-38.

[14] «Para una caracterización histórica del vanguardismo literario hispanoamericano», *Revista Iberoamericana* 114-115 (enero-junio, 1981), pág. 238.

[15] «La "vanguardia" literaria y artística como fenómeno internacional», *Casa de las Américas* 74 (septiembre-octubre, 1972), pág. 5.

[16] Tomé prestada la feliz expresión de Hugo Verani *(op. cit.,* pág. 11).

[17] «Nota sobre la otra vanguardia», *Revista Iberoamericana* 106-107 (enero, junio, 1979), pág. 327.

Podrían agregarse varios textos a esta lista, importantes no tanto por la acción estratégica de los manifiestos sino por la producción poética, donde reside el valor cualitativo de la vanguardia: 1922 también es el año de *Veinte poemas para ser leídos en el tranvía* de Oliverio Girondo, de la «Generación poética de 1922» de Buenos Aires (entre otros, Jorge Luis Borges, Álvaro Yunque y Raúl González Tuñón) y de *Andamios interiores* de Manuel Maples Arce.

La Semana de Arte Moderno en el Brasil, conocida también como Semana del 22, es un divisor de aguas en la cultura y las artes brasileñas. El crítico uruguayo Ángel Rama, en un artículo donde trata de las vanguardias hispanoamericanas y brasileña como un fenómeno cultural integrado considera al histórico suceso como el ingreso oficial de las vanguardias en América Latina[18].

A fines de los años 20 comienza a configurarse el ocaso de los movimientos vanguardistas, especialmente en lo referido a su carácter experimental. Si las vanguardias latinoamericanas pueden ser vistas como una consecuencia de los *ismos* europeos, también en este caso las preocupaciones político-sociales de las primeras en los años 30 se comprenden mejor si se las sitúa en un contexto internacional[19]. Y aunque el último de los *ismos* europeos sea el surrealismo, cuyo primer manifiesto data de 1924, en América Latina es justamente el Movimiento de Vanguardia de Nicaragua, de 1931, el que representa de manera consistente la última corriente rupturista.

La organización de los movimientos socialistas y anarquistas, la fundación de varios partidos comunistas[20], la creación en 1924 del APRA (Alianza Popular Revolucionaria Americana) y la multiplicación de las huelgas obreras en el continente, todo eso iría a desembocar —en medio de una generalizada crisis económica motivada por el *crack* de 1929— en diversos golpes militares cuyas consecuencias serían devastadoras en el sector cultural. El marco de estos acontecimientos será 1930: en el Perú el coronel Sánchez Cerro derroca al gobierno de Leguía; en la Argentina el general Uriburu depone al gobierno democrático de Yrigoyen; y en el Brasil, la Revolución del 30, liderada por Getúlio Vargas, terminará en el Estado Novo.

---

[18] «Las dos vanguardias latinoamericanas», *Maldoror* 9 (1973), pág. 59.

[19] También los Estados Unidos tuvieron sus *roaring twenties,* con manifestaciones de vanguardia a partir del famoso Armory Show de 1913. En el ensayo «Magazines for cultural minorities», Theodore Peterson dice que «en los años 30, las revistas de vanguardia («the little magazines») eran órganos de radicalismo idealizado que veían al arte como algo que debía dedicarse a una causa», en *Magazines in the twentieth century,* Urbana, University of Illinois Press, 1964, pág. 415.

[20] En la Argentina en 1918, en México en 1919, en Bolivia en 1921, en el Brasil y en Chile en 1922, en Cuba en 1925 y en el Perú en 1928.

También en 1930, muere José Carlos Mariátegui y finaliza la publicación de la importante revista *Amauta* de Lima que él dirigía y el *Boletín Titikaka,* de Puno. También es el fin de la *Revista de Avance* de Cuba. En ese mismo año Vallejo, prácticamente, entierra el surrealismo con el virulento artículo «Autopsia del surrealismo». Pocos años antes, en 1927, la vanguardista *Martín Fierro* había cerrado su ciclo como consecuencia de problemas políticos. Ese periodo muestra un cambio general hacia las preocupaciones de orden ideológico. Oswald de Andrade abandona el experimentalismo literario y la vanguardia antropofágica para sumergirse en la acción social. Testimonio de esta actitud es la revista *O Homem do Povo,* el famoso «antiprefácio» a *Serafim Ponte Grande* y el cambio literario que se observa a partir de *Marco Zero* y del teatro de tesis. La síntesis elaborada por João Luis Lafetá para señalar las tensiones y los reflejos culturales entre uno y otro decenio, aunque esquemática, podría muy bien aplicarse al resto del continente[21]:

> El decenio del treinta está marcado en el mundo entero por un recrudecimiento de la lucha ideológica: fascismo, nazismo, comunismo, socialismo y liberalismo miden sus fuerzas en activa disputa; los imperialismos se expanden, el capitalismo monopolista se consolida y, en contrapartida, los Frentes Populares se organizan para enfrentarlos. En el Brasil, es la etapa de crecimiento del Partido Comunista, de organización de la Alianza Nacional Libertadora, de la Acción Integralista, de Getúlio y su populismo laborista. La conciencia de la lucha de clases, aunque en forma confusa, penetra en todas partes, inclusive en la literatura, y con una profundidad que va a provocar transformaciones importantes.
>
> Un examen comparativo, aunque sea superficial, de la «etapa heroica» y de la que sigue a la Revolución, nos muestra una diferencia básica entre las dos: mientras la primera pone énfasis en las discusiones del *proyecto estético* (o sea, lo que discute principalmente es el lenguaje), la segunda etapa enfatiza sobre el *proyecto ideológico,* sobre el papel del escritor y las relaciones ideológicas con el arte.

Aunque pueda considerarse cerrado el ciclo vanguardista a finales de la década del 20, en la siguiente todavía se producen novedades, principalmente en México. En este país, en 1938, el poeta peruano César Moro reactiva el surrealismo con la publicación del libro de poemas *La tortuga ecuestre.* Ese mismo año, también en México, se da el famoso encuentro de Diego Rivera, León Trotsky y André Breton, quienes, conjuntamente, redactan el Manifiesto

---

[21] *A crítica e o modernismo,* San Pablo, Duas Cidades, 1974, pág. 17.

por un Arte Independiente. Ese texto es importante por su influencia en la toma de posición política de los artistas europeos de vanguardia y sus repercusiones en América Latina. La consolidación del fascismo y la eclosión de la Guerra Civil Española, en 1936, llevan a los artistas e intelectuales latinoamericanos a cuestionarse el sentido y el compromiso ideológico del arte. Este aspecto polémico recibe el aporte de Borges, quien, contrario a todo autoritarismo, responde en forma airada con el artículo «Un caudaloso manifiesto de Breton». Diez años más tarde, en 1948, el mismo Picasso se preguntaba: «Yo trato de no aconsejar a los rusos sobre economía. ¿Por qué ellos deben decirme cómo pintar?»[22]. Con esta última polémica de 1938, se cierra el ciclo cronológico de las vanguardias. Lo que convencionalmente se sitúa en el contexto de una década, en realidad tiene vigencia durante un cuarto de siglo.

VANGUARDIA, VANGUARDIAS

Hacia fines de los años 20, la creciente politización de la cultura latinoamericana reintrodujo la polémica sobre el significado y el uso de la palabra «vanguardia» mediante la clásica oposición del «arte por el arte» y el «arte comprometido»[23]. En realidad, la controversia no se da en torno de la utilización específica del término sino en el sentido más amplio de una definición del propio estatuto del arte. Inicialmente restringido al vocabulario militar del siglo XIX, acepción todavía prioritaria en los artículos de los diccionarios, el término «vanguardia» acaba adquiriendo en Francia un sentido figurado en el área política, especialmente entre los discípulos de Saint-Simon (1760-1825). Para el creador del socialismo utópico el papel de la vanguardia artística, en la medida en que pretende revolucionar a la sociedad, se reviste de una función pragmática y de una finalidad social. Según Donald Drew Egbert, para Saint-Simon «el arte debería dedicarse a alcanzar fines sociales y de ahí sería necesariamente funcional, utilitario, didáctico y finalmente, comprensible».

Sólo con las teorías del socialista utópico Charles Fourier

---

[22] *Apud* Donald Drew Egbert, «The idea of "avant-garde" in art and politics», *The American Historical Review* 37 (diciembre, 1967), pág. 339.

[23] Los mejores estudios sobre la evolución del concepto de vanguardia son los de Donald Drew Egbert, *op. cit.* y de Matei Calinescu, *Five faces of modernity,* Durham, Duke University Press, 1987, págs. 93-148. Para conocer los diferentes matices del término «vanguardia» en el uso latinoamericano, ver Merlin H. Forster, «Latin american *vanguardismo:* chronology and terminology», especialmente págs. 44-50.

(1772-1837), contemporáneo de Saint-Simon y opositor de sus ideas, surge en las primeras décadas del siglo XIX la posibilidad de disociar el arte de un sentido rigurosamente político. Los anarquistas, inspirados en las ideas de Fourier, serían atraídos por la posibilidad de desvincular la producción artística de toda causa social. Esto va a permitir que algunos artistas declaradamente anarquistas, como Oscar Wilde, puedan dedicarse al ejercicio del «arte por el arte», sin recibir interferencias de orden político[24].

La utilización estrictamente política del término «vanguardia» comienza a mediados del siglo XIX, con Marx y Engels. Como fundadores del comunismo, ellos se consideraban parte de la vanguardia social. Pero, en realidad, es Lenin quien usa apropiadamente el término al decir que «al educar a los trabajadores del partido, el marxismo educa a la vanguardia del proletariado»[25]. A partir de 1890 proliferan en Europa numerosos periódicos políticamente partidarios, comunistas, socialistas y anarquistas, que traen en su nombre la palabra «vanguardia»; las relaciones del arte con la vida parecen firmemente establecidas y en ellas se atribuye al arte una función pragmática, social y restauradora.

El caso extremo de la utilización en este sentido del término «vanguardia» en el siglo XX, se dio con el stalinismo, que en forma paradójica se identificaba con la vanguardia política al mismo tiempo que restringía ferozmente cualquier tipo de expresión artística que no estuviese subordinada a las reglas estéticas impuestas por el Partido. Las décadas del 30 y del 40 marcan el apogeo del realismo socialista, responsable de la abolición de las vanguardias artísticas dentro del sistema, al considerarlas expresión de un arte decadente. Incluso un crítico tan fino como Mariátegui, en 1927, llega a decir que «una gran parte de los presuntos vanguardistas revela, en su individualismo y su objetivismo exasperados, su espíritu burgués decadente».

Al mismo tiempo en que las facciones anarquistas y comunistas se apropiaban del término «vanguardia», como sinónimo de una actitud partidaria capaz de transformar a la sociedad, el surgimiento de los *ismos* europeos dio un gran margen para la experimentación artística, desvinculándola, en mayor o en menor grado, de todo pragmatismo social. Y aunque las vanguardias artísticas tenían como denominador común la oposición a los valores del pasado y a los cánones artísticos establecidos por la burguesía del siglo XIX y comienzos del XX, ellas se distinguieron no sólo por las

---

[24] Cfr. Donald Drew Egbert, *op. cit.,* págs. 344-345.
[25] «El Manifiesto Comunista y el Estado», *apud* Karl Max, *The communist manifiesto,* ed. Frederic L. Bender, Nueva York, W. W. Norton, 1988, pág. 134.

diferencias formales y por las reglas de la composición, sino por su toma de posición ante las cuestiones sociales.

En este sentido, el expresionismo alemán y el surrealismo francés, situados al inicio y al final del periodo de las vanguardias, respectivamente, a pesar de estar muy diferenciados en otros aspectos, tienen como factor semejante su preocupación social. Pero en el expresionismo es una reacción ante los horrores de la Primera Guerra Mundial y en el surrealismo apunta hacia la utopía de la transformación del hombre a través de la liberación de las fuerzas del inconsciente. «Nada les es más extraño que la fórmula del arte por el arte», dice José Carlos Mariátegui en relación a lo último. Por otra parte, el futurismo toma la delantera de todos los *ismos* como violenta reacción contra la burguesía de la época, contra el arte museológico y contra todo parámetro pasatista. El intento de abolir el tiempo y la distancia aproxima al futurismo italiano con el simultaneísmo y el multiperspectivismo propuestos por los cubistas de la década del 10. El dadaísmo, que también fue una reacción ante la Primera Guerra Mundial, actúa de modo diferente: por el nihilismo, por el humor, por la auto-irrisión y por la autodestrucción.

La tensión resultante del enfrentamiento entre «vanguardia política» y «vanguardia artística» produce diversas influencias en la producción cultural de los años 20, que varían de acuerdo con el momento, los contextos y las experiencias individuales de los fundadores de los movimientos. Las causas, la producción y el consumo cultural son elementos dinámicos, en cambio permanente. No es posible limitar la vanguardia a un perfil estético único, como tampoco se puede generalizar esquematizando un cuadro maniqueísta del tipo «izquierda» *versus* «derecha», como hace Pedro Henríquez Ureña cuando reseña en la revista *Valoraciones* de La Plata la *Antología de la poesía argentina moderna* (1926) organizada por Julio Noé[26]. En esta reseña hay un ejemplo interesante de esas variantes: Leopoldo Lugones pasa de la categoría de «extrema izquierda» a la de «capitán de las derechas».

Estos cambios ideológicos explican la existencia, por ejemplo, de más de un Borges, de más de un Neruda, de más de un Vallejo. El primer Borges, aquel que vivió en Europa desde 1914 hasta

---

[26] Hay muchos ejemplos de esta división. En Roberto Mariani, «La extrema izquierda», publicado en *Martín Fierro* y en Luis Emilio Soto, «Izquierda y vanguardia literaria», publicado originalmente en la revista *Los Pensadores* 115 (noviembre, 1925), pág. 5 y reproducido en Héctor René Lafleur y Sergio D. Provenzano (eds.), *Las revistas literarias,* Buenos Aires, Centro Editor de América Latina, 1980, págs. 71-75.

1921 y que se sintió muy afectado por la Primera Guerra Mundial, se compromete con la estética expresionista y se sumerge en la obsesión vanguardista por la nueva metáfora. El regreso a Buenos Aires le hace descubrir la ciudad natal, su lenguaje y sus tradiciones. Aparece entonces un segundo Borges empeñado en negar al primero y en reafirmar sus orígenes, como queda claro en sus primeros libros de poemas —*Fervor de Buenos Aires* (1923), *Luna de enfrente* (1925) y *Cuaderno San Martín* (1929)— y en el libro de ensayos *Evaristo Carriego* (1930).

En Neruda el proceso es opuesto: de una poesía altamente surrealizante en *Residencia en la tierra* (1925-1931) evoluciona hacia una especie de militancia poética que lo distancia bastante de sus primeras obras. En Vallejo los mecanismos son muy diferentes: después de su viaje a París en 1923, los dos viajes a la Unión Soviética en 1928 y 1929, y su participación en la Guerra Civil Española, el poeta más radical de la poesía en lengua castellana de la década del 20 lanza un virulento ataque contra todo principio vanguardista[27]. Obras como *El tungsteno* (1931) y *España, aparta de mí este cáliz* (1939), muestran cuánto se había apartado de la experimentación y de la ruptura estética de *Trilce,* su obra poética más lograda.

También los textos de Oswald de Andrade pasan por tales oscilaciones. A pesar de que *Poesia Pau Brasil* (1925), *Memórias sentimentais de João Miramar* (1924) y *Serafim Ponte Grande* (1933) estén anclados en la historia y muestren una actitud hipercrítica frente a la sociedad brasileña de la época, especialmente la burguesía paulista, el creador del movimiento antropofágico pasa por una crisis ideológica que lo lleva a una etapa de revisionismo, en la cual, además de oponerse de manera violenta a todo lo que había producido anteriormente, se dedica a escribir novelas sociales, estéticamente más limitadas en comparación con sus obras anteriores.

Justamente en las revistas de vanguardia las propuestas culturales se pueden apreciar con mayor claridad. Debido a su esencial carácter contestatario, tanto en artes como en cuestiones sociales, ellas mantienen una relación pragmática con el público lector, emplean un lenguaje más directo que el discurso estrictamente literario y presentan un estatus mucho menos «aurático» (para usar el concepto de Benjamin) que la poesía o la prosa de ficción. En ellas hay un fuerte sentido de oposición que no pasa por la censura o por la criba de la gran prensa. Lo que no significa que las vanguardias

---

[27] Ver, en especial «Autopsia del surrealismo» y «Contra el secreto profesional», págs. 471-473 y 551-554.

no hayan utilizado, siempre que pudieron, los diarios de gran tiraje para hacer circular sus ideas. Así ocurre con Marinetti, que divulga el primer Manifiesto Futurista en el prestigioso *Le Figaro* de París (con el resguardo del diario de que no asumía ninguna responsabilidad por el texto). A su vez, el artículo de Rubén Darío sobre el futurismo aparece en el consagrado diario de Buenos Aires, *La Nación,* del cual el nicaragüense era corresponsal europeo. Mariátegui publica la mayor parte de sus artículos en *Variedades* y *El Imparcial* de Lima. Numerosos artículos de Mário de Andrade salen en el *Diário Nacional* de São Paulo. La *Revista de Antropofagia* de Oswald de Andrade será un suplemento del *Diário de São Paulo,* la difusión del estridentismo mexicano es impensable sin *El Universal Ilustrado,* y el movimiento de vanguardia de Puerto Rico recurrirá a diarios de gran circulación, como *Mundial* y *Puerto Rico Ilustrado.*

Debido a su carácter efímero, las revistas de vanguardia presentan líneas ideológicas más nítidas, tanto por las definiciones explícitamente avanzadas en los editoriales, cuanto por el escaso tiempo de que disponían para asimilar una nueva tendencia o, inclusive, cambiar la trayectoria de ideas inicial. Theodore Peterson las define así[28]:

> [Las revistas] abrían sus páginas a autores cuyas ideas eran por demás osadas, chocantes al extremo, por demás oscuras para las revistas de gran circulación. Ellas proporcionaban un espacio para la ficción, la poesía y la crítica con valor literario y poco atractivo popular. Ellas estimulaban la experimentación literaria y pregonaban la reforma social. Su influencia, de acuerdo con los editores, no residía en el número de personas a las que llegaban, sino a su calidad.

En efecto, es fácil encontrar revistas que se proponen promover la renovación de las artes, los nuevos valores, la importación de la «nueva sensibilidad», el combate contra los valores del pasado y el *status quo* impuesto por las academias. Este es el caso de *Klaxon* en São Paulo, de *Proa* (1.ª época) y *Martín Fierro* (2.ª época) en Buenos Aires, *Revista de Avance* en La Habana y *válvula* en Caracas, todas ellas representativas de una estética vanguardista más radical.

Otras revistas están más comprometidas con los procesos de modernidad que con la vanguardia propiamente dicha. Obedecen

---

28 «Magazines for cultural minorities», en *Magazines in the twentieth century,* Urbana, University of Illinois Press, 1964, pág. 403.

a la división hecha por Beatriz Sarlo entre «revistas de modernización» y «revistas de ruptura», al comparar *Proa* con *Martín Fierro*[29]. Un buen ejemplo de la tensión «modernidad» *versus* «vanguardia» aparece en el editorial de Alberto Zum Felde para la revista *La Pluma* de Montevideo:

> Ello no significa empero que, literalmente, sea esta una revista
> de vanguardia. No podría serlo, aunque quisiera, dado el carác-
> ter de amplitud editorial de su programa, y su aspiración a di-
> fundirse en las diversas zonas de nuestro ambiente cultural; pero
> tampoco querría serlo, aunque pudiera, en sentido estricto, por-
> que ello inhibiría, en gran parte, su independencia crítica; y ella
> quiere mantener su acción crítica también sobre las modalida-
> des de vanguardia, colocándose en una posición histórica. Hay
> algo que debe marchar siempre delante y por encima de todas las
> vanguardias: es el espíritu vigilante.

Las revistas de tendencia modernizante también se empeñan
en la renovación del panorama local artístico aunque no se pro-
pongan transgredir las normas del *establishment* literario del lugar.
Nada que pueda *épater le bourgeois*. Lo moderno en dosis modera-
das, de buen comportamiento, lejos de la risa y del escándalo. Des-
provistas del carácter agresivo de las publicaciones de vanguardia,
esto les garantiza una mayor estabilidad y continuidad. Es el caso
de *La Pluma,* en Montevideo; de *Repertorio Americano* en San
José de Costa Rica; de *Contemporáneos* en México; o de *Proa* (2.ª
época) en Buenos Aires, cuya heredera es la antológica *Sur,* dirigida por Victoria Ocampo. También es el caso, en Río de Janeiro, de
Estética, que adoptó el modelo de *The Criterion,* la revista dirigida
por T. S. Eliot.

Otro tipo de revistas promueve un campo cultural común, en el
cual conviven la vanguardia artística y la vanguardia política. Un
ejemplo clásico es *Amauta,* dirigida por José Carlos Mariátegui.
En su «Presentación» se advierte que el autor de *Siete ensayos* res-
taura el sentido político del término: «A los fautores de esta renovación se les llama vanguardistas, socialistas, revolucionarios,
etc.» *Amauta* se caracteriza por el compromiso con las clases indígenas sin representación política, la lucha por la reforma agraria, la
denuncia del creciente imperialismo norteamericano actuante durante el gobierno de Leguía y otras reivindicaciones de orden social. Esto no impide su apertura hacia el pensamiento más radical
de la época: tanto el hispanoamericano (Neruda, Diego Rivera, Sil-

---

[29] *Una modernidad periférica. Buenos Aires 1920 y 1930,* Buenos Aires, Nueva
Visión, 1988, pág. 112.

va Herzog, Borges) como europeo (Freud, Barbusse, Trotsky). De mucha importancia es el espacio que dedica a la vanguardia internacional (Marinetti, Breton) y a la peruana, representada por la poesía de Vallejo, por el indigenismo vanguardista de Alejandro Peralta, por el experimentalismo de Carlos Oquendo de Amat y por el surrealismo de Xavier Abril, Emilio Adolfo Westphalen y César Moro.

Amauta encarna la militancia bifronte de su director. Por un lado, es el introductor del marxismo en América Latina, preocupado por las dramáticas condiciones de vida del campesino y del indígena; por el otro, es el hombre siempre atento a los movimientos de vanguardia que pudo apreciar durante su estadía en Italia y en Alemania. En *Amauta,* Mariátegui concilia dos vertientes que difícilmente están en relación pacífica una con otra: la vanguardia estética y la vanguardia política. Dentro de esta línea, *La Campana de Palo* de Buenos Aires también es una revista que promueve ambas tendencias.

En el otro extremo de las vanguardias se encuentran las revistas culturales cuyas preocupaciones son puramente políticas[30]. Entre esos periódicos que se asumen de izquierda, se destaca la peruana *Labor,* dirigida por Mariátegui como instrumento de concientización de las clases obreras. En el Brasil, *O Homem do Povo* pertenece a la etapa de militancia comunista de sus dos directores: Patricia Galvão y Oswald de Andrade. Por el formato, por los temas tratados, por el tono agresivo y contestatario, por las polémicas en que participó, no hay duda de que fue un órgano de concienciación política.

En Buenos Aires, existieron *Los Pensadores* y su heredera, *Claridad,* ambas dirigidas por Antonio Zamora. Esta última merece ser destacada. Vinculada al grupo parisiense de *Clarté* liderado por Henri Barbusse, *Claridad* representa la propuesta más cosmopolita entre las revistas de izquierda. Basada en ideas antibélicas, anticapitalistas y que favorecían la confraternización de los pueblos, tenía un proyecto de aldea global socialista concretizado en la red internacional establecida por el grupo de *Clarté.* Se ponía énfasis

---

[30] En su estudio sobre los movimientos de vanguardia en la Argentina, *Lenguaje e ideología* (Buenos Aires, Hachette, 1986, pág. 63), Francine Masiello define así las distintas tendencias de las revistas de la época: «Se han descrito tres diferentes orientaciones de las pequeñas revistas de la década del veinte, en su competencia por programas estéticos: las revistas cosmopolitas de contenido moderno modeladas sobre revistas europeas experimentales; las revistas anarco-sindicalistas, que defendieron los intereses del proletariado; y, en tercer lugar, las publicaciones más modernas dedicadas al estudio de lo moderno en cuanto experiencia generacional.»

en la preparación para el advenimiento de una «República Universal».

El Manifiesto del grupo *Clarté* de París, publicado en *Populaire* del 17 de enero de 1919, llevaba las firmas de Anatole France, Henri Barbusse y otros intelectuales. Sin demora fue reproducida en periódicos de América Latina como *Repertorio Americano* de San José de Costa Rica (15 de enero de 1920) donde meses después se divulgan también los comentarios de José Ingenieros, publicados originalmente en la *Revista de Filosofía* de Buenos Aires (marzo de 1920). La red latinoamericana de *Clarté* (en Iberoamérica fue *Claridad* y en el Brasil *Clarté)* abarcaba Río de Janeiro (1921-1922), Buenos Aires (1926-1941), Santiago (1920-1924) y Lima (1923-1924)[31]. Anatole France y Henri Barbusse firmaron un Manifiesto para los Intelectuales y Estudiantes de América Latina que se publicó en México, en *El Maestro* (1921), entonces dirigida por José Vasconcelos. Los líderes franceses en ese texto renovaban su denuncia del capitalismo internacional y de la guerra y llamaban la atención sobre el papel de los intelectuales en ese movimiento.

A pesar de que sus preocupaciones eran exclusivamente políticas, *Clarté* no constituye un partido. Según José Ingenieros, sus miembros «no desean fundar un partido político, sino establecer un acuerdo vibrante alrededor de ideas que miran al futuro»[32]. En el manifiesto de los fundadores franceses de *Clarté* es especialmente interesante ver cómo la retórica de la vanguardia artística se traslada hacia los intereses de la vanguardia política. Esto queda claro cuando se analiza el lenguaje desde el punto de vista de las utopías de los años 20 y se verifica que las varias tendencias, aunque diferenciadas, apuestan al unísono a lo nuevo, al futuro en detrimento del pasado: «Toda inquietud de *renovación* y toda esperanza de justicia convergen hacia nuestra obra» y «[podemos] ofrecer nuestra cooperación para sembrar en vuestra América el *espíri-*

---

[31] *Claridad* peruana fue al principio dirigida por Víctor Raúl Haya de la Torre. Cuando el gobierno de Leguía lo obligó a exiliarse, Mariátegui toma la dirección hasta el cierre de la revista por obligación del gobierno en 1924. De tal manera, *Claridad* se configura como antecesora de *Amauta.* Para el estudio de la trayectoria extrañamente conservadora de la filial brasileña, ver Michael M. Hall y Paulo Sérgio Pinheiro, «O grupo *Clarté* no Brasil: da Revolução nos espíritos ao Ministério do Trabalho», en Antonio Arnoni Prado (ed.), *Libertários no Brasil,* San Pablo, Brasiliense, 1986, págs. 251-287. Ver además, de Aracy Amaral, «Clarté, Claridad e Zumbi», *Arte para quê¿,* San Pablo, Nobel, 1987, págs. 34-35.

[32] «Los ideales del grupo ¡Claridad!», *Repertorio Americano* 1 (mayo, 1920), pág. 302. Para la evolución ideológica de la primera etapa de *Clarté,* antes de su alianza con el Partido Comunista francés, ver Nicole Racine, «The Clarté movement in France, 1919-1921», *The Journal of Contemporary History* 2 (1967), págs. 195-208.

tu nuevo...», dicen los autores de ese manifiesto y fundadores de *Clarté*[33].

La metáfora de *l'esprit nouveau,* puesta en circulación en 1917 por Apollinaire, es retomada con fines estrictamente políticos. Y a pesar de la orientación socialista del grupo *Clarté,* los autores dicen: «Estamos seguros de que este llamado será oído por una minoría selecta y clarividente»[34].

Este llamado remite a la cuestión de los lectores de las revistas. ¿Quiénes leían a la vanguardia estética? ¿Quiénes leían a la vanguardia política? En ambos casos parece que se trataba de una minoría letrada que, aunque no fuese significativa numéricamente, conformaba una élite capaz de operar cambios, tanto en el campo intelectual como en el campo político.

UTOPÍAS AMERICANAS

Las vanguardias latinoamericanas criticaron o rechazaron, en forma unánime, el futurismo italiano, especialmente después de la Primera Guerra Mundial, cuando el apoyo de Marinetti al fascismo se hizo más ostensible. Pero eso no niega la deuda que tienen con la ideología de la escuela italiana: la refutación de los valores del pasado y la apuesta por la renovación radical. Aunque no había inventado la crítica de la tradición, que ya aparece en el Renacimiento, el futurismo es directamente responsable por la restauración de esta polémica, debido a la violencia de su retórica, a la agresividad de su gesto y a la inusitada difusión internacional de su teoría.

El admirable hombre nuevo de la vanguardia sueña con varias utopías y proyecta su imaginario en el futuro. La más generalizada de las utopías vanguardistas es la cuestión de lo nuevo. Si para Adorno la disonancia es la marca registrada del modernismo, no es osado reconocer en lo nuevo la marca registrada de la vanguardia. Este deseo compulsivo de la diferencia y de la negación del pasado en el arte está íntimamente ligado a los modernos medios de producción, a la alteración de las formas de consumo y a la ideología progresista legada por la revolución industrial.

Por eso, no sorprende que las teorías de la modernidad comiencen con Baudelaire, a mediados del siglo XIX, y que una de las lecturas predilectas de Marx sea Balzac. En el Manifiesto Comunista de 1848,

---

33 Michael M. Hall y Paulo Sérgio Pinheiro, *op. cit.,* págs. 254-255. Los subrayados son míos.
34 *Íd., ibíd.*

con extraordinaria lucidez precursora, Marx hace la crítica de lo nuevo al considerarlo una categoría vinculada de manera indisoluble a la condición de la sociedad burguesa[35]:

> La burguesía no puede existir sin estar constantemente revolucionando los instrumentos de producción; de ahí las relaciones de producción y con ellas toda la relación con la sociedad. La conservación de los viejos modos de producción de forma inalterable era, por el contrario, la primera condición de existencia de las clases industriales más primitivas. La revolución constante de la producción, la perturbación ininterrrumpida de todas las condiciones sociales, la inseguridad y la agitación permanentes distinguen la época burguesa de todas las anteriores. Toda relación rápidamente congelada, con todos sus viejos y venerables prejuicios y opinones se desvanece, y las recién formadas se vuelven anticuadas antes de poder sofisticarse. Todo lo que es sólido volatiliza, todo lo que es santo es profanado, y el hombre, finalmente, es compelido a enfrentar con sobriedad sus condiciones reales de vida y sus relaciones con los semejantes.

En esa misma época, Baudelaire desarrolla su teoría sobre la modernidad, donde lo transitorio pasa a definirse como un valor absoluto contra la tradición y el pasado: «La modernidad es lo transitorio, lo fugitivo, la contingencia, la mitad del arte, cuya otra mitad es lo eterno y lo inmutable»[36]. Unas décadas más adelante, en su última reflexión teórica, *L'esprit nouveau et les poètes* (1917)[37], Apollinaire, prácticamente, consagra la ideología de lo nuevo en la esfera de las artes. El equivalente en castellano de «l'esprit nouveau» es «la nueva sensibilidad», de modo que no sorprende encontrar, por ejemplo, la siguiente afirmación en un manifiesto redactado por Oliverio Girondo:

> Martín Fierro siente la necesidad imprescindible de definirse y de llamar a cuantos son capaces de percibir que nos hallamos en presencia de una NUEVA SENSIBILIDAD y de una NUEVA COMPRENSIÓN.

Así, con letras mayúsculas, este irresistible llamado a lo nuevo se transforma en palabra de orden de los *ismos* de los años 20. Ángel

---

[35] *The communist manifesto* (ed. Frederic L. Bender), Nueva York, W. W. Norton, 1988, pág. 58.

[36] «Le peintre de la vie moderne», en *Écrits sur l'art* 2, París, Gallimard, 1971, pág. 150.

[37] Conferencia pronunciada en Vieux-Colombier el 26 de noviembre de 1917 y publicado en el *Mercure de France* 130 (noviembre-diciembre, 1918), págs. 385-396.

Rama define los efectos de lo «nuevo» en el arte y en la sociedad latinoamericana en términos de una pluralidad significativa repleta de tensiones[38]:

> Surgen, en puntos estratégicos de América Latina, otras falanges vanguardistas que se nuclean en torno a manifiestos, revistas, actos públicos escandalosos, para proclamar la voluntad de lo *nuevo*. Esta palabra, ingenuamente dignificada, se constituye en el santo y seña con el cual se reconocen unos a otros y con el cual se unifican, porque si bien ella esconde plurales acepciones, dispares niveles, caóticas asociaciones, supera esa diversidad con el único dato cierto que por el momento se avizoraba en el horizonte artístico: la voluntad de ser distintos de los anteriores, la conciencia asumida gozosamente de ser «nuevos», de no deberle nada a los antepasados (aunque las deudas se acumulaban en París) y disponer a su antojo del repertorio de una realidad que es la de su tiempo y que por lo tanto nadie le puede disputar.

«Todo nuevo bajo el sol», frase que carnavaliza el conocido proverbio del Eclesiastés, se convierte, para los promotores de la vanguardia, en desafío a la autoridad bíblica y a la tradición. Huidobro, que se considera el «pequeño Dios» de la creación literaria, en el dístico de «Arte poética» (1916) dice:

> Sólo para nosotros
> Viven todas las cosas bajo el sol.

No hay prácticamente texto o programa de vanguardia en América Latina que no se someta a la ideología de lo nuevo. Por eso, no extraña encontrar ejemplos como el de la importante revista uruguaya *Los Nuevos* (posible herencia de la famosa *L'Esprit Nouveau* de París), o del mencionado poema-programa de Huidobro, en el cual el chileno dice: «Inventa nuevos mundos.» Incluso el primer Borges que adhiere a la ideología de lo nuevo a través de la metáfora ultraísta, define la poesía como una posibilidad de compendiar «un visión inédita de algún fragmento de la vida» y una voluntad de «ver con ojos nuevos»[39].

La novedad no se limita a una actitud de repudio del pasado. Cobra consistencia en las transformaciones formales de la poesía,

---

[38] «Lâs dos vanguardias latinoamericanas», *Maldoror* 9 (1973), pág. 59.

[39] Cfr. «Al margen de la lírica moderna». Nelson Osorio T. rastrea esta metáfora de lo nuevo en el Manifiesto Euforista de Batista y Palés Matos, en la *Revista de Avance* de Cuba y en el manifiesto *válvula* de Caracas. Cfr. el «Prólogo» a *Manifiestos, proclamas y polémicas de la vanguardia literaria hispanoamericana*, Caracas, Ayacucho, 1988, pág. xxxiii.

en el verso libre heredado de Whitman, en la irregularidad métrica o en la liberación extrema de la sintaxis mediante las *parole in libertà* de Marinetti. Lo nuevo aparece en las imágenes que inundan la poesía, sometida a la modernolatría ostensible del culto a la máquina, verdadero *golem* de las vanguardias[40]. Pocos son los autores que resisten a la utopía de lo nuevo. Una parafernalia de artefactos mecánicos inunda el paisaje utópico de la vanguardia. Es el tránsito de la Naturaleza hacia el universo de la Cultura, mediatizado por la tecnología moderna. Macunaíma, héroe latinoamericano, registra este impacto en su migración del Amazonas hacia la gran ciudad. Abundan en la poesía de vanguardia de los años 20 vehículos como la locomotora, el tranvía, el avión o mecanismos como la hélice o el paracaídas. La irresistible imagen tecnológica de la era moderna decora la nueva urbe: rascacielos, túneles, puentes, avenidas, ascensores, antenas, torres etc. En «Atelier», Oswald de Andrade introduce un rasgo distintivo en este sistema, al tropicalizar el escenario urbano de la década del 20:

...	[....
Arranha-céus	Rascacielos
Fordes	Fords
Viadutos	Viaductos
Um cheiro de café	Un olor a café
No silêncio emoldurado	En el silencio enmarcado]

El poema presenta un carácter sintético y enumerativo que se encuadra en los límites impuestos por el marco del silencio: el espectador mira a la ciudad de São Paulo como si fuese un *ready-made* silencioso y aromatizado, una tarjeta postal ofrecida a la *camera-eye* del turista[41]. También en el Manifiesto de la Poesia Pau Brasil, Oswald de Andrade contrapone los fríos volúmenes geométricos de metal y cemento a la cálida esfera solar: «Obuses de elevadores, cubos de arranha-céus e a sábia preguiça solar» [Obuses de ascensores, cubos de rascacielos y la sabia pereza solar]. La posibilidad de un frío constructivismo queda abolida por el atributo del ocio tropical que envuelve a la megalópolis paulista.

Autores como Borges, Vallejo o Mariátegui, con proyectos tan

---

[40] Ver el dinámico tratamiento dado por Beatriz Sarlo a la cuestión de lo nuevo en *Una modernidad periférica: Buenos Aires 1920 y 1930,* Buenos Aires, Nueva Visión, 1988, págs. 96-107.

[41] Ver Haroldo de Campos, «Crave de ouro e camera-eye», en «Uma poética da radicalidade», en Oswald de Andrade, *Obra completa,* vol. 7; *Poesias reunidas,* Río de Janeiro, Civilização Brasileira, 1974.

diferenciados entre sí, parecen acercarse cuando critican la ideología de lo nuevo. En su crítica al vanguardismo, los tres prefiguran aquello que Adorno, muchas décadas más tarde, formularía con gran acierto: «Lo nuevo es el deseo de lo nuevo, no es lo nuevo en sí. Esta es la maldición de todo lo que es nuevo»[42]. En otras palabras, hay una conciencia del abuso y del agotamiento de la categoría de novedad por la novedad misma. Cansinos-Asséns, fundador del ultraísmo en Madrid, escribe en 1921 la novela *El movimiento VP,* donde parodia ostensiblemente toda la acción de la vanguardia[43]. Borges, su «discípulo», por la misma época comienza a negarlo de manera sistemática. *Fervor de Buenos Aires* (1923), su primer libro de poesía, se vuelve hacia el escenario urbano de su ciudad natal, muy distante de cualquier paisaje futurista y de los poemas expresionistas de su primera etapa:

> No las ávidas calles,
> incómodas de turba y ajetreo
> sino las calles desganadas del barrio,
> casi invisibles de habituales,

dice Borges en el poema «Las calles», en claro rechazo de la multitud, del movimiento y del centro. Buenos Aires aparece allí mucho más identificada con una visión nostálgica baudelairiana que con la estridente perspectiva marinettiana. La Buenos Aires de Borges es un retrato del pasado, de sus tradiciones, de sus héroes; una mitología urbana creada por la memoria y no por el deseo proyectado hacia el futuro. En 1937, en un artículo programático («Las "nuevas generaciones" literarias»), Borges refuta la valorización del presente («tuvimos el arrojo de ser hombres de nuestro tiempo, como si la contemporaneidad fuera un acto difícil y voluntario y no un rasgo fatal»). También Vallejo, al criticar la nueva poesía, se destaca de manera bastante original, pues lo hace desde París, meca de lo «nuevo», en una revista esencialmente cosmopolita, *Favorables París Poema,* dirigida por él y por Juan Larrea. En el artículo «Poesía nueva», dice Vallejo[44]:

---

[42] *Aesthetic theory* (trad. C. Lenhardt), Nueva York, Routledge & Kegan Paul, 1986, pág. 47 (1.ª ed. alemana, 1970).

[43] Ver Jorge Schwartz, «Cansinos-Asséns y Borges: ¿un vínculo (anti)vanguardista?», *Hispamérica* 46-47 (abril-agosto, 1987), págs. 167-177.

[44] La revista no pasó de los dos números primeros. El fragmento pertenece a *Favorables París Poema* 1 (1926), pág. 14 (Ed. facsimilar, Barcelona, césar Viguera, s/f).

Poesía nueva ha dado en llamarse a los versos cuyo léxico está formado de las palabras «cine, motor, caballos de fuerza, avión, radio, jazz-band, telegrafía sin hilos», y en general, de todas las voces de las ciencias e industrias contemporáneas, no importa que el léxico corresponda o no a una sensibilidad auténticamente nueva. Lo importante son las palabras.

Pero no hay que olvidar que esto no es poesía nueva ni antigua, ni nada. Los materiales artísticos que ofrece la vida moderna, han de ser asimilados por el espíritu y convertidos en sensibilidad. El telégrafo sin hilos, por ejemplo, está destinado, más que a hacernos decir «telégrafo sin hilos» a despertar nuevos temples nerviosos, profundas perspicacias sentimentales, amplificando videncias y comprensiones y densificando el amor; la inquietud entonces crece y se exaspera y el soplo de la vida se aviva. Esta es la cultura verdadera que da el progreso; este es su único sentido estético, y no el de llenarnos la boca con palabras flamantes.

Vallejo define así de manera muy particular aquello que entiende por «nueva sensibilidad», por «progreso» y por la función de la máquina moderna. Un año después, y todavía en París, en ocasión de hacer una reseña del libro de poemas *Ausencia,* de Pablo Abril de Vivero, Vallejo profiere la más virulenta de sus críticas a la vanguardia. De manera sistemática, arremete contra los siguientes elementos: la «nueva ortografía», la «nueva caligrafía», los «nuevos temas», la «nueva máquina», las «nuevas imágenes», la «nueva conciencia cosmogónica de la vida» y *last but not least,* la «nueva sensibilidad». Al criticar el carácter imitativo y de dependencia cultural de la nueva poesía, Vallejo dice en forma implacable[45]:

América presta y adopta actualmente la camisa europea del llamado «espíritu nuevo», en un rasgo de incurable descastamiento cultural: Hoy, como ayer, los escritores practican una literatura prestada. Hoy, como ayer, la estética —si así puede llamarse esa simiesca pesadilla de los escritores de América— carece allá de fisionomía propia. Un verso de Maples Arce, de Neruda o de Borges, no se diferencia en nada de uno de Reverdy, de Ribemont o de Tzara.

Aunque en franca oposición a la ideología de lo nuevo, Vallejo está aún más preocupado por definir un arte americano auténtico.

Es irónico que Vallejo haga esa crítica desde París. En la lejana Lima de 1922, había producido la poesía más vanguardista de la época. En París, se vuelve en contra de todo eso y busca una expre-

---

[45] «Contra el secreto profesional a propósito de Pablo Abril de Vivero», escrito en París y publicado en *Variedades,* Lima, 7/5/1927.

sión nacional: «La autoctonía no consiste en *decir* que se es autóctono, sino en *serlo* efectivamente, aún cuando no se diga», afirma en ese mismo artículo. Por esa época pasan un proceso similar Oswald de Andrade y Tarsila do Amaral, al redescubrir el Brasil «de la Place Clichy, ombligo del mundo»[46], o Ricardo Güiraldes que inicia en París la escritura de *Don Segundo Sombra*.

También Mariátegui parece estar cansado de las etiquetas. El autor de *Siete Ensayos* lucha por una vanguardia que no se limite a las conquistas formales, ni haga leña con el árbol viejo como único parámetro de acción. En 1930, año de su muerte, Mariátegui alcanza una visión madura de ese proceso[47]:

> «Nueva generación»; «nuevo espíritu»; «nueva sensibilidad»; todos estos términos han envejecido. Lo mismo hay que decir de estos otros rótulos: «vanguardia», «izquierda», «renovación». Fueron nuevos y buenos en su hora. Nos hemos servido de ellos para establecer demarcaciones provisionales, por razones contingentes de topografía y orientación. Hoy resultan ya demasiado genéricos y anfibológicos. Bajo estos rótulos empiezan a pasar gruesos contrabandos. La nueva generación no será efectivamente nueva sino en la medida en que sepa ser, al fin, adulta, creadora.

Con este abordaje crítico, Borges, Vallejo y Mariátegui coinciden al formular una inversión inaugural de valores, donde la moda se subordina al talento individual, el dogma a la creatividad.

Miradas retrospectivas

BORGES: LA VANGUARDIA NEGADA

Prevalece, como rasgo común del poeta moderno, la *actitud crítica*. Ella acompaña y, a veces, ni siquiera llega a diferenciarse, del mismo proceso creativo (por ejemplo, en «Arte poética» de Huidobro, o en *A escrava que ñao é Isaura* de Mário de Andrade). Es así como leemos la lírica moderna a partir de Baudelaire y toda la van-

---

[46] En el prefacio del libro *Poesia Pau Brasil* (1925), de Oswald de Andrade, Paulo Prado comenta: «Oswald de Andrade, en un viaje a París, desde lo alto de un atelier de la Place Clichy —ombligo del mundo— descubrió, deslumbrado, su propia tierra», en Oswald de Andrade, *Obra completa,* vol. 7: *Poesias reunidas,* Río de Janeiro, Civilização Brasileira, 1974, pág. 67.

[47] *Presente* 1 (julio, 1930), pág. 12. *Apud* Merlin H. Forster, «Latin american vanguardismo», en Merlin H. Forster (ed.), *Tradition and renewal,* Urbana, University of Illinois Press, 1975, pág. 17.

guardia poética de América Latina, hasta la última generación de este linaje, representada por el movimiento de la poesía concreta en el Brasil.

Los participantes de los diversos movimientos de vanguardia latinoamericanos tuvieron, *a posteriori,* actitudes muy diferenciadas que van desde la evocación elogiosa —en gesto de complacencia narcisista— hasta la negación del propio pasado. Este fenómeno se dio, al comienzo, con los propulsores de las vanguardias europeas: Marinetti, hasta el fin de sus días, en 1944, insiste en glorificar la máquina futurista. También Breton continúa con sus principios, en un intento de revolución permanente del movimiento surrealista. Autocrítico, breve y coherente con sus ideas nihilistas, sólo el dadaísmo proclamó su propia extinción.

En las letras latinoamericanas, las variadas reflexiones y los balances críticos hechos retrospectivamente presentan las mismas oscilaciones. Entre los fundadores de los movimientos de vanguardia, Borges es, por cierto, el primer vanguardista antivanguardista. En su ensayo autobiográfico, el autor de *Ficciones* insiste en recordar las palabras del crítico Néstor Ibarra, quien dijo que: «Borges dejó de ser un poeta ultraísta con el primer poema ultraísta que escribió»[48]. De hecho, es importante distinguir al primer Borges, aquel que vivió en España de 1918 a 1921, del segundo, que comenzó a revisar sus posiciones durante la época de elaboración de los poemas de *Fervor de Buenos Aires,* y cuyas opiniones se consolidaron a partir de la publicación de éste, su primer libro, en 1923, cuando queda en claro su retroceso en relación con las vanguardias.

El Borges inicial vivió en Ginebra durante la Primera Guerra, estuvo influido por el expresionismo alemán y convivió con intelectuales españoles. Para él, en esos momentos, la Revolución de Octubre tenía un sentido de utopía realizada. Un Borges que, fascinado por Rafael Cansinos-Asséns, no duda en alinearse con el fundador del ultraísmo español. A esta época pertenece la poesía comprometida y vanguardista de Borges: «Trinchera», «Gesta maximalista» y otros poemas publicados en periódicos españoles vanguardistas de ese tiempo[49]. Al regresar a Buenos Aires, funda el ultraísmo argentino: además de los manifiestos firmados en Mallorca y Madrid, Borges sigue promoviendo y firmando los manifiestos argentinos de la nueva estética. El redescubrimiento de su ciudad natal y la búsqueda de un lenguaje argentino, criollo, tiene

---

[48] «An autobiographical essay», pág. 153.
[49] Al respecto, ver Carlos Meneses, *Poesía juvenil de Jorge Luis Borges,* Barcelona, José Olañeta, 1978.

un efecto de distanciamiento de la realidad y de la estética europea. En forma análoga a Oswald de Andrade, que redescubrió el Brasil en París, si no fuese por la distancia geográfica impuesta durante sus primeros años de juventud, Borges difícilmente hubiera mitificado a Buenos Aires con el fervor con que lo hizo en su primer libro de poemas: «Si yo nunca hubiese viajado al extranjero, me pregunto si alguna vez habría percibido a la ciudad con la intensidad y el encanto peculiar que ella me dio»[50].

La crítica es unánime al señalar esta ruptura[51]. Resta conjeturar sobre los motivos que llevaron a Borges a un cambio tan radical, hasta sorprendente para sus mismos correligionarios: «De ahí mi asombro, y el de otros compañeros de aquellos días, al recibir *[Fervor de Buenos Aires]*, y no tanto por lo que incluía como por lo que omitía»[52], dice retrospectivamente otro fundador del ultraísmo, Guillermo de Torre[52]. El alejamiento de España, es decir, de la realidad europea de la postguerra, y el reencuentro con sus orígenes, es una de las claves que explican esta pirueta. También la acertadísima definición de madurez estética de Borges, hecha por Guillermo de Torre en el mismo enfadado artículo:

> El escritor fue influido probablemente por varios factores: una actitud de desconfianza innata hacia todo lo afirmativo y una inclinación contraria hacia las dudas y perplejidades, tanto de índole estética como filosófica (...).

Otra de las razones que explican este cambio es la visión que Borges empieza a tener del fenómeno literario, al refutar los valores más preciosos de la vanguardia de procedencia parisiense, como la idea de lo nuevo y la idolatría de la máquina: «Me disgustaba todo lo que *Martín Fierro* representaba, la idea francesa de que la literatura está continuamente renovándose, que Adán renace todas las mañanas, así como la idea de que, ya que París tenía grupitos literarios que se empeñaban en su autopromoción y en disputas, nosotros deberíamos estar actualizados y hacer lo mismo»[53]. Esto explica su desdén por Huidobro y su escaso apego al grupo martinfierrista (léase Oliverio Girondo), a pesar de haber participado en la revista que éste publicaba.

[50] «An autobiographical essay», pág. 153.
[51] Además de los artículos mencionados en este ensayo, ver Gloria Videla, *Ultraísmo*, págs. 145-149; Guillermo Sucre, «La equivocación ultraísta», en *Borges, el poeta*, págs. 34-38; y de Jorge Ruffinelli, el importante artículo «Borges y el ultraísmo: un caso de estética y política», *Cuadernos Americanos*, 9, págs. 155-174.
[52] «Para la prehistoria ultraísta de Borges», en Jaime Alazraki (org.) *Jorge Luis Borges*, pág. 82.
[53] Art. cit., págs. 164-165.

En la misma época de la publicación de *Fervor de Buenos Aires*, sale también un libro de poesías que consagra todos los postulados vanguardistas, *Hélices,* de Guillermo de Torre. En el segundo semestre de 1923, Borges le dice a su amigo mallorquino Jacobo Sureda: «¿Sabes que el efervescente Torre acaba de prodigar sus millaradas de esdrújulas en un libro de poemas rotulado *Hélices?* Ya te imaginarás la numerosidad de cachivaches: aviones, rieles, trolleys, hidroplanos, arcoiris, ascensores, signos del zodiaco, semáforos... *Yo me siento viejo, académico, apolillado, cuando me sucede un libro así*»[54]. La decisión de Borges es clara: abandonar el centro por los arrabales, la sincronía por la diacronía. Entonces se vuelca al discurso de la historia, pero de una historia mítica de la ciudad, en la que el neón es sustituido por la penumbra de los iconos detenidos en el tiempo.

Dejando de lado la radicalización del joven vanguardista, Borges comienza a referirse al ultraísmo con ironía y desprecio. En 1937 hace una abierta defensa de quien fuera el chivo expiatorio de los martinfierristas —y del propio Borges— por su conservadurismo estético y político, por representar la escuela del pasado y por haber defendido entusiastamente la métrica y la rima: Leopoldo Lugones[55]. Borges se pasa al extremo opuesto diciendo, en nombre de una generación, que «toda la obra anterior a la dispersión que nos dejó ensayar o ejecutar obra personal, está prefigurada, absolutamente, en algunas páginas del *Lunario*»[56]. La respuesta airada de su ex correligionario, Eduardo González Lanuza, no se hizo esperar. Pocas semanas después le respondió, justificando la oposición a Lugones y reivindicando los aciertos de su generación. Allí también definió el verdadero papel del poeta simbolista frente al grupo de vanguardia: «Lugones fue, en efecto, nuestro guía; pero a la manera del polo Norte para los que se dirigen hacia el Sur»[57].

Borges jamás abdicó de sus opiniones. En la etapa del ultraísmo se dedicó a él intensamente, al punto de importarlo de Madrid y de promoverlo en Buenos Aires. Junto con Cansinos-Asséns, participó en la fundación del movimiento, y a semejanza de él, cambió. Fue coherente el resto de su vida, pensando que la aventura vanguardista había sido un gran equívoco. A los ochenta y cinco

[54] Jorge Luis Borges, *Cartas de juventud,* ed. Carlos Meneses, pág. 80. El subrayado es mío.
[55] «Versos de Horacio Rega Molina», *La Nación* (15/11/1925) y «De la rima», *La Nación* (17/1/1926).
[56] «Las nuevas generaciones literarias», *El Hogar,* 26/2/1937.
[57] «Lugones, la metáfora y mi generación», *El Hogar,* 12/3/1937.

años de edad, en una visita a São Paulo, Borges recordaba y afirmaba[58]:

> Estoy arrepentido de esa participación en escuelas literarias. Hoy no creo en ellas. Son formas de la publicidad o conveniencias para la historia de la literatura. Actualmente, no profeso ninguna estética. Creo que cada tema impone su estética al poeta, es decir, recibo algo (puede ser un argumento, puede ser una fábula, puede ser vagamente un poema) y, a continuación, ese tema me dice cómo quiere ser tratado. Desconfío de una estética preliminar, sobre todo de una estética previa. Hoy, cuando pienso en esas escuelas, pienso que fueron un juego y, a veces, un juego hecho para la publicidad, nada más. No obstante, tengo un buen recuerdo de aquellos amigos, pero no de nuestras arbitrarias teorías.

MÁRIO DE ANDRADE: LA DESTRUCCIÓN CONSTRUCTIVA

Dentro de los balances críticos, la reflexión más completa pertenece a Mário de Andrade, particularmente en dos ensayos: «Modernismo», de enero de 1940, y «O movimento modernista», de abril de 1942. En el primer texto, que parece preparar el segundo, prevalece el tono optimista; el escritor paulista reivindica el carácter «revolucionário e libertário» del movimiento y señala la llegada de la literatura brasileña a una edad «casi adulta».

A semejanza de «L'esprit nouveau et les poètes» de Apollinaire, «O movimento modernista», escrito en ocasión de los veinte años de la Semana del 22, representa una especie de testamento teórico de Mário de Andrade, quien moriría prematuramente tres años después. Ensayo sinuoso, ambiguo, de no fácil comprensión, en él se entremezclan sentimientos ambivalentes en relación a su militancia vanguardista en un intento de evaluar el sentido que la Semana de Arte Moderna tuvo en su vida y, fundamentalmente, en la cultura nacional. El término que más insistentemente aparece y reaparece, representa el *leitmotiv* de esta reflexión; es «destrucción». Mário de Andrade atribuye a la generación del 22 una actitud destructiva que en la década del 30 será sustituida por un sentido constructivo. El significado de «destrucción» es ambiguo, ya

---

[58] *Boletim Bibliográfico Biblioteca Mário de Andrade* 45 (número especial, dedicado a Borges), pág. 16. También en el prólogo a *Los conjurados,* libro de poemas de 1985, Borges reafirma: «No profeso ninguna estética. Cada obra confía a su escritor la forma que busca: el verso, la prosa, el estilo barroco o el llano. Las teorías pueden ser admirables estímulos (recordemos a Whitman), pero asimismo pueden engendrar monstruos o meras piezas de museo.»

que no se restringe a una posición peyorativa. Mário de Andrade explica esa destrucción recurriendo a una definición hoy considerada clásica, del sentido de la Semana:

> Aunque se integrasen (en el modernismo) figuras y grupos preocupados en construir, el espíritu modernista que avasalló el Brasil, que dio el sentido histórico de inteligencia nacional de ese periodo, fue destructor. Pero esta destrucción no sólo contenía todos los gérmenes de la actualidad, sino que era una convulsión profundísima de la realidad brasileña. Lo que caracteriza esta realidad que el movimiento modernista impuso, es, a mi ver, la fusión de tres principios fundamentales: el derecho permanente a la investigación estética; las actualización de la inteligencia artística brasileña; y la estabilización de una conciencia creadora nacional.

El momento culminante de la sensibilidad de Mário de Andrade oscila justamente en el pasaje de la década del 20 a la década del 30, en una interpretación de la cultura cuyo trayecto va de la destrucción a la construcción. A la primera le atribuye una actitud individualista y aristocrática: la pureza, el salón, la fiesta y el placer. A la segunda le atribuye la conciencia colectiva y la sensibilidad por el proletariado: el compromiso, la calle, el motín y la culpa. También reconoce que sólo la existencia del movimiento modernista hizo posible la asimilación posterior de una figura tan revolucionaria como Flávio de Carvalho o la aceptación de los «versos "incomprensibles" de un Murilo Mendes». De esta manera, la estupefacción de 1917 ante la pintura de Anita Malfatti, en la primera exposición moderna en el Brasil, abrió el camino para la comprensión de la pincelada expresionista de Lasar Segall en su muestra de 1923 en São Paulo: lo «nuevo» del 22 hizo que lo «nuevo» del 30 dejara de considerarse escandaloso.

El texto alínea reivindicaciones históricas, identificando a los verdaderos fundadores de la Semana (Paulo Prado, Menotti del Picchia, Sérgio Milliet, Rubens Borba de Moraes, Oswald de Andrade, Vítor Brecheret y otros en detrimento de la incómoda presencia de Graça Aranha, a quien Mário no se cansa de denunciar («Graça Aranha, siempre incómodo en nuestro medio...»). De bastante interés también es el análisis de fondo sociológico con que Mário de Andrade examina la oposición entre Río de Janeiro (rural, sede de una falsa aristocracia) a São Paulo (moderna, cosmopolita, adinerada, cafetera e industrial), a fin de justificar el carácter precursor paulista. Dentro de esa traza histórica, Mário de Andrade enfatiza que no todo era modernolatría, recuperando la importancia de la corriente regionalista que se desarrolló en forma paralela al modernismo, especialmente a lo largo de la obra de Monteiro Lobato. Con todo, corriente de importancia limitada, pues, al evaluar el espacio ocupado por el movimiento modernista en la historia de la cultura brasileña, Mário de Andrade llama la atención sobre la «conquista magnífica de la descentralización intelectual». Su propio proyecto de «desregionalización», realizado en la invención lingüística de *Macunaíma,* parece reflejarse en la ramificación geográfica del modernismo por el interior del Brasil, debilitando así la hegemonía del eje São Paulo-Río.

El acercamiento de la lengua hablada a la lengua escrita fue una de las preocupaciones constantes de Mário de Andrade y no podía dejar de ocupar un importante espacio en su testamento teórico. Prevalece el tono de decepción: «Hoy, como normalidad de lengua culta y escrita, estamos en situación inferior a la de cien años atrás.» Esta afirmación es posterior a la etapa heroica que culminó en la lengua brasileña de *Macunaíma,* cuyo capítulo central («Carta às Icamiabas») es justamente uno de los documentos literarios más feroces y sarcásticos contra la retórica lusitana. Luchando contra lo que Antonio Candido llamaría, en «A literatura e a formação do homem»[59] «estilo esquizofrénico», Mário de Andrade dice:

> Otros [escritores], más cómicos aún, dividieron el problema en dos: en sus textos escriben gramaticalmente, mas permiten que sus personajes, al hablar, «yerren» el portugués. Así, la... culpa no es del escritor, ¡es de los personajes! Ahora bien, no hay solución más incongruente en su apariencia conciliatoria. No sólo pone en foco el problema, sino que establece un divorcio inapelable entre la lengua hablada y la lengua escrita.

De hecho, el modernismo como un todo intentó crear un modo de pensar brasileño a través de una lengua brasileña. Fenómeno semejante sucedió con el *criollismo* martinfierrista, que tuvo en Borges su mejor exponente y con las expresiones lingüísticas agauchadas. Paradójicamente, *Don Segundo Sombra,* considerada la novela clásica de los años 20 en el continente americano («la novela más significativa de toda una época» diría en un balance retrospectivo Eduardo González Lanuza)[60], mantiene de modo tajante esta división esquizofrénica entre narrador y personajes, incluso con un narrador protagonista en primera persona. La desilusión es cla-

---

[59] *Ciência e Cultura* 24 (septiembre de 1972).
[60] *Los martinfierristas,* Buenos Aires, Ed. Culturales Argentinas, 1961, página 41.

ra en el pensamiento de Mário de Andrade: «Nosotros somos tan esclavos de la gramática lusa como cualquier portugués.»

La última parte del ensayo revela un cargado tono confidencial, de crítica y autopunición. Sea por la participación placentera incontenida que significó la fase heroica de la Semana del 22, sea por eso que Mário considera un individualismo alienado de los modernistas de entonces: «Toda mi obra no es más que un hiperindividualismo implacable (...) de una cosa no participamos: del mejoramiento político social del hombre.»

La dificultad de comprensión de este texto, que busca evaluar el significado del movimiento modernista, reside justamente en el carácter oscilante de los juicios de Mário de Andrade. Por un lado, el reconocimiento de la importancia trascendental de la Semana del 22: «Vivimos unos ocho años, hasta cerca de 1930, en la mayor orgía intelectual que la historia artística del país registra.» Por otro lado, ante los fenómenos sociales que cambiaron drásticamente el perfil político del Brasil durante la década del 30, la desilusión de ciertos proyectos no realizados y el enjuiciamiento lacerante por la impresión de que el trayecto podría haber sido hecho de forma diferente.

OSWALD DE ANDRADE: CONTRADICCIÓN Y MILITANCIA

Si lo comparamos con el decurso intelectual de Mário de Andrade, los cambios operados en la estética y en la ideología de Oswald de Andrade a partir de los años 30, son mucho más perceptibles, radicalizados y saludablemente contradictorios[61].

El giro del autor de *Pau Brasil* a finales de los años 20 coincide con una serie de acontecimientos de carácter general que cambian los rumbos de la sociedad, como, por ejemplo, la depresión mundial consecuente del *crack* de la Bolsa de Nueva York, que provocaría la quiebra total de Oswald. Políticamente se fortalecieron las corrientes totalitarias, cuyo crecimiento coincide con el ascenso al poder de Getúlio Vargas. A comienzos de la década del 30, su vinculación personal con la militante de izquierda Patrícia Galvão lo lleva a fundar *O Homem do Povo,* periódico partidario. Este giro muestra a un Oswald tan radicalizado en su zambullida socializante, cuanto lo había sido en la propuesta estetizante de su poesía y

---

[61] Mário da Silva Brito apunta justamente a «su coraje para desdecirse, para retractarse, dialécticamente contradecirse, reverse a sí mismo, corrigiendo errores, equívocos y, a veces, irritada visión de personas, hechos y circunstancias», en Oswald de Andrade, *Ponta de lança,* pág. xviii.

ficción de los años 20. Esquematismos aparte (del tipo: Oswald década del 20 = estetizante; Oswald durante los años 30 = escritor comprometido), la actividad periodística que caracterizó a Oswald desde el comienzo de su carrera (periódico *O Pirralho,* las innumerables entrevistas, ensayos y notas de especiales) muestra un autor altamente comprometido con la realidad social. El ideario antropofágico, elaborado todavía en los años 20, revela a un hombre preocupado en resolver las candentes cuestiones de la dependencia cultural. Oswald de Andrade fue todo menos un autor de gabinete. Y, a pesar de la reconocida irreverencia y contradicciones que marcaron su personalidad, era capaz de permanecer fiel y dar continuidad a muchas de sus ideas, como su extensa filiación al Partido Comunista (de 1931 a 1945) o el mantenimiento del ideario antropofágico hasta el fin de sus días.

El primer texto significativo de este giro intelectual es una especie de manifiesto, hoy clásico, donde Oswald reniega violentamente de su pasado. Es el «anti-prefácio» a *Serafim Ponte Grande,* fechado en 1933, o sea, cuatro años después de la terminación de la novela. Es una especie de *mea culpa* por su pasado pequeño burgués («un payaso de clases») y por haber visitado Londres sin advertir a Karl Marx. En el texto, revela su deseo de ser, por lo menos, «soldado raso en la Revolución Proletaria». La evolución política de Oswald le hace repensar totalmente su papel en la sociedad, para asumir a partir de los años 30 (denominados por el mismo Oswald como «la era revolucionaria del 30»), la postura de un intelectual *engagé.* Ya había sido un desafío para él su giro socializante en la década del 30, pero tal misión se intensificó aún más con los eventos que culminaron en la Segunda Guerra. Las catilinarias contra Mussolini y Hitler abundan en los escritos de Oswald de la época, los cuales intentan definir el papel del intelectual en la sociedad[62]:

> Con la guerra, llegamos a los días presentes. Y los intelectuales responden a un interrogatorio. Si su misión es participar de los acontecimientos. ¿Cómo no? ¿Qué será de nosotros, que somos las voces de la sociedad en transformación, por lo tanto, sus jueces y guías, si dejáramos que otras fuerzas influyeran y embarazaran la marcha humana que comienza? (...) Es necesario, por lo tanto, que sepamos ocupar nuestro lugar en la historia contemporánea. En un mundo que se dividió en un único combate, en el que no hay sitio para los neutros o anfibios (...) El papel del intelectual y del artista es tan importante hoy como el del guerrero de la primera línea.

---

[62] «O caminho percorrido», en Oswald de Andrade, *Ponta de lança,* páginas 99-100.

No interesa tanto, en la producción literaria de Oswald de Andrade a partir de los años 30, verificar la calidad de sus textos, como el seguimiento de la evolución de su ideario estético. En este sentido, uno de los primeros conceptos que merecen reflexión es su actitud ante todo lo que entendía por «moderno». En «Informe sobre o modernismo»[63], Oswald abre el texto distinguiendo entre lo que el término «moderno» significó para él durante la Semana y el significado que el mismo término había tomado un cuarto de siglo más tarde:

> Definición de «moderno» muy diferente de lo que pensaba que fuese lo «moderno» en la época de la Semana: «La palabra "moderno" pertenece a cualquier época. Fueron modernos los iniciadores de todos los movimientos estéticos y filosóficos, de todos los movimientos científicos y políticos. El tiempo se encarga luego de hacer de los modernos clásicos o de destruirlos. De la primera esperanza vivió más de un modernista de São Paulo.

Desde el punto de vista temporal, Oswald abandona el sentido absolutista e inmediatista impuesto por el concepto de lo «moderno» y que fuera propagado por los participantes de los movimientos de vanguardia en general y por los participantes de la Semana en particular. La idea de lo «moderno», fiel aliada de lo «nuevo», gana un sentido mucho más amplio y relativo, como movimiento dialéctico necesario en el flujo que define las diversas corrientes artísticas. «Esa necesidad de modernizar es de todos los tiempos», había escrito Oswald unos años antes[64]. Se advierte aquí una extensión conceptual de lo «moderno» que, de alguna manera, restringe o, por lo menos, intenta reducir el carácter inmediatista que el término tuvo durante de la Semana del 22, cuando el *aquí y ahora* eran las palabras de orden de la modernidad («el futuro era hoy», define Beatriz Sarlo)[65]. De esa manera, Oswald decide anclar el concepto de lo «moderno» en la serie histórica, equiparando su sentido revolucionario con el de cualquier movimiento artístico que se oponga al pasado. Siguiendo el pensamiento oswaldiano, modernos serían el barroco en relación al romanticismo; el renacimiento en relación al clasicismo; el simbolismo en relación al realismo; o las vanguardias en relación al academicismo, decadentis-

---

63 Ensayo inédito, dactilografiado, de once páginas, fechado el 15 de octubre de 1946. Copia del Instituto de Estudios Brasileiros de la Universidad de São Paulo.

64 En «Correspondência», *Ponta de lança,* pág. 12.

65 *Una modernidade periférica,* pág. 29.

mo, etc. El carácter absoluto del concepto de lo «nuevo», tan valorado por las vanguardias, adquiere una dimensión elástica, que lleva a Oswald a refutar la idea de la transitoriedad baudelairiana[66].

Otra reconsideración sorprendente en la reflexión de Oswald de Andrade se refiere a la estética urbana, en lo que representó como exaltación del paisaje en la poesía y la prosa vanguardistas en toda América Latina. «Postes da Light» *(Poesia Pau Brasil)* es un recorte emblemático de la metrópolis, inyección de dinamismo y paradigma del ingreso a la modernidad. Junto con la glorificación del urbanismo paulista, el tema del viaje (y el cosmopolitismo inherente) también atraviesa la prosa de los años 20, especialmente *Memórias sentimentais de João Miramar.* Un cuarto de siglo más tarde, en la confrontación entre el universo urbano y el rural, la ciudad ya no aparecerá representada con su tradicional poder corruptor[67]. Por lo tanto, sorprende que Oswald sea tan moderado cuando revé el término «moderno» y tan radical cuando considera las relaciones entre campo y ciudad. Si las siguientes expresiones de Oswald de Andrade se aislaran de su contexto, difícilmente podrían atribuirse al escritor paulista:

> Solo así el sentido del interior prevalecerá sobre el cosmopolitismo y la cultura corrupta y cínica de las ciudades (...) si hay un mal moderno, es el cosmopolitismo (...)

En «O sentido do interior»[68], conferencia pronunciada en Baurú, el 31 de julio de 1948, Oswald exalta, de hecho, el valor redentor del campo, en detrimento del poder corruptor de la ciudad: «Las ciudades que se construyeron con el progreso comercial, la industria, la higiene y el confort no podrán subsistir sin una sólida retaguardia campesina.» Explícitamente ha substituido la «vanguardia urbana» por la «retaguardia campesina»:

---

66 Es muy apropiada la observación de Rosalind E. Krauss, *(The originality of the avant-garde and other modernist myths,* Cambridge, M.I.T. Press, 1988, pág. 157), que define la vanguardia como el grado cero de la cultura: «Más que rechazo o disolución del pasado, la originalidad de la vanguardia es concebida como origen literal, inicio a partir de cero, nacimiento... El yo como origen está a salvo de la contaminación de la tradición, pues posee un tipo de ingenuidad originaria.» Hasta Mário de Andrade, en su último balance crítico de la Semana, «O movimiento modernista» (pág. 241) sucumbe a la tentación de decir que «inventamos el mundo».

67 Al respecto, ver Raymond Williams, *O campo e a cidade,* trad. de Paulo Henriques Britto, São Paulo, Companhia das Letras, 1989.

68 Manuscrito inédito. Copia en el Instituto de Estudios Brasileiros de la Universidad de São Paulo.

No hay exageración en la acumulación de miseria urbana en que vivimos. Mientras tanto, la ciudad atrae cada vez más y produce el éxodo del campo. El pobre gana más allá y no sabe lo que espera. ¿Será suficiente compensación psíquica el asfalto liso de las calles, el espejo multicolor de las vidrieras, el apretujamiento en el interior de los tranvías, el desfile de los colegiales uniformados los días de parada, para las toses de las madrugadas en los barrios de la tisis y del hambre?

Esa misma visión de la ciudad, tan alejada de los «Postes da Light», es la que Oswald retoma décadas más tarde con *O santeiro do Mangue*. En este extenso poema, escrito de 1935 a 1950, el Mangue, antiguo barrio de la prostitución en Río de Janeiro, representa, sin duda, el lugar donde las relaciones humanas se degradan por el capitalismo salvaje.

Otra actitud revisionista de Oswald en esta etapa ya madura de su carrera, es la revaloración de los protagonistas del modernismo. En tal sentido, pasa a considerar a Gilberto Freyre, por el tenor nacionalista de su obra: «*Casa Grande e Senzala*. He ahí un libro que muchas veces he llamado totémico, esto es, un libro que apoya y protege la nacionalidad.» En 1926, en la época del Primer Congreso de Regionalismo, en Recife, es muy difícil que Oswald hubiera hecho semejante elogio a Gilberto Freyre. Por lo demás, Oswald nunca dejó de considerar a la corriente regionalista un impedimento al avance modernista. En su última entrevista, del 21/11/1954, afirma que «los nordestinos con su apego a la tierra y a lo social fueron efectivamente originales, aunque representasen un retroceso en los caminos que nosotros abrimos»[69].

Más sorprendente aún es su relectura de Monteiro Lobato como verdadero precursor de la literatura moderna en el Brasil. Era el mismo Lobato que, en la arqueología de la Semana del 22, había sido marcado como villano por su artículo contra la exposición expresionista de Anita Malfatti. Lobato siempre insistió en mantenerse al margen de la Semana, conservando su actitud nacionalista y xenófoba. Pero no arredra a Oswald, quien, en «Informe sobre o modernismo» rescata la obra del autor de *Urupês*:

> Así como se dice que la literatura rusa comenzó con *El capote* de Gogol, también se puede afirmar que nuestra modernización comenzó con «Jeca Tatú» de Lobato. Ahí había dos cosas evidentemente nuevas —el tema y la expresión— el hombre víctima de la tierra y la escritura nueva.

---

[69] *Os dentes do dragão*, pág. 250. En una de sus típicas salidas mordaces, Oswald dice: «En 1930, arriamos la bandera. Es que surgieron los que yo llamo "Búfalos del Nordeste", trayendo en los cuernos la cuestión social», *op. cit.*, pág. 222.

Dos años después, en la conferencia de Baurú, Oswald reitera la misma opinión: «Él quedará, sin duda, como el primer prosista del Brasil moderno. Y Monteiro Lobato es el interior.» Oswald será fiel a estas ideas prácticamente hasta su muerte. En el ensayo «O modernismo», publicado póstumamente en la revista *Anhembi* (diciembre de 1954), especie de último balance del movimiento, Oswald vuelve a decir con moderado tono: «Fue en Lobato que la renovación tuvo, de hecho, su impulso básico. Él representaba, en fin, una prosa nueva»[70].

En este balance retrospectivo, debe destacarse la fidelidad de Oswald de Andrade al ideario antropofágico. Concebido en los años subsiguientes a la Semana del 22, los principios de su mayor utopía comenzaron a desarrollarse inicialmente en forma de manifiestos: *Pau Brasil* y *Antropofagia*. El ideario de los años 20 es reasumido con vigor en los años 40[71]. En sus textos filosóficos, Oswald de Andrade desarrolla la idea del bárbaro tecnificado que posibilitaría la liberación del hombre sometido al yugo del patriarcado capitalista. En el Matriarcado del Pindorama, el ocio prevalecería sobre el negocio. En una de sus últimas entrevistas, el mismo año que murió, Oswald decía[72]:

> Evidentemente, lo que yo quiero es el regreso a la taba y, sí, al primitivismo tecnificado. La técnica está consiguiendo, además, llevarnos a más de una concepción primitivista, como ser la conquista del ocio, el matriarcado, etcétera.

Oswald sueña, hasta el fin de sus días, con la redención antropofágica y con el retorno a lo primitivo, como manera de llegar a una América libre[73]:

> Necesitamos desvespuciar y descolombizar a América y descabralizar al Brasil (la gran fecha de los antropólogos: 11 de octubre, es decir, el último día de América sin Colón.)

---

[70] En «Carta a Monteiro Lobato» (1943), artículo que abre su libro de ensayos *Ponta de lança*, Oswald de Andrade dice: «Usted fue el Gandhi del modernismo.»

[71] *A arcádia e a inconfidência* (1944); *A crise da filosofia messiânica* (1950); *Un aspecto antropofágico da cultura brasileira: o homem cordial* (1950); y, finalmente, *A marcha das utopias* (1953).

[72] En *Os dentes do dragão*, pág. 230. En cuanto a la herencia de la ideología tecnocrática como ideal libertario de un país subdesarrollado como el Brasil, vale la pena transcribir esta reflexión de Alfredo Bosi en «Moderno e modernista na literatura brasileira» *(Céu, inferno,* São Paulo 1988, pág. 124): «El ojo del intelectual de los sesenta se vio seducido por la astronave, por el computador, por la TV, así como la conciencia del intelectual de los veinte había sido seducido por el automóvil, por el avión y por el cine mudo. La contemporaneidad le reclama al escritor sus derechos. La técnica penetra de nuevo en el texto como tema y como escritura. Recomienza, cincuenta años después, a pensar en términos de *montaje* de lo que se debe decir y de cómo se debe decir.»

[73] *Os dentes do dragão,* pág. 182.

Las vanguardias entronizadas: martinfierristas y estridentistas

De la generación martinfierrista (en la cual Borges representa un verdadero paréntesis) quedan balances nostálgicos, poco polémicos, pero muy puntuales e ilustrativos de la época[74]. Sin excepción, los textos tratan de rescatar la memoria de un movimiento que se aglutinó alrededor de una revista y que se transformó en la corriente de vanguardia más revolucionaria de las letras argentinas. Entre esas memorias se destacan las de Oliverio Girondo, no sólo por haber sido el redactor del Manifiesto Martín Fierro, sino por todo lo que Girondo representó para la renovación estética de la época. La tónica de los textos es el carácter descriptivo, elogioso y de evocación enaltecedora. Los testimonios son unánimes cuando enfatizan el sentido revolucionario del grupo: «Después de *Martín Fierro* se pinta y se escribe de otra manera en el país», dice Córdova Iturburu[75]. También son unánimes y conmovedoras las evocaciones sobre la actuación del director de la revista, Evar Méndez, cuyo heroico desempeño permitió que el periódico alcanzara cuatro años de vida con cuarenta y cinco números[76]. Similarmente con la Semana del 22 en São Paulo, el martinfierrismo tuvo un carácter multidisciplinario, convirtiéndose en un órgano de difusión de la nueva poesía, y también de pintura, música, arquitectura, teatro y ballet. Además del afán de modernidad, de europeización de la cultura y de importación de lo nuevo, merece destacarse la profesionalización del escritor y la transformación del mercado editorial, en una época en que, según Girondo, «hasta los autores más reputados, como Lugones, costean la impresión de sus obras y deben esperar diez y quince años para que se agoten los quinientos ejemplares que cometieron la temeridad de editar»[77].

---

[74] Restrinjo la bibliografía a los participantes del movimiento: «El periódico *Martín Fierro.* Memoria de sus directores (1924-1949)» en Jorge Schwartz, *Homenaje a Girondo,* págs. 101-136. También Norah Lange: «Evar Méndez», conferencia leída en el décimo aniversario de la revista *Martín Fierro,* en *Estimados congéneres.* Buenos Aires, Losada, 1968, págs. 15-20; Eduardo González Lanuza, *Los martinfierristas,* Buenos Aires, Ediciones Culturales Argentinas, 1961; y Cayetano Córdova Iturburu, *La revolución martinfierrista,* Buenos Aires, Ediciones Culturales Argentinas, 1962.

[75] *Op. cit.,* pág. 20.

[76] El texto de Evar Méndez sobre *Martín Fierro* aparece reproducido en esta antología.

[77] Art. cit., pág. 106. Ver en especial «La condición del escritor: una afirmación del yo» de Francine Masiello, en *Lenguaje e ideología,* Buenos Aires, Hachette, 1986, págs. 27-49.

Tal como la Semana del 22, el movimiento martinfierrista representa un momento único de conciencia cultural colectiva y un divisor de aguas en la cultura argentina.

Así como Girondo se convierte en el relator oficial del martinfierrismo argentino, el poeta Germán List Arzubide pasa a ser en la memoria de las vanguardias latinoamericanas el historiador oficioso del estridentismo. Además de varias entrevistas y testimonios, escribió dos libros con igual título, *El movimiento estridentista,* pero con cuatro décadas de distancia entre uno y otro[78]. En forma análoga con la extensa memoria redactada por Girondo, el último libro de List Arzubide es lineal (¡comienza con Rubén Darío, en 1916!), puntual y expresa, con clara intención, el propósito de rescatar la dimensión histórica del movimiento.

El primer libro, de 1926, merece consideración. Se trata del único documento de cuño histórico sobre el periodo en cuestión elaborado en forma vanguardista. Prevalece la idea del fragmento y del montaje. Los tópicos están preparados por viñetas. Abundan las ilustraciones de variadas procedencias: pintura (Ramón Alva de la Canal, Diego Rivera), fotografías (Tina Modotti, Edward Weston), grabados (Jean Charlot), caricaturas (Arqueles Vela), cartones, anuncios, máscaras y esculturas (Germán Cueto), discursos, etc. Es un texto carnavalizado, donde se cruzan la memoria y la ficción, en un lenguaje poético que recrea, en plena efervescencia estridentista, el testimonio de uno de sus más importantes protagonistas (aunque el gran nombre del movimiento haya sido Manuel Maples Arce). Por un lado, el texto se muestra acribillado de iconos de la modernidad: radios, telégrafos, motocicletas, trenes, jazz, gasolina, torres, anuncios luminosos, brújulas, telégrafos, rascacielos, etc. Por otro lado, hay espacio para la visualización de ciertas utopías urbanas: la ciudad de Estridentópolis, con su universidad y su radio. El Café de Nadie, punto de encuentro de los participantes del movimiento y donde tiene lugar la Primera Exposición Estridentista (12/4/1924), es descrito así[79]:

> Y quedó la avenida salpicada de pedazos de todas las mujeres que tiñeron sus horas con el descocado rubor de las citas, en el café exhausto y sin nombre, en el Café que nunca tuvo dueño, que no guardó ninguna hora, donde el reloj regresaba el tiempo en cada tarde para servirlo a los parroquianos sin encuentro, a los amantes sin retorno.

[78] *El movimiento estridentista,* Jalapa, Ediciones de Horizonte, 1926 y *El movimiento estridentista,* Secretaría de Educación Pública, 1967.
[79] *Op. cit.,* pág. 85.

En cuanto a las diferencias entre la primera y la segunda versión de la historia del estridentismo, algunos detalles merecen consideración. El primero es la cuestión del compromiso político. Además de que *Urbe* de Manuel Maples Arce tiene como subtítulo *Super-Poema Bolchevique en 5 Cantos* al final de las evocaciones de List Arzubide en 1926, hay un discurso dirigido a los obreros[80]. La cuestión del compromiso político, con el tiempo, llevó a los participantes a expresar opiniones diferentes. Por un lado, Arqueles Vela, el único escritor que produjo novelas estridentistas *(La señorita Etcétera, El Café de Nadie y Un crimen provisional),* afirma retrospectivamente que «Somos los que dimos un sentido estético a la Revolución Mexicana»[81]. Por otro lado, Jean Charlot, que participó en el movimiento con pinturas e ilustraciones, afirma en 1968 que «en lo que respecta al comunismo, tratábase todavía (refiriéndonos específicamente a México) de un comunismo romántico, surgido, principalmente, de la mencionada tendencia de *épater le bourgeois,* y no por razones ideológicas»[82]. La contextualización azteca también desaparece de la segunda versión: mientras que, en 1926, el libro de Arzubide estaba dedicado «a Huitzilopoxtli, manager del movimiento estridentista, homenaje de admiración azteca».

Como última observación, se debe mencionar el papel descentralizador que tuvo la vanguardia mexicana. Aunque los pujos vanguardistas sean propios de los centros urbanos —en el Brasil las ramificaciones del modernismo no tardaron en proliferar por el interior del país, y en el Perú surge un inusitado movimiento en Puno *(Boletín Titikaka)*—, la sede del estridentismo no fue la ciudad de México (donde estaba el grupo de *Contemporáneos,* que no mantuvo relaciones con los estridentistas), sino en Jalapa. En esta ciudad se produjeron poemas, revistas, manifiestos y el texto conmemorativo de 1926.

*

En este juego de comparaciones, se advierte que los promotores de las vanguardias andaban por diferentes caminos. Borges y Va-

---

[80] *El movimiento estridentista* de 1926 aparece reproducido, sin las ilustraciones, en el bellísimo volumen de documentos de Luis Mario Schneider, *El estridentismo. México, 1921-1927,* México, Universidad Nacional Autónoma de México, 1985, págs. 261-296.
[81] Entrevista a Roberto Bolaño, en *La palabra y el hombre* (octubre-diciembre de 1981), pág. 88.
[82] Stefan Baciu, «Un estridentismo silencioso rinde cuentas» (entrevista a Jean Charloct Charlot), *La palabra y el hombre* 47 (julio-septiembre de 1968), pág. 453.

llejo fueron los primeros en presentar sus críticas; muy temprano y por motivos muy diferentes se volvieron contra los principios de los movimientos de ruptura que ellos mismos habían fundado. Mário de Andrade y Oswald de Andrade jamás negaron la importancia de la Semana del 22, pero sus reflexiones posteriores fueron muy críticas de ella y, a veces, desilusionada. Oliverio Girondo y Germán List Arzubide se atribuyeron la tarea de rescatar la propia historia, redactando las memorias oficiosas de las corrientes martinfierrista y estridentista. Por su parte, Vicente Huidobro, poeta inaugural de las vanguardias en América Latina, seguirá hasta el fin de una vida muy agitada, fiel a las ideas del poeta como redentor de la humanidad y de la poesía como fuerza renovadora. En sus últimos meses de existencia, le envió una carta a Juan Larrea, donde queda clara esa actitud[83]:

> Nosotros somos los últimos representantes irresignados de un sublime cadáver. Esto lo sabe un duendecillo al fondo de nuestra conciencia y nos lo dice en voz baja todos los días. De ahí la exasperación de nuestro pecho y de nuestra cabeza. Queremos resucitar al cadáver sublime en vez de engendrar un nuevo ser que venga a ocupar su sitio. Todo lo que hacemos es ponerle cascabeles al cadáver, amarrarle cintitas de colores, proyectarle diferentes luces a ver si da apariencias de vida y hace ruido. Todo es vano. El nuevo ser nacerá, aparecerá la nueva poesía, soplará en un gran huracán y entonces se verá cuán muerto estaba el muerto. El mundo abrirá los ojos y los hombres nacerán por segunda vez —o por tercera o cuarta.

[83] *Poesía,* 30-31-32 (1989). Número monográfico dedicado a Vicente Huidobro, pág. 390.

Instantánea del cerebro de Ramón Gómez de la Serna, por Oliverio Girondo,
publicada en *Martín Fierro*

Chile

CHILE: a) Vicente Huidobro, «Arte poética» (1916).—b) *Non serviam* (1914).—c) «Prefacio» a *Adán* (1916).—d) «La actual literatura en lengua española» (1920).—e) «La creación pura» (1921).— f) «Época de creación» (1921).—g) «El creacionismo» (1925).—h) Dirección del Movimiento Vanguardista Chileno, «Rosa Náutica» (1922).—i) Zsigmond Remenyik, «Cartel núm. III» (1922).

Vicente Huidobro, el fundador de las vanguardias latinoamericanas, reúne varias características que permiten considerarlo un precursor. En la década del 10 ya advierte la necesidad de transformar la estética tradicional que aún soportaba el fuerte influjo simbolista-decadentista de Rubén Darío. En la más pura tradición futurista, Huidobro, como Marinetti, se convierte en personaje principal del movimiento fundado por él mismo: el creacionismo.

Para realizar su proyecto, Huidobro recorre una trayectoria elíptica, que en 1916 lo lleva a París, centro por excelencia de la revolución estética del siglo xx. Arriba con dos libros publicados, de escasa madurez *(Ecos del alma,* 1911 y *Adán* 1916) y provisto de algunas armas que le permiten desencadenar tácticas propias de la guerrilla vanguardista: el manifiesto *Non serviam* (1914) y un librito, *El espejo del agua* (1916), donde está el famoso poema-programa «Arte poética» que abre esta antología. En esos textos primeros ya aparecen delineadas las ideas principales de la teoría creacionista: un arte autónomo, antimimético por excelencia, en el que prevalece la invención racional sobre la copia emocional. «Nada de anecdótico ni de descriptivo» propone Huidobro. Un arte que rechaza la tradición romántico-impresionista y privilegia la elaboración mental impuesta por el poeta, ahora identificado como el «pequeño dios» de la creación poética. El término «creacionismo» nació en la conferencia pronunciada en el Ateneo de Buenos Aires, en 1916. Allí Huidobro afirmaba que «la primera condición del poeta es crear, la segunda, crear y la tercera, crear».

Una inicial permanencia de dos años en París fue más que suficiente para vincularlo con los nombres más representativos de la época: Max Jacob, Paul Dermée, Picasso, Juan Gris, Delaunay y otros. Con Pierre Reverdy fundó la revista *Nord-Sud;* colaboró en la famosa *L'Esprit Nouveau* y llegó a editar poemas en francés, además de ver su programa estético plenamente maduro y reconocido. En 1918, Huidobro partió para Madrid con las maletas repletas de las novedades cubo-futuristas de Apollinaire, Blaise Cendrars, Jean Cocteau y otros. Los círculos poéticos madrileños quedaron atónitos ante el repertorio de la vanguardia parisiense. Aunque la retórica vanguardista de Huidobro tiene nítidas raíces futuristas —de allí hereda las metáforas mecánicas— su poesía también se vincula con otras tradiciones. Tal como sucedió con Borges, su lectura de Walt Whitman, único poeta citado en el «Prefacio» de *Adán*, modela su verso libre; en la espacialización de la página se aproxima a Mallarmé, mientras que la abolición total de la puntuación lo identifica con Apollinaire.

Todos estos elementos reaparecen posteriormente, con mucho vigor, en su grandioso texto poético *Altazor* (1919-1931); poema (o antipoema) épico, dividido en siete cantos, donde el héroe es el lenguaje, y el recorrido, la página del poema: «un camino que va del pensamiento a la pura fonación», comenta Saúl Yurkievich[1]. El extenso poema es desigual y algunas de sus metáforas están gastadas. Pero igualmente sobresale el empeño permanente del poeta en minar el lenguaje tradicional: «Se debe escribir en una lengua que no sea materna», aclara en el «Prefacio» al poema. La fuerza de las imágenes, el cuestionamiento permanente del acto poético, el trayecto que va de la palabra al silencio y de la forma escrita al blanco de la página, hacen de *Altazor* una experiencia impar en la poesía hispanoamericana contemporánea.

En Madrid, Huidobro publica cuatro libros de poemas, dos en castellano: *Ecuatorial* y *Poemas árticos* (1918); «con estos libros comienza la vanguardia en castellano», afirma Octavio Paz[2]. Por esa misma época también Borges se encontraba en Madrid. Y si Huidobro llegaba con la influencia del cubo-futurismo de tradi-

---

[1] «*Altazor* o la rebelión de la palabra», en René de Costa (ed.), *Vicente Huidobro y el creacionismo,* Madrid, Taurus, 1975, pág. 303.
[2] *Los hijos del limo,* Barcelona, Seix Barral, 1974, pág. 184.

ción franco-italiana, Borges, después de algunos años de residencia en Zurich, venía impregnado del expresionismo alemán y producía poemas maximalistas de homenaje a la Revolución Rusa. Los dos poetas son responsables de la difusión de la nueva lírica que iría a convertirse en el ultraísmo español, asimismo representado por Ramón Gómez de la Serna, Rafael Cansinos-Asséns y otros seguidores como Gerardo Diego y Juan Larrea.

En 1925 Huidobro emprende su primer regreso a Chile. «Para nosotros chilenos, él es más que nuevo, es absurdo, abracadabrante, terremoto», expresa un perplejo entrevistador[3]. En paralelo con su talentosa carrera poética, Huidobro también asume compromisos políticos. Un violento texto contra el imperialismo británico, *Finis Britanniae,* le cuesta un rapto y una paliza. Ese mismo año Huidobro es candidato a la Presidencia de la República, apoyado por la Federación de Estudiantes. Años más tarde volvería a España, con el propósito de participar en la Guerra Civil (1936), así como se comprometería también con los aliados en la Segunda Guerra Mundial, entrando con ellos a Berlín en 1944. Aunque durante toda su vida se involucró en las cuestiones sociales, no se engañaba Neruda al decir que «no podríamos pensar en Huidobro como un protagonista político a pesar de sus veloces incursiones en el predio civil»[4].

De la controvertida personalidad de Huidobro hoy permanece una obra pionera y revolucionaria dentro de las letras del continente: manifiestos, poemas, caligramas, romances, obras de teatro, ensayos. También perdura su talento de poeta, «un Quijote moderno en el alma y las pupilas», según las palabras de Cedomil Goic[5], uno de los críticos que mejor contribuyeron a elucidar su obra.

El impacto de la poesía de Vicente Huidobro y la importancia de la teoría creacionista polarizaron, en cierta forma, los estudios sobre la vanguardia en Chile. De modo que, si por un lado abundan los trabajos sobre el creacionismo, por el otro son pocas las investigaciones dedicadas a la generación vanguardista chilena. Y a pesar de que Huidobro se ausentó desde 1916 de su tierra natal, aparece una serie de manifestaciones literarias, influidas o no por él, que demuestran la penetración de la nueva sensibilidad.

En los años 20 proliferan revistas experimentales como *Elipse, Dionysios, Dínamo, Andamio, Caballo de Bastos,* etc. También

---

3 Jean Emar, «Con Vicente Huidobro: Santiago, 1925», en René de Costa (ed.), *Vicente Huidobro y el creacionismo,* Madrid, Taurus, 1975, pág. 77.

4 «Búsqueda de Vicente Huidobro», en *Vicente Huidobro y el creacionismo,* pág. 116.

5 «Vicente Huidobro: datos biográficos», *op. cit.,* pág. 36.

empiezan a surgir las voces poéticas. En su *Antología de poesía chilena nueva* (1935), Volodia Teitelboim afirma que «la nueva poesía rechaza la teoría romántica de la INSPIRACIÓN y a su turno patrocina el tipo del poeta interiorizado en su proceso creador»[6]. Allí vemos la marca del creacionismo de Huidobro, quien encabeza la lista de poetas presentados.

Antonio de Undurraga, uno de los críticos más apologéticos de Huidobro[7], ve a su obra influyendo en la poesía de Pablo de Rokha, Pablo Neruda y hasta de Grabriela Mistral. De hecho, aparecen títulos de inspiración vanguardista, como *U* (1925) de Pablo de Rokha, o *Looping* de Juan Marín. En 1926, se abre en Chile una exposición de caligramas, donde exponen Rosamel del Valle, Díaz Casanova y Gerardo Seguel, quienes ya habían sido precedidos en esas experiencias caligramáticas por José Juan Tablada y Vicente Huidobro. En 1920 ya había aparecido un primer manifiesto *Agú* (especie de grito primario), firmado por Alberto Rojas Giménez y Martín Bunster[8]. Estos dos nombres reaparecen en *Rosa náutica*, cartel publicado en 1922, en el único número de *Antena - Hoja vanguardista* y firmado por un gran elenco. Este manifiesto se caracteriza por el tono provocativo, considera a Chile una especie de «Laponia espiritual», donde «críticos esquimales, como ese señor Alone [Hernán Díaz Arrieta][9], ignoran en absoluto las nuevas manifestaciones intelectuales». El texto asume abiertamente la paternidad de los renovadores de la nueva estética. «Hemos nacido en el Espíritu Nuevo de Apollinaire, Marinetti, Huidobro.» La marca de esos maestros aparece de hecho en la agresiva contestación a la tradición, en las metáforas modernólatras, en el vocabulario maquinista, en el tono irónico y bromista, en las imágenes geométricas, en el intento de aprehensión simultánea del tiempo y ubicua del espacio, en la visión utópica de la nueva urbe y en la sintaxis convulsiva del texto. «El afán de contemporaneidad explícita se manifiesta a través de un ostentoso y culterano cosmopolitismo», afirma Saúl Yurkievich[10]. Las adhesiones al texto, firmadas por Huido-

---

[6] «Primer prólogo», en Eduardo Anguita y Volodia Teitelboim (eds.), *Antología de poesía chilena nueva,* Santiago, Zig-Zag, 1935.

[7] Antonio de Undurraga, «Teoría del creacionismo», en Vicente Huidobro, *Poesía y prosa,* Madrid, Aguilar, 1957, págs. 15-186.

[8] Publicado en la revista chilena *Claridad* 6(13/11/1920) y reproducido en Nelson Osorio, T., *Manifiestos, proclamas y polémicas de la vanguardia literaria hispanoamericana,* Caracas, Ayacucho, 1988, págs. 81-82.

[9] Autor de *Historia personal de la literatura chilena,* Santiago, Zig-Zag, 1962. El título del manifiesto se inspira probablemente en el libro de poemas de Philippe Soupault, *Rose des vents,* de 1919.

[10] «Rosa Náutica, un manifiesto del movimiento de vanguardia chileno», en *Bulletin de la Faculté des Lettres de Strasbourg* 46 (abril, 1968), pág. 654.

bro, Borges, Guillermo de Torre, Manuel Maples Arce y otros, corroboran ese deseo cosmopolita, al mismo tiempo que ponen al cartel en sintonía con la vanguardia internacional de lengua española.

Entre los firmantes de *Rosa náutica* se encuentra el escritor húngaro Zsigmond Remenyik, quien desembarcó en 1921 en Valparaíso, donde se quedaría durante seis años, después de viajar por diversas partes de la América del Sur. Gracias al detallado estudio de Georges Ferdinandy, se sabe que Remenyik había participado en el activismo, un movimiento húngaro de vanguardia liderado por Lajos Kassàk, con sede en Budapest y en Viena. «El activismo de Viena es la versión húngara del expresionismo», dice Ferdinandy[11], y probablemente Remenyik es, en parte, responsable de la introducción de la estética expresionista en el medio vanguardista chileno de la época. Algunas extrañas imágenes de *Rosa náutica,* según el crítico Lazlo Scholz, muestran «huellas de la confluencia de la vanguardia húngara: en el reverso del cartel aparece el grabado *Aktivizmus,* de un pintor húngaro, Sándor Bortnyik, y en el texto mismo hay indicios de la influencia del activismo alemán-húngaro dado a conocer en Valparaíso, sin duda alguna por Remenyik»[12]. Ese mismo año, él publica en castellano *La tentación de los asesinos,* poema en prosa vanguardista en trece cantos, acompañado del *Cartel núm. III.* Por la secuencia númerica deben de haber existido carteles números I, II y IV. En el índice de sus tres epopeyas publicadas con el título de *Las tres tragedias del lamparero alucinado,* aparece anunciado el *Cartel núm. IV*[13].

El *Cartel núm. III* está dividido en cuatro items, cada cual con una tipología propia. Redactado en primera persona, muy emotivo, lleno de imágenes onírico-simbólicas, se parece al libre flujo asociativo de tendencia surrealista. Predominan las imágenes bélicas, cierta estética feísta y de la belleza del mal, características del expresionismo alemán. El poeta es descrito como un ser poseído, profético, obligado a elegir entre el arte y la vida, el discurso y la acción, optando por esta última. Hay una visión nihilista, en la cual el anarquismo aparece asociado con un fatalismo apocalíptico. En

---

[11] Georges Ferdinandy, *L'oeuvre hispanoaméricaine de Zsigmond Remenyik,* The Hague/París, Mouton, 1975, pág. 21.

[12] Laszlo Scholz, «Remenyik: un vanguardista húngaro en América Latina», *Hueso Húmero* 7 (octubre-diciembre, 1980), pág. 90. Sobre la vanguardia húngara en América Latina consultar, del mismo autor, «Del fenómeno internacional de las vanguardias (Relaciones literarias entre Hungría y América Latina en los años 20)», en *Acta Litteraria Academiae Scientiarum Hungariae* 26 (1984), págs. 440-447.

[13] A pesar de que, en la lista de la obra en castellano de Remenyik sólo encontramos el *Cartel núm. III.* Cfr. Georges Ferdinandy, *op. cit.,* pág. 36.

el final de *Las tres tragedias del lamparero alucinado* aparece el lema: «El fin del mundo llegará junto con mi muerte.» También se advierte, en la negación de Dios y en la exaltación del superhombre, la influencia nietszchiana. Las imágenes eróticas se mezclan con las connotaciones edípicas (beso de la madre) y fálicas (torres, antorchas sangrientas), inmersas en un medio urbano-futurista (las metrópolis futuras). Tanto en el estilo como en el contenido, el *Cartel núm. III* se distingue de todos los otros manifiestos del continente. El extraño lenguaje, a veces incomprensible, quizá se deba a la directa influencia de la lengua húngara. Remenyik regresó a Hungría en 1926, interrumpiendo su obra en castellano, aunque continuó produciendo literatura en su lengua materna[14]. En ella, Remenyik siempre hace referencia a la experiencia andina de sus años en Valparaíso y en Lima, haciendo lo que Ferdinandy llama una «literatura latinoamericana en lengua húngara». La participación de Zsigmond Remenyik en la vanguardia chilena representa una de las facetas más exóticas del cosmopolitismo transhumante de aquella época, que rompe brevemente con los consagrados centros de influencia, París y Madrid.

ARTE POÉTICA*

VICENTE HUIDOBRO

Que el verso sea como una llave
Que abra mil puertas.
Una hoja cae; algo pasa volando;
Cuanto miren los ojos creado sea,
Y el alma del oyente quede temblando.

Inventa mundos nuevos y cuida tu palabra;
El adjetivo, cuando no da vida, mata.

---

[14] Todavía hay un manuscrito inédito en castellano, fechado en 1929, *Los juicios del dios Agrella*. Ferdinandy dice que: «*Los juicios del dios Agrella* son la prueba irrefutable de que el autor jamás aprendió correctamente el castellano», *op. cit.*, pág. 29.

* Publicado en *El espejo de agua*, 1916. Reproducido en Vicente Huidobro, *Obras completas* I, pág. 219.

VINCENT HUIDOBRO

MANIFESTES
MANIFESTE
MANIFEST
MANIFES
MANIFE
MANIF
MANI
MAN
MA
M

PARIS

ÉDITIONS DE LA REVUE MONDIALE

45, RUE JACOB (VI⁰)

—

1925

Estamos en el cielo de los nervios.
El músculo cuelga,
Como recuerdo, en los museos;
Mas no por eso tenemos menos fuerza:
El vigor verdadero
Reside en la cabeza.

Por qué cantáis la rosa, ¡oh Poetas!
Hacedla florecer en el poema;
Sólo para nosotros
Viven todas las cosas bajo el Sol.

El poeta es un pequeño Dios.

NON SERVIAM*

Y he aquí que una buena mañana, después de una noche de preciosos sueños y delicadas pesadillas, el poeta se levanta y grita a la madre Natura: *Non serviam*.

Con toda la fuerza de sus pulmones, un eco traductor y optimista repite en las lejanías: «No te serviré.»

La madre Natura iba ya a fulminar al joven poeta rebelde, cuando éste, quitándose el sombrero y haciendo un gracioso gesto, exclamó: «Eres una viejecita encantadora.»

Ese *non serviam* quedó grabado en una mañana de la historia del mundo. No era un grito caprichoso, no era un acto de rebeldía superficial. Era el resultado de toda una evolución, la suma de múltiples experiencias.

El poeta, en plena conciencia de su pasado y de su futuro, lanzaba al mundo la declaración de su independencia frente a la Naturaleza.

Ya no quiere servirla más en calidad de esclavo.

El poeta dice a sus hermanos: «Hasta ahora no hemos hecho otra cosa que imitar al mundo en sus aspectos, no hemos creado nada. ¿Qué ha salido de nosotros que no estuviera antes parado ante nosotros, rodeando nuestros ojos, desafiando nuestros pies o nuestras manos?

»Hemos cantado a la Naturaleza (cosa que a ella bien poco le importa). Nunca hemos creado realidades propias, como ella lo hace o lo hizo en tiempos pasados, cuando era joven y llena de impulsos creadores.

---

* Manifiesto leído en el Ateneo de Santiago de Chile, en 1914. Reproducido en Vicente Huidobro, *Obras completas* I, págs. 715-716.

»Hemos aceptado, sin mayor reflexión, el hecho de que no puede haber otras realidades que las que nos rodean, y no hemos pensado que nosotros también podemos crear realidades en un mundo nuestro, en un mundo que espera su fauna y su flora propias. Flora y fauna que sólo el poeta puede crear, por ese don especial que le dio la misma madre Naturaleza a él y únicamente a él.»

Non serviam. No he de ser tu esclavo, madre Natura; seré tu amo. Te servirás de mí; está bien. No quiero y no puedo evitarlo; pero yo también me serviré de ti. Yo tendré mis árboles que no serán como los tuyos, tendré mis montañas, tendré mis ríos y mis mares, tendré mi cielo y mis estrellas.

Y ya no podrás decirme: «Ese árbol está mal, no me gusta ese cielo..., los míos son mejores.»

Yo te responderé que mis cielos y mis árboles son los míos y no los tuyos y que no tienen por qué parecerse. Ya no podrás aplastar a nadie con tus pretensiones exageradas de vieja chocha y regalona. Ya nos escapamos de tu trampa.

Adiós, viejecita encantadora; adiós, madre y madrastra, no reniego ni te maldigo por los años de esclavitud a tu servicio. Ellos fueron la más preciosa enseñanza. Lo único que deseo es no olvidar nunca tus lecciones, pero ya tengo edad para andar solo por estos mundos. Por los tuyos y por los míos.

Una nueva era comienza. Al abrir sus puertas de jaspe, hinco una rodilla en tierra y te saludo muy respetuosamente.

«PREFACIO» A ADÁN*

Vicente Huidobro

A la memoria de Emerson, que habría
amado este humilde Poema.

Antes de empezar la lectura de este poema debo algunas advertencias.

Mi Adán no es el Adán bíblico, aquel mono de barro al cual infunden vida soplándole la nariz: es el Adán científico. Es el primero de los seres que comprende la Naturaleza, el primero en el cual se despierta la inteligencia y florece la admiración.

A ese primer inteligente y comprensor le doy el nombre bíblico de Adán.

---

* Publicado en *Adán,* Santiago, Imprenta Universitaria, 1916. Reproducido en Vicente Huidobro, *Obras completas* I, págs. 187-190.

Mi Adán, entonces, viene a ser aquel estupendo personaje a quien el gran Mechnikov ha llamado «el hijo genial de una pareja de antropoides».

En este poema he tratado de verter todo el panteísmo de mi alma, ciñéndome a las verdades científicas, sin por esto hacer claudicar jamás los derechos de la Poesía.

Muchas veces he pensado escribir una Estética del Futuro, del tiempo no muy lejano en que el Arte esté hermanado, unificado con la Ciencia. Para ello tengo ya entre mis papeles bastantes anotaciones y documentos.

Tanto me he ceñido a la Ciencia que en el canto «Adán ante el mar» puede fácilmente advertirse el origen marino de la vida, que es un fenómeno acuático, según ha demostrado hace pocos años M. Quinton y según creen todos los grandes sabios de Europa.

Sólo en la parte final de este poema, en «Caín y Abel», he dado importancia al símbolo legendario.

Hecha esta advertencia, quiero hablar algo sobre el verso libre.

Una vez concebida la idea de mi poema, la primera pregunta que me hice fue sobre el metro en que debía desarrollarlo. Sin vacilar pensé en el verso libre, porque si hay un tema que exija esta nueva forma, ese tema es el mío, por su misma primitividad de vida libre. Por otra parte, yo hubiera deseado hacer muy grande, muy fuerte la creación del poema, y ese mismo deseo de grandeza me pedía mayor libertad, absoluta amplitud.

Los retóricos españoles confunden el verso libre con el verso blanco. El primero es una mezcla de ritmos en su conjunto y de versos perfectamente rimados en consonante o asonante (o en ambas rimas), y el segundo es siempre de igual número de sílabas y sin rima.

El poeta antiguo atendía al ritmo de cada verso en particular; el versolibrista atiende a la armonía total de la estrofa. Es una orquestación más amplia, sin compás machacante de organillo.

A las protestas de los retóricos adocenados diremos que cada uno de los metros clásicos oficiales y patentados significó, también, en un tiempo, la conquista de una nueva forma, de una libertad.

Y a los que no perciben la armonía del verso libre les diremos que reeduquen bien su oído, su pésimo oído, puesto que soportan con gusto largas tiradas de versos iguales que a veces durante media hora están apaleando el oído a cada cierto número fijo de sílabas.

También les diremos que recuerden que cuando Boscán llevó a España el endecasílabo italiano fue rudamente atacado y que nadie percibía entonces el ritmo del verso que pocos años después sería el favorito de la alta poesía clásica castellana.

Todo evoluciona; confiemos también nosotros en la evolución de los malos oídos, confiemos en que algún día percibirán todos el maravilloso ritmo interior.

La idea es la que debe crear el ritmo y no el ritmo a la idea, como en casi todos los poetas antiguos.

Y no es que yo desprecie a los poetas antiguos; muy al contrario, tengo por muchos gran admiración; pero es innegable que la mayoría eran poetas de vestuario, sin nada interno.

Hay algunos versolibristas que lo hacen muy mal y lo desacreditan, pero ir contra el buen verso libre me parece igual a ir contra la música wagneriana porque rompió con las absurdas trabas de la desesperante música italiana antigua.

Yo por mi parte puedo decir que no comprendo cómo pudiera hacerse obra grande y de verdadera belleza en octosílabos, pongo por caso.

Todos los metros oficiales me dan idea de cosa falsa, literaria, retórica pura. No les encuentro espontaneidad; me dan sabor a ropa hecha, a maquinaria bien aceitada, a convencionalismo.

Realmente no me figuro un gran poema en heptasílabos o en octavas reales.

Creo que la poesía es una cosa tan grande, tan por encima de esas pequeñeces y de todos los tratados, que el hecho sólo de quererla amarrar con leyes a las patas de un código me parece el más grosero de los insultos.

La poesía castellana está enferma de retoricismo; agonizante de aliteratamiento, de ser parque inglés y no selva majestuosa, pletórica de fuerza y ajena a podaduras, ajena a mano de horticultor.

La Naturaleza es muy sabia y muy irónica; vio que había en el mundo muchos hombres que no se conformaban con su vaciedad cerebral y que estaban ansiosos de tener talento, y entonces, en un momento de diabólica justicia, les dijo: «Ahí tenéis eso, hijos míos, y engañad a los que podáis», y les dio facilidad de palabra y los hizo retóricos.

¡Y cómo han engañado a la humanidad! ¡Oh, si pudiéramos hacer la lista de los engañadores!

Escuchad estas palabras de Emerson:

«El poeta es el único sabio verdadero; sólo él nos habla de cosas nuevas, pues sólo él estuvo presente a las manifestaciones íntimas de las cosas que describe. Es un contemplador de ideas; anuncia las cosas que existen de toda necesidad, como las cosas eventuales. Pues aquí no hablo de los hombres que tienen talento poético, o que tienen cierta destreza para ordenar las rimas, sino del verdadero poeta. Últimamente tomé parte en una conversación sobre el autor de ciertas poesías líricas contemporáneas; hombre de espíritu sutil, cuya cabeza parece ser una caja de música llena de ritmos y de sonidos encantadores y delicados; nunca alabaremos bastante su dominio del lenguaje. Pero cuando se hubo de decir si no sólo era un lírico, sino también un poeta, nos vimos obligados a confesar que no era un hombre eterno, que este hombre sólo viviría algunos días. No traspasa el límite ordinario de nuestro horizonte. No se trata de una montaña gigantesca cuyos pies sean cubiertos de una flora tropical, y que todos los climas del globo rodean sucesivamente con su vegetación, no; su genio es el jardín o el parque de una casa moderna adornado de fuentes y de estatuas y lleno de gente bien educada. Bajo la armonía de esta música variada, discernimos el tono dominante de la vida convencional. Nuestros poetas son hombres de talento que cantan; no son los hijos de la música. Para ellos, el pensamiento es cosa secundaria; lo fino, la cinceladura de los versos, es lo principal.

»Pues el poema no lo hacen los ritmos, sino el pensamiento creador del ritmo; un pensamiento tan apasionado, tan vivo, que, como el espíritu de una planta o de un animal, *tiene una arquitectura propia,* adorna la Naturaleza con una cosa nueva. En el orden del tiempo, el pensamiento y su forma son iguales. El poeta tiene un pensamiento nuevo; tiene una experiencia nueva para desenvolver; nos dirá los caminos que ha recorrido y enriquecerá a los hombres con sus descubrimientos. Pues cada nuevo periodo requiere una nueva confesión, otro modo de expresión, y el mundo parece que espera siempre su poeta.»

Hace algunos años Emerson me enseñó otras bellezas que llevaba en mi alma.

En tiempos de una gran confusión espiritual, cuando sentía arder mi cerebro haciendo la transmutación de todos sus valores; en medio de una enorme angustia filosófica, de un gran dolor metafísico, Emerson me dio horas inolvidables de reposo y serenidad.

Los que han sufrido esa trágica inquietud comprenderán mi amor a Emerson.

¡Ah! Si este hombre admirable hubiera sido más científico.

A Emerson debo el haber despertado a otro mundo de belleza, por eso mi espíritu lo ama tanto. Por todo el bien que me ha hecho es que, cuando pienso en él, mis ojos se humedecen de ternura y a él va todo el agradecimiento de mi corazón.

LA ACTUAL LITERATURA EN LENGUA ESPAÑOLA*

VICENTE HUIDOBRO

Mi querido amigo,

Es muy difícil para mí satisfacer tu deseo de tener un artículo sobre los jóvenes escritores en lengua española. En efecto, no estoy al corriente sobre lo que está pasando en América Latina y en España y sólo de tiempo en tiempo recibo libros y revistas que me ayudarían para darte una visión del conjunto[1].

En América, desde hace algunos años se pueden distinguir dos tendencias: los *creacionistas* y los *imagistas*[2].

En líneas generales éstas son sus características:

El *creacionismo* es un arte que, según algunos, tendría origen platónico y según otros, un origen pragmático; que quiere escapar de todo parentesco con la realidad y pretende ofrecernos una belleza completamente independiente del mundo exterior.

Para el *creacionismo,* la verdad exterior que existe *a priori* es despreciable desde el punto de vista artístico. El arte sólo busca la verdad interior, aquella a la que el creador le da forma y vida, y que no existiría sin él.

Así que hay dos verdades: la verdad de la vida y la verdad del arte.

Para los *creacionistas,* la Venus de Milo es una verdad de la vida, pues no es bella en sí misma, sino que, por evocación, pareciera que nos hace pensar en la belleza femenina.

Por el contrario, una mesa se incluiría más bien en la verdad del arte, pues una mesa es bella en sí misma, no por evocación. Ella agrega a la naturaleza algo que ésta no tenía, algo inventado en todas sus partes. El filósofo español Ortega y Gasset, en su libro *El Espectador,* de 1916, critica ese empleo de la palabra «crear» como impropio, pues en arte como en ciencia, nada se crea, todo se inventa.

---

* Carta abierta a Paul Dermée, publicada originalmente en francés en *L'Esprit Nouveau. Revue Internationale Illustrée de l'Activité Contemporaine* 1 (noviembre, 1920), páginas 111-113.

[1] Sorprenden estas palabras, pues Huidobro tuvo una estadía fructífera en Madrid, en 1918, donde publicó cuatro libros de poemas *(Hallali, Tour Eiffel, Poemas Articos* y *Ecuatorial).* También se sabe que hizo un viaje a Santiago, por una importante entrevista a Ángel Cruchaga, en *El Mercurio* del 31 de agosto de 1919.

[2] *El imagismo* inglés/americano (1912-1917) tuvo como precursores a Erza Pound y Amy Lowell. Es una escuela poética que ofrece ciertas semejanzas con el creacionismo huidobriano: preocupación formal con el mundo objetivo, economía en el lenguaje y la experimentación formal con la imagen y con la metáfora.

Mientras tanto, los jóvenes poetas dicen que esto no es más que una querella de palabras sin mayor importancia y que, en el fondo, las dos significan la misma cosa.

A pesar de que el *creacionismo* nació tras una conferencia pronunciada por mí en julio de 1916, en el Ateneo Hispanoamericano de Buenos Aires, hoy ya no estoy de acuerdo con los otros adeptos de esta escuela, pues la mayor parte cayó en la pura fantasía.

*

La otra escuela poética de alguna importancia es la de los *imagistas*. Pretenden escribir poesía mediante una serie de imágenes rápidas y despojadas o de pequeñas descripciones recortadas, de las cuales se desprendería una emoción poética total.

Su fórmula es ésta: impresión directa y expresión directa, sin comentarios inútiles.

Además, ellos proponen el verso libre y, a veces, hacen verdaderos *tours de force* métricos.

Personalmente, no he leído lo suficiente de esta poesía.

*

Si pasamos a España, veremos que a partir del simbolismo se manifestaron dos corrientes: la escuela *creacionista,* lanzada al público en 1916, en Buenos Aires, y la escuela *ultraísta,* que data de 1919.

Acabamos de hablar del *creacionismo;* en cuanto al ultraísmo, me parece una degradación o mala asimilación del *creacionismo*.

Esta escuela fantasista ganó algunos prosélitos en América, pero felizmente, sólo ocurrió entre los poetas de poca importancia.

Justamente, acaba de publicarse en París un libro del poeta chileno Ángel Cruchaga, creacionista, con el título: *Le bois promis,* donde se encuentran versos que revelan, sin duda, un temperamento de poeta.

Para comprender todo el esfuerzo y el mérito enorme de estos poetas, hay que tener en cuenta el medio hostil en que viven. La menor audacia, la más pequeña imagen escapada del círculo estrecho en que el público habitualmente se pasea, provocan un griterío seguido de burlas e insultos.

En 1913, cuando la publicación de mi libro *La gruta del silencio,* apenas le fueron dedicados dos o tres artículos favorables; todo el resto fueron ataques e insultos, aunque ese libro era bastante *moderado*. La crítica se cansó de reírse ante imágenes como las siguientes: «En mi cerebro hay alguien que vino de muy lejos» o bien «Las horas que caen en silencio como gotas de agua sobre un vidrio». Muy pocos podían comprender que yo escribiera: «El cuarto adormecido en el espejo», o bien

«El tanque estañado», o, en fin: «Del margen del libro me acerqué una tarde».

Todos estos versos y muchos otros perturbaron a los espíritus más tranquilos. Con este ejemplo, yo trato de que se aprecie mejor el doble esfuerzo que sostienen actualmente los poetas en lengua española. Es verdad que el público siempre es más o menos igual que en Francia, o en los otros países. La élite que comprende y apoya los esfuerzos de los jóvenes está lejos de ser numerosa. Sólo que, en los países de lengua española, los artistas no se han reunido como aquí en un gran centro, sino que están dispersos y, por eso mismo, son más vulnerables a los ataques de los tontos.

He querido insistir en estos puntos para hacer más comprensible que el fuerte temperamento del artista y el entusiasmo son necesarios a estos poetas para no sucumbir.

LA CREACIÓN PURA*
(Ensayo de estética)

VICENTE HUIDOBRO

El entusiasmo artístico de nuestra época y la lucha entre las diferentes concepciones individuales o colectivas resultantes de este entusiasmo, han vuelto a poner de moda los problemas estéticos, como en tiempos de Hegel y Schleiermacher.

No obstante, hoy debemos exigir mayor claridad y mayor precisión que las de aquella época, pues el lenguaje metafísico de todos los profesores de estética del siglo XVIII y de comienzos del XIX no tiene ningún sentido para nosotros.

Por ello debemos alejarnos lo más posible de la metafísica y aproximarnos cada vez más a la filosofía científica.

Empecemos por estudiar las diferentes fases, los diversos aspectos bajo los que el arte se ha presentado o puede presentarse.

Estas fases pueden reducirse a tres, y para designarlas con mayor claridad, he aquí el esquema que imaginé:

Arte inferior al medio (*Arte reproductivo*).

Arte en armonía con el medio (*Arte de adaptación*).

Arte superior al medio (*Arte creativo*).

Cada una de las partes que componen este esquema, y que marca una época en la historia del arte, involucrará un segundo esquema,

---

* Manifiesto publicado originalmente en francés en *L'Esprit Nouveau* 7 (abril, 1921). Reproducido en Vicente Huidobro, *Obras completas* I, págs. 718-722.

también compuesto de tres partes y que resume la evolución de cada una de aquellas épocas:

Predominio de la inteligencia sobre la sensibilidad.

Armonía entre la sensibilidad y la inteligencia.

Predominio de la sensibilidad sobre la inteligencia.

Al analizar, por ejemplo, el primer elemento del primer esquema —es decir, el Arte reproductivo—, diremos que los primeros pasos hacia su exteriorización los da la Inteligencia, que busca y ensaya. Se trata de reproducir la Naturaleza, y la Razón intenta hacerlo con la mayor economía y sencillez de que el artista es capaz.

Se dejará a un lado todo lo superfluo. En esta época, cada día hay que resolver un nuevo problema y la Inteligencia debe trabajar con tal ardor que la sensibilidad queda relegada a segundo plano, como supeditada a la Razón.

Pero pronto llega la segunda época: los principales problemas ya se hallan resueltos, y todo lo superfluo e innecesario para la elaboración de la obra ha sido cuidadosamente desechado. La sensibilidad toma entonces su puesto cerca de la Inteligencia y barniza a la obra de cierto calor que la hace menos seca y le da más vida que en su primer periodo. Esta segunda época marca el apogeo de un arte.

*

Las generaciones de artistas que vienen luego han aprendido este arte por recetas, se han habituado a él y son capaces de realizarlos de memoria; no obstante, han olvidado las leyes iniciales que lo constituyeron y que son su esencia misma, no viendo más que su lado externo y superficial, en una palabra: su apariencia. Ellos ejecutan las obras por pura sensibilidad, y hasta se puede decir que maquinalmente, pues el hábito hace pasar del consciente al inconsciente. Con ello empieza la tercera época; es decir, la decadencia.

Debo decir que en cada una de estas etapas toman parte varias escuelas; así, en la etapa del arte reproductivo, tenemos el arte egipcio, chino, griego, el de los primitivos, el Renacimiento, el clásico, el romántico, etc. La historia del arte entera está llena de ejemplos que atestiguan lo dicho.

Es evidente que hay, en estas diversas etapas, artistas en los que una facultad predomina sobre la otra; pero la generalidad sigue fatalmente el camino aquí trazado.

Toda escuela seria que marca una época empieza forzosamente por un periodo de búsqueda en el que la Inteligencia dirige los esfuerzos del artista. Este primer periodo puede tener como origen la sensibilidad y la intuición; es decir, una serie de adquisiciones inconscientes. Partiendo siempre de la base que todo pasa primero por los sentidos.

Pero esto sólo ocurre en el instante de la gestación, que es un trabajo anterior al de la producción misma y como su primer impulso. Es el trabajo en las tinieblas, pero al salir a la luz, al exteriorizarse, la Inteligencia empieza a trabajar.

Es un error bastante difundido el creer que la intuición forma parte de la sensibilidad. Para Kant, no puede haber en ésta una intuición intelectual. Por el contrario, Schelling dice que sólo la intuición intelectual puede sorprender la relación de unidad fundamental que existe entre lo real y lo ideal.

La intuición es conocimiento *a priori* y sólo entra en la obra como impulso; es anterior a la realización y en contados casos ocupa un lugar en el curso de esta última.

De todos modos, la intuición no se halla más cerca de la sensibilidad sino que brota de un acuerdo rápido que se establece entre el corazón y el cerebro, como una chispa eléctrica que de pronto surgiera iluminando el fondo más oscuro de un receptáculo.

En una conferencia que di en el Ateneo de Buenos Aires, en julio de 1916, decía que toda la historia del arte no es sino la historia de la evolución del Hombre-Espejo hacia el Hombre-Dios, y que al estudiar esta evolución uno veía claramente la tendencia natural del arte a separarse más y más de la realidad preexistente para buscar su propia verdad, dejando atrás todo lo superfluo y todo lo que puede impedir su realización perfecta. Y agregué que todo ello es tan visible al observador como puede serlo en geología la evolución del *Paloplotherium* pasando por el *Anquitherium* para llegar al caballo.

Esta idea de artista como creador absoluto, del Artista-Dios, me la sugirió un viejo poeta indígena de Sudamérica (aimará) que dijo: «El poeta es un dios; no cantes a la lluvia, poeta, haz llover»[1]. A pesar de que el autor de estos versos cayó en el error de confundir al poeta con el mago y creer que el artista para aparecer como un creador debe cambiar las leyes del mundo, cuando lo que ha de hacer consiste en crear su propio mundo, paralelo e independiente de la Naturaleza.

La idea de que la verdad del arte y la verdad de la vida están separadas de la verdad científica e intelectual, viene sin duda desde bastante lejos, pero nadie la había precisado y demostrado tan claramente como Schleiermacher cuando decía, a comienzos del siglo pasado, que «la poesía no busca la verdad o, más bien, ella busca una verdad que nada tiene en común con la verdad objetiva».

«El arte y la poesía sólo expresan la verdad de la conciencia singular»[2].

---

[1] Esta referencia parece haber inspirado a Huidobro en la composición de los famosos versos del poema «Arte Poética»: «Por qué cantáis la rosa, ¡oh Poetas! / Hacedla florecer en el poema [...] / El poeta es un pequeño Dios.»

[2] *Aesthétik,* págs. 55-61. *[N. A.]*

Es preciso hacer notar esta diferencia entre la verdad de la vida y la verdad del arte; una que existe antes del artista, y otra que le es posterior, que es producida por éste.

El confundir ambas verdades es la principal fuente de error en el juicio estético.

Debemos poner atención en este punto, pues la época que comienza será eminentemente creativa. El Hombre sacude su yugo, se rebela contra la naturaleza como antaño se rebelara Lucifer contra Dios, a pesar de que esta rebelión sólo es aparente, pues *el hombre nunca estuvo más cerca de la Naturaleza que ahora que ya no busca imitarla en sus apariencias, sino hacer lo mismo que ella, imitándola en el plano de sus leyes constructivas,* en la realización de un todo, en el mecanismo de la producción de nuevas formas.

Veremos enseguida cómo el hombre, producto de la Naturaleza, sigue en sus producciones independientes el mismo orden y las mismas leyes que la Naturaleza.

No se trata de imitar la Naturaleza, sino que hacer como ella; no imitar sus exteriorizaciones sino su poder exteriorizador.

Ya que el hombre pertenece a la Naturaleza y no puede evadirse de ella, debe obtener de ella la esencia de sus creaciones. Tendremos, pues, que considerar las relaciones que hay entre el mundo objetivo y el Yo, el mundo subjetivo del artista.

El artista obtiene sus motivos y sus elementos del mundo objetivo, los transforma y combina, y los devuelve al mundo objetivo bajo la forma de nuevos hechos. Este fenómeno estético es tan libre e independiente como cualquier otro fenómeno del mundo exterior, tal como una planta, un pájaro, un astro o un fruto, y tiene, como éstos, su razón de ser en sí mismo y los mismos derechos e independencia.

El estudio de los diversos elementos que ofrecen al artista los fenómenos del mundo objetivo, la selección de algunos y la eliminación de otros según la conveniencia de la obra que se intenta realizar, es lo que forma el Sistema.

De este modo, el sistema del arte de adaptación es distinto del del arte reproductivo, pues el artista perteneciente al primero saca de la Naturaleza otros elementos que el artista imitativo, ocurriendo igual cosa con el artista de la época de creación.

Por tanto el sistema es el puente por donde los elementos del mundo objetivo pasan al Yo o mundo subjetivo.

El estudio de los medios de expresión con que estos elementos ya elegidos se hacen llegar hasta el mundo objetivo, constituye la Técnica.

En consecuencia, la técnica es el puente que se halla entre el mundo subjetivo y el mundo objetivo creado por el artista.

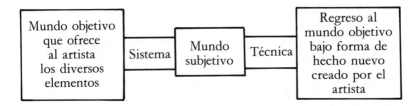

Este nuevo hecho creado por el artista es precisamente el que nos interesa, y su estudio, unido al estudio de su génesis, constituye la Estética o teoría del Arte.

La armonía perfecta entre el Sistema y la Técnica es la que hace el Estilo; y el predominio de uno de estos factores sobre el otro da como resultado la Manera.

Diremos, pues, que un artista tiene estilo cuando los medios que emplea para realizar su obra están en perfecta armonía con los elementos que escogió en el mundo objetivo.

Cuando un artista posee buena técnica pero no sabe escoger en forma perfecta sus elementos o, por el contrario, cuando los elementos que emplea son los que más convienen a su obra pero su técnica deja que desear, dicho artista no logrará jamás un estilo, sólo tendrá una manera.

No nos ocuparemos de aquellos cuyo sistema está en desacuerdo absoluto con la técnica. Éstos no pueden entrar en un estudio serio del arte, aunque sean la gran mayoría, alegren a los periodistas y sean la gloria de los salones de falsos aficionados.

Deseo antes de terminar este artículo aclarar un punto: casi todos los sabios modernos quieren negarle al artista su derecho de creación, y se diría que los propios artistas le temen a esa palabra.

Yo lucho desde hace bastante tiempo por el arte de creación pura y ésta ha sido una verdadera obsesión en toda mi obra. Ya en mi libro *Pasando y pasando*, publicado en enero de 1914, dije que al poeta debe interesarle «el acto creativo y no el de la cristalización»[3].

Son precisamente estos científicos que niegan al artista el derecho de creación quienes deberían más que nadie otorgárselo.

¿Acaso el arte de la mecánica no consiste también en humanizar a la Naturaleza y no desemboca en la creación?

Y si se le concede al mecánico el derecho de crear, ¿por qué habría de negársele al artista?

Cuando uno dice que un automóvil tiene 20 caballos de fuerza, na-

---

[3] *Pasando y pasando*, crónicas y comentarios, Santiago de Chile, Imprenta Chile, 1914. [*N. A.*]

die ve los 20 caballos; el hombre ha creado un equivalente a éstos, pero ellos no aparecen ante nosotros. Ha obrado como la Naturaleza.

El Hombre, en este caso, ha creado algo, sin imitar a la Naturaleza en sus apariencias sino obedeciendo a sus leyes internas. Y es curioso comprobar cómo el hombre ha seguido en sus creaciones el mismo orden de la Naturaleza, no sólo en el mecanismo constructivo sino también en el cronológico.

El Hombre empieza por ver, luego oye, después habla y por último piensa. En sus creaciones, el hombre siguió este mismo orden que le ha sido impuesto. Primero inventó la fotografía, que consiste en un nervio óptico mecánico. Luego el teléfono, que es un nervio auditivo mecánico. Después el gramófono, que consiste en cuerdas vocales mecánicas; y, por último, el cine, que es el pensamiento mecánico.

Y no sólo en esto, sino que en todas las creaciones humanas se ha producido una selección artificial exactamente paralela a la selección natural, obedeciendo siempre a las mismas leyes de adaptación al medio.

Uno encuentra esto tanto en la obra de arte como en la mecánica y en cada una de las producciones humanas.

Por ello yo decía en una conferencia sobre Estética, en 1916, que una obra de arte «es una nueva realidad cósmica que el artista agrega a la Naturaleza, y que ella debe tener, como los astros, una atmósfera propia y una fuerza centrípeta y otra centrífuga. Fuerzas que le dan un equilibrio perfecto y la arrojan fuera del centro productor».

Ha llegado el momento de llamar la atención de los artistas acerca de la creación pura, sobre la que se habla mucho, pero nada se hace.

ÉPOCA DE CREACIÓN*

VICENTE HUIDOBRO

Debemos crear.

El hombre ya no imita. Inventa, agrega a los hechos del mundo, nacidos en el seno de la Naturaleza, hechos nuevos nacidos en su cabeza: un poema, un cuadro, una estatua, un barco a vapor, un auto, un aeroplano...

Debemos crear.

He aquí el signo de nuestra época.

---

* Original francés publicado en *Création* 2 (noviembre, 1921). Reproducido en Vicente Huidobro, *Obras completas* I, pág. 750.

El hombre de nuestros días ha roto la cáscara de las apariencias y ha sorprendido lo que había dentro.

La poesía no debe imitar los aspectos de las cosas sino seguir las leyes constructivas que forman su esencia y que le dan la independencia propia de todo lo que es.

Inventar consiste en hacer que las cosas que se hallan paralelas en el espacio se encuentren en el tiempo o viceversa, y que al unirse muestren un hecho nuevo[1].

El conjunto de los diversos hechos nuevos unidos por un mismo espíritu es lo que constituye la obra creada.

Si no están unidos por un mismo espíritu, resultará una obra impura[2], informe, que sólo exalta a la fantasía sin ley.

El estudio del arte a través de la historia nos muestra claramente ese tender de la imitación hacia la creación en todas las realizaciones humanas. Podemos establecer una ley de Selección Científica y Mecánica equivalente a la de Selección Natural.

En arte nos interesa más la potencia del creador que la del observador. Y, por lo demás, la primera encierra en sí misma, y en mayor grado, a la segunda.

EL CREACIONISMO*

VICENTE HUIDOBRO

El creacionismo no es una escuela que yo haya querido imponer a alguien; el creacionismo es una teoría estética general que empecé a elaborar hacia 1912, y cuyos tanteos y primeros pasos los hallaréis en mis libros y artículos escritos mucho antes de mi primer viaje a París.

En el número 5 de la revista chilena *Musa Joven,* yo decía:

El reinado de la literatura terminó. El siglo veinte verá nacer el reinado de la poesía en el verdadero sentido de la palabra, es decir, en el de creación, como la llamaron los griegos, aunque jamás lograron realizar su definición.

---

[1] El salitre, el carbón y el azufre existían paralelamente desde el comienzo del mundo. Pero era necesario un hombre superior, un inventor que, haciéndolos encontrarse, creara la pólvora, la pólvora que puede hacer estallar vuestro cerebro tal como una hermosa imagen. *[N. A.]*

[2] «Obra impura»: la mención remite, por oposición, a la teoría francesa simbolista de la *poésie pure*. Sus principios se aproximan al arte por el arte, en una clara tendencia a valorizar imágenes y sonidos. No fue casualidad que Pablo Neruda, desde Madrid, y en vísperas de la Guerra Civil Española, lanzara el manifiesto «Sobre una poesía sin pureza» (1935), incluida en esta antología.

* Original francés publicado en *Manifestes,* 1925. Reproducido en Vicente Huidobro, *Obras completas* I, págs. 731-740.

Más tarde, hacia 1913 ó 1914, yo repetía casi igual cosa en una pequeña entrevista aparecida en la revista *Ideales,* entrevista que encabezaba mis poemas. También en mi libro *Pasando y pasando,* aparecido en diciembre de 1913, digo, en la página 270, que lo único que debe interesar a los poetas es el «acto de la creación», y oponía a cada instante este acto de creación a los comentarios y a la poesía *alrededor de.* La cosa creada contra la cosa cantada.

En mi poema *Adán,* que escribí durante las vacaciones de 1914 y que fue publicado en 1916[1], encontraréis estas frases de Emerson en el Prefacio, donde se habla de la constitución del poema:

> *Un pensamiento tan vivo que, como el espíritu de una planta o de un animal, tiene una arquitectura propia, adorna la naturaleza con una cosa nueva.*

Pero fue en el Ateneo de Buenos Aires, en una conferencia que di en junio de 1916, donde expuse plenamente la teoría. Fue allí donde se me bautizó como *creacionista* por haber dicho en mi conferencia que la primera condición del poeta es crear; la segunda, crear, y la tercera, crear.

Recuerdo que el profesor argentino José Ingenieros, que era uno de los asistentes, me dijo durante la comida a que me invitó con algunos amigos después de la conferencia: «Su sueño de una poesía inventada en cada una de sus partes por los poetas me parece irrealizable, aunque usted lo haya expuesto en forma muy clara e incluso muy científica.»

Casi la misma opinión la tienen otros filósofos en Alemania y dondequiera yo haya explicado las mismas teorías. «Es hermoso, pero irrealizable.»

¿Y por qué habrá de ser irrealizable?

Respondo ahora con las mismas frases con que acabé mi conferencia dada ante el grupo de Estudios Filosóficos y Científicos del doctor Allendy, en París, en enero de 1922:

> *Si el hombre ha sometido para sí a los tres reinos de la naturaleza, el reino mineral, el vegetal y el animal, ¿por qué razón no podrá agregar a los reinos del universo su propio reino, el reino de sus creaciones?*

El hombre ya ha inventado toda una fauna nueva que anda, vuela,

---

[1] Notamos en estos fragmentos iniciales la necesidad imperiosa de Huidobro de fechar sus obras, con la finalidad de marcar su propia participación en el movimiento de las vanguardias internacionales. Esto le ha costado no pocas polémicas (la más famosa con Pierre Reverdy) y ríos de tinta sobre la veracidad o no de estas fechas, especialmente con relación a la edición de *El espejo de agua.*

nada, y llena la tierra, el espacio y los mares con sus galopes desenfrenados, con sus gritos y sus gemidos.

Lo realizado en la mecánica también se ha hecho en la poesía. Os diré qué entiendo por poema creado. Es un poema en el que cada parte constitutiva, y todo el conjunto, muestra un hecho nuevo, independiente del mundo externo, desligado de cualquier otra realidad que no sea la propia, pues toma su puesto en el mundo como un fenómeno singular, aparte y distinto de los demás fenómenos.

Dicho poema es algo que no puede existir sino en la cabeza del poeta. Y no es hermoso porque recuerde algo, no es hermoso porque nos recuerde cosas vistas, a su vez hermosas, ni porque describa hermosas cosas que podamos llegar a ver. Es hermoso en sí y no admite términos de comparación. Y tampoco puede concebírselo fuera del libro.

Nada se le parece en el mundo externo; hace real lo que no existe, es decir, se hace realidad a sí mismo. Crea lo maravilloso y le da vida propia. Crea situaciones extraordinarias que jamás podrán existir en el mundo objetivo, por lo que habrán de existir en el poema para que existan en alguna parte.

Cuando escribo: «El pájaro anida en el arco iris», os presento un hecho nuevo, algo que jamás habéis visto, que jamás veréis, y que sin embargo os gustaría mucho ver.

Un poeta debe decir aquellas cosas que nunca se dirían sin él.

Los poemas creados adquieren proporciones cosmogónicas; os dan a cada instante el verdadero sublime, este sublime del que los textos nos presentan ejemplos tan poco convincentes. Y no se trata del sublime excitante y grandioso, sino de un sublime sin pretensión, sin terror, que no desea agobiar ni aplastar al lector: un sublime de bolsillo.

El poema creacionista se compone de imágenes creadas, de situaciones creadas, de conceptos creados; no escatima ningún elemento de la poesía tradicional, salvo que en él dichos elementos son íntegramente inventados, sin preocuparse en absoluto de la realidad ni de la veracidad anteriores al acto de realización.

Así, cuando escribo:

El océano se deshace
Agitado por el viento de los pescadores que silban

presento una descripción creada; cuando digo: «Los lingotes de la tempestad», os presento una imagen pura creada, y cuando os digo: «Ella era tan hermosa que no podía hablar», o bien: «La noche está de sombrero», os presento un concepto creado.

En Tristan Tzara encuentro poemas admirables que están muy cerca de la más estricta concepción creacionista. Aunque en él la creación es generalmente más formal que fundamental. Pero el hombre que ha escrito los siguientes versos es, sin la sombra de una duda, un poeta:

En porcelaine la chanson pensée, je suis fatigué — la chanson des reines l'arbre crève
[de la nourriture comme une lampe.

Je pleure vouloir se lever plus haut que le jet d'eau serpente au ciel car il n'existe plus
[la gravité terrestre à l'école et dans le cerveau.

> *Quand le poisson rame*
> *le discours du lac*
> *quand il joue la gamme*
> *la promenade des dames, etc.*[2].

A veces, Francis Picabia nos abre en sus poemas ventanas sobre lo insospechado, probándonos que no sólo es pintor:

> *Enchaîné sur l'avenir de l'horloge*
> *des récréations*
> *dans un empire missel;*
>
> *Le jour épuisé d'un court instant*
> *parcimonieux*
> *échappe à la sagacité du lecteur*
> *d'esprit.*
>
> *Les jeunes femmes compagnes du fleuve*
> *logique viennent comme une tache sur l'eau*
> *pour gagner un monstre enfumé*
> *d'amis aimables*
> *dans l'ordre du suicide enragé.*
>
> *Emporter une histoire pour deux*
> *à force de joie dans la chevelure*
> *des syllabes*[3].

---

[2] En porcelana la canción pensada, estoy fatigado — la canción de las reinas el
[árbol revienta de alimento como una lámpara.
Lloro querer alzarse más alto que el juego de agua serpiente en el cielo, pues ya no existe
[la gravedad terrestre en la escuela y en el cerebro.
Cuando el pez rema
el discurso del lago
cuando toca el diapasón
el paseo de las damas, etc. *[Traducción del Autor.]*
[3] Encadenado sobre el porvenir del reloj

También Georges Ribemont-Dessaignes tiene versos que nos sacan de lo habitual:

> *Regarder par la prunelle de sa maîtresse*
> *afin de voir à l'intérieur*[4].

Y Paul Eluard nos hace a menudo temblar como un surtidor que nos golpeara la espina dorsal:

> *Il y a des femmes dont les yeux sont comme des morceaux de sucre*
> *il y a des femmes graves comme les mouvements de l'amour qu'on ne surprend*
> > *[pas,*
> *d'autres, comme le ciel a la veille du vent.*
> *Le soir traînait des hirondelles. Les hibous*
> *partageaient le soleil et pesaient sur la terre*[5].

Los dos poetas creacionistas españoles, Juan Larrea y Gerardo Diego, han dado sendas pruebas de su talento. Cuando Gerardo Diego escribe:

> *Al silbar tu cabeza se desinfla*

o bien:

> diversiones
> en un imperio misal;
>
> El día agotado por un corto instante
> parsimonioso
> escapa a la sagacidad del lector
> fino.
>
> Las jóvenes mujeres compañeras del río
> lógico llegan como una mancha sobre el agua
> para ganar un monstruo ahumado
> de amigos amables
> en la orden del suicida enrabiado.
>
> Llevar una historia para dos
> a fuerza de alegría en la cabellera
> de las sílabas. [*Tr. A.*]

[4] Mirar por la pupila de su amante
para ver qué hay dentro. [*Tr. A.*]

[5] Hay mujeres cuyos ojos son como pedazos de azúcar
hay mujeres serias como los movimientos del amor que uno no sorprende,
otras como el cielo en vísperas de viento.

La tarde arrastraba golondrinas. Los búhos
dividían el sol y pesaban sobre la tierra. [*Tr. A.*]

La lluvia tiembla como un cordero

o esto otro:

Una paloma despega del cielo

nos da una sensación poética muy pura. Igual cosa sucede con Juan Larrea cuando dice:

Un pájaro cambia el tiempo

o bien:

Lechos de ladrillos entre los sonidos

y aún esto otro:

Tu recuerdo se aleja según la dirección del viento.

Ambos poetas han probado a los españoles escépticos hasta qué
grado de emoción puede llegar lo inhabitual, demostrando todo lo que
de serio contiene la teoría creacionista. Nunca han hecho burlarse
(como aquellos pobres ultraístas)[6] a las personas de espíritu realmente
superior.

Si para los poetas creacionistas lo que importa es presentar un hecho nuevo, la poesía creacionista se hace traducible y universal, pues
los hechos nuevos permanecen idénticos en todas las lenguas.

Es difícil y hasta imposible traducir una poesía en la que domina la
importancia de otros elementos. No podéis traducir la música de las
palabras, los ritmos de los versos que varían de una lengua a otra; pero
cuando la importancia del poema reside ante todo en el objeto creado,
aquél no pierde en la traducción nada de su valor esencial. De este
modo, si digo en francés:

La nuit vient des yeux d'autrui

y si digo en español:

La noche viene de los ojos ajenos

---

[6] En la lucha por los liderazgos intelectuales, no son de extrañar las peleas internas
entre las corrientes creacionistas y ultraístas. También Borges, fundador del ultraísmo,
no ahorró críticas a Huidobro.

o en inglés:

Night comes from others eyes

el efecto es siempre el mismo y los detalles lingüísticos secundarios. La poesía creacionista adquiere proporciones internacionales, pasa a ser la Poesía, y se hace accesible a todos los pueblos y razas, como la pintura, la música o la escultura.

*

Hay en el hombre una dualidad que se manifiesta en todos sus actos, dos corrientes paralelas en las que se engendran todos los fenómenos de la vida.

Todo ser humano es un hermafrodita frustrado. Tenemos un principio o una fuerza de expansión, que es femenina, y una fuerza de concentración, que es masculina.

En ciertos hombres domina una en detrimento de la otra. En muy pocos aparecen ambas en perfecto equilibrio.

En el fondo, es en esto donde hallaremos soluciones para el eterno problema de románticos y clásicos.

Todo sigue en el hombre a esta ley de dualidad. Y si llevamos en nosotros una fuerza centrífuga, también tenemos una fuerza centrípeta.

Poseemos vías centrípetas, vías que nos traen como antenas los hechos que ocurren a sus alrededores (audición, visión, sensibilidad general), y poseemos vías centrífugas, que semejan aparatos de emisiones y nos sirven para emitir nuestras ondas, para proyectar el mundo subjetivo en el mundo objetivo (escritura, palabra, movimiento).

El poeta, como todos los hombres, tiene dos personalidades, que no son, hablando con propiedad, dos personalidades, sino por el contrario la personalidad en singular, la única verdadera.

La personalidad total se compone de tres cuartos de personalidad innata y de un cuarto de personalidad adquirida.

La personalidad innata es la que Bergson llama yo fundamental; la otra es el yo superficial.

También Condillac distinguía entre un yo pensante y un yo autómata.

En el creacionismo proclamamos la personalidad total.

Nada de parcelas de poetas.

El infinito entero en el poeta, el poeta íntegro en el instante de proyectarse.

La obra de arte tiene como cuna estos dos elementos, que también constituyen una dualidad paralela: la sensibilidad, que es el elemento afectivo, y la imaginación, que es el elemento intelectual.

91

En el dictado automático, la sensibilidad ocupa mayor espacio que la imaginación, pues el elemento afectivo se halla mucho menos vigilado que el otro.

En la poesía creada, la imaginación arrastra con la simple sensibilidad.

*

Nada me afirmó más en mis teorías que la crítica violenta, que los comentarios burlescos de mis poemas, sobre todo los hechos a mi libro *La gruta del silencio,* publicado en 1913. Todos los críticos sufrían una crisis nerviosa precisamente ante los versos que me gustaban, y sin saber tal vez por qué.

Nadie adivinará nunca cuánto me hizo pensar este hecho sin importancia. Sin proponérselo, los críticos me ayudaron mucho en mi trabajo al recortar con tijeras precisas versos o imágenes como las siguientes:

En mi cerebro hay alguien que viene de lejos,

o bien:

Las horas que caen silenciosas como gotas de agua por un vidrio.
La alcoba se durmió en el espejo.
El estanque estañado.
Una tarde me aproximé hacia la orilla del libro.

¿Sabéis qué poetas citaba yo en la primera página de ese libro? Rimbaud y Mallarmé. ¿Y sabéis qué citaba de Rimbaud?

Y a veces he visto lo que el hombre ha creído ver.

Después que apareció mi libro *La gruta del silencio* di también gran importancia al subconsciente y hasta a cierta especie de sonambulismo. Entregué a la revista *Ideales* un poema que se titulaba *Vaguedad subconsciente* y anuncié ese mismo año un libro escrito íntegramente en aquel estilo, titulado *Los espejos sonámbulos*[7].

Pero éste fue un paréntesis de pocos meses. Pronto sentí que perdía tierra y caía, seguramente por reacción, por una reacción violenta, casi miedosa, en ese horrible panteísmo mezcla de hindú y de noruego, en esa poesía de buey rumiante y de abuela satisfecha. Felizmente esta caí-

---

[7] Podéis verlo anunciado en la lista de *Obras del autor* de mi librito: *El espejo de agua,* publicado en 1916 en Buenos Aires. *[N. A.]*

da duró poco y al cabo de algunas semanas retomé mi antiguo camino con mucho más entusiasmo y conocimiento que antes.

Luego vino el periodo de las confidencias a los amigos y de las sonrisas equívocas de los unos y compasivas de los otros. Las burlas irracionales, la atmósfera irrespirable que iban a obligarme a dejar mis montañas nativas y a buscar climas más favorables para los cateadores de minas.

A fines de 1916 caía en París, en el ambiente de la revista *Sic*. Yo apenas conocía la lengua, pero pronto me di cuenta de que se trataba de un ambiente muy futurista y no hay que olvidar que dos años antes, en mi libro *Pasando y pasando,* yo había atacado al futurismo como algo demasiado viejo, en el preciso instante en que todos voceaban el advenimiento de algo completamente nuevo.

Yo buscaba por todas partes esta poesía creada, sin relación con el mundo externo, y, cuando a veces creí hallarla, pronto me daba cuenta de que era sólo mi falta de conocimiento de la lengua lo que me hacía verla allí donde faltaba en absoluto o sólo se hallaba en pequeños fragmentos, como en mis libros más viejos de 1913 y 1915.

¿Habéis notado la fuerza especial, el ambiente casi creador que rodea a las poesías escritas en una lengua que comenzáis a balbucear?

Encontráis maravillosos poemas que un año después os harán sonreír.

En el medio de Apollinaire se hallaban, aparte de él, que era un poeta indiscutible, varios investigadores serios; desgraciadamente gran parte de ellos carecía del fuego sagrado, pues nada es más falso que creer que las dotes se hallan tiradas por las calles. Las verdaderas dotes de poeta son de lo más escaso que existe. Y no le doy aquí al vocablo poeta el sentido íntimo que tiene para mí, sino su sentido habitual, pues para mí nunca ha habido un solo poeta en toda la historia de nuestro planeta.

Hoy afirmo rotundamente, tal como lo hice diez años atrás en el Ateneo de Buenos Aires: «Nunca se ha compuesto un solo poema en el mundo, sólo se han hecho algunos vagos ensayos de componer un poema. La poesía está por nacer en nuestro globo. Y su nacimiento será un suceso que revolucionará a los hombres como el más formidable terremoto.» A veces me pregunto si no pasará desapercibido.

Dejemos, pues, bien establecido que cada vez que yo hablo de poeta sólo empleo esta palabra para darme a entender, como estirando un elástico para poder aplicarla a quienes se hallan más cerca de la importancia que a ella le asigno.

En la época de la revista *Nord-Sud,* de la que fui uno de los fundadores, todos teníamos más o menos la misma orientación en nuestras búsquedas, pero en el fondo estábamos bastante lejos unos de otros.

Mientras otros hacían buhardas ovaladas, yo hacía horizontes cuadrados. He aquí la diferencia expresada en dos palabras. Como todas las buhardas son ovaladas, la poesía sigue siendo realista. Como los horizontes no son cuadrados, el autor muestra algo creado por él.

Cuando apareció *Horizon carré*, he aquí cómo expliqué dicho título en una carta al crítico y amigo Thomas Chazal:

> *Horizonte cuadrado. Un hecho nuevo inventado por mí, creado por mí, que no podría existir sin mí. Deseo, mi querido amigo, englobar en este título toda mi estética, la que usted conoce desde hace algún tiempo.*
>
> *Este título explica la base de mi teoría poética. Ha condensado en sí la esencia de mis principios.*
>
> *1.º Humanizar las cosas. Todo lo que pasa a través del organismo del poeta debe coger la mayor cantidad de su calor. Aquí algo vasto, enorme, como el horizonte, se humaniza, se hace íntimo, filial gracias al adjetivo* CUADRADO. *El infinito anida en nuestro corazón.*
>
> *2.º Lo vago se precisa. Al cerrar las ventanas de nuestra alma, lo que podía escapar y gasificarse, deshilacharse, queda encerrado y se solidifica.*
>
> *3.º Lo abstracto se hace concreto y lo concreto abstracto. Es decir, el equilibrio perfecto, pues si lo abstracto tendiera más hacia lo abstracto, se desharía en sus manos o se filtraría por entre sus dedos. Y si usted concretiza aún más lo concreto, éste le servirá para beber vino o amoblar su casa, pero jamás para amoblar su alma.*
>
> *4.º Lo que es demasiado poético para ser creado se transforma en algo creado al cambiar su valor usual, ya que si el horizonte era poético en sí, si el horizonte era poesía en la vida, al calificársele de cuadrado acaba siendo poesía en el arte. De poesía muerta pasa a ser poesía viva.*

Las pocas palabras que explican mi concepto de la poesía, en la primera página del libro de que hablamos, os dirán qué quería hacer en aquellos poemas. Decía:

> *Crear un poema sacando de la vida sus motivos y transformándolos para darles una vida nueva e independiente.*
>
> *Nada de anecdótico ni de descriptivo. La emoción debe nacer de la sola virtud creadora.*
>
> *Hacer un poema como la naturaleza hace un árbol.*

En el fondo, era exactamente mi concepción de antes de mi llegada a París: la de aquel acto de creación pura que hallaréis, como una verdadera obsesión, en cualquier parte de mi obra a partir de 1912. Y aún sigue siendo mi concepción de la poesía. El poema creado en todas sus partes, como un objeto nuevo.

Debo repetir aquí el axioma que presenté en mi conferencia del Ateneo de Madrid, en 1921, y últimamente en París, en mi conferencia de la Sorbona, axioma que resume mis principios estéticos: «El Arte es una cosa y la Naturaleza otra. Yo amo mucho el Arte y mucho la Naturaleza. Y si aceptáis las representaciones que un hombre hace de la Naturaleza, ello prueba que no amáis ni la Naturaleza ni el Arte.»

En dos palabras y para terminar: los creacionistas han sido los primeros poetas que han aportado al arte el poema inventado en todas sus partes por el autor.

He aquí, en estas páginas acerca del creacionismo, mi testamento poético. Lo lego a los poetas del mañana, a los que serán los primeros de esta nueva especie animal, el poeta, de esta nueva especie que habrá de nacer pronto, según creo. Hay signos en el cielo.

Los casi-poetas de hoy son muy interesantes, pero su interés no me interesa.

El viento vuelve mi flauta hacia el porvenir.

ROSA NÁUTICA*

Movimiento Vanguardista Chileno

El Arte nuevo y la Literatura han recorrido los circuitos ideológicos, hasta en los países más antipódicos a Chile. Han hecho su trayectoria, subsolar y clandestina al principio, abierta y magníficamente frutal más tarde. Europa es hoy el tablero de una planta eléctrica, donde se abren bajo el gobierno de fosforescentes operadores, las múltiples rosas amarillas de las ampolletas. Y de ese enorme tablero parten incontables ISMOS, cables submarinos o terrestres que han buscado los intersticios eocénicos, transpasando invertebradamente los estratos seculares para transmitir a las cuatro esquinas de la Rosa Náutica la nueva vitalidad eléctrica, la futurista sensibilidad y la debiscencia jugosa del *humour* que en Europa, corazón del planeta, han sustituido a los ancestralismos fatalistas.

Las manifestaciones perforantes de aquellos epimeteos adolescentes en los estrados académicos, un día cualquiera, gritaron su credo arbitrario, su nuevo Credo, el nacido de sus nervios voltaizados ante el aspecto de las modernas ciudades, que sinfonizan la hora actual con la respiración de los mil pulmones de sus usinas acezantes, sonaron a cosa absurda y combatible hasta en los países mas ecuánimes y espirituales, porque es condición de los hombres no creer sino en lo que les enseña-

* En *Antena. Hoja Vanguardista,* Valparaíso, Tour Eiffel, mayo, 1922. Reproducido en *Bulletin de la Faculté des Lettres de Strasbourg* 7 (abril, 1968). Agradezco a Merlin H. Forster por la cesión de este documento.

ron. Aquellas subversiones mentales imprevistas provocaron reacciones subterráneas y ataques sin cuartel. Especialmente, las mediocridades híbridas que se alimentan con los residuos de lo que devora la gran Bestia de la Incomprensión, mancharon con su verba cartularia y con su ideología de prendero, los iniciales gritos jóvenes. Luego las transparentes mediocridades locales reafirmaron las impugnaciones de los otros, y hubo un admirable coro de ranas, entre los terciopelos de sus pantanos, alarmadas de ver salir una Luna nueva, una luna de madera forrada en papel de plata... Se cansaron por fin, los batracios, de protestar por el orto imprevisto del astro nuevo. Callaron y se adormilaron, como en un proceso inverso, del estado de anfibios adultos, amaestrados en el *Brek-ek-ekez* aristofánico[1], al estado de renacuajos. Entonces, hombres de buena fe que callaron en medio de la noche, descifraron los signos nuevos aparecidos en el Zodíaco del mundo. Sus tablas, repletas de los futuros signos jeroglíficos, esperaron la llegada de los hermes nacidos en el Espíritu nuevo, el ázoe actual que llena de ozonos saludables los pulmones adolescentes. Nacidos con la clave de las nuevas palabras, los hermes universales lanzaron a los aires las granadas maduras de sus ideaciones hiperlícitas, las que caían sobre los tejados de las ciudades milenarias y sobre los sombreros de copa de los octogenarios viandantes, haciendo bailar ante sus ojos empavonados imágenes poliédricas. Y por la imposición, hasta contra los más incomprensivos, de una cosa primicial y mentalmente nutricia, los augurales poseedores de las claves filoneístas del Arte y la Literatura lograron, en el proceso de doce años de implantación, una personería cívica de novadores y revolucionarios que les permite y les permitirá efectuar la aclimatación completa de las nuevas fórmulas. Así es como hoy, en Europa, el Arte nuevo y la literatura libre son cosa del día, cosa naturalísima. Pocos la combaten. Por el contrario, todos tratan de iluminarse, de «encontrarse sonoros», según la expresión francesa, para ponerse a tono con las anticipaciones de los más espirituales.

Sólo en nuestro Chile, Laponia espiritual, está aún por conocerse todo ese enorme ciclo de ideología nueva. Se la conoce algo entre nosotros, que nos hemos eximido por nuestra propia cuenta de seguir las aguas de los cetáceos literarios de campanillas de nuestro Mar Ártico. Demás está decir que críticos esquimales, como ese señor ALONE ignoran en absoluto las nuevas manifestaciones intelectuales.

Ha bastado, sin embargo, lo relativamente poco que conocemos esas literaturas, entre nosotros los jóvenes, para que informándonos circunstancialmente, encontráramos los viaductos propios, que irreveladamente presentíamos en la niebla anterior. Y por ellos hemos entrado sin demora, encendiendo las linternas sordas de nuestras emociones

---

[1] Referencia a *Las ranas* de Aristófanes.

acrobáticamente lógicas. Pero nadie, ni nosotros mismos tenemos derecho a juzgar, todavía, el valor de nuestra obra, a no ser en la comparatividad de un comentario amical e iluminativo. Pertenecemos al futuro, y en el futuro nos explicaremos solos.

Tendremos por norma la celeridad evolucional de la Rosa de los Vientos. Nada de células. Las poleas de trasmisión del mundo taladran nuestras membranas auriculares y despertados de los eglójicos adormilamientos, engranamos nuestro corazón al gran sistema nervioso de las máquinas futuras. Tenemos la juventud de los calendarios, que hacia la tarde ya no son sino un montón de hojas amarillas: pero nuestra hora la viviremos cien años más tarde. Tanto da. No nos preocupamos. Cien planetas nacen cada mañana en los horizontes de nuestras pupilas. Todos son agujereados al instante por el trépano de nuestra curiosidad vertiginosa; y quedan como los discos rojos y blancos de un *shooting saloon*. Así, somos Pasado, Presente y Futuro. De aquí que no queramos nada con el ZOO del Arte oficial; caldo de gelatina para todos los bacilos del pseudo arte. El CAMOUFLAJE LITERATURA and Co. ya nos atosiga. En él hay toda la escalonada cretinidad de los manicomios. (No nos convenció el fantoche de M. Pantoja, con dinero y sin talento, pero maleado por el ambiente y propenso a las vulgares *fumisteries* de un Lomice Terreux.)

Una expedición nueva de hecantónqueros intelectuales sube a las planicies del sol. Somos la generación naciente. Hemos nacido en el Espíritu Nuevo de Apollinaire, Marinetti, Huidobro: de modo que no tenemos necesidad de sacudir las paredes ahumadas de los figones literarios antecedentes. Tal SELVA LÍRICA, anuario hidrográfico y dermatológico de tres generaciones reglamentarias atrofiadas por el PATHOS romántico.

Los viejos «poetas», en sus sillones valetudinarios, harían bien en saludarnos agitando las banderas grises de sus manos. Ellos y todos los que viven la *actualidad* de hace cincuenta años, deberán abrir las ventanillas de sus desvanes psicológicos, para vernos, a nosotros, que vivimos la actualidad futura.

La dirección del movimiento vanguardista chileno.

Neftalí Agrella, Julio Walton, Martín Bunster, Jacobo Nazaré, Salvador Reyes, A. Rojas Giménez, Rafael Yépez Alvear, Alfonso León de la Barra, Próspero Rivas, Segismundo Remenyik, Pablo Christi, Francisco Carocca, Carlos Ramírez B., Eugenio Silva, René Silva, Julio Serey, Carlos Toro Vega, Ramón García y Boente, Gustavo Duval, Marko Smirnoff, Ramón Corujedo, R. Hurtado, Óscar Chávez, Humberto Coriolanni, Fernando García Oldini - *Adhesiones:* Vicente Huidobro, Jacques Edwards, Guillermo de Torre, Jorge Luis Borges, Norah Borges, Manuel Maples Arce.

CARTEL NUM. III*

ZSIGMOND REMENYIK

1

Ahora se levantaron las serpientes otra vez en mi cerebro, después que ya se alimentaron de mi corazón, para que salgan con mis gritos y' voces extrañas a ocupar las selvas y campos vírgenes! Yo estoy muy seguro de los dolores que vendrán con la pérdida de las palabras y gestos y con la salida de las serpientes que yo tenía en mi sangre, porque yo sé que con las palabras y gestos pronunciados perdemos poco a poco la fuerza para vivir, llegando siempre más cerca por el hecho y la palabra a lo que cumplir y pronunciar nacimos del plan de la materia, lo que como cumplimos y pronunciamos llegará la muerte «cruel»!

2

Pero yo sonrío no más, mis gritos levantan las polleras de las mujeres, como fueran las banderas de la vida! Oh arte, parece que fuera un jinete pálido y castrado al lado de la vida, que vivimos nosotros, con una sonrisa infeliz! Nosotros, que subimos por las cumbres, gritando la anarquía! sin ser fanáticos, porque despreciamos el fanatismo! Negamos la religión! porque no hemos visto al dios bueno, y sabemos que el dios nunca existió para la humanidad pobre e infeliz y cuando a veces se apareció nació de una cobardía desgraciada, lo que no conocemos nosotros, teniendo el valor! Tenemos un deber para con nosotros y para la humanidad: cambiar la vida, y purificarnos y purificarlos hasta que no reconozcamos la moral de la muerte, lo que puede levantarnos con un gesto feliz y dichoso hasta el suicidio!

3

Mis palabras primitivas en esta tierra donde no podía hablar yo bien, únicamente del amor y del dolor y de la miseria en que a veces me encontré, se pierden como me voy a perder una vez yo también! Porque tenía la naturaleza de los lobos, y la de los salvajes, gritando palabras, y levantando gestos, lo que no comprendió nadie! Llegué a saber

---

* 1922. Agradezco a László Scholz por la obtención de este documento.

sobre las colinas que toda lucha es inmoral lo que no es contra los animales y contra las gentes más primitivas, con las armas más sangrientas, en un tormento superior como lo hicieron las primeras criaturas humanas de esta tierra! En el principio era el hecho! y después nació la palabra para matarlo como un miserable, cobardemente!

4

Yo nací con tentaciones terribles y con algunos vicios de la vida, para vivir, sufrir y después perderme en ellos! Entiendo y comprendo todos los hechos de los revolucionarios criminales y amantes! tengo dentro de mí la tristeza de los aventureros y la alegría de los inocentes! En esta tierra donde yo amé, y sufrí, se levantaron unas tentaciones en mi cerebro, y yo siento que tengo que cumplirlas! Para la vida tienen derecho únicamente los valientes, sean ellos los del crimen o los del amor! Las tierras que yo recorrí ya me saludan, y los puertos y metrópolis futuros me llaman con sus gritos desde la profundidad! El beso de mi madre me manda para que yo pueda subir por las torres de la humanidad, y el beso de mi última mujer me llama con una dulzura mentirosa para quedar en los fosos de su matriz! Yo contesto para el grito de los puertos y metrópolis futuros, y salgo hacia ellos con las antorchas sangrientas, donde tengo que cumplir mi tentación con que nací de la voluntad de la materia y de la fuerza en una noche!

Ultraísmo argentino

ARGENTINA: a) Jorge Luis Borges, «Anatomía de mi Ultra» (1921).—b) «Ultraísmo» (1921).—c) *et alia*. Mural *Prisma* núm. 1 (1922).—d) *et alia*. Mural *Prisma* núm. 2 (1922).—e) Oliverio Girondo, «Manifiesto Martín Fierro» (1924).

En 1921, el joven Borges desembarca en Buenos Aires decidido a cambiar el panorama literario local, hasta entonces dominado por la estética simbolista-decadentista de Rubén Darío, Leopoldo Lugones, Evaristo Carriego y otros. Viene de Madrid, contaminado aún por el entusiasmo de la creación del ultraísmo que, a su vez, habría de servir de catalizador en la formación de la vanguardia argentina. Ésta se inicia con un pequeño grupo, liderado por Borges, que pega en las paredes de Buenos Aires dos manifiestos: las versiones de 1921 y 1922 de la hoja mural *Prisma*.

Este gesto fundador se continúa en la revista *Proa* (1922), de cuya primera serie salen publicados tres números. En el editorial él afirma que «el ultraísmo no es una secta carcelaria», o sea, que no está libre de influencias y, de hecho, en la revista se advierte la herencia española, principalmente de Rafael Cansinos-Asséns y de Guillermo de Torre. El núcleo responsable de la publicación constituirá posteriormente la antológica generación «martinfierrista»: Borges, Eduardo G. Lanuza, Norah Lange, el singularísimo Macedonio Fernández y otros.

En 1924 se produce la sedimentación del movimiento. Por un lado, Borges comienza a retirarse estratégicamente de los *ismos,* volviendo al timón de *Proa* (2.ª época). En ese mismo año nace el órgano más revolucionario de la vanguardia argentina: *Martín Fierro,* que se prolongaría hasta 1927. Dirigida por la heroica tenacidad de Evar Méndez, la revista tuvo como mentor intelectual a Oliverio Girondo. Él fue autor del Manifiesto Martín Fierro, que tiene la arrogancia, la irreverencia, el humor y el tono contundente del más puro de los manifiestos futuristas. La tónica de la revista la daba la poesía, pero había numerosos artículos sobre pintura, arquitectura, música, cine y escultura. El impacto de las informaciones sobre las nuevas tendencias y el carácter polémico de las cuestiones presentadas hacen de *Martín Fierro* un divisor de aguas en la cultura argentina. En tal sentido, dice Córdova Iturburu: «Su tarea crítica, creadora e informativa, tonificó el ambiente, contribuyó de manera decisiva a crear un clima de atención y respeto hacia la obra de los poetas y de los artistas, liquidó criterios envejecidos, renovó el arte hasta entonces rarificado de los medios intelectuales y llevó el espíritu de innovación literaria a tales límites y a tan inesperados medios que hasta algunos diarios populares de la tarde comenzaron a utilizar desconcertantes metáforas de nuevo cuño en los títulos de sus artículos y en sus notas periodísticas más comunes»[1].

La existencia de la revista siempre estuvo marcada por las polémicas. Entre ellas, el episodio Florida *versus* Boedo, que dividió a los escritores: los de «Boedo», más inclinados hacia la literatura como instrumento de transformación social, opuestos a los «estetizantes» de «Florida». «Ningún movimiento literario argentino de este siglo suscitó una atención tan ferviente y no hubo otro grupo de escritores argentinos que mostraran un interés tan implacable por su propia supervivencia en cuanto generación», dice Francine Masiello[2].

También fue *Martín Fierro* la primera en cuestionar la pretensión de Madrid de ser el eje cultural —el «meridiano intelectual»— de la producción hispanoamericana. Otro caso de enorme repercusión fue el de Leopoldo Lugones. Al comienzo, el poeta simbolista dio un gran apoyo al grupo fundador de la revista, pero cometió el traspié de publicar una contundente defensa de la rima, con lo que se volvió un continuo blanco de críticas y burlas. *Lunario sentimental,* la obra más acabada de Lugones, fue llamada por Borges, durante años, *Nulario sentimental*[3].

---

[1] *La revolución martinfierrista,* Buenos Aires, Ediciones Culturales Argentinas, 1962, pág. 62.

[2] *Lenguaje e ideología. Las escuelas argentinas de vanguardia,* Buenos Aires, Hachette, 1986, pág. 12.

[3] Aunque Borges haya escrito un libro sobre Lugones y hasta dado un curso sobre su poesía en la Universidad de Texas en Austin (1962) parece que nunca le tuvo respeto. James E. Irby cuenta: «[Borges] juega con las variantes absurdas del nombre de Lugones: Lugolpoldo Leones, Peololdo Gulones, Deololpo Nugoles...»

La revista dejó de publicarse por motivos políticos, cuando su director se negó a asumir una vinculación partidaria, rechazando apoyar al entonces candidato a la presidencia del país, Hipólito Yrigoyen.

Martín Fierro marcó a toda una generación. Según Néstor Ibarra, el primero y uno de los más lúcidos historiadores del movimiento, la revista fue «la tribuna más completa y variada de todas las manifestaciones modernas del arte en la Argentina»[4]. Se puede agregar que *Martín Fierro* constituye en la Argentina el equivalente de la Semana de Arte Moderno en el Brasil: definió un *antes* y un *después* en las manifestaciones culturales y artísticas de América del Sur.

ANATOMÍA DE MI ULTRA*

Jorge Luis Borges

La estética es el andamiaje de los argumentos edificados *a posteriori* para legitimar los juicios que hace nuestra intuición sobre las manifestaciones de arte. Esto, en lo referente al crítico. En lo que atañe a los artistas, el caso cambia. Puede asumir todas las formas entre aquellos dos polos antagónicos de la mentalidad, que son el polo impresionista y el polo expresionista. En el primero, el individuo se abandona al ambiente; en el segundo, el ambiente es el instrumento del individuo. (De paso, es curioso constatar que los escritores autobiográficos, los que más alarde hacen de su individualidad recia, son en el fondo los más sujetos a las realidades tangibles. Verbigracia, Baroja.) Sólo hay, pues, dos estéticas: la estética pasiva de los espejos y la estética activa de los prismas[1]. Ambas pueden existir juntas. Así, en la renovación actual li-

---

(«¿Resquicios del joven ultraísta que solía reírse del *Nulario sentimental?*»), en «Encuentro con Borges», *Revista de la Universidad de México* (mayo, 1962), pág. 4.

4 *La nueva poesía argentina. Ensayo crítico sobre el ultraísmo. 1921-1929,* Buenos Aires, Molinari e Hijos, 1939, pág. 17.

* Publicado en la revista madrileña *Ultra,* de 20/5/1921. Reproducido en César Fernández Moreno, *La realidad y los papeles,* pág. 493.

1 Aunque Borges siempre se haya mostrado antagónico con relación a Huidobro, no podemos dejar de observar aquí ciertas coincidencias entre los principios estéticos de ambos poetas: contra el arte imitativo y a favor de la deformación. Al mencionar una «estética activa de los prismas», Borges está más próximo de la construcción cubista que de la deformación expresionista. También hay una retomada de los principios de Mallarmé (que menciona, en la presentación a *Un lance de dados,* las «subdivisiones prismáticas de la Idea»). Años más tarde Oliverio Girondo hablaría también de la «pupila de prisma».

teraria —esencialmente expresionista— el futurismo, con su exaltación de la objetividad cinética de nuestro siglo, representa la tendencia pasiva, mansa, de sumisión al medio...

Ya cimentadas estas bases, enunciaré las intenciones de mis esfuerzos líricos.

Yo busco en ellos la *sensación en sí,* y no la descripción de las premisas espaciales o temporales que la rodean. Siempre ha sido costumbre de los poetas ejecutar una reversión del proceso emotivo que se había operado en su conciencia; es decir, volver de la emoción a la sensación, y de ésta a los agentes que la causaron. Yo —y nótese bien que hablo de intentos y no de realizaciones colmadas— anhelo un arte que traduzca la emoción desnuda, depurada de los adicionales datos que la preceden. Un arte que rehuyese lo dérmico, lo metafísico y los últimos planos egocéntricos o mordaces.

Para esto —como para toda poesía— hay dos imprescindibles medios: el ritmo y la metáfora. El elemento acústico y el elemento luminoso.

El ritmo: no encarcelado en los pentagramas de la métrica, sino ondulante, suelto, redimido, bruscamente truncado.

La metáfora: esa curva verbal que traza casi siempre entre dos puntos —espirituales— el camino más breve.

ULTRAÍSMO*

JORGE LUIS BORGES

ULTRAÍSMO

Antes de comenzar la explicación de la novísima estética, conviene desentrañar la hechura del rubenianismo y anecdotismo vigentes, que los poetas ultraístas nos proponemos llevar de calles y abolir. Y no hablo del clasicismo, pues el concepto que de la lírica tuvieron la mayoría de los clásicos —esto es, la urdidura de narraciones versificadas y embanderadas de imágenes, o el sonoro desarrollo dialéctico de cualquier intención ascética o jactancioso rendimiento amatorio— no campea hoy en parte alguna. En lo que al rubenianismo atañe, puedo señalar desde ya un hecho significativo. Los iniciales compañeros de gesta de Rubén van despojando su labor de las habituales topificaciones que signan esa tendencia, y realizando aisladamente obras desemejantes. Juan

---

* En *Nosotros* 151, Buenos Aires (diciembre, 1921). Reproducido en César Fernández Moreno, *La realidad y los papeles,* págs. 493-497.

Ramón Jiménez propende así a una suerte de psicologismo confesional y abreviado; Valle-Inclán gesticula su incredulidad jubilosa en versos pirueteros; Lugones se olvida de Laforgue y las metáforas formales para encaminarse a los paisajes sumisos; Pérez de Ayala ensancha en su prosa recia y palpable la tradición de Quevedo, y el cantor de *La tierra de Alvargonzález* se ha encastillado en un severo silencio. Ante esa divergencia actual de los comenzadores, cabe empalmar una expresión de Torres Villarroel y decir que, considerado como cosa viviente, capaz de forjar belleza nueva o de espolear entusiasmos, el rubenianismo se halla a las once y tres cuartos de su vida, con las pruebas terminadas para esqueleto. Esto lo afirmo, pese a la numerosidad de monederos falsos del arte que nos imponen aún las oxidadas figuras mitológicas y los desdibujados y lejanos epítetos que prodigara Darío en muchos de sus poemas. La belleza rubeniana es ya una cosa madurada y colmada, semejante a la belleza de un lienzo antiguo, cumplida y eficaz en la limitación de sus métodos y en nuestra aquiescencia al dejarnos herir por sus previstos recursos; pero por eso mismo, es una cosa acabada, concluida, anonadada[1].

Ya sabemos que manejando palabras crepusculares, apuntaciones de colores y evocaciones versallescas o helénicas, se logran determinados efectos, y es porfía desatinada e inútil seguir haciendo eternamente la prueba.

Por cierto, muchos poetas jóvenes que aseméjanse inicialmente a los ultraístas en su tedio común ante la cerrazón rubeniana, han hecho bando aparte, intentando rejuvenecer la lírica mediante las anécdotas rimadas y el desaliño experto. Me refiero a los sencillistas[2] que tienden a buscar poesía en lo común y corriente, y a tachar de su vocabulario toda palabra prestigiosa. Pero éstos se equivocan también. Desplazar el lenguaje cotidiano hacia la literatura, es un error. Sabido es que en la conversación hilvanamos de cualquier modo los vocablos y distribuimos los guarismos verbales con generosa vaguedad... El miedo a la retórica —miedo justificado y legítimo— empuja a los sencillistas a otra clase de retórica vergonzante, tan postiza y deliberada como la jerigonza académica, o las palabrejas en lunfardo que se desparraman por cualquier obra nacional, para crear el ambiente. Además, hay otro error más grave que su estética. Ni la escritura apresurada y jadeante de algunas fragmentarias percepciones ni los gironcillos autobiográficos

---

[1] La aversión que Borges demuestra aquí contra Rubén Darío es propia de la rebeldía del movimiento vanguardista. Ultrapasada esta etapa, Borges nunca se cansará de elogiar el papel revolucionario del fundador del modernismo hispanoamericano.

[2] Referencia a la poesía de Baldomero Fernández Moreno. Poeta y prosista argentino, fundador del *sencillismo*, esto es, la búsqueda de la síntesis y de la exactitud en el poeta; el rescate de lo cotidiano a través de una poesía humilde.

arrancados a la totalidad de los estados de conciencia y malamente copiados, merecen ser poesía. Con esa voluntad lograra de aprovechar el menor ápice vital, con esa comezón continua de encuadernar el universo y encajonarlo en una estantería, sólo se llega a un sempiterno espionaje del alma propia, que tal vez resquebraja e histrioniza al hombre que lo ejerce.

¿Qué hacer entonces? El prestigio literario está en baja; los intelectuales temen que los socaliñen con palabras bonitas e inhiben su emotividad ante el menor alarde oratorio; las enumeraciones de Whitman y su compañerismo vehemente nos parecen lejanos, legendarios; los más acérrimos partidarios del susto vocean en balde derrumbamientos y apoteosis. ¿Hacia qué norte emproar la lírica?

El ultraísmo es una de tantas respuestas a la interrogación anterior.

El ultraísmo lo apadrinó inicialmente el gran prosista sevillano Rafael Cansinos-Asséns, y en sus albores no fue más que una voluntad ardentísima de realizar obras noveles e impares, una resolución de incesante sobrepujamiento.

Así lo definió el mismo Cansinos: «El ultraísmo es una voluntad caudalosa que rebasa todo límite escolástico. Es una orientación hacia continuas y reiteradas evoluciones, un propósito de perenne juventud literaria, una anticipada aceptación de todo módulo y de toda idea nuevos. Representa el compromiso de ir avanzando con el tiempo.»

Estas palabras fueron escritas en el otoño de 1918. Hoy, tras dos años de variadísimos experimentos líricos ejecutados por una treintena de poetas en las revistas españolas *Cervantes* y *Grecia* —capitaneada esta última por Issac del Vando Villar— podemos precisar y limitar esa anchurosa y precavida declaración del maestro. Esquematizada, la presente actitud del ultraísmo es resumible en los principios que siguen:

1.º Reducción de la lírica a su elemento primordial: la metáfora.

2.º Tachadura de las frases medianeras, los nexos y los adjetivos inútiles.

3.º Abolición de los trebejos ornamentales, el confesionalismo, la circunstanciación, las prédicas y la nebulosidad rebuscada.

4.º Síntesis de dos o más imágenes en una, que ensancha de ese modo su facultad de sugerencia.

Los poemas ultraicos constan, pues, de una serie de metáforas, cada una de las cuales tiene sugestividad propia y compendiza una visión inédita de algún fragmento de la vida. La desemejanza raigal que existe entre la poesía vigente y la nuestra es la que sigue: en la primera, el hallazgo lírico se magnifica, se agiganta y se desarrolla; en la segunda, se anota brevemente. ¡Y no creáis que tal procedimiento menoscabe la fuerza emocional! «Más obran quintaesencias que fárragos», dijo el autor del *Criticón* en sentencia que sería inmejorable abreviatura de la estética ultraísta. La unidad del poema la da el tema común —intencional u objetivo— sobre el cual versan las imágenes definidoras de sus aspectos parciales.

VIAJE

Los astros son espuelas
que hieren los ijares de la noche
En la sombra, el camino claro
es la estela que dejó el Sol
de velas desplegadas
Mi corazón como un albatros
siguió el rumbo del sol

GUILLERMO JUAN

PRIMAVERA

La última nieve sobre tus hombros
¡oh amada vestida de claro!
El último arco-iris
hecho abanico entre tus manos.
Mira:
El hombre que mueve el manubrio
enseña a cantar a los pájaros nuevos
La primavera es el poema
de nuestro hermano el jardinero.

JUAN LAS

EPITALAMIO

Puesto que puedes hablar
no me digas lo que piensas
Tu corazón
envuelve
tu carne.
Sobre tu cuerpo desnudo
mi voz cosecha palabras.

Te traigo de Oriente el Sol
para tu anillo de Bodas.
En el hecho que espera
una rosa se desangra.

HELIODORO PUCHE

CASA VACÍA

Toda la casa está llena de ausencia.
La telaraña del recuerdo
pende de todos los techos.

En la urna de las vitrinas
están presos los ruiseñores del silencio.

Hay preludios dormidos
que esperan la hora del regreso.

El polvo de la sombra
se pega a los vestidos de los muros.
En el reloj parado
se suicidaron los minutos.

ERNESTO LÓPEZ-PARRA

La lectura de estos poemas demuestra que sólo hay una conformidad tangencial entre el ultraísmo y las demás banderías estéticas de vanguardia. La exasperada retórica y el bodrio dinamista de los poetas de Milán[3] se hallan tan lejos de nosotros como el zumbido verbal, las enrevesadas series silábicas y el terco automatismo de los sonámbulos de Sturm[4] o la prolija baraúnda de los unanimistas franceses[5]...

Además de los nombres ya citados de poetas ultraístas, no hay que olvidar a J. Rivas Panedas, a Humberto Rivas, a Jacobo Sureda, a Juan Larrea, a César A. Comet, a Mauricio Bacarisse y a Eugenio Montes. Entre los escritores que, enviándonos su adhesión, han colaborado en las publicaciones ultraístas, bástame aludir a Ramón Gómez de la Serna, a Ortega y Gasset, a Valle-Inclán, a Juan Ramón Jiménez, a Nicolás Beauduin, a Gabriel Alomar, a Vicente Huidobro y a Maurice Claude.

---

[3] Referencia peyorativa al grupo futurista milanés, liderado por Marinetti.
[4] *Der Sturm:* movimiento literario que prevaleció de 1760 a 1780. Han sido los precursores del romanticismo alemán.
[5] Unanimismo: movimiento literario liderado por Jules Romains.

En el terreno de las revistas, la hoja decenal *Ultra* reemplaza actualmente a *Grecia* e irradia desde Madrid las normas ultraicas. En Buenos Aires acaba de lanzarse *Prisma,* revista mural, fundada por E. González Lanuza, Guillermo Juan y el firmante. De real interés es también el sagaz estudio antológico publicado en el número 23 de *Cosmópolis* por Guillermo de Torre, brioso polemista, poeta y forjador de neologismos.

Un resumen final. La poesía lírica no ha hecho otra cosa hasta ahora que bambolearse entre la cacería de efectos auditivos o visuales, y el prurito de querer expresar la personalidad de su hacedor. El primero de ambos empeños atañe a la pintura o a la música, y el segundo se asienta en un error psicológico, ya que la personalidad, el yo, es sólo una ancha denominación colectiva que abarca la pluralidad de todos los estados de conciencia. Cualquier estado nuevo que se agregue a los otros llega a formar parte esencial del yo, y a expresarle: lo mismo lo *individual* que lo *ajeno.* Cualquier acontecimiento, cualquier percepción, cualquier idea, nos expresa con igual virtud; vale decir, puede añadirse a nosotros... Superando esa inútil terquedad en fijar verbalmente un yo vagabundo que se transforma en cada instante, el ultraísmo tiende a la meta primicial de toda poesía, esto es, a la transmutación de la realidad palpable del mundo en realidad interior y emocional.

MURAL PRISMA NÚM. 1*
(Proclama)

JORGE LUIS BORGES, GUILLERMO DE TORRE,
EDUARDO GONZÁLEZ LANUZA, GUILLERMO JUAN

NAIPES I[1] FILOSOFÍA.—Barajando un mazo de cartas se puede conseguir que vayan saliendo en un enfilamiento más o menos simétrico. Claro que las combinaciones así hacederas son limitadas i de humilde interés. Pero si en vez de manipular naipes, se manipulan palabras, palabras imponentes i estupendas, palabras con entorchados i aureolas, entonces ya cambia diametralmente el asunto.

En su forma más enrevesada i difícil, se intenta hasta explicar la vida mediante esos dibujos, i al barajador lo rotulamos filósofo. Para que merezca tal nombre, la tradición le fuerza a escamotear todas las

---

* Revista mural, publicada en Buenos Aires, en diciembre de 1921.

[1] El uso de la «i» en lugar de la «y» revela un Borges preocupado en romper con las rígidas normas gramaticales del español y aproximar el lenguaje escrito del lenguaje oral.

Número inédito de la revista *Prisma*. Fotografía de Alicia D'Amico

facetas de la existencia menos una, sobre la cual asienta las demás, i a decir que lo único verdadero son los átomos o la energía o cualquier otra cosa...

¡Como si la realidad que nos estruja entrañablemente, hubiera menester muletas o explicaciones!

SENTIMENTALISMO PREVISTO.—En su forma más evidente i automática, el juego de entrelazar palabras campea en esa entablillada nadería que es la literatura actual. Los poetas sólo se ocupan de cambiar de sitio los cachivaches ornamentales que los rubenianos heredaron de Góngora —las rosas, los cisnes, los faunos, los dioses griegos, los paisajes ecuánimes i enjardinados— ¡engarzar millonariamente los flojos adjetivos *inefable, divino, azul, misterioso!* Cuánta socarronería i cuánta mentira en ese manosear de ineficaces i desdibujadas palabras, cuánto miedo altanero de adentrarse verdaderamente en las cosas, cuánta impotencia en esa vanagloria de símbolos ajenos! Mientras tanto los demás líricos, aquellos que no ostentan el tatuaje azul rubeniano, ejercen un anecdotismo gárrulo, i fomentan penas rimables que barnizadas de visualidades oportunas venderán después con un gesto de amaestrada sencillez i de espontaneidad prevista.

ANQUILOSAMIENTO DE LO LIBRE.—I unos i otros señoritos de la cultura latina, gariteros de su alma, se pedestalizan sobre las marmóreas leyes estéticas para dignificar ejercicio tan lamentable. Todos quieren realizar obras apelmazadas i perennes. Todos viven en su autobiografía, todos creen en su personalidad, esa mescolanza de percepciones entreveradas de salpicaduras de citas, de admiraciones provocadas i puntiaguda lirastenia. Todos tienden a la enciclopedia, a los aniversarios i a los volúmenes tupidos.

El concepto histórico de la vida muerde sus horas. En vez de concederle a cada instante su carácter suficiente i total, los colocan en gerarquías prolijas. Escriben dramas i novelas abarrotadas de encrucijadas espirituales, de gestos culminantes i de apoteosis donde se remansa definitivamente el vivir. Han inventado ese andamiaje literario —la estética— según la cual hay que preparar las situaciones i empalmar las imágenes, i que convierte lo que debiera ser ágil i brincador en un esfuerzo indigno i trabajoso. Idiotez que les hace urdir un soneto para colocar una línea, i decir en doscientas páginas lo cabedero en dos renglones. (Desde ya puede asegurarse que la novela, esa cosa maciza engendrada por la superstición del yo va a desaparecer, como ha sucedido con la epopeya i otras categorías dilatadas)[2].

---

[2] Borges, a los veintitrés años, ya muestra su preferencia por formas literarias breves y su aversión a la forma novelesca. La idea de la negación del «yo» reaparecería años

ULTRA.—Nosotros los ultraístas en esta época de mercachifles que exhiben corazones disecados i plasman el rostro en carnavales de muecas —queremos desanquilosar el arte. Lícito i envidiable como cualquier otro placer es el que motivan las palabras eficazmente trabadas, mas hai que convenir en lo absurdo de honrar los que le venden, traficando con flacas ñoñerías i trampas antiquísimas. Nuestro arte quiere superar esas martingalas de siempre i descubrir facetas insospechadas al mundo. Hemos sintetizado la poesía en su elemento primordial: la metáfora, a la que concedemos una máxima independencia, más allá de los jueguitos de aquellos que comparan entre sí cosas de forma semejante, equiparando con un circo a la luna. Cada verso de nuestros poemas posee su vida individual i representa una visión inédita. El Ultraísmo propende así a la formación de una mitología emocional i variable. Sus versos, que excluyen la palabrería i las victorias baratas conseguidas mediante el despilfarro de palabras exóticas, tienen la contextura decisiva de los marconigramas.

LATIGUILLO.—Hemos lanzado *Prisma* para democratizar esas normas. Hemos embanderado de poemas las calles, hemos iluminado con lámparas verbales vuestro camino, hemos ceñido vuestros muros con enredaderas de versos: que ellos, izados como gritos, vivan la momentánea eternidad de todas las cosas, i sea comparable su belleza dadivosa i transitoria, a la de un jardín vislumbrado a la música desparramada por una abierta ventana i que colma todo el paisaje.

MURAL PRISMA NÚM. 2*

JORGE LUIS BORGES, GUILLERMO DE TORRE,
EDUARDO GONZÁLEZ LANUZA, GUILLERMO JUAN

Por segunda vez, ante la numerosa indiferencia de los muchos, la voluntaria incomprensión de los pocos i el gozo espiritual de los únicos, alegramos con versos las paredes.

Volvemos a crucificar nuestros poemas sobre el acaso de las miradas.

Esta manera de manifestar nuestra labor ha sorprendido; pero la verdad es que ello —quijotada, burla contra los vendedores del arte, atajo hacia el renombre, lo que queráis— es aquí lo de menos. Nuestros versos son lo importante.

---

más tarde, elaborada en bellísimo ensayo «La nadería de la personalidad», en *El idioma de los argentinos,* 1928.
* Revista mural, publicada en Buenos Aires, en 1922.

Aquí los dejamos sangrantes de la emoción nuestra, bajo los hachazos del sol porque ellos no han menester las complicidades del claroscuro.

Ningún falso color va a desteñirse, ningún revoque va a desprenderse.

Los rincones i los museos para el arte viejo tradicional, pintarrajeado de colorines i embarazado de postizos, harapiento de imágenes i mendicante o ladrón de motivos.

Para nosotros la vida entusiasmada i simultánea de las calles, la gloria de las mañanitas ingenuas i la miel de las tardes maduras, el apretón de los otros carteles i el dolor de las desgarraduras de los pilluelos; para nosotros la tragedia de los domingos y de los días grises.

Hastiados de los que, no contentos con vender, han llegado a alquilar su emoción i su arte, prestamistas de la belleza, de los que estrujan la mísera idea cazada por casualidad, tal vez arrebatada, nosotros, millonarios de vida y de ideas, salimos a regalarlas en las esquinas, a despilfarrar las abundancias de nuestra juventud, desoyendo las voces de los avaros de su miseria.

Mirad lo que os damos sin fijaros en cómo.

[POEMAS]   «Poema Pastoral», Adriano del Valle
«Nocturno», Eduardo González Lanuza
«Tormenta», Piñero
«Bahía», R. Tapaz Alvear
«Iglesia», «Plaza», Guillermo Juan
«Auriculares», G. de Torre
«Atardecer», Jorge Luis Borges
«El Oso», Salvador Reyes
«Poema», Jacobo Sureda]

MANIFIESTO MARTÍN FIERRO*

[Oliverio Girondo]

Frente a la impermeabilidad hipopotámica del honorable público.

Frente a la funeraria solemnidad del historiador y del catedrático, que momifica todo cuanto toca.

Frente al recetario que inspira las elucubraciones de nuestros más «bellos» espíritus y a la afición al *anacronismo* y al *mimetismo* que demuestran.

---

* Publicado en el cuarto número de la revista *Martín Fierro,* a 15/5/1924.

Frente a la ridícula necesidad de fundamentar nuestro nacionalismo intelectual hinchando valores falsos que al primer pinchazo se desinflan como chanchitos.

Frente a la incapacidad de contemplar la vida sin escalar las estanterías de las bibliotecas.

Y, sobre todo, frente al pavoroso temor de equivocarse que paraliza el mismo ímpetu de la juventud, más anquilosada que cualquier burócrata jubilado:

Martín Fierro siente la necesidad imprescindible de definirse y de llamar a cuantos son capaces de percibir que nos hallamos en presencia de una NUEVA SENSIBILIDAD y de una NUEVA COMPRENSIÓN, que, al ponernos de acuerdo con nosotros mismos, nos descubre panoramas insospechados y nuevos medios y formas de expresión.

Martín Fierro acepta las consecuencias y las responsabilidades de localizarse, porque sabe que de ello depende su salud. Instruido de sus antecedentes, de su anatomía, del meridiano en que camina, consulta el barómetro, el calendario, antes de salir a la calle a vivirla con sus nervios y con su mentalidad de hoy.

Martín Fierro sabe que «todo es nuevo bajo el sol» si todo se mira con unas pupilas actuales y se expresa con un acento contemporáneo.

Martín Fierro se encuentra, por eso, más a gusto en un transatlántico moderno que en un palacio renacentista, y sostiene que un buen HISPANO-SUIZO[1] es *una obra de arte* muchísimo más perfecta que una silla de manos de la época de Luis XV.

Martín Fierro ve una posibilidad arquitectónica en un baúl *innovation*[2], una lección de síntesis en un marconigrama, una organización mental en una rotativa, sin que esto le impida poseer —como las mejores familias— un álbum de retratos que hojea, de vez en cuando, para descubrirse a través de un antepasado... o reírse de su cuello y de su corbata.

Martín Fierro cree en la importancia del aporte intelectual de América, previo tijeretazo a todo cordón umbilical. Acentuar y generalizar, a las demás manifestaciones intelectuales, el movimiento de independencia iniciado, en el idioma, por Rubén Darío, no significa, empero, que habremos de renunciar, ni mucho menos finjamos desconocer que todas las mañanas nos servimos de un dentífrico sueco, de unas toallas de Francia y de un jabón inglés.

Martín Fierro tiene fe en nuestra fonética, en nuestra visión, en

---

[1] «Hispano-suizo»: marca de un automóvil de época.

[2] «Innovation»: negocio en París, que en la época confeccionaba baúles apropiados para los portaequipajes de los coches.

nuestros modales, en nuestro oído, en nuestra capacidad digestiva y de asimilación.

Martín Fierro artista, se refriega los ojos a cada instante para arrancar las telarañas que tejen, de continuo, el hábito y la costumbre. ¡Entregar a cada nuevo amor una nueva virginidad, y que los excesos cada día sean distintos a los excesos de ayer y de mañana! ¡Ésta es, para él, la verdadera santidad del creador!... ¡Hay pocos santos!

Martín Fierro, crítico, sabe que una locomotora no es comparable a una manzana y el hecho de que todo el mundo compare una locomotora con una manzana y algunos opten por la locomotora, otros por la manzana, rectifica para él la sospecha de que hay muchos más negros de lo que se cree. Negro el que exclama ¡colosal! y cree haberlo dicho todo. Negro el que necesita encandilarse con lo coruscante y no está satisfecho si no lo encandila lo coruscante. Negro el que tiene las manos achatadas como platillo de balanza y lo sopesa todo y todo lo juzga por el peso. ¡Hay tantos negros!...

Martín Fierro sólo aprecia a los negros y a los blancos que son realmente negros o blancos y no pretenden en lo más mínimo cambiar de color.

¿Simpatiza usted con *Martín Fierro?*

¡Colabore usted con *Martín Fierro!*

¡Suscríbase usted a *Martín Fierro!*

Brasil

BRASIL: a) Mário de Andrade, «Prefacio interesantísimo» (1922).—b) «La esclava que no es Isaura» (1922-1925).—c) Oswald de Andrade, «Manifiesto de la Poesía Pau Brasil» (1924).—d) «Manifiesto Antropófago» (1928).—e) «Manifiesto del Grupo *Verde* de Cataguases» (1927)*.—f) «Manifiesto Nhengaçu Verde Amarillo» (1929).

«Vivimos unos ocho años, hasta cerca de 1930, en la mayor orgía intelectual que la historia artística del país registra.» Con estas palabras, Mário de Andrade evoca, veinte años después, el significado de la Semana de Arte Moderno[1]. También conocida como la Semana del 22, tuvo lugar en el Teatro Municipal de São Paulo, del 13 al 18 de febrero de 1922. Este evento, en realidad, oficializa y consolida un movimiento cuyas primeras manifestaciones habían sucedido en el transcurso de la década del 10.

La «mecha del modernismo»[2] es la exposición de pintura de Anita Malfatti, en 1917, año en el que ella regresa de Berlín y de Nueva York después de haber asimilado las nuevas tendencias y la pincelada expresionista. La muestra, realizada en una galería de la calle Líbero Badaró, provoca una especie de conmoción en el pacato ambiente cultural de São Paulo[3]. Primero con la pintura de Anita, después con la escultura de Victor Brecheret, descubierto en la misma época por Oswald de Andrade y por Menotti del Picchia,

---

* Este manifiesto ha sido trasladado al sector *Revista* de esta antología, como introducción a la revista *Verde,* por una cuestión de coherencia temática.

[1] *Aspectos da literatura brasileira,* San Pablo, Martins, 1972, págs. 238.

[2] Mário da Silva Brito, en *História do modernismo brasileiro,* 4.ª ed. Río de Janeiro, Civilização Brasileira, 1974, pág. 72.

[3] Ver el detallado relato de la polémica desatada por el artículo de Monteiro Lobato, «Paranóia ou mistificação», contra la exposición de Anita Malfatti, en Mário da Silva Brito, *op. cit.,* págs. 52-67.

las iniciales manifestaciones de la modernidad iban conquistando su espacio en la ciudad que sería el centro de transformación del arte contemporáneo en el Brasil.

La literatura moderna aún tardaría un poco para consolidarse. *Paulicéia desvairada* (1922), de Mário de Andrade, surge el mismo año de la Semana, inaugurando un nuevo ciclo en la lírica brasileña. Junto con la *Poesia Pau Brasil* (1924), de Oswald de Andrade, serían las dos manifestaciones más renovadoras de la nueva estética. Por otro lado, *A escrava que não é Isaura* (1925), también de Mário, representaría la reflexión teórica de mayor alcance sobre el espíritu moderno. Posteriormente, las novelas *Memórias sentimentais de João Miramar* (1924) y *Serafim Ponte Grande* (1933), de Oswald de Andrade, y *Macunaíma* (1928), de Mário de Andrade, revolucionarían toda la ficción escrita hasta esa fecha[4].

El movimiento modernista, aunque difundido por todo el país, tuvo como figuras centrales a Mário de Andrade y a Oswald de Andrade. De carácter apolíneo, Mário se dedicó a reflexionar sobre los distintos aspectos de la cultura brasileña: los mitos, la música, el folclore y la lengua; además, realizó eruditas investigaciones y mantuvo una vasta correspondencia. Incluso, es el responsable de la denominación «modernismo». Según Oswald de Andrade, «Al principio se aceptó sin dudar el epíteto "futurista". Después comenzaron los escrúpulos, especialmente de Mário de Andrade. Nacional y nacionalista como era, no se sentía a gusto con un rótulo extranjerizante. Así, poco a poco, fue encontrada la palabra "Modernista" que todo el mundo adoptó»[5]. Dionisíaco, pantagruélico y mercurial, Oswald escandalizaba, estimulaba y sabía dar el tono polémico necesario para ese momento. La historia del movimiento modernista aún requiere un balance objetivo de estas dos figuras que no pueden ser pensadas aisladamente.

El movimiento modernista brasileño fue el resultado de los esfuerzos de un gran grupo que, aunque contaba con líderes muy bien definidos, recibía la participación directa e indirecta de numerosas personas. En este sentido, fue esencial el trabajo de divulgación y crítica de Menotti del Picchia, que firmaba artículos periodísticos con el pseudónimo de «Hélios». Las polémicas presencias de Monteiro Lobato, de Plínio Salgado y de Graça Aranha —éste había vuelto de Europa a fines de 1921 para integrarse al

---

[4] Haroldo de Campos dice en *Morfologia de Macunaíma* (San Pablo, Perspectiva, 1973, pág. 8): «Considero los tres libros como una trilogía virtual escrita por dos autores que la vida separó, pero que se reconcilian no sólo por el azar de sus apellidos y el papel de liderazgo en nuestro Modernismo, sino por esos tres libros en cierta forma hermanos, congeniales.»

[5] «O modernismo», *Anhembi* 9 (diciembre, 1954), pág. 29.

movimiento— reavivaron las discusiones alrededor de la definición de la nueva estética. Guilherme de Almeida, Raul Bopp, Antonio de Alcântara Machado, Rubens Borba de Moraes también aumentaban las filas del movimiento. De modo más tangencial participaban asimismo Manuel Bandeira, Sérgio Buarque de Holanda y Carlos Drummond de Andrade. En escultura, Brecheret; en arquitectura, Warchavchick; en música, Heitor Vila-Lobos. Y si la pintura tuvo a Anita Malfatti como punta de lanza, no menos importantes fueron Di Cavalcanti —idealizador de la Semana—, Lasar Segall y, posteriormente, Tarsila do Amaral. Las aristocráticas figuras de Paulo Prado, autor de *Retrato do Brasil* (1928) y de Olívia Guedes Penteado fueron fundamentales para la promoción de los encuentros y el patrocinio de muchos eventos; entre los cuales, se contaron las visitas de Blaise Cendrars al Brasil en 1924, 1926 y 1927.

La expresión concreta de la animosidad con que las nuevas ideas iban siendo recibidas al divulgarse y su repercusión queda registrada en las numerosas revistas de vanguardia que cruzan el país de norte a sur: *Klaxon, Festa, Estética, Revista de Antropofagia, Arco & Flexa, Verde* y varias más, culminando, sobre el fin de la década con *O Homem do Povo*. Ellas son vivos representantes de una época retratada a través del lenguaje coloquial y agresivo de los manifiestos, cartas abiertas, textos de apertura e inevitables polémicas internas. Más que las obras literarias propiamente dichas, las revistas fueron el eficaz instrumento de divulgación del modernismo.

Que la Semana del 22 hubiera sido pensada como parte de las celebraciones del Centenario de la Independencia contribuyó a la formalización de las preocupaciones nacionalistas que siempre estuvieron presentes en las discusiones. El intento de definir un «carácter nacional» ya había aparecido como eje reflexivo en obras de Menotti del Picchia, *Juca Mulato* (1917); de Monteiro Lobato, *Urupês* (1918); de Oswald de Andrade, *Poesia Pau Brasil* (1924); y de Paulo Prado, *Retrato do Brasil* (1928), pero alcanza su mayor expresión en *Macunaíma* (1928), de Mário de Andrade. Con el ideario antropofágico de Oswald de Andrade se acentúa la intensidad de las polémicas, tanto en la *Revista de Antropofagia* (1928-1929), como en la irritada pelea con el grupo verde-amarillista, liderado por Plínio Salgado, que en 1927 publicaría, con Menotti del Picchia y Cassiano Ricardo, *O curupira e o carão*. Según palabras de Mário de Andrade, el modernismo fue el «creador de un estado de espíritu nacional»[6].

Así como la producción estética de los años 20 está estrechamente vinculada con los movimientos europeos de vanguardia, la

---

6 *Aspectos da literatura brasileira,* San Pablo, Martins, 1972, pág. 16.

117

cuestión política viene contaminada por las secuelas de la Primera Guerra y de la Revolución Rusa. «El principal efecto de la revolución rusa entre nosotros fue, sin duda, la huelga general que estalló en São Paulo, en 1917, y en la que participaron setenta mil obreros [...] de esa fracasada huelga general, la primera del Brasil, es consecuencia directa la fundación del Partido Comunista», observa Mário da Silva Brito[7]. También pertenece a la preocupación nacionalista un proyecto de Mário de Andrade, *Gramatiquinha da fala brasileira,* proyecto sobre el que reflexionó mucho y realizó parcialmente en su propia escritura pero que nunca sistematizó. Era su deseo «abrasileñar» la lengua portuguesa usada en el Brasil, achicando las diferencias entre la lengua culta y la oral, para romper con las rígidas normas académicas. La famosa «Carta às Icamiabas», capítulo central de *Macunaíma,* es una de las formas paródicas que Mário encontró para criticar la retórica lusitana vigente.

En el panorama continental de América Latina, ningún movimiento de vanguardia tuvo la riqueza, la diversidad y la amplitud de reflexión crítica existentes en la producción de los modernistas brasileños en la década del 20.

PREFÁCIO INTERESSANTÍSIMO &
A ESCRAVA QUE NÃO É ISAURA

La modernidad trajo, entre otras cosas, la práctica de la reflexión sobre el propio lenguaje. Es lo que hace Huidobro al inaugurar el ciclo de las vanguardias en Hispanoamérica, ejerciendo permanentemente el cuestionamiento de su misma producción escrita, primero en manifiestos y luego hasta en poemas, como «Arte Poética», un texto clásico del creacionismo. Poco tiempo después, en 1919, encontramos en el Brasil el contundente verso metalingüístico donde Manuel Bandeira dice[1]:

Clame a saparia	[Clame el saperío
Em críticas céticas:	En críticas escépticas:
Não há mais poesia,	No hay más poesía,
Mas há artes poéticas...	Pero hay artes poéticas...]

---

[7] *História do modernismo brasileiro,* 4.ª ed., Río de Janeiro, Civilização Brasileira, 1974, pág. 138.

[1] «Os sapos» en *Carnaval* (1919), reeditado en Manuel Bandeira, *Poesias reunidas. Estrela da vida inteira,* Río de Janeiro, José Olympio, 1979, pág. 46. Adviértase que estas «críticas escépticas» serán, en cierto modo, retomadas posteriormente por Carlos Drummond de Andrade, en el texto de apertura de *A Revista:* «Para os céticos».

Tal vez sea Mário de Andrade el que produjo reflexiones más consecuentes sobre la poesía moderna, en dos textos fundamentales para la comprensión del modernismo: el «Prefácio interessantíssimo», introducción en verso libre a *Paulicéia desvairada,* escrito en 1920, y el extenso ensayo *A escrava que não é Isaura,* cuyo subtítulo es «Discurso sobre algunas tendencias de la poesía modernista», compuesto entre abril y mayo de 1922, pero que sólo se publicó en 1925. Entre otras cuestiones relevantes, Mário de Andrade desarrolla la idea de la «polifonía poética» o del «simultaneísmo» en el lenguaje. Inspirado en la simultaneidad sonora de la composición musical, Mário de Andrade trata de captar y reflejar en la escritura una percepción simultánea de sensaciones y eventos de la manera menos lineal y mimética posible: «No repetimos el realismo exterior (fotografía, copia) sino deformándolo (realismo psíquico).» Además de la polifonía musical, la composición en mosaico de los periódicos lo lleva a buscar la ruptura de la linealidad. Sistematizando esas ideas, Mário define las leyes estéticas de la nueva poesía:

Técnicamente: Verso libre, rima libre, victoria del diccionario.
Estéticamente: Sustitución del orden intelectual por el orden subconsciente, rapidez y síntesis, polifonismo.

Mário de Andrade se acerca a Huidobro especialmente en la teoría del poeta como verdadero Creador consciente del texto literario[2]. De tal manera establece la diferencia entre *copia* y *creación,* siendo parte de esta última la deformación y la síntesis. Luego Mário vincula inspiración y creación con dos etapas diferenciadas: la de la intuición y la de la organización consciente. La primera pertenece al orden del subconsciente; la segunda es una acción volitiva racional. Otra de las variantes inspiradoras de Mário, sin duda, es el psicoanálisis freudiano, en lo que se refiere al papel que desempeña el subconsciente y al principio de la libre asociación: «Derivada de ese principio del Orden Subconsciente sobresale en la poesía modernista la asociación de imágenes.»
Además de estas consideraciones sobre los principios de la composición, Mário se detiene en los nuevos temas poéticos. Tampoco él escapa a la seducción de cantar a la ciudad, como lo hicie-

---

[2] Mário de Andrade recibe la influencia directa de Vicente Huidobro a través de los artículos que el chileno publicó en la revista francesa *L'Esprit Nouveau,* de la cual Mário era asiduo lector. Ver Maria Helena Grembecki, *Mário de Andrade e L'Esprit Nouveau,* San Pablo, IEB/USP, 1969; y Raúl Antelo, «Desvairismo e criação pura», en *Na ilha de Marapatá. (Mário de Andrade lê os hispano-americanos),* San Pablo, Hucitec, 1986.

ran posteriormente Borges en *Fervor de Buenos Aires* (1923) o T. S. Eliot en *The waste land* (1922). El título es ya firme indicio de esa nueva poesía urbana: *Paulicéia desvairada,* que abre con un epígrafe del poeta belga Emile Verhaeren, autor de *Villes tentaculaires.* Mário habla del «asfalto cotidiano de la poesía de 1922» y se percibe a sí mismo como el primitivo de una nueva era, aprisionado en las redes contradictorias de una tradición primitiva y de la modernidad trepitante de la megalópolis: «Com o vário / alaúde que construí, me parto por essa selva / selvagem da cidade». [«Con el diverso / laúd que construí, me parto por esa selva / salvaje de la ciudad».] Se advierte ahí una respuesta baudelairiana al poeta romántico encerrado en su torre de marfil del siglo XIX. Mário de Andrade ve el proceso de la creación artística no como algo inmanente, sino integrado a un sistema social de percepción y recepción, en el cual la responsabilidad del lector del texto aumenta, pues debe descifrar las dificultades que le presentan.

PREFACIO INTERESANTÍSIMO*

Mário de Andrade

«Dans mon pays de fiel et d'or j'en suis la loi»
E. Verhaeren

Lector:
Queda fundado el Desvarismo.
[...]

*

Este prefacio, aunque interesante, inútil.
[...]

*

Cuando siento el impulso lírico escribo sin pensar todo lo que mi inconsciente me grita. Pienso después: no sólo para corregir, sino

---

* Publicado en *Paulicéia Desvairada* (São Paulo, 1922) y reproducido en Mário de Andrade, *Poesias Completas,* págs. 59-77.

para justificar lo que escribí. Ahí está la razón de este Prefacio Interesantísimo.

[...]

*

¿Un poco de teoría?
Creo que el lirismo, nacido en el subconsciente, acrisolado en un pensamiento claro o confuso, crea frases que son versos enteros, sin el prejuicio de medir tanta sílaba, con una acentuación determinada.

[...]

La inspiración es fugaz, violenta. Cualquier obstáculo la perturba y hasta la enmudece. Arte que, sumado al Lirismo da la Poesía[1], no consiste en perjudicar la loca carrera del estado lírico para avisarle de las piedras y cercas de alambre del camino. Deje que tropiece, caiga y se hiera. Arte es mondar más tarde el poema de repeticiones fastidiosas, de sentimentalismos románticos, de pormenores inútiles o inexpresivos.

[...]

Lo bello del arte: arbitrario, convencional, transitorio —cuestión de moda—. Lo bello de la naturaleza: inmutable, objetivo, natural —tiene la eternidad que la naturaleza tiene—. El arte no consigue reproducir a la naturaleza, ni éste es su fin. Todos los grandes artistas, sea consciente (Rafael de las Madonas, Rodin del Balzac, Beethoven de la Pastoral, Machado de Assis del Brás Cubas), sea inconscientemente (la gran mayoría) fueron deformadores de la naturaleza. De donde infiero que la belleza artística será tanto más artística, tanto más subjetiva, cuanto más se aparte de la belleza natural. Que otros infieran lo que quieran. Poco me importa.

[...]

*

¿Mis reivindicaciones? Libertad. La uso: no abuso. Sé sujetarla en mis verdades filosóficas y religiosas; porque las verdades filosóficas, religiosas, no son convencionales como el Arte, son verdades. ¡No abuso tanto! No pretendo obligar a nadie a seguirme. Acostumbro andar sólo.

---

[1] Lirismo − Arte = Poesía. Fórmula de P. Dermée. *[N. A.]*

[...]

La lengua brasileña es de las más ricas y sonoras.
Y tiene el admirabilísimo «ão».
Marinetti fue grande cuando redescubrió el poder sugestivo,
asociativo, simbólico, universal, musical, de la palabra
en libertad. Por lo demás: vieja como Adán. Marinetti se
equivocó: hizo de ella un sistema. Es sólo un auxiliar
poderosísimo. Uso palabras en libertad. Siento que mi
vaso es demasiado grande para mí, y todavía bebo en
el vaso de los otros.
Se construir teorías ingeniosas. Le muestro. La poética
está más atrasada que la música. Ésta abandonó, quizá
antes del siglo 8, el régimen de la melodía, a lo sumo
llevada a la octava, para enriquecerse con los infinitos
recursos de la armonía. La poética, con pocas excepciones,
hasta mediados del siglo 19 francés, fue esencialmente
melódica. Llamo verso melódico al semejante a la melodía
musical: arabesco horizontal de voces (sonidos) consecutivas
que contienen un pensamiento inteligible.
Ahora bien, si en lugar de usar únicamente versos
melódicos horizontales:
«Mnezarete, la divina, la pálida Phrynea
comparece ante la austera y rígida asamblea
del Areópago supremo...»
hiciéramos una sucesión de palabras sin ligazón
inmediata entre sí, estas palabras, por el hecho de que
no se siguen intelectual ni gramaticalmente, se sobreponen
unas a las otras, y para nuestra sensación, no forman
melodías sino armonías.
Lo explico mejor:
Armonía: combinación de sonidos simultáneos.
Ejemplo:
«Arrobos... Luchas... Saeta... Canciones...
¡Poblar!...»
Estas palabras no están ligadas. No forman
enumeración. Cada una es frase, periodo elíptico, reducido
al mínimo telegráfico.
Si pronuncio «Arrobos», como no es parte de una
frase (melodía), la palabra llama la atención hacia
su aislamiento y queda vibrando, a la espera de una
frase que le dé significado y QUE NO VIENE. «Luchas»
no hace concluir a «Arrobos»; y, en las mismas condiciones,
no hace olvidar a la primera palabra y queda
vibrando con ella. Las otras voces hacen lo

mismo. Así, en lugar de melodía (frase
gramatical) tenemos acorde con arpegios, armonía,
el verso armónico.
Pero, si en lugar de usar sólo palabras sueltas, uso
frases sueltas: hay la misma sensación de superposición
no ya de palabras (notas) sino de frases (melodías).
Por lo tanto: polifonía poética. En *Paulicéia desvairada*
se usa así el verso melódico:
«São Paulo es un escenario de bailes rusos»; el
verso armónico:
«La perrada... La Bolsa... Las fullerías...»,
y la polifonía poética (uno y, a veces, dos e incluso
más versos consecutivos):
«El engranaje trepida... La bruma nieva...»
¿Qué tal? No hay que olvidar sin embargo que otro
vendrá a destruir todo esto que construí.
[...]
Lirismo: estado efectivo sublime —vecino de la sublime
locura—. La preocupación por la métrica y
la rima perjudica la naturalidad libre del lirismo
objetivado. Por eso, poetas sinceros confiesan que
nunca han escrito sus mejores versos. Rostand,
por ejemplo; y entre nosotros, más o menos —el Sr.
Amadeu Amaral. Tengo la felicidad de escribir
mis mejores versos. Mejor que esos no los
puedo hacer.

*

[...]
Don lirismo, al desembarcar de El Dorado del Inconsciente
en el puerto de la tierra del Consciente, es inspeccionado
por la visita médica, la Inteligencia, que lo limpia
de ridiculeces y de todas las enfermedades que
puedan desparramar confusión y oscuridad en la tierrita
progresista. Don Lirismo sufre otra visita aduanera descubierta
por Freud, que la denominó Censura. ¡Contrabandista!
Es contrario a la ley de la vacuna obligatoria.

*

Parece que soy todo instinto... No es verdad.
En mi libro hay, y no me desagrada, una tendencia
marcadamente intelectualista.¿Qué quiere usted?

Consigo pasar mis sedas sin pagar derechos.
Pero es psicológicamente imposible
liberarme de las inyecciones y de los tónicos.

*

[...]
Escribir arte moderno no significa para mí,
jamás, representar la vida actual en lo que
tiene de exterior: automóviles, cine, asfalto. Si
estas palabras me frecuentan el libro no es
porque piense con ellas escribir a lo moderno, sino
porque siendo mi libro moderno, ellas tienen
en él su razón de ser.

*

Sé que puede ser moderno un artista que se
inspire en la Grecia de Orfeo o en la Lusitania
de Nun'Alvares. Reconozco la existencia de
temas eternos, pasibles de adaptación por la
modernidad: universo, patria, amor y la
presencia de los ausentes, ex-goce-amargo-de-infelices.

*

No quise intentar un primitivismo bizco e
insincero. En realidad, somos los primitivos
de una nueva era. Estéticamente fui a buscar entre
las hipótesis hechas por psicólogos, naturalistas y
críticos, sobre los primitivos de las eras pasadas, la
expresión más humana y libre del arte.

*

El pasado es lección para meditarse, no para
reproducir.
«E tu che se costi, anima viva.
Partiti da cotesti che son morti.»

*

Por muchos años me busqué en mí mismo.
Me encontré. Ahora no me digan que ando a la busca

124

de originalidad, porque ya descubrí dónde estaba,
me pertenece, es mía.

*

[...]
Y no quiero discípulos. En arte: escuela =
imbecilidad de muchos para vanidad de uno solo.

*

Podría haber citado a Gorch Fock. Evitaba el
Prefacio Interesantísimo: «Toda canción de
libertad viene de la cárcel.»

LA ESCLAVA QUE NO ES ISAURA*

MÁRIO DE ANDRADE

PARÁBOLA

Comienzo con una historia. Casi una parábola. Me gusta hablar por
parábolas como Cristo...

... y Adán vio a Yavé sacarle de la costilla un ser que los hombres se
obstinan en proclamar la cosa más perfecta de la creación: Eva. Envidioso y amonado el primer hombre resolvió crear también. Y como no
sabía aún cirugía para hacer una operación tan interna cuanto extraordinaria, sacó de su lengua a otro ser. También era —¡primer plagio!—
una mujer. Humana, cósmica y bella. Y para ejemplo de las generaciones futuras Adán colocó a esa mujer desnuda y eterna en la cima del
Ararat[1]. Después del pecado, sin embargo, yendo a visitar a su criatura,
advirtió la maravillosa desnudez. Se avergonzó. Le colocó la primera
cubierta: la hoja de parra.

Caín, porque le sobraban rebaños con el testamento forzado de
Abel, cubrió a la mujer con un vellocino blanquísimo. Segunda y más
completa indumentaria.

Y cada nueva generación y las nuevas razas, sin sacar los vestidos

---

* Publicado en *Obra imatura* (San Pablo, 1922-1925); São Paulo, Martins,
1960, págs. 195-275.
[1] Ararat: montaña de Anatolia, donde, conforme la Biblia, se detuvo el arca
de Noé.

ya existentes sobre la esclava del Ararat disponían sobre ella los nuevos refinamientos del ropaje. Los griegos, en fin, le dieron el coturno. Los romanos el peplo. Uno le daba un collar, otro una ajorca. Los hindúes, perlas; los persas, rosas; los chinos, abanicos.

Y los siglos pasaron a los siglos...

Un vagabundo genial nacido el 20 de octubre de 1845 pasó una vez por el monte. Y se admiró de encontrar, en lugar del Ararat de tierra, un Gaurisancar[2] de sedas, satines, sombreros, joyas, zapatos, máscaras, fajas... ¡qué se yo cuánto más! Pero el vagabundo quiso ver el monte y dio un salto de veinte años en aquella heterogénea ropería. Todo desapareció por encanto. Y el niño descubrió a la mujer desnuda, angustiada, ignara, hablando por sonidos musicales, desconocedora de las nuevas lenguas, salvaje, áspera, libre, ingenua, sincera.

La esclava del Ararat se llamaba Poesía.

El vagabundo genial era Artur Rimbaud.

Esa mujer escandalosamente desnuda es la que los poetas modernistas se pusieron a adorar... ¿Pues no ha de causar extrañeza tanta piel expuesta al viento ante la sociedad educadísima, vestida y policiaca de la época actual?

PRIMERA PARTE

Comienzo por la suma:

Necesidad de expresión + necesidad de comunicación + necesidad de acción + necesidad de placer = Bellas Artes.

Explico: El hombre recibe la sensación por los sentidos. Según el grado de receptividad y de sensibilidad productiva siente, sin que en eso entre la mínima parcela de inteligencia, la NECESIDAD DE EXPRESAR la sensación recibida por medio del gesto[3]. (Digo *gesto* en el sentido empleado por Ingenieros: gritos, sonidos musicales, sonidos articulados, contracciones faciales y el gesto propiamente dicho).

A esta necesidad de expresión —inconsciente, verdadero acto reflejo— se le une la NECESIDAD DE COMUNICACIÓN de ser para ser tendiente a recrear en el espectador una conmoción análoga a la de quien sintió primero.

El hombre nunca está inactivo. Por una condenación ahasvérica nos movemos siempre en el cuerpo o en el espíritu. En el ocio (es muy probable que en los tiempos primitivos los ocios fuesen prolongados) el hombre por NECESIDAD DE ACCIÓN rememora los gestos y los

---

[2] Guarisancar: pico del Himalaya central, en Nepal, que durante mucho tiempo fue confundido con el Everest.

[3] Quizá sería más exacto decir: necesidad de exteriorizar. [*N. A.*]

reconstruye. Juega. No obstante CRITICA estos gestos y trata de realizarlos ahora de manera más expresiva y —quiere porque el sentimiento de lo bello es intuitivo, quiere porque lo ha adquirido por el amor y por la contemplación de las cosas naturales— de manera más agradable.

Ahora ya tenemos bien caracterizado el fenómeno: bella arte.

De las artes así nacidas la que se vale de las voces articuladas se llama poesía.

Paulo Dermée resuelve también la concepción modernista de poesía con una suma. Así: Lirismo + Arte = Poesía.

Quien conoce los estudios de Dermée sabe que en el fondo él tiene razón. Pero equivocó la fórmula. 1) Lirismo, estado activo que proviene de la conmoción, produce todo y cualquier arte. DaVinci creando Il Cavallo, Greco pintando el Conde de Orgaz, Dostoievsky escribiendo «El Doble» obedecieron a un impulso lírico, igual que Camões escribiendo Adamastor. 2) Dermée estuvo liviano. Dice *arte* por *crítica* y por leyes estéticas que provienen de la observación o también apriorísticas. 3) Y olvidó el medio utilizado para la expresión. Lirismo + Arte (en el sentido de crítica, esteticismo, trabajo) suma bellas artes... Corregida la receta, he ahí el marrón glacé: Lirismo puro + Crítica + Palabra = Poesía.

(Y escribo «lirismo puro» para distinguir la poesía de la prosa de ficción, pues ésta al partir del lirismo puro no lo objetiva tal como es, pero piensa sobre él y lo desarrolla y aclara. En fin: en la prosa la inteligencia crea sobre el lirismo puro, mientras en la poesía modernista el lirismo puro se escribe con el mínimo desarrollo que sobre él pueda practicar la inteligencia. Por lo menos ésta es la tendencia, aunque no siempre se la siga.). Os di una receta... No hablé de la proporción de los ingredientes. Será: máximo de lirismo y máximo de crítica para adquirir el máximo de expresión. Por eso Dermée escribió: «El poeta es un alma ardiente conducida por una cabeza fría.»

¿Reparasteis en que hablé de adquirir un máximo de expresión y no un máximo de placer, de agrado, en fin, de belleza? ¿Acaso lo Bello está excluido de la poesía moderna? Por cierto que no. El mismo Luis Aragón considera sobre el final del espléndido «Lever»:

«La Beauté, la seule vertu
qui tende encore ses mains pures.»

Pero la belleza es cuestión de moda la mayor parte de las veces. Las leyes de lo Bello eterno artístico aún no se descubrieron. Y a mi modo de ver la belleza no debe ser un fin. LA BELLEZA ES UNA CONSECUENCIA. Ninguna de las grandes obras del pasado tuvo realmente como fin la belleza. Siempre hay una idea, agregaré: pero vital, que dirige la creación de las grandes obras. El mismo Mozart que, para mí, de todos los artistas de todas las artes, fue quien mejor realizó la belleza aislada, se sujetó a la expresión. Sólo pensaba que ésta no debía ser tan enérgica como para «repugnar por el realismo».

Lo que hizo pensar que los modernizantes éramos unos degenerados amantes de la fealdad, fue simplemente un error tonto de unilaterización de la belleza. Hasta principios de este siglo, entre los espectadores se pensaba que lo Bello del arte era igual a lo Bello de la naturaleza. Pienso que no es así. Lo Bello artístico es una creación humana, independiente de lo Bello natural, y solamente ahora se libera de la duplicación obligatoria a que lo sujetó la humana estulticie. Por eso Tristán Tzara, en «Cinéma Calendrier» dirige una carta a:

> «francis picabia
> qui saute
> avec de grandes et de petites idées
> pour l'anéantissement de l'ancienne beauté & comp.»

Quien busca lo Bello de la naturaleza en una obra de Picasso no lo hallará. Quien busca en él lo Bello artístico, originario de euritmias, de equilibrios, de la sensación de líneas y de colores, de la exacta comprensión de los medios pictóricos, encontrará lo que busca.

Pero, ¿dónde está mi tema?

Es que, lectores, respecto del arte, mil y una cuestiones se embarullan tan íntimamente que hablar sobre una de ellas es traer a colación todas las otras... Corto de raíz esta charla sobre la belleza y desciendo de tales cogitaciones olímpicas, a 5.000 metros sobre el mar, el asfalto cotidiano de la poesía de 1922.

[...]

El movimiento lírico nace en el yo profundo. Ahora bien: observando la evolución de la poesía a través de los tiempos ¿qué se ve? El aumento continuo del Gaurisancar de tules, nansúes, puntillas, medias de seda, etc., de la parábola inicial. Fue la inteligencia romantizada por la preocupación de belleza que nos llevó a las dos métricas existentes y a otros crochets, filets y frivolités. Peor aún: la inteligencia, viendo cosas y hechos de la naturaleza y de la vida, eligió algunos que se convirtieron en *temas poéticos*.

[...]

Lo que realmente existe es el subconsciente enviando a la inteligencia telegramas y más telegramas —utilizando la comparación de Ribot[4]. La inteligencia del poeta —que no vive más en una torre de

---

4 Teódulo Ribot (1839-1916). Filósofo francés, autor de estudios de psicología experimental. «La inspiración parece un telegrama cifrado que la actividad inconsciente envía a la actividad consciente que lo traduce.» *[N. A.]*

marfil— recibe el telegrama en el tranvía, cuando el pobre va a la repartición, a la Facultad de Filosofía, al cine. Así virgen, sintético, enérgico, el telegrama le provoca fuertes conmociones, exaltaciones divinas, sublimaciones, poesía. ¡Reprodúcelas!... Y el poeta lanza la palabra suelta en el papel. Es el lector quien se debe elevar a la sensibilidad del poeta y no el poeta quien debe bajar a la sensibilidad del lector. Si no, ¡que éste traduzca el telegrama!

Así pues, la modernizante concepción de Poesía que, por lo demás, es la misma de Adán y de Aristóteles y existió en todos los tiempos, más o menos aceptada, nos llevó a dos resultados, uno nuevo, originado en los progresos de la psicología experimental, otro antiguo, originado en la inevitable realidad:

1.º Respecto a la libertad del subconsciente. Como consecuencia: destrucción del tema poético.

2.º El poeta reintegrado a la vida de su tiempo. Por eso: renovación de la santa furia.

SEGUNDA PARTE

Pero esta innovación (respecto de la libertad del subconsciente) que está justificada por la ciencia[5], lleva a conclusiones y progresos. Es por ella que el hombre alcanzará en la futura perfección de que somos apenas y modestamente los primitivos, el ideal innegablemente grandioso de la «creación pura» de que habla Uidobro (sic.).

Sólo existe, entonces, una novedad: la objetivación lo más cercana posible de la conciencia subliminal.

Pero eso aún no es el arte.

Falta el máximo de crítica de que hablé y que Jorge Migot llama «voluntad de análisis».

Ahora veréis si esa voluntad de análisis existe, por la concordancia de los principios estéticos y técnicos que ya determinamos con el principio psicológico del cual partimos. Todas las leyes proclamadas por la estética de la nueva poesía derivan corolariamente de la observación del movimiento lírico.

Derivan no es exacto. Forman parte de él. Cumplen más o menos el papel de las homeomerías de Anaxágoras: concurren para que exista el lirismo, siempre vario, en constante cambio.

Técnicamente son:
Verso libre,
Rima libre,
Victoria del diccionario.

---

[5] «Il n'y a qu'une autorité actuellement indiscutée, c'est la science», Gasset. [N. A.]

Estéticamente son:
Sustitución del Orden Intelectual por el Orden Subconsciente,
Rapidez y Síntesis,
Polifonismo.

Denomino Polifonismo a la Simultaneidad de los franceses, con Epstein por estandarte, el Simultaneísmo de Fernando Divoire, el Sincronismo de Marcelo Fabri.

Explicaré más adelante estos ismos y la razón de mi término.

Sustitución del orden intelectual por el orden subconsciente.

Este es uno de los puntos más incomprensibles para los pasatistas.

Entre los mismos poetas que podrían ser calificados de modernistas reina la contradicción. No todos siguen el proceso.

En Italia, por ejemplo, a no ser el gran Folgore, el Soffici de los «Quimismos líricos» y algún otro raro ejemplo, la lógica intelectual es románticamente respetada.

Entre nosotros muchos no la abandonaron.

En verdad: tal sustitución de un orden por otro tiene peligros formidables. El más importante es el hermetismo absolutamente ciego en que cayeron ciertos franceses en la mayoría de sus versos.

Error gravísimo.

Y falta de lógica.

El poeta no fotografía el subconsciente.

La inspiración es lo que es subconsciente, no la creación. En toda creación hay un esfuerzo de la voluntad. No puede haber esfuerzo de la voluntad sin atención. Aunque la atención para el poeta modernista se sujete curiosa al mariposeo del subconsciente —ala temblorosa que se deja llevar por las brisas de las asociaciones— la atención continúa existiendo y más o menos uniforme los impulsos líricos para que la obra de arte se realice.

(Es por eso que nuestra poesía podría llamarse psicológica y subconsciente sin que deje de tener un tema principal, un asunto que originado en el movimiento lírico inicial vuelve siempre a él o continúe íntegramente *por el esfuerzo de la atención.*)

La reproducción exacta del subconsciente daría, cuando mucho, abstracción hecha de todas las imperfecciones del maquinismo intelectual, una totalidad de lirismo. Pero *lirismo* no es *poesía.*

El poeta traduce en lenguas conocidas su yo profundo. Esa traducción se efectúa en la inteligencia por un razonamiento, por lo que en realidad, en psicología es «asociación de ideas».

El poeta modernista usa el máximo de trabajo intelectual, pues toca la abstracción para alcanzar los universales.

[...]

Rapidez y Síntesis.

Se juntan íntimamente.

Algunos quieren filiar la rapidez del poeta modernista a la velocidad de la vida presente...

Tiene razón. Este vivir al viento es ejemplo y más que eso circunstancia envolvente que el poeta no puede despreciar.

Sin embargo creo que esa no fue la única influencia.

La divulgación de ciertos géneros poéticos orientales, beneficio que nos vino del pasado romanticismo, los tankas, los haikus japoneses, el ghazel, el rubai persa, por ejemplo, creo píamente que influyeron con sus dimensiones minúsculas en la concepción poética de los modernistas.

Generalmente los poetas modernistas[6] escribieron poemas cortos. ¿Falta de inspiración? ¿Falta de fuerza para «Colones» desmedidos? No. Lo que hay es una necesidad de rapidez sintética que abandona pormenores inútiles.

Nuestra poesía es resumen, esencia, sustracto.

Ronald de Carvalho tiene poemas minúsculos de gran belleza.

Pero esa rapidez material no nos interesa tanto. Desde el punto de vista occidental, lo moderno es una de las consecuencias de la rapidez espiritual que se caracteriza en nosotros mucho más por la síntesis y por la abstracción.

El hombre instruido moderno, y afirmo que el poeta de hoy es instruido, lucha con letras y raciocinio desde un país de infancia en que antiguamente la niñez aún no se asombraba siquiera ante la gloria de la naturaleza. Un niño de quince años en este mayo de 1922 ya es un cansado intelectual.

«Ella (la atención) es una de las condiciones indispensables para que haya fatiga intelectual»[7].

El raciocinio, ahora que desde la infancia nos empanzan de verdades catalogadas, nos cansa y NOS CANSA. En cuestión de media hora de diario pasa por nuestro espíritu una enorme cantidad de noticias científicas, filosóficas, deportivas, políticas, artísticas, manos llenas de verdades, errores, hipótesis.

«Le monde est trouble comme si c'était la fin de la bouteille.»

Conmociones y más conmociones, generalmente de orden intelectual.

¿Defecto?

Ni defecto ni beneficio.

---

[6] En uno de los poemas de Maiakovski publicados por la revista inglesa *Fanfare* encuentro — «¡Hola, Osa Mayor!». Los modernistas también se encuentran. [*N. A.*]

[7] A. Mosso. [*N. A.*]

RESULTADO INEVITABLE DE LA ÉPOCA

Consecuencia de la electricidad, telégrafo, cable submarino, T. S. H.[8], ferrocarril, transatlántico, automóvil, aeroplano.

Estamos en todas partes por la inteligencia y por la sensación.

SIMULTANEIDAD

Obligado por la insistencia de amigos y de un enemigo, a escribir un prefacio para «Pauicéia desvairada», esparcí en él algunas consideraciones sobre el *Armonismo* al cual mejoradamente denominé más tarde *Polifonismo*.

En ese tiempo desconocía la *Simultaneidad* de Epstein y el *Simultaneísmo* de Divoire. Hasta hoy no conseguí aclaraciones sobre el *Sincronismo* de Marcelo Fabri. Sin embargo, creo que no es más que otro nombre de bautismo de la misma criatura.

Sabía de Soffici, que no me satisface en lo que llama *Simultaneidad*. Conocía las teorías cubistas y futuristas de la pintura así como las experiencias de Macdonald Right.

Sólo quiero decir que no tengo la pretensión de crear ninguna cosa. *Polifonismo* es la teorización de ciertos procesos empleados cotidianamente por algunos poetas modernistas.

Polifonismo y simultaneidad son la misma cosa. El nombre de *Polifonismo*, claramente artificial, deriva de mis conocimientos musicales que no califico de parcos por humildad.

[...]

La simultaneidad orígínase tanto de la vida actual como de la observación de nuestro ser interior. (Hablo de simultaneidad como proceso artístico.) Por esos dos lados fue descubierta.

La vida actual nos vuelve vividores simultáneos de todas las tierras del universo.

Las facilidades de locomoción hacen que podamos gastar los asfaltos de Tokio, Nueva York, París y Roma en un mismo abril.

Por los periódicos somos omnipresentes.

Las lenguas se barajan.

Se confunden los pueblos.

Las subrazas pululan.

Las subrazas vencen a las razas.

¿Dentro de poco acaso reinarán?

El hombre contemporáneo es un ser multiplicado.

Por su parte, la psicología verifica la simultaneidad.

Recordad lo que llamé «sensaciones complejas».

---

[8] T. S. H.: telégrafo sin hilos.

La sensación compleja que nos da, por ejemplo, una sala de baile no es más que una simultaneidad de sensaciones.

Mirada repentinamente abierta ante un paisaje, no advierte:

primero un árbol,
después otro árbol,
después otro árbol,
después un caballo,
después un hombre,
después una nube,
después un arroyo, etc.

pero advierte simultáneamente todo eso.

Ahora bien, el poeta modernista al observar ese fenómeno de las sensaciones simultáneas interiores (sensación compleja) pretende a veces realizarlas transportándolas naturalmente al orden artístico.

Denominé a este aspecto de la literatura modernista: POLIFONÍA POÉTICA.

Razones:

Simultaneidad es la coexistencia de cosas y hechos en un momento dado.

Polifonía es la unión artística simultánea de dos o más melodías cuyos efectos pasajeros de golpes de sonidos concurren a un *efecto total final*.

Esta circunstancia del EFECTO TOTAL FINAL me llevó a elegir el término polifonía.

POSTFACIO

Hay que reconocer que es lamentable la posición de los que escriben libros en el Brasil y no tienen dinero para publicarlos inmediatamente. Por lo menos cierta clase de libros que hacen intentos y para cierta raza de escritores que no dan a la eternidad y a la vanidad la mínima importancia. Confieso que desde los días que escribieron esta «Esclava» en abril y mayo del 22 hasta estas últimas noches de 1924, algunas de mis ideas se transformaron bastante. ¡Dos o tres hasta murieron! ¡Otras están esmirriaditas, las pobres! Es posible que mueran también. Otras flacas de sinimportancia entonces, engordaron con las vacaciones que les daba. Hoy lucen robustas y rozagantes. Y otras, finalmente aparecieron. ¿Qué pasó? Este libro, muchachos, ya no representa Mi Verdad entera de pies a cabeza. No se olviden de que es una fotografía tomada en abril de 1922. El cambio tampoco es tan grande. Las líneas matrices se mantienen. La nariz continúa altiva. La misma mirada vibrátil, el color moreno... Pero el pelo se va releando, la boca se afirma en líneas menos infantiles y ¿supongamos que Mi Verdad haya perdido un diente en el match? Es natural. Ha luchado bastante. Esos, pues, son los cambios: menos pelos y dientes, más músculos y por cierto, mucha mayor serenidad.

Es qué también mucha gente comienza a reconocer que la loca no era tan loca, así como que ciertas exageraciones son naturales en las revueltas. ¡Pero yo no quiero posar de rebelde toda la vida, muchachos! Uno se rebela, dice muchos insultos, abre camino y se libera. Está libre. ¿Y ahora? Bueno, retoma el camino descendente de la vida. Las rebeliones pasaron, reventón de neumático, recortes de manta, naturales en todos los caminos que tienen el coraje de ser calvarios. Calvarios por lo que hay de más noble en el espíritu humano, la fe.

Hoy puedo decir eso de que ya ni sé si tengo fe. Estoy escéptico y cínico. Me cansé de ideas e ideales terrestres. No me molesta más la existencia de los tontos y acá, muy en secreto, muchachos, pienso que un poeta modernista y un parnasiano a todos nos equivalen y equiparan. Al menos porque estas luchas y las mil y una sensibilidades por un arte humano sólo prueban una cosa. Que también nosotros, los poetas, nos distinguimos por la misma característica dominante de la especie humana, la imbecilidad. ¿Acaso no tenemos la convicción de que hay Verdades sobre la Tierra cuando cada uno ve las cosas a su modo y las recrea en una realidad subjetiva individual?... Sin embargo, es cierto que hace dos años no sé qué ángel de la guarda prudencial me guió la mano y me hizo escribir en nombre de *mi* verdad. En nombre de ella escribo y escribiré siempre.

MANIFIESTO DE LA POESÍA
PAU BRASIL

En 1924, el mismo año en que André Breton publica el Manifiesto Surrealista, Oswald de Andrade lanza el Manifiesto de la Poesía Pau Brasil, en la edición del 18 de marzo del *Correio da Manhã*. En este manifiesto, además de definir nuevos principios para la poesía, Oswald intenta una revisión cultural del Brasil a través de la valoración del elemento primitivo. Escrito en forma poética, con frases cortas y efectistas, el Manifiesto Pau Brasil ya trae la propuesta del movimiento antropofágico: asimilar las cualidades del enemigo extranjero para fundirlas con las nacionales. De tal forma se produce una síntesis dialéctica que trata de resolver las cuestiones de la dependencia cultural, tradicionalmente formuladas mediante el binomio: nacional/cosmopolita. En un artículo devenido clásico, Haroldo de Campos define de este modo la antropofagia oswaldiana[1]:

> [...] es el pensamiento de la deglución crítica del legado cultural universal, elaborado, no a partir de la perspectiva sometida y reconciliada del «buen salvaje» [...] sino según el punto de vista desengañado del «mal salvaje», el que se come al blanco, el antropófago. Ella no trae un sometimiento (una catequesis), sino una trasculturación; mejor aún, una «trasvaloración»: una visión crítica de la historia como función negativa (en el sentido de Nietzsche), tan capacitada para la apropiación como para la expropiación, desjerarquización, desconstrucción. Todo pasado que nos es «otro» merece ser negado. Vale decir: merece ser co-

135

mido, devorado. Con esta especificación elucidadora: el caníbal era un «polemista» (del gr. *polemos:* lucha, combate), pero también era un «antologista»: sólo devoraba a los enemigos que consideraba bravos, para sacarles la proteína y la médula, para robustecerse y renovar sus fuerzas naturales [...]

Estando en París, Oswald advierte que aquello que los cubistas europeos buscaban en el África y en la Polinesia como soporte estético-exótico del arte moderno, parte de la cotidianidad en los trópicos: el indio y el negro. Oswald descubre lo primitivo en su propia tierra y transforma su descubrimiento en un gesto revolucionario: «Lo bárbaro es nuestro.» En los años 20 se vuelve contra las formas cultas y convencionales del arte, o sea, contra la novela de ideas, el teatro de tesis, el naturalismo, el realismo, la perspectiva racional. Era el momento del abstraccionismo, de la simplificación ingenua del arte y de la recuperación de los elementos autóctonos, pero aliados a las conquistas tecnológicas del siglo XX: «Una mezcla de "duérmete nene, que viene el cuco" y de ecuaciones» [«Um misto de "dorme nenê que o bicho vem pegá" e de equações»].

Oswald de Andrade propone una carnavalización de los valores, que años después bautizaría como «revolución antropofágica», al hacer una revisión de la función de la naturaleza, de la música, de la cocina y del cuerpo. En esa fusión de elementos cultos y populares, Oswald sugiere la abolición de las normas académicas del lenguaje, acercándolas a la realidad cotidiana, en los moldes que utilizó para su propia poesía, para terminar con «el mal de la elocuencia hinchada y floripondiosa», según las palabras de Paulo Prado en la introducción al primer libro de poemas de Oswald, *Poesia Pau Brasil* (1925).

---

[1] «Da razão antropofágica: diálogo e diferença na cultura brasileira», *Boletim Bibliográfico Biblioteca Mário de Andrade* 44 (enero-diciembre, 1983), pág. 107. Hay versión en castellano, ver *Vuelta* 68 (julio, 1982).

MANIFIESTO DE LA POESÍA PAU-BRASIL*

OSWALD DE ANDRADE

La poesía existe en los hechos. Las casuchas de azafrán y de ocre en los verdes de la Favela[1], bajo el azul cabralino, son hechos estéticos.

El Carnaval en Río es el acontecimiento religioso de la raza. Pau-Brasil[2]. Wagner se reclina ante las comparsas de Botafogo[3]. Bárbaro y nuestro. La formación étnica rica. Riqueza vegetal. El mineral. La cocina. El vatapá[4], el oro, la danza.

*

Toda la historia «bandeirante»[5] y la historia comercial del Brasil. El lado docto, el lado citas, el lado autores conocidos. Conmovedor. Rui Barbosa: un sombrero de copa en Senegambia. Todo revirtiendo en riqueza. La riqueza de los bailes y de las frases hechas. Negras de joquey. Odaliscas en Catumbí[6]. Hablar difícil.

*

El lado docto. Fatalidad del primer aporte blanco dominador político de las selvas salvajes. El bachiller. No podemos dejar de ser doctos. Doctores. País de dolores anónimos, de doctores anónimos. El imperio fue así. Eruditamos todo. Olvidamos al gavilán de penacho.

Nunca la exportación de poesía. La poesía anda oculta en las enredaderas maliciosas de la sabiduría. En las lianas de la añoranza universitaria.

*

---

* Publicado en el diario paulistano *Correio da Manhã*, de 18/3/1924 y reproducido en la *Revista do Livro* 16 (diciembre, 1959). Traducción de May Lorenzo Alcalá y María del Carmen Thomas.

[1] Favelas: villas miseria. Conjuntos de casuchas mal construidas, sin recursos higiénicos. Se forman normalmente en los «morros» de Río de Janeiro.

[2] Pau-Brasil: árbol usado como primer producto de exportación de la época colonial del Brasil, cuya anilina se usaba para teñidos.

[3] Grupo de carnaval, en un barrio de Río de Janeiro, denominado «Botafogo».

[4] Comida típica a base de pescado. [N. T.]

[5] Nombre dado en el Brasil al grupo de gentes que descubría minas, exploraba territorios, etc., que constituía la avanzada de la conquista. Se los caracterizó también por la crueldad de sus métodos. [N. T.]

[6] Catumbí: nombre de un barrio de Río de Janeiro.

Pero hubo un estallido en los conocimientos. Los hombres que sabían de todo se deformaron como gomas sopladas. Reventaron.

La vuelta a la especialización. Filósofos haciendo filosofía, críticos, crítica, amas de casa tratando de cocina. La poesía para los poetas. Alegría de los que no saben y descubren.

Había sucedido la inversión de todo, la invasión de todo: el teatro de tesis y la lucha en el escenario entre morales e inmorales. La tesis debe ser decidida en guerra de sociólogos, de hombres de ley, gordos y dorados como Corpus Juris.

Ágil el teatro, hijo de saltimbanquis. Ágil e ilógico. Ágil la novela nacida de la invención. Ágil la poesía. La poesía Pau-Brasil. Ágil y cándida. Como un niño.

Una sugerencia de Blaise Cendrars: —Tenéis las locomotoras llenas, id, partid. Un negro gira la manivela del desvío rotativo en que estáis. El menor descuido os hará partir en la dirección opuesta a vuestro destino.

*

Contra el gabinetismo, la práctica culta de la vida. Ingenieros en vez de jurisconsultos, perdidos como chinos en la genealogía de las ideas.

La lengua sin arcaísmos, sin erudición. Natural y neológica. La contribución millonaria de todos los errores. Como hablamos. Como somos.

*

En la tierra no hay lucha de vocaciones académicas. Hay solamente uniformes. Los futuristas y los otros.

Una única lucha —la lucha por el camino—. Dividamos: Poesía de importación. Y la poesía Pau-Brasil, de exportación.

*

Hubo un fenómeno de democratización estética en las cinco partes sabias del mundo. Se instituiría el naturalismo. Copiar. Cuadro de carneros que si no eran de lana no servía. La interpretación del diccionario oral de las Escuelas de Bellas-Artes quería decir reproducir igualito... Vino el pirograbado. Las muchachas de todos los hogares se transformaron en artistas. Apareció la máquina fotográfica. Y con todas las prerrogativas del pelo largo, de la caspa y de la misteriosa genialidad del ojo visco —el artista fotógrafo.

En la música, el piano invadió las desnudas salitas, de almanaque en la pared. Todas las muchachas se transformaron en pianistas. Surgió el piano de manivela, el piano de patas. La Playela[7]. Y la ironía eslava compuso para la Playela. Stravinsky.

La estatuaria anduvo atrás. Las procesiones salieron nuevitas de las fábricas.

Sólo no se inventó una máquina de hacer versos —ya existía el poeta parnasiano.

*

Bueno, la revolución solamente indicó que el arte regresaba a las élites. Y las élites empezaron desarmando. Dos fases: 1.º) la deformación a través del impresionismo, la fragmentación, el caos voluntario. De Cézanne a Mallarmé, Rodin y Debussy, hasta ahora; 2.º) el lirismo, la presentación en el templo, los materiales, la inocencia constructiva.

El Brasil *profiteur*. El Brasil docto. Y la coincidencia de la primera construcción brasileña en el movimiento de reconstrucción general. Poesía Pau-Brasil.

*

Como la época es milagrosa, las leyes nacieron de la propia rotación dinámica de los factores destructivos.

La síntesis.

El equilibrio.

La terminación de carrosserie.

La invención.

Una nueva perspectiva.

Una nueva escala.

Cualquier esfuerzo natural en este sentido será bueno. Poesía Pau-Brasil.

*

El trabajo contra el detalle naturalista —por la síntesis; contra la morbidez romántica— por el equilibrio geométrico y por la terminación técnica; contra la copia, por la invención y por la sorpresa.

*

Una nueva perspectiva:

La otra, la de Paolo Ucello, creó el naturalismo de apogeo. Era una

_____

[7] Referencia a Pleyel, marca del pianoforte que lleva el nombre de su inventor, Ignaz Joseph Pleyel (1757-1831).

ilusión óptica. Los objetos distantes no disminuían. Era una ley de apariencia. Entonces el momento es de reacción a la apariencia. Reacción a la copia. Substituir la perspectiva visual y naturalista por una perspectiva de otro tipo: sentimental, intelectual, irónica, ingenua.

*

Una nueva escala:
La otra, la de un mundo proporcionado y catalogado con letras en los libros, niños en los regazos. El reclame produciendo letras más grandes que torres. Y las nuevas formas de la industria, del transporte, de la aviación. Postes. Gasómetros. Rieles. Laboratorios y oficinas técnicas. Voces y tics de cables y ondas y fulguraciones. Estrellas familiarizadas con negativos fotográficos. Lo correspondiente a la sorpresa física en arte.
La reacción contra el tema invasor, diferente de la finalidad. La obra de tesis era un arreglo monstruoso. La novela de ideas, una confusión. El cuadro histórico, una aberración. La escultura elocuente, un horror sin sentido.
Nuestra época anuncia la vuelta al sentido puro.
Un cuadro son líneas y colores. La estatuaria son volúmenes bajo la luz.
La poesía Pau-Brasil es un comedor dominguero, con pajaritos cantando en la selva reducida de las jaulas, un sujeto flaco componiendo un vals para flauta y Mariquita leyendo el periódico. En el periódico ocurre todo el presente.

*

Ninguna fórmula para la expresión contemporánea del mundo. Ver con ojos libres.

*

Tenemos la sustentación doble y presente —la floresta y la escuela. La raza crédula y dualista y la geometría, el álgebra y la química después de la mamadera y el té de anís. Una mezcla de «duérmete mi niño que ya viene el cuco» y de ecuaciones.
Una visión que golpee en los cilindros de los molinos, en las turbinas eléctricas, en las usinas productoras, en las cuestiones cambiarias, sin perder de vista el Museo Nacional. Pau-Brasil.

*

Obuses de ascensores, cubos de rascacielos y la sabia pereza solar. El rezo. El carnaval. La energía íntima. El sabiá[8]. La hospitalidad un poco sensual, amorosa. La añoranza de los pajés[9] y los campos de aviación militar. Pau-Brasil.

*

El trabajo de la generación futurista fue ciclópeo. Ajustar el reloj imperio de la literatura nacional.

Realizada esa etapa, el problema es otro. Ser regional y puro en su época.

*

El estado de inocencia sustituyendo el estado de gracia que puede ser una actitud del espíritu.

*

El contrapeso de la originalidad nativa para inutilizar la adhesión académica.

*

La reacción contra todas las indigestiones de sabiduría. Lo mejor de nuestra tradición lírica. Lo mejor de nuestra manifestación moderna.

*

Sólo brasileños de nuestra época. Lo necesario de química, de mecánica, de economía y de balística. Todo digerido. Sin miting cultural. Prácticos. Experimentales. Poetas. Sin reminiscencias librescas. Sin comparaciones de apoyo. Sin investigación etimológica. Sin ontología.

*

Bárbaros, crédulos, pintorescos y tiernos. Lectores de periódicos. Pau-Brasil. La floresta y la escuela. El Museo Nacional. La cocina, el mineral, y la danza. La vegetación. Pau-Brasil.

---

[8] Ave canora del Brasil de canto muy suave. [N. T.]
[9] Jefe espiritual de una tribu (guar.). [N. T.]

MANIFIESTO ANTROPÓFAGO

El Manifiesto Antropófago de Oswald de Andrade aparece el 1.º de mayo de 1928 en el primer número de la famosa *Revista de Antropofagia,* publicada en dos «denticiones» en el *Diário de São Paulo.* El manifiesto es una síntesis de las ideas maduradas a lo largo de la etapa heroica del modernismo brasileño. Fuentes explícitas de inspiración fueron Marx, por lo que proporciona de revolución social y por el Manifiesto Comunista[1]; Freud y Breton, por la recuperación del elemento primitivo en el hombre civilizado; Montaigne y Rousseau, por la revisión de los conceptos «bárbaro» y «primitivo».

Aproximándose al estilo del Manifiesto Pau-Brasil, en el Manifiesto Antropófago Oswald usa un lenguaje metafórico, poético, humorístico, siempre buscando los efectos de síntesis: de ahí su predilección por los aforismos. Pero el problema de esa expresión velada o poética, es la dificultad de Oswald en sistematizar el ideario antropofágico.

Apartándose de las preocupaciones estéticas presentes en el Manifiesto Pau-Brasil, Oswald privilegia en éste las dimensiones revolucionarias y utópicas: «Sólo la antropofagia nos une. Socialmente. Económicamente. Filosóficamente.» El objeto estético queda desplazado por el sujeto social y colectivo, centro de las preocupaciones de Oswald en esta etapa. La denominada «bajada antropofágica»[2] es ante todo un acto de conciencia. El dilema nacional/cosmopolita es resuelto por el contacto con las revolucionarias técnicas de la vanguardia europea, y por la percepción de la obligación de reafirmar los valores nacionales en un lenguaje moderno. Oswald transforma al buen salvaje de Rousseau en un mal salvaje, devorador del europeo, capaz de asimilar al otro para dar vuelta a la tradicional relación colonizador/colonizado.

La originalidad del ideario antropofágico reside, justamente, en el trabajo de síntesis hecho por Oswald en este Manifiesto. Es significativo el perfil que traza del Brasil, abarcando la diversidad étnica (indo-africana), los colores, la cocina, la sexualidad y la religión. En el limitado espacio del Manifiesto, Oswald termina haciendo una relectura de la historia del Brasil, que, según él, co-

---

[1] En el virulento prefacio a *Serafín Ponte* (Río de Janeiro, Civilização Brasileira, 1975, pág. 132), fechado en 1933, Oswald reconoce que, a pesar de haber estado en Europa en 1912, él «había pasado por Londres, imberbe, sin advertir a Karl Marx».

[2] Originalmente, las entradas de los conquistadores («bandeirantes») en el sertón eran denominadas «bajadas». La terminología fue aprovechada por el grupo modenista, que mencionaba la «bajada antropofágica».

mienza con la deglución del obispo Pero Fernandes Sardinha por los indios caetés de Alagoas.

Resumiendo, puede decirse que el descubrimiento del Brasil puso fin al matriarcado primitivo, a la propiedad común del suelo y al Estado sin clases («Ya teníamos el comunismo»). Prevalece en la sociedad primitiva el derecho natural. En la sociedad totémica, el ser supremo no es Dios sino el sacerdote oracular, mágico y totémico, que actúa como vínculo directo del hombre natural con el ámbito de lo sagrado. Oswald pregona la necesad de desacralizar al patriarca (responsable y símbolo de la sociedad capitalista) por medio del ritual antropofágico, totemizándolo: «La transformación permanente del Tabú en tótem.» Se trata de un acto religioso que no tiene nada que ver con la gula. El indio incorporaría así los atributos del enemigo, eliminando las diferencias. Además, cuando Oswald enfatiza la Revolución Caraíba (después de las revoluciones Francesa, Rusa y Surrealista), está proponiendo la última de las utopías, que sería el matriarcado del Pindorama (Pindorama: «País de las Palmeras», era el nombre del Brasil en lengua nheengatu). Esta sería la respuesta al colonizador europeo. El aforismo más famoso del Manifiesto es el que representa mejor esta tensión dialéctica: *Tupi or not tupi,* parodia de la célebre duda hamletiana.

MANIFIESTO ANTROPÓFAGO*

Oswald de Andrade

I

Sólo la antropofagia nos une. Socialmente. Económicamente. Filosóficamente.

II

Única ley del mundo. Expresión enmascarada de todos los individualismos, de todos los colectivismos. De todas las religiones. De todos los tratados de paz.

III

Tupí, or not tupí, that is the question.

* Publicado en *Revista de Antropofagia* 1 (mayo, 1928). Traducción de May Lorenzo Alcalá y María del Carmen Thomas.

Observación: Debido a la dificultad de lectura del manifiesto, y las excelentes notas de Benedito Nunes publicadas originalmente en francés en *Surréalisme périphérique,* Moura Sobral (ed.)., 1984, págs. 159-179, hemos decidido incorporarlas a nuestro texto. Agradecemos aquí la autorización del Autor. Traducción de las notas, Inés Azar.

IV

Contra todas las catequesis. Y contra la madre de los Gracos[1].

V

Sólo me interesa lo que no es mío. Ley del hombre. Ley del antropófago.

VI

Estamos cansados de todos los maridos católicos suspicaces, puestos a dramatizar. Freud terminó con el enigma mujer y con otros sustos de la psicología impresa[2].

VII

Lo que incomodaba de verdad era la ropa, el impermeable entre el mundo interior y el mundo exterior. La reacción contra el hombre vestido. El cine norteamericano informará.

VIII

Hijos del sol, madre de los vivientes. Hallados y amados ferozmente, con toda la hipocresía de la añoranza, por los inmigrados, por los traficados y por los «turistas». En el país de la *Víbora Grande*[3].

IX

Fue porque nunca tuvimos gramática, ni colecciones de vegetales viejos. Y nunca supimos lo que era urbano, suburbano, fronterizo, y continental. Perezosos en el mapa-mundi del Brasil[4].

Una conciencia participante, una rítmica religiosa.

---

[1] Figura de la severidad moral y de la reverencia debida a la virtud como emblema de una fijación psicológica de la cultura intelectual brasileña. En el texto encontraremos otros emblemas junto a símbolos míticos que se le oponen.

[2] Oswald de Andrade denuncia la consagración del tema del adulterio, particularmente en el teatro. Este párrafo se relaciona directamente con el párrafo VII, que elogia el desnudamiento del hombre. El enigma de la mujer está condenado a desaparecer porque ella empieza a desnudarse.

[3] Nótese la feminización del *sol*, presentado como divinidad maternal. Es Guaracy, «madre de los vivientes». *Víbora Grande* es la Gran Serpiente, el espíritu de las aguas de la mitología india del Amazonas, que fue objeto del poema antropofágico *Cobra Norato*, de Raúl Bopp.

[4] La lengua se librará de la disciplina gramatical de los puristas que exigen una obe-

X

Contra todos los importadores de conciencia enlatada. La existencia palpable de la vida. Y la mentalidad prelógica[5] para que el señor Levi Bruhl estudie.

XI

Queremos la revolución Caraíba[6]. Mayor que la Revolución Francesa. La unificación de todas las revoluciones eficaces en la dirección del hombre. Sin nosotros Europa no tendría siquiera su pobre declaración de los derechos del hombre.

La edad del oro anunciada por América. La edad de oro. Y todas las girls[7].

XII

Filiación. El contacto con el Brasil Caraíba. Où Villegaignon print terre[8]. Montaigne. El hombre natural. Rousseau. De la Revolución Francesa al Romanticismo, a la Revolución Bolchevique, a la Revolución surrealista y al bárbaro tecnizado de Keyserling[9], Caminamos.

XIII

Nunca fuimos catequizados. Vivimos a través de un derecho sonámbulo. Hicimos que Cristo naciese en Bahía. O en Belém de Pará[10].

---

diencia servil al léxico y a la sintaxis del idioma, tal como se lo habla y se lo escribe en Portugal. A partir de la Semana de Arte Moderno se exige el rechazo del purismo en favor de la actualización de las posibilidades creadoras de la lengua. Este rechazo aparece ya registrado en el manifiesto de la *Poesia Pau Brasil:* «La lengua sin arcaísmos, sin erudición. Natural y neológica. La contribución millonaria de todos los errores. Como hablamos. Como somos.»

Oswald de Andrade estableció una analogía entre la falta de disciplina gramatical y la falta, entre nosotros, de una separación neta entre Naturaleza y Cultura. Por estar tan próximos a la Naturaleza tendríamos necesidad de herborizar (colecciones de viejas plantas), como lo hicieron Rousseau y Goethe.

Una vieja anécdota atribuida a un profesor de liceo cuenta que éste, señalando el mapa de nuestro país, les decía a sus alumnos: el mapamundi del Brasil.

[5] Levi-Bruhl *(sic.)*. Se trata de Lucien Levy-Bruhl, autor de *Les fonctions mentales dans les sociétés primitives* y de otros libros sobre la mentalidad prelógica primitiva.

[6] Oswald de Andrade superpone a los dos pueblos indios: los *caribes,* que habitaban el norte, y los *tupís,* que habitaban el litoral en el momento en que los portugueses descubrieron el Brasil.

[7] A propósito de este pasaje, ver *Antropophagisme et Surrealisme,* págs. 159-179.

[8] *Ou Villeganhon (sic.) print terre,* en francés en el original.

[9] Ver la referencia a Keyserling en *Antropophagisme et Surréalisme,* pág. 173.

[10] *Bahía* es el estado del Brasil mas influido por la cultura negra de los esclavos im-

145

XIV

Pero nunca admitimos el nacimiento de la lógica entre nosotros. Contra el Padre Vieira. Autor de nuestro primer préstamo, para ganar comisión. El rey analfabeto le había dicho: ponga esto en el papel pero sin mucha labia. Se hizo el préstamo. Se creó el impuesto al azúcar brasileño. Viera dejó el dinero en Portugal y nos trajo la labia[11].

XV

El espíritu se rehúsa a concebir, el espíritu sin cuerpo. El antropomorfismo. Necesidad de vacuna antropofágica. Para el equilibrio contra las religiones de meridiano[12]. Y las inquisiciones exteriores.

XVI

Solamente podemos atender al mundo oracular[13].

XVII

Teníamos la justicia, codificación de la venganza[14]. La ciencia, codificación de la magia. Antropofagia. La transformación permanente del Tabú en tótem.

XVIII

Contra el mundo reversible y las ideas objetivadas. Cadaverizadas. El stop del pensamiento que es dinámico. El individuo víctima del sis-

---

portados del Africa. Belém, capital del estado de Pará, sufrió una gran influencia india.

[11] Antonio Vieira (1608-1697) es para Oswald de Andrade la influencia más poderosa de los emblemas de la cultura intelectual brasileña. Representa la influencia ennoblecedora de la retórica al servicio de la catequización de los indios y de la colonización del país. Andrade se refiere a la propuesta de Vieira, de 1649, de organizar una compañía destinada a explotar el azúcar producido en el estado de Maranhão.

[12] Las *religiones del meridiano* son las religiones universales y mesiánicas por oposición a las religiones locales, tribales, de participación cósmica que incorporan, según la interpretación de Oswald de Andrade, el fondo religioso primitivo que los negros y los indios debieron reprimir. Este fondo se oculta a veces bajo las formas sincréticas de los cultos afrobrasileños, y a veces se manifiesta en la práctica expandida de ciertas formas de brujería india como la *pagenlança* (ritual conducido por un brujo, el *pagé*). Sobre este tema, ver también el texto de mi comunicación.

[13] Llamado a la tradición oral y a la adivinación o a la intuición. Este párrafo se completa con el párrafo XXXIV.

[14] La idea de la antropofagia como *acto de venganza* se encuentra en Jean de Léry, *Viagem ao Brasil,* capítulo XIV. Montaigne escribe en el capítulo XXXI («Sobre los caníba-

tema. Fuente de las injusticias clásicas. De las injusticias románticas. Y el olvido de las conquistas interiores.

XIX

Itinerarios. Itinerarios. Itinerarios. Itinerarios. Itinerarios. Itinerarios. Itinerarios.

XX

El instinto Caraíba.

XXI

Muerte y vida de las hipótesis. De la ecuación yo parte del cosmos, al axioma cosmos parte del yo. Subsistencia[15]. Conocimiento. Antropofagia.

XXII

Contra las élites vegetales[16]. En comunicación con el suelo.

XXIII

Nunca fuimos catequizados. Lo que hicimos fue el carnaval. El indio vestido de Senador del Imperio. Fingiendo de Pitt[17]. O figurando en las óperas de Alencar lleno de buenos sentimientos portugueses[18].

---

les»), Libro I de los *Ensayos:* «No es, como se piensa, para nutrirse, como lo hacían los antiguos Scitas, sino para representar una venganza extrema.»

[15] Acto de provocación contra el académico Graça Aranha, que escribió *A estética da vida* (1921). Graça Aranha renunció a la Academia Brasileña de Letras en 1924, y se unió a los modernistas. Inauguró la Semana del Arte Moderno con una conferencia titulada *La emoción estética en el arte moderno.* En su libro admite la realidad estética de la vida que se conoce por medio de la emoción y se hace posible por la integración del hombre en el universo.

[16] Estas *élites vegetales* designan al mismo tiempo a los intelectuales que *vegetan,* copiando modelos extranjeros, y a los señores rurales, propietarios de la tierra.

[17] La máscara europea, parlamentaria, que ocultaba las estructuras de la servidumbre.

[18] Los datos están deliberadamente falseados. José de Alencar (1829-1877) escribió la novela indianista *O Guaraní* (1857) en la que se inspiró Carlos Gomes (1836-1896) para crear la ópera del mismo nombre. Perí, el héroe de *O Guaraní* tiene actitudes civilizadas que imitan a los grandes señores portugueses.

XXIV

Ya teníamos el comunismo. Ya teníamos la lengua surrealista. La edad de oro.
Catití Catití
Imará Notiá
Notiá Imará
Ipejú[19]

XXV

La magia y la vida. Teníamos la lista y la ubicación de los bienes físicos, de los bienes morales, de los bienes «dignarios». Y sabíamos transponer el misterio y la muerte con el auxilio de algunas formas gramaticales.

XXVI

Pregunté a un hombre qué era el Derecho[20]. Él me respondió que era la garantía del ejercicio de la posibilidad. Ese hombre se llamaba Galli Matías. Me lo comí.

XXVII

No hay determinismo solamente donde hay misterio. Pero nosotros, ¿qué tenemos que ver con eso?

XXVIII

Contra las historias del hombre, que comienzan en el Cabo Finisterra. El mundo no fechado. No rubricado. Sin Napoleón. Sin César.

XXIX

La fijación del progreso por medio de catálogos y aparatos de televisión *(sic)*. Sólo la maquinaria. Y los transfusores de sangre[21].

---

[19] La traducción aproximada que propone Couto de Magalhães es la siguiente: «¡Luna nueva, oh luna nueva! Sopla sobre mis recuerdos; heme aquí ante ti; que no haya nadie más que yo que pueda ocupar su corazón.» Couto de Magalhães, *O selvagem,* 3.ª ed., São Paulo, 1935.

[20] Oswald de Andrade ridiculiza la pedantería de los profesores de Derecho. Se trata quizá de una deformación de la definición kantiana.

[21] Este fragmento es semejante a un trozo extraído del manifiesto de la *Poesía Pau Brasil,* que exhortaba a unir la inocencia y la ciencia: «Sólo brasileños de nuestra época. Lo necesario en química, en mecánica, en economía y en balística. Todo digerido.»

XXX

Contra las sublimaciones antagónicas. Traídas en las caravelas.

XXXI

Contra la verdad de los pueblos misionarios, definida por la sagacidad de un antropófago, el Visconde de Cairú: Es la mentira muchas veces repetida[22].

XXXII

Pero no fueron los cruzados los que vinieron. Fueron fugitivos de una civilización que estamos comiendo, porque somos fuertes y vengativos como el jabutí[23].

XXXIII

Si Dios es la conciencia del universo increado, Guaracía es la madre de los vivientes. Jací es la madre de los vegetales[24].

XXXIV

No tuvimos especulación. Pero teníamos adivinación. Teníamos política que es la ciencia de la distribución. Y un sistema social-planetario[25].

XXXV

Las migraciones. La fuga de los estados de tedio. Contra las esclerosis urbanas. Contra los Conservatorios, y el tedio especulativo.

---

[22] El Visconde de Cayrá (José de Silva Lisboa), economista liberal de principios del siglo XIX, que hizo que el rey João VI, instalado en Brasil desde 1789, aceptara la idea de abrir los puertos brasileños a «todas las naciones amigas de Portugal».

[23] *Jabotí*, especie de tortuga. Símbolo de la astucia, de la paciencia y de la resistencia física en la mitología india.

[24] Guaracía, el sol, y Jací, la luna, en la mitología india (ver párrafo III). Junto con el *jabotí*, son los símbolos míticos más importantes del manifiesto, en oposición a los *emblemas* ya mencionados.

[25] El término «planetario», en el sentido de *mundial*, corriente hoy día, no lo era entonces.

XXXVI

De William James a Voronoff[26]. La transfiguración del Tabú en tótem. Antropofagia.

XXXVII

El pater familias y la creación de la Moral de la Cigüeña[27]: ignorancia real de las cosas + falta de imaginación + sentimiento de autoridad ante la prole curiosa.

XXXVIII

Hace falta partir de un profundo ateísmo para llegar a la idea de Dios. Pero el caraíba no lo necesitaba porque tenía a Guaraci.

XXXIX

El objetivo creado reacciona como los ángeles caídos. Después Moisés divaga. ¿Qué tenemos que ver con eso?

XL

Antes que los portugueses descubrieran el Brasil, el Brasil había descubierto la felicidad.

XLI

Contra el indio entorchado. El indio hijo de María, ahijado de Catalina de Médicis y yerno de Don Antonio de Mariz[28].

---

[26] Oswald de Andrade asocia el nombre de William James al de Serge Voronoff, que fue conocido por su método de rejuvenecimiento. Podría considerarse a Voronoff como al representante de un pragmatismo biológico al que se inclina el *Manifiesto Antropófago*. Véase su libro *La conquista de la vida,* publicado en 1928.

[27] La *Moral de la Cigüeña* es la moralidad extendida al acto de procreación, cuya naturaleza sexual se les ocultaba a los niños, atribuyéndole al pájaro la función de entregar los bebés a sus padres.

[28] Superposición de tres imágenes: la del indio esculpido en los candelabros en ciertas iglesias barrocas; la de la india Paraguassú, que fue a Francia en el siglo XVI en compañía de su marido, el portugués Diego Álvares Correia y la del noble señor rural don Antonio de Mariz, padre de Cecí, la mujer de quien Perí se enamora en *O Guaraní*. Paraguassú fue bautizada en Saint-Malo. Una versión falsa, divulgada en los manuales escolares, hacía de Catalina de Médicis la madrina de esta india.

XLII

La alegría es la prueba de fuego.

XLIII

En el matriarcado de Pindorama[29].

XLIV

Contra la Memoria fuente de la costumbre. La experiencia personal renovada.

XLV

Somos concretistas. Las ideas controlan, reaccionan, queman gente en las plazas públicas. Suprimamos las ideas y las otras parálisis. Por los itinerarios. Creer en las señales, creer en los instrumentos y en las estrellas.

Contra Goethe, la madre de los Gracos, y la Corte de Don João VI[30].

XLVI

La alegría es la prueba de fuego.

XLVII

La lucha entre lo que se llamaría Increado y la Criatura ilustrada por la contradicción permanente del hombre y su Tabú[31]. El amor cotidiano y el *modus vivendi* capitalista. Antropofagia. Absorción del ene-

---

[29] Más tarde, en su tesis *La crisis de la filosofía mesiánica* (1950), Oswald de Andrade llena este horizonte de una utopía maternal con la idea del Matriarcado, como polo de un ciclo de cultura antropofágica a la cual volverá nuestra civilización. Esta idea del matriarcado tiene su origen en Bachoffen, de quien la toma Engels. Oswald de Andrade, a su vez, la deriva de Engels quien, en *El origen de la familia, de la propiedad privada y del Estado* habla de la monogamia como «progreso histórico» y también como primer ejemplo de la opresión de clase relacionada con la división del trabajo.

[30] Goethe sería el emblema de un equilibrio intelectual que se rechaza. La corte del rey João VI es el Arquetipo de la dominación extranjera.

[31] La antropofagia comparte con el surrealismo este aspecto *antiateísta*. Nótese la relación que se esboza aquí entre las deformaciones del amor y el capitalismo. El amor es fundamentalmente carnal. Este párrafo nos señala el proceso de transformaciones de la líbido.

migo sacro. Para transformarlo en tótem. La aventura humana. La finalidad terrena. No obstante, solamente las élites puras consiguieron realizar la antropofagia carnal, que trae en sí el más alto sentimiento de la vida y evita todos los males identificados por Freud, males catequistas. Lo que se da no es una sublimación del instinto sexual. Es la escala termométrica del instinto antropofágico. De carnal, él se torna selectivo y crea la amistad. Afectivo, el amor. Especulativo, la ciencia. Se desvía y se transfiere. Llegamos al envilecimiento. La baja antropofagia aglomerada en los pecados del catecismo —la envidia, la usura, la calumnia, el asesinato. Peste de los llamados pueblos cultos y cristianizados, es contra ella que estamos actuando. Antropófagos.

XLVIII

Contra Anchieta cantando a las once mil vírgenes del cielo, en la tierra de Iracema[32] —el patriarca João Ramalho, fundador de São Paulo[33].

XLIX

Nuestra independencia todavía no fue proclamada. Frase típica de Don João VI: ¡Mi hijo pon esa corona en tu cabeza, antes que cualquier aventurero lo haga![34]. Expulsamos la dinastía. Es necesario expulsar el espíritu bragantino, las ordenaciones y el rapé de María de la Fuente[35].

L

Contra la realidad social, vestida y opresora, catastrada por Freud —la realidad sin complejos, sin locura, sin prostituciones y sin penitenciarías del matriarcado de Pindorama[36].

---

[32] El padre José de Anchieta, compañero del padre Manuel de Nóbrega, que fue el jefe de la primera misión de la Compañía de Jesús en el Brasil. *Iracema* (1865): novela indianista de José de Alencar.

[33] João Ramalho, náufrago portugués que llegó en 1530 a la isla de São Vicente (São Paulo), antes de la llegada de Martim Affonso de Sousa. Véase, de Saint Hilaire, *São Paulo nos tempos coloniais*. João Ramalho se casó con Bartira, la hija del cacique indio Tibiriçá.

[34] Esta frase forma parte del repertorio de la historia del Brasil. João VI la dirige a su hijo, que proclama la independencia del Brasil y que reina con el nombre de don Pedro I, hasta 1831.

[35] Una diatriba contra la casa de Bragança, y contra las leyes y las costumbres portuguesas. Maria da Fonte: la virago de Lanhoso en Portugal, posible causante de la insurrección popular en 1846.

[36] *Pindorama:* nombre de la tierra del Brasil en *nheengatú* (la lengua de los indios).

En Piratininga[37].
Año 374 de la Deglución del Obispo Sardinha

NHENGAÇU[1] VERDE AMARILLO*

(Manifiesto del verde-amarillismo o la Escuela del Anta[2]).

MENOTTI DEL PICCHIA, PLÍNIO SALGADO,
ALFREDO ÉLIS, CASSIANO RICARDO
y CÂNDIDO MOTA FILHO

La bajada de los tupís[3] de la planicie continental rumbo al Atlántico fue una fatalidad histórica anterior a Cabral, que preparó el ambiente para las entradas al sertón de los aventureros blancos domadores del océano.

La expulsión, hecha por el pueblo tapir, de los tapuias[4] del litoral, significa en la historia de América la proclamación del derecho de las razas y la negación de todos los preconceptos.

Aunque viniesen los guerreros del Oeste diciendo «ya so Pindorama koti, itamarana po anhatim, yara rama receé»[5], en realidad no bajaron con su Tapir con el fin de absorber a los blancos y asentarse objetivamente en la tierra. ¿Dónde están los rastros de los viejos conquistadores?

*

Los tupís bajaron para ser absorbidos. Para diluirse en la sangre de la nueva población. Para vivir subjetivamente y transformarse en la prodigiosa fuerza de bondad del brasileño y su gran sentimiento de humanidad.

---

[37] Nombre, en la lengua de los *guayanases,* de la planicie donde surgió São Paulo en 1554, alrededor de un colegio fundado por los jesuitas.
* Publicado en el *Correio Paulistano,* de 17/5/1929 y reproducido en *Revista do Livro* 16 (diciembre, 1959). Mi texto referente a este manifiesto se encuentra en el capítulo dedicado a la polémica Antropofagia *vs.* Verde-amarillismo de esta antología.
[1] Nhengaçu: o nheengatú, lengua derivada del tupí. Significa lengua de indio.
[2] Anta: tapir.
[3] Tupís: pueblo indígena que habitaba el norte y el centro del Brasil. Su lengua constituía uno de los principales troncos lingüísticos de América del Sur.
[4] Tapuias: designación dada por los tupís a los enemigos.
[5] Grito de guerra indígena para la conquista del Brasil: «Marchemos para la región de las palmeras con las armas en la punta de la mano, seremos señores del Brasil» (cfr. General Couto de Magalhães, *O selvagem,* Río de Janeiro, 1913, págs. 283-284. Agradezco la información a Carlos Drummond.

Su tótem no es carnívoro; Tapir. Este es un animal que abre caminos, y ahí parece quedar marcada la predestinación del pueblo tupí. Toda la historia de esta raza corresponde (desde el monárquico Martim Afonso al nacionalista «verdeamarillo» José Bonifacio) a un lento desaparecer de formas objetivas y a un creciente surgir de fuerzas subjetivas nacionales. El tupí significa la ausencia de preconceptos. El tapuia es el preconcepto mismo en fuga hacia el sertón. El jesuita pensó que había conquistado al tupí y fue el tupí el que conquistó para sí la religión del jesuita. El portugués creyó que el tupí dejaría de existir; y el portugués se transformó y se levantó con fisonomía de nación nueva contra la metrópolis: porque el tupí venció dentro del alma y de la sangre del portugués.

El tapuia se aisló en la selva para vivir; y fue muerto por los arcabuces y por las flechas enemigas. El tupí se socializó sin temor a la muerte y quedó eternizado en la sangre de nuestra raza. El tapuia está muerto, el tupí está vivo.

*

El mameluco se volvió contra el indio para destruir la expresión formal, la exterioridad aborigen; porque lo que hay de interior en el bugre[6] subsistirá siempre en el alma del mameluco y se perpetuará en los nuevos tipos de cruce. Es la fisonomía propia de la gente brasileña, no fichada en definiciones filosóficas o políticas, pero revelada en las tendencias generales comunes.

*

Todas las formas del jacobinismo en América son tapuias. El nacionalismo sano, de gran finalidad histórica, de predestinación humana, ése es forzosamente tupí.

Jacobinismo quiere decir aislamiento, por tanto desunión.

*

El nacionaismo tupí no es intelectual. Es sentimental. Es de acción práctica, sin desvíos de la corriente histórica. Puede aceptar las formas de la civilización, pero impone la esencia del sentimiento, la fisonomía irradiante de su alma. Siente a Tupán[7], Tamandaré[8] o Aricuta a través

---

[6] Del francés *bougre,* nombre despreciativo que se da al salvaje en el Brasil.

[7] Tupan: dios indígena.

[8] Tamandaré: figura de la mitología indígena, salvada del diluvio y equivalente a Noé.

del catolicismo. Tiene horror instintivo por las luchas religiosas, ante las cuales sonríe sinceramente: ¿para qué?

Le dieron una casaca de la Cámara de los Comunes durante más de medio siglo y la República lo encontró tal cual él ya era en tiempos de Don João, o en tiempos de Tiradentes.

No combate ni religiones, ni filosofías, porque toda su fuerza reside en su capacidad sentimental.

*

La Nación es una resultante de agentes históricos. El indio, el negro, el espadachín, el jesuita, el tropero, el poeta, el hacendado, el político, el holandés, el portugués, el indio, el francés, los ríos, las montañas, la minería, la ganadería, la agricultura, el sol, las leguas inmensas, la Cruz del Sur, el café, la literatura francesa, las políticas inglesa y americana, los ocho millones de kilómetros cuadrados...

Debemos aceptar todos esos factores o destruir la Nacionalidad, por el establecimiento de distinciones, por el desmembramiento nuclear de la idea que de ella nos formamos.

*

¿Cómo aceptar todos esos factores? No concediendo preeminencia a ninguno.

*

La filosofía tupí debe ser forzosamente la «no filosofía». El movimiento del Anta se basa en este principio. Se toma al indio como símbolo nacional, justamente porque significa la ausencia de prejuicios. Entre todas las razas que formaron el Brasil, la autóctona fue la única que desapareció objetivamente. En una población de treinta y cuatro millones no contamos medio millón de salvajes. Sin embargo, es la única raza que ejerce subjetivamente sobre todas las otras la acción destructora de rasgos caracterizadores; es la única que evita el florecer de nacionalismos exóticos; es una raza transformadora de razas; lo que ocurre porque no declara la guerra, porque no ofrece a ninguna de las otras el elemento vitalizante de la resistencia.

*

Esa expresión del nacionalismo tupí que fue descubierta con el movimiento del Tapir (del cual salió un sectarismo exagerado y peligroso) es evidente en todos los actos de la vida social y política brasileña.

No hay entre nosotros prejuicios raciales. Cuando sucedió el 13 de Mayo[9] ya había negros ocupando altas posiciones en el país. Y tanto antes como después de esa fecha, los hijos de extranjeros de todas las procedencias nunca fueron obstaculizados.

Tampoco tenemos prejuicios religiosos. Nuestro catolicismo es demasiado tolerante, tan tolerante que sus más extremados defensores acusan a la Iglesia Brasileña de ser una organización sin fuerza combativa (v. Jackson Figueiredo o Tristão de Athayde).

Tampoco existe en el Brasil el preconcepto político: lo que nos importa es la administración, en lo que andamos muy acertados, pues sólo así respondemos a las realidades nacionales. Los teorizadores de la República fueron los que menos influyeron en la organización del nuevo régimen. En el Imperio, el sistema parlamentario sólo se efectivizó por la interferencia del Poder Moderador[10]. Dentro de la República, los que más realizan son los que menos adoctrinan. Incluso ahora, en las plataformas de nuestros candidatos nunca buscamos los signos de una ideología política porque lo que nos interesa es la línea directriz de la administración.

Como país sin prejuicios podemos destruir nuestras bibliotecas sin la menor consecuencia para el metabolismo funcional de los órganos vitales de la Nación. Todo eso es consecuencia del nacionalismo tupí, de la no filosofía, de la ausencia de sistematizaciones.

*

Somos un país de inmigración y seguiremos siendo refugio de la humanidad por motivos geográficos y económicos suficientemente conocidos. Según los de Reclus[11] caben en el Brasil trescientos millones de habitantes. En opinión bien fundamentada del sociólogo mexicano Vasconcelos, entre las cuencas del Amazonas y del Plata habrá de surgir la «quinta raza» o «raza cósmica» que realizará la concordia universal, porque será hija de los dolores y de las esperanzas de toda la humanidad. Debemos construir esa gran nación integrando en la Patria Común todas nuestras expresiones históricas, étnicas, sociales, religiosas y políticas. Por la fuerza centrípeta del elemento tupí.

Pero si lo tupí se erigiera en filosofía crearía antagonismos, provocaría disociaciones, sería una fuerza centrífuga. Y el Brasil se equivocaría, pues precipitaría acontecimientos.

---

[9] 13/5/1889. Fecha en que fue firmada en el Brasil, por la princesa Isabel, la Ley Aurea, poniendo un fin a la esclavitud.

[10] Poder Moderador: ejercido por el emperador, era el cuarto poder constitucional, al lado del legislativo, ejecutivo y judiciario.

[11] Referencia a Elisée Reclus (1830-1905), uno de los fundadores del anarquismo, y famoso por su trabajo científico (*Nouvelle Géographie Universelle,* 1875-1884, 19 vols.).

Toda sistematización filosófica entre nosotros ha de ser tapuia (destinada a desaparecer, asediada por las otras doctrinas), porque vivirá la vida efímera de las formas ideológicas de anticipación, de las fórmulas arbitrarias de la inteligencia, por sus exigencias de producir una exégesis específica, unilateral y sin la amplitud de los anchos y desahogados pensamientos y sentimientos americanos y brasileños.

*

El indio fue quien nos enseñó a reírnos de todos los sistemas y de todas las teorías. Crear un sistema en su nombre sería sustituir nuestra intuición americana y nuestra conciencia de hombres libres por una mentalidad analítica y generalizadora, características de los pueblos ya definidos y cristalizados.

La continuación del camino histórico tupí sólo se logrará por la ausencia de imposiciones temáticas, de imperativos ideológicos. El arbitrio mental no puede sobreponerse a las fatalidades cósmicas, étnicas, sociales o religiosas.

*

El estudio del Brasil ya no será el estudio del indio. Del mismo modo que el estudio de la humanidad, que produjo el budismo, el cristianismo, Grecia la Edad Media, el romanticismo y la electricidad, no podrá ser sólo la investigación freudiana del hombre que picaba piedra. Si Freud nos dio un logaritmo, la historia de la Civilización nos ofrece una ecuación donde ese logaritmo es uno entre múltiples factores.

Del mismo modo, el indio es un término constante en la progresión étnica y social brasileña; pero un término no es el todo. Ya se lo dominó cuando entre nosotros fue agitada la bandera nacionalista, el denominador común de las razas adventicias. Situarlo como numerador sería disminuirlo. Anteponerlo sería condenarlo a la desaparición. Porque él aún vive, subjetivamente, y vivirá siempre como un elemento de armonía entre todos los que, antes de desembarcar en Santos, echaron al mar, como el cadáver de Zaratrusta, los prejuicios y filosofías de origen.

Estábamos y estamos hartos de Europa y proclamamos sin cesar la libertad de acción brasileña.

*

Hay una retórica de palabras, así como hay una retórica de ideas. En el fondo, las dos están hechas de artificios y esterilidades.

Desde 1921 combatimos la vieja retórica verbal, no aceptamos una nueva retórica sometida a tres o cuatro reglas de pensar y de sentir. Queremos ser lo que somos: brasileños. Bárbaramente, con aristas, sin autoexperiencias científicas, sin psicoanálisis y sin teorías.

*

Invitamos a nuestra generación a producir sin discutir. Bien o mal, pero producir. Hace siete años que la literatura brasileña está en discusión[12]. Tratemos de escribir sin espíritu predeterminado no para experimentar estilos o para demostrar teorías, sean cuales fueren, sino con el único interés de revelarnos, libres de todos los prejuicios.

La vida, eso es lo que nos interesa, es lo que interesa a la enorme masa del pueblo brasileño. En siete años la nueva generación ha sido público de sí misma. El grueso de la gente ignora su existencia y si oye hablar del movimiento moderno es por el prestigio de media docena de nombres que se impusieron por la fuerza personal de sus talentos.

*

El grupo «verdeamarillo», cuya regla es la libertad plena de cada brasileño según quiera y pueda; cuya condición es que cada uno interprete a su país y a su pueblo a través de sí mismo, de su propia determinación instintiva; el grupo «verdeamarillo» responde a la tiranía de las sistematizaciones ideológicas con su emancipación y la amplitud sin obstáculos de su acción brasileña. Nuestro nacionalismo es de afirmación, de colaboración colectiva, de igualdad entre los pueblos y las razas, de libertad de pensamiento, de creencia en la predestinación del Brasil en la humanidad, de fe en nuestro valor de construcción nacional.

Aceptamos todas las instituciones conservadoras, pues dentro de ellas haremos la inevitable renovación del Brasil, como lo hizo a lo largo de cuatro siglos el alma de nuestro pueblo, a través de todas las expresiones históricas.

Nuestro nacionalismo es «verdeamarillo» y tupí.

El objetivismo en las instituciones y el subjetivismo del pueblo junto con la actuación de los factores geográficos e históricos.

---

[12] Referencia a 1922, año de la Semana del Arte Moderno.

Estridentismo mexicano

MÉXICO: a) Manuel Maples Arce, *Actual* núm. 1 (1921).—
b)*ManifiestoEstridentista*núm.2(1923).—c)*ManifiestoEstridentista* núm. 3 (1925).—d) *Manifiesto Estridentista* núm. 4 (1926).

A fines de 1926, Germán List Arzubide, joven participante del movimiento estridentista, historia el trayecto del grupo en *El movimiento estridentista,* un libro peculiar que oscila entre el documento y la prosa poética. En su colofón dice: «Se acabó de imprimir este libro que encierra el relato del único movimiento revolucionario-literario-social de México»[1]. En verdad, motivados por la Revolución Mexicana de 1910 y por la Revolución Rusa de 1917, los estridentistas se distinguieron por lanzar un movimiento de vanguardia que trató de aliar la creación estética a la revolución.

El poeta e ideólogo del movimiento, Manuel Maples Arce, publica en 1924 su segundo libro de poesía: *Vrbe. Super-poema bolchevique en 5 cantos,* dedicado a los obreros mexicanos[2]. Con avanzado proyecto gráfico e ilustraciones cubo-futuristas, el poe-

---

[1] *El movimiento estridentista,* Jalapa, Ediciones de Horizonte, 1927. Cuarenta años más tarde, List Arzubide publica *otro* libro con el mismo título (México, Secretaría de Educación Pública, 1967), pero más lineal y menos audaz en su estilo.

[2] México, Andrés Botas e Hijo, 1924. Al respecto comenta Luis Mario Schneider en *El estridentismo. México 1921-1927,* pág. 23: «A mediados de 1927, John Dos Passos estuvo en México —su visita pasó casi inadvertida— y conoció a Manuel Maples Arce en Jalapa. Como resultado de una amistad y una admiración recíprocas por parte de ambos escritores nació la traducción que el primero hizo en inglés de *Vrbe* con el título de *Metropolis,* editado por The T. S. Book Company of New York, en julio de 1929. Esta edición es históricamente importante; no sólo es el primer libro de poesía de un mexicano traducido al inglés, sino además el primero de toda la vanguardia en lengua española.»

ma intenta amalgamar las temáticas de la nueva metrópolis y de la revolución social, mediante un lenguaje telegráfico y espacializado, de exaltación de la máquina y de los nuevos medios de comunicación. También *Esquina,* del estridentista Germán List Arzubide, trata de la temática urbana, tan cara a la poesía de vanguardia de los años 20. Pero lo que dio impulso al grupo estridentista fue la aparición de una serie de cuatro manifiestos. El primero de ellos, *Actual* núm. 1, fue pegado sobre las paredes de Puebla (tal como, prácticamente en la misma época, Borges y los ultraístas hacían en Buenos Aires con la hoja mural *Prisma).*

El Comprimido Estridentista de Manuel Maples Arce se caracteriza por la marca individualizadora de su autor: una enorme fotografía de Maples Arce ocupa la mayor parte del manifiesto que fue redactado en primera persona. El texto inaugural del movimiento estridentista se destaca por un estilo convulsivo que, casi, llega a anticipar la escritura automática de los surrealistas. Influido por el futurismo, Maples Arce enuncia catorce principios en los cuales se vuelca en contra de las formas pasadas («¡Chopin a la silla eléctrica!»), exalta la nueva maquinaria y al hombre tecnificado, tal como lo haría Oswald de Andrade en el Manifiesto Antropófago, y termina con esta frase: «Me ilumino en la maravillosa incandescencia de mis nervios eléctricos» (eco directo del verso «I sing my body electric» de Walt Whitman). La agresiva modernolatría de Maples viene acompañada por un grito: «Cosmopoliticémonos. Ya no es posible tenerse en capítulos convencionales de arte nacional.» El deseo de darle un sentido internacional a su arte aparece en la extensa lista de nombres (más de doscientos) incluidos en el «Directorio de Vanguardia» al final del manifiesto.

Según Luis Mario Schneider, infatigable estudioso del estridentismo, *«Actual* núm. 1 inicia de cualquier manera el gesto más atrevido y escandaloso de la literatura mexicana moderna»[3]. El segundo manifiesto, publicado en la ciudad de Puebla en enero de 1923, ya está firmado por todos los que formarían el núcleo activo del movimiento: Manuel Maples Arce, Germán List Arzubide, Salvador Gallardo y otros. El tono continúa agresivo, pero las propuestas son mucho menos estetizantes. El término «ideológico» aparece en varios momentos del texto, dándole un carácter más comprometido que el asumido por el manifiesto anterior.

---

[3] *El estridentismo o una literatura de la estrategia,* México, Instituto Nacional de Bellas Artes, 1970, pág. 43. Ver asimismo, *El estridentismo. México 1921-1927,* con introducción, selección y bibliografía del mismo autor, publicado por la UNAM en 1985 y donde, por primera vez, se transcriben íntegros los cuatro manifiestos estridentistas, además del abundante material poético, narrativo e iconográfico.

El Manifiesto núm. 3, de 1925, trae pocas novedades con respecto a los anteriores: sigue atacando lo académico y menciona la «revolución social» y el «reinado de la Internacional». El último de los manifiestos, el núm. 4, tiene un carácter peculiar, pues fue presentando en el III Congreso Nacional de Estudiantes en la ciudad de Victoria, en 1926. El texto, redactado por los estudiantes y en formato tabloide, pide un voto de confianza al «movimiento estético revolucionario de México». En esa época, el núcleo estridentista fija su sede en la ciudad de Jalapa, donde cuenta con el inusitado apoyo del entonces gobernador de Veracruz, general Heriberto Jara. Así logran subvencionar sus actividades y publicaciones (las revistas *Horizonte, Irradiador* y otros). La caída del general en 1927 significó también el fin del movimiento estridentista. ¡Con lo que pasó a la historia siendo el único movimiento de vanguardia en América Latina que contó con apoyo militar!

Mientras Oswald de Andrade sueña con el matriarcado del Pindorama, el grupo mexicano tiene como utopía la fundación de «Estridentópolis», con sede en la ciudad de Jalapa. En ella habría un edificio estridentista (proyecto de Germán Cueto), torres de radio y la Universidad de Estridentópolis. Según Germán List Arzubide, «Estridentópolis realizó la verdad estridentista: ciudad absurda, desconectada de la realidad cotidiana, corrigió las líneas rectas de la monotonía desenrollando el panorama»[4]. En 1924, en el Café de Nadie, se realiza la primera exposición del estridentismo. Tal como la Semana del 22, tiene un carácter multidisciplinario: literatura, artes plásticas y música.

El estridentismo dejó una singular herencia, resultante mucho más del carácter colectivo y antológico de sus adeptos que de la relevancia de alguna obra. En este sentido, es José Juan Tablada, cuyo nombre se menciona en el cuarto manifiesto, a pesar de que no pertenecía al grupo, quien realiza la poesía de vanguardia más original de la época, con la introducción del haikai *(Un día... Poemas sintéticos,* 1919) y del caligrama *(Li-Po y otros poemas,* 1920). La prosa, género apenas representado en las experiencias de vanguardia, se hace presente con la novela estridentista *Café de nadie* (1925) de Arqueles Vela. Despuntan también los nombres de Diego Rivera y José Clemente Orozco, famosos hoy por sus murales revolucionarios; pero el pintor que mejor representa al grupo es Ramón Alva de la Canal. El grupo estridentista fue capaz de escribir su propia historia y de iniciar la guerrilla estética que abriría a México a modernas corrientes de vanguardia.

---

[4] *El movimiento estridentista,* Jalapa, Ediciones de Horizonte, 1927, página 93.

ACTUAL NÚM. 1*

Manuel Maples Arce

Iluminaciones subversivas de Renée Dunan, F. T. Marinetti, Guillermo de Torre, Lasso de la Vega, Salvat Papasseit, etcétera, y algunas cristalizaciones marginales.

E   MUERA EL CURA HIDALGO[1]
X   ABAJO SAN RAFAEL-SAN
I   LÁZARO[2]...
T   ESQUINA...
O   SE PROHÍBE FIJAR ANUNCIOS

En nombre de la vanguardia actualista de México, sinceramente horrorizada de todas las placas notariales y rótulos consagrados de sistema cartulario, con veinte siglos de éxito efusivo en farmacias y droguerías subvencionales por la ley, me centralizo en el vértice eclactante de mi insustituible categoría presentista, equiláteramente convencida y eminentemente revolucionaria, mientras que todo el mundo que está fuera del eje, se contempla esféricamente atónito con las manos torcidas, imperativa y categóricamente afirmo, sin más excepciones a los *players* diametralmente explosivos en incendios fonográficos y gritos acorralados, que mi estridentismo deshiciente y acendrado para defenderme de las pedradas literales de los últimos plebiscitos intelectivos: Muera el Cura Hidalgo, Abajo San Rafael, San Lázaro, Esquina, Se prohíbe fijar anuncios.

I.   Mi locura no está en los presupuestos. La verdad, no acontece ni sucede nunca fuera de nosotros. La vida es sólo un método sin puertas que se llueve a intervalos. De aquí que insista en la literatura insuperable en que se prestigian los teléfonos y diálogos perfumados que se hilvanan al desgaire por hilos conductores. La verdad estética, es tan sólo un estado de emoción incohercible desenrollado en un plano extrabasal de equivalencia integralista. Las cosas no tienen valor intrínseco posible, y su equivalencia poética florece en sus relaciones y coordinaciones, las que sólo se manifiestan en un sector interno, más emo-

---

* Texto pegado en los muros de Puebla, en México, en 1921. Reproducido en Luis Mario Schneider, *El estridentismo: México 1921-1927,* págs. 41-48.
[1] Cura Hidalgo: padre que proclamó la independencia de México (15/11/1810).
[2] Calles de la ciudad de México.

cionante y más definitivo que una realidad desmantelada, como puede verse en fragmentos de una de mis anticipaciones poemáticas novilatitudinales: «Esas Rosas Eléctricas...» (*Cosmópolis*, núm. 34). Para hacer una obra de arte, como dice Pierre Albert-Birot, es preciso crear, y no copiar. «Nosotros buscamos la verdad en la realidad pensada, y no en la realidad aparente»[3]. En este instante asistimos al espectáculo de nosotros mismos. Todo debe ser superación y equivalencia en nuestros iluminados panoramas a que nos circunscriben los esféricos cielos actualistas, pues pienso con Epstein, que no debemos imitar a la Naturaleza, sino estudiar sus leyes, y comportarnos en el fondo como ella.

II.   Toda técnica de arte está destinada a llenar una función espiritual en un momento determinado. Cuando los medios expresionistas son inhábiles o insuficientes para traducir nuestras emociones personales —única y elemental finalidad estética—, es necesario, y esto contra toda la fuerza estacionaria y afirmaciones rastacueras de la crítica oficial, cortar la corriente y desnucar los *swichs*. Una pechera reumática se ha carbonizado, pero no por esto he de abandonar el juego. ¿Quién sigue? Ahora el cubilete[4] está en Cipriano Max-Jacob y es sensacionalísimo (*sic.*) por lo que respecta a aquel periodista circunspecto, mientras Blaise Cendrars, que siempre está en el plano de superación, sin perder el equilibrio, intencionalmente equivocado, ignora, si aquello que tiene sobre los ojos es un cielo estrellado o una gota de agua al microscopio.

III.   «Un automóvil en movimiento, es más bello que la Victoria de Samotracia.» A esta eclactante afirmación del vanguardista italiano Marinetti, exaltada por Lucini, Buzzi, Cavacchioli, etcétera, yuxtapongo mi apasionamiento decisivo por las máquinas de escribir, y mi amor efusivísimo por la literatura de los avisos económicos. Cuánta mayor y más honda emoción he logrado vivir en un recorte de periódico arbitrario y sugerente, que en todos esos organillerismos pseudo-líricos y bombones melódicos, para recitales de changarro gratis a las señoritas, declamatoriamente inferidos ante el auditorio disyuntivo de niñas foxtroteantes y espasmódicas y burgueses temerosos por sus concubinas y sus cajas de caudales, como valientemente afirma mi hermano espiritual Guillermo de Torre, en su manifiesto yoísta leído en la primera explosión ultraica de Parisiana, y esto sin perforar todas esas poemati-

---

[3] Los principios aquí enunciados y defendidos coinciden plenamente con los manifiestos creacionistas de Vicente Huidobro, posiblemente conocidos por Manuel Maples Arce. El ítem VII del manifiesto menciona el creacionismo, y el nombre de Huidobro aparece incluido en el «Directorio de Vanguardia» final.
[4] Referencia a *Le cornet à des*, de Max Jacob.

zaciones (*sic*) entusiastamente aplaudidas en charlotadas literarias, en que sólo se justifica el reflejo cartonario de algunos literaturípedos «specimen».

IV.   Es necesario exaltar en todos los tonos estridentes de nuestro diapasón propagandista, la belleza actualista de las máquinas, de los puentes gímnicos reciamente extendidos sobre las vertientes por músculos de acero, el humo de las fábricas, las emociones cubistas de los grandes trasatlánticos con humeantes chimeneas de rojo y negro, anclados horoscópicamente —Ruiz Huidobro— junto a los muelles efervescentes y congestionados, el régimen industrialista de la grandes ciudades palpitantes, las bluzas (*sic.*) azules de los obreros explosivos en esta hora emocionante y conmovida; toda esta belleza del siglo, tan fuertemente intuida por Emilio Verhaeren, tan sinceramente amada por Nicolás Beauduin, y tan ampliamente dignificada y comprendida por todos los artistas de vanguardia. Al fin, los tranvías han sido redimidos del dicterio de prosaicos, en que prestigiosamente los había valorizado la burguesía ventruda con hijas casaderas por tantos años de retardarismo sucesivo e intransigencia melancólica, de archivos cronológicos.

V.   ¡Chopin a la silla eléctrica! He aquí una afirmación higienista y detersoria. Ya los futuristas anti-selenegráficos pidieron en letras de molde el asesinato del claro de luna, y los ultraístas españoles transcriben, por voz de Rafael Cansinos-Asséns, la liquidación de las hojas secas reciamente agitada en periódicos y hojas subversivas. Como ellos, es de urgencia telegráfica emplear un método radicalista y eficiente. ¡Chopin a la silla eléctrica! (M. M. A.[5] trade mark) es una preparación maravillosa; en veinte y cuatro horas exterminó todos los gérmenes de la literatura putrefacta y su uso es agradabilísimo y benéfico. Agítese bien antes de usarse. Insisto. Perpetuemos nuestro crimen en el melancolismo trasnochado de los «Nocturnos», y proclamemos, sincrónicamente, la aristocracia de la gasolina. El humo azul de los tubos de escape, que huele a modernidad y a dinamismo, tiene, equivalentemente, el mismo valor emocional que las venas adorables de nuestras correlativas y exquisitas actualistas.

VI.   Los provincianos planchan en la cartera los boletos del tranvía reminiscente. ¿En dónde está el hotel Iturbide?[6]. Todos los periódi-

---

5 M. M. A.: Manuel Maples Arce.
6 Edificio colonial de inicios del siglo XVII, comprado por el emperador Iturbide, y utilizado como su residencia. Hoy pertenece al Banco Nacional de México, con el nombre de Palacio Iturbide.

cos dispépticos se indigestan con estereotipias de María Conesa[7], intermitente desde la carátula, y hasta hay alguien que se atreva integralmente asombrado sobre la alarma arquitectónica del Teatro Nacional, pero no ha habido nadie aún, susceptible de emociones liminares al margen de aquel sitio de automóviles, remendado de carteles estupendos y rótulos geométricos. Tintas planas: azules, amarillas, rojas. En medio vaso de gasolina, nos hemos tragado literalmente la avenida Juárez, 80 caballos. Me ladeo mentalmente en la prolongación de una elipse imprevista olvidando la estatua de Carlos IV. Accesorios de automóviles, refacciones Haynes, llantas, acumuladores y dínamos, chasis, neumáticos, klaxons, bujías, lubricantes, gasolina. Estoy equivocado. Moctezuma de Orizaba es la mejor cerveza en México, fumen cigarros del Buen Tono, S. A., etcétera, etcétera. Un ladrillo perpendicular ha naufragado en aquellos andamios esquemáticos. Todo tiembla. Se amplían mis sensaciones. La penúltima fachada se me viene encima.

VII.   Ya nada de creacionismo, dadaísmo, paroxismo, expresionismo, sintetismo, imaginismo, suprematismo, cubismo, orfismo, etcétera, etcétera, de «ismos» más o menos teorizados y eficientes. Hagamos una síntesis quinta-esencial y depuradora de todas las tendencias florecidas en el plano máximo de nuestra moderna exaltación iluminada y epatante, no por un falso deseo conciliatorio —sincretismo—, sino por una rigurosa convicción estética y de urgencia espiritual. No se trata de reunir medios prismales, básicamente antisímicos, para hacerlos fermentar, equivocadamente, en vasos de etiqueta fraternal, sino, tendencias insíticamente orgánicas, de fácil adaptación recíproca, que resolviendo todas ecuaciones del actual problema técnico, tan sinuoso y complicado, ilumine nuestro deseo maravilloso de totalizar las emociones interiores y sugestiones sensoriales en forma multánime y poliédrica.

VIII.   El hombre no es un mecanismo de relojería nivelado y sistemático. La emoción sincera es una forma de suprema arbitrariedad y desorden específico. Todo el mundo trata, por un sistema de escoleta reglamentaria, de fijar sus ideas presentando un solo aspecto de la emoción, que es originaria y tridimensionalmente esférica, con pretextos sinceristas de claridad y sencillez primarias dominantes, olvidando que en cualquier momento panorámico ésta se manifiesta, no nada más por términos elementales y conscientes, sino también por una fuerte proyección binaria de movimientos interiores, torpemente sensible al medio externo, pero en cambio, prodigiosamente reactiva a las propul-

---

[7] María Conesa: actriz mexicana famosa a inicios de siglo.

siones roto-translatorias del plano ideal de verdad estética que Apollinaire llamó la sección de oro. De aquí, que exista una más amplia interpretación en las emociones personales electrolizadas en el positivo de los nuevos procedimientos técnicos, porque éstos cristalizan un aspecto unánime y totalista de la vida. Las ideas muchas veces se descarrilan, y nunca son continuas y sucesivas, sino simultáneas e intermitentes. (II. Profond aujourd'hui. Cendrars, *Cosmópolis,* núm. 33). En un mismo lienzo, diorámicamente, se fijan y se superponen coincidiendo rigurosamente en el vértice del instante introspectivo.

IX. ¿Y la sinceridad? ¿Quién ha inquerido? Un momento, señores, que hay cambio de carbones. Todos los ojos se han anegado de aluminio, y aquella señorita distraída se pasea superficialmente sobre los anuncios laterales. He aquí una gráfica demostrativa. En la sala doméstica se hacen los diálogos intermitentes, y una amiga resuelta en el teclado. La crisantema eléctrica se despetala en nieves mercuriales. Pero no es esto todo. Los vecinos inciensan gasolina. En el periódico amarillista hay tonterías ministeriales. Mis dedos abstraídos se diluyen en el humo. Y ahora, yo pregunto, ¿quién es más sincero?, ¿los que no toleramos extrañas influencias y nos depuramos y cristalizamos en el filtro cenestésico de nuestra emoción personalísima o todos esos «poderes» ideoclorótecamente diernefistas *(sic.)*, que sólo tratan de congraciarse con la masa amorfa de un público insuficiente, dictatorial y retardatario de cretinos oficiosos, académicos fotofóbicos y esquiroles traficantes y plenarios?

X. Cosmopoliticémonos. Ya no es posible tenerse en capítulos convencionales de arte nacional. Las noticias se expanden por telégrafo; sobre los rascacielos, esos maravillosos rascacielos tan vituperados por todo el mundo, hay nubes dromedarias, y entre sus tejidos musculares se conmueve el ascensor eléctrico. Piso cuarenta y ocho. Uno, dos, tres, cuatro, etcétera. Hemos llegado. Y sobre las paralelas del gimnasio al aire libre, las locomotoras se atragantan de kilómetros. Vapores que humean hacia la ausencia. Todo se acerca y se distancia en el momento conmovido. El medio se transforma y su influencia lo modifica todo. De las aproximaciones culturales y genésicas, tienden a borrarse los perfiles y los caracteres raciales, por medio de una labor selectiva eminente y rigurosa, mientras florece al sol de los meridianos actuales, la unidad psicológica del siglo. Las únicas fronteras posibles en arte son las propias infranqueables de nuestra emoción marginalista.

XI. Fijar las delimitaciones estéticas. Hacer arte, con elementos propios y congénitos fecundados en su propio ambiente. No reintegrar valores, sino crearlos totalmente, y asimismo, destruir todas esas teorías equivocadamente modernas, falsas por interpretativas, tal la derivación impresionista (post-impresionismo) y desinencias luministas (divisionismo, vibracionismo, puntillismo, etcétera). Hacer poesía pura, suprimiendo todo elemento extraño y desnaturalizado (descripción, anécdota, perspectiva). Suprimir en pintura toda sugestión mental y postizo literaturismo, tan aplaudido por nuestra crítica bufa. Fijar delimitaciones, no en el paralelo interpretativo de Lessing, sino en un plano de superación y equivalencia. Un arte nuevo, como afirma Reverdy, requiere una sintaxis nueva; de aquí siendo positiva la aserción de Braque: el pintor piensa en colores, deduzco la necesidad de una nueva sintaxis colorística.

XII.   Nada de retrospección. Nada de futurismo. Todo el mundo, allí, quieto, iluminado maravillosamente en el vértice estupendo del minuto presente; atalayado en el prodigio de su emoción inconfundible y única y sensorialmente electrolizado en el «yo» superatista, vertical sobre el instante meridiano, siempre el mismo, y renovado siempre. Hagamos actualismo. Ya Walter Bonrad Arensberg lo exaltó en una estridencia afirmativa al asegurar que sus poemas sólo vivían seis horas; y amemos nuestro siglo insuperado. ¿Que el público no tiene recursos intelectuales para penetrar el prodigio de nuestra formidable estética dinámica? Muy bien. Que se quede en la portería o que se resigne al *vaudeville*. Nuestro egoísmo es ya superlativo; nuestra convicción, inquebrantable.

XIII.   Me complazco en participar a mi numerosa clientela fonográfica de estolistas potenciales, críticos desrrados (*sic.*) y biliosos, roídos por todas las llagas lacerantes de la vieja literatura agonizante y apestada, académicos retardatarios y específicamente obtusos, nescientes consuetudinarios y toda clase de anadroides exotéricos, prodigiosamente logrados en nuestro clima intelectual rigorista y apestado, con que seguramente se preparan mis cielos perspectivos, que son de todo punto inútiles sus cóleras mezquinas y sus bravuconadas zarzueleras y ridículas, pues en mi integral convicción radicalista y extremosa, en mi aislamiento inédito y en mi gloriosa intransigencia, sólo encontrarán el hermetismo electrizante de mi risa negatoria y subversista. ¿Qué relación espiritual, qué afinidad ideológica, puede existir entre aquel Sr. que se ha vestido de frac para lavar los platos y la música de Erik Satie? Con este vocablo dorado: estridentismo, hago una transcripción de los rótulos dadá, que están hechos de nada, para combatir la «nada oficial de libros, exposiciones y teatro». Es síntesis una fuerza radical opuesta contra el conservatismo solidario de una colectividad anquilosada.

XIV.   Exito a todos los poetas, pintores y escultores jóvenes de México, a los que aún no han sido maleados por el oro prebendario de los sinecurismos gobiernistas, a los que aún no se han corrompido con los mezquinos elogios de la crítica oficial y con los aplausos de un público soez y concupiscente, a todos los que no han ido a lamer los platos en los festines culinarios de Enrique González Martínez[8], para hacer arte (!) con el estilicidio de sus menstruaciones intelectuales, a todos los grandes sinceros, a los que no se han descompuesto en las eflorescencias lamentables y metíficas de nuestro medio nacionalista con hedores de pulquería y rescoldos de fritanga, a todos esos, los exito en nombre de la vanguardia actualista de México, para que vengan a batirse a nuestro lado en las lucíferas filas de la *decouvert,* en donde, creo con Lasso de la Vega: «Estábamos lejos del espíritu de la bestia. Como Zaratustra nos hemos librado de la pesadez, nos hemos sacudido los prejuicios. Nuestra gran risa es una gran risa. Y aquí estamos escribiendo las nuevas tablas.» Para terminar pido la cabeza de los ruiseñores escolásticos que hicieron de la poesía un simple cancaneo repsoniano *(sic.),* subido a los barrotes de una silla: desplumazón después del aguacero en los corrales edilicios del domingo burguesista. La lógica es un error y el derecho de integralidad una broma monstruosa me interrumpe la intelcesteticida *(sic),* Renée Dunan. Salvat-Papasseit, al caer de un columpio ha leído este anuncio en la pantalla: escupid la cabeza calva de los cretinos, y mientras que todo el mundo, que sigue fuera del eje, se contempla esféricamente atónito, con las manos retorcidas, yo, gloriosamente aislado, me ilumino en la maravillosa incandescencia de mis nervios eléctricos.

Directorio de Vanguardia

Rafael Cansinos-Asséns. Ramón Gómez de la Serna. Rafael Lasso de la Vega. Guillermo de Torre. Jorge Luis Borges. Cleotilde Luisi. Vicente Ruiz Huidobro. Gerardo Diego. Eugenio Montes. Pedro Garfias. Lucía Sánchez Saornil. J. Rivas Panedas. Ernesto López Parra. Juan Larrea. Joaquín de la Escosura. José de Ciria y Escalante. César A. Comet. Isac del Vando Villar. Adriano del Valle. Juan Las. Mauricio Bacarisse. Rogelio Buendía. Vicente Risco. Pedro Raida. Antonio Espina. Adolfo Salazar. Miguel Romero Martínez. Ciriquiain Caitarro. Antonio M. Cubero. Joaquín Edwards. Pedro Iglesias. Joaquín de Aroca.

---

[8] Enrique González Martínez: poeta simbolista mexicano, que en 1911 publica el famoso soneto «Tuércele el cuello al cisne», considerado un verdadero manifiesto contra la estética finisecular. Poeta tradicional, González Martínez está lejos de ser considerado un poeta de vanguardia. De ahí el tono áspero de Maples Arce.

León Felipe. Eliodoro Puche. Prieto Romero. Correa Calderón. Francisco Vighi. Hugo Mayo. Bartolomé Galíndez. Juan Ramón Jiménez. Ramón del Valle-Inclán. José Ortega y Gasset. Alfonso Reyes. José Juan Tablada. Diego M. Rivera D. Alfaro Siqueiros. Mario de Zayas. José D. Frías. Fermín Revueltas. Silvestre Revueltas. P. Echeverría. Atl. J. Torres-García. Rafael P. Barradas. J. Salvat Papasseit. José María Yenoy. Jean Epstein. Jean Richard Bloch. Pierre Brune. Marie Blanchard. Corneau. Farrey. Fournier. Riou. Mme. Ghy Lohem. Marie Laurencin. Dunozer de Segonzac. Honneger. Georges Auric. Ozenfant. Alberto Gleizes. Pierre Reverdy. Juan Gris. Nicolás Beauduin. William Speth. Jean Paulhan. Guillaume Apollinaire. Cypien. Max Jacob. Jorge Braque. Survage. Coris. Tristán Tzara. Francisco Picabia. Jorge Ribemont-Dessaigne. Renée Dunan. Archipenko. Soupault. Bretón. Paul Elouard. Marcel Duchamp. Frankel. Sernen. Erik Satie. Elie Faure. Pablo Picasso. Walter Bonrad Arensberg. Celine Arnauld. Walter Pach. Bruce. Morgan Russel. Marc Chagall. Herr Baader. Max Ernst. Christian Schaad. Lipchitz. Ortiz de Zárate. Correia d'Araujo. Jacobsen. Schkold. Adam Fischer. Mme. Fischer. Peer Kroogh. Alf Rolfsen. Jeauneiet. Piet Mondrian. Torstenson. Mme. Alika. Ostrom. Geline. Salto. Weber. Wuster. Kokodika. Kandinsky. Steremberg (Com. de B. A. de Moscou). Mme. Lunacharsky. Erhenbourg. Taline. Konchalowsky. Machkoff. Mme. Ekster. Wlle Monate. Marewna. Larionow. Gondiarowa. Belova. Sontine. Daiiblet. Doesburg. Raynal. Zahn. Derain. Walterowua Zur = Mueklen. Jean Cocteau. Pierre Albert Birot. Metsinger. Jean Charlot. Maurice Reynal. Pieux. F. T. Marinetti. G. P. Lucinni. Paolo Buzzi. A. Palazzeschi. Enrique Cavacchioli. Libero Altomare. Luciano Folgore. E. Cardile. G. Carrieri. F. Mansella Fontini. Auro d'Alba. Mario Betuda. Armando Mazza. M. Boccioni. C. D. Carrá. G. Severini. Balilla Pratella: Cangiullo. Corra. Mariano. Boccioni. Fessy. Setimelli. Carli. Ochsé. Linati. Tita Rosa. Saint-Point. Divoire. Martini. Moretti. Pirandello. Tozzi. Evola. Ardengo. Sarcinio. Tovolato. Daubler. Doesburg. Broglio. Utrillo. Fabri. Vatrignat. Liege. Norah Borges. Savory. Gimmi. Van Gogh. Grunewald. Derain. Cauconnet. Boussingautl. Marquet. Gernez. Fobeen. Delaunay. Kurk. Schwitters. Heyniche. Klem. Zirner. Gino. Galli. Bottai. Cioccatto. George Bellows. Giorgio de Chirico. Modigliani. Cantarelli. Soficci. Carena. etcétera.

MANIFIESTO ESTRIDENTISTA NÚM. 2*

Manuel Maples Arce, Germán List Arzubide,
Salvador Gallardo *et alia*

Irreverentes, afirmales, convencidos, excitamos a la juventud intelectual del Estado de Puebla, a los no contaminados de reaccionarismo letárgico, a los no identificados con el sentir medio colectivo del público unisistematizal y antropomorfo para que vengan a engrosar las filas triunfales del estridentismo y AFIRMEMOS:

Primero: Un profundo desdén hacia la ranciolatría ideológica de algunos valores funcionales, encendidos pugnazmente en un odio caníbal para todas las inquietudes y todos los deseos renovadores que conmueven la hora insurreccional de nuestra vida mecanística.

Segundo: La posibilidad de un arte nuevo, juvenil entusiasta y palpitante, estructuralizado novidimensionalmente, superponiendo nuestra recia inquietud espiritual, al esfuerzo regresivo de los manicomios coordinados, con reglamentos policiacos, importaciones parisienses de reclamo y pianos de manubrio en el crepúsculo.

Tercero: La exaltación del tematismo sugerente de las máquinas, las explosiones obreriles que estrellan los espejos de los días subvertidos. Vivir emocionalmente. Palpitar con la hélice del tiempo. Ponerse en marcha hacia el futuro.

Cuarto: La justificación de una necesidad espiritual contemporánea. Que la poesía sea poesía de verdad, no babosadas, como las que escribe Gabrielito Sánchez Guerrero, caramelo espiritual de chiquilladas engomadas. Que la pintura sea también, pintura de verdad con una sólida concepción del volumen. La poesía, una explicación sucesiva de fenómenos ideológicos, por medio de imágenes equivalentistas orquestalmente sistematizadas. La pintura, explicación de un fenómeno estático, tridimensional, redactado en dos latitudes por planos colorísticos dominantes.

CAGUÉMONOS: Primero: En la estatua del Gral. Zaragoza[1], bravu-

---

* Publicado en Puebla, México, en 1/1/1923. Reproducido en Luis Mario Schneider, *El estridentismo: México 1921-1927*, págs. 49-50.
[1] Ignacio Zaragoza, general y político mexicano que venció en 1862 a los invasores franceses en la capital de Puebla, local de redacción del manifiesto.

cón insolente de zarzuela, William Duncan del *film* intervencionista del imperio, encaramado sobre el pedestal de la ignorancia colectiva. Horror a los ídolos populares. Odio a los panegiristas sistemáticos. Es necesario defender nuestra juventud que han enfermado los merolicos exegísticos con nombramiento oficial de catedráticos.

Charles Chaplin es angular, representativo y democrático.

Segundo: En don Felipe Neri del Castillo, fonógrafo interpretativo del histerismo primaveral tergiversado, que hace catrinas, pulque con cenizas de latines para embriagar a sus musas rezanderas, en don Manuel Rivadeneyra y Palacio, momia presupuestiva de 20 reales diarios, en don José Miguel Sarmiento, recitador de oficio en toda clase de proxenetismos familiares en que la primavera y el *jazz band* se sangolotean en los espejos, y en algunos estanquilleros literarios, como Don Delfino C. Moreno y don Enrique Gómez Haro.

Tercero: En nuestro compatriota, Alfonso XIII, el Gaona de los tenderos usurarios, Tío Sam de los intelectuales de alpargata, salud de los enfermos, consuelo de los afligidos, rosa mística, vaso espiritual de elección, agente viajero de una camotería de Santa Clara[2]; la gran cháchara!

PROCLAMANDO: Como única verdad, la verdad estridentista. Defender el estridentismo es defender nuestra vergüenza intelectual. A los que no estén con nosotros se los comerán los zopilotes. El estridentismo es el almacén de donde se surte todo el mundo. Ser estridentista es ser hombre. Sólo los eunucos no estarán con nosotros. Apagaremos el sol de un sombrerazo. FELIZ AÑO NUEVO.

¡VIVA EL MOLE DE GUAJOLOTE![3]

[siguen doscientas firmas]

---

[2] Santa Clara: dulce típico de la ciudad de Puebla, hecho con batata.
[3] Mole de Guajalote: plato típico de la ciudad de Puebla. «Guajalote», también conocido como «pavo».

MANIFIESTO ESTRIDENTISTA NÚM. 3*

SALVADOR GALLARDO, GUILLERMO RUBIO,
ADOLFO ÁVILA SÁNCHEZ, ALDEGULDO MARTÍNEZ

A horcajadas de este corcel encabritado de la Bufa, filón de oro para el gambusinismo de López Velarde, lancemos este grito 13 estridente y subversivo.

¡MUERA LA REACCIÓN INTELECTUAL
Y MOMIFICADA!

Ahora que la revolución social ha llegado a todas las conciencias, es necesario proclamar como verdad primordial la verdad estridentista: «Defender al estridentismo es defender nuestra vergüenza intelectual.»

Hay que rebelarse contra el mandato de los muertos

Sólo los espíritus académicos siguen confeccionando sus OLLAS PODRIDAS con materiales manidos.

El cliché es la soga de las ideas

Todo arte, para serlo de verdad, debe recoger la gráfica emocional del momento presente. De aquí que exaltemos el tematismo sugerente de las máquinas. No hay que olvidarlo, UN AUTOMÓVIL EN CARRETERA ES MÁS BELLO QUE LA VICTORIA DE SAMOTRACIA[1] y ante la gloriosa cruz de un aeroplano, los pegasos tienen que descender vergonzantes a los pesebres burocráticos.

La vida multánime y paroxista de las «Urbes», las explosiones obreriles que reflejan los espejos de los días invertidos no se compaginan con los claros de luna. «¡Chopin a la silla eléctrica!» Ante todo hay que delinear el campo de las especulaciones estéticas. QUE LA PINTURA SEA EXPLICACIÓN DE UN FENÓMENO TRIDIMENSIONAL REDACTADO EN DOS LATITUDES POR PLANOS COLORÍSTICOS DOMINANTES.

La poesía, poesía de verdad, sin descripciones, anécdotas ni perspectivas, esto es poesía pura, sucesión de imágenes equivalentes, or-

---

* Publicado en Zacatecas, México, a 12/7/1925. Reproducido en Luis Mario Schneider, *El estridentismo: México 1921-1927,* págs. 51-52.
[1] Referencia al cuarto ítem del manifiesto futurista de F. T. Marinetti.

questalmente sistematizadas que sugieran fenómenos ideológicos de estados emotivos.

Nada de retrospección, nada de futurismo. Todo el mundo allí quieto, iluminado maravillosamente en el vértice estupendo del minuto presente.

En pleno reinado de la Internacional en cursi levantar las murallas chinas del nacionalismo rastacuero, pero con elementos autóctonos, fecundados en su propio ambiente, hay que CREAR un arte puro que tienda siempre a un plano de superación y abstraccionismo.

Juan Gall *(sic.)* al exprimir el jugo del mundo en sus Cinco Continentes[2] manifiesta como rasgos predominantes de postguerra, la Energía y la Bondad y apostrofa a los jóvenes poetas del mundo para que las canten y añade ¡Y nada de sentimentalismos, evitar la ruindad de todas las trivialidades. Descubrir la vida cotidiana y regeneradora! ¡He aquí vuestra tarea!

Jóvenes del mundo: he aquí vuestra divisa

Zacatecas, a 12 de julio de 1925.

Salvador Gallardo, Guillermo Rubio, Adolfo Ávila Sánchez, Aldeguldo Martínez.

*

Los evangelios del estridentismo en los que fue inspirado este manifiesto son:

ACTUAL NÚMERO 1. Hoja de Vanguardia. Comprimido Estridentista de Manuel Maples Arce.

Manifiesto Estridentista Poesía, Enero 1.º de 1923 firmado por Manuel Maples Arce, Germán List Arzubide, Salvador Gallardo.

El Estridentismo. La Teoría Abstraccionista de «Arqueles Vela» *Irradiador,* número 2, México. Octubre de 1923.

Hoy revista de vanguardia proyector de nueva estética muy pronto aparecerá, búsquela.

---

[2] Referencia a la conocida antología de Ivan Goll, *Les cinq continents* (1923).

MANIFIESTO ESTRIDENTISTA NÚM. 4*

EL GOBERNADOR OBSEQUIARÁ $ 100.000 A CADA DELE-
GADO

LEA USTED...

4 NOS HEMOS LEVANTADO EN ARMAS CONTRA EL AGUA-
CHIRLISMO LITERARIO EN MÉXICO.

CHUBASCO ESTRIDENTISTA

¡Chopin a la Silla Eléctrica!

El Grupo Estridentista del III Congreso Nacional de Estudiantes
exige de la H. Asamblea un voto de simpatía y de adhesión al movimiento estético revolucionario de México.

Diego María Rivera, Manuel Maples Arce, Jean Charlot, José Juan
Tablada, Fermín Revueltas, Germán List Arzubide, Rafael López, Ar-
queles Vela, Carlos Chávez Ramírez, Ramón Alva, Salvador Gallardo,
Rodríguez Lozano, José Clemente Orozco... etcétera, etcétera.

H. ASAMBLEA:

CONSECUENTES con la tesis sustentada en la Declaración de Principios de la Juventud que acaba de lanzar desde esta ciudad heroica el III
Congreso Nacional de Estudiantes, afirmamos colosalmente que el
ideal que la vivifica no puede ser mezquino ni aplastado, porque es, en
el fondo, generoso, fecundo, integral. INTEGRAL.

La juventud, que por definición es inquietud renovadora, jamás se
ha detenido ante el círculo estrecho y angustioso de las ideas avaras y
unidimensionales, proclamando gloriosamente la verdad de todos los
ideales que conducen hacia la renovación absoluta.

La juventud mexicana es una inquietud perpetua, un anhelo gigante de renovación: Renovación social, política, estética... RENOVACIÓN
CONSTRUCTIVA.

La realización armónica y conjunta de la recia ideología de esta
época convulsiva para un futuro inmediato en el país, constituirá nece-

* Publicado por ocasión del Congreso Nacional de Estudiantes, en Ciudad Victoria, Tamaulipas, México, en 27/1/1926. Reproducido en Luis Mario Schneider, *El estridentismo: México 1921-1927,* págs. 53-55.

sariamente un factor cíclope para el desenvolvimiento de la nueva civilización humana.

Las anteriores consideraciones, que ampliaremos después verbalmente, nos mueven a pedir a la H. Asamblea con dispensa de trámites, el siguiente voto de simpatía:

«El III Congreso Nacional de Estudiantes, en nombre de la juventud estudiantil mexicana, hace presente su simpatía hacia el movimiento estético revolucionario de México y le envía por conducto del grupo estridentista del congreso, un saludo estimulante y cordial.»

Protestamos lo necesario.

C. Victoria, Tamps., enero 27 de 1926.

Miguel Aguillón Guzmán, Delegado por la Escuela de Derecho, Jalapa, Ver. Audmoro Gutiérrez, Delegado por la E. Preparatoria de Veracruz, Ver. Ángel Carvajal, Delegado F. N. de Jurisprudencia. Alfredo Saucedo, Delegado de la E. Nacional de Maestros. José Zapata Vela, Delegado por la Escuela de Leyes de Morelos. Antonio Helú, Delegado Fraternal, Distrito Federal.

Pablo Moreno Galán, Antonio González Mora, J. M. de los Reyes, Virgilio Domínguez, Ernesto Cortina Gutiérrez, Luis Sandi Meneses, Ovidio R. Ocampo, Delegados por el Distrito Federal. Gregorio Contreras, Fernando Ruiz, Alfonso Paz, Pablo Burquete, Delegados por el Estado de Chiapas. J. Miguel Cevallos, Delegado por Colima. M. Martínez Ríos, Luis Martínez Ríos, Delegados por Guanajuato. S. Navarro Aceves, D. Flores G., Delegados por Jalixco. Antonio F. Reyes, Alberto D. Flores, Patricio Sánchez, Delegados por San Luis Potosí, S. Barrón Tavares, Delegado por León, Gto. Donato Miranda, Luis F. Bustamante, Alfredo Saucedo, Delegados Escuela Nacional de Maestros. Porfirio González Flores, A. Rico G., Delegados por Chihuahua. J. C. Treviño, Félix Segovia, Delegados por Nuevo León. J. Graham Gurría, Alfonso Taracena, Delegados por Tabasco. A. Perera Castillo, Delegado por Campeche. Alfredo L. Briseño, Efraín Escamilla, Delegados por Hidalgo. Ernesto Carpi, Fernando Magro, Delegados por Oaxaca. Avelardo Valdez, M. Azaguirre, José Farías V., Delegados por Coahuila. José F. Romo, Delegado por Aguascalientes. Julio Ortiz A., Ramón Maldonado, Delegados por el Estado de México. Bernabé Ballesteros, Ramón N. García, Delegados por Querétaro. Carlos Castañeda Galván, Delegado por Durango. Angelina Garza, M. Garza Leal, Gonzalo Mercado, A. Mancilla Gómez, Delegados por Tamaulipas. Gustavo Rovirosa, C. Escudero, Delegados por Puebla. Carlos Villalón Mercado, I. Mendoza Pardo, E. Arreguín, Delegados por Michoacán. Siguen más firmas.

*

Para hacer esta sugestión
nos hemos fundado en:

IRRADIACIÓN INAUGURAL

Es probable que la supraestandarización de los sistemas, sea para Ud. un ideal suprematista[1]. Ud. es un hombre extraordinario. ¿Sabe Ud.? He aquí el sentido espectacular de una teoría novísima. Ud. es un subvercionalista específico. Pero Ud. no se entiende a sí mismo: quizá es Ud. todavía un imbécil; Ud. tiene talento. Ahora se ha extraviado Ud. en los pasillos vacíos de su imaginación. Y Ud. tiene miedo de sí mismo. Usted equivoca la salida y no puede encontrarse. Detective. Fantomas lo cita a Ud. para el Hotel Regis. Voronoff reclama glándulas de mono y el estridentismo ha inventado la eternidad. Pero usted no entiende una palabra.

Todo esto que tanto le incomoda lo aprendimos de usted inversamente-equidistancia-ideología. ¿Comprende usted? Por sistemas contrarios, por conveniencia especulativa a explosiones al magnesio a etcétera, valores prestigiosos. Nos afirmamos noviangularmente irradiales a toda contrastación equivalente raíz cuadrada de la evacerebración (*sic.*) de los laboratorios económicos menos el principio de Greham, andamiaje intraobjetivo la ráfaga internacional de los motores. Irradioscopia. La ciudad está llena de instalaciones de dínamos, de engranajes y cables. Y las fachadas parlantes gritan desaforadamente sus colores chillones de una a otra acera. La Cervecería Moctezuma y el Buen Tono. Refacciones Ford. Aspirina Bayer Vs. Langford Cinema O 1 p los adioses se hacen a la vela.

Usted está supramaravillado, pero nosotros ideológicamente, concluimos siempre en nuestro plano extraversal de equivalencia; síntesis exposicional de expresión, emotividad y sugerencia, relación y coordinación intraobjetiva (teoría abstraccionista. Sistema fundamental) exposición fragmentaria, nunismo[2], sincronismo, fatiga intelectual (se-

---

[1] Mención probable al suprematismo ruso. Primera teoría de la pintura rusa, no objetiva, el suprematismo aparece en Rusia en 1915. Ligado desde su primera manifestación a Kamisir Malevitch (1878-1935), tiene gran influencia en la generación de los cubofuturistas.

[2] Nunismo: tendencia iniciada por el escritor francés Pierre-Albert Birot. Surgió al inicio del siglo xx, como tentativa de obtener en poesía los resultados conseguidos por el cubismo en artes plásticas.

nestesia), y enumeralización temática. Esquematización algebraica.
Jazz Band, petróleo, Nueva York. La ciudad toda chisporrotea polari-
zada en las antenas radiotelefónicas de una estación inverosímil.

(*Irradiador*. Revista de Vanguardia. 1922)

Perú

PERÚ: «bandera», en *rascacielos (exhangar,* 1928).

Entre los movimientos de vanguardia de América Latina, el peruano se destaca por su postura radical. La publicación, en 1922, de *Trilce* de César Vallejo, abre las puertas a la modernidad y proyecta al país como punta de lanza de la producción poética de la época. En palabras de Gloria Videla de Rivero, «la poesía *mestiza* de César Vallejo funde los elementos americano, nacional, regional, popular e indigenista con las influencias europeas. Su rebelión poética —que posteriormente se volverá política— se expresa en *Trilce.* Versos libres, hermetismo, imágenes de inspiración cubista, creacionista, ultraísta e incluso surrealista: es una poesía de vanguardia»[1]. Hay en *Trilce* una estética de ruptura cuya originalidad de ejecución dificulta la inserción de la obra en alguna tradición literaria. No ocurre lo mismo, por ejemplo, con la poesía de Huidobro, de Neruda o de Borges, donde es posible reconocer, con mayor facilidad, las influencias poéticas.

Mientras, por un lado, Vallejo propone un proyecto estético inédito, por el otro lado, José Carlos Mariátegui propone uno ideológico, al revelarse como el pensador marxista más fecundo de la década y del continente. Su revista, *Amauta* (1926-1930), originalmente concebida con el nombre de *Vanguardia,* acentúa la marca de las preocupaciones sociales y del compromiso con la realidad indígena, sin por eso cerrar las puertas a la renovación artística de la época. La experiencia europea de Mariátegui, aliada a su sensi-

---

[1] «L'ultraisme en Espagne et en Amérique Latine», en *Les avant-gardes littéraires au XX.ème siècle,* Budapest, Akadémiai Kiadó, 1984, pág. 301.

bilidad estética, permite que *Amauta* asimile el «espíritu nuevo».
Dice David O. Wise: «A pesar de su gran valor como vehículo de
renovación literaria y popularización de los trabajos de la izquierda latinoamericana, la principal contribución histórica de *Amauta*
consiste en los numerosos ensayos de carácter histórico y político,
firmados por autores peruanos»[2].

En forma paralela a *Amauta,* pero con mucho menos repercusión, aparecen publicaciones variadas en sus tendencias. *La sierra*
(1927-1930), dirigida por Guillermo Guevara, se revela nítidamente preocupada por el indigenismo incaico. *Guerrilla,* dirigida
por la poeta uruguaya Blanca Luz Brum, participa de la vertiente
social más comprometida. Existen también los experimentos de
Flechas (1924) o de *Poliedro* (1926) de Armando Bazán.

De particular interés es el *Boletín Titikaka* (1926-1930), publicado en Puno bajo la dirección de Gamaliel Churata (pseudónimo
de Arturo Peralta, autor de *El pez de oro)* y de su hermano Alejandro Peralta, autor de *ande* y *el kollao.* El *Boletín Titikaka* es un excepcional ejemplo de diseminación de las vanguardias en sitios
apartados de los tradicionales centros de producción intelectual[3].
Se publicaron treinta y cinco números en formato tabloide del *Boletín.* El último coincide con el fin de *Amauta* y la muerte de José
Carlos Mariátegui, a quien está dedicado[4].

La vanguardia de Puno mantiene intenso intercambio con
otros grupos de América Latina *(Martín Fierro* de Buenos Aires;
La Pluma de Montevideo; *Amauta,* sin duda, y otros). Sorprendente es la reproducción, en el número 30 (mayo de 1929) de dos poemas de Mário de Andrade, pertenecientes a *Clã do Jaboti:* «Sam-
binha» y «Moda dos quatro rapazes». También la vanguardia europea participa de ese intercambio: es el caso del grupo berlinés de

[2] David O. Wise, «Mariátegui's *Amauta* (1926-1930), a source for Peruvian
history», *Revista Interamericana de Bibliografía* 31 (1979), pág. 298.

[3] David O. Wise, «Vanguardismo a 3.800 metros: el caso del *Boletín Titikaka*
(Puno, 1926-1930)», *Revista de Crítica Literaria Latinoamericana* 20 (1984), págs.
89-100. Ver además Vicky Unruh, «El vanguardismo indigenista de Alejandro Peralta», *Discurso Literario* 4 (primavera 1987), págs. 553-566. Existe un índice bibliográfico del extraño *Boletín* en Miguel Ángel Rea, «Guía del *Boletín Titikaka*»,
Hueso Húmero 10 (julio-octubre, 1981), págs. 184-204 y *Hueso Húmero* 11 (octubre-diciembre, 1981), págs. 140-159. Agradezco a Vicky Unruh por la copia de la
colección del *Boletín Titikaka.*

[4] Curiosamente, en el acervo de Mário de Andrade en el Instituto de Estudos
Brasileiros no consta ningún número de *Amauta,* pero sí se encuentra el último nú-
mero del *Boletín Titikaka* dedicado a Mariátegui. Cfr. «Revistas e periódicos» en
Raúl Antelo, *Na ilha de Marapatá (Mário de Andrade lê os hispano-americanos),*
San Pablo, Hucitec, 1986, pág. 273. Debe de haber habido intercambio con el autor
de *Macunaíma,* lo que explicaría la publicación de dos de sus poesías en el *Boletín
Titikaka* 30 (mayo, 1929), pág. 4.

Der Sturm (para este contacto el *Boletín Titikaka,* quizá, contó con la ayuda de Mariátegui). Colabora con la revista el activo grupo Ortokapa de Puno, en el cual se destaca Alejandro Peralta, codirector del *Boletín.* Este grupo y el del *Boletín Titikaka* son los mejores representantes del «indigenismo de vanguardia» peruano. Circunscriptos a la difícil realidad social de Puno, pero atentos a los experimentos vanguardistas internacionales, ellos logran explorar tanto la vertiente andina como la experimental.

Aunque no aparezca de manera programática, se advierte la influencia del surrealismo en poetas peruanos como César Moro, Xavier Abril y E. A. Westphalen. En esa generación también se destaca —más por sus posiciones poético-políticas que por su calidad creadora— Alberto Hidalgo, el creador del *simplismo.*

trampolín, hangar (ex-trampolín), rascacielos (ex-hangar) y *timonel (ex-rascacielos)* son los títulos mutantes de los cuatro folletos de vanguardia publicados en Lima en los años de 1926 y 1927. Visualmente innovadores y coloridos, los folletos se doblan en cuatro, estando una de las partes, una vez abierto, dedicada a la poesía. Contemporáneos de *Amauta,* ellos reanudan la experiencia internacional de la vanguardia hispano-americana (Huidobro, Neruda) sin perder de vista las preocupaciones políticas. De un folleto a otro el tono comprometido se va haciendo más radicalizado, quizá debido a la presencia de Magda Portal, que dirigió el primero y el último. El subtítulo de *trampolín* es «revista supra-cosmopolita», mientras el subtítulo de *timonel* es «arte y doctrina».

El texto «bandera», publicado en *rascacielos,* es un repudio a la agresión sufrida en Bolivia por su director, Serafín Delmar (pseudónimo del poeta Reynaldo Bolaños). El mismo título tiene una connotación ideológica que en el texto adquiere dimensiones continentales, en el llamado a América Latina y a la «fraternidad universal». Su tenor político se une a una escritura vanguardista, donde se ven el uso de minúsculas y de metáforas modernas.

Más de medio siglo después, Magda Portal recuerda con nostalgia esa época y esos folletos, «cuyo contenido refleja un tiempo que pasó dejando la huella sutil de cómo sentían y se conducían los jóvenes de entonces, ninguno en la edad de la reflexión ni de las decisiones trascendentales, pero sí con ímpetus de creación y deseo de pervivencia y acercamiento entre la juventud de América»[5].

---

[5] «Una revista de cuatro nombres», *Hueso Húmero* 7 (octubre-diciembre, 1980), pág. 101. En este número de *Hueso Húmero* se publican en forma de separata facsimilar los cuatro manifiestos.

hangar

ex-trampolín - arte supra - cosmopolita

aparece en lima   **n. 2**
mensualmente   2a. quincena de octubre

publican en este número

vicente huidobro
magda portal
alejandro gutiérrez
gamaliel churata
serafín delmar
oquendo de amat
amador huanka
j. moraga bustamante

toda correspondencia dirijir a
serafín delmar - lima - perú.

suramérica - 1926

Edición facsimilar — HUESO HÚMERO 7

Cubierta de la revista *hangar*

BANDERA*

la cobardía amordaza la libertad del pensamiento—pero hoy desamarramos nuestros cables avizores para tirarlos a las orillas espirituales de latino américa donde manos entusiastas nos tienden sus puentes de fraternidad y amor.

NOSOTROS logramos el milagro de haber hecho vibrar la simpatía ideológica de los hombres nuevos de chile—después de una tradición de mutuos odios babeados de blasfemia contra los derechos sagrados de la humanidad—*nosotros no debemos nada al pasado*—primer credo de fe para los hombres libres: derribar las fronteras—

recién suena simpáticamente en los tímpanos de bolivia, uruguay, argentina y chile el nombre del perú—de allí nos ha llegado la protesta desnuda por el atropello que cometiera el gobierno de hernando siles contra el compañero delmar—y nos vienen homenajes intelectuales de «nuevos rumbos» órgano de la gran asociación general de profesores de chile y «abanico»—revista de arte e ideología modernos—

en los nuevos caminos abiertos a los hombres para la fraternidad universal—entusiastas como una caja de pájaros extendemos las manos respondiendo en el mismo gesto amplio, aunando nuestras fuerzas espirituales para que no fracasen los primeros intentos—aquí que las bajas pasiones distancian todos los cerebros—firmamos estos cinco nombres claros—

serafín delmar, magda portal, gamaliel churata, alejandro peralta, julián petróvick—

---

* Publicado en la revista limeña *rascacielos,* en noviembre de 1928. Reproducción facsimilar en *Hueso Húmero* 7 (octubre-diciembre, 1980).

Puerto Rico

PUERTO RICO: a) Tomás L. Bastista y Vicente Palés Matos, «Manifiesto Euforista» (1922).—b) Vicente Palés Matos y Tomás L. Batista, «Segundo Manifiesto Euforista» (1923).—c) Evaristo Ribera Chevremont, «El hondero lanzó la piedra» (1924).—d) Samuel R. Quiñones, Vicente Palés Matos *et alia.*, «Del Noísmo - Gesto» (1925).—e) C. Soto Vélez, «Manifiesto Atalayista» (1929).

Diepalismo, euforismo, noísmo y atalayismo son las cuatro fases de la vanguardia puertorriqueña de los años 20[1]. El diepalismo debe su curioso nombre a la combinación de los apellidos paternos de sus fundadores: José I. de Diego Padró y Luis Palés Matos. Este movimiento, muy esporádico, nació con la publicación del poema «Orquestación dispálica» en el diario *El Imparcial* del 7 de noviembre de 1921. De fuerte expresión onomatopéyica, dentro de los moldes proporcionados a los efectos sonoros por la poesía dadaísta. La última de sus cinco estrofas ilustra la técnica utilizada.

> Pit... pit... pit... co-quí-co-co-quí... quí...
> Pitirr-pitirr, chi-chichichuí, chi-chichichuí...
> Chocla, chocla, cho cla, mmmeee...
> Caaacaracaca, pío, pío, caaaracacaaa...
> Juá, juá, juá, juá; uishe-ó, uishe-ó, uishe-ó...
> Cucurucú! qui qui ri quí ¡Cocorocó!

---

[1] En realidad, en el periodo de 1913 a 1948, los movimientos de vanguardia en Puerto Rico son siete. Además de las corrientes mencionadas, restrictas a los años 20, existen el pancalismo, el panedismo, el integralismo y el transcendentalismo, según la categorización de Luis Hernández Aquino, en *Nuestra aventura literaria: los ismos en la poesía puertorriqueña, 1913-1948,* 2.ª ed., San Juan, Universidad de Puerto Rico, 1966.

Acompaña al poema una nota en carácter de manifiesto, donde los autores explican la técnica adoptada:

> Ahora bien, ninguna de estas novísimas escuelas señala un modo más sintético de expresión, utilizando la onomatopeya, y nosotros, con el fin de agilizar las actuales normas de la poesía, hemos intentado en el trabajo precedente dar la impresión de lo objetivo, por medio de expresiones onomatopéyicas, del lenguaje de aves, animales e insectos, sin recurrir a la descripción anchurosa y prolija que sólo viene a debilitar la verdad y la pureza del asunto. Nuestro propósito, insistimos, es levantar ambiente en este sentido, y de ningún modo significa que vayamos a permanecer fieles a esta modalidad poética en toda la crudeza que la presentamos.

Pocas semanas después de la «Orquestación diepálica», Diego Padró publica el poema «Fugas diepálicas» en el cual los efectos fonéticos adquieren importancia aún mayor. En «Fugas diepálicas» encontramos una poética precursora del tema afro-antillano que posteriormente sería desarrollado por Luis Palés Matos, quien se convirtió con el tiempo en uno de los poetas más reconocidos de Puerto Rico *(Tuntún de pasa y grifería,* 1937) A propósito de «Fugas diepálicas», Hernández Aquino afirma lo siguiente: «La fuga más importante es la 11. En ella, por primera vez, se presenta en nuestra poética el tema de la poesía negroide desde el punto de vista del ritmo y la onomatopeya, tema y módulo en que culminará felizmente la poesía negroide de Luis Palés Matos.» Para ilustrarlo, transcribe las estrofas finales del poema[2]:

> Timbal y platillos: Tún-tún-tún-cutún cuntún...
> Cutúncuntún... Claz-Claz... Cutúncuntún... tún...
> Es la Hotentocia... Tribus de ébano:
> mandingues, asanteos, y yelofes...
> Tierras ásperas y candentes... Ceremonias diabólicas...
> Pintorescos tatuajes... Taparrabos...
> Danzas en el corazón de las selvas oscuras...
> Dioses de paja... Nodrizas de basalto...
> Hombres de hollín, como gorilas corpulentos
> obscureciendo el sol flecha tras flecha;
> Cutúncuntún... Claz-claz... Cutúncuntún... Claz... claz...
> Cutúncuntún... cutúncuntún tún... tún...

---

[2] *Op. cit.,* pág. 46.

El segundo movimiento vanguardista de Puerto Rico, el euforismo, nace por iniciativa de Vicente Palés Matos (hermano de Luis) y de Tomás. L. Batista. Ambos firman los manifiestos que lanzan la nueva escuela. El primero de ellos, el Manifiesto Euforista de 1922, sintoniza con la tradición inaugurada por Marinetti. Reproduce bastante de su retórica: oposición a las formas tradicionales, destrucción del pasado, desprecio por la mujer y exaltación de la máquina, de la velocidad y del peligro. El Manifiesto Euforista también adopta como forma retórica la enumeración de los tópicos, siguiendo el ejemplo del Manifiesto Técnico.

El Segundo Manifiesto Euforista es de 1923. Con las mismas dos firmas trae una novedad que lo distingue de, prácticamente, todos los manifiestos de las vanguardias latinoamericanas. Por un lado, el texto reniega de la tradición y por el otro, llama a la unión de los pueblos de América, adoptando un tono político panamericanista absolutamente original. Oponiéndose a las corrientes cosmopolitas de la época, ellos proclaman: «Abajo los poetas que beben en Londres y digieren en París»[3]. La utópica unión del norte y el sur americanos sugieren una ideología mestiza, de base nietzscheana para todo el continente: «Apuntamos el fenómeno del superhombre, una mitad latino, y otra mitad sajón, cuando se cumpla el pensamiento eufórico.» Según Luis Hernández Aquino, «la aventura euforista no prosperó»[4].

En la historia de los movimientos vanguardistas de Puerto Rico merece destacarse el poeta Evaristo Ribera Chevremont, el único puertorriqueño que participó del ultraísmo en España, país al que llegó en 1919. De regreso a su isla, en 1924, publica «El hondero lanzó la piedra», texto con todas las características del manifiesto, y uno de los más contundentes de la vanguardia antillana. «El hondero» se inicia con una distinción entre «modernidad» y «novedad»: «Modernidad es la moda que pasa con la estación y la época; y novedad es el descubrimiento y la revelación de nuevos aspectos de las cosas». De tal manera, Ribera Chevremont marca los límites entre una estética moderna y una estética de ruptura, identificando la vanguardia con esta última. Con acento sorprendentemente

---

3 Luis Hernández Aquino, *op. cit.,* pág. 232. La metáfora gastronómica remite de inmediato al concepto de digestión universal, signo propio del cosmopolitismo de Oliverio Girondo en los años 20, condensado en el epígrafe de los *Veinte poemas para ser leídos en el tranvía* (1922): «Cenáculo fraternal, con la certidumbre reconfortante de que, en nuestra calidad de latinoamericanos, poseemos el mejor estómago del mundo, un estómago ecléctico, libérrimo, capaz de digerir, y de digerir bien, tanto unos arenques septentrionales o un kouskous oriental, como una becasina cocinada en la llama o uno de esos chorizos épicos de Castilla.»

4 Luis Hernández Aquino, *op. cit.,* págs. 232 y 53.

drummondeano, dice: «Más que ser moderno, el poeta debe aspirar a ser eterno»[5].

Aunque en este texto-manifiesto Ribera Chevremont repudia vehementemente las formas del pasado («desmetriquemos», «desrimemos», «desliteraturicémonos», «matemos el cisne y el ruiseñor»), todavía se encuentran en él fórmulas baudelaireanas («la correspondencia de las palabras y de las ideas»), rubendarianas («el ritmo es todo») y una ostensible identificación con los presupuestos creacionistas de Vicente Huidobro: «Vivamos en la Naturaleza, pero no para copiarla ni para imitarla, sino para revelarla y plantar la vida sobre la Nada y superar la Creación en su vértigo de esencias y formas.» La poesía de Ribera Chevremont es heredera del ultraísmo por su carácter de síntesis, riqueza de metáforas, predilección por las imágenes visuales y el goce de un lenguaje irreverente, tal como se advierte en el libro *Giróndulas* de 1925[6].

Hacia 1927, Ribera Chevremont firmaba una columna semanal, la «Página de Vanguardia» en el diario *La Democracia*, por donde transitaban nombres cosmopolitas como los de Borges, Guillermo de Torre, Paul Morand y otros.

En el transcurrir de la década las propuestas de las vanguardias puertorriqueñas se vuelven más consistentes. Aparece el noísmo (1924-1929), cuyo principal representante es Vicente Palés Matos, quien ya había contribuido activamente en los dos movimientos anteriores. Dice Hernández Aquino: «Bajo el título de *Poemas noístas* vieron la luz diecinueve poemitas breves, en los cuales se percibían destacadamente la nota humorística, lo burlesco y lo caricatural». Este carácter breve y cómico sugiere la influencia de las «greguerías» de Ramón Gómez de la Serna y la identificación con ciertos principios dadaístas[7]:

---

[5] En efecto, unas décadas más adelante, Carlos Drummond de Andrade inicia el poema «Eterno» con estos versos: «E como ficou chato ser moderno / Agora serei eterno» [Y como se puso latoso ser moderno / Ahora seré eterno], en *Fazendeiro do ar (1952-1953) & Poesia até agora*, Río de Janeiro, José Olympio, 1955, pág. 533.

[6] Uno de los poemas más conocidos de *Giróndulas* es «Motivos de la rana». Por su crítica al parnasianismo, este poema sorprende por la coincidencia con «Os sapos» (Los sapos) de Manuel Bandeira, compuesto en 1918 *(Carnaval)*. Transcribimos algunos versos del primero: «¡Viva la rana, disco blanco del día! / ¡Viva la rana, luna que gatea! / ¡Viva la rana, joya de porcelana verde / en el jubón claro del agua! / La rana que rompe su collar de crós-crós / cuando la fiebre solar pinta cardenales / en el hombro amarillo de la tierra / —La rana es moderna. ¡Que cante la rana!, dicen las rosas en camisa de color. / La rana ve correr por su carne / de estiércol sudores bermejos. / Sobre su cabecita aplastada zumba / el violoncelo del moscardón / que viene con casaca negra / a rondar las lámparas de las rosas. / Una mariposa bordada de oro / en la tela azul del viento, / roza el vientre de la rana. / La rana es toda oro / y las flores la guardan en su estuche. / ...»

[7] Hernández Aquino, *op. cit.*, págs. 80 y 86.

Nosotros mismos no sabemos lo que es el NOÍSMO. El Noísmo no resuelve ningún problema estético, ni moral, ni político, ni económico. Estamos más allá del plano del sentido común. Desde cualquier punto de vista el NOÍSMO no significa nada.

Este fragmento del manifiesto noísta del Noísmo-Gesto-Incitación del grupo NO revela el nihilismo característico del dadaísmo. «La palabra Dadá, explicada por Tzara, significa entre otras cosas "doble afirmación en ruso y en rumano", y por contraste, el noísmo es derivado de una negación: No.» dice Hernández Aquino. El noísmo se divulgó por medio de revistas de corta duración: *Faro* y *Vórtice,* ambas dirigidas por Emilio R. Delgado. Este mismo poeta, sobre los fines de la década del 20, comenzó a demostrar preocupaciones sociales, cambiando la temática de su poesía: «Se orientó hacia el marxismo y divulgó la literatura rusa en Puerto Rico», dice Hernández Aquino[8]. La revista *hostos* (con minúscula, como *válvula* en Venezuela), de 1929, también es representativa de esa tendencia.

El atalayismo es el último de los *ismos* de la década del 20 en Puerto Rico. A pesar de los movimientos que la habían antecedido, el atalayismo se inició en 1929 de manera bastante conservadora. El Manifiesto Atalayista[9], firmado por Clemente Soto Vélez, a tantos años de la publicación del Manifiesto Futurista, sigue repitiendo buena parte de sus principios, bastante desgastados por ese tiempo: lenguaje bélico, exaltación de la máquina y la velocidad, repudio de la mujer, desacralización del arte y frases copiadas de las imágenes marinettianas: «Un descarrilamiento de trenes es diez mil veces más bello que los éxtasis de santa Teresa.» Los primeros poemas atalayistas también fueron sonetos convencionales, más ligados a la estética del fin del siglo que a la vanguardia; sólo cuando el poeta Graciany Miranda Archilla se convierte en líder del movimiento éste se renovaría. En agosto de 1930, Miranda Archilla funda la revista *Alma,* imprimiendo un sentido político y nacionalista al movimiento. «La vanguardia no es un hecho literario y sí un hecho político que culminará en una como exaltación ética, filosófica y artística de los individuos», afirmaba el poeta en junio de 1931[10].

---

[8] *Íd., ibíd.,* págs. 87 y 92.

[9] Existen otros dos manifiestos: Acracia Atalayista (16/9/1929), firmado también por Clemente Soto Vélez, y el Decálogo Atalayista (1/10/1929), firmado por Graciany Miranda Archilla. No se incluyen en esta antología porque tuvieron un carácter personalista, propio de la lucha interna en los movimientos, y además, porque no agregan nada al primer Manifiesto Atalayista. Los dos son reproducidos integralmente en Luis Hernández Aquino, *op. cit.,* págs. 248-5, 252.

[10] Luis Hernández Aquino, *op. cit.,* pág. 110.

Los testimonios poéticos de esa época se encuentran en *Saltos mortales a media voz* (1931) de Alfredo Margenat; *Grito* (1931) de Fernando González Alberty, y *Niebla lírica* (1931) de Luis Hernández Aquino, quien se convertiría en el historiador más importante de los *ismos* en Puerto Rico.

MANIFIESTO EUFORISTA*

Tomás L. Batista y Vicente Palés Matos

¡A la juventud americana!

¿Revolución lírica? Sí; ajustamiento de una nueva lírica creadora de gestos seguros y potentes en nuestra literatura falsificada y rala. Hora es ya de acabar con el verso matiz que ha degenerado nuestra lírica y añoñado nuestras mentalidades. Fuera esa garrullería de sentimentalismo dulzones, y pasa tú, lírica eufórica, tempestad de luz, ráfaga cósmica, sacudiendo nuestros espíritus. ¡Acabemos de una vez y para siempre con los temas teatrales, preciosismos, camafeos, artificios! Cantemos a lo fuerte y lo útil, lo pequeño y potente. Fortalezcamos nuestras almas entumidas y tiremos una paralela al siglo literario. Aplastemos la idea absurda de antiguos ídolos que sólo han servido para proclamarnos débiles, fofos, ralos: Padilla, Gautier, Momo, Vidarte, Muñoz (orador hecho vate) De diego (ocarina gritona).

Es la hora de gritar que en Puerto Rico se anuncia la aurora del siglo xx y que al rajarse el vientre preñado de la literatura salte el verso gritando: —«¡Agarremos al siglo; agarremos al siglo!»

El poeta debe ser para la humanidad un tónico y no un laxante. ¿Whitman, Marinetti, Ugarte, Verhaeren, dadaísmo? No. ¡Euforismo!

¡Juventud, es tu hora! Gritemos, destruyamos, creemos. ¡Creador!

¡Rompamos los moldes viejos, la tradición! Olvidemos el pasado; no tengamos ojos sino para el presente luminoso y para el futuro más luminoso aún. ¡Hagamos una nueva historia, una nueva tradición, un nuevo Pasado! ¡Y los que detrás vengan que destruyan como nosotros, que renueven ¡Renovación, he ahí la clave!

¡Recordar es podrirse, entumecerse! ¡Cerremos nuestra memoria, máquina imitadora, loro estúpido, y abramos nuestra imaginación a hacer «cosas nuevas bajo el sol»! ¡Bienvenido el vértigo, el peligro y la locura!

---

* Publicado en *El Imparcial* de 1/11/1922. Reproducido en Luis Hernández Aquino, *Nuestra aventura literaria,* págs. 227-229.

RESUMIMOS:

1. Declaramos inútil los metros, pues creemos que la poesía no es sino síntesis de sentimiento y de visión.

2. Elevamos nuestra protesta contra el recuerdo y la mujer.

3. Exaltamos el verso en la línea segura, el color chillón, el amor bárbaro y brutal, el vértigo, el grito y el peligro.

4. Reconocemos un sentimiento hondo y fuerte en todo aquello que nos rodea, olvidado por estar a nuestro lado: en la miseria, en el dolor apagado y en las cosas comunes.

5. Proclamamos el verso espontáneo, lleno de defectos, áspero y rudo, pero sincero.

¡Viva la máquina, la llave, la aldaba, la tuerca, la sierra, el marrón, el truck, el brazo derecho, el cuarto de hotel, el vaso de agua, el portero, la navaja, el delirium tremens, el puntapiés y el aplauso!

¡Vivan los locos, los atrevidos; los aeroplanos, las azoteas y el jazz band!

¡Abajo las mujeres románticas, el poeta melenudo, los niños llorones, los valses, la luna, las vírgenes y los maridos!

¡Madre Locura, corónanos de centellas!

SEGUNDO MANIFIESTO EUFORISTA*

VICENTE PALÉS MATOS y TOMÁS L. BATISTA

¡A los poetas de América!

¿Poetas de América? Tal vez. Va nuestro segundo manifiesto a todos los que sientan en sus venas, aún caliente, la sangre primitiva de los antiguos y fuertes pobladores de nuestro continente. Que el Norte y el Sur extiendan sus manos a través de las Antillas, y tocándonos con sus dedos meñiques, griten: «¡Somos, existimos!»

Levantemos poetas, levantemos sobre la grande ruina del pasado la inmensa mole de una nueva literatura cantadora de la belleza útil y exaltadora de nuestra América.

---

* Publicado en *El Imparcial,* de 16/1/1923. Reproducido en Luis Hernández Aquino, *Nuestra aventura literaria,* págs. 231-232.

Quédense a un lado Nervo, Rubén, Reissig, etc., que dieron al mundo una idea falsa de lo que vive en nosotros y laboraron con manos femeniles pequeños camafeos y dijes inútiles. Barramos de una vez y para siempre con toda esa caterva de flautistas a la luz de la luna, sacudamos nuestros espíritus y que el verso, metal fundido y chorreante, nos bautice en el nombre de América.

Poetas jóvenes, a vosotros va nuestra exaltación. Pongamos nuestras estrofas en armonía con las cataratas del Niágara y que se abra la emoción como la boca del Orinoco. Pase el escalofrío de la cordillera andina en nuestros poemas, canten las locomotoras locas de vértigo que cruzan como relámpagos sobre las montañas y las lagunas, truenen las trucks, y salte, crudo y fuerte, el salitre de nuestras costas en las estrofas masculinas. Abajo los poetas que beben en Londres y digieren en París.

Levantemos, poetas, levantemos la Torre de Babel de nuestro pensamiento y que las razas se fundan y que la lengua sea para cantar el verso que nace en el Yukón como el que palpite en las Pampas.

Tiremos cables de Polo a Polo, horademos las montañas; reviente la chispa encendida y que las grúas titánicas vayan a recoger estrellas al infinito. ¡Conquistemos la América!

1. Proclamemos la grande República Eufórica Americana.
2. Exaltemos la personalidad en la revolución lírica.
3. Nos cantamos-cantamos al continente, uno, único.
4. Auguramos el fenómeno de fusión pan-americano a través de las Antillas en nuestra lírica eufórica.
5. Proclamamos la unidad de razas y religiones: la inutilidad de las fronteras y las lenguas.
6. Apuntamos el fenómeno del superhombre, una mitad latino y otra mitad sajón, cuando se cumpla el pensamiento eufórico.

¡Norte y Sur, alistados al llamamiento; ericemos las bayonetas de nuestros versos y conquistemos la América literaria para América! Seremos.

Euforismo, tú has de trocar la inutilidad de nuestra literatura y de nuestras religiones y de nuestros sentimientos, por una nueva revelación literaria, una nueva religión, una nueva política, una nueva América, única y sola.

¡Poetas, alistaos al llamamiento! Seremos. ¡Seremos!

«EL HONDERO LANZÓ LA PIEDRA»*

EVARISTO RIBERA CHEVREMONT

La pupila diferenciadora del lector crítico debe observar que la modernidad en el arte del verso, es virtud poética distinta a la de novedad. Modernidad es la moda que pasa con la estación y la época; y novedad es el descubrimiento y la revelación de nuevos aspectos de las cosas. Más que ser moderno el poeta debe aspirar a ser eterno.

Estamos asistiendo a una revolución lírica que destruirá todo lo que hasta aquí se ha hecho. Hay que nacer de nuevo. La consigna es anteponer el verso rítmico al verso métrico. Es sustituir la imagen indirecta por la imagen directa. La verdad está en la esencia y la potencia del poema, no en la metrificación, que puede llegar a ser un ejemplo de mecánica exterior, pero nunca una revelación de los fluidos psíquicos superiores del poeta. Porque debemos darnos cuenta —y es el momento de salir de nuestra ignorancia— de que no es amontonamiento de palabras lo que constituye la poesía, sino una sutil y cuidadosa enunciación de palabras que obedezcan a un estado de alma para dar aquellas imágenes que perfilan con exactitud el espíritu de las cosas, y que, al dejar el mundo de la nada para entrar en el mundo de las formas, resultan en todos los momentos de realización de la belleza, un pálido reflejo de lo visto o imaginado. Yo rompo la métrica y la rima, y agujereo el porvenir con mi grito, con mi más colérico grito, con mi grito de hondero que lanzó la piedra: ¡Abajo el soneto, esa pieza que fue flor de orfebrería y pensamiento en Darío, sol de imágenes y rarezas en Herrera y Reissig, copia de magia de Lugones, y modelo de plasticidad en Guillermo Valencia; pero que, deformado por el pobre Francisco Villaespesa, ha quedado convertido luego en receptáculo de cuanto poetastro pare el Mundo...!

A la poesía no le viene bien el verso métrico.

Me hieden ya los cadáveres de Campoamor y Núñez de Arce. Me aburre el cacareo monótono de las diuturnas taravillas de corral. Me fastidia el perfume soso y frío de la rosa, el vuelo igual y barato de los pajaritos en las enramadas. Fuera la rosa, el clavel y la luna. Rompamos la vara de medir versos. Desmetriquemos y desrimemos. Fuera el sonsonete que nos hizo idiotas desde lo días del colegio. Demos un puntapié al pasado, a la tradición y a la muerte. Seamos niños... Empecemos otra vez a ver las cosas con ojos infantiles, para que descubra-

---

* Publicado en *Puerto Rico Ilustrado,* de 12/4/1924. Reproducido en Luis Hernández Aquino, *Nuestra aventura literaria*, págs. 233-235.

mos nuevos matices y ritmos. Sobre todo, descubramos nuevos ritmos. El ritmo es todo: la armonía, la correspondencia de las palabras y las ideas, la correspondencia del espíritu con el cuerpo menudo e inmenso del Cosmos.

La primera palabra de un poema —matriz, ritmo, esencia— tened presente que es y será el fin de la obra. Tono mayor o tono menor; poesía meridional o poesía septentrional; torbellino de imágenes y color o vaguedad de brumas; objetivismo crudo y áspero con máscara de luz; subjetivismo dulcemente filosófico y estético en la ventana persuasiva del silencio y las meditaciones, la obra del poeta sólo rendirá obediencias al ritmo, a la línea, al matiz, a lo esencial y substancial del círculo ultraterrenal en la concepción exacta del Universo. Las cosas quieren ser en amplitudes vertiginosas, aunque en un orden puro y libre como el de los astros. Desliteraturicémonos para caer en la Naturaleza. Ella oculta sus formas para el que no penetra en sus verdes reinos despojado de la faramalla retórica de los clásicos. El poeta es un ser próximo a la Naturaleza. Es un salvaje. Su espíritu se ilumina al sentir el roce húmedo y áspero del hocico de la bestia. Sólo así traduce el secreto lenguaje musical de la tarde en que el grillo traspasa con su nota gris y persistente la torre carcomida del Parnaso. Desliteraturicémonos. Matemos el cisne y el ruiseñor. Yo proclamo el imperio de la rana, esa joya de porcelana verde prendida al seno oscuro de las charcas. Matemos la elocuencia, el tono mayor, lo grave, lo teatral, lo que se pavorrealea en los pintarrajeados escenarios, donde la carátula humana se hincha en proporción a su imbecilidad y pedantería. Matemos el signo de admiración y la rimbombancia y la garrulería de los adjetivos puestos sin consciencia intelectual; matemos la lógica, las reglas y la mesura. Desnudémonos en el mar oloroso y fresco de las cosas y, sobre todo, seamos humildes con los muñecos que hacen la felicidad de los niños en el Guiñol de la república del Domingo. Vivamos la vida simple, la vida anónima del buen zapatero que sólo levanta la cabeza para enhebrar la aguja al rayo de sol que traspasa el tragaluz de su covacha.

De este modo, el poeta arrojará en el camino la vieja carga de ripios y tópicos que hacen de su poesía un museo de reliquias históricas.

Olvidemos a Darío, a Herrera Reissig y a todos los que por estar encerrados en la cárcel del verso métrico y por no haberse desligado en absoluto de la tradición literaria, han pasado a ser clásicos, momias del Parnaso en telarañas.

Una mano nos llama entre la niebla. Detrás de las torres góticas están el rascacielos y el barrio con las banderas azules de las blusas y el ritmo cotidiano de las cosas triviales y maravillosas.

La poesía ha de ser síntesis, esencia, sensación, magia, todo en la dimensión sexta donde no alcanza más que la pupila creada para el matiz que se escapa y el oído formado para el sonido que no se oye...

Seamos en la Naturaleza siguiendo el punto que indica, en su inmovilidad hierática, la pirámide hermana del río sagrado y el foco parpadeante de Sirio. Si la belleza está en lo absurdo, sigamos lo absurdo...

Vivamos en la Naturaleza, pero no para copiarla ni para imitarla, sino para revelarla y plantar la Vida sobre la Nada y superar la Creación en su vértigo de esencias y formas.

«DEL NOÍSMO - GESTO»*

SAMUEL R. QUIÑONES, VICENTE PALÉS MATOS, VICENTE GEIGEL POLANCO, EMILIO R. DELGADO y otros noístas

INCITACIÓN DEL GRUPO. ¡NO!

Ja, ja, ja... Heis el solo comentario que nos ocurre ahora que erguimos nuestra audacia joven frente al siglo. Carcajadas amplias para reblandecer la rigidez que mecaniza la vida circundante. Recias carcajadas para acompasar el ritmo innovador que se abre siempre que una generación ataca un tiempo nuevo en la sinfonía del progreso.

Tiempos son éstos de renovación. Pero de renovación honda, intrahumana. Aspiramos a renovar la morfología del pensar literario, pero también las esencias, los valores. Y que al rajarse el vientre preñado de la literatura salte el verso gritando: «Agarremos el siglo. Agarremos el siglo.»

Por eso alzamos nuestra hacha demoledora contra la literatura zonza, de gimoteos estériles; contra el verso afeminado; contra la prosa charlatana y mendaz; contra los pontífices del preceptismo; contra los importadores de «novedades»; contra la canalla literaria, inescrupulosa y venal; contra este espantoso sistema social que atrofia las iniciativas y enerva los talentos; contra el utilitarismo y la moral puritana; contra la seriedad; contra los dogmas.

Hora es ya de acabar con el verso matiz que ha degenerado nuestra lírica y añoñado nuestras mentalidades. ¡Fuera esa garrullería de sentimentalismos dulzones, y pasa tú, caballo desbocado, tempestad de luz, ráfaga cósmica, verso nuevo sacudiendo nuestros espíritus!

Demos un puntapié a esos temas teatrales de caseta de títeres, y pisoteemos con furor todo lo que sea preciosismo, camafeo, artificio. Tracemos una paralela de acero a nuestro siglo literario.

---

* Publicado en *El Imparcial*, de 17/10/1925. Reproducido en Luis Hernández Aquino, *Nuestra aventura literaria*, págs. 241-245.

Frente a la ataraxia intelectiva que enmohece los espíritus y que imprime a la vida sentidos de neto rutinarismo; frente a la estulticia de la mediocracia, que agrava cierta innegable venalidad congénita; frente a ese largo coro de imbeciloides que deifica a grafómanos sin más enjundia mental que un poco de audacia y un mucho de vanidad; frente a las neomanías, a las ideofobias y a las ideocracias, el NOÍSMO es a manera de un viejo rijoso, castigante y orientador, pleno de esencias y de músicas nuevas, y de un extraordinario dinamismo trascendente.

El NOÍSMO es un puñado de energía creadora.

Es un brazo fuerte de sembrador.

Es un grito en cinta de hondas reivindicaciones espirituales.

Es el gesto macho y fecundo de una juventud libre, anhelosa de agilizar el pensamiento, de afinar el cordaje de los centros estéticos, de dislocar el ritmo acromático y enfermizo de la vida contemporánea.

LECTOR, UNAS PALABRITAS AL OÍDO

Nosotros mismos no sabemos lo que es el NOÍSMO.

El NOÍSMO no resuelve ningún problema estético, ni moral, ni social, ni político, ni económico. Estamos más allá del plano del sentido común. Desde cualquier punto de vista el NOÍSMO no significa nada. NOÍSMO es una palabra como otra cualquiera. Pero, usada por nosotros, y para dar nombre a nuestro grupo, ya cobra una significación propia. De ella hemos extraído, como del huevo de un mago, ideas, pautas, estéticas, energías, gestos, espejuelos, carcajadas, egolatría, sueño, mentiras, NOÍSMO, T. N. T., abreviaturas, versos, banderas bolcheviques...

El NOÍSMO es una enfermedad, y se muere de NOÍSMO como se muere de beri-beri.

Se entra al NOÍSMO como a un circo donde se están exhibiendo fieras. El NOÍSMO es cuando el cielo se junte con la tierra. Nosotros aseguramos que el NOÍSMO ha hecho pensar más a ciertos poetas consagrados que a nosotros mismos.

Si nosotros dijéramos que somos los primeros intelectuales de América no habríamos cometido ninguna indiscreción. El NOISMO señala la época evolucionada de Puerto Rico, en todos sentidos.

El NOÍSMO no es una escuela literaria: es una imposición del siglo.

El NOÍSMO es una perpendicular que bisecta el ángulo obtuso de nuestras idiosincrasias raciales. ¿Que eso no es posible ni geométrica ni ideológicamente? Está usted equivocado. Ya no pensamos con Euclides. Además, hoy la ideología tiene forma de tirabuzón. ¿Entendió?

*

Poetas jóvenes, a vosotros va nuestra exaltación. Pongamos nuestra estética en armonía con las cataratas del Niágara y que se abra la emoción como la boca del Orinoco. Pase el escalofrío de la cordillera andina en nuestros poemas, canten las locomotoras locas de vértigo que cruzan en ráfagas de llamas, truenen los trucks, y salte crudo y fuerte el salitre de nuestras costas en las estrofas masculinas. ¡Levantemos la única Torre de Babel del Pensamiento!

He aquí que no hallamos la verdad. Hemos interrogado todos los dispensadores de sabiduría, hemos aventurado todas las tentativas, y seguido todas las huellas, y ensayado todos los esfuerzos, y amontonado probabilidades. ¿Y para qué? Para agotar infructuosamente las energías nuevas sobre los problemas viejos. En vano, en vano hemos buscado la verdad con el ávido entusiasmo de los veinte años. Horadamos con amplia mirada inquisidora todas las verdades sin dar con la verdad. Tibias voluptuosidades de los momentos vividos sobre los senos sugerentes de una certidumbre, sonoros regocijos de las revelaciones, largas inquietudes calmadas por la tardía solución del grande Enigma. Nada de esto conocemos, ni por satisfacción refleja.

Fuera, nuestro insistente clamor no ha hallado eco, y se han perdido nuestras miradas en horizontes inasequibles. Sigamos, pues, las rutas interiores. Detengámonos a escuchar las voces que rumorean en los estratos más profundos del espíritu. Cerremos nuestra memoria, máquina imitadora, loro estúpido. Salomón, mago prodigioso, «se hacen cosas nuevas bajo el sol».

Busquemos nuestra verdad. Bastante tiempo nos habéis tenido pendientes de vuestros labios insinceros, ¡oh, filósofos!, hurgando nuestra curiosa inquietud sin darnos la clave, provocando nuestra sed sin enseñarnos la fuente. Menester nos es nacer de nuevo. Ahora vamos a crear nuestra Lógica. Urge borrar lo sido, tachar el pasado, y afirmar sobre las nuevas arrogancias una vida nueva. No creer: durar; negar. Pararse en medio de la multitud que sigue mansamente los caminos trillados y vencerla, y echarle encima la norma: ¡NO! ¡NO! ¡NO!

La duda es el nervio de nuestro pensamiento. Para nosotros todo prestigio consagrado ha de ser objeto de revisión; toda afirmación es contradictoria en su propia esencia; toda escuela es una capciosa telaraña, toda teoría, un alarde dialéctico; toda filosofía, un engaño sistematizado. En esta norma noísta profundiza su raigambre una egolatría hermética que nos empuja a crearnos una realidad nuestra, insertando en ella los aspectos delicuescentes de la vida, haciéndolos parte de su dignidad, onda de su vibración, nota de su acorde. Creemos en la concepción noísta del universo. Pero no nos preocupamos de investigar cuál es la substancia última, que imprime un sentido de unidad a todas las cosas, porque esa substancia fundamental es nuestra realidad, la única realidad posible. El mundo, ¡oh, filósofos!, es nuestra Realidad. Por eso escribimos nuestro nombre con mayúscula, y el nombre de los demás con abreviatura. Hemos de ser. Porque somos los únicos, HEMOS DE SER.

La Estética Noísta no conoce límites en el tiempo ni en el espacio. Lo cantamos todo, porque todo es nuestro, porque todo está en nosotros, porque lo hemos sido todo en el corazón, poliédrico de la vida: astro, hormiga, sueño, maldición, eternidad...

Despleguemos a los catorce vientos del espíritu nuestra bandera de llamas.

Proclamemos la libertad de reír, de pensar, de soñar...

Proclamemos la literatura áspera, ruda, pero sincera.

Proclamemos la grande República del Pensamiento Americano.

—¡Abajo las mujeres románticas, los perillanes *Balloon,* el poeta melenudo, los niños llorones, los valses, la luna, y los maridos!

¡Vivan los locos, los atrevidos, los aeroplanos, las azoteas, el jazz-band, las coquetas, y los vagos!

Exaltamos la personalidad en la revolución destructora. Nos queda mucho por hacer, más por rehacer, y todo por destruir. Si es preciso empezar ya, henos dipuestos. Un dinamismo martilleante nos muerde la carne hasta el hueso, una vibración de ala nos enciende el espíritu todo en energía. En cualquier sonido el anuncio convocador del clarín, en cualquier ruido el fragor incipiente de la grande batalla. Estamos hechos de acción. ¡Eh! ¿Por qué estáis ahí vosotros en una pasividad anquilosante, adormecidos por el tibio arrimo de las cosas viejas? ¡Ea! Desperezad los miembros entumecidos. ¡Vamos a hacer la historia! Requerid la picota y aprestaos a demoler el desvencijado andamiaje de lo consagrado, pronto el brazo, desafiante la mirada, retador el gesto y un cálido entusiasmo en la audacia destructora.

¡Aquí estamos con nuestro grito y nuestros puños!

Hemos de ser, porque somos los únicos, hemos de ser. Seremos.

Ja, ja, ja...

Año Primero de la Era Noísta.

MANIFIESTO ATALAYISTA*

C. Soto Vélez

Las nubes pirotécnicas de nuestra rebeldía contra el arcaísmo andrógino de las fórmulas utilitarias hacen su explosión en los campos mefíticos del metro y de la rima, como petardos que destrozan rocas ingentes de siglos petrificados.

Queremos explotar la cantera del librepensamiento para construir nuevas carreteras por donde solamente pasen las máquinas incoercitivas de la electricidad, única diosa que acariciará las cúpulas de nuestro triunfo.

Nuestro intento es quemar las montañas embriagadas de penumbras académicas y de falsos ídolos que con sus tijeras olorosas a romanticismo despilfarran lentamente los encajes fosforescentes de la única literatura de porvenir que podría crearse en nuestra gastada antilla, pisoteada aún por los espectros nostálgicos de extranjeros ociosos y faltos de salud espiritual.

La pólvora de nuestra sangre es suficiente para destruir las trincheras miasmáticas de los soldados cobardes que no se atreven a salir a pelear a campo raso con las bayonetas caladas de su honor y su civismo, por el sagrado encauzamiento de las ideas libertarias.

¡Abajo las cobardías!

Odiamos la belleza anémica creada por espíritus enfermos, porque ésta no sólo contagia, sino que destruye.

Encontramos más belleza en un cuadro donde fusilan a cien rebeldes que en uno donde se nos presenta un desnudo de mujer.

Amamos más el vértigo que nos produce una rosa abierta de velocidad que el que nos produjera el contoneo de una flapper mesalínica.

Pedimos con altivez de emperadores la destrucción de todo aquello que extenúe o que amilane.

Un descarrilamiento de trenes es diez mil veces más bello que los éxtasis de Santa Teresa.

Creemos que una ciudad ardiendo contiene más belleza que todos los museos del mundo. Pedimos a todo trance que las imprentas se abstengan de publicar libros ñoños o envueltos en las sábanas del pasado.

---

* Publicado en *El Tiempo,* 12/8/1929. Reproducido en Luis Hernández Aquino, *Nuestra aventura literaria,* págs. 246-247.

Renegamos de las revistas que den publicidad a literaturas fosilizadas o hueras, porque éstas —las literaturas— solamente serán apariciones de siglos olvidados y por tanto son obsedentes al encaminamiento de una vida progresional.

Requerimos esto valientemente de todos los directores de periódicos y de revistas, porque en ellos se sostiene la columna salutífera de todo el electorado del país y porque son los más responsables del adelanto intelectual en cuanto a materia de exteriorización se trate.

Seremos sus enemigos más encarnizados y violentos si no actúan conforme a estas proposiciones, porque ellos son los preparadores, en cierto modo de armas de combate.

Los atalayistas pedimos el libérrimo poder de la acción porque ésta es la única que puede enroscarse a su cintura los cinturones de las estrellas.

Queremos sobre todas las cosas poner nuestros besos ardientes sobre los precipicios de la voluntad para cazar los relámpagos diabólicos del peligro con los anzuelos estrellados de nuestros espíritus guerreros.

Estamos seguros que la juventud literaria puertorriqueña se anexaría a nosotros para dar el grito más rebelde que habrá de darse en los ciclos literarios de las Antillas.

Venezuela

VENEZUELA: [Arturo Uslar Pietri], «Somos» (1928).

El movimiento de vanguardia de Venezuela se consolida como expresión colectiva homogénea en enero de 1928, cuando se publica en Caracas el único número de la revista *válvula*. El primer intento de superación del modernismo venezolano surge con la generación del 18 (José Antonio Ramos Sucre, Fernando Paz Castillo y Andrés Eloy Blanco, entre otros). En su estudio «Antecedentes de la vanguardia literaria en Venezuela (1909-1925)», el crítico Nelson Osorio T. destaca el paso del poeta mexicano José Juan Tablada por Caracas como un importante factor de modernización de la poesía venezolana. Sus caligramas se publican en periódicos y renuevan en forma radical la estética vigente. Según Nelson Osorio T. «la presencia y la actuación de Tablada en la Caracas de 1919 puede ser considerada como un importante aporte a la superación del Modernismo, ya que significa el echar a circular algunas de las propuestas más importantes de la vanguardia artística internacional. Y en este aspecto hay que considerar particularmente el principio de la poesía como *sugerencia* y la incorporación del *espacialismo,* lo visual como integrante del lenguaje poético»[1].

La segunda etapa, de carácter más audaz, se inicia con la publicación, en 1925, de la revista *Élite,* en la que participan los jóvenes escritores Arturo Uslar Pietri y Miguel Otero Silva. Poco tiempo

---

[1] «Antecedentes de la vanguardia literaria en Venezuela (1909-1925)», *Hispamérica* 33 (diciembre, 1982), pág. 20. El mejor estudio y compilación de documentos sobre la vanguardia venezolana también se debe a Nelson Osorio T., *La formación de la vanguardia literaria en Venezuela (Antecedentes y documentos),* Caracas, Biblioteca Nacional de la Historia, 1985.

antes se había publicado *Aspero,* libro de poesías de Antonio Arráiz, que, según Anderson Imbert «trazó una línea divisoria entre la generación del 18 y la generación del 28»[2].

Esas son las etapas germinales que culminan con el lanzamiento de *válvula* en enero de 1928. La revista se abre con el editorial «Somos», en tono de manifiesto, sin firma, pero redactado por Arturo Uslar Pietri[3]. Aunque esta «generación del 28» pueda ser considerada una vanguardia tardía, el grupo rechaza los rótulos o filiaciones. Pero igualmente, el mismo nombre de la revista revela la influencia futurista: *«válvula es la espita de la máquina por donde escapará el gas de las explosiones del arte futuro».* Con algunos años de distancia, «Somos» retoma ciertos principios ultraístas enunciados por Borges: la recuperación de la metáfora y de su poder evocativo por medio de la síntesis y de la eliminación de elementos superfluos. La modernidad venezolana, según los principios enunciados en el manifiesto, podría reducirse a la fórmula *sugestión + síntesis.*

A pesar de que 1928 se distingue en Venezuela por las manifestaciones populares y estudiantiles en contra del dictador Juan Vicente Gómez, en el poder desde hacía dos décadas, *válvula* no presenta ningún signo de contenido contestatario. Sin embargo, al final de la revista hay un breve texto, «Forma y vanguardia», donde se repudia la «creencia de que la vanguardia es un movimiento sólo de formas exteriores». En cierta manera vuelven a tomar ahí el pensamiento de Maiakovski de que «sin forma revolucionaria no hay arte revolucionario».

válvula tiene un carácter eminentemente literario. Entre veintinueve contribuciones hay dieciocho poemas y once textos en prosa poética o experimental. Abre la revista el poema «Responso» de Agustín Díaz, una especie de necrología de la naturaleza representada por un decrépito árbol que recuerda, por el tema y la ironía, el manifiesto *Non serviam* de Vicente Huidobro:

> [...]
> Eres casi un inútil
> en la marcha moderna de las cosas.
> Eres un fracasado
> en estos tiempos;
> ya no sirves de ejemplo

[2] *Historia de la literatura hispanoamericana,* vol. 2, México, Fondo de Cultura Económica, 1954, págs. 190-191.
[3] Cfr. Nelson Osorio T., «El primer libro de Uslar Pietri y la vanguardia literaria de los años veinte», en *Revista de Crítica Literaria Latinoamericana* 9 (1.º sem., 1979), pág. 136.

ni sirves, como antaño, de picota,
que en este siglo yanquilandizado
Judas se ha civilizado
y no piensa en la horca.
[...]

Esta voluntad de sepultar el pasado también está presente en el poema «Lápida» que literalmente «entierra» a Leopoldo Lugones.

Aunque *válvula* expresa una intención unánime de renovación, en ella se presentan temáticas divergentes. Poemas que exaltan la nueva ciudad, el nuevo hombre, o que retoman la oposición entre naturaleza y urbe, como en «Los caminos»:

[...]
Y Adán, hastiado de las selvas,
corre hacia la ciudad
que le llama con las mil bocas
de sus puertas abiertas...

O también poemas de resonancias whitmanianas que exaltan, en versos modernos, el carácter mestizo del hombre americano, como «Yo soy América» de Luis Rafael Castro:

Yo soy el indio, el blanco, el negro.
Yo,
Yo soy América.
[...]

Paradojalmente, autores de la «generación del 18» están representados por textos románticos o modernistas que no revelan ningún signo vanguardista. En el caso de Antonio Arráiz, «El regreso de la hermana» es un texto claramente romántico, repleto de metáforas modernistas. «El cortesano» de José Antonio Ramos Sucre es un texto clásico de fin de siglo, muy rubendariano, cargado de exotismo oriental, con abundancia de biombos, pagodas, marfiles, nenúfares, etc. También aparecen textos regionalistas, como «El llanero» de Julio Morales Lara, vuelto hacia la tierra y los típicos temas criollistas.

A despecho de su eclecticismo, *válvula* es un marco histórico en el desarrollo de la vanguardia venezolana, pues en ella se encuentran escritores como Arturo Uslar Pietri y Miguel Otero Silva. La revista también trae un programa de actividades vanguardistas, como la presentación de *Les mamelles de Tirésias* de Apollinaire, o conciertos de Erik Satie, además de las consabidas conferencias, actos públicos o salones de artistas, característicos de la guerrilla vanguardista.

SOMOS*

[Arturo Uslar Pietri]

SOMOS
un puñado de hombres jóvenes con fe, con esperanza y sin caridad.
Nos juzgamos llamados al cumplimiento de un tremendo deber, insi-
nuado e impuesto por nosotros mismos, el de renovar y crear. La razón
de nuestra obra la dará el tiempo. Trabajaremos compréndasenos o no!
Bien sabido tenemos que se pare con dolor y para ello ofrecemos nuestra carne nueva. No nos hallamos clasificados en escuelas, ni rótulos literarios, ni permitiremos que se nos haga tal, somos de nuestro tiempo
y el ritmo del corazón del mundo nos dará la pauta.

Por otra parte, venimos a reinvindicar el verdadero concepto del
arte nuevo, ya bastante maltratado de fariseos y desfigurado de caricaturas sin talento, cuando no infamado de *manera* fácil dentro de la cual
pueden hacer figura todos los desertores y todos los incapaces.

El arte nuevo no admite definiciones porque su libertad las rechaza, porque nunca está estacionario como para tomarle el perfil. El único concepto capaz de abarcar todas las finalidades de los módulos novísimos, literarios, pictóricos o musicales, el único, repetimos, es el de
la sugerencia.

Su último propósito es sugerir, decirlo todo con el menor número
de elementos posibles (de allí la necesidad de la metáfora y de la imagen duple y múltiple), o en síntesis, que la obra de arte, el complexo
(sic) estético, se produzca (con todas las enormes posibilidades anexas)
más en el espíritu a quien se dirige que en la materia bruta y limitada
del instrumento.

Aspiramos a que una imagen supere o condense, al menos, todo lo
que un tratado denso pueda decir a un intelecto. A que cuatro brocha-
zos sobre un lienzo atrapen más trascendencia que todos los manuales
de dibujo de las pomposas escuelas difuntas. A que, en música, una sola
nota encierre íntegro un estado de alma.

En resumen, dar a la masa su porción como colaboradora en la
obra artística, o a que la obra de arte se realice en el espíritu con la plenitud que el instrumento le niega.

Nuestra finalidad global ya está dicha: SUGERIR...

Sabemos que la rancia tradición ha de cerrar contra nosotros, y
para el caso ya esgrime una de esas palabras suyas tan pegajosas: *Nihil
novum subsole.* Como luchadores honrados nos gusta conceder ventaja al

---

* Publicado en *válvula* 1 (enero, 1928).

enemigo; aceptamos *a priori* que no haya nada nuevo, en el sentido escolástico del vocablo, pero en cambio, y quién se atreverá a negarlo, hay mucha cosa virgen que la luz del sol no ha alumbrado aún. ¡Queda en pie la posibilidad del hallazgo!

Abominamos todos los medios tonos, todas las discreciones, sólo creemos en la eficacia del silencio o del grito. *válvula* es la espita de la máquina por donde escapará el gas de las explosiones del arte futuro. Para comenzar: creemos, ya es una fuerza; esperemos *(sic)*, ya es una virtud, y estamos dispuestos a torturar las semillas, a fatigar el tiempo, porque la cosecha es nuestra y tenemos el derecho de exigirla cuando querramos.

Somos un puñado de hombres jóvenes con fe, con esperanza y sin caridad.

Entre el público profano se ha hecho general la creencia de que la vanguardia es un movimiento sólo de formas exteriores. Tal error de perspectiva es, por otra parte, muy explicable. En toda innovación ideológica se ha tenido que apelar a la forma material para que por los sensorios la atrape la masa, de aquí la necesidad del culto externo en religión, y de la humanización y formalización de las ideas en los libros mosaicos. La vanguardia, más quizás que ningún otro movimiento, ha tenido que apelar a la forma, para llevar al público en una manera tangible la convicción de que lo que se propone es renovar. De allí la causa del uso de minúsculas, de la supresión de la puntuación rancia, sustituidas por otros signos o por espacios en blanco, de la neotipografía caprichosa que impusieron los Caligramas de Apollinaire y las páginas a varios colores de Marinetti, un color para cada emoción, la escritura vertical, etc. Pero ello es sólo un medio por el cual la vanguardia significa su ruptura con el pasado; y en modo alguno encierra la totalidad de su credo. Él es puramente ideológico, y así no debe extrañar que ella se despoje de estos malabarismos formales y exteriores una vez que su idea haya sido comprendida. Entre su forma y su idea hay la misma distancia que entre el culto externo y la idea de Dios.

Movimiento de Vanguardia de Nicaragua

NICARAGUA: a) José Coronel Urtecho, «Oda a Rubén Darío» (1927).—b) «Primer Manifiesto: ligera exposición y proclama de la antiacademia nicaragüense» (1931).—c) Pablo Antonio Cuadra, «Dos Perspectivas» (1931).—d) Joaquín Pasos y Joaquín Zavala, «Prólogo solo» (1932).

El Movimiento de Vanguardia de Nicaragua presenta dos fechas de nacimiento. La primera, de expresión individual, se da con la publicación en el *Diario Nicaragüense,* en 1927, de la famosa «Oda a Rubén Darío» de José Coronel Urtecho. Escrita con la finalidad de impactar, con irreverentes versos libres, la oda inaugura un nuevo estilo literario, convirtiéndose en una especie de manifiesto poético. Resulta evidente la relación ambigua y parricida del autor con Rubén Darío, el poeta más importante de lengua castellana del siglo XIX, de nacionalidad nicaragüense:

> [...]
> Te amo
> Soy el asesino de tus retratos.
> [...]

La negación del pasado se volvió un cliché dialéctico obligatorio en los movimientos estéticos de ruptura. Pero una cosa es tratar de negar un estilo, una forma y ciertos temas y otra rechazar el genio literario de Rubén Darío en su propia tierra. Años más tarde, Pablo Antonio Cuadra, activo participante del movimiento, reflexiona: «Nosotros exigíamos a Rubén Darío el tema nacional sin percatarnos de que nuestra vuelta a la tierra y al hombre de nuestra tierra sólo era posible gracias al regreso de ese Ulises cuyo canto errante nos había recuperado las dimensiones universales de lo nacional. Sin él no hubiésemos encontrado lo nacional sino lo provinciano y folclórico; no hubiésemos *descubierto,* sino que nos hubiésemos *sumergido* en la caverna y en el dialecto»[1].

La segunda fecha, 1931, marca el comienzo de otra etapa del Movimiento, esta vez colectiva y bastante agresiva. Bajo el liderazgo de Urtecho, un grupo de jóvenes poetas —Pablo Antonio Cuadra, Octavio Rocha y Joaquín Pasos— renueva la poesía mediante un lenguaje moderno, contemporáneo. Vuelto a su país después de pasar tres años en San Francisco, Urtecho se convierte en portavoz de las nuevas corrientes poéticas norteamericanas: Pound, Eliot, Marianne Moore, e. e. cummings, William Carlos Williams. En esa misma época, Urtecho descubre en Nicaragua al poeta Luis Alberto Cabrales que, a su vez, había pasado varios años en Francia y conocía la poesía de Apollinaire, Paul Morand, Cocteau, Cendrars y otros. Además de las vertientes americana y europea, recibían también la influencia de los ultraístas españoles (Ramón Gómez de la Serna y Gerardo Diego) y de la generación española del 27 (Rafael Alberti, Jorge Guillén, García Lorca y otros).

En 1931 y 1932, esos jóvenes publican el «rincón de vanguardia» y «vanguardia» en el periódico *El Correo* de Granada. En esas páginas aparecerán manifiestos, artículos, polémicas, investigaciones, ensayos políticos, poemas comprometidos y fragmentos de prosa experimental. De ese periodo data la publicación del Primer Manifiesto y la fundación de la «Anti-Academia Nicaragüense» como respuesta a la Academia Nicaragüensa de la Lengua. En el texto del Primer Manifiesto se advierte una agresiva intención de cambio de la estructura cultural del país: «Desconocemos la palabra *imposible;* queremos hacer uso de todos los medios, hasta de la dinamita y del fusil literarios para emprender nuestra revolución incruenta», dice el grupo con arrebato marinettiano.

Hay dos hechos que deben señalarse. Primero, el momento tardío en que llega la vanguardia literaria a Nicaragua, pues tanto en Europa como en América Latina, 1931 es prácticamente el ocaso de los *ismos.* Segundo, el grupo no puede caracterizarse por ninguna tendencia estética definida, sino por su carácter de acción armónica y renovadora, inspirada en las nuevas corrientes estéticas en general. Para Jorge Eduardo Arellano, estudioso del Movimiento de Vanguardia: «Es válido notar que en Nicaragua, al contrario de otros países, no predominó ningún *ismo.* En México se

---

[1] Jorge Eduardo Arellano, *El movimiento de Vanguardia en Nicaragua,* Managua, Imprenta Novedades, 1969, pág. 66.

dio el estridentismo. En la Argentina el ultraísmo. Lo que sucedió aquí fue una asimilación completa de esas corrientes suficiente para producir un producto nuevo y valioso: la nueva poesía nicaragüense»[2].

Hacia fines de 1931 comenzó la acción política del grupo, con protestas contra la intervención norteamericana en Nicaragua (iniciada en 1927) y los intentos de construcción de un canal para unir los dos océanos. Es la llamada etapa «antiburguesa», pues la burguesía nicaragüense apoyaba tanto la presencia norteamericana como la construcción del canal. En esa misma época, el grupo apoya al guerrillero Augusto César Sandino en su lucha antiintervencionista, hasta que en 1934, el general Somoza lo elimina y conquista el poder. El texto «Dos perspectivas» pone en evidencia, justamente, el carácter nacionalista y antinorteamericano del grupo.

Es notable la preocupación de los fundadores del Movimiento por registrar sus experiencias. En este sentido, la revista de cultura *El pez y la serpiente* lanzó un número extraordinario conmemorativo del cincuentenario del Movimiento de Vanguardia[3]. En ella encontramos a Pablo Antonio Cuadra como director y a José Coronel Urtecho en el consejo de redacción. Vale la pena transcribir el colofón: «Este número extraordinario de *El pez y la serpiente* núm. 22-23 comenzó a ser editado a mitad del año 1978, pero la guerra de liberación y la caída del tirano interrumpió el trabajo editorial que fue reanudado en septiembre de 1979 en una Nicaragua Libre.»

---

[2] *Op. cit.*, pág. 61.
[3] *El pez y la serpiente. 50 años del Movimiento de Vanguardia de Nicaragua.* 22-23 (1978-1979).

ODA A RUBÉN DARÍO*

José Coronel Urtecho

¡Ella! No la anuncian.
No llega aún.

Rubén Darío

I

(Acompañamiento de papel de lija.)

Burlé tu león de cemento al cabo.
Tú sabes que mi llanto fue de lágrimas,
y no de perlas. Te amo.
Soy el asesino de tus retratos.
Por vez primera comimos naranjas.
Il n'y a pas de chocolat —dijo tu ángel de la guarda—

Ahora podías perfectamente
mostrarme tu vida por la ventana
como unos cuadros que nadie ha pintado.
Tu vestido de emperador, que cuelga
de la pared, bordado de palabras,
cuánto más pequeño que ese pajama
con que duermes ahora,
que eres tan sólo un alma.

Yo te besé las manos.
«Stella —tú hablabas contigo mismo—
llegó por fin después de la parada»,
y no recuerdo qué dijiste luego.
Sé que reímos de ello.
(Por fin te dije: «Maestro, quisiera
ver el fauno.»
                    Mas tú: «Vete a un convento»).

---

* Publicado en *El Diario Nicaragüense* de Granada, 29/5/1927, y reeditado en *El Pez y la Serpiente,* págs. 21-24.

Hablamos de Zorrilla. Tú dijiste:
«Mi padre» y hablamos de los amigos.
«Et le reste est littérature» de nuevo
tu ángel impertiente.

Tú te exaltaste mucho.
«Literatura todo —el resto es esto—».
Entonces comprendimos la tragedia.
Es como el agua cuando
inunda un campo, un pueblo
sin alboroto y se entra
por las puertas y llena los salones
de los palacios —en busca de un cauce,
o del mar, nadie sabe.

Tú que dijiste tantas veces «Ecce
Homo» frente al espejo
y no sabías cuál de los dos era
el verdadero, si acaso era alguno.
(¿Te entraban deseos de hacer pedazos
el cristal?) Nada de eso
(mármol bajo el azul) en tus jardines
—donde antes de morir rezaste al cabo—
donde yo me paseo con mi novia
y soy irrespetuoso con los cisnes.

II

(Acompañamiento de tambores)

He tenido una reyerta
con el ladrón de tus corbatas
(yo mismo cuando iba a la escuela)
el cual me ha roto tus ritmos
a puñetazos en las orejas...

Libertador, te llamaría,
si esto no fuera una insolencia
contra tus manos provenzales
(y el Cancionero de Baena)
en el «Clavicordio de la Abuela»
—tus manos, que beso de nuevo,
Maestro.

En nuestra casa nos reuníamos
para verte partir en globo
y tú partías en una galera

—después descubrimos que la luna
era una bicicleta—
y regresabas a la gran fiesta
de la apertura de tu maleta.
La Abuela se enfurecía
de tus sinfonías parisienses,
y los chicuelos nos comíamos
tus peras de cera.
(¡Oh tus sabrosas frutas de cera!)

Tú comprendes.
Tú que estuviste en el Louvre,
entre los mármoles de Grecia,
y ejecutaste una marcha
a la victoria de Samotracia,
tú comprendes por qué te hablo
como una máquina fotográfica
en la plaza de la Independencia
de las Cosmópolis de América,
donde enseñaste a criar centauros
a los ganaderos de las Pampas.

Porque buscándote en vano
entre tus cortinajes de ensueño,
he terminado por llamarte
«Maestro, maestro»,
donde tu música suntuosa
es la armonía de tu silencio...
(¿Por qué has huido, maestro?)
(Hay unas gotas de sangre
en tus tapices.)

       Comprendo.
Perdón. Nada ha sido.
Vuelvo a la cuerda de mi contento,
¿Rubén? Sí. Rubén fue un mármol
griego. (¿No es esto?)
«*All's right with the world*», nos dijo
con su prosaísmo soberbio
nuestro querido sin Roberto
Browning. Y es cierto.

FINAL

(Con pito)

En fin, Rubén,
paisano inevitable, te saludo
con mi bombín,
que se comieron los ratones en
mil novecientos veinte y cinco

PRIMER MANIFIESTO*

LIGERA EXPOSICIÓN Y PROCLAMA
DE LA ANTI-ACADEMIA NICARAGÜENSE

JOSÉ CORONEL URTECHO *et alia*

«De las Academias líbranos, Señor»
RUBÉN DARÍO[1].

1.º Hay que aprovechar la presencia en esta ciudad de algunos elementos jóvenes de afición literaria para formar un núcleo de vanguardia que trabaje por abrir la perspectiva de una literatura nacional y
construir una especie de capital literaria que sea como el meridiano intelectual de la nación[2].

2.º El nombre de Anti-Academia y la estructura circular de la
agrupación tienen por objeto facilitar la oportunidad de reunión y de
acción conjunta, pero haciendo patente el carácter de endiablada libertad personal, de espíritu explorador y de acometividad juvenil que serán distintivos del movimiento.

---

* Publicado en *El Diario Nicaragüense,* de Granada, a 17/4/1931. Reproducido en *El
Pez y la Serpiente* 22/23, págs. 24-25.
[1] Llama la atención que un manifiesto de vanguardia abra con un epígrafe de Rubén Darío. Aunque el Movimiento de Vanguardia de Nicaragua se vuelva radicalmente
contra la estética del pasado, ellos aún respetan el nombre más importante de la historia
de su literatura. Eso muestra que, más que ser contra la estética del pasado, ellos son
contra la mala poesía. De ahí la permanencia de Rubén Darío, a quien ellos aprovechan
para endosar la ideología «antiacadémica».
[2] Sin duda, la cuestión del «Meridiano intelectual de Hispanoamérica», tratado más
adelante en esta antología, pasó también por Nicaragua.

LA CALLE
DE LA TARDE

P O R

NORA

LANGE

PRÓLOGO DE **JORGE LUIS BORGES**

J. SAMET, LIBRERO - EDITOR
B U E N O S   A I R E S

Cubierta del primer número de la revista *Inicial,* aparecido en octubre de 1923

3.º El trabajo de la Anti-Academia se circunscribirá únicamente a las manifestaciones comprendidas en el nombre de bellas artes, en las fronteras de nuestra Patria. Este trabajo comprenderá dos movimientos: el de investigación y el de creación. El movimiento de investigación tiende a descubrir y a sacar a luz a toda manifestación artística nicaragüense del pasado, que pertenezca a la vela pura de nuestra tradición nacional, movimiento que supone la antiposición de combatir toda manifestación del pasado que sea espúrea, hechiza, estéril, en una palabra, académica. El movimiento de creación se refiere a nuestras propias obras construidas en un espíritu esencialmente nacional y por consecuencia umbilicalmente personal[3].

4.º Contamos con la buena voluntad de todos los anti-académicos y de los que deseen serlo, empeñados en trabajar constante y disciplinadamente para hacerle atmósfera a nuestro modo de sentir la nación y de expresar en formas de arte la esencia misma de la emoción paisana. Para ella es necesario A): mantener la unión espiritual entre nosotros mismos por medio de la conversación asidua, de la emulación amistosa, del trabajo en común, de las manifestaciones en grupo, del intercambio de lecturas, de las batallas, escaramuzas y guerrillas al unísono, del café, de la revista, de la antología, del banquete, del teatrito, de las peregrinaciones, etc., etc., etc., B): emprender la conquista del público apoderándonos de su atención por medio de golpes de estado artísticos, del escándalo intelectual, de la crítica agresiva, de la batalla literaria, de la descarada exposición de arte moderno, de la acusación contra la esterilidad, anemia, paludismo y otras enfermedades de la literatura académica y por otros muchos medios efectivos como por ejemplo: 1.—Dar a conocer la técnica de vanguardia que domina en el mundo desde hace más de diez años, y que es casi desconocida en Nicaragua, a pesar de que ella permitía a los jóvenes expresar sus emociones personales y su sentimiento nacional con mucha más facilidad, espontaneidad y sinceridad que en los viejos y muertos moldes de una retórica en desuso. Esto se hará, traduciendo nosotros mismos, de las lenguas que conozcamos, poesía que nos sirva, no como un modelo que imitar, sino como un ejemplo de libertad que seguir, y dando corrimiento a los libros de arte y literatura que reflejen el espíritu nuevo de otras naciones. Lo cual será compensado por los trabajos de investigación que llevaremos a cabo en el campo de nuestras artes y letras del pasado y del verdadero folclore nicaragüense, pues tales manifestaciones de arte nuestro, nada tienen que envidiar en espontánea audacia, en sabor virgen y en pureza artística a las referidas manifestaciones de

---

[3] Vemos aquí bien definido el binomio creación/nacionalismo que acompañó el Movimiento de Vanguardia de Nicaragua.

arte extranjero. 2.—Lanzando un manifiesto literario y artístico en que expondremos nuestro concepto general de la estética, nuestro criterio sobre la técnica y en que trataremos de abrir las perspectivas que nuestra tierra ofrece a los artistas que deseen, en primer término dar rienda suelta a la emoción de ser y estar en Nicaragua, y en segundo término hacer esta tierra y este espíritu, amables, sensibles, tangibles, concretos, asimilables para todos, en una palabra, emprender la recreación artística de Nicaragua. 3.—Acometiendo por nuestra cuenta un renacimiento de las artes y las letras nacionales, fuera de todo entorpecimiento político, comercial y extranjero; dedicándonos con todo empeño y valentía, si es necesario con heroísmo, a la creación de la poesía nacional, del teatro nacional, de la pintura, de la escultura, de la música y de la arquitectura nacionales, sin tomar en cuenta el mal gusto de los ricos, los prejuicios de los académicos, las burlas de los pedantes y la indiferencia de los pobres. Desconocemos la palabra imposible; queremos hacer uso de todos los medios, hasta de la dinamita y del fusil literarios para emprender nuestra revolución incruenta, que es más noble, más gloriosa, que las sangrientas revoluciones partidaristas, más útil que las obesas hartazones comercialistas.

5.º Para dar estabilidad y eficiencia a nuestro movimiento, necesitamos fundar con cierto carácter institucional, algunas pequeñas empresas que sean como los ejes o carriles de nuestro vehículo, y que serán por de pronto los siguientes: a) CAFÉ DE LAS ARTES[4]: Fundaremos, o bien escogeremos entre las cantinas, restaurantes, mondonguerías, mesones o posadas existentes, una que sea punto de reunión y de entrenamiento de todos los que sean o sientan anti-académicos; lugar que protegeremos, decoraremos, y al que daremos el hermoso nombre de *Café de las Artes*. La entrada será libre y gratis, igualmente la conversación, pero se fijará un día especial cada semana en que la asistencia será particularmente recomendable y extraordinariamente grata. b) TEATRITO: Abriremos en cualquier plaza o barraca, o escenario existente, un teatrito en el que exhibiremos nosotros mismos piezas de teatro moderno extranjero, misterios, autos, bailadas o bailetes, coloquios, entremeses, pastorelas y toda suerte de actos de actores y títeres, del teatro colonial, del teatro popular y del nuestro. c) INFORMES: Presentaremos frecuentemente informes de estudios hechos sobre las artes indígenas, coloniales y populares de Nicaragua. d) CUADERNOS VERNÁCULOS: Publicaremos periódicamente unos cuadernos vernaculares

---

[4] Parece que no hubo movimiento de vanguardia que no fuese celebrado alrededor de algún cafe, punto de encuentro de los diversos grupos. Es el caso de Pombo de Madrid, de los ultraístas, o Richmond de Buenos Aires, de los martinferristas, o el Café de Nadie, local de reunión de los estridentistas.

en que daremos a conocer los trabajos artísticos de la vanguardia literaria que formamos. e) ANTOLOGÍA: Editaremos también a su debido
tiempo y sazón, una antología de la poesía nueva que se haga en Nicaragua, para darla a conocer a nuestro público y al extranjero (Para la
publicación de nuestros informes, cuadernos, etc., contamos con nuestra propia fuerza, con la ayuda de algunos propietarios de imprenta,
con la misma Academia de la Lengua, nuestra antagónica, que no podrá menos de apreciar la importancia, siquiera histórica, de nuestras
investigaciones, y por último, hasta con el Supremo Gobierno.)

De esta manera exponemos ligeramente los firmes propósitos y
perspectivas generales de la Anti-Academia que hemos fundado y a la
cual pertenecemos.

(Firman) Bruno Mongalo — José Coronel Urtecho — Luis Castri-
llo — Joaquín Pasos Argüello — Pablo Antonio Cuadra — Octavio
Rocha — Luis Alberto Cabrales — Manolo Cuadra — Joaquín Zavala Urtecho.

DOS PERSPECTIVAS*

PABLO ANTONIO CUADRA

Al viento varias páginas ya. Muchas personas tienden su dedo para
que pose este pájaro de visita bisemanal. Sin embargo muchos admi-
ran, en el malicioso animal, sus colores, su canto; pero no saben por
qué viene, a qué su vuelo.

Yo explico breve: Nuestro movimiento (Movimiento de Vanguardia que llamamos) es dinamizado por dos fuerzas.

Una: Nacionalizar.

Dos: Hacer un empuje de reacción contra las roídas rutas del siglo
XIX. Mostrar una literatura nueva (ya mundial). Regar su semilla.

Por la parte primera todo es muy claro. Estamos intervenidos por
una raza distinta[1]. Queremos intelectualmente conservar la nuestra.

---

* Publicado en *El Correo*, 28/6/1931. Reproducido en *El Pez y la Serpiente* 22/23,
pág. 27.
[1] Alusión a la intervención norteamericana, que duró de 1927 hasta finales de
1932.

No dejar que se evapore nuestro espíritu latino: indo-español. Conservar nuestra tradición, nuestras costumbres arraigadas. Nuestra lengua. Conservar nuestra nacionalidad; crearla todos los días. De aquí hay una deducción lógica a la segunda parte.

Una literatura vieja, una política vieja de ideas estúpidas, un desmoronamiento cotidiano de todo lo que es verdadero arte nacional; sobre todo una literatura envejecida (recordando que por medio de la literatura habla el hombre a la multitud, el hombre al hombre, la inteligencia a la inteligencia, el corazón al corazón): *Todo esto cansa.*

El cansancio lleva al hastío.

Viene la civilización interventora, infiltra su mal aire, su espíritu. El alma nacional... el pueblo, hastiado, acoge lo nuevo ciegamente y, equivocadamente en la escogencia, se va por aquello que ganó ilusión a primera vista.

Y nuestra nacionalidad, nuestra cultura, se esfuman.

Por eso, adelantándonos, mejor dicho, luchando ya con la otra fingida y mala novedad, mostramos caminos nuevos, vigilamos aquellos puntos de nuestra cultura que quieran ceder, reforzamos con aliento y ejemplo las debilidades de nuestra alma.

Pero hay otros motivos: El arte que es la belleza de ser. La alegría de lo auténtico. Por arte también presentamos estas nuevas tendencias para que los intelectuales lean, asimilen, comprendan y luego sean también de los que llevan la alegría de ser jóvenes en su sangre y en sus escritos.

Queremos terminar con una generación llorona.

Que surja una generación libre y alegre.
Sólo la alegría, fuente del acto creador, puede potenciar en el futuro la nacionalidad y traer la verdadera cultura de Nicaragua.

PRÓLOGO SOLO*

JOAQUÍN PASOS y JOAQUÍN ZAVALA

Siempre hemos dicho y sostenido que en nuestro movimiento vanguardista, son dos los trabajos que nos hemos propuesto: *destruir y construir*. Destruir todo aquello que sea endeble, académico, anémico, tísico, en literatura. Construir lo fuerte, lo antiacadémico, lo sanguíneo en las letras paisanas. Fieles a este programa de renovación total, iniciamos esta nueva era del antiguo rincón de vanguardia, con la doble mira de nuestro sistema. Hemos de implantar toda una nueva estética, que apenas había sido vislumbrada en nuestras anteriores publicaciones, pero que ahora saldrá a la claridad con toda la fuerza de un cuerpo de doctrina: es decir, estamos dispuestos a formular nuestros principios y a erigir toda una base de nueva vida nicaragüense. La resurrección de la emoción Patria y el nacimiento de una conciencia nacional es lo que pretendemos lograr, refiriéndonos a la parte constructiva, y lo lograremos después de haber demolido con escándalo y demostraciones, la falsedad de la estupidez literaria. Y además de esta estupidez intelectual, hay otra estupidez material, contra la cual hemos de luchar también. Es

LA BURGUESÍA

Un regocijo inmenso experimentaríamos si nos llegara la noticia de que un burgués cayó muerto al leer nuestras líneas. Pero como sabemos que para algunos la muerte es mejor que su vida estúpida y engañada, les deseamos algo peor como la mudez, la sordera, la locura y catarro.

Piense el señor burgués que nos lee quién es él; de dónde vino; qué ha hecho; para qué sirve; si es o no inútil a la Patria; haga un examen de conciencia y averigüe por él que no sirve, que es inútil, que ha robado entusiasmo a la juventud con su refocilamiento y su inercia. O tal vez que ha robado dinero, también. Asimismo

LOS JÓVENES

Piensen si son o no son burguesatos

---

* Publicado en 6/6/1932. Reproducido en *El Pez y la Serpiente* 22/23, pág. 28.

Y LAS JÓVENES

si, además de sus sentimientos egoístas y tontos, pretenden ser modernas con el falso modernismo extranjerizado; esperen las nuevas rutas que deberá tomar la verdadera mujer nicaragüense. Comprendan de una vez para siempre que la imitación yankee es bastarda y espúrea, además de inadaptable en nuestro ambiente.

Los burgueses han querido vulgarizar el vanguardismo y algunos jóvenes pretenden conocerlo a fondo. Un club de basket-ball se llama «vanguardia» y a todo lo extraño y caprichoso se ha querido llamar vanguardismo.

¡Qué es
tú
pidos!

Argentina (Revistas)

ARGENTINA (Revistas): a) [Jorge Luis Borges], «Al oportuno lector», *Proa* (1922).—b) [Roberto A. Ortelli, Alfredo Brandán Caraffa, Homero Guglielmini, Roberto Smith] «Inicial», *Inicial* (1923).—c) Jorge Luis Borges *et alia.*, «Proa», *Proa* (2.ª época, 1924).—e) «Proa», *Proa* (2.ª época, 1925).—f) «Las campanas», *La Campana de Palo* (1925).

La Argentina —más específicamente, Buenos Aires— tiene el privilegio de producir una fecunda cosecha de revistas de vanguardia durante los años 20. Pertenecen a las más diversas tendencias y son las que hacen conocer a nombres luego consagrados, como Jorge Luis Borges, Macedonio Fernández, Ricardo Güiraldes y Oliverio Girondo. En ese periodo predominan dos ideologías: la de la vanguardia y la de la izquierda. De esa confrontación resulta el polémico episodio Florida *versus* Boedo. Sin embargo, debido al carácter dinámico y mutante de las publicaciones, no es raro que los participantes de una línea colaboren en la otra, como sucedió con Roberto Mariani al aparecer en *Martín Fierro* o Luis Emilio Soto en *Proa*.

En su primera fase, de 1922 a 1923, *Proa* era una hermosa revista trifoliada. Según Borges, que la dirigía, «eran tres hojas desplegables como ese espejo triple que hace movediza y variada la gracia inmóvil de la mujer que refleja»[1]. En ese primer tiempo *Proa* muestra colaboraciones inusitadas, como, por ejemplo, las de Macedonio Fernández y de Cansinos-Asséns. En el breve editorial «Al oportuno lector», Borges, llegado hacía poco más de un año de

---

[1] «Prólogo», en Norah Lange, *La calle de la tarde,* Buenos Aires, J. Samet, 1924, pág. 6.

Madrid, aún defiende al ultraísmo y exalta la metáfora. Aunque el editorial no tiene firma, su estilo y tema ya son inconfundiblemente borgianos. Esa fase inicial de la revista termina en el tercer número, en julio de 1923.

La segunda fase de *Proa* comienza en agosto de 1924. Si se la compara con *Martín Fierro,* que se lanzó ese mismo año, *Proa* es más seria y hasta académica. No por eso deja de ser una revista moderna. Sobrevive durante quince preciosos números, hasta 1926. Al comienzo la dirigieron cuatro escritores (Jorge Luis Borges, Alfredo Brandán Caraffa, Ricardo Güiraldes y Pablo Rojas Paz) y el primer editorial parece muy poco vanguardista tanto en estilo como en propósitos. En noviembre de 1925 sale Güiraldes de la revista (poco antes de la publicación de su antológico *Don Segundo Sombra)* y los otros tres directores sacan un editorial que es una declaración de individualismo, explicitando un retroceso del ultraísmo: «*Proa* reafirma su blasón de independencia de cenáculos y de grupos»[2]. Se aprecia también un asumido cosmopolitismo: «Nuestro viaje ha sido alrededor de continentes y no de aldeas.» El último editorial de *Proa,* en enero de 1925 y firmado por Borges, representa una especie de síntesis y despedida, donde se proclama, borgianamente, el derecho al fracaso: «Hay un santísimo derecho en el mundo: nuestro derecho de fracasar y andar solos y de poder sufrir»[3]. Aunque cosmopolita, el lenguaje forzadamente oralizante del texto evidencia la busca de una identidad argentina.

Entre la primera y la segunda fase de *Proa,* apareció la revista *Inicial,* que duró de octubre de 1923 hasta noviembre de 1926 y se mantuvo lejos de una postura vanguardista. Según Nélida Salvador, la revista «inaugura en sus páginas una orientación estético-sociológica sin antecedentes en las publicaciones anteriores»[4]. Subtitulada «Revista de la nueva generación», en nombre de esa juventud el editorial del primer número embiste anárquicamente contra todo: la oligarquía, la prensa judía, el marxismo, el «panamericanismo yanqui» y, en actitud machista, contra los «afeminados de espíritu». Frente al exaltado texto la reacción no se hizo esperar. El segundo número trae un artículo titulado «¿Reaccionarios? ¿Poco definidos?» en el cual los directores tratan de justificar el tinte nazifacista del primer editorial. Esta respuesta continúa en

---

[2] *Proa* 13 (noviembre, 1925), pág. 5. Aunque sin firma, y voz plural que habla en nombre de los tres editores (Francisco Luis Bernárdez, Brandán Caraffa y Jorge Luis Borges), pensamos que este último es el autor del texto.

[3] Jorge Luis Borges, «Carta a Güiraldes y a Brandán Caraffa en una muerte (ya resucitada) de *Proa*», *Proa* 15 (enero, 1925), pág. 27.

[4] *Revistas argentinas de vanguardia (1920-1930),* Buenos Aires, Universidad de Buenos Aires, 1962, pág. 49.

la misma línea, agresiva, adoptando sobre el final un tono inequívoco de antisemitismo: «Su prensa soez y bárbara, nos ha traído a la realidad del peligro judío, como mentalidad inadaptable al espíritu de occidente. Nuestras relaciones con ellos sólo pueden ser de carácter guerrero»[5]. Aunque *Inicial* «estaba contra todo el mundo conocido, menos contra sí misma»[6], los diez números de la revista muestran la colaboración de representantes de las más variadas tendencias, desde Borges y González Lanuza hasta Álvaro Yunque. Cabe aún destacar que Alfredo Brandán Caraffa, que salió de la revista en el quinto número, reapareció poco después como participante de la comisión editorial de la segunda fase de *Proa*.

Dentro de las revistas de actitud sociologizante, la más importante fue *Claridad,* dirigida de enero hasta agosto de 1920 por José P. Barreiro, patrocinada por José Ingenieros e inspirada en el grupo *Clarté* de París (Anatole France, Henri Barbusse y otros). La revista tiene una segunda fase iniciada en julio de 1926, que dura quince años. La dirige Antonio Zamora y ya en el primer número de esta segunda etapa quedan definidas las preocupaciones sociales del grupo[7]:

> *Claridad* aspira a ser una revista en cuyas páginas se reflejen las inquietudes del pensamiento izquierdista en todas las manifestaciones. Deseamos estar más cerca de las luchas sociales que de las manifestaciones puramente literarias. Creemos de más utilidad para la humanidad del porvenir las luchas sociales que las grescas literarias, sin dejar de reconocer que de una contienda literaria puede también volver a surgir una nueva escuela que interprete las manifestaciones humanas en forma que estén más de acuerdo con la realidad de la época en que vivimos.

De hecho, la tendencia de la revista fue apartarse cada vez más de los temas estéticos para dedicarse a los temas político sociales.

La Campana de Palo, revista de pequeño formato que publicó diez números, desde junio de 1925 hasta octubre de 1927, no llegó a presentar una línea editorial nítida. En tal sentido, es claro el comentario que hacen en un artículo dedicado a comentar la polémica entre Florida y Boedo: «¿Por qué situar en Boedo, ya que niegan pertenecer a tal grupo, a tantos [escritores] que no pertenecen a Florida?» El intento es crear un espacio alternativo, ni Florida ni Boedo, donde pudieran convivir, por ejemplo, Tolstoi y Van

---

[5] «¿Reaccionarios? ¿Poco definidos?», *Inicial* 2 (noviembre, 1923), pág. 8 (artículo reproducido en esta antología, págs. 459-463).

[6] Héctor René Lafleur, Sergio D. Provenzano y Fernando Pedro Alonso, *Las revistas literarias argentinas (1923-1960),* Buenos Aires, Ediciones Culturales Argentinas, 1962, pág. 86.

[7] *Apud Las revistas literarias argentinas,* págs. 105-106.

Cubierta del primer número de la revista *Inicial*,
aparecido en octubre de 1923.

Gogh. *La Campana de Palo* ocupa entonces una especie de posición intermedia en el panorama general de las revistas de vanguardia de la Argentina.

De todas esas revistas de los años 20, la más importante, sin duda alguna, fue *Martín Fierro* (1924-1927), por la fecundidad de sus polémicas, por la introducción y valoración de lo nuevo, por la difusión nacional e internacional que tuvo, en fin, por haber contribuido a crear la «nueva sensibilidad» en una época en que, como decía Girondo, *«aquí no sucede nada»*[8].

Lejos de agotar la lista de revistas de la época, debe destacarse aún que, a pesar del papel centralista de Buenos Aires, existieron un buen número de revistas fuera de la capital, algunas de excelente calidad, como *Valoraciones* de La Plata.

AL OPORTUNO LECTOR*

[JORGE LUIS BORGES]

El Ultraísmo no es una secta carcelaria. Mientras algunos, con altilocuencia juvenil, lo consideraban como un campo abierto donde no hay valladares que mortifiquen el espacio, como un ansia insaciable de lejanías, otros, sencillamente, le definen como una exaltación de la metáfora, esa inmortal artimaña de todas las literaturas que hoy, continuando la tendencia de Shakespeare y de Quevedo, queremos remozar.

De estas explicaciones, intuitiva la primera e intelectual la segunda, elije la que más te plazca. Huelgan ambas, si nuestros versos no te conmueven. Huelgan también, si alguno de ellos logra palparte el corazón.

---

[8] «El periódico *Martín Fierro,* 1924-1949», en Jorge Schwartz, *Homenaje a Girondo,* Buenos Aires, Corregidor, 1988, pág. 105.

* Publicado en *Proa* 1 (agosto, 1922).

INICIAL*

[Roberto A. Ortelli,
Alfredo Brandán Caraffa,
Homero Guglielmini, Roberto Smith]

Hemos fundado *Inicial* porque hemos creído obedecer a un mandato imperioso de nuestras conciencias, cual es el de sincerarnos en una tribuna libre respecto a los problemas que preocupan al mundo, y respecto a los valores, decadentes o estimables, de nuestro medio moral y artístico. Sabemos que existe una juventud que se ha puesto al ritmo vertiginoso de esta hora histórica, y esa juventud tiene muchas cosas que decir. Sabemos también que esa juventud se ha visto rechazada en todas partes cuando ha querido alzar la voz al diapasón de su sinceridad, y si ha logrado a veces hacerse oír, es porque se ha desvestido, en el umbral de los templos bizantinos de nuestra literatura y de nuestro arte, de la vehemencia y la espontaneidad que hacen la obra perdurable. *Inicial* es para ella, ha sido creada para ella. *Inicial* será el hogar de toda esa juventud dispersa que vagabundea por las publicaciones y revistas más o menos desteñidas de nuestro ambiente, sin encontrar donde pueda elevar el tono de su acento a la altura de sus propias convicciones.

Al fundar *Inicial* hemos pensado que en nuestro ambiente moral y artístico hay hombres y cosas que es necesario combatir despiadadamente. Sentimos un profundo desprecio por todos aquellos que pontifican desde el pedestal de las artificiales consagraciones de cenáculo. Fácil sería deshinchar la inflada fama de esos *parvenus* del arte, de la literatura y de la política, pero *Inicial* lo hará solamente cuando ello importe un serio peligro para la vida espiritual de la juventud.

Por todo lo que va dicho, no será *Inicial* una simple revista literaria, una antología pálida e inmóvil de los poetas y escritores jóvenes del país. Queremos que *Inicial* sea una cosa viva y dinámica, un registro sensible donde todas las palpitaciones de la juventud, hasta las más sutiles, dejen una huella que el porvenir pueda descifrar como la fiel expresión de nuestros sentimientos. Por eso convocamos a todo lo que hay de valiente, decidido y sano en las filas de la nueva generación. Queremos que *Inicial* sea un organismo caldeado por la fiebre de los primerizos entusiasmos y sacudido por el nervio de las inquietudes juveniles. Queremos que realice la misión que debe cumplir toda revista

* Publicado en *Inicial* 1 (octubre, 1923), págs. 3-5. Agradezco a Merlin H. Forster por la cesión de este texto.

de jóvenes, misión que en nuestro ambiente y en su época ha realizado, por ejemplo, la revista *Nosotros*. Las revistas anodinas y sin perfil, inmovilizadas en la actitud pasiva del mero recopilador de versos, cuentos y piezas más o menos literarias, sobran en nuestro ambiente; en *Inicial* no se hablará sino cuando se trate de afirmar o de negar un valor. En este sentido, tal como cuadra al temperamento de lo que es joven y sano, las palabras que se digan en *Inicial* serán en cierto modo acción, ya que hablar es a veces tan eficaz como actuar. No nos interesan sino los espíritus vibrantes, tendidos constantemente como un arco, para el esfuerzo y la lucha; a ellos nos dirigimos, para que en estas páginas viertan su pensamiento derechamente, sin vacilaciones, sin rastrear los caminos tortuosos y oblicuos que imponen la pusilanimidad y las convenciones de nuestro momento y de nuestro medio. Seremos iconoclastas, y ello en forma vehemente e impetuosa, ya que la juventud debe templar sus armas, al fuego de su propio corazón. Sabemos que sobre los jóvenes argentinos gravita a veces el fetichismo de los ídolos intelectuales. La aurora de la nueva generación será su ocaso.

Queremos para *Inicial* una juventud combativa y ardorosa, que odie y ame, y no haya sacrificado jamás en ningún altar. Creemos que graves responsabilidades pesan sobre la nueva generación. Hay en el seno de la juventud argentina un germen de plenitud y de perfección que es necesario salvar. Para eso, desbrocemos el camino de su germinación. Luchemos contra los *snobs* elegantes, enervados sobre los blandos cojines de una ironía fácil y un pesimismo frívolo; contra el *humour* amargo de los impotentes, que todos los días envenenan las cuatro páginas: de lectura mañanera con la acritud de su hipocondría; contra la crítica que todo lo niega, y nada afirma; contra los grandes diarios malolientes de judaísmo, donde se fraguan, como en un antro de nibelungos, las consagraciones artificiales, y donde se escamotean los verdaderos valores; contra los que se levantan sobre el hombro de los sanos ideales, rebajándolos; contra los que han hecho del comunismo y del obrerismo una mentira descarada, un cálculo social sin belleza que abre a los audaces el camino de Damasco; contra los que explotan los ideales ingenuos de la juventud sana, prostituyendo la Reforma de la Universidad[1] a la caricia torpe de los advenedizos; contra las aspiraciones sentimentales y romantizantes, con que los fuertes engañan a los débiles y los débiles se consuelan de su impotencia; contra el panamericanismo yanqui y la confraternidad latina; contra los afeminados de espíritu, que ponen en verso el gemido de las damiselas y hacen ensueños sobre la ciudad futura; contra los apologistas del sufragio universal, del parlamentarismo y la democracia de nuestros días, mentiras fraguadas en el

---

[1] Alusión a la Reforma Universitaria iniciada en Córdoba, Argentina, en 1918, que posteriormente ejerció gran influencia en varias instituciones hispanoamericanas.

gabinete de los banqueros; contra los que se erigen en maestros de la juventud, y se columpian sobre las ideas, oscilando de un día para otro entre los extremos contrarios; contra la farsa grotesca de los concursos literarios y los certámenes poéticos; contra los socializantes, que explotan la miseria para empinarse sobre las bancas parlamentarias; contra los *dilettantes* que hablan a la juventud sobre filosofía y ciencia repitiendo todos los días la simulación de lo que no se sabe; en fin, contra todo lo que hay, en arte, en política, de engaño, de impotencia y de feminidad. *Inicial* combatirá todo eso, y mucho más, y pedimos que la juventud vuelque en nuestras páginas acentos de indignación y de entusiasmo.

Antes de dar término a estas líneas, queremos sentar como un pórtico al sol, la siguiente afirmación optimista: creemos en la vida, en el amor y en la verdad, creemos en todo lo que es bueno y en todo lo que es bello. Despreciamos profundamente a los jóvenes escépticos que distraen su aburrimiento en la afición a las novelerías vacuas, y niegan los valores positivos y eternos del espíritu. Creemos que la juventud debe renovar constantemente sus horizontes y escalar siempre otros nuevos, pero volviendo hacia atrás la mirada para la contemplación serena de los modelos perfectos de belleza que nos han dejado los héroes y los artistas. En este siglo en que la vida de la humanidad parece llegar al máximo de su plenitud y de su dinamismo, es necesario, sin embargo, para no abismarnos en el irreparable error del materialismo y socialismo *(sic.)* ambiente, recordar constantemente la lección eterna de Carlyle. La guerra ha sido fructífera; ha removido, como un torbellino, todas las inquietudes que dormitaban, latentes, en el fondo de la conciencia universal. Los héroes vendrán. Mientras tanto, que la juventud alimente su fe y su optimismo en una voluntad nietzscheana de obrar y de querer.

PROA*

JORGE LUIS BORGES *et alia*

Cuatro escritores jóvenes formados en distintos ambientes[1], nos hemos encontrado de pronto, conviviendo espiritualmente en la más perfecta coincidencia de sensibilidad y de anhelos. En otras circuns-

* Publicado en *Proa* 1, (segunda época, 1924), págs. 3-8.
[1] Alusión a las diferencias sociales de sus fundadores (Jorge Luis Borges, Alfredo Brandán Caraffa, Ricardo Güiraldes y Pablo Rojas Paz). El editorial vehiculiza una ideología integracionista. De ahí la insistencia en referirse a los «cuatro jóvenes formados en distintos ambientes», así como un proyecto de «síntesis» y «amalgama».

tancias esto no habría tenido más trascendencia que la de producir un acercamiento amistoso. Pero en estos momentos toma el prestigio y la virtud de un símbolo. Y ese prestigio es el que gravitando sobre nosotros nos ha llevado a la plenitud de un deber colectivo, en la forma de esta revista de juventud; y esa virtud es la que activando la tensión primordial, en un sueño de superación y de gracia, nos ha bautizado los ojos con el símbolo perfecto de voluntad y de ritmo que titula la obra. *Proa* surge en medio de un florecimiento insólito. Jamás nuestro país ha vivido tan intensamente como ahora la vida del espíritu. La alta cultura que hasta hoy había sido patrimonio exclusivo de Europa y de los pocos americanos que habían bebido en ella, empieza a trasuntarse en forma milagrosa, como producto esencial de nuestra civilización. Cada año es más auténtica la divina conscripción del arte y si hasta hace poco toda esa inmensa energía permanecía en la sombra velando sus armas bajo el árbol tutelar del anónimo saludable, era debido a la falta de cohesión y de medios de conocimiento que rompieron la valla de timidez que obstaculizaba la obra. Queremos que *Proa* inicie la segunda etapa.

La primera se ha caracterizado por una acentuada anarquía en la acción y por una forma brusca y casi espasmódica de protestar y de libertarnos del ambiente. No podía ser de otro modo. Nuestro país estaba en manos de una generación cuyo crepúsculo se disimulaba desesperadamente desde las bambalinas de una reputación demasiada fatigada. Y un país joven como el nuestro presentaba la extraña paradoja de no tener juventud. Estaba tan bien organizada la descastación de los espíritus, por la falta de estímulo sistemáticamente ejercitada, que los jóvenes desteñían dolorosamente su personalidad a través de los ciclos normales y universitarios. Fue la guerra la que hizo posible la liberación. Empezó por conmover terriblemente nuestros nervios, después provocó terribles apasionamientos y por último llegó a las esferas más profundas del espíritu oficiando de escalpelo bajo cuyo tajo seguro quedaban al descubierto los más complicados problemas de la cultura. Era tal el estridor de la hecatombe, que todos, viejos y jóvenes, vivimos durante cuatro años, polarizados y absorbidos por ella; haciendo posible por primera vez en este país que una generación se formara al margen del mecanismo tutelar y de su ambiente. Pasada la tragedia, fue imposible volver a tomar el ritmo perdido y el primer fruto del alumbramiento fue la reforma universitaria. Ella conmovió los viejos sillares y acabó de quebrantar las falsas disciplinas. Luego vino el florecimiento de los jóvenes que fatigaban la imaginación en buscas venturosas. Y vieron la luz cenáculos y revistas cuya fuerza pletórica rompió en la impaciencia, con incomprensiones y con odios. Se quiso malograr el movimiento con un silencio demasiado glacial para ser sincero, pero poco a poco las clases cultas comprendieron la magnitud del fenómeno y des-

PROA

JARDIN — NORAH BORGES

REVISTA DE RENOVACION LITERARIA

pués de observarnos de lejos con curiosidad mezclada de duda, nos dieron su sanción más amplia con la espléndida convivencia que acaba de iniciarse entre ellas y los artistas, sin distinción de banderas.

A esa armonía la llamamos la segunda etapa.

Hace poco tiempo Oliverio Girondo llevó consigo el primer fruto. Se consiguió solucionar todos los conflictos que separaban entre sí a las principales revistas de los jóvenes y formar un frente único. Y Girondo fue en calidad de embajador con el propósito de hacer efectivo el intercambio intelectual, a visitar los principales centros de cultura latino-americanos.

Proa quiere ser el primer exponente de la unión de los jóvenes. Por esto damos un carácter simbólico al hecho de ser fundada por cuatro jóvenes formados en distintos ambientes. Aspiramos a realizar la síntesis, a construir la unidad platónica sin la cual jamás alcanzaremos el estilo, secreto matiz que sólo florece en la convergencia esencial de las almas. Queremos que se entienda bien, que no pretendemos fusionar a los grupos dispersos, malogrando tendencias y ahogando personalidades. Nuestro anhelo es el de dar a todos los jóvenes una tribuna serena y sin prejuicios que recoja esos aspectos del trabajo mental que no están dentro del carácter de lo puramente periodístico.

A cada cultura corresponde su tipo de difusión. Creemos, por ejemplo, que una revista de ciencia o de filosofía puras, no podría vivir todavía en nuestro país. La técnica está en germen y las disciplinas intelectuales dejan aún mucho margen para el autodidactismo. Por esto nuestra revista deberá ser un tipo especial. Ni puramente literaria, ni puramente filosófica. Nuestra juventud estudiosa no tiene una tribuna para volcar su pensamiento. *Proa* quiere ser esa tribuna amplia y sin barreras. Crisol de juventudes que aman el heroísmo oscuro y cotidiano, ella pretende plasmar en Academia la energía dispersa de una generación sin rencores. Y porque creemos que nuestra revista debe ser un ser vivo que se incorpore al mundo de lo estético y no un órgano periodístico y una antología mensual, damos una importancia decisiva a la unidad perfecta de aspiración y de tono que debe existir entre los redactores.

¿Qué programa ideológico ostentamos? ¿Qué soluciones tenemos para los problemas sociales y científicos?

No es posible mostrar de antemano un panorama que estamos en camino de formar. ¿Cómo exigir a un viajero que parte a dar la vuelta al mundo una reseña de su viaje cuando estamos despidiéndolo en el puerto de partida? Lo único que podemos exigirle es que sepa geografía y que lleve una brújula. *Proa* aspira a ser la tribuna perfecta de todos los jóvenes libres aún de las garras descastadoras del triunfo fácil y de la complicidad ambiente. Su programa surgirá de sus propias páginas y se completará y ampliará número tras número.

Será un trabajo de exégesis y no un reglamento dado de antemano. Y decimos tribuna perfecta porque la única credencial que exigimos es el fervor desinteresado por la vida del espíritu. Nos hemos impuesto una total disciplina para ahogar toda pequeña pasión que haga anteponer una situación personal a un valor efectivo de arte. Y este estado de alma, este anhelo de perfección espiritual es la llave con que probamos los corazones que se nos acercan. Creemos que por lo menos podemos ostentar la brújula del viajero.

Queremos, sobre todo, realizar una obra de afirmación moral, despertando en los jóvenes anhelos de unidad personal. Regir la vida por convicciones espontáneas es la única manera de libertar nuestro espíritu de esas falsas posiciones simplistas, en que sólo prima la intuición y cuyo tipo fatal de desarrollo es la figura inadaptable y triste del Quijote o en que sólo prima la inteligencia y cuyo tipo convergente es la figura oportunista y ambigua de Machiavelo. Es, por lo tanto, impedir el libre desarrollo de la personalidad, pretender realizar ese desdoblamiento mental que en un mismo espíritu, hace afirmar en la palabra y negar en la obra.

Hemos hablado de convicciones espontáneas. No queremos referirnos con ello al imperativo categórico de origen puritano en el fondo, y que en realidad es una mordaza espiritual de cuño intelectualista. Tampoco nos referimos a la moral utilitaria de las iglesias, al premio y al castigo. Si nuestra posición pudiera recordar algunas palabras serían aquellas de Diderot, cuando declaraba su amor a la vida pura aún cuando Dios no existiera.

El objeto de nuestra revista nos obliga a aclarar un concepto. Ortega y Gasset puso en el tapete el problema de las generaciones[2]. Pero este problema presenta dos aspectos diferentes. Un aspecto puramente biológico y un aspecto psicológico. A nosotros sólo nos interesa este último. Consideramos de la nueva generación a todos los jóvenes, no por el hecho de ser tales, sino porque por regla general la juventud tiene como patrimonio esencial la inquietud y el descontento. Es a ese momento psicológico de equilibrio inestable en el que todas las potencias del espíritu trabajan en actitud de superación y de optimismo, al que llamamos por antonomasia, patrimonio virtual de la nueva generación.

Con ello no queremos clasificar ideologías excluyentes. Por el contrario, *Proa* aspira a revelar en sus páginas la inquietud integral de los espíritus fecundos que viven esta hora. Es claro que el hecho de alimentar un sueño por humilde que sea, de superación y de optimismo,

---

[2] El esquema generacional para la evolución de la cultura, propuesto inicialmente por Augusto Comte, fue retomado en España por Ortega y Gasset y sistematizado posteriormente por su discípulo Julián Marías en *El método histórico de las generaciones*.

implica condenar o rever tácitamente el punto de partida. De aquí que sin ningún temor ni hipocresía declaremos nuestro amor por todo lo que signifique un análisis o una nueva ruta. Y éstos se revelan indistintamente en el joven y en el viejo. Declaramos, pues, que la nueva generación no está limitada por la fatalidad temporal y biológica y que vale más para nosotros un anciano batallador y fecundo que diez jóvenes negativos y frívolos. Jamás ha sido tan justo titular una nueva generación como en la hora presente. La retorta del Dr. Fausto ha trabajado en los últimos diez años con más intensidad que en varios siglos juntos. Y es tan palpable la diferencia que caracteriza a los que velamos por la conservación del fuego sagrado, con los que vivieron las horas «felices» de la civilización que moría, que es inútil confrontar dos mentalidades cuya lucha se descubre en el último matiz de la vida cotidiana.

Ponemos a *Proa* en manos de todos los espíritus jóvenes y sea ella, tan audaz como el símbolo, la pristina amalgama de los sueños y los anhelos despertados de pronto como una música platónica, entre el fragor de la maquinaria y el canto del oro, único himno que hasta ahora levantaba al espacio la tensión de la urbe. Y ya serenados después del combate fructuoso de la primera hora, cerremos esta nueva etapa de nuestro renacimiento espiritual, dando mayor importancia a la obra por construir que a los falsos valores inofensivos y borrosos.

PROA*

[Jorge Luis Borges,
Alfredo Brandán Caraffa,
Francisco Luis Bernárdez]

Viaje magno de exploración y de conquista. Convicción de la existencia de un continente único, fundado sobre las capas astrales de las ondas de Hertz.

Un año de montar los vientos sinuosos y las olas adversas.

Doce naufragios; y como el griego, doce corazas robadas al fracaso.

Calafateada de optimismo, *Proa* surge con el sabor antiguo de los frutos maduros.

Dos meses de resuello le han servido de bolsa para garantizar la vuelta en su segundo viaje.

La generosidad de los arribos, obligaron el tino de la plana mayor.

---

* Publicado en *Proa* 13 (noviembre, 1925), págs. 5-6.

Y el retiro del viejo lobo (impecable y gentleman Güiraldes) que seguro de no atesorar más rolidos, se sienta en los muelles a trenzar con su pipa la epopeya de su *Segundo Sombra,* abrió un paso a la angustia, dislocando el triángulo pitagórico, cuyo nuevo lado debía medir equivalentes auroras.

Fue preciso sondar afinidades y alear temperaturas. Y la experiencia del timón y de la espada ataron nuestros ojos al vuelo sereno y arriesgado del cantor de Alcándara[1]. Había que reconstruir la cifra cabalística, única que tiene la virtud de ser muchedumbre y guardar con desmedro las tres unidades.

Así *Proa* reafirma su blasón de independencia de cenáculos y de grupos, dirigida por tres escritores cuyo mejor título es su individualismo conservado a través de todas las tácticas. Y es este *ismo* el único que rige nuestra brújula, cuyo norte busca reciamente los eternos caminos del arte. Consideramos excesiva la prolijidad de cierta crítica que al hablar de *Proa* habló de *ultraísmos* y duendes trasnochados.

Nuestro viaje ha sido alrededor de continentes y no de aldeas.

Hemos lanzado la pubertad de nuestras velas a los altamares que vieron el zarpazo de las naves maestras; y la Biblia (suma poética) ha sido nuestro libro de bitácora.

Así con el pecho más vasto, nos presentamos al juicio de los horizontes, aligerado el lastre y más cerca de la muchedumbre.

Para aquellos que sin conocernos nos han combatido y han hablado de revista aristocrática y cara, *Proa* se ha vestido de caminante y así probará una vez más que las formas exteriores toman sentido por la fuerza interior que las anima.

¿Será ahora una revista proletaria? Los valores estéticos transitan por el interior de las almas, no por el traje o la habitación que resguardan los cuerpos.

Tripulada por la más alta juventud de América y de algunos países europeos, *Proa* regala todo el silencio que nos ha rodeado en nuestro propio país, a los archivos de la prensa extranjera, que alentó tempranamente nuestros largos coloquios con la rosa de los vientos.

---

[1] Referencia al libro de poesía de Francisco Luis Bernárdez, *Alcándara, imágenes* (1925).

LAS CAMPANAS*

La campana de palo... Y las razones de los pobres[1].

No. No es eso. A pies juntos saltaremos por encima del refranero criollo y de los cantares anónimos. No. No los desdeñamos. Otra cosa es la nuestra. Totalmente opuesto será el símbolo en que intentemos encerrarnos.

La campana de palo representa metafóricamente la imagen fantasmal y ensombrecida de lo que ha venido siendo el periodismo moderno. Del bronce armonioso y fúlgido de los remotos tiempos —mezcla alquitarada de metales nobles— se ha convertido en insonoro y apolillado leño.

Izadas en la magnitud del cielo, unas campanas cantarinas y alegres, como hechas de plata; otras gravemente profundas y broncas, como forjadas en maleable hierro, colgaban de la torre de las más altas torres del villorrio, de la ciudad o de la metrópoli, y eran todas ellas, con la lengua de sus badajos, las múltiples lenguas y el verdadero idioma del pueblo, de la multitud, de la prole metropolitana elegante o astrosa. Ellas doblaban, oraban, cantaban o furiosamente como Gorgonas desmelenadas tañían a rebato, llamando a somatén. Esto era en el antiguo tiempo. No aparecida aún la babélica invención del cotidiano papel impreso insumían en sí las funciones de un periodismo rudimentario, sonoro y vibrante, eucarístico y regocijado.

Ahora... Ahora es otro cantar...

No. Nada teman nuestros *chers confrères* o, dicho en buen romance, nuestros queridísimos colegas: no empezaremos la enojosa salmodia de los reproches. No venimos a pregonar la flamante regeneración de las almas. No somos tan pedantes. Ni inquisidores encaratulados de apóstoles: lo que equivaldría a ser unos zoquetes malvados y dañinos.

Seremos, modestamente, nada más, ni nada menos que una misérrima campana de palo entre otras tantas campanitas y campanazas de mohoso leño, mudas ante el espectáculo de la ignominia, la rapacidad, el chantaje, el cohecho, la extorsión, la corrupción y demás *ciones* que por su longitud infinita no enumeraremos... Con la pequeñísima diferencia de no vivaquear sobre esa gangrena moral que es el mundillo turfístico; de no emporcarnos en la sanguinolenta crónica policial; de no recabar pingües ganancias de la debilidad de los señoritingos, damitas y señoronas de *sociales;* no inflar telegramas u otros *cosos*, haciéndolos

---

* Publicado en *La Campana de Palo* 1 (junio, 1925), págs. 3-4.
[1] Mención al proverbio popular «Como campanas de palo son las razones del pobre».

reventar de mentiras que se derramarán en la calva lustrosa de la opinión pública, pringándola y enturbiándola; ni tampoco hemos de propagar el deporte brutal, cuco del *chauvinismo* ramplón; y, en fin, deportaremos la moralina transnochada, mogigata, intolerante, cretina, que se escancia en los editoriales de una imbecilidad campanuda. He ahí en qué podrá estribar el divorcio inexorable de esta misérrima *Campana de Palo* y la turba de campanitas y campanazas...

Nietos, biznietos y tataranietos retozones de Tolstoi, Romain Rolland, del nazareno Gandhi y de otros claros apóstoles, se puede comprender enseguida cuál será nuestra orientación ética y nuestra actitud espiritual ante la feria de la realidad del mundo físico, del anímico, intelectual y etc... No es por eso que nos harán perder el don de ironía, de la sonrisa y de la risa... No. No seremos hoscos, ni ceñudos. Ni adoptaremos poses de una seriedad ridícula... Lo jovial y lo sanamente jocundo, no está reñido con la nobleza del carácter. La alegría será nuestra compañera inseparable. Nuestra carga lo será de flores, y la llevaremos cantando... Y también procuraremos en lo posible que nunca nuestra humilde verdad se vista en forma fea y desapacible, lo que según maese Rodó, equivaldría a conceder el pan con malos modos... Ajustaremos el ritmo de nuestras acciones al de nuestras palabras. Un fin puro requiere medios puros. Porque no es perfecto quien en su interior se lo cree, sino el que aspira a ello... En este sentido, nuestra aspiración constituirá un anhelo constante e infinito...

Nada nos resta, más que asegurarles unos pimpantes buenos días a nuestros *chers confrères,* o, dicho en buen romance, a nuestros queridísimos colegas...

¡Buenos días, pues, señores!

Brasil (Revistas)

BRASIL (Revistas): a) [Mário de Andrade], «Klaxon», *Klaxon* (1922).—b) *Estética* (1924).—c) Drummond de Andrade, «A los escépticos», *A Revista* (1925).—d) «Presentación», *Terra Roxa e outras terras* (1926).—e) [Tasso da Silveira y Andrade Muricy], «Fiesta», *Festa* (1927).—f) «Presentación», *Verde* (1927).—g) Antonio de Alcântara Machado, «Abre-Alas», *Revista de Antropofagia* (1928).—h) Carlos Chiacchio, «Tradicionalismo dinámico», *Arco & Flexa* (1928).—i) Guilhermino César, «Leche Criolla» y João Dornas Filho, «¡Afuera los vagos!», *Leite Criôlo* (1929).—j) Oswald de Andrade, «Orden y Progreso», *O Homem do Povo* (1931).

Klaxon

Lanzada en São Paulo el mismo año en que se realiza la Semana de Arte Moderno, *Klaxon* (1922-1923) es la primera revista modernista del Brasil. En «O alegre combate de *Klaxon*», excelente introducción a la edición facsimilar de la revista, Mário da Silva Brito dice que «en *Klaxon* aparece, bajo la forma de artículos, poemas, comentarios, críticas de arte, bromas y punzadas burlonas, el estado de espíritu del grupo de jóvenes que elaboró la ideología modernista»[1]. Participaban activamente del comité de redacción Menotti del Picchia y Guilherme de Almeida. Pero, aunque la revista no registra su nombre explícitamente, hoy se sabe, por inter-

---

[1] *Klaxon. Mensário de arte moderna,* São Paulo, 1922, ed. facsimilar, introducción de Mário da Silva Brito, São Paulo, Martins / Secretaria da Cultura do Estado de São Paulo, 1976, s/p. Para un buen análisis de *Klaxon,* consultar *O «futurismo paulista»* de Annateresa Fabris, págs. 338-371.

medio de Aracy Amaral, que Mário de Andrade fue «director y líder de la revista»[2]. Pero igualmente, a lo largo de todos sus números, prevaleció el espíritu de grupo enunciado en el texto introductorio: «*Klaxon* tiene un alma colectiva». Esta presentación tiene todas las características de un manifiesto y, aunque esté firmada por la Redacción, se debe, según Mário da Silva Brito, a Mário de Andrade.

De las diversas revistas modernistas que proliferaron en el Brasil de los años 20, sin duda, *Klaxon* es la más audaz plásticamente, la más renovadora y la más creativa, no sólo por su bellísima diagramación, que recuerda técnicas de la Bauhaus, sino por las modernas ilustraciones de Brecheret y Di Cavalcanti. Su carácter cosmopolita es explícito: «*Klaxon* sabe que la humanidad existe. Por eso es internacionalista»[3]. La revista trae artículos y poemas de autores franceses, italianos y españoles, todos en sus lenguas originales; y, además, poemas de Manuel Bandeira y Serge Milliet (que firmaba así en aquella época) compuestos en francés. Parecían aún influidos por cierta estética simbolista. Pero en la revista predomina el tono futurista «*(Klaxon* no es futurista. *Klaxon* es klaxista») y un deseo de abolir el pasado para vivir el presente, lo moderno. Ese deseo de actualidad lleva a los redactores a decir que *Klaxon* «quiere representar la época de 1920», en una especie de glorificación de la sincronía.

La negación de la realidad, en favor del arte como expresión cerebral y constructiva, aparece en la afirmación: «*Klaxon* sabe que la naturaleza existe. Pero sabe que el movimiento lírico, productor de la obra de arte, es una lente transformadora y también deformadora de la naturaleza.» Se retoman aquí los postulados del creacionismo en la relación arte/naturaleza, que Mário de Andrade había conocido mediante los textos de Huidobro publicados en *L'Esprit Nouveau*.

Irreverente y sarcástica, *Klaxon* presenta un perfil de típica agresividad vanguardista, tal como evoca Menotti del Picchia: «Es

---

[2] Aracy Amaral, «A propósito de *Klaxon*», «Suplemento Literario» de *O Estado de São Paulo*, 3/2/1968, pág. 5.

[3] En Ramón Gómez de la Serna, *Ismos* (Madrid, Biblioteca Nueva, 1931, págs. 142-144), la revista, sorprendentemente, merece un capítulo, «Klaxismo», en el cual el creador de las *greguerías* dice: «Mario de Andrade, que es su fundador, inventó ya antes el *desvarismo,* o sea la escuela del desvarío libre, anunciando en el libro que la creaba que en el próximo fundaría otra». Dos hechos llaman la atención: Gómez de la Serna supone certeramente que Mário de Andrade era el fundador de *Klaxon* y su conocimiento del «desvairismo» hace suponer que tuvo en sus manos *Paulicéia desvairada,* que comienza con el célebre verso: «Está fundado o Desvairismo.»

una bocina literaria, resonando en las avenidas ruidosas del Arte Nuevo, el adviento de la falange gallarda de los vanguardistas»[4].

KLAXON*

[MÁRIO DE ANDRADE]

SIGNIFICACIÓN

La lucha comenzó de verdad a principios de 1921, en las columnas del *Jornal do Comercio* y del *Correio Paulistano*[1]. Primer resultado: «Semana de Arte Moderno», especie de Consejo Internacional de Versalles. Como éste, la Semana tuvo su razón de ser. Como él: ni desastre, ni triunfo. Como él: dio frutos verdes. Hubo errores proclamados en voz alta. Se predicaron ideas inadmisibles. Es necesario reflexionar. Es necesario esclarecer. Es necesario construir. De ahí *Klaxon*.

Y *Klaxon* no se quejará jamás de ser incomprendido por el Brasil. Es el Brasil quien deberá esforzarse para comprender a *Klaxon*.

ESTÉTICA

Klaxon sabe que la vida existe. Y, aconsejado por Pascal, mira el presente. *Klaxon* no se preocupará por ser *nuevo,* sino por ser *actual*. Esa es la gran ley de la novedad.

Klaxon sabe que la humanidad existe. Por eso es internacionalista. Lo que no impide que, por la integridad de la patria, *Klaxon* muera y sus miembros brasileños mueran.

Klaxon sabe que la naturaleza existe. Pero sabe que el impulso lírico, productor de la obra de arte, es una lente transformadora y también deformante de la naturaleza.

---

[4] *Apud* Mário da Silva Brito, «O alegre combate de *Klaxon*», en *op. cit.,* nota 33.

* Publicado en *Klaxon. Mensário de arte moderna* 1 (mayo, 1922), págs. 1-3. Ed. facsimilar, 1976.

[1] Referencia a los primeros artículos que hablaban de arte moderno, firmados por Oswald de Andrade, Mário de Andrade y Menotti del Picchia.

Klaxon sabe que el progreso existe. Por eso, sin renegar del pasado, camina hacia delante, siempre, siempre. El campanile de San Marcos era una obra maestra. Debía ser conservado. Cayó. Reconstruirlo fue una equivocación sentimental y dispendiosa, lo que clama ante las necesidades contemporáneas.

Klaxon sabe que el laboratorio existe. Por eso quiere darle leyes científicas al arte; sobre todo leyes basadas en los progresos de la psicología experimental. ¡Abajo los prejuicios artísticos! ¡Libertad! Pero libertad sujeta por la observación.

Klaxon sabe que el cinematógrafo existe. Perla White es preferible a Sarah Bernhardt. Sarah es la tragedia, romanticismo sentimental y técnico. Perla es razón, instrucción, deporte, rapidez, alegría, vida. Sarah Bernhardt = siglo 19. Perla White = siglo 20[2]. El cine es la creación artística más representativa de nuestra época. Hay que estudiar su lección.

Klaxon no es exclusivista. A pesar de eso jamás publicará inéditos malos de buenos escritores muertos.

Klaxon no es futurista.

Klaxon es klaxista.

CARTEL

Klaxon piensa principalmente en el arte. Pero quiere representar la época de 1920 en adelante. Por eso es polimorfo, omnipresente, inquieto, cómico, irritante, contradictorio, envidiado, insultado, feliz.

Klaxon busca: encontrará. Golpea: la puerta se abrirá. *Klaxon* no derriba ningún campanile. Pero no reconstruirá lo que se derrumbe. Antes bien aprovechará el terreno para hacer sólidos, higiénicos, altivos edificios de cemento armado.

Klaxon tiene un alma colectiva que se caracteriza por el ímpetu constructivo. Mas cada ingeniero utilizará los materiales que le convengan. Esto significa que los escritores de *Klaxon* responderán sólo por las ideas que firmen.

---

[2] Se aprecia aquí una oposición entre la más grande diva de la *belle époque,* Sarah Bernhardt, y Perla White, la musa de las series de aventuras, representante de la nueva

PROBLEMA

Siglo 19.—Romanticismo, Torre de Marfil, Simbolismo. Enseguida el fuego de artificio internacional de 1914. Hace cerca de ciento
treinta años que la humanidad está mañaneando. La revuelta es justísi-
ma. Queremos construir la alegría. La misma farsa, el burlesco no nos
repugna, como no repugnó a Dante, a Shakespeare, a Cervantes. Moja-
dos, resfriados, reumáticos por una tradición de lágrimas artísticas, decidimos. Operación quirúrgica. Extirpación de las glándulas lagrima-
les. Época de los 8 Batutas, del Jazz-Band, de Chicharrón[3], de Carlitos,
de Mutt y Jeff[4]. Época de la risa y la sinceridad. Época de construcción.
Época de *Klaxon.*

LA REDACCIÓN

Estética

La revista *Estética,* lanzada en Río de Janeiro por Prudente de
Moraes Neto y Sérgio Buarque de Holanda, apenas sacó tres números entre 1924 y 1925. La edición facsimilar trae una presentación
de Pedro Dantas y una historia de la revista por Mário Camarinha
da Silva, en curiosa forma de glosario: «Fuera de las normas internacionales para representar mejor el espíritu de la época que intenta captar», aclara el autor[1]. Los artículos se refieren a los colaboradores Carlos Drummond de Andrade, Mário de Andrade, Sérgio
Milliet, Graça Aranha, entre otros; a autores como Joseph Conrad
a su antecesora *Klaxon* y a ciertos momentos de la vida burocrática
de la misma publicación, como tiraje, venta, publicidad y promoción. *Estética* intenta reproducir el modelo de la revista inglesa
The Criterion, dirigida por T.S. Eliot, y si bien gráficamente no tiene la agresividad moderna de *Klaxon,* por lo menos nos brinda el
único y bello anuncio de Chocolate Lacta y Guaraná Espumante,
ilustrado por Pedro Nava.

El ensayo que abre el primer número de la revista, «Mocidade e

---

época. Sobre la valoración de la mujer durante el Modernismo, consultar el ensayo de
Mário da Silva Brito, «El alegre combate de Klaxon» en la edición facsimilar.

[3] Chicharrón era el seudónimo de José Carlos Queirolo, conocido payaso de la década del 20, miembro de una famosa familia circense.

[4] Mutt y Jeff: personajes de historietas de Hans Fisher, publicados a partir de 1909,
iniciando una nueva tendencia de héroes tristes.

[1] «Glossário de homens e coisas da *Estética* (1924/1927)», en *Estética,* ed. facsimilar, Río de Janeiro, Gernasa, 1974, pág. xv.

estética»[2] es de Graça Aranha, cuya presencia entre los modernistas, aunque significativa, nunca dejó de ser polémica: «ángel caído del movimiento» es llamado en el glosario de Camarinha da Silva. La revista fue bautizada *Estética* por sugerencia del mismo Graça Aranha, sin embargo, el hecho es relatado de manera poco entusiasta por Sérgio Buarque de Holanda: «Casi tengo la seguridad de que estuvimos de acuerdo con él, un poco contra nuestra voluntad y a falta de cosa mejor»[3]. Además de ponerle nombre a la revista, Graça Aranha escribe los ensayos introductorios de los dos números iniciales. El primero de ellos, «Mocidade e estética» no es un artículo programático, lo que aparta a *Estética* del radicalismo de las revistas de vanguardia. Es un texto vuelto hacia la historia del Brasil y parece más un ensayo de estadista o diplomático que el proyecto estético de una revista. Hay un llamado a la organización de la sociedad brasileña, marcada por la oposición sarmientina entre «civilización» y «barbarie». En esa vehemente defensa de la juventud, Graça Aranha hace una apología del racionalismo, una especie de «racionalismo espiritual» que busca la estética como valor supremo del hombre.

A pesar de que sólo se publicaron tres números de la revista, su contenido es representativo de una fase menos extremista del modernismo. Más de la mitad de los colaboradores de *Estética* ya había participado en *Klaxon* dos años antes. Además de los editores, es Mário de Andrade quien más colabora con la revista. En ella salieron dos importantes poemas suyos: «Danças» y «Noturno de Belo Horizonte»; este último fue incluido luego en *Clã de Jabuti.*

---

[2] Dado el carácter extenso y sin cualidades programáticas del ensayo, hemos optado por limitarnos a su descripción.

[3] Cfr. artículo «Estética», «Glossário de homens e coisas da *Estética»*, en *op. cit.,* pág. xxvii. Es contraria la opinión de Wilson Martins *(História da inteligência brasileira,* vol. 6, San Pablo, Cultrix/Edusp, 1978, pág. 343) quien dice: «La verdad, sin embargo, es que, en 1924, Graça Aranha era el gran hombre de *Estética:* no sólo le tocó escribir los artículos de apertura en los dos primeros números, sino que era objeto de estimación entusiasmada de parte de Renato Almeida (lo que sorprende poco) y de Sérgio Buarque de Holanda, uno de los directores del periódico.» En realidad, ésta no es la versión que prevalece entre sus contemporáneos. Mario de Andrade, por ejemplo, en un primer artículo de evaluación del modernismo el 7/1/1940 («Modernismo», en *O empalhador de passarinho,* San Pablo, Martins/MEC, 1972, pág. 136) es perentorio en sus afirmaciones: «La verdad es que, con Graça Aranha o sin él, el modernismo se desarrollaría en el Brasil... Y si no tuvo que cambiar su filosofía, tuvo que corregir profundamente su gusto, y hasta su concepción artística por comprendernos. El mérito de Graça Aranha fue muy grande, nos avaló con su prestigio y entusiasmo, pero, a pesar de eso, es irrefutable que ni siquiera con ese prestigio y su luminosísima inteligencia, pudo imponer alguna especie de orden en nuestros desórdenes. Ni mucho menos, consiguió ser el teorizador del movimiento.»

De mayor relevancia aún es su «Carta aberta a Alberto de Oliveira», que cierra la colección. Probablemente se trata de una respuesta al escritor portugués que poco antes había dado una conferencia, «O culto da forma na poesia brasileira». Ese importante texto está teñido de afirmaciones vehementes contra el arte puro y a favor de la expresión de lo nacional en la literatura brasileña. Mário también publica una reseña de *Feuilles de route* de Blaise Cendrars, entonces ya con conocimiento personal del autor franco-suizo que acababa de hacer su primer viaje al Brasil.

También es interesante mencionar el artículo «Um homem essencial» de Sérgio Buarque de Holanda, porque es una de las referencias primeras al surrealismo y a la importancia del lenguaje onírico en el Brasil, aunque no haya ninguna referencia directa a esa escuela o a Freud. También se debe a Sérgio Buarque de Holanda el promisorio anuncio del final del primer número: la publicación de un artículo sobre James Joyce, cuyo *Ulises* había salido dos años antes[4].

Pedro Dantas, al presentar la edición facsimilar de la revista, resume así los objetivos de sus fundadores[5]:

> Órgano Nacional del movimiento modernista, en su segunda fase, *Estética* se había propuesto dos metas principales: representar al modernismo antes en sus trabajos de reconstrucción que de demolición, dejando implícitas o en segundo plano las contestaciones de los valores superados; y ejercer la crítica del movimiento del que participaba, a partir del presupuesto de que sólo el mismo modernismo estaba en condiciones de discutir y criticar sus proposiciones y sus obras, tan completa era, fuera de sus cuadros, la incomprensión de sus técnicas y de sus fines.

A Revista

En una época en que los periódicos y revistas se concentraban en Río de Janeiro y São Paulo, apareció *A Revista*, primera publicación modernista de Minas Gerais. Según el testimonio de Pedro Nava[1], quien participó de su creación, a pesar de que *A Revista* co-

---

[4] Si esta reseña se hubiese publicado habría coincidido con el primer texto sobre Joyce escrito en América Latina, debido a Jorge Luis Borges, «El Ulises de Joyce», *Proa* 6 (enero, 1925), págs. 20-26.

[5] «Vida da estética e não estética da vida», en *Estética,* ed. facsimilar, Río de Janeiro, Gernasa, 1974, pág. xii.

[1] «Recado de uma geração», en *A Revista,* ed. facsimilar, San Pablo, Metal Leve, 1978, s/p.

menzó a salir en 1925, el Grupo do Estrela (café que servía de punto de encuentro de los intelectuales de Belo Horizonte en ese tiempo), se reunía desde 1921, o sea, un año antes de la Semana de Arte Moderno. Participan del grupo, entre otros, Carlos Drummond de Andrade, Emílio Moura, Francisco Martins de Almeida y Gregoriano Canedo, todos fundadores de *A Revista*. También aparecen en ésta los nombres de Guilhermino César y de Ascânio Lopes, que con posterioridad estarían en *Verde,* la segunda revista modernista minera.

Pedro Nava registra, como marco histórico, la visita hecha durante la Semana Santa de 1924 por la caravana vanguardista de São Paulo: Olívia Guedes Penteado, Gofredo da Silva Teles, Tarsila do Amaral, Blaise Cendrars, Mário de Andrade, Oswald de Andrade y el hijo de éste, Nonê. «Yo sitúo en esa visita de los paulistas el polen del que salió la creación de *A Revista*», recuerda Nava. Por lo tanto, la cuestión de la modernidad germina con bastante anticipación, sin duda, estimulada por la presencia del grupo paulista, del cual quedaría la perseverante y saludable influencia de Mário de Andrade.

Aunque sin el característico extremismo de las vanguardias, *A Revista* muestra preocupación por la expresión moderna, como se ve en el antológico texto «Poética» de Manuel Bandeira («Estou farto do lirismo comedido...») y en los poemas de Carlos Drummond de Andrade donde la temática del constructivismo urbano encuentra expresión en una poesía sintética, muy cercana a la del Pau Brasil oswaldiano, por ejemplo, en «Igreja»:

> Tijolo
> andamios
> água
> tijolo
> o canto dos homens trabalhando trabalhando
> mais perto do céu
> cada vez mais perto
> mais
> mais perto
> mais
> A torre

> [Ladrillo / andamios / agua / ladrillo / el canto de los hombres trabajando trabajando / más cerca del cielo / cada vez más cerca / más / más cerca / más / La torre]

La tónica de *A Revista* todavía sigue recayendo en la defensa del nacionalismo. En «Para os céticos», Carlos Drummond de Andrade propone un nacionalismo que no sea xenófobo, que acepte las influencias extranjeras mientras no impliquen la abdicación de los valores propios: «¿Es necesario decir que tenemos un ideal? Se apoya en el más franco y decidido nacionalismo.» Se enfatiza el mantenimiento de los vínculos con la tradición y la preservación de la arquitectura, justificada por el barroco minero, que fue uno de los motivos de la caravana modernista. Pero en el caso de otros colaboradores, ese apego a los valores nacionales e históricos parece bastante amenazado por el inevitable cosmopolitismo. En el editorial del segundo número. «Para os espíritos criadores», Martins de Almeida dice:

> Presentimos el peligro enorme del cosmopolitismo. Y la amenaza de disolución de nuestro espíritu en las reacciones del trasplante exótico. No podemos ofrecer ninguna permeabilidad a los productos y detritus de las civilizaciones extranjeras. Tenemos que recomponer nuestra facultad de asimilación para transformar en sustancia propia lo que nos viene de afuera. Ahí está otro movimiento nacionalista que trae también sus frutos: el primitivismo.

Esta afirmación anticipa ciertos principios de la antropofagia oswaldiana; es el regreso a lo primitivo, para deglutir al «otro».

A despecho de sus preocupaciones nacionalistas, *A Revista* publica precozmente dos ensayos de Freud traducidos al portugués, una reseña de *Feuilles de route* de Blaise Cendrars (con ilustraciones de Tarsila, cuya presencia en Minas debe de haber causado cierto impacto) y otra reseña sobre el poeta uruguayo Ildefonso Pereda Valdés.

A Revista, sin desprenderse de su postura nacionalista a conciencia, renueva el espacio cultural minero con la difusión de la modernidad, sea por la divulgación de sus propios modernos, sea por la alianza consolidada con los paulistas y cariocas de la Semana del 22.

A LOS ESCÉPTICOS*

[Carlos Drummond de Andrade]

El PROGRAMA de esta revista, naturalmente, no puede apartarse de la línea estructural de todos los programas. Se resume en una palabra: ACCIÓN. Acción quiere decir vibración, lucha, esfuerzo constructivo, vida. Resta cumplirlo y con lealtad confesamos: aquí comienzan las dificultades. Se supone que aún no estamos suficientemente preparados para mantener una revista de cultura, ni siquiera para un simple semanario de muñecos cinematográficos: nos falta desde la tipografía hasta el lector. En cuanto a escritores ¡oh! tenemos de sobra. (¡Ojalá Dios Nuestro Señor nos mandara una epidemia que los redujese a la mitad!). De tal suerte, un injustificable desánimo convierte a Belo Horizonte en la más paradójica de las ciudades: siendo centro de estudios no soporta un mensuario de estudios. Aquí y allí se señala alguna tentativa en tal sentido y el coro de los ciudadanos experimentados y escépticos exclama: «¡Qué! Tonterías... Esa idea no fructifica.» Y como, de hecho, la idea no fructifica, el astuto y estéril escepticismo sale a comprar su *Revista del Brasil* que es de São Paulo y por lo tanto debe ser profundamente interesante...

Los jóvenes que están al frente de esta publicación evalúan con seguridad la suma de tropiezos que deberá vencer la empresa que se propusieron. Está claro que no sólo desean, sino que *esperan* vencerlos. Pero si fueran derrotados, no se quejarán de la suerte que es caprichosa, ni del medio belo-horizontino que, en realidad, es uno de los más cultos, refinados y estudiosos del Brasil. La derrota es todavía el menos feo de los pecados y el más confesable. En el caso presente, el enemigo puede convertirse en amigo: es la indiferencia del público, tan legítima, ante los repetidos *bluffs* literarios de los últimos tiempos.

No somos románticos: somos jóvenes. Esos adjetivos dicen lo mismo, dirán. Es posible. Pero entre todos los romanticismos preferimos el de la juventud y con él, el de la acción. Acción intensa en todos los campos: en la literatura, en el arte, en la política. Estamos por la renovación intelectual del Brasil, renovación que se volvió un imperativo categórico. Luchamos por el saneamiento de la tradición, que no puede seguir siendo la tumba de nuestras ideas sino más bien la fuente generosa de donde ellas proceden. Finalmente, somos un órgano político. Este calificativo está corrupto por la viciosa interpretación a que

* Publicado en *A Revista* 1 (julio, 1925), págs. 11-13. Edición facsimilar 1978.

nos obligó el ejercicio desenfrenado de la politiquería. Sin embargo, no conocemos una palabra más noble que ésta: política. ¿Será necesario decir que tenemos un ideal? Él se apoya en el más franco y decidido nacionalismo. La confesión de este nacionalismo constituye el mayor orgullo de nuestra generación que no practica la xenofobia ni el chauvinismo y que, lejos de repudiar las corrientes civilizadoras de Europa, trata de someter al Brasil cada vez más a su influjo, sin quiebra de nuestra originalidad nacional.

En el orden interno, tenemos que hacer todavía una afirmación. Nacidos en la República, asistimos al espectáculo cotidiano y doloroso de los desórdenes intestinos, a lo largo de los cuales se dibuja, nítida y perturbadora, en nuestro horizonte social, una terrible crisis de autoridad. En el Brasil nadie quiere obedecer. Tanto en las llamadas élites culturales como en las clases populares domina un criticismo unilateral. Hay mil pastores para una sola oveja. Por eso las pasiones ocupan el lugar de las ideas y en lugar de discutir principios se discuten hombres. «Fulano está en el gobierno, entonces ¡vamos a derribar a Fulano!» ¡Y zas! Ametralladoras, cañones, regimientos enteros en actividad...

Contra este estado de cosas es que la juventud brasileña trata y debe de reaccionar, utilizando sus puras reservas de espíritu y corazón.

Al Brasil desorientado y neurótico de hoy opongamos el Brasil laborioso y prudente que la civilización nos está exigiendo. Sin vacilación y sin ostentación. Es una obra de refinamiento interior que sólo los medios pacíficos del periódico, de la tribuna y de la cátedra podrán realizar. Después de la destrucción del yugo colonial y del yugo esclavista y del advenimiento de la forma republicana parecía que lo único que debía hacerse era cruzar los brazos.

«Era un engaño. Nos falta humanizar el Brasil.»

Terra Roxa... e outras terras

El periódico paulista *Terra Roxa... e outras terras,* dirigido por A. C. Couto de Barros y Antonio de Alcântara Machado, de enero a septiembre de 1926, llama de inmediato la atención por su formato grande (0,48 cm × 0,33 cm) y por su título. Se ve en él la afirmación de lo nacional al nombrar el color de la tierra brasileña, de la misma manera que Tarsila do Amaral rescata en su pintura el elemento autóctono usando ese color. En todo caso, el nombre habría sido inspirado por el de un periódico de Natal, *Nossa terra... outras terras*[1].

---

[1] Cecília de Lara, introducción a *«Terra Roxa ... e outras terras. Um periódico*

Tal como en la actualidad el debate gira alrededor de lo «posmoderno» y de la «posmodernidad», las corrientes estéticas de los años 20 buscaban definir lo que en aquella época se llamaba, por influencia directa de Apollinaire, el «espíritu moderno». Por eso sorprende que la «Apresentação» del primer número de *Terra Roxa* afirme que «los trabajos publicados obedecerán a una línea general llamada espíritu moderno, que no sabemos bien qué es, pero que está claramente delineada por sus exclusiones». En ese mismo número hay una encuesta que pregunta: «Finalmente, ¿qué es el espíritu moderno?»

Ese afán de modernidad se transparenta de varias maneras: por la presencia de Blaise Cendrars que cuenta su viaje a Minas; por la «Carta-Océano» de Oswald de Andrade, inspirada en la «Lettre-Océan» de Apollinaire y que serviría de introducción al *Pathé-Baby* de Alcântara Machado, ejemplo de prosa moderna donde se mezclan el humor con el lenguaje cinematográfico, así como elementos anticipatorios del ideario antropofágico. También aparece un fragmento de *Serafim Ponte Grande* de Oswald de Andrade, que sólo se publicaría en forma integral en 1933, donde queda anunciada su sintaxis de vanguardia.

Pero no todo lo que suena a modernidad encuentra receptividad en *Terra Roxa*. En el sexto número hay una nota, «Gostosura de terra» que, prácticamente, repudia el paso de Marinetti por São Paulo: «Ciudad donde no pasa nunca nada, en la capital paulista sucedió Marinetti. Con graves perjuicios materiales e intelectuales». Del atenuado cosmopolitismo que emana de las ...*outras terras,* es importante mencionar una nota hecha en ocasión de la visita a São Paulo de los argentinos Luis Emilio Soto y Pedro Juan Vignale. El primero colaboró con revistas argentinas de vanguardia, el segundo fue más conocido por su antología *Exposición de la actual poesía argentina* publicada en colaboración con César Tiempo en 1927. «El paso de Luis Emilio Soto y Pedro Juan Vignale por São Paulo, en febrero de 1926, permite que Mário de Andrade entre en contacto con la literatura social argentina», dice Raúl Antelo[2]. Por lo demás, en el último número de *Terra Roxa,* del 17 de septiembre de 1926, Mário reseñaría tres libros del argentino Salas Saubirat, haciendo algunas consideraciones y sobre las posibilidades del comunismo en América Latina[3].

Pau Brasil», ed. facsimilar, São Paulo, Martins / Secretaria da Cultura, Ciência e Tecnologia, 1977, pág. viii, nota 8.

[2] *Na ilha de Marapatá (Mário de Andrade lê os hispano-americanos),* San Pablo, Hucitec / INL, 1974, pág. 72.

[3] Salas Saubirat era, en esa época, un escritor comunista, mucho antes de con-

¿Y de la *Terra Roxa?* De hecho, el periódico tiende a una afirmación de «brasilidad» como bien señala Cecília de Lara en su introducción:

> Así, del nombre del periódico a los ensayos, de la creación a las transcripciones, todas las colaboraciones aparentemente no conectadas, se estructuran a través de una línea profunda que las recorre internamente: la intención de poner de relieve, no sólo en las manifestaciones artísticas, sino en los hechos, en los comportamientos —en el presente y en el pasado— los indicios de un «carácter brasileño» en el ámbito amplio y profundo del hombre y de la cultura brasileña.

En este sentido, el primer número del periódico abre con una campaña, capitaneada por Paulo Prado, cuyo objetivo es recaudar fondos para comprar un documento de 1579, debido al padre Anchieta, que sería rematado en Londres. El quinto número de *Terra Roxa* trae este victorioso título: «Desde hoy se encuentra en el Museo Paulista la carta de Anchieta adquirida en Londres por iniciativa de este quincenario.» De las expresiones de «brasilidad», el texto más conmovedor quizá sea el vivo testimonio de René Thiollier, publicado en el primer número de *Terra Roxa,* sobre la famosa caravana modernista integrada por Olívia Guedes Penteado, Tarsila do Amaral, Blaise Cendrars, Mário de Andrade, Oswald de Andrade y su hijo Nonê, además de Thiollier, quien recuerda: «Ese viaje, hoy, para mí pródigo de evocaciones coloridas, que emprendimos en la Semana Santa, por las ciudades decrépitas de la antigüedad del Estado de Minas.»

Terra Roxa... e outras terras presenta, ya a mediados de la década del 20, textos sin el encanto de los de *Klaxon,* muy críticos —inclusive en relación con la modernolatría marinettiana— y más inclinados sobre las cuestiones de la definición del carácter brasileño.

---

sagrarse como traductor del *Ulises* de James Joyce al castellano. Vale la pena transcribir el pensamiento de Mário de Andrade, inspirado en la novela de Salas Saubirat, *Pasos en la sombra* (1926), que trata de una huelga metalúrgica en Buenos Aires, en 1919, que se conoce como la «Semana trágica»: «Creo que el Comunismo —dice Mário— puede producir grandes beneficios en un país como Rusia y eso estoy viendo (aunque no haya beneficio que justifique la muerte violenta) porque uno debe aceptar las formas de gobierno conforme a las psicologías nacionales y a las circunstancias de las llamadas patrias. La iniciativa individual es tan innata en las naciones latinas y una circunstancia tan propicia al estadio de la civilización de América (a pesar de todos los males y ridiculeces de la tiranía mussoliniana, española, de las oligarquías sudamericanas, como del individualismo monetario yanqui) que una reorganización comunista de gobierno en Europa latina o en América me parece por lo menos inoportuna.» No se debe olvidar que, el mismo año de la Semana de Arte Moderno, 1922, se había fundado el Partido Comunista en el Brasil.

TIERRA ROJA Y OTRAS TIERRAS*

[A. C. Couto de Barros y Alcântara Machado]

PRESENTACIÓN

Parece que este periódico, al nacer, da pruebas de un coraje digno del Anhanguéra: está dirigido a un público que no existe. Su programa es ese mismo: ser hecho para el hombre que lee.

Nuestra tierra roja, merced a su fertilidad compleja y exagerada, ha dado a luz todo lo que es el sueño de una imaginación de pionero: azúcar, café, rascacielos, trenes eléctricos, lanza perfumes, dirigentes políticos, ómnibus, y hasta literatos. Todo. Menos ahí en ese banco de jardín inglés, o en esa poltrona de sala o en ese club, o en red de estancia, o en ese pullman de la Paulista, la entidad rara e inestimable que es un hombre que lee. Pues, para ese hombre imaginario o por lo menos aún incógnito como un rey en viaje de recreo, es que decidimos imaginar, crear y echar al mundo el *Tierra Roja... y otras tierras*.

Entre nosotros, el fenómeno es singular: no es el lector en busca de un periódico, sino el periódico en busca de un lector. Enseñemos a ese lector a leer. Sin cartilla. Sin palmadas. Sin premio de fin de curso.

Tres deseos llevan al hombre civilizado a leer: el de instruirse, el de divertirse, el de hacer pinta ante los parientes, amigos o conocidos, *Tierra Roja* proveerá lectura para esos tres fines. Quien lo lea con la asiduidad que siempre conmueve a las administraciones periodísticas, podrá fácilmente aprender, distraerse y, como se dice en nuestro admirable idioma ítalo-paubrasil, posar de intelectual.

Al ente hipotético e incierto para el que componemos este quincenario, le ofreceremos, como en una bandeja criolla, el manjar variado y suculento que conviene a un apetito virgen: crónica literaria, crónica artística, crónica filosófica, crónica musical y teatral, ensayos de crítica, ensayos de historia, creaciones de poetas, novelas, relatos, todos los géneros, menos, Dios no lo permita, ese género pesado (*ennuyeux* en francés), del que huiremos como de la peste.

Los trabajos publicados obedecerán a una línea general llamada del espíritu moderno, que no sabemos bien qué es, pero que está patentemente delineada por sus exclusiones.

Camarada lector: mucho gusto y mucha honra en descubrirlo.

---

* Publicado en *Terra Roxa* 1 (enero, 1926), pág. 1. Edición facsimilar 1977.

Festa

En la primera fase del mensuario carioca *Festa,* que va de 1927 a 1929, se publican doce números[1]. Con los motores ideológicos de Tasso da Silveira y Andrade Muricy, *Festa* es un órgano modernista de fundamentación católica y de fuerte herencia post-simbolista. En el grupo de *Festa* hallamos nombres como los de Néstor Vítor, Henrique Abílio, Cecília Meireles, Gilka Machado y Tristão de Ataíde. Lo que no impide la participación de autores como Mário de Andrade o referencias a la vanguardia europea más radicalizada. Su formato, aunque menor que el de *Terra Roxa,* es de grandes dimensiones. «La revista está bien hecha, un poco incómoda por su tamaño que llama la atención a media legua de distancia», dice bombásticamente Mário de Andrade en un artículo publicado en el sexto número de la revista. No tiene la audacia visual de *Klaxon,* pero *Festa* muestra rasgos de diagramación muy modernos, como los títulos en caja baja, la disposición de los materiales en la página, etcétera.

El nombre de la revista se inspiró en el de la novela *A festa,* de Tasso da Silveira, publicada el año anterior, nombre que no contó con la aprobación de la mayor parte de los lectores. Esa *Festa* tiene un sentido muy diferente a la alegría irónica de Oswald de Andrade, cuya opinión sobre la revista no se hizo esperar. En el noveno número aparece la airada respuesta de Tasso da Silveira:

> Uno de los líderes del cendrarsismo nacional, vulgo paubrasil, nos preguntó en una carta por qué hacemos «una fiesta tan triste»... (Mi querido Brazilio Itiberê: mándanos un poco de tus tintas de sol para iluminar los paisajes anémicos de las novelas rusas de Oswald...) Oswald: yo escribo mis páginas más serias con alegría. Porque la alegría es seria. Y bailo maxixa como nadie... Pero detesto la ironía porque es de los escépticos. Y detesto la risotada imbécil, porque es de los aburridos y vacíos.

De hecho, la seriedad de la revista se aparta bastante del espíritu juguetón de *Klaxon* o de la mordacidad de la *Revista de Antropofagia* para poder justificar el nombre en cuestión[2]. En realidad, la

---

[1] Mário Camarinha da Silva, «Tempo de Festa», *Festa* (1927-1929). Ed. facsimilar, Río de Janeiro, PLG-Comunicação / Inelivro, 1980, pág. 11.

[2] También Tristão de Ataíde, que participaba de la corriente espiritualista de *Festa,* manifiesta, en el sexto número, sus dudas sobre el nombre de la revista, tratando de justificar y ajustar su papel frente al modernismo: «Pienso además que el

revista pretende imponerse por su tono de seria reflexión crítica, según queda demostrado en sus largos ensayos. Ya en el poema-programa de apertura, «Festa», redactado por Tasso da Silveira, aunque no lo haya firmado, se advierte esa actitud de rechazo del pasado, en favor de un presente espiritualizado, casi religioso:

> Passou o profundo desconsolo romântico.
> Passou o estéril ceticismo parnasiano.
> Passou a angústia das incertezas simbolistas.
>
> O artista canta agora a realidade total:
> a do corpo e a do espírito,
> a da natureza e a do sonho,
> a do homem e a de Deus.
>
> [Pasó el profundo desconsuelo romántico.
> Pasó el estéril escepticismo parnasiano.
> Pasó la angustia de las incertezas simbolistas.
>
> El artista canta ahora la realidad total:
> la del cuerpo y la del espíritu.
> la de la naturaleza y la del sueño,
> la del hombre y la de Dios.]

Esta actitud conservadora, que oscila entre un simbolismo progresista y una vanguardia bastante comedida, se vuelve aún más evidente en los números posteriores y en las palabras mismas de Tasso da Silveira: «Tradicionalistas, sí. Pero no por amor a la antigüedad mohosa, al polvo muerto del pasado... Dinámico, también sí. Pero no llevados por el delirio bruto del movimiento por el movimiento.»

Festa refleja una etapa de reflexión que ya había dejado atrás a la Semana del 22. Las divergencias entre los grupos se encuentran más o menos cristalizadas, a punto que Tristão de Ataíde reconoce, por lo menos, tres facciones en el modernismo: el primitivismo, capitaneado por Mário de Andrade y Oswald de Andrade; el dinamismo, dirigido por Graça Aranha y Renato Almeida; y la corrien-

---

nombre que eligieron para su revista, *Festa,* no está bien aplicado... la originalidad del grupo es justamente expresar su visión de la vida moderna no sólo en su aspecto de alegría, sino y principalmente, en su aspecto de angustia... de ese grupo que lejos de buscar un modernismo dionisíaco, fácil, libre, abandonado, por el contrario, revela un sentimiento profundo de preocupación por la vida actual, por la suerte del hombre, por la búsqueda de realidades nuevas y no de lo nuevo por lo nuevo... en el extremo opuesto a la superficialidad de una concepción puramente "festiva" de la existencia en la literatura.»

te espiritualista representada especialmente por Tasso da Silveira y Andrade Muricy. En realidad, *Festa* sólo puede ser comprendida como parte de un proceso histórico. Mário de Andrade es quien lo advierte mejor, en el lúcido artículo «O grupo de *Festa* e sua significação», publicado en el sexto número de la revista:

> Por lo demás, respecto del grupo de *Festa*, no hay que olvidar que los que aguantaron los golpes, los insultos, las perfidias, los descaros y las calumnias fuimos nosotros, únicamente nosotros, mientras el grupo de *Festa* mañosamente pasaba ileso y hasta contribuía a los insultos y las silbatinas. Y actualmente sale beneficiado por lo que nosotros practicamos, peleamos y aguantamos. Porque si *Festa* con sus letras minúsculas, simulando mayúsculas en nombres y títulos, con sus disposiciones tipográficas divertidas, con sus lenguajes sintéticos y telegráficos, con sus versos libres, con sus afirmaciones fantasmales respecto de Bilac y otros ídolos, si *Festa* hubiese aparecido de sopetón en el Brasil, antes de *Klaxon*, de *Estética* (tan libre que acogió a gente de *Festa)*, de *Terra Roxa* y de *A Revista* de Minas, habría causado escándalo y soportado algunos golpes, seguro. Pero como hubo todo lo que hub antes de *Festa,* ella es recibida con simpatía e interés.

En ese texto, Mário de Andrade intenta hacer justicia, en una especie de reacomodación diacrónica de las movidas de la Semana, especialmente con respecto a las revistas del modernismo.

Así como *Terra Roxa,* también *Festa* se empeña en la búsqueda de la «brasilidad». Por lo demás, «brasilidad» es un término que ya aparece en varios artículos de la revista y que no se limita sólo a los ensayos sobre temas indígenas, sino a notas sobre José de Alencar, a la pintura de Lasar Segall, de Di Cavalcanti, de Tarsila y de Anita Malfatti, o la repercusión de la música «brasileña» de Heitor Vila-Lobos en París. También se manifiesta en forma polémica, en la oposición de Tasso da Silveira al movimiento verdeamarillista, conforme se aprecia en el artículo «A anta e o carrapato», contestado luego por Plínio Salgado en «O significado da anta». Esa búsqueda de la identidad nacional provocó uno de los momentos más difíciles de la revista, debido al artículo publicado en el séptimo número por Jaime L. Morenza, director de la revista uruguaya *La Cruz del Sur.* Después de una visita a Río de Janeiro donde conoció al grupo de *Festa,* dice:

> Hay en el Brasil una preocupación que no se nota, por lo menos de modo tan agudo, en la juventud intelectual rioplatense. Nos referimos a la preocupación nacionalista que, dicho sea de paso, encontramos injustificada y deplorable. Tal vez sea ésta la única

ANNO I NUM. 1

neste numero:

prosas de : andrade muricy, henrique abilio, tasso da silveira, brasilio itiberê, ribeiro couto.

poemas de : cecilia meirelles, barreto filho, murillo araujo, walt whitman.

rio de janeiro   1 - agosto - 1927

Cubierta de la revista *Festa*

falta grande en la nueva intelectualidad brasileña. Ese querer hacerse aisladamente, ese querer *abrasileñar* todo, ese afán de separarse sistemáticamente de todo cuanto parezca renovación ideológica venida de afuera, fue lo único que no nos satisfizo. Encontramos insoportable esa etiqueta de «industria nacional» colocada en todo cuanto represente una producción desinteresada del pensamiento. Hay en esto —sea cual fuere el país donde se produzca— algo de tara mental.

Probablemente, el conocimiento deficiente del modernismo y de sus diferentes facciones es lo que llevó al crítico uruguayo a atribuir un nacionalismo tan extremado al movimiento. La evaluación que hace de la literatura brasileña revela un total desconocimiento de la obra de Mário de Andrade y de Oswald de Andrade. Su juicio, sin embargo, es importante, porque representa otra voz hispanoamericana en *Festa.* Por lo demás, es significativo y sorprendente el número de revistas hispanoamericanas recibidas por *Festa* (entre otras, *La Cruz del Sur, Nosotros* y *Repertorio Americano).* No extraña ver publicados, en las dos fases de *Festa,* poemas de Juana de Ibarbourou, Gabriela Mistral, Pablo Neruda, Vicente Huidobro, notas sobre la obra de Oliverio Girondo y, en el décimo número, un sorprendente ejercicio de literatura comparada entre la moderna poesía argentina y la brasileña, hecho por Tristão de Ataíde al reseñar la *Exposición de la actual poesía argentina,* de Pedro-Juan Vignale (que hacía poco tiempo había estado en el Brasil) y César Tiempo[3]. Estas son las conclusiones a que llega:

a) la poesía moderna argentina es una poesía de «ciudad grande» mientras que la brasileña es de «ciudad chica»;
b) la poesía argentina de los últimos años es más «subjetiva» y la nuestra más «objetiva»;
c) los modernos argentinos son esencialmente «cerebrales» y los nuestros «emotivos»;
d) la moderna poesía argentina es «cosmopolita» y la nuestra «nacional»;
e) la moderna poesía argentina es «arquitectural» y la nuestra «musical»;
f) en la moderna poesía argentina hay más «fuerza» y en la poesía brasileña más «carácter».

Lejos de las profundas reflexiones de los ensayos de Mário de

---

[3] También en ese número sorprende hallar una reseña hecha por Rafael Cansinos-Asséns, fundador del ultraísmo español, sobre la novela *A festa inquieta,* de Andrade Muricy, publicada originalmente en el periódico *La Libertad* de Madrid. A su vez, Tasso da Silveira retribuye a Cansinos-Asséns con una reseña de su libro *Los temas literarios y su interpretación.*

Andrade, se advierte en la categorización de Tristão de Ataíde la crítica impresionista por excelencia y cierto provincialismo en esa comparación entre el Brasil y la Argentina. A pesar de lo cual, su registro es importante para confirmar la existencia de un intercambio enriquecedor para una de las revistas del modernismo más receptivas ante las voces de América del Sur.

FIESTA*

[Tasso da Silveira y Andrade Muricy]

FIESTA

Nosotros tenemos una visión clara de este momento.

Sabemos que es de tumulto y de incertezas.
Y de confusión de valores.
Y de victoria del arrivismo.
Y de graves amenazas para el hombre.

Pero sabemos también que no es éste el primer momento de agonía y de inquietud que vive la humanidad.

La humanidad danza en su danza eterna en un viejo ritmo de dos tiempos.
Cuando todas las fuerzas interiores se equilibran, los gestos son luminosamente serenos.
Mas lo que en esos gestos parecía un esplendor supremo de belleza o verdad
sólo era un efímero momento de subida.
Entonces resurgen de las profundidades del ser ímpetus bruscos e imprevistos,
que traen insatisfacción,
angustia,
fiebre,
y quiebran los compases armoniosos,
y hacen pensar, a los que se olvidaron de Dios, que
todo está perdido,
pero que, en realidad, son ondas desconocidas de energía
para la creación de un equilibrio nuevo
y de otra serenidad más alta...

---

* Publicado en *Festa* 1 (agosto, 1927), pág. 1. Edición facsimilar 1980.

Nosotros tenemos la comprensión nítida de este momento.
De este momento en el mundo
y de este momento en el Brasil.

Vemos, allá afuera y aquí adentro, el girar de los sentimientos
en trágico torbellino.
Y las embestidas reivindicatorias
de los apetitos que se disfrazaban
y ahora se desencadenan con furia.
Y escuchamos el suspiro de alivio
de la mediocridad finalmente libre de la opresión:
de la mediocridad que, aprovechando el desequilibrio de un instante,
levantó también su voz en falsete,
se llenó el aire de gestos desarticulados,
y se proclamó vencedora,
en la ingenua ilusión de que las barreras que lo contenían cayeron para
siempre.

Pero igualmente vemos a los espíritus legítimos en su puesto inmutable.
Y limpiamos el oído al grito de alerta de los centinelas perdidos.
Y sentimos a flor del suelo el temblor de las subterráneas corrientes
de la fuerza viva,
que serán captadas por la sabiduría divina en la hora cercana de las
construcciones admirables.

El arte siempre es el que habla primero para anunciar lo que
vendrá.

Y el arte de este momento es un canto de alegría,
una reiniciación en la esperanza,
una promesa de esplendor.

Pasó el profundo desconsuelo romántico.
Pasó el estéril escepticismo parnasiano.
Pasó la angustia de las incertezas simbolistas.

El artista ahora canta la realidad total:
la del cuerpo y la del espíritu,
la de la naturaleza y la del sueño,
la del hombre y la de Dios.

La canta, sin embargo, porque la percibe y comprende

en toda su múltiple belleza,
en su profundidad e infinitud.

Y por eso su canto
está hecho de inteligencia y de instinto
(porque también debe ser total)
y está hecho de ritmos libres
elásticos y ágiles como músculos de atletas
veloces y altos como sutilísimos pensamientos
y sobre todo palpitantes
del triunfo interior
que nace de las adivinanzas maravillosas...

El artista volvió a tener los ojos adolescentes y nuevamente se encantó
con la Vida:

¡TODOS LOS HOMBRES LO ACOMPAÑARÁN!

Verde

Difícilmente la ciudad de Cataguases, en el interior de Minas Gerais, habría pasado a la historia de la literatura y del cine brasileños si no fuese por el entusiasta grupo que publicó la revista *Verde* y por el cineasta Humberto Mauro, contemporáneo de la revista y pionero del cine experimental en el Brasil. En este sentido, la producción de Cataguases es sorprendente y tiene un sitio garantizado en el modernismo del país.

Se publicaron seis números de *Verde*, el primero en septiembre de 1927 y el último en mayo de 1929. La revista está situada en la fase final del periodo heroico de la Semana del 22. El *Manifesto do Grupo Verde*, una hoja suelta en papel de color que justifica el título, fue lanzado junto con el tercer número, y está firmado por los componentes del grupo: Henrique de Resende, Ascânio Lopes, Rosário Fusco, Guilhermino César, Christóphoro Fonte-Boa, Martins Mendes, Oswaldo Abritta, Camillo Soares y Francisco I. Peixoto. Pero el «alma» de *Verde* era Rosário Fusco. Según Guilhermino César, «Rosário Fusco, el más joven del llamado grupo *Verde*, fue su dínamo... Atrevido, franco, alegre, extrovertido, asimilaba todo y atendía todo rápidamente. Se carteaba con Mário de Andrade, Oswald, Antonio de Alcântara Machado, Drummond, José Américo de Almeida, Graça, Paulo Prado; con los platenses de

Proa, con bolivianos y uruguayos. Su correspondencia pasiva inundó el Brasil»[1].

El manifiesto es una especie de grito de rebeldía nacionalista, de un grupo que, de manera algo ingenua, rechaza toda influencia, como puede advertirse en el resumen incluido al final del manifiesto:

1) Trabajamos independientemente de cualquier otro grupo literario.
2) Tenemos perfectamente trazada la línea divisoria que nos separa de los otros modernistas brasileños y extranjeros.
3) Nuestros procesos literarios están perfectamente definidos.
4) Somos objetivistas, aunque muy diferentes unos de los otros.
5) No estamos ligados de ninguna manera con la modalidad literaria de otros grupos.
6) Queremos subrayar bien nuestra independencia en sentido escolástico.
7) No le damos la mínima importancia a la crítica de los que no nos comprenden.

A pesar de estas afirmaciones nacionalistas y aisladoras, el grupo se abre a colaboraciones de todo el Brasil y del extranjero. Fundamental fue el apoyo de Mário de Andrade y el de Carlos Drummond, por esa época redactor del *Minas Gerais,* para la difusión de la revista. La perentoria afirmación: «Abrasileñar el Brasil - es nuestro riesgo / Pa' eso nació *Verde*» sólo se realiza en el primer número, hecho por colaboradores locales. Poco a poco, la revista comienza a acusar recibo de una colección de *Proa* y números de *Martín Fierro*. Las colaboraciones hispanoamericanas van creciendo: ilustraciones de las argentinas María Clemencia y Norah Borges, poemas de Ildefonso Pereda Valdés, Nicolás Fusco Sansone y otros. Más sorprendente aún es la colaboración especial de Blaise Cendrars, que mereció una página entera del tercer número y ofrece una simpática cacofonía en el título «Aux jeunes gens de Cataguases»:

> Tango vient de tanguer
> Et jazz vient de jaser
> Qui importe l'etymologie
> Si ce petit klaxon m'amuse?

¿Cuál es el papel desempeñado por *Verde* en el panorama de las revistas modernistas de los años 20? Sin duda, representa una viva

---

[1] «Os verdes de *Verde»*, *Verde,* ed. facsimilar, San Pablo, Metal Leve, 1978, s/p. Años más tarde, Rosário Fusco reafirmaría su inclinación por el experimentalismo al escribir la novela surrealista *O agressor* (1943).

expresión de una pequeña ciudad del interior, que rompe con el monopolio del eje Río/São Paulo/Belo Horizonte, muy de acuerdo con las ideas de descentralización cultural de Mário de Andrade[2]. Con mucho brío, el grupo quiso romper con el pasado y con las influencias, pero traía en andas las marcas indelebles de la modernidad. «Nosotros veíamos la necesidad de abrasileñarnos. Nosotros sólo entendíamos a la literatura brasileña como producto del mestizaje», recuerda Guilhermino César[3]. Como homenaje a esa voluntad de «brasilidad», reproducimos un poema publicado en el cuarto número de la revista y firmado por Márioswald, y que llevó a los dos poetas paulistas a llamar al joven grupo de Verde «Los ases de Cataguases»[4]:

«Homenagem aos homens que agem»	[Homenaje a los hombres de acción»
Tarsila não pinta mais Com verde Paris Pinta com Verde Cataguases	Tarsila no pinta más Con verde París Pinta con Verde Cataguases
Os Andrades Não escrevem mais Com terra roxa NÃO! Escrevem	Los Andrade No escriben más Con tierra roja ¡NO! Escriben

[2] Al manifestarse sobre la revista *Verde,* Mário de Andrade estableció una comparación que nos parece fundamental entre esta revista y *Estética,* los dos periódicos más importantes del modernismo en Minas. Mário dice: «Los dos grupos mineros, el de Belo Horizonte y el de Cataguases, se diferenciaron enormemente como psicología colectiva. El de Cataguases, por cierto, no pudo presentar figuras de valor personal tan notables como Carlos Drummond de Andrade y de João Alphonsus en prosa. Pero tuvo una realidad mucho más brillante y, principalmente, una acción mucho más interesante y fecunda. En el fondo, los artistas de Belo Horizonte eran mucho más... capitalistas de lo que ellos podrían suponer... Tenían la función burguesa de presentarnos por lo menos a dos escritores de gran valor. El grupo de Cataguases no tuvo una producción comparable con esos valores, pero con la revista *Verde* consiguió durante un cierto tiempo centralizar y conducir el movimiento moderno en el Brasil, cosa que *A Revista* de Belo Horizonte no consiguiera. Ésta seleccionaba valores. *Verde* denunciaba los ataques contra las ideas modernistas en el país. *Verde* convocaba a las armas, mientras que *A Revista* nombraba generales. Eran el capitalismo y el socialismo en oposición...»
[3] Kátia Bueno Romanelli, «Depoimento de Guilhermino César, en *Revista Verde. Contribuição para o estudo do modernismo brasileiro,* San Pablo, Universidade de São Paulo, 1981, pág. 209. (Defensa de Maestría inédita.)
[4] Ver también el hermoso texto de Paulo Emílio Salles Gomes que recrea la época del grupo *Verde:* «Os azes de Catagueses», en *Lingua e Literatura* 4, San Pablo, Universidade de São Paulo, 1975, págs. 456-473.

Com tinta Verde	Con tinta Verde
Cataguases	Cataguases
Brecheret	Brecheret
Não esculpe mais	No esculpe más
Com plastilina	Con plastilina
Modela o Brasil	Modela el Brasil
Com barro Verde	Con barro Verde
Cataguases	Cataguases
Vila-Lobos	Vila-Lobos
Não compõe mais	No compone más
Com dissonâncias	Con disonancias
de estravinsqui	de estravinsqui
NUNCA!	¡NUNCA!
Ele é a mina Verde	Él es la mina Verde
Cataguases	Cataguases
Todos nós	Todos nosotros
Somos rapazes	Somos rapaces
Muito capazes	Muy capaces
De ir ver de	De ir a ver de
Forde Verde	Ford Verde
Os azes	Los ases
De Cataguases	De Cataguases]

(Del libro inédito *Oswaldário dos Andrades.*)

MANIFIESTO DEL GRUPO VERDE DE CATAGUAZES*

HENRIQUE DE RESENDE, ASCÂNIO LOPES *et alia*

Este manifiesto no es una explicación. Una explicación nuestra no sería comprendida por los críticos de esta tierra, por los innumerables consejeros b.b. *(sic.)* que dogmatizan encaramados en las columnas pretendidamente importantes de los diaruchos del interior. Y sería inútil para quienes ya nos comprendieron y nos están apoyando.

Tampoco es una delimitación de nuestros fines y procesos porque lo moderno es innumerable.

Pero hay una delimitación entre lo que hemos hecho y el montón de lo que hicieron los otros.

---

* Publicado en forma de panfleto. *Verde* 1 (septiembre, 1927). Edición facsimilar 1978.

Una separación entre nosotros y los rezagados de la última hora, cuya adhesión es una molestia.

También pretendemos enfocar la línea divisoria que nos pone del lado opuesto al otro lado de los demás modernistas brasileños y extranjeros.

Nosotros no sufriremos la influencia directa extranjera. Todos nos propusimos olvidar el francés.

Pero que nadie piense que pretendemos decir que somos —los de aquí— todos iguales.

Somos diferentes. Hasta diversísimos. Pero mucho más diferentes de la gente de las casas vecinas.

Nuestra situación topográfica hace que tengamos, realmente, una visión semejante del conjunto brasileño y americano y del momento que pasó, pasa y está por pasar.

De ahí sale la unión del grupo *Verde*. Sin perjuicio de la libertad personal, procesos y modos de cada uno de nosotros.

Una de las muy particulares características de nuestro grupo es el objetivismo.

Todos somos objetivistas, casi. ¿Explicación? No es necesario. Basta poner la mano en la cabeza, pensar, comparar y... concordar.

El lugar que hoy es bien nuestro en el Brasil intelectual fue conquistado solamente al dionisíaco emprendimiento del fuerte grupo de Belo Horizonte, encabezado por el entusiasmo juvenil de Carlos Drummond, Martins de Almeida y Emílio Moura, con la fundación de *A Revista* que aunque no tuvo vida duradera marcó una época en la historia de la innovación moderna en Minas[1].

A pesar de citar los nombres de los muchachos de Belo Horizonte, no tenemos absolutamente ninguna vinculación con el estilo y la vida literaria de ellos.

Somos nosotros. Somos *Verdes*. Y este manifiesto fue hecho especialmente para provocar un lindísimo escándalo interior y hasta burlas íntimas.

No, no hace mal. Es realmente eso.

Acompañamos a São Paulo y Río en todas sus innovaciones y renovaciones estéticas, sea en la literatura como en todas las bellas artes, pero no fuimos ni somos influidos por ellos como quieren algunos.

No tenemos padres espirituales. Mientras otros grupos, a pesar de gritos y protestas y el acabóse en el sentido del abrasileñamiento de nuestros motivos y nuestra lengua, andan por ahí pastichando el *modus* bárbaro del señor Cendrars y otros franceses relamidos y pacatísimos.

---

[1] Ellos fueron los primeros que catequizaron a los naturales de Minas y nos animaron con el ejemplo a la publicación de *Verde*. [N. A.]

No tenemos pretensión alguna de embrollar a nuestros amigos. No. Absolutamente.

Lo que queremos es solamente demostrar nuestra independencia en el sentido escolástico.

Nuestro movimiento *Verde* nació de un simple diariucho local *Jazz Band*.

Un periodiquillo con tendencia modernista que enseguida escandalizó a los pacatísimos habitantes de esta Meia-Pataca[2]. Hasta se llegó a hablar de bastonazos.

Y de ahí nació nuestra firme voluntad de mostrarle a toda esa gente que, aunque vivimos en una pequeña ciudad del interior, tenemos coraje para competir con los de arriba.

La falta de publicaciones, casas editoras y dinero determinó que esperásemos el momento propicio para aparecer.

Pero *Verde* salió. *Verde* venció. Podemos dar golpes y recibirlos. No esperamos aplausos o burlas públicas porque lo que provoca verdadero escándalo deja al brasileño indiferente, en apariencia... con miedo o con vergüenza de entrar en el barullo.

Sí. No esperamos aplausos o burlas públicas. Los aplausos de ciertos públicos avergüenzan a quien los recibe, porque nivelan la obra aplaudida con aquellos que lo comprendieron.

No queda atrás la burla. A veces la burla resulta una simulada expresión de reconocimiento de valores...

Por eso preferimos la indiferencia. Ella será el más bello homenaje que nos darán los que no nos comprenden. ¿Por qué atacar a *Verde?* Somos lo que queremos ser y no lo que los otros quieren que seamos. Esto parece complicado pero es simple.

Ejemplo: los otros quieren que escribamos sonetos líricos y acrósticos portugueses con nombres y apellidos.

Nosotros preferimos dejar al soneto en su cueva, con sus catorce cipreses importados, y cantar simplemente a la tierra brasileña. ¿No les gusta? Poco importa. Lo que importa, de verdad, es la gloria de *Verde,* la victoria de *Verde.* Que ya ganó terreno en las más cultas ciudades del país.

Nos consideramos la gran empresa, los únicos literatos que tienen el inaudito coraje de mantener una revista moderna en el Brasil, mientras el público de nuestra tierra, el respetable público, nos considera unos simples locos creadores de cosas absolutamente increíbles.

Es positivamente gracioso. Y para decir estas cosas es que lanza-

---

2 «Meia-Pataca»: antiguamente, moneda de plata. Acepción actual: insignificancia, niñería. Posteriormente, Guilhermino César y Francisco I. Peixoto, ambos signatarios del manifiesto, publicarán un libro de poemas con ese mismo título, *Meia-Pataca* (1928).

mos este manifiesto, que a pesar de ser tan dificultoso nada tiene de *manifiesto,* apenas un ligero rodeo alrededor de nuestra gente, y nuestro medio.

RESUMIENDO:

1) Trabajamos independientemente de cualquier otro grupo literario.

2) Tenemos perfectamente focalizada la línea divisoria que nos separa de los otros modernistas brasileños y extranjeros.

3) Nuestros procesos literarios son perfectamente definidos.

4) Somos objetivistas, aunque muy diversos unos de los otros.

5) No tenemos vinculación de ninguna especie con el estilo y el modo literario de otros círculos.

6) Queremos dejar bien remarcada nuestra independencia en el sentido «escolástico».

7) No damos la mínima importancia a la crítica de quienes no nos comprenden.

Y nada más.

HENRIQUE DE RESENDE, ASCÂNIO LOPES, ROSÁRIO FUSCO, GUILHERMINO CÉSAR, CHRISTÓPHORO FONTE-BOA, MARTINS MENDES, OSWALDO ABRILLA, CAMILLO SOARES y FRANCISCO I. PEIXOTO.

Revista de Antropofagia

La *Revista de Antropofagia* es, de lejos, el periódico más extremista de la vanguardia de los años 20. «Sin duda, la más revolucionaria de nuestro Modernismo», dice Augusto de Campos en su introducción a la edición facsimilar[1]. No es casualidad que haya aparecido al final de la década, como una especie de digestión crítica de las varias tendencias de la Semana del 22.

Dos fases o «denticiones» muy diferenciadas marcan la trayectoria de la *Revista de Antropofagia.* La primera, con diez números, se extiende de mayo de 1928 a febrero de 1929, con la dirección de Antonio de Alcântara Machado y la gerencia de Raul Bopp. Al primero pertenecen las presentaciones hechas en primera página,

---

[1] «Revistas re-vistas: os antropófagos», en *Revista de Antropofagia,* ed. facsimilar, San Pablo, Abril / Metal Leve, 1975, s/p.

como el texto «Abre-Alas» del número inaugural. Se advierte allí su adhesión a la antropofagia: «Nosotros éramos xifópagos. Casi llegamos a ser derodídimos. Hoy somos antropófagos.» El texto tiene un tono ciertamente virulento, que en la segunda dentición se acentuará, lo mismo que el rasgo humorístico, bastante ausente desde la época de *Klaxon*, y que será una característica de la revista.

La presencia de Oswald de Andrade es notoria, pues la revista refleja consistentemente el ideario antropofágico. El famoso Manifiesto Antropófago, publicado en el primer número, es la piedra fundamental del movimiento. Y así como el cristianismo inauguró una nueva era, la antropogafia funda su propio tiempo. El manifiesto está firmado por Oswald de Andrade y fechado el «Año 374 de la Deglución del Obispo Sardinha». «Festejar el día 11 de Octubre, el último día de América libre, pura, descolombizada, encantada y bravía», propone Oswald en el quinto número. La vertiente nacionalista es intensa y no se limita a los sucesos literarios. Hay una revisión del indianismo tradicional alencariano y un regreso a lo primitivo, distanciado, sin embargo, de los presupuestos europeizantes del *bon sauvage* rousseauniano. «La antropofagia no tiene nada que ver con el romanticismo indianista. Al indio hijo de María, al indio hermano del Santísimo, al indio degradado por la catequesis, del que nos habla Couto de Magalhães, oponemos el caníbal, que devoró el catecismo y le dijo a Hans Staden que no molestase, porque era sabroso. El indio desnudo», dice Oswaldo Costa, el mayor aliado ideológico de Oswald, presente con sus mordiscones durante las dos «denticiones» de la revista. Este regreso, llamado también «bajada antropofágica», presupone el paso del primitivo al bárbaro tecnificado: «Queremos al antropófago de knicker-bockers y no al indio de ópera.» Hay una búsqueda de los orígenes, sea a través de la lengua tupí («A língua Tupy» de Plínio Salgado), sea a través de los temas negros («Lundu do escravo» de Mário de Andrade, o el poema «Banzo» de Luis de Câmara Cascudo) o de la reseña hecha a *Poemas e Essa negra Fulô* de Jorge de Lima.

En la primera etapa, además de esos colaboradores, cuentan con la adhesión de Carlos Drummond de Andrade, Manuel Bandeira, poetas del grupo de Cataguases (Rosário Fusco, Ascânio Lopes y Guilhermino César), Yan de Almeida Prado, Menotti del Picchia, Murilo Mendes, Augusto Meyer, Pedro Nava, en fin, la flor y nata del modernismo. Comparada con la segunda «dentición», esa primera fase puede ser considerada, sin duda, como de «buen comportamiento»:

> La revista no fue una, fueron dos. La primera, en cuya supervisión se ocupaba Alcântara Machado, apareció con un carácter ecléctico, que, es innecesario decirlo, desagradó profundamente a algunos de nuestro grupo. Escapaba completamente a su finalidad esencial, exhibiendo artículos firmados por colaboradores de toda especie y matiz,

recuerda en una entrevista Oswald de Andrade[2].

La sección «Brasiliana» (muy semejante al «Parnaso satírico» de *Martín Fierro)* se compone de fragmentos cuyo efecto humorístico es inevitable al ser leídos fuera de su contexto original. Como dice Augusto de Campos en «Revistas re-vistas: os antropófagos»: «lo más representativo del espíritu irreverente de la Antropofagia en su fase más auténtica y agresiva, es la sección *Brasiliana,* que aparece en todos los números y donde se mezclan, a la manera de *sottisier* de Flaubert, noticias de periódicos, fragmentos de novelas, discursos, tarjetas de buenos augurios, anuncios, circulares, textos *ready made* que denuncian la amena polución de la imbecilidad a través del lenguaje cotidiano y convencional».

La segunda «dentición» se lanza el 17 de marzo de 1929, ocupando una página entera del *Diário de São Paulo,* y comprende quince números, de los cuales el último sale el 1.º de agosto de 1929. Lleva como subtítulo «órgano del club de antropofagia», tiene como «carnicero» a Geraldo Ferraz. La serie «Moquém»[3], firmada por Oswaldo Costa, se publica durante cuatro números y constituye la crítica mejor articulada al desarrollo del modernismo, en un intento de retomar la etapa heroica del 22. La página de periódico refleja el espíritu oswaldiano: un montaje de pensamientos que recuerda la técnica del *bricolage* y una agresividad donde se mezclan la crítica y la autoburla: «No hacemos política literaria. ¡Intriga, sí!», dice Freuderico, uno de los posibles pseudónimos de Oswald de Andrade.

Así como el Manifiesto de Antropofagia formula sus principios mediante sintéticos aforismos, la página de periódico también se presta para la fragmentación espacializada de las ideas. No hay una formulación lógica y lineal de la antropofagia, aunque el tema sea una constante en casi todos los números. Inclusive llegan a proponer el Primer Congreso de Antropofagia, en Rio de Janeiro: además de los participantes se enumeran las principales tesis, entre las

---

[2] Entrevista a Frederico Branco, *Correio Paulista,* 7/6/1953, reproducida en *Os dentes do dragão* (entrevistas), San Pablo, Globo, 1990, pág. 213.

[3] Moquém: parrilla, barbacoa. *[N. T.]*

cuales está el divorcio, la «maternidad consciente», la «impunidad del homicidio piadoso» y la nacionalización de la prensa.

Esta segunda etapa se caracterizará por la ferocidad e intromisión con los enemigos. Los principales blancos serán Mário de Andrade («nuestro Miss São Paulo traducido al masculino»), Menotti del Piccolo, Tristinho de Ataúde, el mismo Alcântara Machado que había dirigido la primera «dentición», Graça Aranha, Paulo Prado, Cassiano Ricardo y los verdeamarillistas, a quienes va dirigido el poema burla «Combinação de cores»[4]:

«Combinación de colores»

Verdamarelo	[Verdeamarillo
Dá azul?	¿Da azul?
Não: dá azar.	No: da mala suerte.]

No extraña en tal clima bélico, la carta de Carlos Drummond de Andrade donde el poeta comunica su renuncia al Club de Antropofagia. Por otro lado, éste cuenta con la presencia de Benjamin Péret, que contribuyó por el costado surrealista del movimiento. De él es el aforismo «Nem tudo que cresce é mole» [No todo lo que crece es blando]. También hay dos bellos poemas de Oswald, «sol» y «meditação no horto», así como la conocida «Canção do exílio» de Murilo Mendes. La incorporación del pasayo Piolín al Club le da una concreción arlequinesca al movimiento. Además de las contribuciones iconográficas de Di Cavalcanti, de Pagú y de la argentina María Clemencia, la revista promovió también la divulgación de la obra de Tarsila, en especial de su primera exposición en Río de Janeiro, con abundantes referencias a las exposiciones anteriores en París. Además, en el mismo manifiesto hay un dibujo de lo que más adelante vendría a ser el famoso «Abaporu».

Ninguna revista de vanguardia en toda América Latina se iguala con la *Revista de Antropofagia*. Sea por la originalidad de una filosofía revolucionaria, donde se imbrican el pensamiento de Marx con el de Freud y Breton, sea por la ferocidad oswaldiana de los ataques a sus contemporáneos.

---

[4] Esto provocaría rupturas irreversibles, como la ocurrida entre Oswald y Mário. Como dijo René Thiollier, contemporáneo de los dos Andrade, en *Episódios de minha vida* (San Pablo, Anhembi, 1956, pág. 121): «Oswald, por una ingeniosidad, no salvaba ni a su amigo más íntimo».

ABRE-ALAS*

Antonio de Alcântara Machado

Nosotros éramos xipófagos. Casi llegamos a ser derodídimos. Hoy somos antropófagos. Y así fue como llegamos a la perfección.

Cada cual con su tronco pero unidos por el hígado (lo que quiere decir por el odio) marchábamos en una sola dirección. Después hubo una revuelta. Y para hacer esa revuelta nos unimos todavía más. Entonces formamos un solo tronco. Después el estallido: cada uno de su lado. Nos volvimos caníbales.

Ahí descubrimos que nunca habíamos sido otra cosa. La generación actual se rascó: apareció el antropófago. El antropófago: nuestro padre, principio de todo.

No el indio. El indianismo para nosotros es un plato de mucha sustancia. Como cualquier otra escuela o movimiento. De ayer, de hoy y de mañana. De aquí y de afuera. El antropófago se come al indio y se come al llamado civilizado: sólo queda él lamiéndose los dedos. Dispuesto a engullirse a sus hermanos.

De tal modo, la experiencia moderna (antes: contra los otros; después: contra los otros y contra nosotros mismos) terminó despertando en cada comensal el apetito de meter el garfio en el vecino. Ya comenzó la cordial masticación.

Aquí se procesará la mortandad (ese carnaval). Todas las oposiciones se enfrentarán. Hasta 1923 había aliados que eran enemigos. Hoy hay enemigos que son aliados. La diferencia es enorme. Milagros del canibalismo.

Al fin sobrará un Hans Staden. Ese Hans Staden contará aquello de lo que huyó y con sus dados se hará el arte próximo futuro.

Es pues aconsejando las mayores precauciones que presento ante el gentío de esta tierra y de todas las tierras a la libérrima *Revista de Antropofagia*.

Y gruño.

Amigos: pueden ir poniendo el caldo a hervir.

---

* Publicado en *Revista de antropofagia* 1 (mayo, 1929), pág. 1. Edición facsimilar 1975.

Arco & Flexa

Así como las revistas *Era Nova* (1921-1925) de Paraíba, *A Revista* (1925-1926) de Belo Horizonte y *Verde* (1927-1929) de Cataguases, los tres números de *Arco & Flexa,* publicados en Bahía entre 1928 y 1929, demuestran una vez más que el modernismo brasileño no se limitó al eje São Paulo/Río. En su primer número, *Arco & Flexa* se define como «la primera revista filiada al movimiento moderno que se publica en Bahía»[1]. Esta revista, que tiene el mérito de representar al movimiento moderno en Bahía, apareció en la etapa final del modernismo. Sin embargo, casi todo su material es de fuerte tendencia simbolista, aproximándose más al grupo carioca de *Festa* que a las otras manifestaciones de vanguardia de la época. Su título no pretende ser una respuesta al movimiento antropofágico, del que discordaba, ni tendía a una revisión del indianismo. Hay en la elección algo de «folquelórico» (tomando prestado el título de una de las secciones de la revista, las «notas folquelóricas»), que se justifica por el intento de afirmación de una identidad brasileña.

Arco & Flexa presenta una primorosa diagramación, en la cual predomina el rasgo *art déco,* especialmente en las tapas y viñetas. Aunque su director sea Pinto de Aguiar, el ideólogo de la revista es Carlos Chiacchio, quien firma los artículos introductorios de los tres números. «Tradicionalismo dinâmico» es el primero de esos artículos y tiene carácter programático. La afirmación de brasilidad se concreta a través de una semántica indianista en oposición a la europea: «El hombre americano es el taparrabos. El hombre europeo es la máscara. Las cambiamos. Como era necesario cambiarlas. Pero en el verdadero americanismo permanece el taparrabos, el arco y la flecha. Y no la máscara, el florete y los guantes [...] viva nuestro taparrabos, nuestro arco, nuestra flecha...» Se advierte en el texto el repudio al primitivismo antropofágico paulista: «Lo que no puede comprenderse es esa vuelta al primitivismo integral, sin respeto por la tradición adquirida [...] ese primitivismo cerebral de los intoxicados de Freud, Lévy-Bruhl, Blondel, y otros estudiosos de la mentalidad rudimentaria de los salvajes [...]» También hay un rechazo tardío al futurismo marinettiano, a pesar del título del artículo: «Nunca primitivismos antropofágicos, ni dinamismos violentos. ¡Darles flechazos!»

---

[1] *Arco & Flexa,* ed. facsimilar, Salvador, Fundação Cultural do Estado da Bahía, 1978.

A pesar de que esta introducción de Chiacchio está repleta de afirmaciones agresivas, *Arco & Flexa* se caracteriza por una mayoría de poemas de tendencia romántico-simbolista. Las pocas excepciones pertenecen a la poesía de Chiacchio, como el extenso poema «Evoé. Motivos de carnaval», cuyos versos libres y temas arlequinescos recuerdan *A escrava que não é Isaura* de Mário de Andrade. El poema hasta llega a incluir reflexiones metalingüísticas: «Hoje, o poeta é instantâneo / E não rima» [Hoy, el poeta es instantáneo / Y no rima.], o expresiones de cuño marinettiano: «A turba, elástica, moderna, futurista.» También se advierte influencia de Mário en «Noturno bahiano» de Eurico Alves, publicado en el primer número, quizá inspirado en el conocido «Noturno de Belo Horizonte» (publicado dos años antes en la revista *Estética)*.

En el último número de *Arco & Flexa,* en nota al pie originalmente escrita para el periódico *O Globo,* el simbolista Néstor Vítor hace una certera evaluación de la revista comparándola con otras: «Una cosa es común a Chiacchio, a los "totalitarios" de *Festa* y a los principios "antropófagos" del primitivismo: es la preocupación predominantemente nacionalista que todos ellos trasuntan.»

TRADICIONALISMO DINÁMICO*

CARLOS CHIACCHIO

Cultura universalista

No hay pueblo sin tradición. El mismo sentido de vivir es una tradición. Si vivir es continuar, es permanecer, es transmitir, en la tradición queda circunscrita la vida. La vida nacional de cada pueblo en la vida universal de cada época. En cuanto a nosotros, no sé cómo desconocer una tradición, una vida, una continuidad. Bellos o feos, buenos o malos, tristes o alegres, los orígenes de nuestra tradición, resultante somática de tres razas unidas en el instante en que crecían hacia el ansia de inmortalidad, no deben ser repudiados en nombre de otras probabilidades de belleza, que pueden existir, como existen para otros pueblos, pero, para nosotros, no tienen asidero porque serían contrarias a las leyes de nuestro desarrollo histórico. Se siente que la resistencia a las invasiones culturales en sus variadas modalidades es propia de

---

* Publicado en *Arco & Flexa* 1 (noviembre, 1928), págs. 3-8. Edición facsimilar 1978.

nuestro genio, radicalmente misoneísta. Es un error de las élites del pasado que heredamos, por intereses circunstanciales y para la conservación de sus prestigios, ese preconcepto contra las ideas nuevas, generales, extrañas. Pero la tradición que para el caso se tendrá que sacrificar, es la tradición del vasallaje a un único criterio de cultura. La cultura de los señores al revés de la moral de los esclavos. La cultura prepotente, conservadora, estática, en cuya inercia se fundó el permanente predominio de los que poseían el mando, el saber, la fuerza. Probado el fruto redentor de la independencia, esa tradición desapareció con las adquisiciones de la cultura moderna, periodo efervescente de la libertad de los espíritus, época victoriosa de la crítica, firmante, de facto, de nuestros primeros hechos valederos en el pensamiento, en el arte, en la ciencia.

Tobías Barreto fue quien atacó los datos clásicos de la cultura brasileña y abrió el camino a las generalidades de la cultura europea. Ya no bastaba la importación portuguesa, la española, la francesa, la italiana, la inglesa; era necesaria la alemana. Y no por eso se extinguió el espíritu tradicionalista que hasta hoy se manifiesta y se va acentuando cada día más. Creo, con Maurice Barrès, que el universalismo de la cultura no perjudica el sentido inmanente de la tradición regional. Antes bien lo tonifica, mejora y confirma. La cuestión es que no lo perdamos de vista, ni dejemos de conciliarlo en nuestras mínimas acciones de hombres emancipados. La cultura universalista refina la sensibilidad local. El hombre americano es el taparrabo. El hombre europeo es la máscara. Los intercambios. Porque era necesario intercambiarlos. Pero el verdadero americanismo conserva taparrabo, arco y flecha. Y no máscara, florete y guantes... Es imposible ocultar el estado latente de duelo entre las razas. Las de América tienen más unidad que las de Europa. Europa es una especie de enorme India, difícil de armonizar, como dijo Tagore, debido a la multiplicidad de razas. Puede verse que las teorías pacifistas de los *salvajes* de América triunfan entre los civilizados de Europa. Ayer, Wilson. Hoy, Kellogg. Viva nuestro taparrabo, nuestro arco, nuestra flecha...

Sin perder el contacto con la tierra

Actualmente, todos los credos literarios, filosóficos o científicos de todos los pueblos del globo son conocidos, agitados y discutidos entre nosotros. Tenemos inteligencias de todos los moldes, en todas las ramas del conocimiento. Los más recientes descubrimientos del espíritu humano son entre nosotros vulgarizados, repetidos, analizados. Hay una democratización generalizada del saber. El talento dejó de ser aristocrático. Las academias están abiertas a todos los aspirantes. Sin embargo, tal deslumbramiento lleva al delirio de la imitación, no como medio de cultura de las cualidades nativas, sin prejuicios, sino como intento de sustituir, hasta la copia servil, el valor de los modelos. La ciencia como hinchazón. De esa vanidad viene el error colectivo del desarraigo. No nos limitamos a imitar el presente de Europa. Queremos la muerte del pasado de América. No nos ceñimos a seleccionar las tradiciones. Queremos repudiarlas a todas. Es el desarraigo de la raza. Es la descaracterización brasileña. Es el aniquilamiento de cuatro siglos de esfuerzos. Es la muerte del Brasil. El taparrabo nos avergüenza. Y adoptamos la máscara. El arco y la flecha nos empequeñecen. Y hacemos ostentación del florete y los guantes. Simulación. Hipocresía. Falsedad.

Tradición, tradiciones

El tema de que no tenemos una literatura puede ser legítimo. Lo aceptamos. Pero en ese mismo estado viven nuestros pueblos vecinos. También ellos se esfuerzan por tener una literatura. Pero la diferencia que nos humilla, que nos degrada, que nos deprime, que nos arrastra, es que entre ellos hormiguea el velo secreto de la tradición, mientras que entre nosotros existe el esfuerzo de desviarla, hasta de apagarla, bajo las patas brutales de flamantes modernidades. El espíritu brasileño, al alumbrarse con las varias culturas del mundo, parece desarrollar la voluptuosidad del brillo efímero. Florece como las luces vanas de las sierras, sin persistencia en su claridad, sin continuidad de vuelo.

Hay una trepidación en su aleteo que surge feliz, claro, altanero y enseguida se abate, lánguido, adormecido. Nuestros talentos, para no gongorizar el término fácil de genio, no duran en el escenario, sea de las ciencias de las artes o de las letras. Brillan. Relampaguean. Fosforecen. Producen un hecho notable en cualquier materia, con cualquier obra, y reposan, precozmente maduros a la sombra de ese primer laurel adquirido, cuando no arrastran por la sombra eterna de la promesa esos valores inéditos y presumidos por lo reiterado del reclamo, del cual, a veces, no pasan nunca. Destellos de llamas fugaces.

Estudios serios, trabajos de aliento no son para la mentalidad brasileña, positivamente más lírica y demagógica que organizadora y constructiva. Lo fútil nos asombra, nos seduce, nos fascina, y al mismo tiempo nos engaña, nos deshace, nos entorpece. No damos un paso más allá del libro de estampas, de la colección de anécdotas, historietas, fabularios, y cada tanto, la novelita coloreada de efectos, con variaciones humorísticas por la crítica aguachenta de compadrazgo, sin las grandes construcciones a lo Silvio Romero, José de Alencar y Olavo Bilac. Estos son pasatistas, aquellos futuristas. Hay en el medio algunos que mantienen el criterio tradicional del estudio de nuestras cosas y de nuestros hombres. Pero, recelosos de ser debilitados por la presión del ambiente que va siendo invadido por la maleza inmediatista y replicadora, se refugian en la oscuridad.

La vida cotidiana en el Brasil es más trágica de lo que podría parecerle a Maeterlinck. Ahoga el espíritu. Asfixia el mérito. Extingue el valor. Si algo hay que hacer en pro de esas vocaciones que en otros países tendrían apoyo favorable para su pleno crecimiento, es arrancarles de las manos esas flores de papel que se agitan en los torneos de la inteligencia y llamarles la atención sobre las flores de la sinceridad que viven de las raíces que hincan sus tentáculos en el humus de la tierra madre. El árbol puede ser bello con el donaire de la artificiosidad de las corolas prestadas. Pero el perfume natural tiene mayor salud, si no tiene más belleza. Quizá nuestra belleza no sea más que esta, quiero decir, apenas la de la tradición nativa, única, subterránea, como sustrato del suelo y de la raza. No nos perdamos en abstracciones sociológicas, tan del gusto impostado de ciertos propugnadores de una ilusoria confraternidad continental. Ya vimos que en ese terreno no pasamos del abecé de las aproximaciones sudamericanas. Nuestros *chiffons de papier* se rasgarían más rápido que los de Bethmann Hollweg.

Que podamos realizar, si no un panamericanismo, al menos un mundonovismo, que se caracterizaría en nuestras literaturas, ya logrado en parte en las de corte hispanoamericano, por la continuidad de la tradición dinámica, es un hecho innegable. Este dinamismo de la tradición no es una fantasía. Basta considerar el espasmo de los impulsos hereditarios que se anulan o fructifican aparejados con los accidentes de la evolución de los tipos, del punto de vista individual, tanto como del social, formando cadenas de raza, para comprender que hay tradiciones que deben caer como escorias en los desgastes de la vida orgánica, y tradiciones que deben continuar como elementos de consolidación mayor de la unidad total. Unas son estáticas, retrógradas, quietas. No fructifican más. Otras son dinámicas, vivas, libérrimas. Valen siempre. Son tradiciones estáticas las tendencias misoneístas. Actualmente insostenibles. Son las tradiciones dinámicas, las tendencias modernistas, las únicas dignas de fe. Hay que distinguir. Sin perder el estímulo exacto de la actuación constante. El estatismo puede sufrir la transformación del movimientismo. Es el aprovechamiento de la energía hereditaria del pasado en la mejor de sus características. No otra cosa están haciendo las nuevas generaciones del Uruguay cuando le erigen monumentos a su Gaucho. Por los mismos motivos los mexicanos veneran a sus aztecas, al punto de desparramar sus efigies de bronce por las tierras del Brasil[1]. Toda América se busca a sí misma.

---

[1] Referencia a la estatua de Cuahtemoc, donada por la Delegación Mexicana al

Pero nosotros rechazamos los monumentos de nuestra raza. Nos avergonzamos del taparrabo, del arco y de la flecha, porque nos fascinan la máscara, el florete y los guantes.

Contra el primitivismo

Lo que no se puede comprender es esa vuelta al primitivismo integral, sin respeto por la tradición adquirida. No somos más los tres salvajes de los tres continentes que luchamos en esas selvas, entre el silbido de las flechas, el estrépito de los mosquetes y los alaridos de las masas. De esas luchas quedan el espíritu de intrepidez, la voluntad de aventura, el arrojo libertario. Bien entendido el concepto de tradición, está claro, queremos el nexo de la continuidad, sin el cual no habría tradición renovada, creadora, militante, ni tendríamos nada. Situar el pasado, en el criterio de Alomar, no puede ser otra cosa que disociarlo en sus corrientes evolutivas, comprendidas en ese estatismo y en ese dinamismo de la tradición, como término general de cuanto se transmite desde el ayer al hoy y del hoy al mañana. Esa disociación debe practicarse por selección de los mejores, que no compete a los exclusivismos individualistas sino al espíritu colectivo sobre el cual ella actúa. Y no responde al rigor de un puntero de reloj que le señale la hora con músicas de juergas reformistas. Ese primitivismo puramente cerebral de los intoxicados por Freud, Lévy-Bruhl, Blondel y otros estudiosos de la mentalidad rudimentaria de los salvajes; ese infantilismo de imitación dadaísta de los lectores de los tests de Claparede, Luquet, John Dewey y otros investigadores del alma ingenuamente bella de los niños, nos pueden caracterizar tanto como a cualesquiera de los pueblos primitivos, donde los encontremos. Pero lo que nos caracteriza es la vida de tropiezos a través de la historia que hemos vivido. Ese retroceso, sin embargo, no es inútil. Hasta cierto punto denota la intuición del tiempo, que lo transfiguró, sereno, tenaz, implacable. El hecho esencial de nuestros orígenes. Todavía se marca nuestra hora mental por el huso universalista de la cultura moderna. Pero sin forcejear en la flexibilidad de lo mostrado que puede convertir el momento en loca disparada. Esperemos ese momento magnífico en que un genio venga a deshacer o rehacer todas nuestras previsiones, y a firmar, como en todas las literaturas, los rumbos decisivos de nuestro destino...

Brasil en 1922, en ocasión de las conmemoraciones en Río de Janeiro del Centenario de la Independencia.

Mientras tanto, seamos arco y flecha, es decir, seamos Brasil. El sentido esencial del Brasil. En todo. Desde las letras aprendidas en la escuela. Pero no tener rechazos, no hacer escuelas en las letras. Adoptar una orientación, pues sólo no la tienen los imbéciles sin tino. Una orientación independiente, libre, amplia. Sin patronos, sin apoyos, sin servidumbres. Disciplina de la que depende la fuerza del arco de Ulises. Armonía de la que depende el argumento de la flecha de Zenón. No es el arco y flecha de la Grecia inevitable. Es la intención sutil del tradicionalismo dinámico brasileño. Ulises evolucionado de la traza de un bororó. Ambos salvajes. Y ambos afilados, indómitos, agudos. Zenón perfeccionado de la testarudez de un tapuia. El arco y la flecha se permutan en la acción y en el verbo. Intensidad. Vibración. Dureza.

Nunca primitivismos antropofágicos, ni dinamismos desenfrenados. Flexibilidad. No queremos correr crudamente con el pasado. No debemos destrozar las razas del presente. Nada de violencia ni clarinadas. El sentido de la medida. El criterio de la selección. El gusto de lo mejor. Arco-y-flecha es la forma de la *aurea proportio* de Zeising. Siendo aparentemente el instrumento rudo de la defensa salvaje no deja de tener el mérito de una curvatura hermosa. Y simple. La más simple de las armas. La única que se empluma, para volar. La única que se adorna, para herir. La única que se eleva, para caer. La única, en fin, que puede trazar la parábola de un sonido, sin el auxilio de la balística tan complicada. Las restantes armas ultramodernas son realmente poderosas, complejas, variadas. Un mundo de cilindros y tornillos, de cálculos y miras. Fáciles. Cómodas. Portátiles. Pero volubles, precarias, traicioneras. Arco-y-flecha es la mirada desnuda de artificios. Desnudez de golpe altivo. Directo como un rayo de sol de los trópicos. Inmenso como la curva de la tierra brasileña. Como puede vehiculizar el veneno también puede inocular el perfume. Tiene el virus de las hojas y la resina de los troncos. Pule la punta de las piedras. Viste la pluma de las aves. Arco-y-flecha, un simple título. Simple anotación tradicionalista. En el mejor sentido de lo que inquieta, de la brasilidad, de la juventud. Dinamismo controlado. No se concibe un arco-y-flecha sin la idea de un pulso que lo tensa. Enflechemos nuestro arco sin alusiones a Perí. No es el indianismo, o neoindianismo de las clasificaciones apuradas. De las actitudes, el sentido profundo. El mejor sentido de la vigilancia de Perí al pie de su amada inmóvil contra la audacia de los aventureros. La tierra duerme. Firme el flechazo certero, la mano que se atreve a tocar el seno. La tierra es la «bella durmiente» de los bosques de Alencar. Los aventureros continúan sus expediciones hacia el norte, hacia el sur, hacia el centro, enmascarados de ciencia que planea en las alas de los aviones y ruge en la boca de las ametralladoras. Van en busca de ciudades muertas, especies, minas, fibras, surcos, sueros y tóxicos. Obtendremos nombres en los tratados. Y quedaremos sin nuestras riquezas. No importa. Los jóvenes la quieren despertar, para vivir, luchar, progresar. Por sí misma. Arco-y-flecha es signo de independencia, libertad, autonomía. En el gesto y en el ritmo. En el pensamiento y en el arte. En el carácter y en el corazón. Memoria de la patria verde, virgen, vibrante. Sin demagogia, sin énfasis. Sin artificiosidad, sin retórica. Espontánea, natural, sincera. Arco de cielo, flecha de sol. Más hermosa que la rama de café, más verdadera que la hoja de tabaco, más flexible que la caña. No es todo el Brasil. Pero es un pedazo del Brasil con la simplicidad geométrica de un símbolo.

Leite Criôlo

Leite Criôlo se diferencia del resto de las publicaciones modernistas porque es la única que tiene al negro como temática central. Su tono acentuadamente nacionalista y anticosmopolita indica que los participantes de *Leite Criôlo* abordan esa temática bajo la influencia del pensamiento de Nina Rodrigues o de Paulo Prado, y no de los movimientos extranjeros como el Harlem Renaissance, o de la estética negrista de la vanguardia parisiense. Es una preocupación genuina y precursora, consecuente de un contexto específicamente brasileño. Antonio Sérgio Bueno, que dedicó gran parte de un libro al estudio de esta revista, dice que: «*Leite Criôlo* rompió el silencio en torno al negro dentro del Modernismo y anticipó varios datos para la reflexión que la inteligencia nacional emprendería a partir de 1930, sobre la presencia negra en la vida y la cultura brasileñas»[1].

Como suplemento del diario *Estado de Minas,* se publicaron dieciséis números de la revista, del 2 de junio al 29 de septiembre de 1929. Sólo el primero, del 13 de mayo de 1929 (fecha en que se conmemora la abolición de la esclavitud), apareció en formato de pequeño tabloide (20 cm x 15 cm). La primera página reproduce editoriales de sus tres directores: Guilhermino César, Achiles Vivacqua y João Dornas Filho.

El texto de João Dornas Filho, «Fora o malandro!» es un buen ejemplo del polémico carácter de *Leite Criôlo*. Así como el movimiento antropófago había elegido al jabotí como su tótem y los

---

[1] *O modernismo em Belo Horizonte: década de vinte,* Belo Horizonte, UFMG/PROED, 1982, pág. 105. Agradezco a Antonio Sérgio Bueno haberme permitido el acceso a su rara colección de *Leite Criôlo.*

verde-amarillistas al anta, *Leite Criôlo* identificó al negro con el «vira-bosta» (tordo), pájaro negro conocido por poner sus huevos en el nido del tico-tico (gorrión), que, inadvertidamente, le atiende la cría. «*Vira-bosta* es el criollismo», dice João Dornas Filho, él mismo mulato. Con semejante afirmación refrenda el mito de la «pereza secular del carácter brasileño».

El editorial de Guilhermino César «Leite Criôlo» también es responsable por la difusión de ciertos mitos asociados a la raza negra. La frase primera: «todos nosotros mamamos en aquellos pechos llenos de vida» confirma el mito de la madre negra como ejemplo de fertilidad, cuando la verdad es exactamente inversa: actualmente se sabe que, entre los esclavos, el índice de natalidad era de los más bajos. Otro de los mitos propagados por el editorial de Guilhermino César es el de la tristeza innata: «[...] en vez de alegría lo que nos pegó fue la tristeza pensativa que no trata de mejorar». El pensamiento de Guilhermino César se inspira en *Retrato do Brasil,* publicado el año anterior a *Leite Criôlo* y que, además de insistir sobre la tristeza innata del brasileño, considera nocivo el carácter de la raza negra y propone el mestizaje como «solución» del problema negro.

Este argumento, sin duda, es opuesto al programa de un modernismo alegre, como el de *Klaxon* («Operación quirúrgica. Extirpación de las glándulas lacrimales. Era de los 8 Batutas, del Jazz-Band, de Chicharrón, de Carlitos, de Mutt & Jeff»), o de la antropofagia («la alegría es la prueba de fuego»). *Leite Criôlo* es considerada actualmente como una revista pionera en el contexto del modernismo, por tratar en forma exclusiva la temática negra, aunque sea absolutamente inmadura, por no decir racista, la manera como encara y discute la cuestión.

LECHE CRIOLLA*

Guilhermino César

Todos nosotros mamamos en aquellos pechos llenos de vida y arruinados de sensibilidad. En lugar de alegría lo que nos pegó fue la tristeza pensativa que no trata de mejorar. Hasta ahora no tuvimos la criva de cuanta cosa hecha nos ablanda la gana de responder a la tierra. Y le grita por nosotros como el padre que quiere ver al hijo, un pedazo de su qué, de su hechura, y no lo encuentra, poseído por la más linda

---

* Publicado en *Leite Criôlo* 1 (mayo, 1929), pág. 1

gana de encontrarlo. Envejecemos por obra de lo que fue juntado al cuerpo. Lleno de buena voluntad, pero sin fuerzas pa' gastar.

Una vez un sujeto llamado Richet gritó allá en Francia que el negro sólo sirve pa' dos cosas en el mundo: «fabricar» urea y gas carbónico. Al brasileño el negro le dio más que eso. Y justamente eso de más es lo que nosotros no queremos de él.

¿Qué fue? ¿Qué no fue? Uno debe elegir. Tirar lejos la causa de estar en ese peligro. Y después agarrar lo que sirve.

Vamos a sacar la nata. La manteca rica es el habla que tienen que nos gusta tanto. Nos gusta tanto como si fuese un regalo medio forzado de su trabajo. Pero no todo despotismo presente se echa en la sala pal gozo de las visitas. Algunos van pal fondo de la maleta.

Querer a todos ha sido una enorme falta nuestra.

¡AFUERA LOS VAGOS!*

João Dornas Filho

La ornitología tiene un pájaro que fue creado para ser nuestro espejo. O para ser un ejemplo. Es el tordo.

El sinvergüenza pone los huevos en el nido del gorrión, porque le da pereza hacer el suyo. Y el gorrión, brasileño, de balde, empolla los huevos, cría a los criollitos[1] del atorrante que hasta tiene pereza de conseguir alimentos, como su nombre lo indica.

Y los críos negros, de pico elástico y enorme, hambrientos como la peste, no dan un momento de tranquilidad al ingenuo y burro gorrión.

Cuando crecen, de nuevo van a echar los huevos en el nido del infeliz que les cría la prole para nuevos tormentos.

El tordo es el criollismo. Es la pereza secular del carácter brasileño. Es la superstición que resuena oblonga e interminable como un tambor en el alma enginebrada del Brasil.

¡Afuera los vagos! ¡Guau!

---

* Publicado en *Leite Criôlo* 1 (mayo, 1929), pág. 1
[1] «Criollo» en Brasil tiene las mismas connotaciones que negro.

O Homem do Povo

O Homem do Povo (1931) es la última de las revistas de vanguardia de los años 20 y se caracteriza por un total compromiso con la revolución proletaria. La intención de ser una revista del pueblo y para el pueblo aparece de inmediato en la forma anónima que figura en todos los encabezados, al lado del título: «dirección del hombre del pueblo». Los verdaderos responsables, sin embargo, eran Oswald de Andrade y Patricia Galvão (Pagú). La revista sobrevive durante ocho números, en el brevísimo periodo que va del 28 de marzo hasta el 13 de abril de 1931.

El formato grande (48 cm x 34 cm) y los títulos con letras *art déco* vinculan la publicación con la tradición formal vanguardista. El carácter comprometido y polémico ya aparece en el texto de apertura, «Ordem e progresso» firmado por Oswald de Andrade. Se advierte en él la continuidad de la intención revolucionaria inaugurada con la antropofagia, en la cual el hombre tecnificado pasa a luchar contra la explotación del hombre por el hombre. «Nos situamos con una inmensa y clara simpatía por las reivindicaciones de nuestra gente explotada», dice Oswald en esa nueva etapa.

Esa época de militancia política coincide con el momento en que Oswald y Pagú se afilian al Partido Comunista, fundado en 1922. En un bello trabajo de rescate periodístico, Augusto de Campos coloca «el *engagement* oswaldiano más bajo la óptica de la anarquía que de una disciplinada religión de Estado»[1]. Además, el mismo Oswald parece tener plena conciencia de su vertiente anarquista. En *Serafim Ponte Grande,* concluido en 1928, pero prologado y fechado en 1933, dice que «de mi fundamental anarquismo extraía siempre una fuente sana, el sarcasmo». En ese mismo prólogo, Oswald entierra su pasado burgués, declarando que su novela es una «necrológica de la burguesía. Epitafio de lo que fui» y asume «ser, por lo menos, soldado raso de la Revolución Proletaria»[2]. Uno de los instrumentos destinados a la divulgación de ese mensaje revolucionario es *O Homem do Povo.* Pero, como bien observa Augusto de Campos, «paradojalmente, el pueblo no lee *O Homem*

---

[1] «Notícia impopular de *O Homem do Povo»,* en *O Homen do Povo,* ed. facsimilar, 2.ª ed., San Pablo, Imprensa Oficial do Estado / Arquivo do Estado, 1985, pág. 9.

[2] *Serafim Ponte Grande,* 4.ª ed., Río de Janeiro, Civilização Brasileira, 1975, págs. 131-133.

do Povo». En contraste con la tradicional gravedad del Partido, Oswald no pierde el humor, incluso en las denuncias contra la explotación internacional de las materias primas: «De un país que posee la mayor reserva de hierro y el más alto potencial hidráulico, hicieron un país de postre. Café, dulces, cigarros y bananas. ¡Que nos sobren por lo menos las bananas!»[3].

Más de cincuenta años después, sorprende la actualidad de las posiciones de *O Homem do Povo* contra la acción de las multinacionales, el envío de ganancias al exterior, la usura, el elitismo educativo, la impunidad, la injusta distribución de la renta y el fascismo de Mussolini, de Hitler y del grupo verdeamarillista en el Brasil; y a favor del sindicalismo y de mayores impuestos a la riqueza. En su política de denuncia, *O Homem do Povo* se destaca como una voz contra las instituciones represivas, como la iglesia y la policía, así también contra la corrupción generalizada. La revista llegó a promover un concurso que se extendió por varios números, para descubrir «al mayor bandido vivo del Brasil».

La marca de Pagú se hace sentir en el periódico, especialmente en la sección «A mulher do povo», firmada por ella. Es un espacio para las reivindicaciones y denuncias con tónica feminista. Por ejemplo, la defensa de la limitación de la natalidad en la clase obrera; el debate contra las feministas de élite y hasta un llamado para la creación de una moda brasileña. Una serie de historietas, *Malakabeça, Fanika e Kabelluda,* también es responsabilidad de Pagú, que ya había sacado algunas ilustraciones en la *Revista de Antropofagia.* Ese mismo año 1931, Pagú redactó *Parque industrial. Romance proletário,* que sería publicado en 1933 con el pseudónimo de Marta Lobo[4]. Recuperada por la crítica de los años 70 y 80, Pagú fue llamada por Carlos Drummond de Andrade «musa trágica de la Revolución». Según Geraldo Ferraz, ella fue «la primera mujer llevada presa en el Brasil en la lucha revolucionaria ideológica»[5].

---

[3] Momentos irremediablemente oswaldianos, de un dadaísmo que poco o nada tiene que ver con los presupuestos de la revolución proletaria, aparecen en la sección «correspondência» del último número: de «O. D. P. — No tuvimos tiempo de examinarlo» o de «Rodolfo P. de Andrade: Vamos a examinarlo el próximo número». Esa misma falta de compromiso aparece en la sección de variedades «Palco, tela e picadeiro», cuyo «director de cena: Piolín» hace recordar que la inclusión de ese payaso parece más una herencia de la antropofagia arlequinesca que una alianza ideológica según las propuestas teóricas del periódico.

[4] Hay edición facsimilar, con presentación de Geraldo Galvão Ferraz, San Pablo, Alternativa, 1981.

[5] La circulación actual de Pagú se debe a Augusto de Campos. Ver la revista *Através* 2 (1978) y, en especial, Augusto de Campos, *Pagu. Vida-Obra,* San Pablo, Brasiliense, 1982. Las dos citas, de Carlos Drummond de Andrade y de Geraldo Ferraz, aparecen en *Pagu. Vida-Obra,* págs. 262 y 264.

O Homem do Povo tiene un cierre tragicómico. El provocativo editorial «Isto aquí é Coimbra?» del último número, firmado por Oswald de Andrade, genera un gran alboroto entre los estudiantes de la Facultad de Derecho quienes organizaron una manifestación contra el periódico y lograron su empastelamiento. Vale la pena reproducir una nota periodística de la época:[6]

> De pronto, y sin que nadie lo esperase, apareció ante la puerta del edificio la compañera de Oswald de Andrade, Patricia Thiers Galvão, más conocida por «Pagú». Estaba armada con un revólver con el que hizo dos disparos en dirección a los estudiantes. La indignación no tuvo límites y los militares apostados ante la puerta tuvieron enorme trabajo para salvar a Patricia Thiers Galvão de las manos de los estudiantes. Detrás de ella apareció el señor Oswald de Andrade, que se dedicó a darles violentos puntapiés a los estudiantes.

Tal cierre fue coherente con el espíritu contestatario de Pagú (que le costaría posteriormente dolorosos años en prisiones) y también con el anarquismo innato de Oswald. El interés literario de *O Homem do Povo* es mínimo, pero el periódico representa un divisor de aguas en las revistas brasileñas de la época. Con ella se entra en la etapa comprometida de los años 30, contraria al cosmopolitismo y experimentalismo formal y lejos de un nacionalismo cultural libre de compromisos partidistas.

ORDEN Y PROGRESO*

Oswald de Andrade

No tenemos generales ni profetas. Somos la opinión libre, pero bien informada.

Nos sabemos situar en el espacio-tiempo.

Sabemos que existe en São Paulo una corriente separatista que prefiere la ocupación extranjera a la evolución del Brasil en la dirección del estallido del mundo por la guerra y por la revolución social[1].

---

[6] *O Homem do Povo*, ed. facsimilar, 2.ª ed., San Pablo, Imprensa Oficial do Estado / Arquivo do Estado, 1985, pág. 15.

* Publicado en *O Homem do Povo* 1 (marzo, 1931), pág. 1. Edición facsimilar 1985.

[1] Alusión de Oswald de Andrade a la corriente oligárquica paulista que pretendía la independencia de San Pablo del resto del país. Estos grupos se van a acentuar con el advenimiento de la República. Consultar, de Alberto Salles, *A pátria paulista*.

Sabemos que en las fronteras del sur existe un gran jefe capaz de crear una aventura de carácter romántico popular[2].

Sabemos que el partido comunista, auxiliado por los hechos, prepara a las masas de los talleres y de los campos, mientras la resistencia Kulak[3] se forma en la insolvencia natural de los latifundios. En este sector el determinismo histórico se biparte y enfrenta.

Sabemos que hay místicos estómagos vacíos en el Nordeste, trabajadores al Sur, indiferentes al Oeste, cañones imperialistas en nuestro mar.

Sabemos que existe el ala zurda en el mundo y aquí. En ella se insertan los que, creyendo ser de izquierda, no pasan de derechistas confusos.

Entre unos y otros nos situamos con una inmensa y clara simpatía por las reivindicaciones de nuestra gente explotada.

Nuestro programa es simple —basta encontrarlo en nuestra bandera. Dar vida, fuerza y sentido a un lema que hasta ayer parecía vacío e irónico: ORDEN Y PROGRESO. ¡Milagro de las ideas llamadas subversivas!

Queremos la revolución nacional como etapa de armonía planetaria que nos promete la era de la máquina.

Contra los grandes trusts parasitarios que viven de nuestro baño turco de pueblo labrador. Queremos la revolución técnica y, por lo tanto, la eficacia americana. Admiramos a la Rusia actual, pues desordenados aún, tenemos que respetar las casas con escritura. Combatiremos al lado de la racionalización económica y contra la cabra ciega de la producción capitalista. Orden económico, progreso técnico y social. En 1923, Rusia tiene un déficit de cerca de seis millones de rublos en su metalurgia, mientras prosperaban asombrosamente las brasseries y los pequeños bares. En cualquier país capitalista, orientado por las fuerzas ciegas del mercado y por la ganancia anárquica de la oferta y la demanda, los bares habrían prosperado como aquí el café bajo la industriosa vigilancia de los señores Lazard Brothers y habría perecido la metalurgia.

Pero en la Patria de Lenin se dio lo contrario. Nunca hubo superproducción de casas de comida, y la metalurgia que al principio fue subsidiada, centraliza hoy los maravillosos resultados del plan quinquenal.

---

[2] Referencia a Luis Carlos Prestes (1898-1990), ex dirigente del Partido Comunista brasileño. Prestes lideró la famosa columna que llevó su nombre. En una rebelión contra las oligarquías de la República Vieja, él recorrió 25.000 kilómetros del Brasil, entre 1924 1927. El año de publicación de *OHomem do Povo*, Prestes haría su primer viaje a la URSS.

[3] Kulak: camada rica del campesinato ruso, anterior a la revolución de 1917.

Aquí, los capitales extranjeros deformaron extrañamente la economía.

De un país que posee la mayor reserva de hierro y el más alto potencial hidráulico, hicieron un país de postre. Café, azúcar, tabaco, bananas.

¡Que nos sobren por lo menos las bananas!

Los capitales extranjeros compraron nuestras caídas de agua y crearon un sórdido y blando urbanismo colonial que pasó a ser lo que ellos querían, uno de los mejores mercados para sus productos y baratijas.

Siendo así, el oro entra por el café y sale por el escape de los automóviles. Gastamos trescientos mil contos por año en neumáticos, gasolina o cosas parecidas. Y la Amazonia del caucho y la bajada del alcohol-motor perecen.

Nuestra capacidad interna de consumo de café (40 millones de habitantes) sería normalmente de 5 millones de sacas por año. Pero, ¿quién dijo que el paulista o cualquier otro litoraleño rico se preocupó jamás, salvo líricamente, por las poblaciones hambreadas del Nordeste o por los esclavos recientes de Mister Ford?[4]. Protegemos la sal de España contra la producción de las salinas de Río Grande do Norte. Comemos manzanas de California, bacalao y sardinas, pero mantenemos en el más vil de los bajos niveles al productor de las mejores frutas del mundo y al pescador de los abundantes peces de nuestros ríos y de nuestro mar. Si no compráramos nada de los otros Estados, sería más que lógico que estuviéramos atragantados con 22 millones de sacas de café, inclusive la piedra!

En el tranvía que tomamos, en el cine donde vamos, en el pan que comemos, ponemos sonriendo el óbolo generoso de más de 50% para los pobrecitos extranjeros que ayudaron a crear nuestra grandeza.

Esa es la situación del Brasil, donde EL HOMBRE DEL PUEBLO se sitúa para decir que sufre, lo que piensa y lo que quiere.

---

[4] Referencia a Fordlandia. En 1928, Henry Ford obtuvo del Brasil la concesión de un área en los márgenes del río Tapajós, Amazonas, donde instaló Fordlandia, para explotar las plantaciones de caucho. Obviamente, la mano de obra era en su mayor parte brasileña.

México (Revistas)

México (Revistas): a) José Vasconcelos, «Un llamado cordial», *El Maestro* (1921).—b) [Jaime Torres Bodet y Bernardo Ortiz de Montellano], «Propósitos», *La Falange* (1922).—c) Alfonso Gutiérrez Hermosillo, «Santo y Seña», *Bandera de Provincias* (1929).—d) «Manifiesto del grupo sin número y sin nombre», *Bandera de Provincias* (1929).—e) Alfonso Reyes, «Propósito», *Monterrey. Correo Literario de Alfonso Reyes* (1930).—f) José Vasconcelos, «Palabras Iniciales», *La Antorcha* (1931).

Además del estridentismo, es difícil encontrar en las revistas mexicanas de los años 20 propuestas estéticas realmente renovadoras. Según Francisco Monterde, ellas «representan, en conjunto, la continuidad de una tradición, nacida en el siglo precedente, con las pos-románticas, la cual se ha sostenido, con alternativas de entusiasmos y desfallecimientos, hasta nuestros días»[1].

Por lo tanto, no resulta extraño un texto como el editorial de *El Maestro*, «Un llamado cordial», escrito por José Vasconcelos. Hombre político (fue ministro de educación), Vasconselos propone una revista de contenido socialmente revolucionario, gratuita y al servicio del bien público, apartada de todos los *ismos*: «Quisiéramos que esta revista iniciara a nuestros escritores en un nuevo periodo, que bien podríamos llamar antiliterario y que sirviera para decir las cosas como son, muy lejos de la tiranía de las formas [...]». Es claro que se trata de un texto más político que estético. No preocupa al autor ningún proyecto estético, sino la historia de Mé-

---

[1] *Las revistas literarias de México,* México, Instituto Nacional de Bellas Artes, 1963, págs. 135-136.

xico, el destino del pueblo mexicano y de las clases humildes. José Vasconcelos, que fue uno de los responsables de la enseñanza pública en México, es altamente didáctico, populista y autoritario en esta presentación de la revista: «No nos preguntaremos qué es lo que quieren las multitudes, sino qué es lo que más les conviene...».

El Maestro (1921-1923) es una revista identificada con el grupo *Clarté* de Francia. En el segundo número presenta una traducción del Manifiesto del Grupo *Clarté,* y otra del Manifiesto a los Intelectuales y Estudiantes de América Latina (junio, 1921). También encontramos en la revista el discurso pronunciado por José Vasconcelos cuando, en su condición de embajador especial, inauguró en Río de Janeiro la estatua de Cuauhtémoc, en ocasión de celebrarse el centenario de la independencia del Brasil. Su paso por este país en 1922 es relatado detalladamente en su libro más conocido, *La raza cósmica* (1925).

Por coincidencia, ese mismo discurso aparece también en *La Falange. Revista de Cultura Latina* (1922-1923). Sin ser una revista de vanguardia, en ella colaboran representantes de la poesía moderna mexicana, como Xavier Villaurrutia, Salvador Novo, Jaime Torres Bodet y Bernardo Ortiz de Montellano. Estos dos últimos serían más tarde directores de la revista *Contemporáneos. La Falange* también es importante por el intercambio que mantuvo con la cultura brasileña. Probablemente, en ella aparece la primera mención, en los países hispanos, de la Semana del 22, en un texto de despedida de Graça Aranha a Ronald de Carvalho. Se publican cuatro poemas de éste vertidos al castellano por Jaime Torres Bodet, director de la revista. En el número siguiente hay una pequeña introducción biobibliográfica de Machado de Assis, en traducción de Julio Torri, así como dos fragmentos de *Dom Casmurro,* también traducidos.

El texto introductorio de *La Falange* «Propósitos» es un ejemplo de retórica hispanista rimbombante, lleno de inconsistencias ideológicas. Aunque la revista se propone ser neutra, «sin odios, sin prejuicios, sin dogmas, sin compromisos», y «contra nadie», prontamente demuestra virulencia contra los norteamericanos «nuestros rivales sajones». Su llamado en contra de la influencia norteamericana y a favor de «la vieja civilización romana de la que todos provenimos» retoma la ideología panlatinista exportada por Napoleón II, que tanta gravitación tuviera en México, quizá exacerbada por la cercanía de los Estados Unidos.

También merece destacarse *Bandera de Provincias* (1929-1930), tabloide quincenal publicado en Jalisco y dirigido por Alfonso Gutiérrez Hermosillo. Esa voz provinciana está impregnada de nacionalismo y de una agresiva retórica que afirma, por ejemplo que «el arte por el arte es lo más inactual». Entre los firmantes del Manifiesto del Grupo sin Número y sin Nombre está Agustín Yáñez, futuro autor de la novela *Al filo del agua* (1947).

Monterrey (1930-1937) es una excepción en el panorama de las revistas hispanoamericanas. Órgano de divulgación de la cultura mexicana, *Monterrey* se edita en Río de Janeiro pero en castellano, bajo la responsabilidad de Alfonso Reyes, mientras fue embajador de su país en esa ciudad. La revista carga con el personalismo de su director y editor ya en el subtítulo: *Correo Literario de Alfonso Reyes*. El escritor trata de justificarse en el artículo de apertura, «Propósito». *Monterrey* podría haber funcionado como un órgano catalizador y divulgador de la producción cultural brasileña para un selecto público hispanoamericano. Pero, a pesar de los vínculos de Alfonso Reyes con los escritores brasileños, la presencia de éstos fue muy limitada en la revista. Aunque haya una primera página ilustrada por Rego Monteiro *(Tennis,* 1930) y aparezcan algunas noticias locales, lo único que Alfonso Reyes escribe sobre el Brasil es el artículo «Paul Morand en Río», donde se limita a una pintoresca descripción del Mangue y de Niterói.

La revista no se adecua a ningún rótulo. Sólo revela la marca extraordinariamente erudita y cosmopolita del pensamientos alfonsino. No era demasiado estetizante, no tenía contenido político, no representaba ninguna tendencia vanguardista. «Sin necesidad de manifiestos, de estéticas ni de programas, mala costumbre, ésta, en mala hora importada de la política a la literatura», afirma Reyes. *Monterrey,* nombre de la ciudad natal del editor, apenas refleja sus preocupaciones literarias. Lo demuestran las enriquecedoras consideraciones sobre las diferencias entre revistas y periódicos literarios. *Monterrey* discute cuestiones estéticas como la «jitanjáfora»[2], tres artículos sobre Goethe y América, o «La fábula de Polifemo y Galatea», traducciones al castellano, como el «Cimetière marin» de Paul Valéry. Hay también una vasta correspondencia con escritores e intelectuales de la época. Es digna de mención la sección de libros y revistas recibidos, una especie de bibliografía de la época, indicadora de la divulgación alcanzada por la revista.

---

2 Las «jitanjáforas» son juegos de palabras creados por el poeta cubano Mariano Brull. Tienen un flujo verbal encantatorio, «meros impulsos rítmicos» que son la «anatomía interna del poema», según la definición de Alfonso Reyes. Prevalece el *nonsense* de la contaminación de los significantes sobre el significado, como en la estrofa de donde Alfonso Reyes extrajo el término con que bautizó el género: «Filiflama alabe cundre / a la alalúnea alífera / alveola jitanjáfora / liris salumba salífera.»

En 1931, pocos meses después de que Alfonso Reyes lanzara *Monterrey* en Río de Janeiro, José Vasconcelos (que ya había dirigido *El Maestro)* publica *La Antorcha* en París. El texto de apertura, «Palabras inciales», sirve de marco final de ciertas preocupaciones estéticas, ya que la balanza pende ahora hacia lo ideológico y revela la xenofobia antiamericanista de Vasconcelos (que había quedado clara en *La raza cósmica).* La revista es considerada un vehículo de «información contraria a la mentira vendida por las agencias imperialistas norteamericanas». Al contrario de *Monterrey, La Antorcha* carece de elementos cosmopolitas, restringiéndose a los autores mexicanos.

Por fin, la revista *Contemporáneos* (1928-1931) es la más importante, en términos culturales, en México de los años 20. No aparece teñida por preocupaciones políticas. En sus cuarenta y tres números se encuentran los nombres de los fundadores de la poesía mexicana moderna: Carlos Pellicer, Xavier Villaurrutia, Salvador Novo, Gilberto Owen y otros. *Contemporáneos* se mantiene atenta a las artes plásticas (Diego Rivera, Rufino Tamayo, Orozco, Picasso, Dalí, De Chirico, Eisenstein, etc.) y se preocupa en traducir autores europeos y en divulgar poetas hispanoamericanos como Huidobro, Neruda y Borges. Por otro lado, la revista ignora totalmente a la verdadera vanguardia mexicana excluyendo de su vasto repertorio a los estridentistas.

Si tomamos en cuenta la distinción entre revistas de vanguardia y revistas modernizantes, *Contemporáneos* —como *Proa* de Buenos Aires o *La Pluma* de Montevideo— pertenece a esta última categoría. Igualmente, y a pesar del carácter heterogéneo de los poetas colaboradores de la revista, hay quien atribuye al grupo el papel de generación vanguardista. Según Héctor Valdés, los miembros de «*Contemporáneos* fueron una verdadera generación en el sentido en que este término se acostumbra utilizar: edades semejantes, formación homogénea, integración en torno a una publicación literaria, exclusivismo surgido de una actitud intransigente ante la poesía y los poetas de su misma generación, admiración común por determinados escritores, corrientes literarias, etcétera»[3].

[3] *Los Contemporáneos,* México, Unam, 1982, pág. 3. Ver también Merlin H. Forster, *Los Contemporáneos. 1920-1932. Perfil de un experimento vanguardista mexicano,* México, Ediciones de Andrea, 1964.

UN LLAMADO CORDIAL*

José Vasconcelos

Se funda esta Revista, con el propósito de difundir conocimientos útiles entre toda la población de la República. Nuestras columnas serán una tribuna libre y gratuita para todas las ideas nobles y provechosas, y en ningún caso estarán al servicio ni de un partido ni de un grupo, sino al servicio del país entero. Ni tampoco nos limitaremos a un credo o a una época. El único principio que servirá de norma a los que aquí escriban y a los que seleccionan el material que ha de publicarse en nuestro periódico, es la convicción de que no vale nada la cultura, de que no valen nada las ideas, de que no vale nada el arte, si todo ello no se inspira en el interés general de la humanidad, si todo ello no persigue el fin de conseguir el bienestar relativo de todos los hombres, si no asegura la libertad y la justicia, indispensables para que todos desarrollen sus capacidades y eleven su espíritu hasta la luz de los más altos conceptos.

Todo lo que hasta nuestros días se ha llamado civilización, no es más que una serie de periodos de anarquía o de injusticia, pero siempre de barbarie, durante los que hemos existido lo mismo que las especies animales, luchando unos contra otros, explotándonos unos a otros, oprimiéndonos unos a otros, subsistiendo los unos a costa de los otros. Barbarie es todo el pasado; de angustia y de esperanza está hecho el presente, y sólo el mañana, si nos esforzamos santa y sinceramente, verá aparecer la bienandanza perdurable que se funda en la justicia y en la concordia[1].

He aquí porqué el camino de la verdadera civilización sólo se encuentra, volteando de raíz los criterios que hasta la fecha han servido para organizar pueblos; arrancando de las conciencias el pensamiento de que es legítimo construir lujo y refinamiento sobre la miseria de las multitudes, y sustituyendo todas las construcciones carcomidas, con el concepto verdaderamente cristiano, de que no es posible que un sólo hombre sea feliz, ni que todo el mundo sea feliz, mientras exista en el planeta una sola criatura que sea víctima de la injusticia.

Convencidos, como estamos, de que sólo la justicia absoluta, la justicia amorosa y cristiana puede servir de base para reorganizar a los pueblos, deseamos antes que propagar la alta cultura, hacer llegar a to-

---

* Publicado en *El Maestro* 1 (abril, 1921), págs. 5-9.
[1] La clásica oposición entre «civilización» y «barbarie» aparece aquí retomada, pero con connotación diversa de la propuesta original de Sarmiento.

das las mentes los datos más elementales de la civilización. Cuidaremos de no convertirnos en órgano de ningún cenáculo y no nos empeñaremos en dar a conocer conceptos originales ni sutilezas. Sin embargo, no por eso consentiremos en rebajar las ideas, halagando las pasiones de las mayorías. Escribiremos para los muchos, más con el propósito constante de elevarlos, y no nos preguntaremos qué es lo que quieren las multitudes, sino qué es lo que más les conviene, para que ellas mismas encuentren el camino de su redención. Educar a la masa de los habitantes es mucho más importante que producir genios, puesto que en realidad el genio no vale sino por la capacidad que tiene de regenerar a una multitud además de su propia persona. Nuestro propósito capital, por lo mismo, consiste en hacer llegar los datos del saber a todos los que quieran instruirse. Y es menester insistir en proclamarlo, porque una gran parte de nuestros llamados intelectuales ha estado afirmando, con tenacidad digna de mejor causa, que nuestro pueblo no tiene remedio, y que este mundo es de los aptos, y que los ineptos carecen de todo derecho. Y justamente, son estas perversas, estas cobardes doctrinas, las que es menester desacreditar y destrozar al comienzo de nuestras labores educativas. Sobre toda esta infamia de falsa ciencia, que todavía nos tiene invadidos, es menester volcar el entusiasmo arrasador de la fe en nuestros propios destinos y de la fe en el triunfo definitivo de una justicia sin transacciones, de un bien grande, generoso y absoluto.

En efecto, no sólo la razón nos dice que todos los hombres tienen derecho al bienestar y a la luz, no sólo las más poderosas corrientes del pensamiento contemporáneo proclaman esa verdad, como el fin augusto de la vida colectiva, sino que aún la historia, el pasado mismo, nos demuestran que cada pueblo se distingue y alcanza poderío, únicamente cuando ha logrado organizarse conforme a bases de justicia; sólo cuando todos o casi todos sus habitantes han sido libres y fuertes, igualmente libres y fuertes, no sólo en los derechos teóricos, sino también en las posesiones materiales y en la educación personal. Libres e iguales, en una gran mayoría de su población, eran los griegos, cuando pudieron derrotar a los persas, que eran millones, pero millones de siervos. Grande y poderosa fue Roma mientras sus soldados, relativamente iguales en la riqueza, en la ilustración y en la autoridad, recorrían triunfantes el mundo y elegían ellos mismos, como soldados a sus generales, y como ciudadanos a sus senadores. Pero así que la desigualdad y la injusticia comenzaron a corromper el organismo del imperio, así que los cónsules y los emperadores y los generales triunfantes se abrogaron facultades excesivas; así que la tierra fue acaparada por unas cuantas familias, y el pueblo quedó a merced de las pensiones del Estado, o de la caridad pública; tan pronto como en Roma hubo plebe y millonarios; Roma se convirtió en la presa fácil y codiciada de invasores bárbaros, pero libres y fuertes y orgullosamente igualitarios. Nosotros, en cambio, desde que la historia registra nuestros actos, aparecemos como un agregado lamentable y forzado de amos y de esclavos. Pueblo desamparado que esclavizan las dinastías aztecas y que vuelven a esclavizar los españoles que entonces eran libres. Y enseguida, la república que cambió la forma pero no el proceso de la esclavitud de un pueblo. El presidente sustituyó al monarca, pero qué han hecho todos los caciques modernos, desde Santa Anna hasta Porfirio Díaz y Carranza, qué han hecho para levantar la condición material del pueblo, para educarlo en las artes, que aseguran la independencia, el bienestar y el poderío?

Mirando hacia atrás, en los tortuosos senderos de nuestra historia, nos embarga el convencimiento de que nada hemos sido y nada somos colectivamente, y ahondando en la causa de esta miseria, tenemos que confesar que la merecemos, puesto que nunca hemos sabido castigar la injusticia, ni difundir la verdad.

Nuestra ciencia encerrada en las cuatro paredes de unos cuantos colegios, ha sido vana y servil, y nuestra acción intermitente y desorientada, no ha sabido dedicarse a hacer iguales a nosotros a las antiguas razas conquistadas, a los que siendo nuestros hermanos, serán eternamente una carga ruinosa, si nos desentendemos de ellos, si los mantenemos ignorados y pobres; pero que en cambio, si los educamos y los hacemos fuertes, su fortaleza sumada a la nuestra nos hará invencibles.

Como este periódico se dirige a las multitudes, se repartirá gratuitamente. Pero, objetarán algunos, entonces nadie se interesará por adquirirlo, lo cual es como si dijésemos, cobremos un impuesto sobre el aire a fin de que la gente se interese por respirar. No, la verdadera luz no tiene precio, y luz será lo que procuraremos difundir, ofreciéndola, dándola aún a los que no la pidan. La Revista procurará entrar a todos los hogares, y si en ellos hay perezosos que no se dignen hojearla, no faltará algún niño o algún sirviente que aproveche la dádiva. La ofrecemos gratuitamente porque nuestro pueblo es pobre y no tiene el hábito de gastar en lectura. Nos proponemos crearle la necesidad de leer, seguros de que al cabo de algunos años ya él sólo podrá fundar y pagar sus propios órganos de publicidad. Entre tanto, es necesario y perfectamente legítimo que el gobierno invierta una pequeña parte de los impuestos, una pequeña parte del dinero del pueblo, en lo que el pueblo más necesita: en propagar hechos que lo instruyan, datos que lo informen e ideas nobles que aviven el poder de su espíritu.

El personal directivo de la Revista tendrá que seleccionar los escritos de los colaboradores y del público, su función será necesariamente la de dar orientación y unidad a los pensamientos más diversos, cuidando de dejar a salvo la libertad y la amplitud de criterios, que son necesarias para producir una obra benéfica. Escogeremos para su publicación todos aquellos artículos que tiendan a construir un propósito o a fortalecer un ideal. Obra constructiva es lo que nosotros necesitamos, y para lograrla, es preciso extirpar el hábito tan común en nuestros escritores, de hacer literatura vana o bien ironía mordaz y destructiva. Es necesario reflexionar en que toda crítica que nada más destruye, conviértese en ruín alarde, ya que nadie derriba, no siendo un necio, si no está seguro de edificar construcción más bella. Necesitamos, por lo mismo, una reforma de nuestro criterio, una regeneración interior que nos permita ver hasta qué punto somos torpes, hasta qué punto somos despreciables, cuando nos burlamos de la incompetencia ajena, de los males comunes; pero no hacemos nada para ilustrar a los que saben menos, y tampoco intentamos el menor esfuerzo para remediar las deficiencias ambientes. Hábiles para la censura, pero inútiles para la obra, así hemos sido en México los hombres de pensamiento, y una vez puestos ante el deber lo rehuimos y lo rehuimos por cobardía, porque tememos fracasar y el temor al ridículo nos vuelve impotentes y nos torna viles. Pensar en el ridículo es la más funesta de las cobardías, cuando se trata de llevar adelante una obra buena. Y nosotros, con demasiada frecuencia no preguntamos si el esfuerzo es honrado, si el propósito es limpio, si es gallardo intentar por lo menos la acción, sino que antes y por encima de todo, imaginamos lo que se va a decir de nosotros, lo que va a opinar de nuestro yerro tal o cuál zángano de nuestro propio y menguado círculo. El intelectual de oficio, no se atreve ni siquiera a escribir, si no reviste su pensamiento con todos los primores mediocres de un estilo convencional, y nada le importa que su corazón calle ante las necesidades públicas; que la pasión sofoque sus arrebatos más nobles, con tal de arrancar un aplauso ruidoso y unánime del coro inmoral de los necios.

He aquí porque la intelectualidad ha perdido su influencia sobre el pueblo, justamente porque ella se ha mantenido apartada, y hoy que intentamos, que iniciamos una renovación y una regeneración, nos sentimos obligados a decir que no porque esta Revista la patrocina una Universidad. No porque van a dirigirla personas cultas, se debe suponer que para escribir en sus páginas va a ser condición inexcusable usar de determinado estilo literario, grato a tal o cual areópago de autosugestionados por el falso concepto de su valer propio. No, este periódico está y estará libre de la fórmula, libre de la moda, libre de la retórica y libre del estilo, y así, sin más norma, que un inmenso anhelo de regeneración y de bien, se regocijará cada vez que una idea noble pueda ser acogida en sus páginas, así proceda del más humilde, del más ignorado de los hombres, y aunque esté expresada con la sencillez elemental de las verdades profundas. Mandad, pues, todos, ideas, mandad hechos y concordad las ideas con los hechos. Precisad vuestros conceptos, huid de la extravagancia, cuidaos de forjar planes irrealizables. Al sentaros a escribir para esta Revista, alejad de vuestras mentes toda idea de vanagloria personal. No soñéis como se sueña tan a menudo en la temprana juventud —que es tan egoísta,— en que vais a aseguraros una fama literaria porque escribís en un periódico de gran circulación; pensad únicamente en el bien que vais a hacer con vuestras ideas; no perdáis el tiempo escribiendo si no estáis seguros de que lo que vais a decir es útil, noble o alto. El público adivina la vanidad y se burla de ella, y sólo se conmueve con el verbo sincero y generoso.

Quisiéramos que esta Revista iniciara a nuestros escritores en un nuevo periodo, que bien podríamos llamar antiliterario y que sirviera para decir las cosas como son, muy lejos de la tiranía de las formas, muy lejos del vano fantasma de la gloria —mísera gloria, que no es más que el aplauso humano— y que permitiría buscar esa verdad que tanto necesitamos, esa justicia por la que tanta sangre se ha derramado, y esa luz que sólo el esfuerzo de las conciencias sinceras logra hacer brillar, de cuando en cuando y fugitivamente, en medio del descontento, en medio del dolor y de la sombra que por doquiera rodean a los hombres.

Sí, proscribiremos la crítica destructiva, ensalzaremos todo lo que sea obra, aunque sea modesta, todo lo que sea virtud aunque sea humilde; seremos constructores hasta en la crítica. Nuestro modelo de hombre será el arquitecto; seremos arquitectos y constructores, y donde veamos el mal, no mencionaremos sino el remedio y si hay que emprender lucha, pondremos en uso la táctica del contraste que frente al error pone la luz, que frente al mal pone el bien, resplandeciente con los rasgos soberanos que le aseguran el triunfo. La enorme fuerza que el gobierno y el pueblo han puesto en nuestras manos, al encomendarnos esta Revista, deberá ser usada y será usada, con energía, con entusiasmo, con liberalidad, con generosidad, aún con apasionamiento, pero jamás con malicia, jamás con el ánimo de suprimir uno sólo de los impulsos, que levantan, que acrecientan el poder y el esplendor de la vida.

Publicaremos los hechos que interesan a la generalidad, las verdades que son la base de la justicia social, las doctrinas que se proponen hacer del hombre el hermano del hombre y no su verdugo, y daremos a conocer las expresiones de la belleza que es eterna y no de la belleza pueril que los hombres fabrican y las modas cambian. ¡Verdad, Amor y Belleza Divina, tal sea el lema radiante de los que en esta publicación escriban!

PROPÓSITOS*

[JAIME TORRES BODET
y BERNARDO ORTIZ DE MONTELLANO]

Cansados de vivir una vida estrecha y de clamar en el fondo de un pozo sin resonancia en donde la voz se ahoga y el ideal se pierde, varios literatos de México se reúnen hoy en una falange de poetas y de artistas y editan el primer número de una revista *sin odios, sin prejuicios, sin dogmas, sin compromisos;* de una revista

> que no es el órgano de ningún cenáculo,
> que no combate en *contra de nadie* sino en *pro de algo,*

en una revista que se llamará *La Falange* para dar, de lejos y de cerca, a los lectores de América y particularmente de México la idea de cohesión y de disciplina laboriosa que es menester precisar en definitiva.

Su revista se propone:

> expresar, sin limitaciones, el alma latina de América,
> reunir a todos los literatos de México que hacen literatura sana y sincera en un núcleo que sea exponente de los valores humanos de nuestra tierra
> servir de índice de la cultura artística nacional a los demás pueblos del Nuevo Mundo.

Todos los que en esta revista colaboran creen que ninguna civilización triunfará si no es ateniéndose a los principios esenciales de la raza y de la tradición histórica. Desautorizan, por ilógica y enemiga, la influencia sajona y se proponen reivindicar los fueros de la vieja civilización romana de la que todos provenimos y que es como el cogollo sangriento y augusto de nuestro corazón y de nuestra vida. No hacen por consiguiente *distingos* entre Francia o España, entre Italia o Chile; saben, que por ser latinos, estos países sienten de modo semejante al suyo, allá en lo hondo de su tradición y en lo elevado de sus ideales. Se vuelven a ellos, además, porque el excesivo progreso industrial y mecánico a que han llegado los pueblos sajones los han postergado, en cuanto a condiciones de vida externa se refiere, pero no han podido borrar la huella de alta cultura y de su poesía inmanente. Se vuelven a ellos también porque comprenden que en el descorazonamiento de las masas latinas está la fuerza de la civilización invernal de nuestros rivales

---

* Publicado en *La Falange* 1 (1922), págs. 1-2.

sajones, y el modo más eficaz de evitar este peligro es el de lanzar de vez en vez un mensaje de amor, venido de cualquier punto de la tierra, pero dirigido a los hermanos de la latinidad enmudecida.

Se vuelven a ellos, por último, y esperan de ellos una hermandad legítima y efectiva, porque comprenden que la Providencia, que por algo se está derramando de continuo sobre las tormentas del mundo como un bálsamo de quietud y de bienaventuranza, no ha repartido en vano, como espigas de un mismo haz, los corazones latinos en el propio corazón de la tierra y sobre las playas fecundas de los trópicos del mundo.

En contra de la civilización del Norte, que bastardea el prurito mezquino de escapar al rigor del clima por el progreso del confort, está la nuestra que tiene ya ganada la materia y que por eso, vuela libre de compromisos terrenos, en la esfera del ideal y de la luz.

De ella será el triunfo. No en vano gime, confiada, como el Profeta en las cárceles de Nabucodonosor. Ella sabe que *sólo el espíritu resplandece*, que *todo lo demás es sombra*.

SANTO Y SEÑA*

Alfonso Gutiérrez Hermosillo

ESFUERZO

Tenemos el ejemplo de todas las juventudes. Dentro y fuera. Se agrupan los franceses, los españoles. Aún los arenales —mudos— agrupados, oyen el mar. O la laguna. Sólo nosotros andamos dispersos todavía.

Pero es necesario decir una cosa: nuestra curiosidad —somos curiosos— no ha contagiado la curiosidad de los otros. Se persiste en hacer el silencio alrededor de las provincias. Y las provincias gritan. Para sí como los caracoles. Pero los caracoles son para adornar ciertas ventanas cursilonas. No podemos, ya, ser caracoles. Seremos solamente el rumor. De mar. Sin mareos. Por eso queremos juntar a los jóvenes que quieran agruparse. Los convidamos. Nuestro programa ya [ilegible] queremos abarcar las provincias de México. A todas, y [ilegible] itarlas —oriflama, trofeo: bandera. Se pide poco: el verdadero interés estético, el buceo, la inquietud, el segundo plano, la simplicidad. Si este no se entiende nos amolamos. Como los cuchillos. Para no servir nunca más. O para esperar mucho tiempo. Y entonces, no pode-

---

* Publicado en *Bandera de Provincias* 1 (mayo, 1929), pág. 1

mos decir que los otros viven sin la curiosidad del ambiente en provincia, donde debería vivir lo esencial, lo verdadero. Médula. Corazón. Lejos del francés y del inglés. Cerca del humo. De lo complicado. De lo simple. Carácter. Diapasón.

Los jóvenes de México nos son conocidos. Pero ni siquiera los de México nos conocen. Culpémoslos. Culpémonos. Mas ya no será así. Vamos a gritarles un poco a los oídos. Roto ya el caracol, dejará libre el mar para que lo capten con botes. Abundantemente. Y nos den un lugar. Quiero decirles que es necesario que merezcamos ese sitio. Debemos, pues, tener puños. ¡Muera la dispersión! La nuestra. La de todas las provincias del país y la de sus valores desconocidos.

Vengan todos los que se crean con derecho al llamado. Se nos conocerá en México. En Europa. En América del Sur. Del Norte. Y también en Tinguindín. Unidos —puños y frente en alto— el espacio se abrirá ante nosotros sin límites, pero con horizontes, rumbos y meta. Meta, rumbos y horizontes que irán extendiéndose: vanguardia de nuestros pasos.

Acción: conocimiento reflejo, difusión del pensamiento propio y extraño, ciencia y arte, cenáculo y ágora, miraje levantado hacia toda inquietud, busca de nuevos valores, comprensión simpática. Raids literarios..., y una editorial. (Sueño de una noche... buena: ¡mas creemos en el Niño Dios!) Y en nuestro esfuerzo. El esfuerzo de todos.

Pero si alguno no quiere luchar, y esto fracasa, es suya la culpa. De nadie más. De ÉL. Sólo de ÉL.

LA DIRECCIÓN

MANIFIESTO DEL GRUPO SIN NÚMERO Y SIN NOMBRE*

AGUSTÍN YÁÑEZ, ESTEBAN A. CUEVA,
ALFONSO GUTIÉRREZ HERMOSILLO,
JOSÉ G. CARDONA VERA,
EMMANUEL DE PALACIOS.

Apunta un nuevo índice —sin pretensión de guiar—. Proyecta un campo —sombra— bajo el rayo del sol literario.

Es posible una antena sin proporciones ni significación en el plano perspectivo. Todo es posible ¿Qué no es posible? Pero la hemos levantado.

Grupo sin número y sin nombre. Sin residencia oficial. Ha nacido

---

* Publicado en *Bandera de Provincias* 1 (mayo, 1929), págs. 1 y 6.

en Jalisco, pero bien puede morir en cualquier parte. Por lo pronto el espacio queda en él abierto y locuaz. Pero con tendencia. Aunque no blasonemos de novedad. (Hartos estamos de borracheras románticas).

Amplio y corto programa —el de cada uno— sin escuela. Ancho el espíritu, el entendimiento, la comprensión.

Saludamos a todos. Nos universalizamos. Pontificamos nuestro amor y nos desprendemos de la vanidad a pesar del elogio de Alfonso Reyes. Más amaríamos el orgullo. ¿En qué facturarlo?

Lo haríamos en la carne madura rota de las luchas pobres que vivimos. El arte por el arte es lo más inactual. Hace y deshace narcisos inertes, inocentes y sin rubor.

Sabemos de problemas y situaciones morales que tiene la obra de arte y no podemos —nosotros— seguir abanicándonos estilísticamente.

Conocemos una honda lucha. La reconocemos. Vivimos humo y dolor. Son nuestro ambiente. De tal modo raso que de continuo nos aprieta. Así, es verdaderamente imposible no hacerle caso...

Entonces de la tesis volamos a la antítesis y de tanto sobarnos en el odio hemos conocido el amor. Amamos un poco a la antigua en la provincia enana.

En la literatura, ¡viejo Bernal Díaz del Castillo!, fue salvación la fuerza. No más vale maña que fuerza. Lo importante es tener qué decir. Seguro nos quedamos con los ojos locos a pesar del color que los ata. Con perfecta conciencia segura en lo manirroto del hambre.

Con todo, deshumanos y actuales. Gustamos la ironía porque ella significa candidez y dolor. Hemos dicho veinte veces dolor.—Dolor propio. La propia candidez y la de las cosas. Cocktail de todos.

1.—Leyes de la aparición [ilegible] los licores: el vino tinto, también, de nuestra democracia. Aun cuando no vayamos hacia el pueblo. Pues venimos de él en todo caso. Nos amará cuando nos entienda. Entonces el pueblo habrá salido del pueblo. Es triste... Cuando nos amemos agradecerá la intención.

Y si no lo agradece, peor para todos: sobre todo para los que hemos hecho esto.

AGUSTÍN YAÑEZ. ESTEBAN A. CUEVA. ALFONSO GUTIÉRREZ HERMOSILLO. JOSÉ G. CARDONA VERA. EMMANUEL DE PALACIOS.

Posteriormente se han agrupado otros amigos y esta bandera ondeará —joven—, sus nombres jóvenes.

PROPÓSITO*

Alfonso Reyes

La nebulosa primitiva se fue condensando en planetas y en sistemas solares. Pero, en el orden de la publicación literaria, parece que los planetas —los libros— fueran la primera fase del fenómeno. Luego, sin dejar de ser lo fundamental, los libros van irradiando su nebulosa, su atmósfera atómica, cada vez más cargada y fina. Primero surgen las revistas, para llenar los intersticios entre los libros: después, para llenar los intersticios entre las revistas, aparecen los periódicos literarios, hoy tan en boga, que suelen ser quincenales o semanales, y que tienen por abuelo común, aunque olvidado, a aquel gentilísimo huésped de los domingos de Florencia, *Il Marzocco* viejo ya de treinta y cinco años.

Hoy, este género de pliegos se ha popularizado como un verdadero síntoma del siglo. No todos saben que uno de los primeros en esta senda ha sido Joaquín García Monge, benemérito de las letras americanas, quien, desde San José de Costa Rica, hace mucho tiempo que sirve de centro de reunión a los jóvenes escritores de nuestra lengua, primero con sus colecciones *Ariel* y *Convivio,* y más tarde con su *Repertorio Americano,* donde viene recogiendo cuanto artículo o noticia interesan a los destinos espirituales del Nuevo Mundo. En el orden exclusivamente literario, *Les Nouvelles Littéraires,* de París, han servido de fecundo ejemplo. Periódicos de este tipo han prendido en las más diversas tierras, planta propicia a todos los climas, tal vez por ser mucho más ágiles y libres que los antiguos Suplementos u hojas especiales de los diarios: las abundantes y autorizadas reseñas bibliográficas del veterano *Times,* de Londres; los «Lunes de *El Imparcial*», de Madrid, que hace unos cuantos años lanzaban firmas y establecían reputaciones; los «Domingos de *La Nación*», de Buenos Aires, hoy convertido en un magazine de interés más general. En España, sin hablar de la *Gaceta Literaria,* que todos conocen, podría citarse cerca de una docena: sólo en una provincia, en Murcia, recordamos la hoja que Juan Guerrero aderezaba para *La Verdad,* hace unos siete años, y que estaba ya como deseando arrancarse del diario, y luego la casi-revista *Verso y Prosa,* de poética y cristalina nitidez. En cuanto al *Papel de Aleluyas,* de Huelva, me figuro que no aparece más, porque nunca más lo he recibido. En Buenos Aires, el *Martín Fierro,* de aguerrida memoria, y ahora la *Vida Literaria* que Samuel Glusberg publica con cierta irregularidad, pero que por fortuna parece ya bien cimentada, pertenecen a este mismo tipo. Últimamente han apa-

---

* Publicado en *Monterrey. Correo Literario de Alfonso Reyes* 1 (junio, 1930), pág. 1.

recido dos valientes hojas juveniles: *Número* y *Letras*, pero éstas son más bien pequeñas revistas que tienden naturalmente a ser grandes revistas. En Guadalajara la de México, con *Bandera de Provincias* —excelente publicación— la flauta provinciana da por primera voz una nota de igual afinación y altura que el órgano de la Capital.

La revista literaria y el periódico literario son ya dos estratos inconfundibles, dos niveles intencionalmente distintos. Sin torcer mucho las perspectivas, puede decirse —conjugando escalas entre París, Madrid y México— que la *Nouvelle Revue Française* es a *Les Nouvelles Littéraires*, como la *Revista de Occidente* es a la *Gaceta Literaria*, como *Contemporáneos* es a *Bandera de Provincias*.

Les periódicos de campanario o de pequeña ciudad, y aun lo que Hilaire Belloc llama la Free Press (diarios más de doctrina que de información, sin respaldos de empresa anónima ni pactos con agencias internacionales de noticias, y redactados por un grupo homogéneo, con ideales definidos) siempre han recurrido a la literatura, por afición unas veces, y otras, para llenar los huecos. Pero ya también los grandes diarios de empresa comercial y nutridos por los servicios telegráficos reservan regularmente un rinconcillo a la rúbrica literaria, al deleite poético. Esta rúbrica, cuando cae en manos de jóvenes, suele tener una gran eficacia combativa. Entre las más finas y poéticas, recuerdo aquella «Rosa de los Vientos» que redactaban Sánchez Reulet y Moreno, dos muchachos platenses.

El Pen Club de México, en sus días de apogeo, bajo Genaro Estrada, todavía sutilizó un poco más, con aquellas «pajaritas de papel», diminutos pliegos que daban cuenta de un libro, de un hecho, de una reunión, de la llegada de un huésped ilustre.—Acaso esta atomización del producto literario sustituye a lo que en otros tiempos era el salón, o a lo que era también el trato epistolar; a lo que más tarde ha sido el café. La tertulia, la conversación literaria, van pasando de la viva voz a la palabra estampada, como el trato social y las visitas se van esquematizando en la tarjeta. Ese tono medio de voz que correspondía a la carta literaria, pocos se atreven a derramarlo en sus libros, y no siempre los que lo hacen son bien entendidos.—A este propósito, encuentro en Jean Prévost estas justas observaciones:

> En otro tiempo, todos los buenos escritores se comunicaban entre sí directamente y de viva voz con el círculo entero de la gente cultivada, o bien escribían todos los días cartas inacabables. En nuestros días, el mundo culto se ha extendido mucho, ya no hay necesidad de enviar por carta más noticias que las puramente privadas, y así diariamente se consume mucho papel en cosas perecederas. Creo que, en nuestros días, hay que imprimir las cartas y las conversaciones.—Pero en ellas no daríamos lo mejor de nosotros mismos.—¿Qué sabe usted? Petrarca creía que iba a sobrevivir por los versos latinos de la *África*, y sobrevive por

sus sonetos galantes. Voltaire, que por sus tragedias y su *Henriade*, cuando realmente sobrevive por lo que él llamaba sus bribonadas del *Candide*. (*Conseils aux jeunes littérateurs, par Charles Baudelaire, suivis d'un Traité du Débutant, par Jean Prévost*).

El periódico literario no sólo se dintingue de la revista literaria por su aspecto material, que en aquél tiende al pliego in-extenso de los diarios y en ésta tiende a la forma del folleto. El periódico literario no sólo es más breve que la revista literaria. Por pequeñas que sean, las revistas de Juan Ramón Jiménez —*Sí, Ley* y nuestro *Índice* de grata recordación— revistas eran. También la *Carmen*, de Gerardo Diego, o el *Día Estético*, de Santo Domingo, o hasta las hojas que aparecieron en Buenos Aires y luego en Montevideo bajo el título de *Revista Oral*[1]. No: la revista literaria y el periódico literario se distinguen, además, por la diferencia de intención: la revista procura ser una breve antología de obras literarias en verso y en prosa, en tanto, que el periódico ofrece su principal interés (aunque todavía deje el sitio de honor a la parte antológica) en las noticias sobre escritores o libros, en el rumor de abejero artístico, en el aroma de vida literaria que trae entre sus páginas. Es un tono menos poético y un tono más práctico que la revista. Va dejando de ser la diminuta biblioteca de páginas escogidas, y es, cada vez más, estuche de instrumentos y gaceta de avisos para el trabajador literario. Si acepta aún fragmentos de libros o verdaderos artículos, tienen que ser cortos, por la escasez del espacio de que dispone; si aborda la crítica, procura las conclusiones rápidas y las fórmulas epigramáticas. Todavía admite folletones y series de artículos. Todavía se resiente de la forma y el espíritu de la revista —que, al cabo, ha sido su matriz, y no deja aún de ser su modelo. Pero ya, entre la revista y el periódico, hay la diferencia que media entre el dibujo sombreado y con relieves de claroscuro, y el dibujo de simple línea o contorno. Mucho más sentimental, la revista; mucho más intelectual —en tendencia, al menos— el periódico. Más pintura, en aquélla; pero en éste, más geometría. Allá, todo un cuadro. Acá, un esquema.

Según esto, son más propias del periódico que de la revista, aunque hasta hoy se hayan publicado en revistas, las recopilaciones de apuntes,

---

[1] Me complazco en recordar aquí una pequeña revista de Jaén, consagrada a cosas de Jaén, a la historia y la literatura locales, a los intereses espirituales del terruño de Jaén, cuyo mayor atractivo para mí está en el nombre, que recuerda la gustosa *Cena,* de Baltasar de Alcázar. La revista se llama: *Don Lope de Sosa,* y su sección de noticias «En Jaén, donde resido».

> En Jaén, donde resido,
> vive Don Lope de Sosa,
> y diréte, Inés, la cosa
> más brava dél que has oído... [*N. A.*]

de notas y flecos de la obra —sea anteriores, sea posteriores a la obra: esas orillas de los libros que suele darnos André Gide: el *Diario de los «Monederos Falsos»,* montón de materia prima de donde surgió, organizado, el sistema o novela propiamente dicha de *Los Monederos Falsos.* Y debieran ser exclusiva y característicamente propias del periódico las investigaciones previas a la obra, que hasta hoy no parecen tener más vehículo que la información personal y directa, la consulta epistolar o verbal. Esas cartas que el mismo André Gide vierte en la *Nouvelle Revue Française,* y en que discute con sus críticos la interpretación del *Coridón* o el *Inmoralista,* por ejemplo, serán un día atraídas al periódico literario. Nótese, en cambio, que los anticipos o muestrarios de la «Obra en marcha» —según Juan Ramón Jiménez, o James Joyce— son, de pleno derecho, aunque sean de un solo autor, revistas literarias.

Supongamos ahora, no ya una revista literaria de un solo autor, sino un periódico literario de un solo autor. Nunca se dará autor tan solo que no quiera andar en compañía de sus amigos o entre los camaradas de su pléyade. Como quiera, se encuentra más a sus anchas que en el seno de una redacción colectiva. Es fácil que derive entonces —por la línea de la pesantez— hacia la mayor utilización práctica de su instrumento. Quiero decir, que se atreverá a bajar el tono poético, un poco más que si se encontrara en un periódico hecho entre varios. Lo cual no significa que se prive de la libertad de publicar fragmentos de la obra pura, propia o ajena, cada vez que le plazca. Y siempre habrá de placerle, a menos que se produjera el absurdo de un literato sin bellas letras, de un poeta sin poesía. Usará pues, de su periódico, ante todo, como de una herramienta para su taller artístico. También podrá ser que lo use a modo de museo privado, para exhibir en él esas notas o curiosidades que todos gustamos de juntar, aún cuando dudemos que nos sirvan de nada. Hará de él un órgano de relación, de relación social, con el mundo de los escritores: un boletín de noticias del trabajo, casi una carta circular. En suma: un correo literario.

Sin necesidad de manifiestos de estética ni de programas —mala costumbre, ésta, en mala hora importada de la política a la literatura—; consintiéndose toda la flexible variedad de la vida, y esperando que la experiencia vaya acabándolo de formar o imprimiéndole su conducta definitiva (tanto es como solicitar la naturaleza, o conducirla sin violentarla); poco amigo de «encuestas» sobre esas vaguedades de la inquietud contemporánea o el porvenir de nuestros pueblos, de que ya se ha abusado tanto; pero modestamente dispuesto a ser un terreno de investigaciones literarias precisas; prestándose al diálogo entre los amigos que quieran aclarar consultas o cambiar erudiciones por este medio; siempre hospitalario, pero siempre casa privada y no edificio público, siempre habitación de una sola persona que no ha de explicar sus preferencias; de aparición periódica en lo posible, y frecuente según convenga al redactor único, puesto que es un papel de obsequio, una carta impresa; útil como tarjeta para agradecer los muchos libros que nos enviamos unos a otros y de que apenas podemos ya acusarnos recibo, a riesgo de abandonar toda otra tarea, —el correo literario (este *Correo Literario* que pongo bajo la advocación de mi ciudad natal por motivos puramente cordiales)— sale hoy a desandar la trayectoria de todos mis viajes, en busca del tiempo y del espacio perdidos, para limpiar las veredas de la amistad y atarme otra vez al recuerdo de mis ausentes: a toda rienda, a todo anhelo, todo él galope tendido, ijar latiente, y redoble de pezuñas y espuelas.

A. R.

PALABRAS INICIALES*

José Vasconcelos

La presente Revista se publica para defender los intereses materiales y morales de las razas hispánicas del Nuevo Mundo. Se hace con el producto de conferencias dadas por nuestro Director en Panamá, Colombia, Ecuador, Costa Rica, Honduras, El Salvador y Cuba. El público que acudió a esas conferencias y los amigos que colaboraron para organizarlas, tales son los contribuyentes del modesto capital con que iniciamos nuestras labores. En contra de nosotros estarán todos los que viven del hurto y la mentira. Pero detrás de nosotros, está la opinión de un continente que no se resigna a claudicar de sus derechos ni a vender su esperanza. Órgano de los vencidos, de los temporalmente sometidos, esta publicación aparece en formato modesto, pero segura de que cumplirá sus compromisos con los suscritores, garantizada para un año de vida. Constituyen estas garantías sus fondos en caja y las tradicionales libertades de Francia; esta tierra, ejemplar en el orden político, y que por eso sigue siendo el centro de coordinación de nuestros propósitos iberoamericanos.

Esta Revista se edita en París y se sentirá muy satisfecha si aparte de su propósito primordial de concentrar, organizar el pensamiento iberoamericano, lograse también infundirle el hálito libre de Francia. Sin embargo, por lo mismo que quiere tomar, de cada sitio lo esencial y valioso, no será una Revista de modas, a pesar de que se hace en París; no se ocupará siquiera de las modas literarias. Poco nos importan el día ni los días; trabajamos para los siglos, no obstante que a veces sea necesa-

---

* Publicado en *La Antorcha* 1 (abril, 1931), págs. 2-3.

rio entrar en el presente si por azar, ofrece una ocasión favorable a los destinos más altos. Y cuando esto no es posible, cuando el instante no se preste a ser vencido tendremos que tornar a la altura; una altura andina, supereuropea, humana; más allá de toda vanguardia; justamente donde se posa ese supremo general de las batallas humanas, el pensamiento iluminado de emoción generosa.

Daremos a nuestra América la información que necesita para obrar; una información contraria a la mentira que le sirven las Agencias norteamericanas imperialistas. A la vez procuraremos darle un pensamiento que sea hijo suyo, no la traducción, la imitación del pensamiento ajeno. En primer lugar, hablarán desde estas columnas, los nuestros, los bien nuestros, los que escriben desde la América con corazón y con mente americanos. Sólo en segundo término daremos a nuestros lectores el pensamiento extranjero, europeo, norteamericano, en la medida que nos interesa; seleccionado por nosotros, juzgado por nosotros, según nuestros patrones y nuestras medidas; el pensamiento que embone con nuestro propio programa de defensa racial hispanoamericana. ¿Se trata, dirán los siervos del extranjero, de un nuevo nacionalista, estrecho e informe? Y quizás es todo lo contrario, tal vez un último esfuerzo de internacionalismo en la América española, ya que el propósito universal y humano está fracasado, por el momento, en todos los pueblos poderosos de la hora. Creemos en nuestra América no tanto por lo que es sino porque los otros han traicionado el propósito universal, humano. Y nuestra América, especialmente ante el fracaso yankee, es la única esperanza del hombre. ¡Ay de las gentes, todas, si también fracasamos nosotros! Eso es todo.

Perú (Revistas)

PERÚ (Revista): a) José Carlos Mariátegui, «Presentación de *Amauta*» (1926).—b) «Aniversario y balance» (1928).

Así como ciertas publicaciones de vanguardia se identifican con *grupos (Martín Fierro, Contemporáneos, Revista de Avance),* otras se vinculan estrictamente a la personalidad de sus fundadores. Son los casos de *Monterrey* y Alfonso Reyes y de *Amauta,* asociada de manera indisoluble a José Carlos Mariátegui[1].

Hombre de múltiples inquietudes, de extraordinaria capacidad intelectual e infatigable trabajador (a pesar de sus precarias condiciones de salud que determinaron su muerte prematura), Mariátegui imprimió a la revista un perfil singular, convirtiéndola en poco tiempo en el órgano más importante de la cultura peruana en la década del 20. Consiguió vincular la preocupación indigenista (expresada ya en el nombre, *Amauta,* palabra que en quechua significa «sabio» o «consejero» inca) con la ideología marxista asumida, manteniendo siempre receptividad ante las cuestiones estéticas de las vanguardias peruana e internacional. Mariátegui supo incorporar valores de la generación anterior a él (Manuel González Prada, por ejemplo, a quien dedicó el decimosexto número) y también atraer a jóvenes de distintas ideologías, que más tarde se destacarían en la política y las artes del Perú.

A pesar de su filiación marxista leninista, Mariátegui no transforma a la revista en instrumento sectario e ideológicamente previsible. Aunque afirme, al presentar la revista que *«Amauta* no es

---

[1] *Amauta,* ed. facsimilar, introducción de Alberto Tauro, Lima, Empresa Editorial Amauta, 1976.

una tribuna libre abierta a todos los vientos del espíritu», *Amauta*, en la práctica, se convirtió en un foro siempre abierto a las discusiones y a la renovación. Lo «nuevo», valor muy caro a la vanguardia, renace politizado y anclado al contexto internacional. «Voluntad de crear un Perú nuevo dentro del mundo nuevo», afirma el autor de *Siete ensayos*. También el término «vanguardia» recupera su acepción bélica original, al aparecer identificado con el socialismo y con la revolución: «A los fautores de esta renovación se les llama vanguardistas, socialistas, revolucionarios, etc.». En un importante estudio sobre la revista, el crítico David O. Wise comenta: «Las preocupaciones de *Amauta* iban desde la educación, la religión, la evolución histórica de América Latina, a los problemas de organización laboral y la politización del obrero hasta la crítica literaria y de las artes visuales. La principal preocupación de la revista era «la realidad peruana» (frase vuelta famosa por los *Siete ensayos),* considerada en el contexto de la lucha entre el socialismo y el capitalismo»[2].

Pocos periódicos de vanguardia tuvieron la difusión nacional e internacional de *Amauta.* Con respecto a América Latina, fue intenso el intercambio con México y con la Argentina[3]. Por la revista circularon nombres como los de Huidobro, Borges, Marinetti, Waldo Frank, Breton, además de referencias a la importante *transition*. En ella tienen espacio los jóvenes escritores peruanos de las más variadas tendencias: César Vallejo, César Moro, Xavier Abril, Carlos Oquendo de Amat y Martín Adán [Rafael de la Fuente Benavídez]. Tales expresiones estéticas conviven con materias de fondo sobre la revolución mexicana, el sindicalismo argentino, la reforma agraria peruana, ensayos de Mariátegui en defensa del marxismo, un artículo de Freud, etcétera.

Amauta también es el espacio de debates con Víctor Raúl Haya de la Torre, fundador del APRA (Alianza Popular Revolucionaria Americana), que estaba exiliado en México desde 1923. Aunque el elemento indígena sea la marca registrada de la revista, por su nombre y por el bello logotipo hecho por el pintor José Sabogal[4], la

---

[2] «Mariátegui's *Amauta* (1925-1930), a source for peruvian cultural history», *Revista Interamericana de Bibliografía* 29 (1979), pág. 298.

[3] Ver Luis Alberto Sánchez, «Amauta: su proyección y su circunstancia», *Cuadernos Americanos* 1 (enero-febrero, 1977), págs. 142-149.

[4] Originalmente el nombre de la revista iba a ser *Vanguardia*. Recuerda Alberto Tauro en «Noticia de *Amauta*» (en *Amauta,* ed. facsimilar, Lima, Empresa Editorial Amauta, 1976, pág. 10): «Promovióse alguna discusión en torno del nombre que se daría a la revista, pues, no obstante haber anunciado que aparecería bajo el título de *Vanguardia,* el mismo Mariátegui aceptaba que su adopción era prematura, porque aún no se hallaba constituida la "vanguardia" que la animaría; porque la

defensa de los indios está concentrada en una serie de seis artículos publicados en la sección «Boletín de defensa indígena».

El eclecticismo de *Amauta*, en lugar de volver la revista contradictoria, prueba que la meta revolucionaria del fundador del Partido Socialista Peruano no perturbó sus criterios estéticos, siempre puros y hasta muy renovadores para la época[5]. El debate político fue permanente. Publicada durante el gobierno de Augusto B. Leguía, criticaba el creciente endeudamiento del país con los bancos norteamericanos, siendo castigada con el cierre bajo la acusación de promover un «complot comunista». Estuvo cerrada durante seis meses, desde junio de 1927, entre el noveno y el décimo números. Ese supuesto complot llevó a algunos intelectuales al exilio y a Mariátegui a la prisión durante una semana, pasada en el Hospital Militar de Lima. Presiones nacionales e internacionales permitieron que la revista volviera a salir en diciembre de 1927.

El radicalismo de un texto como «Aniversario y Balance», editorial publicado en septiembre de 1928, ocasión del segundo aniversario de la revista, debe entenderse en su momento histórico, como respuesta a la persecución ideológica de que era víctima Mariátegui. La editorial reafirma principalmente el elemento revolucionario que llevará a un socialismo indoamericano, puesto que, como dice el pensador peruano, «la más avanzada organización comunista, primitiva, que registra la historia, es la inkaica». Mariátegui también ataca el imperialismo norteamericano y aprovecha para refutar el mito arielista de José Enrique Rodó. A pesar de las dificultades económicas y del precario estado de salud de Mariátegui, *Amauta* siguió publicándose hasta la muerte de éste en 1930.

El periódico *Labor* (1928-1929) también fue dirigido por Mariátegui. Se lo conoce mucho menos. Durante once números, se convirtió en un instrumento de acceso a las masas obreras y a quienes estaban identificados con la causa del proletariado. En el número noveno, Mariátegui hablaba así de sus intenciones[6]:

---

situación general del país determinaba la posibilidad de que se le diera una connotación alarmante, y porque a la postre tendría sólo una significación transitoria, en cuanto el paso del tiempo ocasionaría el desgaste de las innovaciones que pudiera introducir en la literatura y el arte.»

[5] Ejemplo de severidad estética en Mariátegui, en el proceso seleccionador de materiales para su publicación en *Amauta,* es la respuesta que el poeta peruano Alberto Hidalgo le envió (José Carlos Mariátegui, *Correspondencia (1915-1930),* Lima, Amauta, 1984, pág. 208): «Lamento que usted haya juzgado mi poema a Lenin con ideología de comunista.»

[6] *Obras completas,* vol. 13: *Ideología y política,* Lima, Biblioteca Amauta, 1969, págs. 255-256.

Labor representa los intereses y las aspiraciones de toda la clase productora; obreros de la industria y los transportes, trabajadores agrícolas, mineros, comunidades indígenas, maestros, empleados, etc. No es un órgano de categoría o de grupo, sino un órgano de clase. Los intelectuales y estudiantes, adheridos, sin prejuicios ni reservas al proletariado, tienen aquí su tribuna. El movimiento de los trabajadores de la enseñanza por la renovación de la escuela cuenta con esta hoja para sus reivindicaciones. La defensa de la ley del empleado, de los derechos e intereses de esta categoría de trabajadores dispone igualmente de las columnas de *Labor*.

La existencia de esta revista, con un público muy diferenciado del de *Amauta,* redime a Mariátegui de las acusaciones de que sólo escribía para la burguesía letrada y hablaba, en el caso de los indígenas, por una gente de la que se mantenía alejado, desconociendo incluso su lengua. Así como la *Claridad* peruana fue cerrada por el gobierno de Leguía en 1924 y *Amauta* suspendida temporalmente en 1927, *Labor* fue obligada a cerrar sus puertas en el onceno número. En carta dirigida al Ministerio de Gobierno, Mariátegui decía[7]:

> Es posible que la existencia de este periódico resulte incómoda a las grandes empresas mineras que infringen las leyes del país en daño de sus obreros; es posible que tampoco sea grata al gamonalismo latifundista[8], que se apropia de las tierras de las comunidades, celosamente amparadas por *Labor* en su sección «El Ayllu». Pero ni uno ni otro hecho me parece justificar la clausura de este periódico por razones de orden público. Le adjunto una colección completa de *Labor* para que Ud. aprecie el fundamento de mi reclamación.

El legado intelectual de Mariátegui impresiona cuando se considera que la mayor y más importante etapa de su producción se concentra en los años que van de 1923 —cuando regresa de Europa— hasta 1930. Su gran trabajo de divulgación queda registrado, sin duda, en estas dos revistas. Por un lado, *Amauta* permanece como testimonio del ecumenismo y la sofisticación de sus inquietudes. Por el otro, *Labor* prueba su militancia política, su empeño en querer cambiar el destino de su sociedad. Estas instancias de producción periodística simbolizan las dos vertientes indisociables en el

---

[7] *Ídem,* pág. 258.
[8] «Gamonalismo latifundista» es el sistema de explotación de las comunidades indígenas. Al gran propietario se lo llama, peyorativamente, *gamonal,* sinónimo de cacique.

pensamiento de José Carlos Mariátegui, que siempre se esforzó por aliar la vanguardia artística y la vanguardia política. En un revelador artículo, Vicky Unruh afirma[9]:

> Mariátegui creía que en los periodos de gran convulsión social como era el suyo, los verdaderos vanguardistas, los «hombres nuevos», eran aquellos que no sólo afilaban los instrumentos críticos de sus propias disciplinas, sino que también buscaban superar las distancias que esas disciplinas generalmente imponen en relación con los temas cotidianos. Los mejores artistas de la vanguardia (como Grosz, Girondo, Vallejo y Diego Rivera) eran los que sintetizaban el virtuosismo técnico de una variedad de estilos vanguardistas y al mismo tiempo permanecían en contacto con la experiencia cotidiana. Los intelectuales vanguardistas eran aquellos que de alguna manera podían exponer el *status* ficticio de los mitos humanos y al mismo tiempo superar su propio escepticismo y mitigar las oposiciones entre espíritu y corazón, crítica y compromiso [...] El impacto político del arte y de la actividad intelectual debía estar fundado, no en la participación del militante en los partidos políticos o en elaboraciones de doctrina política, sino en su capacidad de permanecer en contacto, a través de su trabajo, con la vida cotidiana.

PRESENTACIÓN DE AMAUTA*

José Carlos Mariátegui

Esta revista, en el campo intelectual, no representa un grupo. Representa, más bien, un movimiento, un espíritu. En el Perú, se siente desde hace algún tiempo una corriente, cada día más vigorosa y definida, de renovación. A los fautores de esta renovación se les llama vanguardistas, socialistas, revolucionarios, etc. La historia no los ha bautizado definitivamente todavía. Existen entre ellos algunas discrepancias formales, algunas diferencias psicológicas. Pero por encima de lo que los diferencia, todos estos espíritus ponen lo que los aproxima y mancomuna: su voluntad de crear un Perú nuevo dentro del mundo nuevo. La inteligencia, la coordinación de los más volitivos de estos elementos progresan gradualmente. El movimiento intelectual-espiritual adquiere poco a poco organicidad. Con la aparición de *Amauta* entra en una fase de definición.

[9] «Mariátegui's Aesthetic Thought: a Critical Reading of the Avant-Gardes», *Latin American Research Review* 24 (3), 1989, págs. 57-58.

* Publicado en *Amauta* 1 (septiembre, 1926), pág. 1.

AMAUTA

¿Y AHORA?

LA INTERVENCION ITALIANA EN LA GUERRA,
POR JOSE CARLOS MARIATEGUI

LA REVOLUCION COLONIAL Y LA CUESTION CHINA.
POR ERCOLI

¿QUE ES EL ARPA?
POR JULIO ANTONIO MELLA

LA REFORMA UNIVERSITARIA EN LA ARGENTINA,
POR R. MARTINEZ DE LA TORRE

ELOGIO DE JOSE CARLOS MARIATEGUI,
POR GAMALIEL CHURATA

AGOSTO-SEPTIEMBRE DE 1930

Año IV

SOCIEDAD EDITORA "AMAUTA"
CASILLA DE CORREO 2107
WASHINGTON, IZQUIERDA 544-970

32

Amauta ha tenido un proceso normal de gestación. No nace de súbito por determinación exclusivamente mía. Yo vine de Europa con el propósito de fundar una revista. Dolorosas vicisitudes personales no me permitieron cumplirlo[1]. Pero este tiempo no ha transcurrido en balde. Mi esfuerzo se ha articulado con el de otros intelectuales y artistas que piensan y sienten parecidamente a mí. Hace dos años, esta revista habría sido una voz un tanto personal. Ahora es la voz de un movimiento y de una generación.

El primer resultado que los escritores de *Amauta* nos proponemos obtener es el de acordarnos y conocernos mejor nosotros mismos. El trabajo de la revista nos solidarizará más. Al mismo tiempo que atraerá a otros buenos elementos, alejará a algunos fluctuantes y desganados que por ahora coquetean con el vanguardismo, pero que apenas éste les demande un sacrificio, se apresurarán a dejarlo. *Amauta* cribará a los hombres de la vanguardia —militantes y simpatizantes— hasta separar la paja del grano. Producirá o precipitará un fenómeno de polarización y concentración.

No hace falta declarar expresamente que *Amauta* no es una tribuna libre abierta a todos los vientos del espíritu. Los que fundamos esta revista no concebimos una cultura y un arte agnósticos. No le hacemos ninguna concesión al criterio generalmente falaz de la tolerancia de las ideas. Para nosotros hay ideas buenas e ideas malas. En el prólogo de mi libro *La Escena Contemporánea* escribí que soy un hombre con una filiación y una fe: lo mismo puedo decir de esta revista, que rechaza todo lo que es contrario a su ideología así como todo lo que no traduce ideología alguna.

Para presentar *Amauta,* están demás las palabras solemnes. Quiero proscribir de esta revista la retórica. Me parecen absolutamente inútiles los programas. El Perú es un país de rótulos y de etiquetas. Hagamos al fin alguna cosa con contenido, vale decir con espíritu. *Amauta* por otra parte no tiene necesidad de un programa; tiene necesidad tan sólo de un destino, de un objeto.

El título preocupará probablemente a algunos. Esto se deberá a la importancia excesiva, fundamental, que tiene entre nosotros el rótulo. No se mire en este caso a la acepción estricta de la palabra. El título no traduce sino nuestra adhesión a la Raza, no refleja sino nuestro homenaje al Incaísmo. Pero específicamente la palabra *Amauta* adquiere con esta revista una nueva acepción. La vamos a crear otra vez.

El objeto de esta revista es el de plantear, esclarecer y conocer los problemas peruanos desde puntos de vista doctrinarios y científicos. Pero consideraremos siempre al Perú dentro del panorama del mundo.

---

[1] Mariátegui se está refiriendo a sus condiciones precarias de salud. Él practicamente convaleció durante todo el año de 1924.

Estudiaremos todos los grandes movimientos de renovación: políticos, filosóficos, artísticos, literarios, científicos. Todo lo humano es nuestro. Esta revista vinculará a los hombres nuevos del Perú, primero con los de los otros pueblos de América, enseguida con los de los otros pueblos del mundo.

Nada más agregaré. Habrá que ser muy poco perspicaz para no darse cuenta de que al Perú le nace en este momento una revista histórica.

ANIVERSARIO Y BALANCE*

José Carlos Mariátegui

Amauta llega con este número a su segundo cumpleaños. Estuvo a punto de naufragar al noveno número, antes del primer aniversario. La admonición de Unamuno —«revista que envejece, degenera»— habría sido el epitafio de una obra resonante, pero efímera. Pero *Amauta* no había nacido para quedarse en episodio, sino para ser historia y para hacerla. Si la historia es creación de los hombres y las ideas, podemos encarar con esperanza el provenir. De hombres y de ideas, es nuestra fuerza.

La primera obligación de toda obra, del género de la que *Amauta* se ha impuesto, es ésta: durar. La historia es duración. No vale el grito aislado, por muy largo que sea su eco; vale la prédica constante, continua, persistente. No vale la idea perfecta, absoluta, abstracta, indiferente a los hechos, a la realidad cambiante y móvil; vale la idea germinal, concreta, dialéctica, operante, rica en potencia y capaz de movimiento. *Amauta* no es una diversión ni un juego de intelectuales puros: profesa una idea histórica, confiesa una fe activa y multitudinaria, obedece a un movimiento social contemporáneo. En la lucha entre dos sistemas, entre dos ideas, no se nos ocurre sentirnos expectadores ni inventar un tercer término. La originalidad a ultranza, es una preocupación literaria y anárquica. En nuestra bandera, inscribimos esta sola, sencilla y grande palabra: Socialismo. (Con este lema afirmamos nuestra absoluta independencia frente a la idea de un Partido Nacionalista pequeño burgués y demagógico.)

Hemos querido que *Amauta* tuviese un desarrollo orgánico, autónomo, individual, nacional. Por esto, empezamos por buscar su título en la tradición peruana. *Amauta* no debía ser un plagio, ni una traduc-

---

* Publicado en *Amauta* 17 (septiembre, 1928), págs. 1-3.

ción. Tomábamos una palabra inkaica, para crearla de nuevo. Para que el Perú indio, la América indígena, sintieran que esta revista era suya. Y presentamos a *Amauta* como la voz de un movimiento y de una generación. *Amauta* ha sido, en estos dos años, una revista de definición ideológica, que ha recogido en sus páginas las proposiciones de cuantos que, con título de sinceridad y competencia, han querido hablar a nombre de esta generación y de este movimiento.

El trabajo de definición ideológica nos parece cumplido. En todo caso, hemos oído ya las opiniones categóricas y solícitas en expresarse. Todo debate se abre para los que opinan, no para los que callan. La primera jornada de *Amauta* ha concluido. En la segunda jornada, no necesita ya llamarse revista de la «nueva generación», de la «vanguardia», de las «izquierdas». Para ser fiel a la Revolución, le basta ser una revista socialista.

«Nueva generación», «nuevo espíritu», «nueva sensibilidad», todos estos términos han envejecido. Lo mismo hay que decir de estos otros rótulos: «vanguardia», «izquierda», «renovación». Fueron nuevos y buenos en su hora. Nos hemos servido de ellos para establecer demarcaciones provisionales, por razones contingentes de topografía y orientación. Hoy resultan ya demasiado genéricos y anfibológicos. Bajo estos rótulos, empiezan a pasar gruesos contrabandos. La nueva generación no será efectivamente nueva sino en la medida en que se sepa ser, en fin, adulta, creadora.

La misma palabra Revolución, en esta América de las pequeñas revoluciones, se presta bastante al equívoco. Tenemos que reivindicarla rigurosa e intransigentemente. Tenemos que restituirle su sentido estricto y cabal. La revolución latino-americana, será nada más y nada menos que una etapa, una fase de la revolución mundial. Será, simple y puramente, la revolución socialista. A esta palabra, agregad, según los casos, todos los adjetivos que queráis: «anti-imperialista», «agrarista», «nacionalista-revolucionaria». El socialismo los supone, los antecede, los abarca a todos.

A Norte América capitalista, plutocrática, imperialista, sólo es posible oponer eficazmente una América, latina o ibera, socialista. La época de la libre concurrencia, en la economía capitalista, ha terminado en todos los campos y todos los aspectos. Estamos en la época de los monopolios, vale decir de los imperios. Los países latinoamericanos llegan con retardo a la competencia capitalista. Los primeros puestos, están ya definitivamente asignados. El destino de estos países, dentro del orden capitalista, es el de simples colonias. La oposición de idiomas, de razas, de espíritus, no tiene ningún sentido decisivo. Es ridículo hablar todavía del contraste entre una América sajona materialista y una América latina idealista, entre una Roma rubia y una Grecia pálida. Todos estos son tópicos irremisiblemente desacreditados. El mito de Rodó[1] no obra ya —no ha obrado nunca— útil y fecundamente sobre las almas. Descartemos, inexorablemente, todas estas caricaturas y simulacros de ideologías y hagamos las cuentas, seria y francamente, con la realidad.

El socialismo no es, ciertamente, una doctrina indo-americana. Pero ninguna doctrina, ningún sistema contemporáneo lo es ni puede serlo. Y el socialismo, aunque haya nacido en Europa, como el capitalismo, no es tampoco específica ni particularmente europeo. Es un movimiento mundial, al cual no se sustrae ninguno de los países que se mueven dentro de la órbita de la civilización occidental. Esta civilización conduce, con una fuerza y unos medios de que ninguna civilización dispuso, a la universalidad. Indo América, en este orden mundial, puede y debe tener individualidad y estilo; pero no una cultura ni un sino particulares. Hace cien años, debimos nuestra independencia como naciones al ritmo de la historia de Occidente, que desde la colonización nos impuso ineluctablemente su compás. Libertad, Democracia, Parlamento, Soberanía del Pueblo, todas las grandes palabras que pronunciaron nuestros hombres de entonces, procedían del repertorio europeo. La historia, sin embargo, no mide la grandeza de esos hombres por la originalidad de estas ideas sino por la eficacia y genio con que las sirvieron. Y los pueblos que más adelante marchan en el continente son aquellos donde arraigaron mejor y más pronto. La interdependencia, la solidaridad de los pueblos y de los continentes eran, sin embargo, en aquel tiempo, mucho menores que en éste. El socialismo, en fin, está en la tradición americana. La más avanzada organización comunista, primitiva, que registra la historia, es la inkaica.

No queremos, ciertamente, que el socialismo sea en América calco y copia. Debe ser creación heroica. Tenemos que dar vida, con nuestra propia realidad, en nuestro propio lenguaje, al socialismo indoamericano. He ahí una misión digna de una generación nueva.

En Europa, la degeneración parlamentaria y reformista del socialismo ha impuesto, después de la guerra, designaciones específicas. En los pueblos donde ese fenómeno no se ha producido, porque el socialismo aparece recién en su proceso histórico, la vieja y grande palabra conserva intacta su grandeza. La guardará también en la historia, mañana, cuando las necesidades contingentes y convencionales de demarcación que hoy distinguen prácticas y métodos, hayan desaparecido.

Capitalismo o Socialismo. Este es el problema de nuestra época. No nos anticipemos a las síntesis, a las transacciones, que sólo pueden operarse en la historia. Pensamos y sentimos como Gobetti que la historia es un reformismo más a condición de que los revolucionarios

---

[1] Aquí Mariátegui refuta la filosofía arielista de José Enrique Rodó, expuesta en *Ariel*.

operen como tales. Marx, Sorel, Lenin, he ahí los hombres que hacen la historia.

Es posible que muchos artistas e intelectuales apunten que acatamos absolutamente la autoridad de maestros irremisiblemente comprendidos en el proceso por *«la trahison des clercs»*[2]. Confesamos, sin escrúpulo, que nos sentimos en los dominios de lo temporal, de lo histórico, y que no tenemos ninguna intención de abandonarlos. Dejemos con sus cuitas estériles y sus lacrimosas metafísicas a los espíritus incapaces de aceptar y comprender su época. El materialismo socialista encierra todas las posibilidades de ascensión espiritual, ética y filosófica. Y nunca nos sentimos más rabiosa y eficaz y religiosamente idealistas que al asentar bien la idea y los pies en la materia.

Amauta.

---

[2] *La trahison des clercs* (1927), conocido libro de Julien Benda.

Cuba (Revistas)

CUBA (Revistas): Alejo Carpentier *et alia.,* «Al levar el ancla», *Revista de Avance* (1927).

La metáfora del barco zarpando, presente en el nombre de la revista argentina *Proa,* es recuperada en «Al levar el ancla», texto que abre la *Revista de Avance,* publicada en La Habana a partir de 1927: «[...] su tripulación es escasa y todos, mal que bien, sabemos nadar». Estos marineros en viaje inaugural son Jorge Mañach, Juan Marinello, Francisco Ichaso, Alejo Carpentier y Martí Casanovas. Aunque se la conoce como *Revista de Avance,* su nombre cambió de año en año, de acuerdo con el deseo de movimiento anunciado en el texto: *1927, 1928, 1929* y *1930.* En esos cuatro años la *Revista de Avance* se afirmó como el órgano más importante de renovación estética y de preocupación política en Cuba.

De sus cincuenta números merecen destacarse los dedicados a Ramón Gómez de la Serna, a México y a sus escritores, a José Martí, a Waldo Frank, a un homenaje póstumo a José Carlos Mariátegui. De todas las revistas de la época, la *Revista de Avance* es, quizá, la más refractaria a la influencia norteamericana, lo que no le impide divulgar las obras de Ezra Pound, Sinclair Lewis, John dos Passos y otros. Íntimamente vinculada a las artes plásticas, puede considerarse, según Carlos Ripoll, inaugurada la vanguardia en Cuba a partir de 1927, cuando la *Revista de Avance* organiza la exposición «Arte Nuevo»[1].

---

[1] Carlos Ripoll, *Índice de la Revista de Avance,* Nueva York, Las Américas Publishing Co., 1969, pág. 10. Ver también, del mismo autor, *La generación del 23 en Cuba,* Nueva York, Las Américas Publishing Co., 1968.

Una de las nuevas vertientes exploradas por la *Revista de Avance* es la poesía negra. También tuvo en ella un espacio la poesía «pura» o experimental, de Manuel Navarro Luna *(Surco,* 1928) y de Mariano Brull *(Poemas en menguante,* 1928), a quien Alfonso Reyes dedicó un artículo sobre las «jitanjáforas». Por fin, la revista incluía aún elementos de signo proletario o socializante, representados por la poesía de Regino Pedroso.

Además de abrir sus puertas a lo más renovador que había en materia de arte, la *Revista de Avance* supo vincularse a las mejores revistas hispanoamericanas de la época *(Amauta, Contemporáneos, La Pluma, Repertorio Americano,* etc.). También supo divulgar a escritores que constituirían posteriormente los nombres mayores de las letras y la cultura de América Latina: Carpentier, Mariátegui, Vallejo, Borges, Alfonso Reyes y otros. Se advierte en la *Revista de Avance* una preocupación por la definición del «carácter cubano», participando del mismo movimiento que habría de producir *Retrato de Brasil,* de Paulo Prado, o *Macunaíma* de Mário de Andrade. En ese sentido, Jorge Mañach, uno de sus directores, publica en 1926 un pequeño clásico, *Indagación del choteo,* en el cual trata de delinear los rasgos de la identidad nacional cubana.

AL LEVAR EL ANCLA*

Alejo Carpentier, Martí Casanovas, Francisco Ichaso, Jorge Mañach, Juan Marinello

Hé aquí un nuevo bajel en los mares de nuestra inquietud. Lleva al viento un gallardete alto, agudo y azul. Para la emergencia posible, banderín rojo. Lo que no va en su bagaje es la bandera blanca de las capitulaciones.

Pues, aunque el decirlo suene un poco enfático, zarpa esta embarcación con cierto brío heroico, dispuesta a hundirse, como tantas otras, si le soplase viento adverso; pero negada de antemano a todo patético remolque. Al fin y al cabo, su tripulación es escasa y todos, mal que bien, sabemos nadar.

¿Adónde va esta proa sencilla que dice «1927»?

Si lo supiéramos, perdería todo gusto la aventura. El goce fecundo de la vida, dicen con razón que no está en la contemplación de los propósitos, sino en la gestión por conseguirlos. Vamos hacia un puerto

---

* Publicado en *Revista de Avance* 1 (marzo, 1927), pág. 1.

revista de avance

QUINCENAL

Año 1. Núm. 1. La Habana, Marzo 15 de 1927

30 CTS.

SUMARIO:

Al levar el ancla, por "Los cinco".—Vanguardismo, por **Jorge Mañach**.—Una escuela para para inmigrantes ricos, por **Luis Araquistáin**.—Arte y Artistas: Rafael Blanco, por **Martí Casanovas**.—Una versión poética, por **Mariano Brull**.—El patriarcado, por **José Rafael Pocaterra**.—Crítica y contracrítica, por **Francisco Ichaso**. —Almanaque: Exposición Gattorno.—Ilustraciones de Adia M. Yunkers, Angelo, Rafael Blanco, Luis López Méndez y Antonio Gattorno.

APARTADO 2228
La Habana

—¿mítico? ¿incierto?— ideal de plenitud; hacia un espejismo tal vez de mejor ciudadanía, de hombría más cabal.

Pero no nos hacemos demasiadas ilusiones. Lo inmediato en nuestra conciencia, es un apetito de claridad, de novedad, de movimiento. Por ahora sólo nos tienta la diáfana pureza que se goza mar afuera, lejos de la playa sucia, mil veces hollada, donde se secan, ante la mirada irónica del mar, los barcos inservibles o que ya hicieron su jornada. ¡Mar afuera, hasta que se sienta un hervor de infinito bajo los pies!

Tampoco hay afán de pesca incidental en la excursión. Los peces están ya demasiado apercibidos contra esta laya de barquitos literarios, y no somos tan ingenuos que pretendamos «tupirlos» en redes intelectuales. Salimos, pues, rigurosamente a la aventura, a contemplar estrellas —que es siempre una sana faena—, a ver, en fin, si por azar nos topamos con algún islote que no tenga aire provinciano y donde uno se pueda erguir en toda la estatura.

Modestos como somos, llevamos, eso sí, nuestra pequeña antena, lista para cuantos mensajes de otras tierras y de otros mares podamos interceptar en nuestra ruta. Los descifraremos, y hasta puede que seamos alguna vez osados de contestarlos.

Ahora no embarcamos más que cinco. Temimos que la navecilla pudiera zozobrar si la cargábamos, así de buenas a primeras, con mucha pesadumbre letrada. Lo cual no obsta para que, a cada salida, tomemos a bordo algún que otro pasajero de discreta compañía. Ni que decir tiene que no hay en «1927» cabida ni escondite para los polizones de la literatura.

Una explicación importante: hemos escrito en la proa ese nombre, ese número:

1927

No que creamos que 1927 signifique nada, sin embargo. El año que viene, si aún seguimos navegando, pondremos en la proa «1928»; y al otro, «1929»; y así... ¡Queremos movimiento, cambio, avance, hasta en el nombre! Y una independencia absoluta —¡hasta del Tiempo!

Ya está arriba el ancla. A los que nos saluden cordialmente desde otros barcos o desde la playa, nuestro saludo.

Los Cinco.

Uruguay (Revistas)

URUGUAY (Revista): Alberto Zum Felde, «Programa», *La Pluma* (1927).

La Pluma (1927-1931), dirigida por Alberto Zum Felde (1889-1976) es el órgano más importante de la renovación estética uruguaya en los años 20. Su «Programa» intenta un resumen histórico de las revistas que la anteceden, desde fines del siglo XIX. Sin embargo, omite la verdadera precursora de la vanguardia uruguaya, la revista *Los Nuevos* (1920), dirigida por Ildefonso Pereda Valdés. En ella ya encontramos poemas del cubismo francés de Apollinaire y del ultraísmo español de Gerardo Diego, así como un ensayo sobre la nueva literatura norteamericana. *La Cruz del Sur* (1924-1931) aparece mencionada en el «Programa» de *La Pluma* como dirigida por un dinámico grupo de jóvenes escritores y artistas. Comprometidos con las tendencias estéticas avanzadas tienen, entre otros, el mérito de recuperar a tres grandes poetas modernos franco-uruguayos: Lautréamont, Laforgue y Supervielle.

La Pluma pretende mantenerse por encima de ideologías y de corrientes estéticas: «No viene a ejercer propaganda doctrinaria; no iza al tope bandera de escuela.» Igualmente, en su primer número toma partido en la cuestión del «meridiano intelectual de América» y publica, de Mariátegui, «Nativismo e indigenismo en la literatura americana». También el peruano Serafín Delmar [Reynaldo Bolaños] publica una nota estéticamente comprometida sobre los poetas de la revolución mexicana. Pero, en general, hay una propuesta de eclecticismo selectivo que dio como resultado un vasto y rico repertorio.

En el número decimosegundo de junio de 1929, el editorial «Nuestra primera etapa» hace un balance de los tres primeros años. Allí, *La Pluma* se reafirma como «una revista que, por arriba de las doctrinas y las escuelas, ajena a las sectas y a los círculos, reflejara fielmente en sus páginas al movimiento intelectual y artístico de la República, siendo al mismo tiempo un órgano que trasmitiera al país el movimiento intelectual y artístico del mundo, atento a todas las corrientes renovadoras y a los latidos más altos de la conciencia universal».

La Pluma se caracterizó por un cosmopolitismo saludable y renovador. Pereda Valdés escribió sobre «El ultraísmo en América»; el poeta mexicano Xavier Villaurrutia elaboró una «Guía de poetas norteamericanos», etc. *La Pluma* también abrió espacio a los autores brasileños. Publicó «El espíritu académico», una catilinaria de Graça Aranha contra la Academia Brasileña de Letras, más una carta del autor rompiendo con esa institución porque «la Academia es una contradicción del espíritu moderno que agita y transforma a todo el Brasil». En otra nota, «El Brasil intelectual» llama la atención sobre la producción cultural del Brasil, con vistas a una divulgación de carácter más general. Finalmente, hay un ensayo, «Panorama literario: el vanguardismo en el Brasil», de Peregrino Júnior, uno de los ensayos más completos sobre el modernismo brasileño. Allí se mencionan las diferencias entre el grupo carioca y el paulista, se habla de la crítica al modernismo, de los grupos de *Festa* y de *Verde*, reproduciendo el manifiesto de éste. Quizá las relaciones de Pereda Valdés, que publicó en esas dos revistas brasileñas, y la cercanía del Brasil con el Uruguay posibilitaron ese interesante intercambio.

En síntesis, y tomando palabras de Gloria Videla, quien analizó minuciosa e inteligentemente la revista: *«La Pluma* documenta el influjo del vanguardismo sobre autores uruguayos procedentes de generaciones anteriores, las relaciones entre vanguardismo y nativismo o vanguardismo y negrismo, la intensificación del movimiento en 1927 y su rápido declive a partir de 1928»[1].

---

[1] Gloria Videla, «Poesía de vanguardia en Iberoamérica a través de la revista *La Pluma* de Montevideo (1927-1931)», en *Revista Iberoamericana* 118-119 (enero-junio, 1982), pág. 340. Para informaciones de carácter más general, ver Emir Rodríguez Monegal, «El olvidado ultraísmo uruguayo», *Revista Iberoamericana* 118-119 (enero-junio, 1982), págs. 257-274.

PROGRAMA*

[ALBERTO ZUM FELDE]

Aparece *La Pluma*, con el propósito de realizar —en cuanto sea factible, y dentro de las condiciones de la hora— la aspiración, siempre activa y nunca satisfecha, de afirmar, por sobre las dificultades económicas del medio y por sobre la indiferencia de la mayoría, la existencia de una revista puramente intelectual, cuyas páginas sean a la vez que un exponente amplio de la mentalidad nacional en los planos de las letras, de la ciencia y del arte, un órgano que refleje el movimiento intelectual del mundo, en todas aquellas fases que interesen positivamente al desarrollo de nuestra cultura.

Todas las realizaciones intentadas hasta hoy en este sentido, se han visto frustradas en un duro debatirse contra la apatía del medio. Las revistas de esta índole aparecidas en el País, no han podido sostenerse, faltas de base material; y han muerto a poco de salir a luz, por asfixia económica, entre el desánimo de sus deudos, o han llevado, por algún tiempo, una vida incierta y precaria, merced a las heroicas inyecciones extraídas con dolor, del bolsillo de sus propios redactores.

No quisiéramos pecar de injustos al citar, en la bibliografía histórica de nuestras revistas de letras, los esfuerzos de mayor categoría. Pero, entre el continuo tránsito de las pequeñas revistas efímeras —juveniles en mayoría— que se suceden como vegetación sin arraigo, cabe recordar, porque concitaron, en su hora, la vida intelectual del país, siendo representativas de un estado de cultura:

Anales del Ateneo, que documentan el magnífico movimiento cultural de la juventud ateneísta[1] —en torno de 1885— con su elegante esgrima dialéctica entre el romanticismo que se alejaba y el positivismo que advenía, desarrollándose sobre el fragor de uno de los momentos más intensos, en la formación política de la República, de la lucha del espíritu civil y ciudadano contra el predominio militar y caudillesco. *La Revista Nacional*, que, en las postrimerías del siglo pasado dirigieron, Rodó, Pérez Petit, Martínez Vigil y otros amigos —que entonces representaban una nueva oleada de juventud y de renovación de la mentalidad nacional, ya dejada muy atrás por el curso evolutivo de la Vida— y en cuyas páginas colaboró lo más selecto de aquella generación.

---

* Publicado en *La Pluma* 1 (agosto, 1927), págs. 7-9.
[1] La «juventud ateneísta» era un grupo que se reunía en El Ateneo de Montevideo y que publicaba en *Los Anales del Ateneo*. Tenía como integrantes, entre otros, a José Pedro Varela, Juan Carlos Gómez y Melián Lafinur.

La Revista y *La Nueva Atlántida,* fundadas por Herrera y Reissig en los comienzos del Novecientos, ambas de muy corta duración, pero significativas porque en ellas se afirmaba el movimiento simbolista en las letras, del cual fue centro en nuestro país el poeta de «La Torre de los Panoramas». *La Revista Nueva,* de matriz universitaria, publicada en 1902, que, no obstante acoger selectas colaboraciones literarias, dio preferencia a los trabajos de cátedra, señalándose en nuestra historia intelectual por la adoctrinación del positivismo spenseriano que la inspira. *Vida Moderna,* que, bajo la dirección del señor Montero Bustamante, apareció en dos distintas épocas, (1901-3 y 1911) reuniendo en sus páginas lo mejor de la intelectualidad que actuaba en esos momentos, en las letras y en el foro, y caracterizándose, empero, por cierta tendencia conservadora, así en lo filosófico como en lo literario. *Bohemia,* que, poco antes de las crisis mundial de la gran guerra, reflejaba el entusiasmo de una pléyade de escritores, bajo cuyas formas literarias latía una generosa ideología social.

Y, en fechas más próximas: *Pegaso,* que logró sostenerse gallardamente durante dos o tres años, con el concurso ecléctico de todos los escritores nacionales, y merced a la encomiable contribución pecuniaria de amigos conspicuos; *Teseo,* órgano de la Agrupación intelectual del mismo nombre, inspirada en una severa selección de valores; y *La Cruz del Sur* que sigue publicándose con una relativa normalidad bajo el patrocinio de un dinámico grupo de escritores y artistas jóvenes, enrolados en las tendencias estéticas avanzadas.

La Pluma aparece, con la experiencia de todos esos esfuerzos predecesores, queriendo asentar sobre bases firmes, de segura normalidad, la existencia durable que, para todas las revistas de su género, ha sido problema siempre pendiente y azaroso.

Nuestro medio cultural no es todavía lo suficientemente denso, para poder mantener con vida autónoma, con el sólo producto de la venta, una buena revista de arte y estudios. La cifra de los lectores a quienes tal género de publicaciones interesa constantemente, es inferior al límite del costo editorial. Quedan, entonces, dos recursos: la subvención oficial —medio precario— y el anuncio comercial, hasta hoy poco favorable a publicaciones de esta índole.

Los editores de *La Pluma* han optado por el anuncio, ya que, la inteligente actividad de sus planes, les ha propiciado, por excepción, el concurso amplio de los hombres de comercio. El comercio y la industria nacional se honran al asociarse así a la finalidad intelectual de esta Revista —contribuyendo en una significativa solidaridad de esfuerzos— al desarrollo de la cultura integral. Por lo demás, nuestra época ha eliminado ya los viejos prejuicios románticos que establecían la incompatibilidad del campo intelectual y del campo económico; el intelectual y el hombre de negocios no tienen por qué mirarse como enemigos por encima de sus fronteras; guardando cada cual la autonomía de las actividades a que le llevan sus diversos temperamentos, ambos pueden y deben colaborar en el desenvolvimiento colectivo. La vida asume diversidad de formas, para la complejidad de sus procesos. Cada cual cumple una finalidad necesaria. La intelectualidad de nuestro tiempo ya no cabe en torres de marfil. Los anuncios, que constelan las noches de nuestras agitadas ciudades actuales con sus arabescos eléctricos, bien pueden mostrarse en las páginas de una revista de letras.

Este feliz consorcio permite, además, que pueda ofrecerse al público el ejemplar de esta Revista a un precio mínimo, desconocido hasta hoy para tal género de publicaciones, lo cual, aumentando su difusión en la masa social, aumenta su capacidad como factor de cultura.

Y así es como, por primera vez, después de tantos heroicos intentos, una revista de letras, ciencia y arte, nace, en nuestro medio, dotada de una excelente vitalidad propia, que, garantizándole luenga y robusta existencia, la capacita para cumplir libremente, sus fines intelectuales.

*

La Pluma no es órgano de ninguna entidad determinada, ni responde a ningún dogmatismo exclusivo. No viene a ejercer propaganda doctrinaria; no iza al tope bandera de escuela. Enteramente desligada de todo círculo literario, se dispone a mantenerse por encima de las rivalidades y recelos de los grupos y de las personas, sin compromisos de amistad ni prevenciones de enemistad con nadie. Y, desde luego, se mantendrá rigurosamente aparte de toda cuestión de política interna, con la sola excepción de los estudios de carácter histórico, aunque se refieran a nuestra historia política.

Sus páginas estarán, por tanto, abiertas a toda colaboración, cualquiera sea su tendencia estética o ideológica, sin más condición que la calidad. El eclecticismo —norma necesaria de una revista que aspira a abarcar el complexo de la intelectualidad nacional—, tiene su propio límite en la necesidad de selección. Puesto que aspira a ser —asimismo— un órgano lo más ampliamente representativo que le sea posible. Sólo debe dar cabida a los valores de selección, en relación al medio.

Este eclecticismo relativo no implica, sin embargo, la neutralidad, en cuanto ésta signifique pasividad indiferente o diplomacia acomodaticia. La Dirección de *La Pluma* tiene sus opiniones definidas, y se reserva el derecho de formular sus juicios, sea en la crítica literaria o en el comentario de los hechos. Pero los juicios de la Dirección son, asimismo, independientes del juicio de sus colaboradores.

Para éstos sólo rige el criterio general de selección; aquéllos tienen por cometido una valoración más especial.

Mas, como la franqueza será siempre una de las virtudes principales de todo juicio y de toda actitud de *La Pluma,* comenzaremos a ejercerla desde ya, declarando que toda nuestra valoración crítica —así en lo estético como en lo ideológico— responderá al sentido de nuestro tiempo.

Aun cuando abierta a toda modalidad de arte y de pensamiento, *La Pluma* tiende a propiciar especialmente las expresiones propias de esta época de profunda revisión de la cultura occidental, y abrir cauce a las corrientes renovadoras surgidas del seno tumultuoso del Novecientos. Y declara que, así como será esencialmente contraria a todo dogmatismo en filosofía y en ciencia, será opuesta a todo academismo en letras y en artes.

Ello no significa empero que, literalmente, sea ésta una revista de vanguardia. No podría serlo, aunque quisiera, dado el carácter de amplitud editorial de su programa, y su aspiración a difundirse en las diversas zonas de nuestro ambiente cultural; pero tampoco querría serlo, aunque pudiera, en sentido estricto, porque ello inhibiría, en gran parte, su independencia crítica; y ella quiere mantener su acción crítica sobre las modalidades de vanguardia, colocándose en una posición histórica. Hay algo que debe marchar siempre delante y por encima de todas las vanguardias: el espíritu vigilante.

*

Mas, como decimos, *La Pluma,* no sólo quiere ser un órgano que refleje la actividad intelectual del país —proyectándola hacia el exterior—, sino también un órgano que recoja la actividad intelectual del mundo, proyectándola hacia el interior.

Cumplirá así el doble imperativo de nuestra realidad platense, abierta, como el estuario a todas las corrientes del mundo, y de nuestra joven cultura en formación, que requiere aún y, por mucho tiempo adelante, nutrirse de la madurez cultural del Viejo Mundo.

La Pluma sostiene el principio de la autonomía intelectual de América, y cree que todo esfuerzo cultural debe propender, en nuestro medio, al desenvolvimiento de la personalidad propia, en la cual el común espíritu de Occidente se encarne en formas más puras y plenas; y por la cual la civilización, de cuyos elementos nacimos, sea enriquecida con nuevos elementos.

Pero entiende que la formación de esa personalidad ha de operarse en un proceso de asimilación y renovación de los elementos de la cultura occidental —así como nuestra población platense y nuestros caracteres se están formando por la fusión y renovación de los elementos inmigratorios. Nuestra cultura requiere la inmigración intelectual, como nuestro territorio la inmigración étnica. Estar atentos al movimiento intelectual del mundo es, pues, una necesidad y un deber que nuestra revista se propone cumplir celosamente. *La Pluma* tendrá instalada en su mirador una potente estación radiográfica, cuyas sutiles antenas recibirán —en ondas de toda longitud— los mensajes de cinco continentes.

Al aparecer en el estadium del periodismo —definidos los principales puntos de su programa— *La Pluma* envía un saludo fraterno a todos los hombres que, en las diversas actividades culturales, dentro y fuera del país, colaboran en la obra de la evolución humana.

La Dirección

Ecuador

ECUADOR: a) Gonzalo Escudero, «Editorial», *Hélice* (1926.—b) «Editorial», *Lampadario* (1931).—c) «Nervio», *Nervio* (1934).

En el periodo que va de 1918 a 1934[1], el Ecuador no escapa a las tensiones que caracterizan todos los movimientos de vanguardia de la época en América Latina: un radicalismo estético que, a fines de los años 20, se vuelca en forma más acentuada sobre las preocupaciones de índole social. La vanguardia ecuatoriana no llega a producir proyectos renovadores, a la manera del creacionismo, del ultraísmo o del estridentismo, pero, en compensación, se beneficia del intenso intercambio y de la importación de ideas. En este sentido, las primeras resonancias europeas le vienen del escritor y diplomático ecuatoriano César E. Arroyo, responsable del sector hispanoamericano de la revista madrileña *Cervantes,* dirigida por Rafael Cansinos-Asséns[2]. La presencia de Arroyo en la revista que fundó el ultraísmo español, debe de haber contribuido al conocimiento de este movimiento en el Ecuador. Pero hubo más:

---

[1] Adopto la cronología establecida por Humberto E. Robles en *La noción de vanguardia en el Ecuador,* Guayaquil, Casa de la Cultura Ecuatoriana, 1989. Todos los documentos y gran parte de la información utilizada en esta antología han sido tomados de este excelente estudio.

[2] En una conferencia pronunciada en Quito en 1926 *(op. cit.,* pág. 99) César E. Arroyo recuerda: «[Cansinos-Asséns] y yo éramos directores de la revista *Cervantes,* la primera gran publicación madrileña que abrió sus páginas inquietas y prestó resonancias continentales a las audaces producciones de los jóvenes innovadores, mientras las otras revistas les negaban hospitalidad. Podemos, pues, decir que nosotros tuvimos en nuestras manos al *Ultraísmo* recién nacido, como se tiene a un niño».

Arroyo, en el artículo «La nueva poesía en América. La evolución de un gran poeta» (1919)[3], estableció la nueva tradición poética sobre tres nombres fundamentales: Cansinos-Asséns, Vicente Huidobro y José Juan Tablada. También la presencia del poeta ecuatoriano Jorge Carrera Andrade en Europa, de 1928 a 1933, tuvo repercusión en su país natal. En su segundo libro de poemas, *La guirnalda del silencio* (1926) se encuentran las típicas metáforas ultraístas con uso de imágenes consideradas «breves fórmulas de máxima concreción visual»[4]. Aparecen en 1930 los primeros *microgramas* de Carrera Andrade: formas poéticas que intentan ser sintéticas, inspiradas en el estilo epigramático, en el *haiku* (introducido en lengua castellana por Tablada) y en las *greguerías* de Ramón Gómez de la Serna.

No puede negarse la importancia de la influencia personal a través del nomadismo poético de los escritores de vanguardia, pero es en las revistas donde reside la gran fuerza de divulgación de la nueva sensibilidad. En ellas, el intenso intercambio y la contribución de poetas de los más variados orígenes legitiman la vanguardia en su sentido internacionalista, transformándola en una enorme fábrica de traducción cultural. Sirve de ejemplo la revista *Savia* (1927) de Guayaquil, dirigida por Gerardo Gallegos, según la descripción de Humberto E. Robles[5]:

> *Savia*, que no tiene poco de *Vanity Fair*, se anuncia como un periscopio enfocado sobre los baluartes de la juventud rebelde del mundo hispánico. El número de los «rebeldes» que llenan las páginas de la revista es largo y representativo: Gerardo Diego, Maples Arce, List Arzubide, Diego Rivera, Héctor Cuenca, Oliverio Girondo, Arqueles Vela, Vicente Huidobro, Pablo de Rokha, César Vallejo, Norah Lange, Pablo Neruda, José Carlos Mariátegui, Raúl Haya de la Torre. A todos se los lee. Tampoco escasean los comentarios sobre las últimas publicaciones hispánicas de aquí y allá: *Martín Fierro, Ulises, Revista de Occidente, Tableros, La Gaceta Literaria, Alfar,* y muchas más. El canje es patente. Hay fervor de actualidad y un claro anhelo por estar al día con lo que está ocurriendo, y no sólo en el mundo hispánico.

Para ilustrar el amplio movimiento de las revistas de vanguardia en el Ecuador, incluimos en esta antología tres textos que seña-

---

[3] Publicada inicialmente en *Cervantes* (agosto, 1919) y posteriormente en *Quito* (octubre, 1922).

[4] Enrique Ojeda, «Jorge Carrera Andrade y la vanguardia», *Revista Iberoamericana* 144-145 (julio-diciembre, 1988), pág. 684.

[5] Humberto E. Robles, *La nación de vanguardia en el Ecuador,* Páginas 42-43.

lan el paso de lo estético a lo ideológico. Primero, el editorial de la revista *Hélice* 1, de abril de 1926, firmado por el poeta Gonzalo Escudero. Es un texto de evidente inspiración huidobriana, pues en él aparece definida la función del artista como creador («sólo el artista crea, multiplica y destruye»), el rechazo del arte como imitación, lo bello como valor relativo, con lo que da cierta trascendencia al cosmopolitismo. Aunque es de 1926, este texto aún está preso en las mallas del futurismo, con imágenes mecánicas (ya están en el nombre de la revista) y un lenguaje agresivo.

El primer número de la revista *Lampadario,* de Quito, aparecido en febrero de 1931[6], denota cierta transición. Según Humberto E. Robles, *Lampadario* «se inclinaba hacia la izquierda política, pero sin comprometerse a un programa de partidismo estético». Su editorial incorpora el concepto de la vanguardia como «receptáculo definitivo del pensamiento nuevo». En el segundo número, publicado en abril de 1931, la revista lanza una encuesta con dos preguntas básicas: «¿Qué es la vanguardia?» y «La importancia del nativismo en la vanguardia mundial». En esta formulación: vanguardia-nativismo, se advierte la doble vertiente estético-ideológica de la revista. El importante artículo de Jorge Carrera Andrade, «Esquema de la poesía de vanguardia» es una respuesta a los interrogantes de la encuesta.

Finalmente, están *Nervio. Órgano de la Asociación Nacional de Escritores Socialistas*, que a mediados de la década del 30 deja totalmente de lado las preocupaciones estéticas o formales. En 1926 había sido fundado el Partido Socialista del Ecuador, afiliado a la Internacional Comunista. Revistas como *élan* (Quito) *América* (Quito), *Revista Universitaria* (Loja), *Hontanar* (Loja) y *Nervio* (Quito) se caracterizaron por su orientación socialista[7]. En el editorial de *Nervio* de septiembre de 1934, sobresale el llamado contra las desigualdades sociales y una referencia a Indoamérica. Es innegable en ellos la influencia del pensamiento de José Carlos Mariátegui.

---

[6] En su segunda etapa, *Lampadario* pasó a llamarse *élan.*

[7] Cfr. Humberto E. Robles, *La nación de vanguardia en el Ecuador,* página 59.

HÉLICE*

GONZALO ESCUDERO

Esta es la de nuestro velívolo. Meteoro de luz que estalla en la luz, guijarro de viento que muerde el aire, disparo de sol que acribilla al sol.

Estética de movilidad, de expansión, de dinamia. Nunca la naturaleza en nosotros, sino nosotros en la naturaleza. Nómades torturados de la belleza, tenemos sed. Y he aquí, que la hemos convertido en un pájaro de fuego para calcinar nuestro Universo.

Comprendemos que el Arte es la alquimia de la inverosimilitud, porque si el Arte fuera la verdad, la expresión artística no existiría. La creación fuera entonces apenas un panorama imitativo y el latigazo de la chispa se transformaría en un conato de resplandor.

El Arte es invertebrado como la nube. Se transporta a sí mismo con una ductibilidad imperiosa. No tiene forma, ni color, ni lógica, ni preceptiva. Explosiona porque quiere explosionar. Es la fluida pirotecnia de la sinrazón.

No existe la belleza, sino una intención subjetiva de la belleza, ni las cosas bellas sino el prurito magnífico de transmutarlas en bellas. Porque la relatividad estética es la más patética de las relatividades. Sólo el artista crea, multiplica y destruye. Y apenas tiene un haz sensible de neuronas, cuya descarga hace llover constelaciones y tiritar las nalgas de los hombres de bien.

Hélice: he ahí todo. Una sensibilidad aérea que esparce luminarias y que quiere con la sabiduría instantánea de la intuición, decapitar al arte mediocre, el arte de los más, de los burgueses, de las domésticas y de los mozos de hotel, el arte de los que congestionan su semblante excrementicio como gorilas y agitan sus extremidades simiescas, cuando un aire canalla invade sus oídos o cuando un cromo de luna, mar, barcazas y golondrinas se vuelca en sus retinas circulares, el arte del gregarismo de la emoción, de la uniformidad inexorable, el que se plagia a sí mismo e irrumpe, como una grafonola de aldea, siempre su alarido de mujer en cinta.

Cosmopolitismo, audacia, autenticidad. El simbolismo de la hélice es pródigo: un perpetuo aletazo que gira sobre sí mismo. Él dominará a la montaña humeante, a la bocanada del huracán, al boa constrictor de nuestra América, para universalizar el arte de la tierra autóctona, porque la creación criolla no exhuma a las creaciones extrañas, antes bien, las asimila, las agrega, las identifica bajo el techo solariego.

---

* Publicado en *Hélice* (abril, 1926).

Nihilistas, sin maestros, ni semidioses, proclamamos la destrucción de la naturaleza, para crearla de nuevo. Entonces haremos la luz.

El Arte espera un diluvio universal. Mientras tanto, construimos con nuestros sentidos atónitos, un arca de Noé, diáfana, de arquitectura estilizada y de volumen impecable, para hacerla flotar sobre todos los océanos. Ella ascenderá sobre la tromba más alta y no permitirá que la invadan las parejas zoológicas. Así proscribiremos a la bestia humana. Y un arcoiris trémulo caerá sobre nuestra hélice, como una guirnalda.

LAMPADARIO*

Una necesidad inmediata e inaplazable de unificación y selección subsecuente de valores literarios-genuinamente de vanguardia o modalidades en vísperas desembocar a ella dentro del gran movimiento proteico y multifásico; que ha rebasado los diques de las estéticas de ayer, superando la realidad con técnica e ideologías nuevas y que se insinúa todavía balbuciente, escoriforme, pero siempre en crecimiento, en las últimas generaciones intelectuales del país; ha sido la causa, el resorte creador, esencial y predominante, que ha determinado la aparición de *Lampadario*.

Lampadario anhela ser un receptáculo definitivo del pensamiento nuevo. Por eso responde a una etiqueta doctrinaria definida. Y ha elaborado sus postulados ideológicos directrices, asimismo definidos.

La principal de nuestras aspiraciones tienden a plasmar depurando el contenido artístico, que en variados moldes, en estructuras múltiples o con diversas aleaciones, ha informado al momento social transitorio con sus expectativas angustiosas, sus cataclismos políticos y crisis económicas, y con sus renovaciones germinando en medio de la marejada de inquietudes... Bajo la presión de los impulsos de la concurrencia, nuestro ideal fuerte quiere a toda costa sacar la resultante de todas aquellas fuerzas disgregadas, que hasta hoy han estado obrando dirigidas en diversos sentidos.

* Publicado en *Lampadario* 1 (febrero, 1931).

NERVIO*

SUS PRINCIPIOS

1. CREE: en el Mañana, en la Tierra, en el Trabajo, como puntos básicos del Problema Social. En la Justicia, sin dogmas; en la Verdad, no como sofisma, sino como relatividad filosófica; en el Esfuerzo, como principio del triunfo; en la Libertad, no como culto, sino como sistema económico y en la Igualdad.

2. PERSIGUE: la desviación desde clasista: la iniciación de nuevas mentalidades; la independencia de los «círculos cerrados», la cooperación, mas no el abuso de alabanzas cursis; la divulgación sincera de nuestros valores.

3. PROMETE: Ayudar eficientemente a los jóvenes que no encuentren facilidades en el camino del Arte; hacer una literatura nueva, pero accesible, capaz de señalar nuevos rumbos en el orden material y espiritual de la vida; dar a conocer el movimiento intelectual del país y de los demás países de Indoamérica.

---

* Publicado en *Nervio* 1 (septiembre, 1934).

Antologías: prólogos y posfacio

1. *Índice de la nueva poesía americana* (1926): a) Alberto Hidalgo, Prólogo I. b) Vicente Huidobro, Prólogo II. c) Jorge Luis Borges, Prólogo III.—2. *Antología de la poesía argentina moderna (1900-1925)* (1926): Julio Noé, «Advertencia preliminar».—3. *Exposición de la actual poesía argentina* (1927): a) [Pedro-Juan Vignale y César Tiempo], «Justificación». b) Leopoldo Lugones, «Situación del lector». c) Evar Méndez, «Rol de *Martín Fierro* en la renovación poética actual.—4. *Antología de la moderna poesía uruguaya* (1927): a) Ildefonso Pereda Valdés, «Prólogo a manera de aclaración». b) Jorge Luis Borges, «Palabras finales».—5. *Antología de la poesía mexicana moderna* (1928): Jorge Cuesta, «Prólogo».—6. *Antología de poesía chilena nueva* (1935): a) Volodia Teitelboim, «Primer Prólogo». b) Eduardo Anguita, «Segundo Prólogo».

Índice de la nueva poesía americana

El *Índice de la nueva poesía americana* (1926) es una ambiciosa antología que abarca el ámbito continental y lleva tres prólogos firmados por el peruano Alberto Hidalgo, el chileno Vicente Huidobro y el argentino Jorge Luis Borges. Dividido en ocho países, el *Índice* presenta a sesenta y dos poetas de la Argentina, Colombia, Chile, Ecuador, México, Nicaragua, Perú, Uruguay y Venezuela. Esta antología representa un esfuerzo de integración continental único para su época y, aunque sea una selección radical de la vanguardia, en ella figuran los poetas más representativos de los diversos movimientos: Borges, Huidobro, Neruda, Maples Arce, List Arzubide, José Juan Tablada y César Vallejo.

Los tres prólogos son idiosincráticos en extremo. El primero, de Hidalgo, se destaca, por su carácter ingenuo, por no decir políticamente equivocado. Se declara contrario a la idea de la unidad cultural de hispanoamérica y al mismo tiempo favorable al expansionismo norteamericano, alegando «derechos naturales» («Los Estados Unidos son los dueños naturales de todo eso»). El interés del texto se limita a la afirmación de Hidalgo de que Huidobro tiene un papel pionero en la renovación de las letras hispánicas contemporáneas[1].

El texto de Huidobro, a su vez, pone un epígrafe que revela su carácter narcisista, siempre en procura de la legitimación pública de su papel pionero en la renovación de la poesía de vanguardia hispanoamericana. Su prefacio, redactado en prosa poética —en el mismo estilo que sus manifiestos o textos introductorios a *Adán* y a *Altazor*—, corrobora las ideas creacionistas, según las cuales el poema es una invención racional donde el acaso («lo imprevisto») debe ser abolido; la relación texto-naturaleza vuelve a ser definida en los moldes ya expuestos con amplitud en el manifiesto *Non serviam*.

En el tercer prólogo Borges la emprende contra la retórica del siglo XIX, en especial la de Rubén Darío y de Leopoldo Lugones, contra las influencias extranjerizantes y contra el «provincianismo remilgado que ejerce la Academia». Coherente con su etapa más nacionalista, el texto presenta un lenguaje acriollado, con expresiones como «felicidá», «eternidá», etc. En el proyecto nacionalista de Borges se advierte la intención de acercar la lengua oral a la lengua escrita, tal como Mário de Andrade había propuesto en su *Gramatiquinha*. Esta actitud quedó fijada en sus tres primeros libros de poesía y en *El idioma de los argentinos* (1928).

A pesar de ese tono xenófobo, Borges hace la defensa del ultraísmo que él mismo había importado de Madrid pocos años atrás. Es interesante observar en este texto cómo Borges vuelve a mencionar a Maples Arce, el fundador del estridentismo mexicano, cuyo primera libro de versos, *Andamios interiores* (1922), había reseñado en la revista *Proa*. Con posterioridad, Borges haría una revisión completa de esas posturas, promovería la valoración de Darío y de Lugones, eliminaría los criollismos en las sucesivas reediciones de sus poemas, adoptaría una creciente cosmopolitización en sus textos poéticos y ficcionales y, finalmente, repudiaría a las vanguardias.

---

[1] Para un estudio más profundo de Alberto Hidalgo y sus inconsistencias poéticas e ideológicas, ver Edgar O'Hara, «Alberto Hidalgo, hijo del arrebato», *Revista de Crítica Literaria Latinoamericana* 26 (2.º sem. 1987), págs. 97-113.

PRÓLOGO I*

ALBERTO HIDALGO

I

Dejo aquí asesinadas las distancias. Se puede ir ahora en pocos minutos desde la esquina de Esmeralda y Corrientes, en Buenos Aires, hasta la calle de la Magnolia, en México. Pero no se crea que esto es una contribución al acercamiento de los países cuya explotación perdió España hace ya sus añitos. Tengo premura en declarar que el hispanoamericanismo me repugna. Eso es una cosa falsa, utópica y mendaz convertida, como no podía ser de otro modo, en una profesión idéntica a otra cualquiera. Se es hispanoamericanista como médico o comerciante. No conozco uno solo de tales parásitos que ejerza su oficio con desinterés, o así fuera sólo con disimulo.

En América hay abundancia de repúblicas a causa del exceso de caciques. Cuando haya muerto Batlle y Ordóñez, ¿qué razón habrá para que subsista el Uruguay? Sobran países y faltan pueblos. Son los caciques los que sobornan a los hispanoamericanistas, porque es cuestión de vida o muerte para ellos. La confraternidad que predican reposa en el instinto de conservación y no en el afecto mutuo ni el altruismo. Además, no hay siquiera similitud de caracteres entre los países hispanoamericanos. Nada tiene que ver un peruano con un paraguayo. Entre un argentino y un colombiano el abismo que se columbra es inconmensurable. Que todos sean descendientes de españoles, eso es lo de menos. Los conquistadores impusieron el idioma, pero no el espíritu. La influencia que predomina es la de la tierra, y acaso la de la tribu con la que se produjo el cruzamiento. De otro lado afirmo que la independencia de España no se obtuvo en los campos de batalla. La verdadera independencia la está haciendo, o la ha hecho ya, el inmigrante de Rusia, Italia, Alemania, etc. Dentro de pocos años muchos más serán los americanos hijos de ruso o italiano, que los hijos de españoles. ¿Cómo se puede hablar en serio de hispanoamericanismo?[1].

Eso cuanto al sur. Cuanto al norte, sostengo que los mexicanos y centroamericanos son intrusos donde están. Los grandes pueblos son como los líquidos: toman la forma del vaso que los contienen. Los Estados Unidos están creciendo, creciendo. Lógicamente tendrán que ex-

---

* Publicado en *Índice de la nueva poesía americana*, págs. 5-9.
[1] A fin de evitar suspicacias, declaro que también soy antipanamericanista. [N. A.]

tenderse sobre México, sobre Guatemala, sobre Nicaragua, sobre...
(¿cuántas aún? ¿cómo se llaman las otras republiquetas?). Tienen derecho a ello. Son los dueños naturales de todo eso. Hasta donde el mar
los deje ir, hasta ahí deben ir, hasta ahí irán. Nada podrá para evitarlo
la política de lloriqueo y adulación que México desarrolla en el sur
para que lo defendamos contra el norte. ¡Basta ya de farsas! No es posible enmendarle la plana a la naturaleza. Nuestro continente, en cumplimiento de quién sabe qué secreto designio, está formado de tal
modo, que toda una parte debe ser sajona; toda la otra latina.

La doctrina de Monroe[2], aunque en el fondo es justa, está mal planteada. Adolece de excesivo romanticismo. Le faltan medida, equilibrio. Fue construida a base de ambición, cuando sólo debió serlo a base
de aspiración. Es poco práctica. Pudo atenerse a lo posible, a lo fácilmente hacedero, a las insinuaciones del terreno, o sea al mandato de la
geología. Pero aún es tiempo de enmendarla. La doctrina de Monroe,
para contar con el beneplácito universal y especialmente de la juventud
suramericana, debe ser ésta: «América del Norte para los norteamericanos.»

El imperialismo yanqui no es un peligro para la América del Sur.
Quizá si es con profética intuición que fueron los mismos norteamericanos los que abrieron el canal de Panamá. Hasta ahí no más llegará la
gran república. El mar es su límite. El mar le impedirá que pase adelante. Si crece mucho y desborda, el mar se tragará sus desbordes. ¡El
mar, el mar es una montaña!

Sobre este tópico he de escribir un libro. Estoy acumulando datos y
raciocinios. Allí habré de probar, hasta con el apoyo de argumentos
científicos, la verdad de mi tesis: América del Norte para los norteamericanos. Aquí sólo quiero significar que no opondré ninguna resistencia a que los yanquis se apoderen de México el día que mejor les
cuadre, como veré con grado que la Argentina se apodere cuanto antes
del Uruguay, en virtud de que actualmente ese país parece una provincia argentina. Ni inferior a Jujuy, ni superior a Santa Fé. (Mi amigo Pérez Ruiz y yo, hablamos siempre de Montevideo como de un arrabal de
Buenos Aires.)

Otro disco. Bolivia no tiene representación en este libro debido a
que en mis afanosos viajes por los mares del mundo no me he encontrado con sus costas. ¿Es que no existe? Del Paraguay sé que no conoce

---

[2] Doctrina Monroe, elaborada en 1823 por James Monroe, tuvo como lema «América para los americanos». Proclamaba que el continente americano no se destinaba a la
colonización europea y que cualquier tentativa de imponerse unilateralmente sobre la
región sería considerada por los Estados Unidos una amenaza a la paz y a la seguridad
del continente. Esta doctrina inspiró la política norteamericana con relación a América
Latina.

ni de oídas la palabra arte. Allí sólo se dan loros y yerba mate. Prometo remendar las ausencias en futuras ediciones, si aparecen poetas por ahí, o si hay alguno que, demasiado tímido, no ha emprendido viaje a mi conocimiento.

He suprimido datos biográficos y bibliográficos, para no hacer una antología de vulgaridades y ripios. Quien quiera éstos, cómprese cualquier libro de los poetas que nos preceden; quien necesite aquéllos, pídalos a los autores: ahí están sus direcciones. Espero que esto me lo agradezcan, además, las admiradoras.

Louis Aragón dice que toda antología es obra de conciliación. Ésta viene a desmentirlo. Yo no me caso con nadie, lo cual es bastante lógico en un hombre que ya no es soltero. Aquí no sobra ningún mal poeta y es probable que no falte ninguno bueno. Mas confieso que para hacer menos estruendosa la presencia de los mejores, he dilatado el vacío de los pésimos.

Algunos desocupados están ahora practicando el espor de copiar a Gómez de la Serna, al cual lo usan disfrazado en una solución de Paul Morand más unas gotas de pornografía. No incluyo muestras de tales engendros para no dar al plagio carta de ciudadanía artística[3]. No es que me parezca repudiable la influencia de Ramón. Todo lo contrario. Creo que en algún aspecto de mi obra no es difícil percibir la sugestión de ese genio, y hasta sospecho que en casi todo escritor moderno, así de aquí como de Europa, hay su pizca de ramonismo. Mas de allí a la imitación, al calco, a la suplantación de la personalidad, so pretexto de que las palabras no son las mismas, hay un camino muy largo. ¡Que a nadie se le pueda llamar discípulo de nadie, porque sobre él será universal el desprecio!

No hemos nacido por generación espontánea. Hace algunos años estas cosas tuvieron su evidente anticipación en la obra, breve pero cabal, del inmenso poeta peruano José María Eguren. Cuando la gente rubendariaba aún a voz en cuello, mi paisano publicó los libros *Simbólicas* y *La Canción de las Figuras* que son para los americanos lo que para los franceses la obra de Rimbaud: la precursión. Acaso los procedimientos empleados por él sobrelleven alguna edad, pero el espíritu es nuevo, nuestro. Tras de eso no hubo nada importante hasta que apareció Huidobro. Huidobro, en España, derroca el rubendarismo, y si bien puede afirmarse que su acción es igual a cero en América, algo se filtra aquí, a través de los ultraístas argentinos puesto que el ultraísmo es hechura

---

[3] Trátase, con toda seguridad, de una alusión a Oliverio Girondo, que fue injustamente omitido del *Índice.* Vale la pena recordar que en la época de la edición de esta antología (1926), Girondo ya había publicado dos libros de poesía (*Veinte poemas* y *Calcomanías),* además de haber participado de manera decisiva del movimiento y de la revista *Martín Fierro.*

suya. Así, el poeta chileno se asemeja a Rubén. Ambos aprenden el tono de la hora en Francia y lo trasladan a España. Con ellos Verlaine y Reverdy entran por turno en América. Ahora, bajo el sosiego de los años, empiezan unos a dar voces nuevas, apartándose de las escuelas iniciales, y otros inventan sistemas para uso propio, del mismo modo que cada quien se ajusta los pantalones a la altura que le conviene.

Representamos el ala que está del lado del corazón. ¿Es que hay mejor manera de ser poetas? Todo lo grande llega por el mismo camino. La marcha de los ejércitos se inicia por la pierna izquierda. Las iglesias que sólo tienen una torre, la que tienen no es la derecha. Si a Cervantes no le hubieran cortado a tiempo la siniestra, no existiría el *Quijote,* pues esa mano es la que desde la Eternidad escribió aquellas páginas. En los días de excesivo tráfico, la policía multiplica los carteles de «conserve su izquierda». Dios hizo el mundo con la diestra: por eso le salió tan mal. Cuando el sol se olvida la lección, se cuadra en el horizonte, alza los brazos para orientarse, y, naturalmente, sale por frente a la derecha. Los hombres llevamos la virilidad a ese lado y a las mujeres el seno que les crece más es el izquierdo. Y el que no sepa hacia dónde está inclinada la torre de Pisa, venga a preguntármelo.

PRÓLOGO II*

VICENTE HUIDOBRO

II

> A los verdaderos poetas, fuertes y puros, a todos los espíritus jóvenes, ajenos a bajas pasiones, que no han olvidado que fue mi mano la que arrojó las semillas.

No hay ruta exclusiva, ni una poesía escéptica de ella misma.

¿Entonces? Buscaremos siempre.

En estremecimientos dispersos mis versos sin guitarra y sin inquietud, la cosa así concebida lejos del poema, robar la nieve al polo y la pipa al marino.

Algunos días después me di cuenta de que el polo era una perla para mi corbata.

¿Y los exploradores?

Convertidos en poetas cantaban de pie sobre las olas derramadas.

¿Y los poetas?

---

* Publicado en *Índice de la nueva poesía americana,* págs. 10-14.

Convertidos en exploradores buscaban cristales en la garganta de los ruiseñores.

Y por esto: Poeta = Globe trotter sin oficio activo, Globe trotter = Poeta sin oficio pasivo.

Sobre todo, es necesario cantar o simplemente hablar sin equívocos obligatorios, sino con algunas olas disciplinadas.

Ninguna elevación ficticia, únicamente la verdadera, que es orgánica. Dejemos el cielo a los astrónomos y las células a los químicos.

El poeta no es siempre un telescopio transformable en su contrario, y si la estrella se desliza hasta el ojo por el interior del tubo, no es mediante un *lift* sino gracias a una lente imaginativa[1].

Nada de máquinas ni de moderno en sí. Nada de *golf-stream* ni de cócteles, porque el *golf-stream* y los cócteles se ha vuelto más maquinaria que las locomotoras o las escafandras y mucho más modernos que New York y los catálogos.

Milán... Ciudad ingenua, virgen fatigada de los Alpes, virgen sin embargo.

Y EL GRAN PELIGRO DEL POEMA ES LA POESIA.

Entonces yo os digo busquemos más lejos, lejos de la máquina y de la aurora, tan distante de New York como de Bizancio. No agreguéis poesía a lo que sin necesidad de vosotros la tiene. Miel sobre miel empalaga. Dejad secar al sol los penachos de las fábricas y los pañuelos de los adioses. Poned vuestros zapatos al claro de la luna y luego hablaremos, y sobre todo no olvidéis que el Vesubio a pesar del futurismo está lleno de Gounod.

¿Y lo imprevisto?

A pesar de que podría ser muy bella una cosa que se presenta con la imparcialidad de un gesto nacido del azar y no buscado, debemos condenarlo, porque está más cerca del instinto y es más animal que humano. El azar es bueno cuando los dados nos dan cinco ases o al menos cuatro reinas. Fuera de eso debemos excluirlo.

Nada de poemas tirados a la suerte. Sobre la mesa del poeta no hay un tapiz verde.

Y si el mejor poema puede formarse en la garganta, es porque la garganta es el justo medio entre el corazón y la cabeza.

Haced la poesía, pero no la pongáis en torno de las cosas. Inventadla.

El poeta no debe ser el instrumento de la Naturaleza, sino convertir a la Naturaleza en su instrumento. He ahí toda la diferencia con las viejas escuelas.

---

[1] Esta definición metafórica del poeta reaparecerá posteriormente en *Altazor* (1931), en el verso: «Siento un telescopio que me apunta como un revólver.»

Y he aquí ahora que él os trae un hecho nuevo, simple en su esencia, independiente de todo otro fenómeno externo, una creación humana, muy pura y trabajada por el cerebro con una paciencia de ostra.

¿Es un poema u otra cosa?

Poco importa.

Poco importa que la criatura sea varón o mujer, abogado, ingeniero o biólogo, con tal que ella exista.

Vive e inquieta, aun quedando en el fondo tranquilo. Quizá no sea el poema habitual, pero es un poema sin embargo.

Así, primer efecto del poema, transfiguración de nuestro Cristo cotidiano, catástrofe ingenua, los ojos desmesurados al borde de las palabras que corren, el cerebro desciende al pecho y el corazón sube a la cabeza, sin perder sus facultades esenciales. En fin, revolución total. La tierra gira en sentido inverso y el sol se levanta por el occidente.

¿Dónde estás?

¿Dónde estoy?

Los puntos cardinales se han perdido en el montón, como los ases de un juego de cartas.

Después, se acepta o se rechaza, pero la ilusión ha tenido asientos cómodos, el fastidio ha encontrado un buen tren y el corazón se ha vertido como un frasco.

(La aceptación o el rechazo no tienen ningún valor para el poeta verdadero, porque él sabe que el mundo camina de derecha a izquierda y los hombres de la izquierda hacia la derecha. Es la ley del equilibrio.)

Y luego, es mi mano la que os ha guiado, os ha mostrado los paisajes que quiso y ha hecho brotar un arroyo de un almendro sin darle una lanzada en el costado.

Y cuando los dromedarios de vuestra imaginación querían dispersarse, yo los detuve en seco, mejor que un ladrón en el desierto.

¡Nada de paseos indecisos!

La bolsa o la vida.

Esto es neto, esto es claro. Ninguna interpretación personal.

La bolsa no quiere decir el corazón, ni la vida los ojos.

La bolsa es la bolsa y la vida es la vida.

Cada verso es el vértice de un ángulo que se cierra y no de un ángulo que se abre a los cuatro vientos.

El poema, tal como aquí se presenta, no es realista sino humano.

No es realista, pero se vuelve realidad.

Realidad cósmica, con una atmósfera propia, y que tiene seguramente tierra y agua; como agua y tierra tienen todos los mundos que se respetan.

No busquéis jamás en estos poemas el recuerdo de cosas vistas, ni la posibilidad de ver otras.

Un poema es un poema, como una naranja es una naranja y no una manzana.

No encontraréis en él cosas que existan de antemano ni contacto directo con los objetos del mundo externo.

El poeta no debe imitar la Naturaleza, porque no tiene derecho de plagiar a Dios.

Encontraréis aquí lo que no habéis encontrado en ninguna parte: el Poema.

Una creación del hombre.

Y de todas las fuerzas humanas la que más nos interesa es la fuerza creadora.

PRÓLOGO III*

Jorge Luis Borges

Un antiquísimo cuentero de cuyo nombre no quiero acordarme (es de Cervantes ese festejado melindre y se lo devuelvo enseguida) cuenta que en los principios de la era cristiana salió del mar una gran voz, un evangelio primitivo y final, y anunció a la gentilidad que el dios Pan había muerto. Tanto me gusta suponer que las cosas elementales participan en las del alma y son sus chasques o lenguaraces o nuncios, que hoy querría hablarles a todos con la voz salobre del mar y la incansable de los ríos y la enterrada de los pozos y la extática de los charcos, para decirles que se gastó el rubenismo ¡al fin, gracias a Dios!

El rubenismo fue nuestra añoranza de Europa. Fue un suelto lazo de nostalgia tirado hacia sus torres, fue un largo adiós que rayó el aire del Atlántico, fue un sentirnos extraños y descontentadizos y finos. Tiempo en que Lomas de Zamora[1] versificaba a Chipre y en que solemnizaban los mulatos acerca de Estambul, se descompuso para dicha de todos. Quede su eternidá en las antologías: queden muchas estrofas de Rubén y algunas de Lugones y otras de Marcelo del Mazo y ninguna de Rojas... Hay otro verso rubenista hoy en pie: la suspirosa Rosaleda[2] que con su cisnerío y su indolencia esconde el duro sentimiento del barrio en que don Juan Manuel fue temible.

---

* Publicado en *Índice de la nueva poesía americana,* págs. 14-18.
[1] Lomas de Zamora: pequeña ciudad argentina, situada en la provincia de Buenos Aires.
[2] La Rosaleda: paseo público en Buenos Aires, en los bosques de Palermo, donde residía Juan Manuel de Rosas.

El europeo fáustico de Spengler —el reverenciador de lo lejano en el espacio y de lo indeciso en el tiempo, el arcaizante o progresista que sólo entiende el hoy arrimándolo a un antenoche o al mes que viene— tuvo una torpe reducción al absurdo en el rubenista de aquí. Ninguno de ellos se atrevió a suponer que ya estaba en la realidá: todos buscaron una vereda de enfrente donde alojarse. Para Rubén, esa vereda fue Versalles o Persia o el Mediterráneo o la pampa, y no la pampa de bañaos y días largos, sino la Pampa triptolémica, crisol de razas y lo demás. Para Freyre fueron las leyendas islándicas y para Santos Chocano, el Anahuac de don Antonio de Solís. En cuanto a Rodó, fue un norteamericano, no un yanqui pero sí un catedrático de Boston, relleno de ilusiones sobre latinidad e hispanidad. Lugones es otro forastero grecizante, verseador de vagos paisajes hechos a puro arbitrio de rimas y donde basta que sea azul el aire en un verso para que al subsiguiente le salga un abedul en la punta. De la Storni y de otras personas que han metrificado su tedio de vivir en esta ciudá de calles derechas, sólo diré que el aburrimiento es quizá la única emoción impoética (irreparablemente impoética, pese al gran Pío Baroja) y que es también, la que con preferencia ensalzan sus plumas. Son rubenistas vergonzantes, miedosos.

Desde mil novecientos veintidós —la fecha es tanteadora: se trata de una situación de conciencia que ha ido definiéndose poco a poco— todo eso ha caducado. La verdad poetizable ya no está sólo allende el mar. No es difícil ni huraña: está en la queja de la canilla del patio y en el Lacroze[3] que rezonga una esquina y en el claror de la cigarrería frente a la noche callejera. Esto, aquí en Buenos Aires. En Méjico, el compañero Maples Arce apura la avenida Juárez en un trago de gasolina; en Chile, Reyes ensalza el cabaret y el viento del mar, un viento negro y de suicidio, que trae aves marinas en su envión y en el cual las persianas de Valparaíso están siempre golpeándose.

Las dos alas de esta poesía (ultraísmo, simplismo[4]: el rótulo es lo de menos) son el verso suelto y la imagen. La rima es aleatoria. Ya don Francisco de Quevedo se burló de ella por la esclavitud que impone al poeta; ya otro más ponderoso Quevedo, Milton el puritano, la tachó de invención de una era bárbara y se jactó de haber devuelto al verso su libertad antigua, emancipándole la moderna sujeción de rimar (*modern bondage of riming*). Estas ilustres opiniones las saco a relucir, para que nuestro desdén de la rima no se juzgue a puro capricho y a torpeza de mozos. Sin embargo, mi mejor argumento es el empírico de que las rimas ya nos cansan. Para cualquiera de nosotros, estos versos blancos de Garcilaso son entero y grato arquetipo de musicalidad:

---

[3] Lacroze: línea de tranvía.
[4] Referencia a la propuesta del autor de *Simplismo: poemas inventados por Alberto Hidalgo* (Buenos Aires, El Inca, 1927).

Corrientes aguas, puras, cristalinas;
Arboles que os estáis mirando en ellas,
Verde prado de fresca sombra lleno...

Su autor, empero, con esa asidua observación de la rima que hubo en su siglo, escribió, enseguida otras líneas que entonces eran necesarias para cumplir la estrofa, esto es, el pleno halago musical, y hoy la rebajan singularmente:

Aves que aquí sembráis vuestras querellas,
Yedra que por los árboles caminas
Torciendo el paso por su verde seno,
Yo me vi tan ajeno
Del grave mal que siento
Que de puro contento...

y lo que subsigue.

Quiero inscribir alguna observación acerca de la imagen. La imagen (la que llamaron traslación los latinos, y los griegos tropo y metáfora) es, hoy por hoy, nuestro universal santo y seña. Desde esas noches incansables en que el calaverón frailuno Quevedo holgaba con la lengua española, no han sucedido porretadas de imágenes, pleamares y malones de metáforas, asemejables a los que en este libro verás. Desde la travesura y brujería de Macedonio Fernández hasta el resplandor de Juicio Final que altiveció los versos de Piñero, desde las firmas acertadas de Hidalgo hasta el rebaño de vehemencia bíblica que Brandán rige bien, hay obtenciones de expresión inauditas. El idioma se suelta. Los verbos intransitivos se hacen activos y el adjetivo sienta plaza de nombre. Medran el barbarismo, el neologismo, las palabras arcaicas. Frente al provincianismo remilgado que ejerce la Academia (dentro de lo universal español tan provincia es Castilla como Soriano y tan casero es hablar de los cerros de Úbeda como de donde el Diablo perdió el poncho) nuestro idioma va adinerándose. No es de altos ríos soslayar la impureza, sino aceptarla y convertirla en su envión. Así lo entendieron los hombres del siglo diez y siete: así lo comprendió Saavedra que se burló de quienes endeblecen nuestra lengua por mantenerla pura, así don Luis de Góngora que (al decir de su primer prologuista) huyó de la sencillez de nuestra habla, así el agringado Cervantes que se jactó del cauce de dulzura que abrió en nuestro lenguaje, así ese díscolo Quevedo que sacó voces del latín y del griego y aún de la germanía, así el precursor de ellos, Fray Luis de León, que hebraizó tan pertinazmente en sus traslados bíblicos... No hemos nosotros de ser menos.

Esta que nos ciñe es la realidá, es «una» realidá. Junto a nosotros están la Vida y la Muerte y las levantaremos con versos.

I el que en tal güeya se planta,
Debe cantar cuando canta
Con toda la voz que tiene.

Antología de la poesía argentina moderna

Inspirado en dos colecciones europeas de gran difusión en la
época[1], Julio Noé, en la *Antología de la poesía argentina moderna*
(1900-1925), publicada en 1926, selecciona a los poetas en orden
cronológico y le dedica a cada uno de ellos una presentación biográfica, bibliográfica y crítica.

La antología está dividida en cuatro partes. La primera está
ocupada exclusivamente por Leopoldo Lugones como gran voz
poética del modernismo. La segunda parte está dedicada a los poetas del 1900, como Eugenio Díaz Romero, Ángel de Estrada y Ricardo Rojas. La tercera parte, que va de 1907 hasta los principios
de la década del 20, incluye, entre otros, a Enrique Banchs y a los
poetas de la revista *Nosotros,* «denunciadores de un estado nuevo
de la cultura argentina». En la última parte, encontramos a los novísimos: un total de 32 poetas, incluida la de la generación martinfierrista: Borges, Brandán Caraffa, Córdova Iturburu, Oliverio Girondo, Ricardo Güiraldes y otros. Llama la atención la ausencia de
algunos poetas, como Norah Lange, que serán posteriormente incluidos en la segunda edición ampliada de la *Antología de la poesía
argentina moderna (1896-1930),* publicada en 1931.

«Apartado de todos los grupos, ecléctico y desapasionado más
por reflexión que por temperamento», como se autodefine, Julio
Noé acaba compilando las antologías más representativas de la
época en Argentina.

ADVERTENCIA PRELIMINAR*

Julio Noé

Sin creer que la ordenación de una antología sea empresa de las
más arduas —como sostienen Papini y Pancrazi, colectores del florile-

---

[1] Adolphe van Bever y Paul Léautaud, *Poètes d'aujourd'hui (1800-1900),* París,
Mercure de France, 1900, 426 págs. y Giovanni Papini y P. Pancrazi, *Poeti d'oggi
(1900-1920),* Firenze, Vallecchi, 1920, 556 págs.

* Publicada en Julio Noé, *Antología de la poesía argentina moderna (1900-1925),* Buenos Aires, Nosotros, 1926, págs. 5-7.

gio italiano *Poeti d'oggi*— las muchas dificultades que ofrece fuerzan al editor de este volumen a reclamar del lector su natural benevolencia para las imperfecciones que puede contener. Si no le amparan otras razones de mayor valimiento, sírvanle de excusa la honestidad y la sinceridad con que ha realizado su tarea modesta y desinteresada.

Apartado de todos los grupos, ecléctico y desapasionado más por reflexión que por temperamento, no ha sido difícil al ordenador de este libro acercarse con igual curiosidad a todos los autores, desde aquellos que a principios de nuestra centuria seguían las normas del «modernismo» aún en primacía, hasta los que actualmente denuncian un estado nuevo de sensibilidad y una distinta orientación del gusto. Hombre de su tiempo, prefiere, como es natural, a los poetas que mejor lo reflejan, sin creer que cada lustro revela una original e insospechada fisonomía del universo, ni que el arte grande y verdadero nace en absoluto con cada generación. Nunca ha negado a una escuela o tendencia en nombre de otra. Sabe demasiado que en la dura y áspera ascensión hacia la belleza sirven todos los caminos, y no ignora las inmensas posibilidades de los senderos borrosos y humildes. Sonríe por igual de dómines y de iconoclastas; de quienes temen la maravillosa movilidad y de los que no advierten el ritmo eterno de las cosas.

Una prolongada y minuciosa lectura de la poesía argentina de nuestro siglo le sugirió la idea de ordenar en este volumen las piezas que espontáneamente había separado, reservando para otro sus juicios críticos y su visión general de nuestra literatura contemporánea.

Ningún tipo de antología creyó mejor que el adoptado por Ad. van Bever y Paul Léautaud, seguido por modernos colectores de varios países. Ha creído conveniente, sin embargo, conciliar la ordenación alfabética con la cronológica, y así ha dividido en varias partes esta colección de poetas argentinos del primer cuarto del siglo xx. Ocupa la primera parte Leopoldo Lugones, la personalidad más fuerte entre los jóvenes poetas de los comienzos de esta centuria, y que al fenecer el período abarcado por esta antología, sigue siendo, como en sus años mozos, duramente discutido, después de haber influenciado a muchos de los autores aquí representados. La segunda parte ha sido destinada a los poetas que comenzaron su obra a fines del siglo pasado o primeros años del nuestro. La tercera a los que se iniciaron, después de 1907, año de la aparición de Enrique Banchs y de la revista *Nosotros,* denunciadores de un estado nuevo de la cultura argentina. En la última parte figuran los poetas más jóvenes y los que expresan una novísima orientación del gusto y de las normas poéticas.

Todas las objeciones posibles al criterio de clasificación y de selección seguido por el colector, han sido hechas ya en el extranjero a quienes le han precedido en parecida labor. Diríanse que son propias de ella, e inevitables sus causas, por consiguiente. Algunos errores u omisiones serán salvados, sin embargo, en posteriores ediciones de esta antología, si tiene la suerte de merecerlas.

No figuran en este volumen los poetas que tuvieron notoriedad anterior al movimiento modernista, como Almafuerte, Obligado, Oyuela, Leopoldo Díaz y alguno más tal vez, aunque hayan producido y publicado en nuestro siglo. Figuran, en cambio, algunos escritores nacidos en el extranjero, pero incorporados a nuestro país, con ánimo de definitiva permanencia.

Agradece el editor todo el apoyo de colaboración y de simpatía por su empresa, que ha recibido de varias personas —de los poetas principalmente—, sin el cual este trabajo hubiera sido de muy difícil realización.

Exposición de la actual poesía argentina

En la «Justificación» de la *Exposición de la actual poesía argentina,* obra publicada en 1927, los organizadores, Pedro-Juan Vignale y César Tiempo [Israel Zeitlin], tal como Borges lo había hecho en el prólogo al *Índice de la nueva poesía americana* (1926), consideran a 1922 el año marco de una nueva generación literaria. La afirmación debe aceptarse con restricciones debido al eclecticismo de la selección, ya que se propone ser «panorámica e imparcial». En realidad, la *Exposición* reúne a cuarenta y seis poetas de tendencias diversas, que aparecen ordenados cronológicamente. A pesar de eso, no falta una dosis de originalidad, pues cada autor hace su propia presentación biográfica, a veces acompañada por caricaturas.

Desde el punto de vista de la organización de la obra se advierte que al final la relacionan con cinco «antologías que precedieron a esta *Exposición*», así como con las quince «revistas que registran los nombres de la presente *Exposición*» y amplían el panorama cultural de la época. Más importante aún son las varias introducciones que componen la *Exposición* y que le dan un carácter muy genuino, en las cuales se exponen puntos de vista totalmente antagónicos. La primera está firmada por Leopoldo Lugones, quien, a pesar de estar vinculado al simbolismo, había dado un apoyo inicial a los poetas de la vanguardia porteña[1]. En «Estética», Leopoldo Lu-

---

1 En carta de junio de 1922, dirigida al poeta mallorquí Jacobo Sureda, Borges comenta: «Antiayer le llevamos unos ejemplares de "Prisma" (1 y 2) a don Leopoldo Lugones, el mayor taita literario de aquí. Don Leopoldo (...) se mostró asaz entusiasmado con "Prisma", aplaudió la idea de una revista mural.» Jorge Luis Borges, *Cartas de juventud (1921-1922),* Madrid, Orígenes, 1987, pág. 74.

gones defiende los viejos valores «amor y rima» en total desacuerdo temático y formal con las nuevas propuestas en boga.

No debe olvidarse que la *Exposición* salió en 1927, o sea, el mismo año en que acaba la antológica revista *Martín Fierro*, época en la cual Lugones sufre un gran desgaste por defender ideas completamente superadas por los nuevos movimientos. En el pequeño ensayo «Estética», sus principios aparecen claramente reiterados, tanto como su antagonismo en relación con los ultraístas y las formas más libres de expresión poética. Mientras el texto de apertura pertenece a Lugones, la última de las introducciones a la antología fue escrita por Evar Méndez, el tenaz director de los cuarenta y cuatro números de *Martín Fierro*. Su texto, titulado «Rol de *Martín Fierro* en la renovación poética actual», es una excelente síntesis y casi un balance crítico de lo que habían significado la revista y el movimiento. Evar Méndez pone especial énfasis en la producción poética:

> Fruto de su actividad es no sólo que *Martín Fierro* dejara lejos los últimos resabios de la escuela rubendariana y del pseudo simbolismo sudamericano; que se libertara de las influencias menores de figuras del ambiente como Banchs, Fernández Moreno, Capdevila; que sacudiera definitivamente el yugo lugoniano, el de su influencia poética y el de sus ideas estéticas perniciosas por su dogmatismo arcaico y su reaccionarismo; sino también y por sobre todo que los poetas jóvenes se presentaran con un nuevo concepto de la poesía, del poema y su construcción.

Adviértase la incisiva respuesta a Lugones, el deseo de renovación estética, y el papel instructor de esa generación, a través del testimonio personalizado y conmovedor de su director.

Además de la «Justificación» de los organizadores y de esos dos textos antípodas, colocados estratégicamente al comienzo y al final de las introducciones, la antología ofrece otros cinco textos de interés. Primero, «Paralelo» de Rafael de Diego, en el cual se compara a Darío y Lugones en términos generacionales. Segundo, «1907-1922», firmado por Julio Noé, quien en 1926 había publicado la *Antología de la poesía argentina moderna (1900-1925),* donde se encuentra una relación de los poetas importantes de la época; Julio Noé da una calurosa bienvenida a la nueva generación que, también para él, se inicia en 1922. El tercer texto, «Poesía» pertenece a Ricardo Güiraldes. Aunque más conocido por su obra en prosa y en especial por *Don Segundo Sombra,* Güiraldes escribe aquí sobre la modernidad de su libro *El cencerro de cristal* y contra las formas rígidas en la poesía. Tomás Allende Iragorri es el autor del cuarto ensayo, «Lo que entiendo por poesía lírica», en el cual da curso a sus principios idealistas, cuando no religiosos, de la poesía. Por último, el texto «La extrema izquierda» de Roberto Mariani, el mismo que años antes, en un artículo con igual título, había desencadenado la polémica Florida *versus* Boedo. Mariani opone de modo maniqueo el arte puro y el arte comprometido, ultraísmo y realismo, y repudia las nuevas tendencias en nombre de las ideologías del compromiso social[2].

Queda demostrado el desmesurado eclecticismo de esas introducciones, con posturas muy distintas y antagónicas en cuanto a la definición del arte. Por lo tanto, la intención era exponer diversidades, a fin de evitar los sectarismos de una colección que no tiene la idea de mostrarse radical. Y los organizadores, Pedro-Juan Vignale y César Tiempo, finalmente, cierran la *Exposición* con el ensayo «Asteriscos», donde discuten la cuestión de lo nacional y lo popular en relación con la literatura argentina.

JUSTIFICACIÓN*

[Pedro-Juan Vignale y César Tiempo]

Presentamos aquí, a más de cuarenta poetas aparecidos después de 1922 y que constituyen los diversos núcleos y aledaños de la nueva generación literaria.

No es esta una antología crítica. Más aún: no lleva carácter antológico alguno, en la acepción didáctica de resumen que esta palabra contiene. Una antología siempre clausura una época o cierra una escuela, desempeñando, en ambos casos, función de balance final, al recoger lo estable y efectivo de una retórica transitoria.

Por eso una antología —y con menos intensidad un «parnaso»— resulta siempre un libro individual, personalísimo, con unidad de cancionero o romancero anónimos, no obstante recoger a numerosos poetas.

Y esa homogeneidad se explica, en una literatura: por los elementos profundos, inmanentes, que dan fisonomía a una raza; y en un período literario: por las influencias comunes de ideas, de gustos y hasta de modas, a que se hallan sometidos todos los artistas que en él actúan. Influencias inevitables, a las que nadie puede substraerse, y que ofrecen cuando son intensas, el índice o característica que identifica todas las creaciones de arte de una época.

---

2 Por una cuestión de coherencia temática, este texto aparece reproducido en el capítulo «Estética vanguardista y revolución».

* Publicado en *Exposición de la actual poesía argentina*.

Acaso en este volumen, el lector avisado desglose varias maneras, modalidades y empaques líricos.

A la facilitación de este propósito crítico responde, en primer lugar, la publicación del libro y dentro de él: su carácter de exposición, vale decir, panorámico e imparcial. El orden de los escritores. La omisión de algunos, que escribiendo hoy, se nutren aún de influencias de periodos precedentes, demasiado notorias. La inclusión de otros, en cuya débil personalidad se hace posible sondar las influencias en auge. La inserción de la nota autobiográfica, anecdótica, que aumenta al lector el conocimiento que del poeta pueda adquirir a través de sus versos. Y por último, el esbozo físico, que da a ese conocimiento, un carácter de aproximada totalidad.

SITUACIÓN DEL LECTOR*

LEOPOLDO LUGONES

ESTÉTICA

I

Amor y rima: esto es toda la poesía, en efecto. O como lo dije alguna vez, profesando la estética, emoción y música.

*

Denomínase poesía toda composición destinada a expresar una emoción de belleza por medio del lenguaje musical. Si no hay verso, falta, pues, uno de esos dos elementos capitales, y no hay poesía. Podrá haber emoción, ideas poéticas; no poesía realizada. Del propio modo, hay en el mono antropomorfo, rasgos humanos; pero aquél no es un hombre.

*

Supuesta una cantidad de sílabas o de grupos de sílaba, el ritmo que las condiciona como lenguaje musical, requerirá por lo menos la repetición de dos grandes pausas o acentuaciones: pues el ritmo más elemental consta de dos elementos, como la diástole y la sístole del corazón. Este par originario, lo forman la cesura y la rima en los metros re-

---

* Publicado en *Exposición de la actual poesía argentina,* págs. i-iii.

gulares. En los libres, la rima solamente. De manera que cuando falta en éstos, su conjunto es un párrafo de prosa, que la disposición gráfica en columnas de renglones no transformará, por cierto, en verso.

II

Por esto, hace treinta años ya, completando y amplificando el movimiento libertador iniciado por Rubén Darío, dimos al verso la libertad extrema compatible con su existencia como tal, o sea con la caracterización rítmica que lo diferencia del mero renglón de prosa, y que se redujo a dos elementos: el número de sílabas, limitado a quince, por ser prácticamente insostenible más allá la integridad rítmica, y la rima o pausa indicativa cuya repetición constituye el ritmo mínimo, al faltar la cesura clásica, y cuya abolición comporta de consiguiente la disolución del verso en prosa.

Siendo el verso un fenómeno musical, obedece a la misma condición esencial de la música, que es el ritmo: ley de vida, originariamente determinada por el movimiento regular del corazón. De modo que su derogación arbitraria trae consigo la muerte. El verso deja de existir. Lo que hace que un conjunto de palabras sea verso y no prosa, es su caracterización rítmica y nada más; una distinción puramente auditiva. Porque el verso es lenguaje musical y la prosa no. Con lo que resulta, exclusivamente, el lenguaje poético.

Esta fue la divergencia fundamental de la revolución con la Academia, que había inventado el verso blanco para dispensarse de la rima, agregando ésta a sus famosas «licencias»: escamoteos de la dificultad que el lenguaje poético opone al que no es poeta.

Ahora bien; esta antigualla lamentable y antiestética es el descubrimiento instrumental más importante de la actual vanguardia poética, o nueva sensibilidad, o ultraísmo, como se denomina el grupo de prosistas jóvenes y no, para quienes resulta verso todo párrafo de prosa dispuesto en renglones verticales separados; mientras su invención psicológica, dominante hasta lo exclusivo, es la metáfora, de no menos venerable historia. Amontonar imágenes inconexas en parrafitos tropezados como la tos, y desde luego sin rima: he ahí toda la poesía y todo el arte.

Nada más fácil, en consecuencia, que el hallazgo de tres o cuatro poetas por hora y a la vuelta de cada esquina. Expresarse por comparación es la cosa más fácil que existe; y he aquí por qué el lenguaje popular es también el más metafórico. Entretanto, ha desaparecido la emoción, que es el elemento esencial de la poesía, y, sobre todo, la emoción del amor: indicio seguro de egoísmo y de infecundidad. Porque todo eso es retórica; vale decir, preceptiva en acción, exactamente como la de aquellos académicos de antaño. Efectivamente, en el nuevo arte de la referencia la teoría es mucho más importante que la creación. El poeta es, ante todo, un psicólogo y el pintor un especialista en óptica. Cuando según la sencilla y buena verdad, un poeta debe ser ante todo un poeta, y un pintor un pintor.

ROL DE MARTÍN FIERRO
EN LA RENOVACIÓN POÉTICA ACTUAL*

Evar Méndez

Así como no corresponde al empresario o director, ni al *metteur-en-scène* ni al tramoyista, y mucho menos a su propio autor el juzgar la obra que ha subido al proscenio, sino al público en primer lugar y luego —con perspectiva a su mejor ilustración y relacionándola con el ambiente en que surge y la historia literaria: juicio definitivo— corresponde ese deber al crítico; del mismo modo al fundador y director de *Martín Fierro* (alternativamente un poco de todo: *manager* - tramoyista-autor), no le cuadra juzgar lo que es su propia obra como factor de orientación literaria, o el cuadro de su esfuerzo organizador, o la acción de propaganda y construcción nueva desarrollada en compañía de sus amigos por él convocados. Un juicio de adentro para afuera sería original y curioso, pero unilateral e inexacto. Juicio verdadero, el de los demás y para todos, es el exterior, y más cierto sería el de un espectador, imparcial, pero ante todo inteligente, que gozara de la debida perspectiva y con tiempo por delante. De suerte que me incumbe, solamente, ser un honrado informador. Otro dirá el mérito de *Martín Fierro* y su trascendencia[1].

A los tres años justos de vida el periódico —mucho más conversado y discutido, más vivido aún que escrito, amenazado cien veces con ser deshecho y rehecho siempre, sin vida propia, pero vital y galvanizador—, ya tiene un poco de historia. Es la del periodo de noviembre de 1923 (en que fue fundado y redactado verbalmente varias veces, para iniciar su salida, irregular, en forma algo dramática: sino que no ha desmentido más tarde, en febrero de 1924) hasta la fecha. Más o menos el mismo periodo que comprende la presente obra de los señores P. J. Vignale y César Tiempo. Tal relación se suma, para justificar

---

* Publicado en *Exposición de la actual poesía argentina,* págs. xii-xviii.
[1] Por ocasión de la conmemoración de los veinticinco años de la generación martinfierrista, Oliverio Girondo redacta un extenso ensayo, *El movimiento Martín Fierro (1924-1949).*

mejor estas líneas, al hecho de que, en uno de sus aspectos, *Martín Fierro* aparece casi exclusivamente como un periódico de poetas, y en sus páginas se registra el más fiel reflejo del movimiento literario de nuestra juventud durante los últimos años, en lo que tiene de más viviente y moderno y más vinculado con la poesía, y precisamente la nueva poesía. Son poetas la mayoría de sus redactores fundadores: Oliverio Girondo, Luis L. Franco, C. Nalé Roxlo, Ernesto Palacio y la casi totalidad de sus colaboradores sucesivos. Dentro de una variada escala de matices está representada la más brillante juventud intelectual, cuyo núcleo activo forman poetas nuevos de tendencia moderna o los de filiación estética más avanzada, pero de cualquier modo, pertenecen al grupo de *Martín Fierro* todos aquellos poetas jóvenes cuya obra constituye la expresión más reciente de nuestra poesía. Sucesivos trasiegos y filtraciones aclaran el conjunto primitivo y aún el conglomerado subsiguiente a raíz del éxito del primer impulso, hasta definirse una orientación distinta y firme. A quien conozca los autores y sus obras o al lector avisado de este libro bastará, para comprobarlo, la simple enumeración de los poetas presentados o difundidos por *Martín Fierro* en sus diversas etapas: los que redactaron sus páginas, dieron a conocer su producción o comentaron la ajena. Ellos fueron, en el orden inicial de su actuación o vinculación al periódico, y aparte los ya nombrados (1924): Horacio A. Rega Molina, Carlos M. Grunberg, Andrés L. Caro, Eduardo Keller Sarmiento, Pedro Juan Vignale, Francisco López Merino, Córdova Iturburu, Roberto Ledesma, Santiago Ganduglia, Nicolás Olivari, Luis Cané, Jorge Luis Borges, Raúl González Tuñón, Eduardo González Lanuza, Brandán Caraffa, Eslavo y Argento (I. Zeitlin y A. Echegaray), Antonio Vallejo; (1925) Pondal Ríos, Francisco Luis Bernárdez, Leopoldo Marechal, Norah Lange, Elías Cárpena, Alberto Franco, Antonio Gullo, Carlos Mastronardi; (1926) Ulises Petit de Murat, Luis F. Longhi, Roberto A. Ortelli, Lysandro Z. D. Galtier; sin contar otros poetas de colaboración menos frecuente, o figuras como Mecedonio Fernández, Ricardo Güiraldes, Sergio Piñero que participaban en la campaña; ni tampoco la producción de notables poetas nuevos americanos y la difusión en excelentes versiones de piezas célebres y características de poetas como Palazzeschi, Paul Morand. Valery Larbaud, Apollinaire, Supervielle, o bien otros autores de espíritu moderno y los comentarios a escritores de primera fila en la literatura mundial del día, páginas que contribuyeron decididamente, con los artículos de estética literaria de González Lanuza, polémica de Marechal, crítica de Borges, Bernárdez, Vallejo, Membretes de Girondo[2],

---

[2] Los *membretes* de Girondo fueron inicialmente publicados en la revista *Martín Fierro*, y posteriormente recogidos en forma de libro. A título de ilustración, uno de los innúmeros membretes de Girondo: «Los críticos olvidan, con demasiada frecuencia, que una cosa es cacarear y otra poner el huevo.»

a orientar la juventud, a dar unidad al movimiento poético, y a educar al público, formando lectores aptos de las obras nuevas y futuras. Es cosa al margen —si bien digno de no olvidarla por cuanto sirvió para auxiliar la difusión del periódico—, la abundante colaboración festiva de los mismos poetas que en el Parnaso Satírico combatían o se burlaban de los malos autores o bromeaban a sus camaradas, los cuales haciendo cauce al espíritu epigramático argentino dieron fisonomía característica a la publicación.

El propósito de formar un ambiente (repetiré una vez más mi estribillo: clima propicio para la creación; amistosa o fraternal unión de los escritores; cohesión de los elementos dispersos según sus afinidades; orientación clara de las aspiraciones y tendencias estéticas; emulación de los autores, estímulo provocado por el ambiente, gran acicate para crear la obra), fue un punto fundamental de la acción y propaganda de *Martín Fierro*, dentro de su programa de suscitar e impulsar un amplio y fuerte movimiento de juventud, renovador de las letras y las artes plásticas del país e interesado por todo cuanto fuera vida argentina.

Y bien, contribuyeron a fecundar tal ambiente las reuniones periódicas, comidas, exposiciones y actos públicos diversos, principalmente algunas conferencias y presentaciones de nuevos poetas efectuadas por mí en centros de estudio que lo solicitaron, curiosos de este despertar de nuestra vida intelectual. La primera de aquéllas se efectuó en noviembre de 1924 en el local de la «Juventud Israelita» con el tema «La joven literatura argentina (De una nueva sensibilidad en nuestra poesía)», cuyo subtítulo dio origen a que corriera la frase que más ha servido para calificarnos y zaherirnos, conferencia publicada en resumen, dentro del plan de expansión perseguido, en *El Orden*, de Tucumán, de fin de año, número especial organizado por *Martín Fierro* para presentar los nuevos escritores que surgían. La segunda, poco tiempo después, en el «Ateneo Estudiantil Israelita», tuvo como tema: «Los nuevos valores literarios, su ambiente, las revistas jóvenes». A principio de 1925, en el mismo local, se efectuó el tercer acto de esta especie denominado: «Nuevos poetas de Buenos Aires», y consistió en la presentación y comentarios sobre R. González Tuñón, N. Olivari, S. Ganduglia, F. L. Bernárdez, L. Marechal, R. Ledesma, algunos de los cuales dijeron sus propios versos. El cuarto acto, a mediados del mismo año, fue una conferencia radiotelefónica en la Radio Cultura, para presentación y comentario de O. Girondo, F. L. Bernárdez, L. Marechal, R. González Tuñón, R. Ledesma, con recitación de sus obras por los mismos. El quinto acto fue una extensa conferencia en «El Círculo», de Rosario, abril de 1926, con el tema: «Los nuevos valores literarios argentinos», publicada íntegramente en *El País*, de Córdoba, esos mismos días. Con todo esto quedaban ampliamente difundidos en la capital y en el interior más de cincuenta intelectuales jóvenes, triunfante en principio el movimiento de renovación estética, llamados algunos autores nuevos por ciertos diarios, lo cual era un comienzo de consagración.

Junto con la obra del periódico mismo y la acción de propaganda se ofrecía también la creación seria en los volúmenes de la Editorial Proa o Editorial Martín Fierro, tales como *Alcándara* (1925), que revelaba con unánime aprobación a Bernárdez; *Luna de enfrente*, decidida afirmación de Borges como poeta nuevo y que asentaba su naciente prestigio; *Veinte poemas para ser leídos en el tranvía*, reedición popular en facsímil del libro de Girondo del 1922, uno de los primeros que impulsa a la juventud en sus audacias liberadoras; libros estos dos últimos que, con *Fervor de Buenos Aires*, de Borges (1923), *Prismas*, de González Lanuza (1924), *La calle de la tarde*, de Norah Lange, (id.); *Días como flechas*, de Marechal (1926), son hasta ahora los más representativos de la nueva poesía argentina. Falta aún, para un juicio completo sobre ella, que muchos poetas publiquen sus libros inéditos. A aquellas ediciones debe agregarse también las de *La musa de la mala pata*, de N. Olivari, revelación de un gran temperamento, áspero y fuerte libro, y las obras en prosa de Borges: *Inquisiciones* y *El tamaño de mi esperanza*, ensayos, crítica y estética literaria, páginas de tempranamente madura reflexión, irradiadora de conceptos que han fructificado.

Pero, más que todo lo publicado en periódicos, libros y tribunas, *Martín Fierro*, su grupo, actuó como centro polarizante y su acción galvanizó el espíritu renovador de la juventud. Fruto de su actividad es no sólo que ésta dejara lejos los últimos resabios de la escuela rubendariana y del pseudo simbolismo sudamericano; que se libertara de las influencias menores de figuras del ambiente como Banchs, Fernández Moreno, Capdevila; que sacudiera definitivamente el yugo lugoniano, el de su influencia poética y el de sus ideas estéticas perniciosas por su dogmatismo arcaico y su reaccionarismo; sino también y por sobre todo que los poetas se presentaran con un nuevo concepto de la poesía, del poema y su construcción. Por otra parte, la juventud aprendió de nuevo a combatir; la crisis de opinión y de crítica fue destruida; los escritores jóvenes adquirieron el concepto de su entidad y responsabilidad y ya no tuvieron temor de firmar sus escritos. Combatieron con enemigos fuertes y violentos, tropezaron con tenaces resistencias que siempre se les opuso en ciertos núcleos retrógrados de diarios y revistas, pero su obra se abre paso. Los nuestros estimularon a los miembros de otros grupos y revistas y el ejemplo de *Martín Fierro* cunde en diversos puntos del país y naciones vecinas.

Mi acción personal ha consistido, principalmente, en vincular entre sí a los jóvenes escritores y artistas, en facilitarles la forma de darse a conocer eficaz y rápidamente y allanarles el camino del éxito, a condición de que demostraran vocación y talento.

Por otra parte, en *Martín Fierro,* periódico-grupo-acción, no se ha hecho sino poner en práctica mi firme propósito —fundamental punto de mi programa particular— de promover la renovación poética y alentarla en toda forma: ayudar a que la juventud realice lo que mi vida no me permitió realizar en literatura. Y ello debido a mi antigua y profunda convicción de la necesidad de elevar el nivel de la lírica en América —según lo he expuesto ampliamente en mis trabajos citados— y cumplir, aquí, la evolución que la poesía experimentó en otros continentes. De América partió el *boomerang* (obras de Edgar Poe y Walt Whitman, de Lautréamont y Laforgue), que fecundó la poesía europea. Hoy está de regreso, en el Nuevo Mundo, que debía tener su arte lírico propio, el más refinado de la humanidad, el genuino de esta época. Y acaso los argentinos pueden ya ofrecer la más noble y alta expresión poética de su tiempo entre los países de habla española.

Esta actitud de fervor y entusiasmo por el progreso de la poesía lírica me vale, cuando no el calificativo de tránsfuga, el odio o el recelo de parte de mis antiguos amigos literarios y los escritores y de mi generación; y mi acción de estos últimos años me ha cerrado muchas puertas de círculos literarios y periódicos. Empero, soy fiel a mí mismo y al espíritu del periódico *Martín Fierro,* el cual, por otra parte, y no olvidemos tiene por nombre el de un poema que es la más típica creación del alma de nuestro pueblo. Sobre esa clásica base, ese sólido fundamento —nada podría impedirlo—, edificamos cualquier aspiración con capacidad de toda altura.

Antología de la moderna poesía uruguaya

La *Antología de la moderna poesía uruguaya. 1900-1927*, organizada por Ildefonso Pereda Valdés, por la forma como fue editada, demuestra una nítida preocupación histórica. En la primera parte, «Precursores y otros poetas», aparece el excelente Julio Herrera y Reissig encabezando la lista —y también figura el poeta franco-uruguayo Jules Supervielle. En la segunda parte, «Poetas nuevos», el organizador se incluye en el medio de una lista de quince. Finalmente, en la tercera parte, «Poetas novísimos», se encuentran los representantes de las nuevas tendencias estéticas. La *Antología* comienza con un «Prólogo a manera de aclaración», debido a Pereda Valdés, y termina con las «Palabras finales» de Borges. El primero comenta las limitaciones de su trabajo: «Antología ya es una exclusión, moderna es otra limitación» y también hace una especie de pedido público de disculpas por los poetas que no fueron incluidos y por los desconocidos que sí integran la selección.

El posfacio de Borges sorprende, tanto por la original argumentación como por los temas tratados. Comienza discutiendo sobre las posibles funciones del prólogo (cuando, en verdad, se trata de un posfacio): «El prólogo debe continuar las persuasiones de vidriera, de la carátula, del habla, y debe arrepentir cualquier deserción.» Con fina ironía, Borges agrega: «Si el libro es ilegible y famoso, se le exige aún más de su prólogo.» Anclado en la historia de sus ancestros, Borges intenta demostrar que por sus venas corre sangre uruguaya, como justificación de su presencia en la *Antología*. Su pasión por las bifurcaciones ya aparece en el juego de las diferencias que establece entre las dos márgenes del Río de la Plata, tanto en la descripción de sus aspectos naturales, como en la valoración de los poetas (Herrera y Reissig *versus* Lugones). Sobre el final del texto aparece una crítica irónica al espíritu de grandeza argentino: «seremos la Villa Chicago de este planeta y aún su panadería» y «el sol, por las mañanas, suele pasar por San Felipe de Montevideo antes que por aquí [Buenos Aires]».

PRÓLOGO A MANERA DE ACLARACIÓN*

ILDEFONSO PEREDA VALDÉS

La poesía uruguaya empieza en 1900.

¡Perdón, poetas anteriores a 1900! Vuestra inexistencia actual es suficiente garantía para que no ocupéis una parcela en esta antología. Además, si sois anteriores a 1900, ¿cómo pretendéis figurar en el periodo 1900-1927?

Una antología o es un registro público donde cada poeta puede inscribir su firma, aunque se trate de un político que versificó en sus mocedades, o es una barrera, un atrincheramiento, detrás del cual se defienden los pocos poetas que en el mundo han sido, de la voracidad de los que se titulan tales por el sólo hecho de haber publicado un libro.

En esta antología se rehabilitan poetas olvidados injustamente, figuran otros desconocidos para muchos, y no se colaron en ella, algunas celebridades, saboreadas a diario por el público paladar.

Es justa e injusta al mismo tiempo.

El que fue excluido la llamará injusta, y al autor un envenenado. Todo aquel que guste de la selección y aprecie codearse con sus iguales, mejor que con sus inferiores, la encontrará justa.

---

* Publicado en *Antología de la moderna poesía uruguaya (1900-1927)*, s/p.

Es una antología sectaria, el título ya lo indica: «Antología de la moderna poesía uruguaya». Antología ya es una exclusión, moderno, es otra limitación.

Mis ilustres antecesores en confección de antologías uruguayas, me perdonarán no haber procedido como ellos, aceptando sin carnet de identidad poética, a todos los que versifican en el espacio comprendido entre el río Uruguay, la laguna Merín, el río Yaguarón, la cuchilla Santa Ana y el Río de la Plata.

PALABRAS FINALES*

(Prólogo, breve y discutidor)

JORGE LUIS BORGES

¿Quién se anima a entrar en un libro? El hombre en predisposición de lector se anima a comprarlo —vale decir, compra el compromiso de leerlo— y entra por el lado del prólogo, que por ser el más conversado y menos escrito es el lado fácil. El prólogo debe continuar las persuasiones de la vidriera, de la carátula, de la faja, y arrepentir cualquier deserción. Si el libro es ilegible y famoso, se le exige aún más. Se esperan de él un resumen práctico de la obra y una lista de sus frases rumbosas para citar y una o dos opiniones autorizadas para opinar y la nómina de sus páginas más llevaderas, si es que las tiene. Aquí —ventajosamente para el lector— no se precisan ni sustituciones ni estímulos. Este libro es congregación de muchos poetas —de hombres que al contarse ellos, nos noticiarán novedades íntimas de nosotros— y yo soy el guardián inútil que charla.

¿Qué justificación la mía en este zaguán? Ninguna salvo ese río de sangre oriental que va por mi pecho[1]; ninguna salvo los días orientales que hay en mis días y cuyo recuerdo sé merecer. Esas historias —el abuelo montevideano que salió con el ejército grande el cincuenta y uno para vivir veinte años de guerra[2]; la abuela mercedina que juntaba en idéntico clima de execración a Oribe y a Rosas— me hacen partícipe, en algún modo misterioso pero constante, de lo uruguayo. Quedan

---

* Publicado en *Antología de la moderna poesía uruguaya (1900-1927)*, págs. 219-221.

[1] La «sangre oriental» a la cual alude Borges, se refiere a la *Banda Oriental*, nombre original de Uruguay. Es una manera histórico-poética de Borges de considerarse uruguayo.

[2] Borges se refiere aquí a su abuelo materno, el coronel Isidoro Suárez que, aunque nacido en la Argentina, pasó veinte años exiliado en el Uruguay, luchando contra Rosas.

mis recuerdos, también. Muchos de los primitivos que encuentro en mí, son de Montevideo; algunos —una siesta, un olor a tierra mojada, una luz distinta— ya no sabría decir de qué banda son. Esa fusión o confusión, esa comunidad, puede ser hermosa.

Mi paisano, el no uruguayo recorredor de esta antología, tendrá con ella dos maneras de gustos. Eso yo puedo prometérselo. Uno será el de sentirse muy igual a quienes la escriben; otro, el de saberlos algo distintos. Esa distinción no es dañosa: yo tengo para mí que todo amor y toda amistad no son más que un justo vaivén de la aproximación y de la distancia. El querer tiene su hemisferio de sombra como la luna.

¿Qué distinciones hay entre los versos de esta orilla y los de la orilla de enfrente? La más notoria es la de los símbolos manejados. Aquí la pampa o su inauguración, el suburbio; allí los árboles y el mar. El desacuerdo es lógico: el horizonte del Uruguay es de arboledas y de cuchillas, cuando no de agua larga; el nuestro, de tierra. El anca del escarceador Pegaso oriental lleva marcados una hojita y un pez, símbolos del agua y del monte. Siempre, esas dos tutelas están. Nombrada o no, el agua induce una vehemencia de ola en los versos; con o sin nombre, el bosque enseña su sentir dramático de conflicto, de ramas que se atraviesan con voluntades. Su repetición vistosa, también.

Dos condiciones juveniles —la belicosidad y la seriedad— resuelven el proceder poético de los uruguayos. La primera está en el personificado *Juan Moreira* de Podestá y en los matreros con divisa de José Trelles y en el ya inmortal compadrito trágico Florencio Sánchez y en las atropelladas de Ipuche y en el

¡A ver quién me lo niega!

con que sale a pelear por una metáfora suya, Silva Valdés. La segunda surge de comparar la cursilería cálida y franca de *Los parques abandonados* de Herrera y Reissig con la vergonzante y desconfiada cursilería, entorpecida de ironías que son prudencias, que está en *El libro fiel* de Lugones. El humorismo es esporádico en los uruguayos, como la vehemencia en nosotros. (Cualquier intensidad, hasta la intensidad de lo cursi, puede valer.)

Obligación final de mi prólogo es no dejar en blanco esta observación. Los argentinos vivimos en la haragana seguridad de ser un gran país, de un país cuyo solo exceso territorial podría evidenciarnos, cuando no la prole de sus toros y la feracidad alimenticia de su llanura. Si la lluvia providencial y el gringo providencial no nos fallan, seremos la Villa Chicago de este planeta y aún su panadería. Los orientales, no. De ahí su claro que heroica voluntad de diferenciarse, su tesón de ser ellos, su alma buscadora y madrugadora. Si muchas veces, encima de buscadora fue encontradora, es ruín envidiarlos. El sol, por las mañanas, suele pasar por San Felipe de Montevideo[3] antes que por aquí.

Antología de la poesía mexicana moderna

La *Antología de la poesía mexicana moderna* (1928) comienza con un prólogo del organizador, Jorge Cuesta, que compara su trabajo con la visión objetiva del fotógrafo. Insiste en el carácter tolerante, neutro e impersonal de la colección. Aunque se denomine «moderna», la primera parte incluye a escritores nacidos a mediados del siglo XIX (Manuel José Othón, Salvador Díaz Mirón, Francisco A. de Icaza y otros) y abunda en sonetos. La segunda parte presenta a escritores posmodernistas, como Ramón López Velarde, Enrique González Martínez y hasta Alfonso Reyes. Por algún motivo, fueron incluidos en esa sección José Juan Tablada, verdadero precursor de la vanguardia, y Manuel Maples Arce, fundador del estridentismo, único movimiento realmente vanguardista en México. Lo que interesa más en la selección es, tal como en la *Exposición de la actual poesía argentina*, la presentación bibliográfica hecha por los mismos poetas.

La última parte, que comprende casi la mitad de la antología, incluye a la nueva generación de poetas pertenecientes al grupo de *Contemporáneos:* Jaime Torres Bodet, Carlos Pellicer, Salvador Novo, Xavier Villaurrutia, Gilberto Owen y otros. Como la antología es publicada por la editorial Contemporáneos, se comprende la gran representatividad del grupo en detrimento de los estridentes. No se menciona a Germán List Arzubide y Maples Arce aparece en lugar equivocado. La antología que Maples Arce publicara en Roma en 1940, con exactamente el mismo título que la de Jorge Cuesta, puede significar una sutil respuesta literaria.

Sobre la importancia de Jorge Cuesta vale la pena transcribir las palabras de Octavio Paz: «la influencia de su pensamiento fue muy profunda en los poetas de su generación y aún en la mía, pero su poesía no está en sus poemas, sino en la obra de aquellos que tuvimos la suerte de escucharlo»[1].

---

[3] La ciudad de Montevideo llamábase, originalmente, San Felipe y Santiago de Montevideo.

[1] «Prólogo» a *Poesía en movimiento,* México, Siglo XXI, 1973, pág. 7.

PRÓLOGO*

JORGE CUESTA

Que l'un vienne a primer, il opprime;
l'équilibre est rompu.

GIDE.

La parcialidad del fotógrafo que sabe hacerse un instrumento de su cámara y no la del pintor que quiere hacerse un instrumento del paisaje es la que formó y aspira obtener cierta unidad para esta antología que hemos querido considerar como una perspectiva de la poesía mexicana. Al fotógrafo, tanto como al pintor, importan los valores plásticos del objeto que mira, pero su instrumento le impone una rígida limitación. Lo más que puede es retirar o aproximar su cámara, haciendo depender de la cantidad de paisaje que abarca, la calidad de los valores que pretende mostrar; para cada amplitud, una diferente perspectiva se le ofrece: su problema consiste en hallar la más económica, aquélla que en un cómodo espacio le rinda menos repeticiones ociosas, menos huecos y más diferencias necesarias. No debe reducir la individualidad de cada objeto; no puede reducir, sin mutilarlo, el paisaje que los contiene todos, y con el fin de lograr un equilibrio en el que cada cosa adquiera naturalmente el lugar que le basta para dibujarse y en el que todo se distribuya y se ordene sin violencia, habrá de ensayar varios sitios donde enfocar su lente y escoger, por último, aquel que le exija los más ligeros sacrificios.

Muchos nombres dejamos fuera de esta antología. Incluirlos en ella habría sólo aumentado pródigamente el número de sus páginas y el orgullo de su índice. La poesía mexicana se enriquece, seguramente, con poseerlos; multiplica, indudablemente, su extensión; pero no se empobrece esta antología con olvidarlos. Su presencia en ella o no le habría hecho adquirir nada nuevo o habría perjudicado la superficial coherencia que quiere, para su diversidad, el rigor tímido que la ha medido.

Los grupos, las escuelas, se disuelven; sólo quedan los individuos que las han superado, como si la función de aquéllas, cuando parece, al contrario, que a expensas de ellos se alimentan, fuera la de nutrirlos y proteger su crecimiento. Durante un tiempo más o menos largo, son inseparables de él; después, cuando ya no necesitan más de la protec-

---

* Publicado en *Antología de la poesía mexicana moderna*, págs. 5-8.

ción de que los rodea, se desprenden de la solicitud de su círculo. Más fácilmente lo consiguen mientras mayor vigor adquieren. Logran su madurez cuando lo alcanzan. Quien no abandona la escuela en que ha crecido, quien no la traiciona luego, encadena su destino al de ella: con ella vive y con ella perece. Y no solamente de los discípulos debe afirmarse; también de los maestros. Mientras más fecunda es su influencia, menos la agotan los grupos o los individuos que la disfrutan; después vuelve a renacer todavía virgen, todavía útil para un cultivo nuevo. ¡Qué error pensar que el arte no es un ejercicio progresivo! Sólo dura la obra que puede corregirse y prolongarse; pronto muere aquella que sólo puede repetirse. Hay obras que no son sino una pura influencia, una constante incitación a contradecirlas, a corregirlas, a prolongarlas. Otras cuya influencia es estéril y que no producen fuera de ellas más que inútiles ecos.

Considerando esto, nuestro único propósito ha sido el de separar, hasta donde fue posible, cada poeta de su escuela, cada poema del resto de la obra: arrancar cada objeto de su sombra y no dejarle sino la vida individual que posee. Y hemos tenido cuidado de no prestarle una nueva sombra que lo proteja.

De los poetas anteriores a la más reciente generación atendimos exclusivamente a los poemas aislados; de los poetas jóvenes atendimos también al carácter general de la obra, lo que mostramos al reproducir de cada quien parecido número de poemas. Es fácil justificarnos dentro de la intención que señalamos. Habiéndose ya definido la obra de aquéllos, habiendo adquirido, a las veces, una influencia, habiendo creado o pertenecido a una especie de escuela, el criterio que nuestro propósito nos impuso, nos exigía, en cierto modo, elegir, si no los poemas que traicionaran el espíritu de la obra, sí los que, aisladamente, no tuvieran necesidad de recordarlo para sostener su vida propia. El carácter general de la obra de los otros, lo forma, con más o menos precisión, la voluntad de no repetir ajenas voces. Quizá un sólo poema no habría bastado para mostrar su personalidad naciente; quizá escoger sólo aquellos que respondieran a un estrecho juicio sobre su originalidad, habría conducido a un error. Preferimos, pues, colocando a todos dentro de una dimensión igual, dejar que la personalidad de cada uno se desprendiera sola de sus poemas, que la individualidad de cada poema se desprendiera sola de su personalidad.

Pues si nuestra prevención fue contra los poemas sobre los cuales pesa una opinión —o una anécdota— que, por decirlo así, los substituye y los suprime, más atenta la tuvimos, más desconfiada, para no hacer pesar aquí una nueva opinión sobre los seleccionados. Que cada cual figure como espontáneamente y con libertad.

Ningún rigor exterior —nuestro— lo obliga, sino una tolerancia tanto nuestra, diremos, como suya. Una antología es una obra esencialmente colectiva; la tolerancia es su más natural virtud. Para que cada poeta —cada poema— figure con libertad en ella, debe figurar personalmente y no a expensas de otro, ni de ningún juicio. Nuestro papel fue prohibirnos este juicio tanto como era necesario para conservar su libertad también. Dejar a cada quien lo suyo es la única manera de no perder lo propio y de poseer lo justo.

La selección y las notas de los poetas agrupados en las dos primeras secciones son fruto de una labor colectiva que casi quisiéramos llamar impersonal, y, en su mayoría, los poetas que constituyen la última sección del libro, a invitación nuestra, seleccionaron algunas de las poesías que los representan.

Una antología es, en fin, un lugar donde sólo puede figurarse. Si Jorge Cuesta la firma, es únicamente para conseguirlo; esto es: con la misma tolerancia y con una libertad igual. Lo que acaba de aclarar nuestro propósito de no hacer una obra «personal» que no quiera, con el tiempo o aún inmediatamente, ser corregida; sino, al contrario, una obra «con influencia», siempre colectiva, siempre abierta a nuevas correcciones y prolongaciones.

Antología de poesía chilena nueva

La *Antología de poesía chilena nueva* (1935) se destaca como la más selecta de las antologías de la época y además, porque fue la causa de los episodios más polémicos de la vanguardia chilena. Están incluidos en ella diez poetas encabezados por Vicente Huidobro. Lo siguen los nombres de Ángel Cruchaga Santa María, Pablo de Rokha, Rosamel del Valle, Pablo Neruda, Juvencio Valle, Humberto Díaz Casanueva, Omar Cáceres, Eduardo Anguita y Volodia Teitelboim. Los dos últimos son los responsables de la organización de la antología y también son los autores de los dos prólogos.

El volumen pretende representar a la novísima generación de la poesía chilena; sin embargo, está presente en ella Pablo Neruda y no su contemporánea Gabriela Mistral. La exclusión de Gabriela Mistral, por entonces reconocida internacionalmente por sus dos libros de poemas, *Desolación* (1922) y *Ternura* (1924), tiene motivos estéticos y está justificada por los organizadores con estos conceptos: «es una poesía animada de esencias retardatarias, forjada de supervivencias novecentistas»[1].

---

[1] En *Neruda* (Buenos Aires, Losada, 1985, pág. 169), Volodia Teitelboim parece haberse olvidado de la exclusión de Gabriela Mistral. Dice tranquilamente: «Figuraban Mistral y Neruda.»

La antología pretende definir tendencias poéticas modernas que van desde el creacionismo de Huidobro hasta el surrealismo de Neruda. La apología de la nueva poesía se da no sólo en el título de la obra, sino también en el criterio que guía la selección de los poetas y en los argumentos expuestos en ambos prólogos. Las menciones al movimiento Martín Fierro de Buenos Aires y a poetas y revistas de vanguardia chilenos *(Ariel, Panorama, Dínamo, Caballo de Bastos, Andamio,* etc.) corroboran esta visión.

La polémica estalla inmediatamente después de la publicación de la antología, cuando Pablo de Rokha la acusa de ser «una compilación colonizada por Huidobro»[2]. Éste, que tiene en la selección una posición privilegiada, se encarga de responder a las acusaciones. En aquel momento Huidobro era un poeta consagrado en Chile por haber fundado el creacionismo, por haber participado en los movimientos de vanguardia europeos y por la publicación de *Altazor* (1931). Espacio de las discusiones es el periódico *La Opinión,* donde se suceden violentas acusaciones mutuas. Huidobro es «una gallina que cacarea porque dice que ha puesto un huevo en Europa» y Neruda es «el poeta de la decadencia burguesa, el poeta de los fermentos y los estercoleros del espíritu»[3]. Neruda, que por entonces era cónsul en Madrid, se mantuvo ajeno a los improperios. Ya era un poeta reconocido internacionalmente, con varios libros publicados, entre ellos *Residencia en la tierra.* En 1935, vísperas de la Guerra Civil Española y además año de publicación de la antología, Neruda lanza en Madrid *Caballo verde para la poesía,* donde toma posición claramente antivanguardista (ver «Por una poesía sin pureza»).

Retrospectivamente puede decirse que la antología rescata un momento fundamental de la nueva poesía chilena justificando plenamente las propuestas descritas en los prólogos de los dos organizadores. Cincuenta años más tarde, Teitelboim evalúa: «La polémica no era un modelo de profundidad, sino un documento de época, y el retrato del ardor beligerante de dos contradictores bien distintos [Pablo de Rokha y Vicente Huidobro]»[4]. Años después surgiría una nueva generación de poetas de cuño surrealista alrededor del grupo *Mandrágora.*

---

[2] *Op. cit.,* pág. 169.
[3] *Op. cit.,* pág. 170.
[4] *Op. cit.,* pág. 172.

PRIMER PRÓLOGO*

El arte —cimera expresional de la infra-estructura económica, a donde asciende tras múltiples procesos sublimatorios— con analogía a las demás manifestaciones de la vida colectiva, se simultanea al corazón del tiempo, adentro de cuyo espacio canta, a modo de reloj, su latido existencial.

Auténtico artista —humano singular en función de voz plural— sólo es el ser natalmente dueño de una energía hipersensible, eufórica, esforzándose hasta la identidad unitaria con el clima temporal.

Fundada en la verdad previa del artista en misión de verbo, número y símbolo del circundante ambiental, la suma de sus creaciones es paralelamente la adición de las órbitas sociales en que las dio a luz.

La colaboración de la generaciones a través de sus artistas —los cuales, al fijar en su obra el tránsito fugitivo de su contemporaneidad, la hacen pervivir más allá de sí misma, a veces para siempre— impone a cada uno de ellos el imperativo categórico de agregar su eslabón preciso y específico a aquel encadenamiento que, por encarnar el espíritu estético de distintos periodos, los transparenta en sus esencias plenarias.

La confluencia dual del externo-interno, o sea, el recíproco juego de influencias del mundo sensorial sobre el creador y, por reflejo, del último sobre aquél, origina la unidad estética en todo tiempo y en cada lugar, desencadena la vibración prístina y energética de las cosas. El artista abre la puerta y el espectador presencia una función de taumaturgia sugestiva.

Como corolario, la ley precitada también rige a nuestro tiempo, cuyo advenimiento desarraiga la raíz central que inervó la psicología de la víspera. Con la ruina de dicha psicología se abren las batientes de este siglo, para dar con él nacimiento a la mudanza que vivimos. Las oprimidas mareas del insconsciente colectivo, acumulan en nuestro subsuelo la cuenta de la esclavitud, suman censura a censura, elaboran el día próximo, estallan y devoran las compuertas que frenan su fuerza. Y esta misma violencia instintiva al atravesar por el contralor inteligente, cobrando conciencia, se pone a reestimar las tablas de valores vigentes; pero, como éstas tampoco guardan equilibrio con su orden naciente, las quiebra.

---

* Publicado en *Antología de poesía chilena nueva* (Org. Volodia Teitelboim y Eduardo Anguita), s/p.

Este nuevo espíritu criticista es el sentido revolucionario que informa a nuestro actual ciclo histórico —durante el cual caen desplomadas las jerarquías establecidas— que encuentra su cristalización primaria en la batalla de las muchedumbres por su justo sitial.

Las antinomias orgánicas de las relaciones materiales abisman a todo el sistema que cimentan en su caos final. La muerte de la raigambre trae aparejada la muerte del árbol. Y nuevos tiempos, nuevos cantos.

La transmutación se opera en el arte por la falencia de todas las perspectivas habituales. Así como en ciencia y filosofía las valencias estatuidas por el hombre hoy sólo cumplen un rol condicional y relativista, el arte presente destroza las nociones estimadas de evidencia absoluta, rompe con las estéticas de tipo totalizador, porque guarda conciencia que es el único método para conservar la libertad interna, imprescindible para externizar la plenitud del ser.

El arte actual supera el material cuotidiano, exprime de él la última quintaesencia, vale decir, trabaja la superior realidad, dotada de atmósfera especial, legislada por sus propias leyes, diferenciada del mundo inmediato y circunstancial.

Clasicismo y Romanticismo —para citar únicamente las dos actitudes raigales anteriores a la actual— proclaman la emanación parcial y excluyente de algún u otro poder vital; pero jamás su fluencia en proporcional simultaneidad.

A la inversa, el arte actual es un producido de la entidad humana completa, ceñida al imperio de cada una y toda actitud primordial.

Fiel consigo mismo, insurge contra el realismo —trasplantación artificial que persigue como arquetipo la fotografía del objeto preexistente. Y mueve guerra contra la verbal catarata romántica, hecha de falso frenesí.

Tardíos discípulos de Góngora, concibiendo el tiempo como noción estática abstracta, plantean como problema rey de la temática poética de la resolución música y sensual de la palabra.

En verdad, ahora y siempre, la poesía por antonomasia, no es la lucería ni el malabar: es el ejercicio de la revelación del trasmundo por el hombre, la que ilumina a signos los contenidos incognoscibles y la patética máxima de la existencia.

La poesía nueva rechaza la teoría romántica de la INSPIRACIÓN y a su turno patrocina el tipo del poeta interiorizado en su proceso creador. Y esto ya lo dijo Baudelaire: «Resolví informarme del por qué y transformar mi voluptuosidad en conocimiento: todos los grandes poetas se hacen naturalmente, fatalmente, críticos. Compadezco a los poetas que guía solamente el instinto; los creo incompletos.»

*

Sentadas estas premisas elementales, podemos circunscribirnos en un campo de comparación.

Practicando un corte retrospectivo en la vida poética de nuestra lengua, haciendo retroceder su tiempo hasta los años de alumbramiento de la poesía nueva, verificamos que la poesía chilena es cronológicamente la primera.

Aquí sólo dejamos constancia de este fenómeno —categorizado entre las irrefutables verdades del calendario— porque su estudio analítico es monopolio de la historia literaria.

Para quien ha trazado el paralelo entre las ramas filiales del arte chileno, por primacía de volumen y calidad, la poesía significa su valencia mayor.

Y si parangonamos en globo la magnitud poética continental en su peso exacto, exento de superestimación o menosprecio, obtenemos el siguiente resultado: El hecho poético nuevo más trascendente entre todos los de Hispano-américa lo constituye la poesía chilena.

Así destacada su eminencia desde un observatorio lingüístico, de arte en general y geografía, cábenos revalorizar su desarrollo situándonos en un mirador interior.

*

La iniciación del siglo XX sorprende a la poesía chilena, como a todas las demás de la lengua, girando en torno a maestros del Simbolismo y Parnaso franceses.

Con muchos años de atraso son leídos e imitados Verlaine, Samain, Moréas, Dierx, Maeterlinck, Verhaeren, Louys, Jammes, Rollinat, Richepin y Banville. Pero los grandes simbolistas permanecen, hasta hace muy poco, desconocidos.

Ulteriormente se produce la inclinación gradual del modelo francés desplazado por el modernismo de Rubén Darío, alrededor del cual oficIan rituales menores, Lugones, Manuel y Antonio Machado, Juan Ramón Jiménez, Valencia, Santos Chocano, Díaz Mirón, Gutiérrez Nájera, González Martínez, Asunción Silva, Nervo, Marquina y algunos más.

Francisco Contreras, Carlos Pezoa Véliz, Ernesto Guzmán, Manuel Magallanes Moure, Carlos Mondaca, Víctor Domingo Silva, Pedro Prado y Max Jara, son los principales poetas chilenos de una generación cuyos panoramas está limitado por un híbrido cruzamiento simbolista-parnasiano-modernista.

O. Segura Castro desempeña la función de lazo de unión entre el grupo antedicho y el nuevo que adviene, constituido por Jorge Hübner Bezanilla, Vicente Huidobro, Ángel Cruchaga Santa María, Daniel de la Vega, Tomás Chazal, el nicaragüense Gabry Rivas, Pablo de Rokha, Juan Guzmán Cruchaga y Gabriela Mistral.

Aunque este último grupo en principio también se apega íntegro a la tradición del inmediatamente anterior, envuelve una precursión válida para la poesía nueva, porque, precisamente los primeros heterodoxos que se alzan contra los cánones del novecientos son Vicente Huidobro, Ángel Cruchaga y Pablo de Rokha.

Las revistas *Azul* y *Musa joven* atestiguan su viva batalla contra la poética tradicional, cuyo más poderoso reducto está defendido por Los X.

Ya en 1912 y 13, Vicente Huidobro crea algunos poemas, por ejemplo, «El libro silencioso» y «Vaguedad subconsciente», que se apartan insólitamente de lo habitual.

Huidobro pronto desborda las fronteras de la patria. Al alejarse de Chile, se desvincula directamente de la poesía nativa, para entregarse a la revolución poética sin límite geográfico.

Pero la trascendencia del rol del padre del creacionismo —mayor que la de ninguno de los poetas del idioma— en la génesis y primera infancia de la poesía nueva del universo, su influencia e investidura de maestro frente a jóvenes poetas de España; el inventario, por sintético que sea, de los innumerables episodios artísticos de su existencia, escapan a la índole y extensión sumaria del presente prólogo; es material perteneciente al historiador del arte nuevo.

Por aquel entonces, compañero de Vicente Huidobro en sus luchas literarias iniciales, Pablo de Rokha comienza a escribir una poesía sin precedentes, en consonancia con una concepción estética palmariamente distinta de los demás poetas. Desde «Versos de infancia» hasta «Jesucristo», se afina circulando siempre dentro de la órbita de una personalidad sin confusión posible. «Satanás», «Suramérica» y, especialmente, «Escritura de Raimundo Contreras», son poemas autóctonos.

Pero pronto su proceso evolutivo deja a la rezaga este estadio vernáculo de su obra. Hoy, evidentemente convencido de la verdad marxista, deriva su poesía hacia el arte social.

Pero los poetas nuevos nacidos antes del siglo, son artistas que se realizan aguas arriba, contrariando la corriente de su medio y su tiempo. Prematuramente fuerzan el ritmo lentísimo de nuestro proceso artístico. Tanto se distancian de su generación que el vínculo con ella apenas lo establece la fecha de su nacimiento y la historia de sus oposiciones.

El principio inmanente de libertad que preside la nueva poesía, no es, justamente, el que anima la poética chilena del segundo decenio del siglo, tan cercanamente influida por los modelos ya indicados. Esta poesía cismática es gemela, o mejor, hermana mayor de aquella que sólo va a lograr una ubicación sólida entre nosotros una década después.

Verifica la referida situación del ambiente literario con ejemplo prototípico, la apoteosis de Gabriela Mistral, loada y consagrada por los públicos. Y adquiere relieve de hecho elocuente porque alcanza el triunfo en pago de una poesía animada de esencias retardatarias, forjada de supervivencias novecentistas.

El influjo de las corrientes artísticas surgidas en el clima psíquico que gestó la guerra y de las tendencias aparecidas a raíz de ella, inaugura en Chile el periodo más rico de la poesía.

Así, en 1920 el poeta —recientemente muerto— Alberto Rojas Giménez, en colaboración con Martín Bunster, lanza un «manifiesto AGU», a similitud del movimiento dadaísta suizo-francés. Suceso periférico, en sí mismo con significado mínimo; pero decidor índice de una juventud que capta la radiación estético-revolucionaria transmitida desde ultramar.

Sin embargo, ello no significa que se haya abierto de pronto y en definitiva la etapa cíclica de la nueva poesía. La mayoría continúa la tradición; la minoría imprime más velocidad a su proceso creador.

Algo de lo último acontece en Pablo Neruda. Los tramos iniciales de su producción: *Crepusculario, El hondero entusiasta* y *Veinte poemas de amor y una canción desesperada,* son libros que se imponen en el ambiente, originando una secuela numerosa de imitadores. No involucran una revolución poética, aunque contienen ciertas novedades formales. A partir de *Tentativa del hombre infinito* estiliza gradualmente su temperamento de gran romántico en cauces actualizados.

Por fin, la poesía nueva adquiere contornos definidos hacia 1925, año en que comienza en Buenos Aires la segunda época de la revista *Martín Fierro,* estación de partida de la nueva poesía argentina.

1925 y los años siguientes están asignados por un aparecer de revistas de nueva estética y por la publicación de los primeros libros de Rosamel del Valle y Humberto Díaz Casanueva. Del Valle, el año 1925, colabora en *Ariel;* el 26, dirige *Panorama.* Surgen *Dínamo, Caballo de Bastos, Andamio,* etcétera.

En 1926, por primera vez en Chile, se inaugura una exposición de caligramas, en la cual, exponen Rosamel del Valle, Díaz Casanueva y Gerardo Seguel.

Después, la poesía nueva se liberta de este estado de agraz. Hoy, prosigue caminos puramente constructivos, ya superados los días de batalla contra una poesía caduca y los años de ensayo.

Una juventud estudiosa crea ahora libre del peso del pretérito.

Pero hay que dejar realizarse los acontecimientos, condición previa para historiarlos.

SEGUNDO PRÓLOGO*

Eduardo Anguita

La simplicidad del mundo externo (un hecho, una hoja, un vuelo, la línea), es solamente aparente. Nuestra alma reacciona de manera bastante compleja y extraña, casi siempre no consciente, y desconocida, por tanto, del sujeto. De ahí que todas las expresiones de la belleza sean demasiado objetivas y rígidas; cuando mejor, se reducen a una teoría del placer y del dolor. Principios subjetivos, inmóviles por su elementalidad y primordialidad, inherentes al ser, permanecen a través de las épocas, dando una apariencia de inmutabilidad a ciertas leyes estéticas fundadas en ellos. Un sonido muy agudo, una fuga muy veloz, harán reaccionar al hombre primitivo con muy semejante sensación de peligro que la del hombre de este siglo. Claro está que en esto, entra mucho la costumbre, el hábito; bastará citar el caso en música, en que acordes ayer generalmente aprobados como «desafinados», hoy son aceptados totalmente por el oído. Tiempos y lugares no borran, no obstante, lo primario, salvo que nuestros antepasados hubiesen compuesto una categoría de animal muy diferente de nosotros, o un vegetal cuyas propias leyes determinaran un mundo totalmente propio, unos brazos en inclinación al sol, como las hojas y los tallos. (Esta inclinación a la luz es una forma elemental del amor, fuerza para un arte en seres inferiores al hombre.)

Las épocas y las razas tienen, de hecho, una concepción diversa del arte. Esta es la conclusión de lo dicho anteriormente, y el punto también de partida. Por ello es preciso determinar lo específico del arte nuevo. El artista actual va a la realidad, apartándose del realismo superficial, buscando lo profundo desconocido, formulando al mismo tiempo —tal es la aspiración general, creo yo— esta nueva, por desconocida, realidad, con una simplicidad de naturaleza. Naturaleza dentro de la naturaleza. De ahí al periodo de creación hubo un paso, mediando un artista. Reconocemos, como reconocen en todo el resto geográfico, que una voz ordena con solemne potencia el nuevo gran estado del arte. El periodo de creación. Nadie niega la enseñanza de este poeta, que encauzó toda la lírica de España, y que en Francia prestó su cooperación valiosa, al lado de creadores tan grandes como Guillaume Apollinaire. El poeta que hizo hincapié en el poema creado, el que inaugura el periodo de creación, es Vicente Huidobro. Voz de huma-

---

* Publicado en *Antología de poesía chilena nueva* (Org. Volodia Teitelboim y Eduardo Anguita), s/p.

no, extraña agudización del super-nivel del poeta, del alto nivel del hombre. Y la creación vino. Y la creación entró en nosotros. Y nosotros entramos en la creación. Hágase la luz, y la poesía fue hecha.

Transcribo párrafos de *Manifestes,* libro en el cual está resumida toda su doctrina estética.

«Yo decía entonces, y lo repito aquí, que el poeta es aquel que sorprende la relación oculta entre las cosas más lejanas, los escondidos hilos que las unen. Se trata de tocar con el dedo, como una cuerda de arpa, los hilos ocultos, y producir una resonancia que ponga en acorde las dos realidades lejanas.» «Un poema debe ser algo inhabitual, pero hecho con cosas que manejamos constantemente.» «Os diré lo que entiendo por poema creado. Es un poema en el que cada parte constitutiva y todo el conjunto presentan un hecho nuevo independiente del mundo externo, desligado de toda otra realidad que él mismo, pues toma lugar en el mundo como un fenómeno particular, aparte y diferente de los otros fenómenos.» «Es bello en sí y no admite términos de comparación. No puede concebirse en otra parte que en el libro. No tiene nada de semejante con el mundo exterior; hace real lo que no existe, es decir, se hace él mismo realidad.» «Crear un poema, tomando de la vida sus motivos, transformándolos, para darle una vida nueva e independiente.» «Nada anecdótico ni descriptivo. La emoción debe nacer de la sola virtud creadora. Hacer un poema como la naturaleza hace un ábol.» «El arte es una cosa, y la naturaleza otra; amo demasiado el arte y amo demasiado la naturaleza. Si aceptáis las representaciones que un hombre hace de la naturaleza, eso prueba que no amáis ni la naturaleza ni el arte.» «Hay que crear. He aquí el signo de nuestro tiempo. Inventar, es hacer que cosas paralelas en el espacio se encuentren en el tiempo, o vice-versa, presentando, así, en su conjunto un hecho nuevo. (El salitre, el carbón, el azufre, existían paralelamente desde el comienzo del mundo; hacía falta un hombre superior, un INVENTOR que los hiciese encontrarse, creando así la pólvora, la pólvora que hace estallar vuestros cerebros, como una bella imagen.») «El poeta no debe ser más un instrumento de la naturaleza, sino hacer de la naturaleza su instrumento.» «Un poema es un poema, tal como una naranja es una naranja y no una manzana.» «El poeta ya no imita a la naturaleza, pues no se arroga el derecho de plagiar a Dios. Vosotros encontraréis allí lo que nunca habéis visto en otra parte: el poema. Una creación del hombre»...

Vitalidad y vitalidad. Es el arte nuevo. Y los dos grandes tonos de él, los sentidos convergentes del creacionismo y el surrealismo. Mientras el primero es más constructivo, controla estrictamente lo artístico y es más objetivo; el surrealismo penetra —o no penetra, sino que simula hacerlo— con mano fría en las tumbas del sueño. ¡Y quién no se estremece! El creacionismo es una actitud en que caben millones de posibilidades; el surrealismo es una escuela, o sea, encierra, reduce, coarta, pues proclama la explotación de cierta zona solamente: el subconsciente. No imita la vida, hace la vida interna, la expresa; en resumen, la crea, con cierto buen sentido interpretativo, convergiendo, por tanto, hacia el creacionismo. No copia los materiales inconscientes, pues justamente en eso es —o sea, en el dictado automático— en donde han fracasado, según declaración del mismo jefe, André Breton, en el Segundo Manifiesto. Porque él va a lo profundo del objeto, expresa, por tanto, lo profundo del conocimiento, resultando así el afloramiento de lo profundo del hombre. El hecho surreal es algo descubierto; el hecho creado, algo jamás preexistente. El poeta nuevo recepta, sensorialmente, las cualidades simples del hecho u objeto, pero en él, los sentidos cooperan, en forma que el hecho u objeto se representa totalmente, adquiriendo cualidades no percibidas. Así, si Rosamel del Valle dice: «Una flor de negra música», atribuye una cualidad auditiva a la flor, que sólo aparentemente las tiene visuales, olfativas, táctiles, de gusto. Luego la música, que es sólo lo auditivo, se totaliza y completa con una visual, color. Esta como doble mirada del poeta, hace hablar a los críticos de «intelectualización del arte». Esta intelectualización es real en la poesía actual, pero en lugar de quitarle valor, es su más alta cualidad. La poesía anterior —no toda, pero en general— fue privativa del sentimiento, esto es, de la voluntad. ¿Y quién puede ordenar que la poesía sea de tal o cual parte del hombre? La inteligencia es la facultad capital del ser humano, pues sin ella la voluntad no podría tomar su dirección, no conocería el objeto (bien) que le es propio. Esto es hablando escolásticamente. Hablando más científicamente, citaremos: «El pensamiento, la imagen creadora, la concepción, la introspección, etc., surgen de la región frontal, la última que aparece en el hombre en su marcha de siglos, como un ansia de elevación. Las zonas afectivas e instintivas suministran los materiales a este maravilloso laboratorio, donde se verifican las síntesis supremas. Fibras de asociación conducen los elementos de los pisos inferiores hasta el superior. El piso superior gobierna, controla, inhibe o estimula. Esquematizado, tendríamos: Intelectualidad-Piso frontal, Afectividad-Piso temporal, Instinto-Piso occipital.»

La poesía de hoy es de conocimiento, esa es su cualidad específica. Nuestro «cerebralismo», como llaman ciertos críticos a nuestra característica superior (como si se pudiera hacer poesía con los pies), es nuestra conquista en el arte, y le da una calidad tanto más humana cuanto que la inteligencia comanda el ser, lo representa íntegramente, y lo estremece a menudo con su intensidad de largos fuegos.

La palabra privada del arte nuevo es VIDA. No importa que lo vital provenga de la vida misma o de la creación. Vida, vida independiente, esfuerzo humano. La deshumanización del arte es una mala comprensión de él, y además, una mentira materialmente imposible. ¿Quién hace el arte? ¿Para quién? Deshumanizar el arte sería hacerlo artificial, sería poco menos que suicidarnos o entregarnos a una derrota con los brazos impedidos. Por otra parte, la pretendida deshumanización, según Ortega y Gasset, debe lograrse por medio de la desrealización que efectúa la inteligencia, o por medio del humorismo, en que todo se desvaloriza despreciativamente. La intelectualización total, como lo hemos visto, al saber que el Piso Superior no puede trabajar solo, salvo anomalías especiales; la intelectualización, repito, es una cosa casi imposible, salvo que llegáramos a una especie de matemática, o a la formulación de leyes, en que el resto del ser no tuviera ninguna participación ni interés. Esto se lograría, quizá con repetidas mortificaciones, con que dominaríamos probablemente lo animal que en nosotros impera. Quizá entonces seríamos más humanos que nunca, más específicamente humanos, y el artista sería algo tan sagrado como el místico que cree lo que no ve, y que se parece cada vez más al agua o al ciclón puro. El arte no es un juego, señor Ortega, es una batalla, «una partida de ajedrez con el infinito», como definió el poema, el autor de *Altazor*. Un sagrado juego-rito, agregaría yo. Un tremendo y necesario ejercicio.

Sí; el arte es vida, no la vida, porque ésta no es realmente vida, sino apariencia de ella. La poesía actual, como vida, deslinda en los pesados límites de flores con la muerte. Y el problema del ser se ilumina. Atemoricémonos. Sobre las cenizas del terror, la frente es signo de fuga, a donde el viento está en estado de veta, tal vez. ¿Hacia lo alto? ¿Hacia lo hondo? No sabemos nada del espacio libre y del espacio que encerramos en nuestra respiración. El movimiento es lo único visible. La sola realidad es el vuelo.

Futurismo

FUTURISMO: a) Rubén Darío, «Marinetti y el futurismo» (1909).—b) Almacchio Diniz, «Una nueva escuela literaria» (1909).—c) José Carlos Mariátegui, «Aspectos viejos y nuevos del futurismo» (1921).—d) Vicente Huidobro, «Futurismo y maquinismo» (1925).—e) Graça Aranha, «Marinetti y el futurismo» (1926).—f) Mário de Andrade, «Marinetti» (1930).—g) César Vallejo, «Estética y maquinismo».—h) Jorge Luis Borges, «De la vida literaria».

El futurismo fue la vanguardia artística que trastornó y transformó más intensamente a las pacatas estéticas latinoamericanas de los años 20. De Darío a Borges, pocos intelectuales fueron indiferentes a la conmoción provocada por la «figura sonriente de aquel terrorista conocidísimo de nombre y poco apreciado en verso», Filippo Tommaso Marinetti, según las irónicas palabras de Mário de Andrade en un artículo de 1930[1].

Al contrario del dadaísmo, que fue breve y sabio al proclamar su propia extinción, las polémicas sobre el futurismo fueron adquiriendo connotaciones diversas a medida que su líder se obstinaba en dar continuidad al programa original a lo largo de más de dos décadas. «El [futurismo de Marinetti] ha sido un caso de longevidad, no de continuación ni desarrollo», comenta José Carlos Maríategui también en 1930. Todavía en ese mismo año, después de un encuentro personal con el jefe futurista en São Paulo, Mário de Andrade acaba un artículo cruel con esta observación: «Marinetti consideró que ya estaba todo explicado y empezó a hablar del Fu-

---

[1] *Táxi e crônicas do Diário Nacional,* San Pablo, Duas Cidades/Secretaria da Cultura, Ciência e Tecnologia, 1976, págs. 191-192.

turismo las mismas cosas que decía desde 1909. Hablaba como una máquina»[2].

En un primer momento, las propuestas futuristas provocaron en América Latina una reacción ambigua, mezcla de admiración y rechazo. En medio de la avalancha de manifiestos vanguardistas de los años 20, a pesar de la ambivalencia de actitudes, pocos textos escaparon a la influencia del futurismo. Unos más y otros menos, pero todos usaron la retórica futurista, incluso aquellos que, explícitamente, rechazaban sus principios. Ser moderno equivalía a ser connivente con una actitud, con un comportamiento. La cierta conclusión de Annateresa Fabris puede aplicarse al movimiento como un todo en América Latina: «El futurismo no es sólo un conjunto de propuestas artísticas, sino la busca de un nuevo comportamiento dinámico y renovador, a veces más importante que la realización concreta de obras»[3]. Además, el modernismo brasileño fue, sin duda, el movimiento de vanguardia latinoamericano que más se benefició, sufrió y problematizó la influencia del futurismo[4]. La Semana del 22 iba a llamarse inicialmente «Semana de Arte Futurista».

También parecen bastante influidos por el lenguaje futurista los manifiestos de la vanguardia puertorriqueña. La retórica agresiva, la negación total del pasado, el proyecto de destrucción de los museos y la proclamación de la guerra como única higiene del mundo, entre otras cosas, eran propuestas de difícil asimilación en los medios culturales aún impregnados por el simbolismo-decadentismo del siglo XIX. Años más tarde, la adhesión de Marinetti al programa fascista de Mussolini empujó a un reexamen de su proyecto que continúa hasta hoy[5].

Es admirable que haya sido el nicaragüense Rubén Darío, no pasados aún dos meses desde la publicación del Manifiesto Futurista en la primera página de *Le Figaro* de París, el 20 de febrero de

---

2 *Ídem, ibídem,* pág. 192.

3 *O «Futurismo paulista»: hipóteses para o estudo de chegada da vanguarda ao Brasil,* Tesis de Libre-Docencia, San Pablo, Universidade de São Paulo/Escola de Comunicações e Artes, 1990, pág. 198.

4 La investigación de Annateresa Fabris es la prueba definitiva de esta afirmación, a pesar de que el crítico Merlin H. Forster afirme que «el uso más extensivo de las teorías de Marinetti en toda la América Latina puede ser visto en los estridentistas mexicanos», «Latin american *vanguardismo:* chronology and terminology», en Merlin H. Forster (ed.), *Tradition and renewal,* Urbana, University Illinois Press, 1975, pág. 23.

5 Mário de Andrade y Vallejo no dudan en llamarlo «fascista». La exposición *Futurismo & Futurismi,* realizada irónicamente en el palacio Grassi de Venecia en 1986, consagra al movimiento futurista y diluye bastante la polémica política. Ver el artículo «Ideología» en el catálogo de la exposición *Futurism & futurisms,* Nueva York, Abbeville Press, 1986, págs. 488-492.

1909, quien tradujera, glosara y criticara el polémico texto[6]. La sorprendente lectura de Marinetti hecha por Darío equivale no sólo a la contraposición de dos siglos tan radicalmente diferenciados entre sí como lo son el xix y el xx, sino también la confrontación de dos personajes que revolucionaron el lenguaje artístico de sus respectivas épocas, y cuyas estéticas —el decadentismo finisecular rubendariano y el futurismo marinettiano— literalmente se oponen.

En «Marinetti y el futurismo» el poeta nicarigüense pretende restarle originalidad a los argumentos enumerados en el manifiesto, recordando que algunas de sus propuestas ya habían sido hechas por autores clásicos como Homero o Píndaro, que la denominación «futurismo» ya había tenido en Gabriel Alomar un precursor y que había semejanzas hasta con poetas contemporáneos, como el belga Emile Verhaeren. Desde lo alto de su bien consolidada fama, Darío observa los encantos marinettianos con condescendencia paternal, atribuyendo los excesos a una impetuosidad juvenil. El ensayo de Darío transparenta una negación a la idea de «futuridad», no sólo con la perspicaz observación de que «lo futuro (...) es lo pasado al revés», sino también porque minimiza la *hybris* marinettiana diciendo que «los dioses se van y hacen bien».

Años más tarde, a pesar de la difusión del arte de vanguardia en América Latina, poetas y críticos de los años 20 continuarían con una actitud «futuricida». Tanto Huidobro como Vallejo critican la manera como Marinetti totemiza a la máquina. El primero, a pesar de su deuda con el futurismo[7], ataca la «mitología de la máquina»; mientras el otro alega con propiedad que «el sociólogo marxista tampoco ha hecho del tractor un valor totémico en la familia prole-

---

[6] Su artículo fue publicado en *La Nación* de Buenos Aires, el 5 de abril de 1909, y reproducido en Rubén Darío, *Obras completas,* vol. 8: *Letras,* Madrid, Mundo Latino, 1911, págs. 187-195. Casi simultáneamente, sale en Madrid la traducción de Ramón Gómez de la Serna, así como su artículo, bastante elogioso, sobre el nuevo movimiento: «Fundación y manifiesto del Futurismo» y «Movimiento intelectual. El Futurismo», ambos en *Prometeo* 6 (abril, 1909), págs. 65-73 y 90-96. Ver también la importante colección de Nelson Osorio T., *El futurismo y la vanguardia en América Latina,* Caracas, Centro de Estudios Latinoamericanos Rómulo Gallegos, 1982. Mientras Gómez de la Serna hace la traducción completa del texto de Marinetti, Darío se limita a traducir los puntos enumerados en el manifiesto, dejando de lado la extensa introducción. Lo mismo hicieron Amado Nervo y Vicente Huidobro en los artículos incluidos en la antología de Nelson Osorio T. No menos sorprendente es la primera noticia de Marinetti en el Brasil, así como la traducción del Primer Manifiesto, ambas publicadas en el *Jornal de Notícias,* de Bahía, el 30 de diciembre de 1909. Cfr. Almacchio Diniz, *F. T. Marinetti: sua escola, sua vida, sua obra em literatura comparada,* Río de Janeiro, Edições Lux, 1926, págs. 15-17.

[7] Ver Jorge Schwartz, *Vanguarda e cosmopolitismo,* San Pablo, Perspectiva, 1983, págs. 25-43.

taria y en la sociedad socialista»[8]. No por eso Vallejo deja de rescatar, por ejemplo, el uso creativo que Whitman hizo de la máquina, «la espantosa Biblia industrial de los Estados Unidos», según la definición de Huidobro. Para éste, lo importante, ante todo, es la buena poesía, no el dogma futurista: «No es el tema, sino la manera de producirlo lo que lo hace ser novedoso»[9].

La primera visita de Marinetti al Brasil, en 1926, aguzó sentimientos que se estaban fermentando desde la publicación del Manifiesto. Dada la importancia de las corrientes europeas de vanguardia en el modernismo brasileño, que eclosionarían en la Semana del 22, es natural suponer que Marinetti debió haber sido bien recibido. Pero no sucedió así. En primer lugar, el término «futurismo» ya había adquirido un sentido bastante peyorativo. «Mi poeta futurista», texto de Oswald de Andrade, donde es presentada al público por primera vez la figura de Mário de Andrade, recibe del supuesto favorecido una respuesta en la que se defiende con vehemencia de tal denominación. Mário da Silva Brito afirma[10]:

> Basta que el crítico —o simplemente el observador— se encuentre con una novedad, con cualquier cosa fuera de lo común, para que de inmediato, se ponga sobreaviso y denuncie el hecho extraño, situando así al artista fuera de la corriente general. Entonces se le aplica la etiqueta —futurista— que tiene un sentido peyorativo y significa, por lo bajo, falta de equilibrio; está ligado a la idea de locura, de patológico. Todo es futurismo y todos son futuristas. Basta que el artista se aparte un milímetro de los patrones convencionales vigentes.

Este mismo crítico hace una espléndida descripción de las tumultuosas conferencias dichas por Marinetti en São Paulo. Los resultados son, cuanto menos, patéticos[11]. En ocasión de la conferencia

---

[8] «Estética y maquinismo», en César Vallejo, *Obras completas,* vol. 2: *El arte y la revolución,* Lima, Mosca Azul, 1973, pág. 55. Texto reproducido en esta antología. El desenmascaramiento ideológico del objeto futurista señalado por Mariátegui es definido brillantemente por Annateresa Fabris *(op. cit.,* página 197): «[...] el futurismo es el primer movimiento que pone completamente al desnudo el proceso de mercantilización de la producción capitalista, de lo cual derivan dos corolarios esenciales: la superación de la concepción idealista de la autonomía de la obra de arte, y la proclamación del objeto estético como mercadería con la consecuente adopción de propaganda estruendosa de obras y manifestaciones, el uso de la violencia como instrumento de persuasión y captación».

[9] Véase «Futurismo y maquinismo» en esta antología.

[10] *História do modernismo brasileiro,* Río de Janeiro, Civilização Brasileira, 1974, págs. 161-162.

[11] «Marinetti em São Paulo», en Mário da Silva Brito, *Ângulo e horizonte,* São Paulo, Martins, 1966, págs. 93-99. La visita de Marinetti a la Argentina fue mucho menos polémica. En Buenos Aires fue celebrado de diversas maneras, comenzando

que Marinetti pronunció en Río de Janeiro, Graça Aranha leyó el texto que posteriormente serviría de introducción a su colección de manifiestos futuristas, publicada en francés en el Brasil[12]. En ese ensayo de indudable valor didáctico, Graça Aranha se inclina por el rescate y elogio del futurismo, evita críticas de contenido político y aprovecha para tejer consideraciones sobre los vínculos del movimiento con la Semana del 22.

Pero los dos textos de carácter más reflexivo sobre la escuela futurista son el ya mencionado artículo de Mário de Andrade y «Aspectos viejos y nuevos del futurismo» de José Carlos Mariátegui. A lo largo de su artículo, Mário de Andrade muestra una fina ironía, justificando la prudente distancia que supo mantener en relación con el promotor del futurismo. Por lo demás, el desacuerdo de Mário de Andrade no se refiere tanto al futurismo como escuela, sino a Marinetti, toda vez que el escritor paulista se identifica con el grupo florentino de la revista *Lacerba*, representado especialmente por Papini, Boccioni y Palazzeschi[13]. En el artículo también reivindica a São Paulo como punta de lanza del movimiento modernista brasileño, pero es injusto al decir que «Marinetti fue el mayor de todos los malentendidos que perjudicaron la evolución, principalmente la aceptación normal del movimiento moderno en el Brasil». Es interesante advertir que el artículo de Mário de Andrade, fechado en 1930, no hace ninguna referencia a polémicas ideológicas, aunque éstas estén presentes en las entrelíneas.

El artículo de Mariátegui llama la atención por el carácter sintético, perentorio y agudo de sus observaciones. Aunque equivocado al aproximar corrientes de vanguardia tan diferentes entre sí como el futurismo, el expresionismo y el dadaísmo, tiene un acierto indudable al denominarlas «imperialistas, conquistadoras y expansivas». Seguramente gran parte de la buena literatura ha sido hecha sin el recurso de los manifiestos, arma por excelencia de la política cultural de las vanguardias. En el caso específico de Marinetti, la posteridad lo reconoce más como promotor del futurismo y autor de manifiestos que por su obra literaria. Por otro lado, el mismo Mariátegui afirma que «no hay revolución mesurada, equilibrada, blanda, serena, plácida». El ensayista peruano defiende el carácter revolucionario de los movimientos y, al contrario de Graça Aranha o de Mário de Andrade, prefiere criticar las implicaciones polí-

---

por la misma *Martín Fierro* que le dedica el número 29-30 del 8/7/1926. Otra ocasión de homenaje a Marinetti fue la Exposición de Pintura Argentina realizada en la galería Amigos del Arte.

[12] *Futurismo: manifestos de Marinetti e seus companheiros,* Río de Janeiro, Pimenta de Mello e Co., 1926.

[13] Ver Annateresa Fabris, *op. cit.*

ticas del futurismo. Lo que Mariátegui rechaza, ya en 1921, es «el programa político que constituyó una de las desviaciones del movimiento, uno de los errores mortales de Marinetti». En este sentido, el desacuerdo de Mariátegui con la evolución política del futurismo es total.

Si, en un primer momento, las vanguardias afirman su carácter revolucionario como opositoras de los anquilosados modelos del pasado, posteriormente, esa voluntad de renovación corre el riesgo de sobrevivir al agotamiento de sus propias propuestas. Con intuición precursora, Mariátegui pone el acento sobre los mecanismos de recepción de la vanguardia, en los cuales puede prevalecer el mero deseo de la novedad por la novedad misma: «[Al público] no lo mueve la comprensión sino el *snobismo*. Pero en el fondo este *snobismo* tiene el mismo proceso del arte de vanguardia. El hastío de lo académico, de lo viejo, de lo conocido. El deseo de cosas nuevas.» Borges mismo, en un artículo de 1938 publicado en *El Hogar*, considera, con la ironía que lo caracteriza, sobrepasadas las fórmulas marinettianas: «El antiguo empresario del futurismo ya no está para esas diabluras.»

MARINETTI Y EL FUTURISMO*

Rubén Darío

Marinetti es un poeta italiano de lengua francesa. Es un buen poeta, un notable poeta. La «élite» intelectual universal le conoce. Sé que personalmente es un gentil mozo y es mundano. Publica en Milán una revista políglota y lírica, lujosamente presentada, *Poesía*. Sus poemas han sido alabados por los mejores poetas líricos de Francia. Su obra principal hasta ahora: *Le roi Bombance*, rabelesiana, pomposamente cómica, trágicamente burlesca, exuberante, obtuvo un éxito merecido, al publicarse, y seguramente no lo obtendrá cuando se represente en *L'Oeuvre* de París bajo la dirección del muy conocido actor Lugne-Poe. Su libro contra D'Annunzio es tan bien hecho y tan mal intencionado que el Imaginífico —¿la pluma en el sombrero, Lugones?— debe estar satisfecho del satírico homenaje. A este propósito, el conde Robert de Montesquiou le dice conceptos que yo hago míos:

«Le temps et le verve que vous lui donnerez sont des beaux éloges, dénués de la fadeur des cassolettes et de l'ocoeurement des encensoirs.

---

* Publicado en *La Nación,* de 5/4/1909, y reproducido en Rubén Darío, *Obras completas* 8, págs. 187-195.

La louange n'est pas *une;* et, surtout, *pas forcément suave:* elle peut être aci-dulée; ce n'est pas la pire. Et le "toujours Lui, Lui partout!" de votre brillante critique, représente une salve d'applaudissements qui a bien son prix. La gentiane est amère, le pavot empoisonné, la belladone, vé-néneuse: elles n'en sont pas moins des fleurs salutaires, belles, entre toutes, que plusieurs, non des moins difficiles, préféreront au jasmin. Et leur gerbe, déposée au socle d'un buste, l'honore autant que le ferait la flore étoilée.»

Los poemas de Marinetti son violentos, sonoros y desbridados. He ahí el efecto de la fuga italiana en un órgano francés. Y es curioso ob-servar que aquel que más se le parece es el flamenco Verhaeren. Pero el hablaros ahora de Marinetti es con motivo de una encuesta que hoy hace, a propósito de una nueva escuela literaria que ha fundado, o cu-yos principios ha proclamado con todos los clarines de su fuerte verbo. Esta escuela se llama El Futurismo.

Solamente que el Futurismo estaba ya fundado por el gran mallor-quí Gabriel Alomar. Ya he hablado de esto en las *Dilucidaciones,* que en-cabezan mi *Canto errante*[1].

¿Conocía Marinetti el folleto en catalán en que expresa sus pensa-res de futurista Alomar? Creo que no, y que no se trata sino de una coincidencia. En todo caso, hay que reconocer la prioridad de la pala-bra, ya que no de toda la doctrina[2].

¿Cuál es ésta?

Vamos a verlo.

---

[1] En la introducción al libro de poemas *El canto errante,* de 1907, o sea, dos años an-tes a la publicación del primer manifiesto futurista, Darío afirma: «Hay un horror de fu-turismo, para usar la expresión de este gran cerebral y mayor sentimental que tiene por nombre Gabriel Alomar...», en *Obras completas,* Madrid, Aguilar, 1968, pág. 693.

[2] Alusión a la conferencia *El futurismo,* del poeta Gabriel Alomar, proferida en el Ateneo de Barcelona, a 18 de junio de 1904, publicada en catalán en 1905 y posterior-mente en español, en septiembre y noviembre de 1907. A pesar de la amplia difusión merecida por Darío y Azorín en la época, y de las coincidencias con varios postulados del primer manifiesto de Marinetti, éste jamás mencionó el texto en cuestión. Cfr. catá-logo *Futurism & futurisms,* Nueva York, Abbeville Press, 1986, págs. 413-414. Aprove-cho también para agregar la siguiente nota de Annateresa Fabris: «La palabra "*FuTuris-Mo*" contiene, de hecho, las iniciales de su fundador, F. T. Marinetti. Más probable es que Marinetti haya derivado el término de una reseña publicada por el *Mercure de France* (1/12/1908), en que Marcel Robin analizaba el libro del escritor Gabriel Alo-mar, *El futurisme,* afirmación de una Cataluña moderna, dominada por la Ciudad en oposición al ruralismo, a las tendencias patrióticas y tradicionalistas. Alomar defendía en su libro la idea del advenimiento de una nueva era, la del hijo, opuesta a los antiguos ideales de patria y fraternidad, remitiendo todavía hacia el futuro, para una «mañana de luz y de vida», lo que lleva B. Romani (*Dal simbolismo al futurismo,* Firenze, 1969, págs. 79-85), a afirmar que deben haber sugerido algunos conceptos fundamentales a Marinetti, además del nombre del movimiento: el amor por la ciudad y por la vida moderna, el mito de la eterna juventud», en *Futurismo: uma poética da modernidade,* San Pablo, Perspecti-va, 1987, pág. 59.

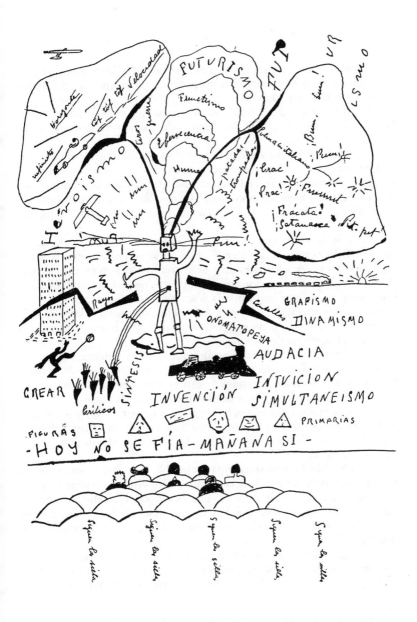

Ricardo Güiraldes: Síntesis de la primera conferencia de Marinetti
en el Coliseo de Buenos Aires

*

1. «Queremos cantar el amor del peligro, el hábito de la energía y de la temeridad.» En la primera proposición paréceme que el futurismo se convierte en pasadismo. ¿No está todo eso en Homero?

2. «Los elementos esenciales de nuestra poesía serán el valor, la audacia y la rebeldía.» ¿No está todo eso ya en todo el ciclo clásico?

3. «Habiendo hasta ahora magnificado la literatura, la inmovilidad pensativa, el éxtasis y el sueño, queremos exaltar el movimiento agresivo, el insomnio febriciente, el paso gimnástico, el salto peligroso, la bofetada y el puñetazo.» Creo que muchas cosas de esas están ya en el mismo Homero, y que Píndaro es un excelente poeta de los deportes.

4. «Declaramos que el esplendor del mundo se ha enriquecido con una belleza nueva: la belleza de la velocidad. Un automóvil de carrera, con su cofre adornado de gruesos tubos semejantes a serpientes de aliento explosivo... un automóvil rugiente, que parece que corre sobre metrallas, es más bello que la Victoria de Samotracia.» No comprendo la comparación. ¿Qué es más bello, una mujer desnuda o la tempestad? ¿Un lirio o un cañonazo? ¿Habrá que releer, como decía Mendès, el prefacio del *Cromwell*?[3].

5. «Queremos cantar al hombre que tiene el volante, cuyo bello ideal traspasa la Tierra lanzada ella misma sobre el circuito de su órbita.» Si no en la forma moderna de comprensión, siempre se podría volver a la antigüedad en busca de Belerofontes o Mercurios.

6. «Es preciso que el poeta se gaste con calor, brillo y prodigalidad, para aumentar el brillo entusiasta de los elementos primordiales.» Plausible. Desde luego es ello un impulso de juventud y de conciencia, de vigor propio.

7. «No hay belleza sino en la lucha. No hay obra maestra sin un carácter agresivo. La poesía debe ser un asalto violento contra las fuerzas desconocidas, para imponerles la soberanía del hombre.» ¿Apolo y Anfion inferiores a Herakles? Las fuerzas desconocidas no se doman con la violencia. Y, en todo caso, para el Poeta, no hay fuerzas desconocidas.

8. «Estamos sobre el promontorio extremo de los siglos... ¿Para qué mirar detrás de nosotros, puesto que tenemos que descerrajar los *vantaux* de lo Imposible? El Tiempo y el Espacio han muerto ayer. Vi-

---

[3] Prefacio de Victor Hugo al drama *Cromwell*, publicado en París en 1827. Representa un manifiesto revolucionario de la estética romántica. Al tratar de la modernidad del drama, Hugo propone la mezcla de géneros y la inclusión de lo «grotesco» como categoría estética.

vimos ya en lo Absoluto, puesto que hemos ya creado la eterna rapidez omnipotente.» ¡Oh, Marinetti! El automóvil es un pobre escarabajo soñado, ante la eterna Destrucción que se revela, por ejemplo, en el reciente horror de Trinacria[4].

9. «Queremos glorificar la guerra —sola higiene del mundo—, el militarismo, el patriotismo, el gesto destructor de los anarquistas, las bellas Ideas que matan, y el desprecio de la mujer.» El poeta innovador se revela oriental, nietszcheano, de violencia acrática y destructora. ¿Pero para ello artículos y reglamentos? En cuanto a que la Guerra sea la única higiene del mundo, la Peste reclama.

10. «Queremos demoler los museos, las bibliotecas, combatir el moralismo, el feminismo y todas las cobardías oportunistas utilitarias.»

11. «Cantaremos las grandes muchedumbres agitadas por el trabajo, el placer o la revuelta; las resacas multicolores y polifónicas de las revoluciones en las capitales modernas, la vibración nocturna de los arsenales y los astilleros bajo sus violentas lunas eléctricas; las estaciones glotonas y tragadoras de serpientes que humean, los puentes de saltos de gimnasta lanzados sobre la cuchillería diabólica de los ríos asoleados; los paquebots aventureros husmeando el horizonte; las locomotoras de gran pecho, que piafan sobre los rieles, como enormes caballos de acero embridados de largos tubos, y el vuelo deslizante de los aeroplanos, cuya hélice tiene chasquidos de bandera y de muchedumbre entusiasta.» Todo esto es hermosamente entusiástico y, más que todo, hermosamente juvenil. Es una plataforma de plena juventud, por serlo, tiene sus inherentes cualidades y sus indispensables puntos vulnerables.

*

Dicen los futuristas, por boca de su principal *leader*, que lanzan en Italia esa proclama —que está en francés, como todo manifiesto que se respeta— porque quieren quitar a Italia su gangrena de profesores, de arqueólogos, de ciceroni y de anticuarios. Dicen que Italia es preciso que deje de ser el «grand marché des brocanteurs». No estamos desde luego en pleno futurismo cuando son profesores italianos los que llaman a ilustrar a sus pueblos respectivos un Teodoro Roosevelt y un Emilio Mitre.

Es muy difícil la transformación de ideas generales; y la infiltración en las colectividades humanas se hace por capas sucesivas. ¿Que

---

[4] Trinacria: antiguo nombre de Sicilia. Referencia al descomunal terremoto ocurrido en la región de Sicilia y Calabria el 28/12/1908.

los museos son cementerios? No nos peladanicemos[5] demasiado. Hay muertos de mármol y de bronce en parques y paseos, y si es cierto que algunas ideas estéticas se resienten de la aglomeración en esos edificios oficiales, no se ha descubierto por lo pronto nada mejor con que sustituir tales ordenadas y catalogadas exhibiciones. ¿Los Salones? Eso ya es otra cosa.

La principal idea de Marinetti es que todo está en lo que viene y casi nada en lo pasado. En un cuadro antiguo no ve más que «la contorsión penosa del artista que se esfuerza en romper las barreras infranqueables a su deseo de expresar enteramente su ensueño». Pero ¿es que en lo moderno se ha conseguido esto? Si es un ramo de flores cada año, a lo más, el que hay que llevar funeralmente a la «Gioconda», ¿qué haremos con los pintores contemporáneos de golf y automóvil? Y ¡adelante! Pero ¿a dónde? Si ya no existen Tiempo y Espacio, ¿no será lo mismo ir hacia Adelante que hacia Atrás?

Los más viejos de nosotros, dice Marinetti, tienen treinta años. He allí todo. Se dan diez años para llenar su tarea, y enseguida se entregan voluntariamente a los que vendrán después. «Ellos se levantarán —¡cuando los futuristas tengan cuarenta años!— ellos se levantarán alrededor de nosotros, angustiados y despechados, y todos exasperados por nuestro orgulloso valor infatigable, se lanzarán para matarnos, con tanto mayor odio cuanto que su corazón estará ebrio de amor y de admiración por nosotros.»

¡Y en este tono la oda continúa con la misma velocidad e ímpetu!

¡Ah, maravillosa juventud! Yo siento cierta nostalgia de primavera impulsiva al considerar que sería de los devorados, puesto que tengo más de cuarenta años. Y, en su violencia, aplaudo la intención de Marinetti, porque la veo por su lado de obra de poeta, de ansioso y valiente poeta que desea conducir el sagrado caballo hacia nuevos horizontes. Encontraréis en todas esas cosas mucho de excesivo; el son de guerra es demasiado impetuoso; pero ¿quiénes sino los jóvenes, los que tienen la primera fuerza y la constante esperanza, pueden manifestar los intentos impetuosos y excesivos?

*

Lo único que yo encuentro inútil es el manifiesto. Si Marinetti con sus obras vehementes ha probado que tiene un admirable talento y que sabe llenar su misión de Belleza, no creo que su manifiesto haga más que animar a un buen número de imitadores a hacer «futurismo» a ul-

---

[5] Neologismo creado a partir del nombre de Josephin Pédalant. Agradezco la referencia a Neide T. González.

tranza, muchos, seguramente, como sucede siempre, sin tener el talento ni el verbo del iniciador. En la buena época del simbolismo hubo también manifiestos de jefes de escuela, desde Moréas hasta Ghil. ¿En qué quedó todo eso? Los naturistas también «manifestaron» y la pasajera capilla tuvo resonancia, como el positivismo, en el Brasil. Ha habido después otras escuelas y otras proclamas estéticas. Los más viejos de todos esos revolucionarios de la literatura no han tenido treinta años.

El calvo d'Annunzio no sé cuántos tiene ya, y fíjese Marinetti que el glorioso italiano goza de buena salud después de la bella bomba con que intentó demolerle. Los dioses se van y hacen bien. Si así no fuese no habría cabida para todos en este pobre mundo. Ya se irá también d'Annunzio. Y vendrán otros dioses que asimismo tendrán que irse cuando les toque el turno, y así hasta que el cataclismo final haga pedazos la bola en que rodamos todos hacia la eternidad, y con ella todas las ilusiones, todas las esperanzas, todos los ímpetus y todos los sueños del pasajero rey de la creación. Lo Futuro es el incesante turno de la Vida y de la muerte. Es lo pasado al revés. Hay que aprovechar las energías en el instante, unidos como estamos en el proceso de la universal existencia. Y después dormiremos tranquilos y por siempre jamás. Amén.

UNA NUEVA ESCUELA LITERARIA*

Almacchio Diniz

Líneas abajo, en traducción de nuestro colaborador doctor Almacchio Diniz, damos la historia y el manifiesto del *Futurismo*, la más moderna de las escuelas literarias del mundo latino.

Fundada por el ilustre escrito italiano, el señor F. T. Marinetti, que también es director de la importante revista de arte *Poesia,* el aludido manifiesto fue allí publicado en los números 1-2 del año V[1].

Creemos ser el primer diario brasileño que se ocupa de este tema, pudiendo decirse que el *futurismo* repercutió ya en los principales órganos de la prensa internacional, habiéndose pronunciado sobre él, entre otros, los franceses *Le Temps, Les Annales, Le Gaulois, Le Siècle, Le Journal*

---

* Publicado en *Jornal de Notícias,* de 30/12/1909, y reproducido en *F. T. Marinetti: sua escola, sua vida, sua obra em literatura comparada.* Agradezco a Annateresa Fabris por la cesión de este artículo.

[1] Aunque el Manifiesto Futurista haya sido publicado en *Le Figaro* de París (29/2/1909), es posible que la fuente consultada por Almacchio Diniz haya sido la revista *Poesia,* dirigida por Marinetti.

des Débats, Comoedia, L'Echo de París; los ingleses *Daily Telegraph* y *The Sun;* los alemanes *Kölnische Zeitung, Frankfurter Zeitung, Vossische Zeitung,* etc.: los madrileños *El Liberal* y otros; los griegos *Athenai* y *Le Monde Hellénique:* y los rioplatenses *La Nación* y *El Diario Español,* etcétera.

Entre las adhesiones y las objeciones, la revista *Poesia* publicó cartas de grandes literatos, entre ellas las de los señores Paul Adam, Comte Robert de Montesquiou, Charles Derennes, Henry Bataille, André Ibels, Ivanhoé Rambosson, J. A. de Fersen, Camille de Sainte Croix, Louis Payen, Théo Varlet, Hubert Fillay, Charles Regiomanset, Marie Douguet, René Thorel, Aimé Graffine, Juliette Adam, Jeanne Perdriel-Vaissière, Pierre Loti, Jules Clarétie y Marcel Batilliat.

El señor F. T. Marinetti, el fundador del *Futurismo,* es un revolucionario en las letras latinas. En pocos meses escribió un drama, *La donna é mobile,* que fue pateado en Turín; una tragedia cómica, *Le Roi Bombance,* que fue suceso en París; y se batió a duelo con el señor Charles Henry Hirsch, resultando herido.

Entrevistado por un redactor de la revista parisiense *Comoedia,* así se refiere a su creación literaria:

«Queremos impulsar a la juventud hacia el vandalismo intelectual más audaz, con el fin de que ella viva el gusto de las bellas locuras, la pasión del peligro y el odio de todos los prudentes consejeros.

»Queremos preparar una generación de poetas potentes y musculosos, que sepan desarrollar su animoso cuerpo tanto como su sonora alma. Estos poetas, ebrios de orgullo, se apurarán en echar de sus cátedras a pedagogos y peones, y avanzarán como las contracorrientes de las multitudes polvorientas de las viejas ideas andrajosas y de las opiniones estropeadas.

»¡Glorificación del instinto y del olfato en el animal humano, culto de la intuición divinizadora, individualismo salvaje y cruel, desprecio de la antigua sabiduría usurera, disipación de nuestras fuerzas sentimentales y fisiológicas, heroísmo cotidiano del alma y del cuerpo! ¡Eso es lo que queremos!»

Y no nos extendemos más para mostrar lo que nos parece interesará mucho a nuestro mundo intelectual [a seguir, «Fundación y Manifiesto Futurista»].

ASPECTOS VIEJOS Y NUEVOS DEL FUTURISMO*

José Carlos Maríategui

El futurismo ha vuelto a entrar en ebullición. Marinetti, su sumo sacerdote, ha reanudado su pintoresca y trashumante vida de conferencias, andanzas, proclamas, exposiciones y escándalos. Algunos de sus discípulos y secuaces de las históricas campañas se han agrupado de nuevo en torno suyo.

El periodo de la guerra produjo un periodo de tregua del futurismo. Primero, porque sus corifeos se trasladaron unánimemente a las trincheras. Segundo, porque la guerra coincidió con una crisis en la facción futurista. Sus más ilustres figuras —Govoni, Papini, Palazzeschi— se habían apartado de ella, menesterosos de libertad para afirmar su personalidad y su originalidad individual. Y estas y otras disidencias habían debilitado el futurismo y habían comprometido su salud. Mas, pasada la guerra, Marinetti ha podido reclutar nuevos adeptos en la muchedumbre de artistas jóvenes, ávidos de innovación y ebrios de modernismo. Y ha encontrado, naturalmente, un ambiente más propicio a su propaganda. El instante histórico es revolucionario en todo sentido.

Esta vez el futurismo se presenta más o menos amalgamado y confundido con otras escuelas artísticas afines: el expresionismo, el dadaísmo, etc. De ellas lo separan discrepancias de programa de táctica, de retórica, de origen o, simplemente, de nombre. Pero a ellas lo une la finalidad renovadora, la bandera revolucionaria, todas estas facciones artísticas se fusionan bajo el común denominador de arte de vanguardia.

Hoy, el arte de vanguardia medra en todas las latitudes y en todos los climas. Invade las exposiciones. Absorbe las páginas artísticas de las revistas. Y hasta empieza a entrar de puntillas en los museos de arte moderno. La gente sigue obstinada en reírse de él. Pero los artistas de vanguardia no se desalientan ni se solivantan. No les importa ni siquiera que la gente se ría de sus obras. Les basta que se las compren. Y esto ocurre ya. Los cuadros futuristas, por ejemplo, han dejado de ser un artículo sin cotización y sin demanda. El público los compra. Unas veces porque quiere salir de lo común. Otras veces porque gusta de su cualidad más comprensible y externa: su novedad decorativa. No lo mueve la comprensión sino el snobismo. Pero en el fondo este snobis-

* Publicado en *El Tiempo* de 3/8/1921, y reproducido en José Calos Mariátegui, *El artista y su época,* págs. 56-59.

381

mo tiene el mismo proceso del arte de vanguardia. El hastío de lo académico, de lo viejo, de lo conocido. El deseo de cosas nuevas.

El futurismo es la manifestación italiana de la revolución artística que en otros países se ha manifestado bajo el título de cubismo, expresionismo, dadaísmo. La escuela futurista, al igual que esas escuelas, trata de universalizarse. Porque las escuelas artísticas son imperialistas, conquistadoras y expansivas. El futurismo italiano lucha por la conquista del arte europeo, en concurrencia con el cubismo hilarante, el expresionismo germano y el dadaísmo novísimo. Que a su vez viene a Italia a disputar al futurismo la hegemonía en su propio suelo.

La historia del futurismo es más o menos conocida. Vale la pena, sin embargo, resumirla brevemente.

Datan de 1906 los síntomas iniciales. El primer manifiesto fue lanzado desde París tres años más tarde. El segundo fue el famoso manifiesto contra el conocido «claro de luna». El tercero fue el manifiesto técnico de la pintura futurista. Vinieron enseguida el manifiesto de la mujer futurista, el de la escultura, el de la literatura, el de la música, el de la arquitectura, el del teatro. Y el programa político del futurismo.

El programa político constituyó una de las desviaciones del movimiento, uno de los errores mortales de Marinetti. El futurismo debió mantenerse dentro del ámbito artístico. No porque el arte y la política sean cosas incompatibles. No. El grande artista no fue nunca apolítico. No fue apolítico el Dante. No lo fue Byron. No lo fue Víctor Hugo. No lo es Bernard Shaw. No lo es Anatole France. No lo es Romain Rolland. No lo es Gabriel D'Annunzio. No lo es Máximo Gorki. El artista que no siente las agitaciones, las inquietudes, las ansias de su pueblo y de su época, es un artista de sensibilidad mediocre, de comprensión anémica. ¡Que el diablo confunda a los artistas benedictinos, enfermos de megalomanía aristocrática, que se clausuran en una decadente torre de marfil!

No hay, pues, nada que reprochar a Marinetti por haber pensado que el artista debía tener un ideal político. Pero sí hay que reírse de él por haber supuesto que un comité de artistas podía improvisar de sobremesa una doctrina política. La ideología política de un artista no puede salir de las asambleas de estetas. Tiene que ser una ideología plena de vida, de emoción, de humanidad y de verdad. No una concepción artificial, literaria y falsa.

Y falso, literario y artificial era el programa político del futurismo. Y ni siquiera podía llamarse legítimamente futurista, porque estaba saturado de sentimiento conservador, malgrado su retórica revolucionaria. Además, era un programa local. Un programa esencialmente italiano. Lo que no se compaginaba con algo esencial en el movimiento: su carácter universal. No era congruente juntar a una doctrina artística de horizonte internacional con una doctrina política de horizonte doméstico.

Errores de dirección como éste sembraron el cisma en el futurismo. El público creyó, por ello, en su fracaso. Y cree en él hasta ahora. Pero tendrá que rectificar su juicio.

Algunos iniciadores del futurismo —Papini, Govoni, Palazzeschi— no son ya futuristas oficiales. Pero continuarán siéndolo a su modo. No han renegado del futurismo; han roto con la escuela. Han disentido de la ortodoxia futurista.

El fracaso es, pues, de la ortodoxia, del dogmatismo; no del movimiento. Ha fracasado la desviada tendencia a reemplazar el academicismo clásico con un academicismo nuevo. No ha fracasado el fruto de una revolución artística. La revolución artística está en marcha. Son muchas sus exageraciones, sus destemplanzas, sus desmanes. Pero es que no hay revolución mesurada, equilibrada, blanca, serena, plácida. Toda revolución tiene sus horrores. Es natural que las revoluciones artísticas tengan también los suyos. La actual está, por ejemplo, en el periodo de sus horrores máximos.

FUTURISMO Y MAQUINISMO*

Vicente Huidobro

Futurismo, arte del futuro. Pero si hacemos el arte del mañana, ¿qué harán los artistas del mañana? Tal vez el arte de hoy día. ¡Hermosa inversión de papeles!

Ya que no vivimos mañana y que ellos no viven hoy, nos arriesgamos a equivocarnos, y seguramente nos equivocaremos, y también ellos, nacidos en otra atmósfera, en medio de otros problemas y de otro ideal, habrán de equivocarse como nosotros.

Mejor sería resignarse a hacer humildemente el arte de nuestros días sin preocuparnos del día siguiente.

Los futuristas pretenden haber aportado todos los materiales para el arte y la poesía que hacemos y que hacen en todas partes los poetas modernos.

Esto es absolutamente falso; no es más que un sueño imperialista en frío. Ellos nada han aportado; salvo algo de ruido y mucha confusión. Un arte de nuevo aspecto, pero nada fundamentalmente nuevo. Un arte nuevo para las once mil vírgenes, pero no para quienes lo conocen algo.

* Original francés publicado en Vicente Huidobro, *Manifestes*, y reproducido en Vicente Huidobro, *Obras completas* I, págs. 742-744.

Marinetti ha dicho en sus conferencias que el futurismo ha sido el impulso, el punto de partida de todas las revoluciones actuales.

Cómo, pues, querido amigo, si ya existía el cubismo cuando llegasteis a París con algunos poemas estilo Carducci exaltado y dos pintores impresionistas que abrían la boca ante los cuadros de Matisse.

El día en que fuisteis por primera vez al taller de Picasso quedó algo marcado en vuestra vida. Seamos sinceros, esto os ha cerrado un camino, ¿no es cierto?

Y si digo que el futurismo no ha aportado nada es porque aquí tengo, ante mi vista, vuestros poemas, y que aún los más modernos son más viejos que los de Rimbaud, Mallarmé, Lautréamont, Saint-Pol-Roux.

No habéis dado ni un paso de medio centímetro hacia adelante después del simbolismo. Escribís:

> Horreur de ma chambre à six cloisons comme une bière
> Horreur de la terre. Terre gluau sinistre
> A mes pattes d'oiseau... Besoin de m'évader
> Ivresse de monter... Mon monoplan. Mon monoplan[1].

Y esto:

> Le Volcan grand seigneur est prodigue en espectacles
> Vous ne me voyez pas, belles flammes écuyères
> et vous tisons, qui basculez
> sur de très hauts tropèzes soudain mangés
> par le tourbillon des acteurs survenants[2].

Habéis dicho:

> Il faut viser tout droit et tirer tous ensemble
> par dessus les glacis de cette nuée
> sur ces inmenses taches blanches
> qui couvrent ça et la les serpents fulgurants des rails
> Maudits miroirs aveuglants des rizières
> Dont la lumière bondit regeusement
> Voyez-vous là-bas près des rails?...[3].

---

[1] [Horror de mi alcoba de seis tabiques como una cerveza
Horror de la tierra. Tierra cazapájaros siniestra
Para mis patas de pájaro... Necesidad de evadirme
Embriaguez de subir... Monoplano mío. Monoplano mío.]
[2] [El Volcán gran señor es pródigo en espectáculos
Vosotras no me veis, hermosas llamas amazonas
y vosotros, tizones, que os balanceáis
sobre altísimos trapecios a menudo devorados
por el torbellino de los actores llegados de pronto.]
[3] [Hay que apuntar derecho y disparar todos juntos
por sobre la explanada de esta multitud

Y aún más adelante:

> Montons plus haut, Saint-Père ne t'en déplaise
> Nous passerons une heure côte à côte avec la Lune
> Tu vois; la Lune instruit patiemment les collines
> qui tournent vers elle des visages surpris
> d'écolier attentifs et sages[4].

Pero os pregunto: ¿qué hay allí que no se encuentre en ciertos simbolistas, e incluso en Hugo o en aquella vieja barba de Walt Whitman, la espantosa Biblia industrial de los Estados Unidos?

No podréis precisarme vuestro aporte a la poesía y decirme, mostrándome vuestros poemas: esto no existía antes de mí.

Cantar la guerra, los boxeadores, la violencia, los atletas, es algo mucho más antiguo que Píndaro.

*

Acerca del maquinismo, es preciso decir algunas palabras.

No es el tema sino la manera de producirlo lo que lo hace ser novedoso. Los poetas que creen que porque las máquinas son modernas, también serán modernos al cantarlas, se equivocan absolutamente.

Si canto al avión con la estética de Víctor Hugo, seré tan viejo como él; y si canto al amor con una estética nueva, seré nuevo.

El tema carece de importancia para la modernidad o antigüedad de una obra. Las máquinas son sólo aburridoras, huelen a moderno externamente, a moderno fácil, a moderno de aspecto, a moderno, a moderno...

Ignoro si otros poetas, al igual que yo, tienen horror a los términos mitológicos, y si también rehúyen los versos con Minervas y Ledas.

Creo que ciertos poetas actuales están creando una mitología, la mitología de la máquina. Ella es tan antipática como la otra. Estoy seguro de que los poetas del porvenir tendrán horror de los poemas con muchas locomotoras y submarinos, tal como nosotros tenemos horror de los poemas llenos de nombres propios de las demás mitologías.

---

sobre estas inmensas manchas blancas
que cubren aquí y allá las serpientes fulgurantes de los rieles
Malditos espejos enceguecedores de los arrozales
Cuya luz salta rabiosamente
¿Veis allá abajo cerca de los rieles?...]
[4] [Subamos más alto, padre Santo no te enojes
Pasaremos una hora junto a la luna
Tú ves; la luna instruye pacientemente a las colinas
que vuelven hacia ella sorprendidos rostros
de escolares atentos y de buena conducta.]

Esto no quiere decir que no debamos usar términos del maquinismo actual. Esto quiere decir que no deberíamos abusar de ellos y, sobre todo, creernos modernos por otra razón que por la base fundamental de nuestra poesía.

MARINETTI Y EL FUTURISMO*

GRAÇA ARANHA

El *Movimiento Estético* que heroicamente se llama futurismo fue precedido por la filosofía y por la ciencia, cuyo sentimiento evolucionista cristalizó en el siglo XIX. Fue el siglo de Lamarck y de Darwin, de Augusto Comte y de Karl Marx. La «estupidez» colosal de esos genios fue abolir en el espíritu de los hombres el terror religioso y el terror del capital. Les faltó acabar con el terror literario. Persiste la paradoja de espíritus emancipados del terror religioso sometidos a las academias, que veneran el clasicismo de las categorías de belleza enquistadas en el arte estático, paradoja aún más extraña que la de los espíritus libres de los cánones estéticos que se estremecen en el pavor de las supersticiones religiosas. La liberación estética fue una fatalidad del concepto evolucionista. Conscientes o no de él, los revolucionarios de la literatura y del arte acatan su fuerza transfiguradora. Marinetti fue el libertador del terror estético. Aunque no fue el primer artista libre, porque antes de él Walt Whitman, Rodin, Rimbaud, Cézanne, Verhaeren se habían emancipado del tradicionalismo, Marinetti inició y organizó la acción libertadora. Es su inmenso valor.

Italia es una de las naciones cautivas de su pasado. Pero los italianos no son pasatistas. Es un pueblo vivaz, fecundo y ambicioso, activado por la sensualidad, expansivo, colonizador; es realista, no se deleita con el misticismo ni languidece en el culto al pasado. Este culto es una creación artificial de gramáticos, historiadores y literatos. El pueblo italiano los desprecia. Y sonriendo expone su verdadera espiritualidad en obras ardientes, alegres, demoledoras, aretinas, desvergonzadas, maquiavélicas, escritas principalmente en dialectos sanguíneos, intensos y carnales, y no en la lengua convencional y académica. Esta es la

---

* *Nota del editor de la Obra completa* (pág. 863): «Saludo de Graça Aranha por ocasión de la sensacional conferencia de Marinetti en el Teatro Lírico de Río de Janeiro. Publicado en *A Pátria*, Río de Janeiro, 16 de mayo de 1926. Este saludo fue reproducido como prefacio al libro de Filippo Tommaso Marinetti, *Futurismo (Manifestos de Marinetti e seus companheiros)*, Río de Janeiro, Pimenta de Mello, 1926», y reproducido en Graça Aranha, *Obra completa,* Río de Janeiro, MEC/INL, 1969.

trama artificial de los literatos y arqueólogos, entendida por los forasteros, comparsas domados o ladinos en el culto y explotación del pasado. Se estilizó en este complejo sentimental una melancolía que tuvo su apogeo en Chateaubriand, Byron, Musset, Ruskin, Barrès y otros palúdicos de las lagunas de Venecia y de la *campagna* romana.

Los italianos son íntimos de sus ruinas y las ignoran. Son íntimos de Dios y los Santos y por eso les tienen una graciosa falta de respeto. ¡Qué diferencia con el miedo a la divinidad que todavía ensombrece a los ingleses! ¡Italia es vieja y civilizada! ¡Marinetti expresó esta liberación del verdadero italiano y le dio conciencia al inconsciente racial. Su primer descubrimiento fue el de una belleza nueva, la belleza de la velocidad. No discutimos que en la creación de una categoría de lo bello, incluso moderno como éste, se siente el residuo académico. Adviértase el valor velocidad, su utilización estética, y tendremos en el arte la maravilla del movimiento. Todavía los estetas estaban intoxicados por los preconceptos primitivistas de Ruskin contra la máquina y Marinetti ya lanzaba hacia adelante la máquina creadora del nuevo hombre. Fue magnífico en la empresa y en la audacia. Llevó a todas partes la revolución estética, a la poesía, a la música, a las artes plásticas. Libertó a las palabras, separó al sustantivo del adjetivo obligatorio y le dio a los infinitivos de los verbos el esplendor y la fuerza de la soledad. Terminó con la tiranía tipográfica. Luchó con alegría y valor, desafió el ridículo, las injurias, las bromas, los golpes y pedradas, la propia muerte. Tiene un admirable pasado este genio futurista.

Ante tanta grandeza qué pueril es discutir si el futurismo de Marinetti ya es pasatismo, si destruyó vigorosamente pero fue un deficiente constructor, si su acción es más externa y formal que interior, si nosotros mismos estamos más avanzados... ¡Oh! ¡Impertinencias! Todo esto es conocido y pueden ser maquinaciones del espíritu académico. Lo que importa decir es que estamos ante una soberbia fuerza dinámica, que mueve la pesada mole de la mentalidad humana y le da vibraciones, velocidad, y expresa la fuga infinita y estremecida de la materia en perpetua transformación. Se siente que en las masas, en los volúmenes, en todas las bases estáticas del arte, del pensamiento y de la vida, hay un fluido permanente que transfigura indefinidamente los seres y sus imágenes. Este sentimiento de la permanente disolución y creación es esencia del evolucionismo, principio filosófico del arte moderno.

El valor estético del futurismo consiste en expresar los pensamientos nuevos, los temas actuales con el material nuevo, no sólo en la arquitectura de nuestra época son ante todo fábricas, estaciones ferroviarias, aeródromos, grandes edificios colectivos, y el material es el hierro, el acero, el cemento armado y todo lo que determine la economía, todas las artes son futuristas cuando expresan la sensibilidad contemporánea, transforman los elementos tradicionales, innovan el material de las palabras, de los colores, de los sonidos y construyen proyectándose hacia el futuro. La tiranía académica se terminó. Las palabras libres dan el encanto de una síntesis imprevista. La liberación de los prejuicios ortográficos y tipográficos se asemeja a la masacre de todos los dioses de la mitología, de todos los autores clásicos.

El valor moral del futurismo consiste en la energía y la audacia de los destructores y nuevos constructores. Es una lección de coraje. Los combates y las exageraciones del futurismo fueron fecundos y crearon el heroísmo cotidiano que siempre está en una inagotable actividad combativa. Nada más saludable y vivificante. No hay cañones, no hay categorías, no hay autoridades. Son vastos los horizontes visuales o imaginarios de los nuevos hombres solidarios en la apropiación y dominación de la materia universal que transforman en arte.

El futurismo se extendió por el mundo como la expresión del espíritu moderno. Agredido, combatido, ridiculizado, renegado, transformado, disfrazado, su prodigiosa fuerza se impuso reformando la existencia. Cuando llegó aquí, tardíamente, su nombre desacreditado fue rechazado y cambiado por otro menos expresivo, más acomodaticio y muy efímero; se llamó modernismo. El modernismo brasileño venía ya apuntando en algunos escritores, poetas y artistas, cuando súbitamente se organizó y actuó. En 1922, el activo espiritual de Brasil estaba constituido por la Academia Brasileña, por el clasicismo verbal, el estilo colonial y el regionalismo. En 1926 este activo es el pasivo de una falencia. La Academia Brasileña muere en la indiferencia del país y en el desprecio de los escritores. Si alguno de ellos todavía golpea su puerta es por interés pecuniario, para participar de sus beneficios y premios. Lógicamente, la Academia rechaza a los verdaderos escritores y poetas que se atreven a criticarla. Estéril como el buen sentido, del que se proclama guardiana y defensora, la Academia es el refugio de los espectros, el museo de las momias de los camoens y de los vieiras y los académicos, en este ambiente mortal, juegan con los viejos juegos de la mitología y su labor misma es un trabajo funerario, fabrican la tumba de las palabras, el diccionario.

Otro valor de nuestro viejo acervo artístico, el estilo colonial, está acabado. Surgió aquí como una reminiscencia ancestral en la fantasía de cabezas bañadas de sangre portuguesa aún fresca. Los edificios «actuales», correspondientes al espíritu dinámico de la ciudad, hirieron a los mostrencos pasatistas que irritan nuestra retina acostumbrada a la energía simple, vibrátil, de las construcciones modernas.

En cuanto al imperio de la gramática y las petulancias y floripondios del clasicismo verbal, su caída fue estupenda. El hachazo modernista liberó, vivificó las palabras, nacionalizó la sintaxis, desordenó las combinaciones de los pedantes. Todo se puede decir. La gramática no es la finalidad de la cultura. Ni ésta se define más por la unidad del estilo. Un estilo supone una cosa terminada. La cultura estilizada sería la disciplina de lo que ya terminó. La cultura es el movimiento interior para que dominemos al universo. En este impulso colectivo del espíritu la unidad no es del estilo, sino del ímpetu creador que transforma la materia universal en valores científicos y estéticos.

Del regionalismo, que era la trasposición literaria de los temas de la selva y de los sertones, algunos modernos generalizaron la fórmula, la hicieron nacional, propiedad de todo el Brasil, bajando al fondo psíquico de todas las razas generadoras de los individuos incultos de las ciudades, de las playas, de los campos, trayendo a la superficie los misterios, las fantasías y los deseos rudos, balbuceados en lenguajes ásperos e indecisos propios de los toscos compañeros de la fatalidad brasileña. En lugar del regionalismo humilde, avergonzado, campea la desenvoltura africana, criolla, toda la barbarie mestiza.

Si este movimiento no fue más que una renovación estética de la que resultaron algunos poemas, algunas músicas, algunas obras plásticas, resultó muy restrictivo y de corto aliento. Su finalidad no era acabar con la Academia, con el espíritu académico, con los mutilados coloniales y las disputas de los gramáticos. Todo eso era fácil, costó poco esfuerzo. Si el modernismo brasileño es una verdadera fuerza que va para adelante debe renovar toda la mentalidad brasileña, extenderse en su acción sobre las costumbres, el derecho, la cooperación de clases, la filosofía, la política. Un pensamiento nuevo, una actividad nueva.

La esencia de este pensamiento está en el sentido de lo real. Esto es la palanca de la destrucción de todo lo que lleva al conocimiento y a la eficiencia de la realidad brasileña y de la reconstrucción con el nuevo material creado o descubierto por el espíritu moderno. El futurismo italiano de Marinetti renovó la vida italiana y determinó el fascismo, su expresión política. El futurismo ruso de Maiakowski colaboró con el comunismo y se identificó en él. La misma causa, el futurismo, produjo resultados opuestos, fascismo y comunismo. En ambas conclusiones impera la ley de la realidad. En Italia, el futurismo es occidental y por tanto, patriota, nacionalista, militarista e imperialista. En Rusia es oriental, comunista, universalista, místico, pacifista y terrorista. En el Brasil no será ni fascista ni comunista. Será una cosa nuestra, una fórmula que corresponda a nuestra espiritualidad liberada de todos los miedos, y a nuestra suprema realidad. Es necesario, ante todo, que exista. Es necesario que el movimiento, eficiente ya en el arte, se extienda y renueve al Brasil. Para el análisis trascendente, fascismo y comunismo valen igual como resultantes del movimiento que reveló la inteligencia y el corazón de los hombres y con ideas nuevas está reconstruyendo el mundo.

Marinetti, veloz inventor del futurismo, es un héroe de este movimiento.

MARINETTI*

MÁRIO DE ANDRADE

Las Nouvelles Littéraires tuvieron que anunciar la realización de las dos conferencias que dictó Marinetti en París. Las anunciaron con discriminación, algunos subentendidos y hasta un elogio que consistía en llamar *grand diseur* al inflamado poeta, escritor y fascista. Pero lo que realmente hace sonreír es que, teniendo una cantidad de secciones para dar esa noticia, el semanario parisiense la insertó en una deliciosa sección de chismes. Eso me parece de una fineza única de los franceses.

Marinetti fue el peor de todos los malentendidos que perjudicaron el desarrollo, o más aún, la normal aceptación del movimiento moderno en el Brasil. Por otra parte, esa es la mejor prueba de que el movimiento se llevó a cabo íntegramente en São Paulo, antes de ser adoptado por otros lugares del país. Únicamente en un medio como el paulista, donde la cultura italiana tenía una base permanente con los profesores italianos o los ítalo-brasileños que aquí viven, podía darse ese absurdo de levantar como una señal de nuestra bandera (hablo de la bandera concreta) la figura sonriente de ese terrorista conocidísimo de nombre y poco apreciado en verso.

Mis relaciones con Marinetti fueron las más descuidadas posibles. Pero tuvieron un periodo complicado. Un amigo mío, conociendo la psicología fácil de Marinetti, le hizo en un momento una burla atroz al autor de *Mafarca,* mandándole una lluvia de cartas donde lo llamaba «perfecto» y otros adjetivos de sospechosa amabilidad. Está claro que Marinetti respondía, mandaba libros dedicados, retratos y también elogios mutuos. Yo también entré en una ocasión en la burla, enviando por intermedio de ese mismo amigo, un libro mío a Marinetti[1]. La respuesta fue un libro y la inserción de nuestros dos nombres en una especie de cuadro de honor de futuristas internacionales, página de las más divertidas que inventó el genio de Andrinopla. Felizmente la compa-

---

* Publicado en *Diário Nacional,* de 11/2/1930, y reeditado en Aracy Amaral (org.) *Arte y arquitectura del modernismo brasileño,* págs. 155-156. Traducción de Marta Traba.

[1] En la biblioteca de F. T. Marinetti constan dos libros dedicados por Mário de Andrade: *Paulicéia desvairada* y *A escrava que não é Isaura,* con las siguientes dedicatorias: «A F. T. Marinetti, com viva simpatia e ammirazione, Mário de Andrade, São Paulo 19/XII/1922» y «A F. T. Marinetti, o agitador futurista, com a saudação de Mário de Andrade, S. Paulo 26/V/1926», en Jorge Schwartz, «A bibliografia latino-americana na coleção Marinetti», *Boletim Bibliográfico Biblioteca Mário de Andrade* 44 (enero-diciembre, 1983), pág. 135.

ñía era honrosísima, con Pirandello, Picasso, Maiakowski, Cocteau, Cendrars y, si no me engaño, también Aragón y Chesterton.

Después Marinetti se acordó de venir a São Paulo, y entonces fue el momento tremendo. No por lo que sucedió, claro está: fue algo indecente de lo que no podemos culpar al público porque el público no tiene la culpa de nada, fue cuestión de «onda». Yo estaba asqueado por la manera ostentosa como el «manager» de Marinetti[2], con su conocimiento, preparaba el espectáculo del cual nuestros vanidosos locales eran apenas instrumento. Por otra parte, me molestaba no presentarme a ese hombre que había sido hasta más gentil conmigo que yo con él. Sin embargo, no tuve la más mínima intención de tomar partido a su favor. Resolví hacer una visita de cortesía a Marinetti. Creo que era víspera del primer escándalo. En el Esplanada[3], a las cinco y media, algo oscuro ya. Permanecimos sin animación, respondiendo él con cierta mala voluntad a las preguntas que yo le hacía acerca de Folgore y Palazzeschi[4], mis amores italianos del momento. Después Marinetti me preguntó si iría a su conferencia. Después de un segundo, me sentí obligado a sincerarme y a explicar:

—No voy, Marinetti. Estoy bastante en desacuerdo con sus métodos de propaganda...

Fue la única vez que vi a Marinetti atrapado. Vaciló, engranó unas disculpas y acabó echándole toda la culpa al empresario. Era gracioso que él, sin ninguna preparación, sin conocerme, sin nada, hubiera percibido lo que yo llamaba «los métodos de propaganda». En seguida Marinetti consideró que ya todo estaba explicado y comenzó a hablar del Futurismo, las mismas cosas que decía desde 1909. Hablaba como una máquina.

ESTÉTICA Y MAQUINISMO*

CÉSAR VALLEJO

Al celestinaje del claro de luna en poesía, ha sucedido ahora el celestinaje del cinema, del avión o del radio, o de cualquier otra majadería más o menos «futurista».

---

[2] El *manager* de Marinetti fue N. Viggiani, cfr. información de Mário da Silva Brito, en *Ângulo e Horizonte,* pág. 95.

[3] El Hotel *Esplanada,* que hoy no más existe, estaba localizado en las proximidades de la plaza Ramos de Azevedo, atrás del Teatro Municipal de San Pablo.

[4] En la época de redacción de este artículo, Palazzeschi ya era un disidente del movimiento futurista.

* Publicado en César Vallejo, *El arte y la revolución,* págs. 54-56.

Los profesores, los filósofos y los artistas burgueses tienen un concepto *sui-géneris* del rol de la máquina en la vida social y en el arte, atribuyéndola una especie de carácter divino. El idealismo y la inclinación al misticismo, que se hallan a la base del criterio de esta gente, les hicieron ver en la máquina, desde el primer momento de la invención de Fulton, un ídolo o una divinidad nueva y tan misteriosa como todas las divinidades, ante la cual había que prosternarse, admirándola y temiéndola, a un tiempo. Y hasta ahora mismo observan esta actitud. Los artistas y escritores burgueses, particularmente, han acabado por simbolizar en la máquina la Belleza con B grande, mientras los filósofos simbolizan en ella la Omnipotencia con O grande. Entre los primeros está el fascista Marinetti, inventor del futurismo y entre los segundos, el patriarcal Tagore, cuyos clamores y gritos de socorro contra el imperio jupiterino de la máquina, no han podido menos que estremecer el templo fórdico y maldito de la «cultura» capitalista.

Pero el artista revolucionario tiene otro concepto y otro sentimiento de la máquina. Para él, un motor o un avión no son más que objetos, como una mesa o un cepillo de dientes, con una sola diferencia: aquéllos son más bellos, más útiles, en suma, de mayor eficiencia creadora. Nada más. De aquí que, siguiendo esta valoración jerárquica de los objetos en la realidad social, el artista revolucionario haga otro tanto al situarlos en la obra de arte. La máquina no es un mito estético, como no lo es moral y ni siquiera económico. Así como ningún obrero con conciencia clasista, ve en la máquina una deidad, ni se arrodilla ante ella como un esclavo rencoroso, así también el artista revolucionario no simboliza en ella la Belleza por excelencia, el nuevo prototipo estético del universo, ni el numen inédito y revelado de inspiración artística. El sociólogo marxista tampoco ha hecho del tractor un valor totémico en la familia proletaria y en la sociedad socialista.

La corriente futurista que a raíz de la revolución de octubre pasó por el arte ruso y, señaladamente, por la poesía, fue muy explicable, amén de haber sido efímera. Era un rezumo clandestino y trasnochado de la época capitalista recién tramontada. Maiakowski, su mayor representante en aquel momento, terminó muy pronto por reconocerlo así y boicoteó, en unión de Pasternak, Essenin y otros, todo residuo maquinista en la literatura.

Cuando Gladkov exclama: «La nostalgia de las máquinas es más fuerte que la nostalgia del amor», lo dice solamente como se podría decir: «La nostalgia de las máquinas es más fuerte que la nostalgia de mi cuarto» o de cualquiera otra cosa. No es la máquina la que sube, sino el amor el que aterriza. Y no deja de contar en este caso el sentimiento que Walt Whitman posee de la máquina, según el cual, sin desconocer el valor social y estético de ella, la moviliza y sitúa en sus poemas con una justeza impresionante.

Tan equivocados andan hoy los poetas que hacen de la máquina una diosa, como los que antes hacían una diosa de la luna o del sol o del océano. Ni deificación ni celestinaje de la máquina. Esta no es más que un instrumento de producción económica, y, como tal, nada más que un elemento cualquiera de creación artística, a semejanza de una ventana, de una nube, de un espejo o de una ruta, etc. El resto no pasa de un animismo de nuevo cuño, arbitrario, mórbido, decadente.

DE LA VIDA LITERARIA*

JORGE LUIS BORGES

F. T. Marinetti es quizá el ejemplo más célebre de esa categoría de escritores que viven de ocurrencias, y a quienes rara vez se les ocurre algo. He aquí, según un telegrama de Roma, el último de sus simulacros: «A los labios y las uñas de color rojo deben agregar las mujeres de Italia ligeros toques del verde de las llanuras lombardas y del blanco de las nieves alpinas. Atrayentes labios tricolores perfeccionarán las palabras de amor y encenderán el ansia del beso en los rudos soldados que vuelvan de las guerras invictas.»

Esa pequeña heráldica labial, tan apta para encender la castidad y para moderar o aniquilar «el ansia del beso», no ha agotado el ingenio de Marinetti. También propone que en lugar de «chic» se diga «electrizante» (cinco sílabas en vez de una), y en lugar de «bar», «qui si beve», cuatro sílabas en vez de una y un no resuelto enigma para la formación del plural. «¡Nuestro idioma italiano debe ser despojado de extranjerismos!», declara Filippo Tomaso con un puritanismo no indigno del aséptico Cejador[1] o de las cuarenta butacas de la Real Academia Española. ¡Extranjerismos! El antiguo empresario del Futurismo ya no está para esas diabluras.

---

    * Publicado en *El Hogar,* 4/3/1938. Reproducido en Jorge Luis Borges, *Textos cautivos,* págs. 212-213.
    [1] Referencia a Julio Cejador y Frauca, autor, entre otros, de la *Historia de la lengua y literatura castellana* (1915-1922), 14 vols.

Constructivismo

CONSTRUCTIVISMO: a) Joaquín Torres-García, «Naturaleza y arte» (1918).—b) «Querer construir» (1930).

El pintor uruguayo Joaquín Torres-García dejó un inmenso legado teórico destinado a la difusión de su teoría constructivista: manifiestos, libros, autobiografías, folletos ilustrados, más de seiscientas conferencias y una importantísima obra pictórica en la cual se realizan plenamente sus presupuestos teóricos. Así como el creacionismo está centrado en la figura de Huidobro, el constructivismo converge en la persona de su creador y principal promotor.

En 1891, a los diecisiete años, Torres-García emigra con su familia de Montevideo a Barcelona, donde entra en contacto con algunas de las corrientes renovadoras del arte. En 1904 publica un artículo en *Universitat Català,* en el que afirma que la forma artística nunca debe ser copiada de la realidad[1]. Esta formulación precede en algunos años al creacionismo de Huidobro. Torres-García es fiel a la teoría constructivista durante toda su larga trayectoria artística. En *Testamento artístico* dice: «Aquí la forma tiene un valor absoluto, en sí; en sí, y no con relación a cualquier realidad: es una forma plástica. Y es a la que hace alusión Platón»[2].

Torres-García valora al objeto artístico en sí mismo, eliminando al máximo el carácter referencial de la obra. Presupuesto teórico muy semejante al creacionismo huidobriano del manifiesto *Non*

---

[1] Cfr. Barbara Duncan, *Joaquín Torres-García. 1874-1949. Chronology and catalogue of the family collection,* Austin, University of Texas, 1974, pág. 14.
[2] *Testamento artístico,* Montevideo, Biblioteca de Marcha, 1974, pág. 177.

13.2 Joaquín Torres-García. *El Norte es el Sur.* Legado del artista, Nueva York.

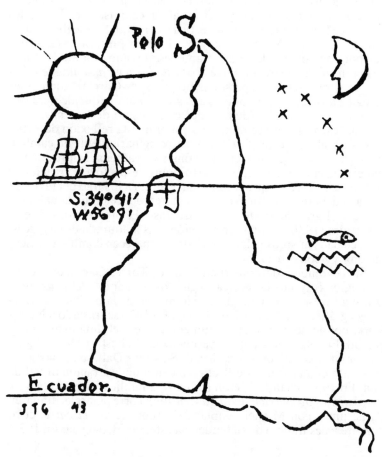

serviam[3]. La referencia a Platón también muestra la vertiente idealista y metafísica de Torres-García, distinguiéndolo de la mayor parte de los demás poetas y artistas abstraccionistas, en los cuales prevalece la actitud formal, agnóstica y cerebral. Su idealismo abstracto lo acerca a Xul Solar, cuyas bellísimas pinturas están cifradas por códigos donde se mezclan el esoterismo y la modernidad de la pincelada abstracta. En la *Historia de mi vida*, donde se refiere a sí mismo en tercera persona, dice: [Torres-García] quiere traer la lógica abstracta al mundo. Quizás ve el mundo que debiera ser, pero no ve el que es. Además, por esto mismo desfigura»[4].

Los textos que presentamos corroboran esta reflexión del artista. «Naturaleza y arte» (1918), escrito originariamente en catalán, señala la diferencia entre «invención» y «creación». Impresiona su semejanza con los conceptos de Huidobro respecto a la creación, y la cantidad de veces que emplea ese término a lo largo del texto. El rechazo del arte mimético, como mera reproducción de la naturaleza, será el gran lema de ambos artistas[5]. El otro texto, «Querer construir» (1930), es una formulación más madura de sus ideas, en la cual los mismos valores opuestos reaparecen como «representación» y «construcción».

Si la evolución del constructivismo de Torres-García obedece a una rígida trayectoria teórica, según los principios del *constructivismo universal*, no puede decirse lo mismo de la inestable peripecia geográfica que signó su existencia. En 1920 se trasladó a Nueva York, donde descubrió el monumentalismo y el dinamismo de la ciudad. En 1922 fue a París y permaneció ahí hasta 1926. Indignado por una exposición surrealista de Salvador Dalí, se convirtió en oponente de la escuela de Breton, a causa de la irracionalidad de ésta. En 1930, cuando Breton comenzó a publicar el periódico *Le Surréalisme au Service de la Révolution*, Torres-García funda en París, junto con Michel Seuphor, el grupo *Cercle et carré*, cuyo nombre ya es indicio de su tendencia estético-ideológica. En 1932,

---

[3] La proximidad Huidobro/Torres-García queda confirmada por «Salutación a Joaquín Torres-García, s/f, reproducida en Vicente Huidobro, *Obras completas,* vol. 1, Santiago, Andrés Bello, 1976, pág. 899. Allí dice Huidobro: «Él es el gran cedro del arte americano.»

[4] Montevideo, 1939, págs. 79-80. El término «desfigura», usado por Torres-García, tendría actualmente el sentido de «desconstrucción» de la obra de arte.

[5] Este sentido abstracto y antimimético de la creación sirvió de base a escuelas no sólo diferentes, sino divergentes entre sí. A pesar de la gran distancia estética que separa al expresionismo del cubo-futurismo, Vassili Kandinski, uno de los fundadores del expresionismo alemán pero de origen ruso, ya por 1911 decía que «[...] no se debe representar a la naturaleza en su aspecto exterior, sino como elemento de su impresión intrínseca, hasta hace poco llamado expresión (...)», *apud* Fritz Schmalenbach, «La palabra expresionismo», *Eco* 4 (agosto, 1961), pág. 399.

el uruguayo regresa a España y en 1934, después de cuarenta y tres años de ausencia y contando con la edad de sesenta, desembarcó en Montevideo. Pasa en su ciudad natal sus últimos y muy fecundos trece años. En el taller Torres-García escribe libros, pronuncia conferencias y vive una de las etapas más creativas de su producción pictórica[6].

NATURALEZA Y ARTE*

JOAQUÍN TORRES-GARCÍA

El Arte, se ha venido a decir, no es más que la continuación de la Naturaleza —toda la verdad en nuestros ojos, reflejada por el hombre en mil diversas formas y en mil diversos mundos de concepción. Esta vanidad se ha convertido en un tópico para cualquier conformista —artista conformista— y ha podido hacer más daño que una pedrada.

El Arte es *decoración*. El hombre ha querido fijar en una tela, por ejemplo, algo muy ajeno. Y ha llegado a suceder que una puesta de sol (mayor aberración, porque el sol no desciende) pueda ser pintada con unos tonos imposibles, opuesta a la verdad de nuestros ojos, ya que la puesta de sol, como el Arco Iris, las mayores decoraciones de la Naturaleza, no podrían ser iguales en cada ocasión, ni una imaginación, por más exhuberante que sea, no podría llegar nunca a la imaginación de la Naturaleza. Ésta crea formas tan múltiples y nuevas cada día como sólo fuera posible a la mágica mano de un creador.

Porque el Arte también es *creación*. Inventar no es crear. La etimología de esta gran palabra nos dice que es *encontrar*. Crear ya es otra cosa. Hallazgo y creación suelen ir ligados por la obra del espíritu del verdadero artista. Éste *encuentra* las bellas vidrieras de las grandes catedrales, pero lo hace de tal guisa que logra una creación en la ordenación por los efectos de luz. Una nueva creación cada vez, nunca con tanta consciencia que los rayos de sol no hagan más de lo que éste no hace: una nueva creación cada vez, no solamente en el momento de enmarcarlos, sino cada hora y cada día que pasa, pero tan bella y tan nueva como nunca se hubiera visto.

---

[6] A pesar del carácter enciclopédico de la *Historia de las literaturas de vanguardia* de Guillermo de Torre, el constructivismo brilla por su ausencia.

* Original catalán publicado en *Un enemic del poble* (octubre, 1918), y reproducido en Jaime Brihuega, *Manifiestos, proclamas y textos doctrinales. Las vanguardias artísticas en España. 1910-1931,* traducción de Cristóbal Pera.

No a todos les sirven los mismos elementos. Miguel Angel se abraza a un bloque de piedra viva y no se preocupa más que de la piedra viva: en otros es motivo para reparar en que pueden copiar, es decir, *reproducir*. Con frecuencia se traiciona a la naturaleza creyendo interpretarla. Para más de un pintor —no diremos artista— le sería mejor seguir los consejos de Daguerre en lugar de los consejos de Da Vinci. Lo que ocurre es que el *objetivo* es el mismo para todos.

Es igual el propósito, que es peor: copiar de la Naturaleza, no crear de la Naturaleza. Un hombre inteligente vería una paciencia remarcable en aquel que se dedicara a contar y pintar todo el follaje de un árbol en una tela, pero también vería una masturbación. Y a pesar de ello parece ser el objetivo de mucha gente que se dedica a ensuciar un montón de pinceles.

Cuando el artista trabaja, trabaja de verdad. No sólo no *imita* nunca lo que tiene delante suyo, sino que, al fecundar, es entonces fecundado al mismo tiempo. Sin embargo, la obra de ese momento siempre será una cosa eterna: el creador, o es un Dios o es un monstruo.

Alguien como Delaunay se diría fijado a golpes de prismas y con todo tiene un valor extraordinario —y quién sabe si precisamente por ello. El prerrafaelismo —o el amaneramiento o lo relamido— siempre será una escuela de mezquinos. El propio Rosseti es al mismo tiempo repugnante y degenera en tisis.

El ceder aquello que valga del artista a la propia Naturaleza ya es propósito del genio.

QUERER CONSTRUIR*

JOAQUÍN TORRES-GARCÍA

Si pensamos que debemos reunirnos es porque alrededor reinan la desorientación y el desorden. Es para encontrar una base, para tener certidumbres. Y nuestra razón nos mostró que esta base es la *construcción*. Estando de acuerdo, todos nosotros partimos de este signo. ¿Qué es la construcción? — cuando el hombre abandona la copia directa de la naturaleza y hace una imagen *a su manera,* sin querer se acuerda de la deformación visual que la perspectiva impuso. Es decir, desde que se dibuja más *la idea* de una cosa que la cosa en el espacio mensurable comienza una cierta construcción. Si además se da un orden a esas imágenes, buscando armonizarlas rítmicamente de manera que pertenezcan

* Original francés publicado en *Cercle et Carré* 1 (marzo, 1930). Agradezco a Pierre Rivas por su envío del original francés de este texto.

más al conjunto del cuadro que a lo que ellas quieren expresar, ya se toca un grado elevado de construcción. Mas esto todavía no es la construcción tal como nosotros la consideramos. Antes de llegar a esto debemos considerar aún la forma. Como representación de las cosas esta forma no tiene un valor en sí misma y no podemos denominarla plástica. Pero cuando esta forma contiene un valor *en sí* —es decir, por la expresión abstracta de sus contornos y de sus cualidades— ella adquiere una importancia plástica y puede decirse de una obra así concebida que ya participa de cierta construcción. Puede irse más lejos y considerarse la unidad de superficie. Esta superficie está dividida, estas divisiones van a determinar espacios; estos espacios deben estar *en relación:* debe existir entre ellos una equivalencia a fin de que la unidad del conjunto permanezca entera. Ordenar ya sería algo, pero es poco. Lo que se impone es *crear un orden* —podemos ordenar, por ejemplo, un paisaje naturalista. Todos los pintores componen más o menos así sus telas. Ellos están en la naturaleza como cuando están de paseo. Mas aquello que crea un orden, *establece un plano,* pasa de lo individual a lo universal. De ahí su importancia. Ahora es preciso aclarar algo. No todos los hombres tienen igual naturaleza. Sin duda alguna, ellos tienen los mismos elementos en sí, pero las proporciones de esos elementos varían. De ahí sale una diversidad que determina las obras correspondientes, sin querer decir que esta diversa composición de cada uno presupone un grado más o menos elevado de evolución. Tratemos de hacer un paralelismo de dos tendencias entre las cuales siempre hay graduaciones: la intuición — la inteligencia; lo actual — el tiempo; el tono — el color; la tradición — el espíritu nuevo; lo espiritual — lo real material; lo fijo — lo relativo; la emoción — el raciocinio; lo personal — lo impersonal; lo concreto — lo abstracto; el sentido — la medida; la fe — la creencia; lo romántico — lo clásico; la síntesis — el análisis; la preciencia — la ciencia física; la metafísica —la filosofía; el artista — el plástico. Ahora bien, si el plástico se apoya sobre las *ideas puras* del entendimiento, puede construir; el artista también puede, apoyándose en *sus intuiciones.* Que en la base de la construcción haya emoción o razón, eso nos debe ser indiferente: nuestro único objetivo es construir. El polo opuesto del sentido constructivo es la representación. Imitar una cosa ya hecha es no crear. ¡Para qué imitar una caverna, es mejor construir una catedral! La construcción debe ser sobre todo la *creación de un orden.* Fuera de nosotros existe el pluralismo, en nosotros la unidad. Podemos considerar los conceptos puros: el tiempo y el espacio. Toda nuestra representación del mundo fenoménico está inscrita en estas formas puras del pensamiento. Si basamos una plástica sobre estos principios tendremos una *plástica pura.* Toda forma nos será prohibida. Pero si basamos la construcción sobre datos intuitivos, seremos artistas y nuestro arte tendrá cierta relación con la metafísica. En el sentido opuesto nuestro arte se acercará a la filosofía. Tenemos en la mente la totalidad de un objeto, pero visualmente sólo vemos una de sus partes. Esta parte cambia de aspecto si cambiamos de lugar. Esto quiere decir que visualmente no poseemos nunca un objeto completo. El objeto completo sólo existe en nuestra mente. Si tenemos en la mente el objeto completo, para dar una idea gráfica de él, elegiremos, casi sin advertirlo, las partes esenciales y *construiremos* un dibujo que, si estuviera de acuerdo con las reglas de la perspectiva, sería, por otro lado, mucho más ilustrativo. Ese es el espíritu de síntesis.

La cosa ha sido tan normal que en todas las epocas, salvo durante el Renacimiento, siempre se dibujó de esa manera. Y, espontáneamente, todos los que no están iniciados en la Academia dibujan de esa manera. Y está muy bien. Ahora, cuanto mayor fuera el espíritu de síntesis del que dibuja, mayor posibilidad habrá de que nos dé una imagen construida. Los dibujos de todos los pueblos primitivos, negros, aztecas, etc., y los dibujos egipcios, caldeos, etc., constituyen un buen ejemplo de esto. Ese mismo espíritu de síntesis, en mi opinión, es lo que lleva a realizar la construcción del cuadro entero, de la escultura, y a determinar las proporciones en la arquitectura. Solamente este espíritu hace posible que la obra sea vista en *su totalidad,* en un orden *único*, en la *unidad.* ¡Qué maravillas no ha realizado esta regla a través de los tiempos! ¿Por qué descuidarla? Esta regla es una cosa anónima, no le pertenece a nadie. Todo el mundo puede emplearla *a su manera,* ella debe ser el verdadero camino de todo hombre sincero. Pero, si esta regla fue usada en todas las épocas, ¿cómo podrá emplearse de una manera moderna? Ya dijimos a propósito de la forma: lo que nos viene bien es este valor absoluto que le damos a la forma independientemente de lo que pueda representar. Lo mismo ocurre con la estructura o la construcción: que pasa de simple esqueleto *para ordenar* las formas, a asumir su lugar y a constituir la obra en *sí misma.* Con eso desaparece una dualidad que siempre existió en el cuadro: el fondo y las imágenes; donde la estructura toma el lugar de las imágenes sobrepuestas no habrá más dualidad entre el fondo y las imágenes, y el cuadro habrá recuperado su identidad primera, la *unidad.*

Expresionismo

EXPRESIONISMO: a) Jorge Luis Borges, «Acerca del expresionismo» (1925).—b) José Carlos Mariátegui, «*Der Sturm* y Herwarth Walden» (1927).—c) Mário de Andrade, «Cuestiones de arte» (1927).

«La literatura expresionista alemana es casi desconocida en América Latina (y esta ignorancia se debe al desconocimiento que Francia tiene de este movimiento, ya que es a través del francés que estos países, en general, tuvieron acceso a las literaturas extranjeras)», dice Pierre Rivas[1]. Con respecto a las relaciones entre la vanguardia europea y la latinoamericana, hay que indagar las razones por las cuales el cubo-futurismo nacido en París tuvo una difusión y una influencia infinitamente mayor que las del expresionismo alemán. Primero, la fascinación que París siempre ejerció sobre la comunidad artística internacional, especialmente la latinoamericana, es mucho mayor que la ejercida por Berlín. Tampoco debe despreciarse la estrecha afinidad con la tradición y la cultura francesas que hizo que los intelectuales latinoamericanos, en particular los del siglo XIX y de las primeras décadas del XX, tuvieran los ojos puestos en París más que en cualquier otra capital europea. Eso explica que las manifestaciones de vanguardia ocurridas en España y Portugal por la misma época fuesen casi ignoradas por la comunidad latinoamericana, que dio notoria preferencia a los eventos parisienses. También debe tomarse en cuenta el carácter empresarial que Marinetti impuso a la divulgación de sus principios en los varios viajes que hizo por América Latina, convirtién-

---

[1] «Eléments pour une histoire de l'expressionisme en Amérique Latine», *Obliques* 6-7 (1981), pág. 244.

dose en una especie de agente y fenómeno de su propia escuela. No porque el futurismo haya dejado marcas tan indelebles en el panorama artístico de los años 20 dejan de existir ejemplos notables de la herencia expresionista en América Latina. En las letras hispánicas, Borges es el primero que entra en contacto con la vanguardia alemana, a través de lecturas, durante sus años de adolescencia, cuando residía en Zurich (1914 a 1918). Mucho más sorprendente es el caso de Mariátegui, que, estando en Berlín hacia fines de 1922 y principios de 1923, tuvo ocasión de convivir con el núcleo expresionista Der Sturm. En el Brasil las repercusiones son más amplias, pues se dan tanto en la pintura como en la literatura. Tomando en cuenta estos elementos contextuales, no deja de ser también excepcional el hecho de que Borges, Mariátegui y Mário de Andrade fueran buenos conocedores de la lengua alemana[2].

Transcurría la década del 10 cuando la pintora paulista Anita Malfatti (1889-1964) hacía sus estudios en Dresden, Berlín y en la Independence School of Art de Nueva York, no sólo entrando en contacto con las corrientes estéticas más avanzadas de la época, sino adelantándose a todo lo que sucedería años más tarde en São Paulo[3]. Esta anticipación le iba a costar muy cara. En ocasión de su exposición en São Paulo, en 1917, el sentido plástico y dramático de las pinturas presentadas causan poco menos que una revolución en la crítica local. El motivo de la polémica es el antológico artículo de Monteiro Lobato, «¿Paranoia o mistificación?». A pesar de todos los trastornos provocados en la crítica conservadora, el arte moderno, a través de la imagen expresionista, queda introducido definitivamente en el Brasil. Identificados con la originalidad y la importancia de la pincelada expresionista de Anita Malfatti, Má-

---

[2] Aunque este estudio se circunscribe a los trabajos de Borges, Mário de Andrade y Mariátegui, por la íntima vinculación que estos escritores tienen con el expresionismo, hay otras manifestaciones, más esporádicas, que en cierta forma también se relacionan estilísticamente con el movimiento expresionista. Pierre Rivas considera filiados a la estética alemana a los muralistas mexicanos, a la poesía de César Vallejo y a los escritores de la «novela de la tierra» de los años 20 (Rómulo Gallegos, J. E. Rivera y Ricardo Güiraldes). Este abordaje le permite clasificar a *Macunaíma* como una novela expresionista. Puede decirse lo mismo de autores como Roberto Arlt o Macedonio Fernández, según Naomi Lindstrom, *Literary expressionism in Argentina,* Tempe, Arizona State University, 1977, o Estuardo Núñez, «Expresionismo en la poesía indigenista del Perú», *The Spanish Review* 2 (noviembre, 1935), págs. 69-80.

[3] Esta afirmación es polémica, pues Lasar Segall hizo, en 1913, una exposición en São Paulo y otra en Campinas. En este sentido, endosamos la opinión de Vera d'Horta Beccari, cuando dice, en *Lasar Segall e o modernismo paulista* (São Paulo, Brasiliense, 1984, pág. 63), que «Segall fue, sin duda, el primero en realizar en el Brasil una exposición de arte moderno, pero Anita fue la primera en realizar una exposición *vista como moderna»*.

rio de Andrade y Oswald de Andrade saben valorarla y defenderla en aquel difícil momento[4].

Distinto es el caso de Lasar Segall (1891-1957). Nacido en Vilna, en Lituania, llega al Brasil un año después de la Semana del 22, con una formación expresionista y un renombre consolidado tras los años pasados en Berlín y en Dresden (1906 a 1923). Segall había vivido ocho meses en el Brasil en 1913, pero se instaló definitivamente en São Paulo en 1923: «No es raro que la personalidad fuertísima de Lasar Segall se haya transformado en São Paulo en un foco irradiador de influencias», dice Gilda de Mello e Souza[5]. En cierta forma, el interés de Mário de Andrade por el expresionismo se intensifica por la presencia en São Paulo de esos dos artistas. De los modernistas brasileños, Mário de Andrade es el que más se detuvo en el estudio del expresionismo alemán, recibiendo su influencia y dejando una herencia literaria que merece destacarse: «El expresionismo, dentro del cernidor crítico que Mário de Andrade hace de las vanguardias europeas buscando los elementos adecuados para instrumentar la vanguardia brasileña, o sea, nuestra modernidad, fue la estética que mejor le permitió la unión de los elementos estéticos con los ideológicos. Está presente en su obra desde *Paulicéia desvairada,* en *Macunaíma* inclusive», dice Telê Ancona Lopez[6].

En la novela *Amar, verbo intransitivo* (1927), la heroína Fräulein es contratada por la familia Sousa Costa para iniciar a Carlos, el hijo adolescente del matrimonio, en los secretos del amor, pero

---

[4] Para la trayectoria artística de Anita Malfatti y detalles de esa polémica, ver Mário da Silva Brito, *História do modernismo brasileiro,* págs. 40-72. Gilda de Mello e Souza en «Vanguardia e nacionalismo da década de 20», *Almanaque* 6 (1978), págs. 74-86, da una versión diferente.

[5] «Vanguarda e nacionalismo da década de 20», pág. 81.

[6] Mário de Andrade, *Macunaíma,* París/São Paulo, Archives/CNPq, 1988, pág. 384. Al remitir a la tesis inédita de Nites Theresinha Feres, *Aurora de arte século XX: a modernidade e seus veículos de comunicação* (Universidade de São Paulo, 1972), dice Gilda de Mello e Souza: «A la llegada de Lasar Segall al Brasil, Mário de Andrade ya había aprendido el alemán y se había familiarizado con el expresionismo, como lo prueban el artículo «Lasar Segall», en *A Idéia,* núm. 19, 1924, y la presencia en su biblioteca de la revista *Der Sturm,* abril a diciembre de 1923 y marzo a junio de 1924. Mário también era suscriptor de la revista francesa *Europe,* de la que poseía una colección completa, desde su primer número de 1923 hasta 1929. Este periódico mantenía una sección permanente de noticias de Alemania, donde Kasimir Edschmid comentaba sobre todo el movimiento expresionista y su evolución hacia el verismo social», en art. cit., pág. 8. Para otras fuentes expresionistas, ver Telê Porto Ancona Lopez, «Uma difícil conjugação», en Mário de Andrade, *Amar, verbo intransitivo,* 10.ª ed., Belo Horizonte, Itatiaia, 1982, págs. 9-44, y «Arlequim e modernidade», en *Revista do Instituto de Estudos Brasileiros* 21 (1979), págs. 84-100.

bajo la máscara de una profesora de alemán. Fräulein toma conocimiento de la corriente estética de vanguardia a través de un artificio didáctico del narrador: «Un individuo recién llegado de Alemania y convicto del Expresionismo le prestó una colección de *Der Sturm* y obras de Schikele, Franz Werfel y Casimiro Edschmid.» Esta especie de intervención bibliográfica del narrador es reveladora, no sólo del grado de información y actualización de Mário de Andrade, sino de los elementos expresionistas en la propia novela.

Un lector ingenuo difícilmente lo caracterizaría como un texto expresionista, del modo como reconocería un típico film expresionista alemán. Con gran sensibilidad, Telê Porto Ancona Lopez descubre de varias maneras tales facetas expresionistas. Primero, al ver en la corriente estética alemana a los «maestros y precursores» de Mário de Andrade. Segundo, al identificar en la novela una influencia directa del expresionismo en la narración fragmentada, en la crítica a la burguesía paulista y en las grotescas situaciones de la intriga. Y, finalmente, en la equivalencia literaria con *El grito* de Edvard Munch (especie de emblema del expresionismo) que la crítica nos revela con sagacidad en una escena de la novela[7].

Estos elementos demuestran la intención expresionista de Mário de Andrade en *Amar, verbo intransitivo*. Aunque no todo el expresionismo apele al grotesco, este elemento como medio para representar la condición humana fue para Mário de Andrade la respuesta estética a sus preocupaciones sociales, situándolo en sintonía con la vanguardia internacional.

De hecho, en un artículo de 1927, «Questões de arte», Mário de Andrade hace una defensa universal del expresionismo y responde a Wilhelm Worringer, uno de los primeros en usar el término «expresionismo» en la revista *Der Sturm*, quien consideraba agotado el movimiento[8]. Mário de Andrade replica en nombre del carácter evolutivo del arte, caracterizando las nuevas tendencias como formas «más actuales del llamado Expresionismo». En efecto, aunque sólo se consideren los principios expresionistas más generales, como «arte de oposición»[9] o como expresión subjetiva e interiorizante de la realidad, o aún, con palabras de Edschmidt, como «la realidad que debe ser creada por todos nosotros», muchas manifestaciones posteriores al expresionismo podrían ser calificadas como

---

[7] «Uma difícil conjugação», págs. 14-15.
[8] Ver Fritz Schmalenbaum, «La palabra expresionismo», *Eco* 4 (agosto, 1961), pág. 397.
[9] Mario de Michelli, *Las vanguardias artísticas del siglo XX,* Córdoba, Editorial Universitaria de Córdoba, 1968, pág. 66.

tales. En última instancia, cualquier arte que se aparte del realismo puede ser considerado expresionista.

El trayecto de Borges en dirección al expresionismo es muy distinto al de los brasileños. Como había vivido en Zurich y en Ginebra durante la Primera Guerra Mundial, de 1914 a 1918, es en esos años que entra en contacto con la joven poesía expresionista alemana. «Yo trataba de ser moderno, y quería ser un poeta expresionista», recuerda Borges sesenta años después[10]. Sus primeros poemas, nunca recogidos, están impregnados de la estética expresionista, privilegiando la temática de la guerra y el sentido trágico de la existencia. «Los expresionistas fueron los primeros poetas verdaderamente modernos que Borges leyera, los que lo introdujeron en la nueva poesía», dice Emir Rodríguez Monegal[11]. También la Revolución Rusa de 1917 deja sus marcas en esta etapa arqueológica de su producción en poemas como «Rusia», «Gesta maximalista» o «Guardia roja».

En Madrid, Borges no sólo traduce al castellano la poesía de vanguardia alemana (J. T. Keller, W. Klemm, W. Ferl, H. Plagge)[12], sino que llega a escribir una reseña de *Die Aktion-Lyrik* (1914-1916), conocida antología expresionista de la época. Herencia de esta estética desgarrada es el poema «Trinchera» publicado en 1920, en la revista madrileña de vanguardia *Grecia*[13]:

Angustia,
En lo último una montaña camina
Hombres color de tierra naufragan en la grieta más baja
El fatalismo unce las almas de aquellos
que bañaron su pequeña esperanza en las piletas de la noche.
Las bayonetas sueñan con los entreveros nupciales
El mundo se ha perdido y los ojos de los muertos lo buscan
El silencio aúlla en los horizontes hundidos.

---

[10] Fernando Sorrentino, *Siete conversaciones con Jorge Luis Borges,* Buenos Aires, Casa Pardo, 1974, pág. 16.

[11] *Jorge Luis Borges. A literary biography,* Nueva York, E. P. Dutton, 1978, pág. 144.

[12] Guillermo de Torre, *Historia de las literaturas de vanguardia,* Madrid, Guadarrama, 1965, págs. 213-214. Aunque Borges hubiera traducido la poesía expresionista alemana hacia 1920 y su artículo «Acerca del Expresionismo» sea de 1923, la primera presentación sistemática de la escuela en castellano es de Guillermo de Torre en la primera edición de *Literaturas europeas de vanguardia,* Madrid, R. Caro Raggio, 1925, págs. 354-358. El crítico español se basa en la conocida antología de Ivan Goll, *Les cinq continents* (1923) y en los comentarios y traducciones publicados por Borges en la revista madrileña *Grecia.*

[13] Carlos Meneses, *Poesía juvenil de Jorge Luis Borges,* Barcelona, Carlos Olañeta, 1978, pág. 59.

Aunque ciertas imágenes remiten a la metáfora ultraista («piletas de la noche»), lo que prevalece es el tono intimista y desesperado que emergen de la experiencia de la guerra. Al regresar a Buenos Aires en 1921, Borges se aleja de este tipo de poesía, para comenzar, en *Fervor de Buenos Aires*, con una poesía vuelta hacia las imágenes y tradiciones de su ciudad natal. Sin embargo, en 1923 escribe el ensayo «Acerca del expresionismo», que empieza situando históricamente el movimiento y oponiendo esta nueva escuela a la tradición alemana de «plumas tranquilas». Borges pone de relieve la guerra, la estética de la intensidad, las «eficacias del detalle» y el predominio de la imagen visual, elementos de alguna manera presentes en su propia producción de la época. Cuando comenta la dialéctica de la victoria y de la derrota en la guerra, Borges no esconde cierta fascinación por el carácter heroico de la batalla, traspuesto más tarde a la temática gauchesca de su literatura. Aunque tuviera conciencia de la tragedia de esa guerra, Borges no deja de observar con distante ironía la evaluación estética de tal poesía: «En los mejores poemas expresionistas hay la viviente imperfección de un motín.» En este ensayo Borges observa que no ha encontrado la gran obra en el repertorio expresionista. Pero a través y gracias a ellos, satisfecho, confiesa en el «Ensayo autobiográfico» que descubrió la gran poesía: Walt Whitman [14].

Al finalizar «Acerca del expresionismo», Borges, en una extensa digresión, hace una interesante defensa del pensamiento judío. El escritor argentino parece responder a la acusación hecha por los nacionalsocialistas de la República de Weimar («Los patriotas») de que «el expresionismo es una intromisión judaizante». El sustrato antisemita de ese tipo de formulación es evidente: no sólo por la acusación del control de un sector cultural supuestamente ejercido por los judíos, sino por considerarlo como una «intromisión». Borges, que siempre demostró una adhesión incondicional a la cultura judía, aprovecha la acusación para tejer algunas consideraciones, oponiendo dos tipos de razonamiento: de un lado, el abstracto y conceptual, del otro, el objetivo y sensual. Identifica al primero con el pensamiento judío, remitiendo sus orígenes al sistema de imágenes de la Biblia (se basa en San Agustín), como artificio di-

---

[14] «An autobiographical essay», en *The aleph and other stories, 1933-1969*, Nueva York, E. P. Dutton, 1970, pág. 217. Unos años antes, James E. Irby (en James E. Irby, «Encuentro con Borges», *Revista de la Universidad de México*, mayo, 1962, pág. 4) relata lo siguiente: «Borges sugiere a Whitman, uno de sus poetas predilectos. Le pregunto cuándo lo leyó por primera vez. Me dice que allá por el año 17, en Ginebra, en una versión alemana que descubrió en algún anuario expresionista [...] Confiesa que durante mucho tiempo Whitman fue para él canon para juzgar toda poesía: creía que Whitman era, sencillamente, la Poesía».

dáctico para hacer concretos a los hombres los conceptos abtractos de la Biblia. De ahí saca Borges una inferencia en la cual no se oculta una irónica crítica al expresionismo: «Considerad ahora que los expresionistas han amotinado de imágenes visuales la lírica contemplativa germánica y pensaréis tal vez que los que advierten judaísmo en sus versos tienen esencialmente razón.»

Así como Borges se aleja del ultraísmo que había ayudado a fundar y a divulgar, en su producción literaria posterior también se aleja del expresionismo. Esto le hace decir a Pierre Rivas que «curiosamente, el arte de Borges es, sin duda, uno de los menos próximos a la estética expresionista»[15]. A pesar de lo cual, y aunque hubiera renegado de las vanguardias, Borges siempre iba a mantener su predilección por el expresionismo por encima de todos los *ismos*. Hacia 1962 afirmaba: «[En Ginebra] conocí el expresionismo alemán, que para mí contiene ya todo lo esencial de la literatura posterior. Me gusta mucho más que el surrealismo o el dadaísmo, que me parecen frívolos»[16].

Finalmente, el suceso más sorprendente de las relaciones entre el expresionismo y las vanguardias latinoamericanas se debe a la presencia de Mariátegui en Berlín, desde agosto de 1922 hasta febrero de 1923. Era la etapa final de un viaje de dos años por Europa, habiendo estado anteriormente en Italia y en Francia[17]. El autor de los *Siete ensayos* tuvo el raro privilegio de frecuentar la galería Der Sturm, convirtiéndose en amigo de Herwarth Walden, propietario y director de la prestigiosa revista del mismo nombre. En 1927, justamente el mismo año en que Mário de Andrade introduce la revista *Der Sturm* en la novela *Amar, verbo intransitivo*, Mariátegui recuerda, en «Der Sturm y Herwarth Walden»:

> La galería privada de Herwarth Walden constituye uno de los más completos museos de cultura moderna del mundo. Están allí representados insuperablemente Archipenko... y el gran expresionista alemán, prematuramente muerto hace algunos años, Franz Marc. Estos son los nombres anotados por mí cuando visité la galería de Walden a principios de 1923.

Mariátegui convivió íntimamente, sin ningún prejuicio, con lo mejor de la vanguardia internacional[18]. Se empapó del teatro berlinés

---

[15] «Eléments pour une histoire de l'expressionisme en Amérique Latine», *Obliques* 6-7 (1981), pág. 244.

[16] James E. Irby, «Encuentro con Borges», *Revista de la Universidad de México* (mayo, 1962), pág. 6.

[17] Ver Estuardo Núñez, *La experiencia europea de José Carlos Mariátegui*, Lima, Amauta, 1978.

[18] Por ejemplo, después de hacer una excelente descripción de los principios ni-

de la época, del cine expresionista y de la literatura expresionista[19]. Después, a su regreso a Lima, continúa recibiendo *Der Sturm* y otras publicaciones alemanas. En medio de su militancia política encuentra tiempo para difundir los trabajos de las vanguardias y para escribir sobre sus autores expresionistas predilectos, especialmente los novelistas de la guerra: Erich María Remarque, Andreas Latzko, Ernest Glaesser, Ludwig Renn, entre otros. Mariátegui llega a publicar en *Amauta* una colaboración de George Grosz, y una pieza teatral breve del propio Herwarth Walden[20].

ACERCA DEL EXPRESIONISMO*

JORGE LUIS BORGES

En el decurso de la literatura germánica el expresionismo es una discordia. Ahondonemos la sentencia.

Antes del acontecimiento expresionista la mayoría de los escritores tudescos atendieron en sus versos no a la intensidad sino a la armonía. Obra de caballeros acomodados la suya, se detuvo en las blandas añoranzas, en la visión rural y en la tragedia rígida que atenúan forasteros lugares y lejanías en el tiempo. Nunca fueron asombro del lector, encamináronse a la pública tierra con la conciencia limpia de violentas artimañas retóricas y sus plumas tranquilas alcanzaron mucha remansada belleza. Desde el verso heptasílabo natal hasta los numerosos hexámetros de una hechura latina, abundaron —con la insistente generosidad de una súplica— en la dicción de esa dispersada nostalgia que es la señal más evidente de su sentir. El propio Goethe casi nunca buscó la intensidad; Hebbel alcánzala en sus dramas y no en sus versos; Angel Silesio[1] y Heine y Nietzsche fueron excepciones grandiosas. Hoy en cam-

---

hilistas y anarquistas del dadaísmo, Mariátegui, en 1924, en el artículo «El expresionismo y el dadaísmo» (reproducido en *El artista y su época,* Lima, Amauta, 1959, pág. 67) dice lo siguiente: «No es sensato, por estos varios motivos, enfadarse dramáticamente contra los dadaístas. El hecho de no comprenderlos no autoriza a declararlos locos. El dadaísmo es un fruto de la época.»

[19] Ver Estuardo Núñez, «José Carlos Mariátegui y el expresionismo alemán», en *Mariátegui y la literatura,* Lima, Amauta, 1980, págs. 137-149.

[20] En la segunda fase de *Amauta,* a partir del número decimoséptimo (1928), el cambio de aspecto de la revista estuvo directamente influido por el *Sozialistische Monatshefte* de Berlín, revista oficial del Partido Social Demócrata. «La semejanza entre las dos revistas es sorprendente», apunta David O. Wise, en «Mariátegui's *Amauta* (1926-1930), a source for peruvian cultural history», *Revista Interamericana de Bibliografía* 29 (1970), pág. 303, nota 34.

* Publicado en Jorge Luis Borges, *Inquisiciones,* págs. 146-150.

[1] Llamamos la atención para el hecho de que Borges en esta época acostumbraba

bio por obra del expresionismo y de sus precursores se generaliza lo intenso; los jóvenes poetas de Alemania no paran mientes en impresiones de conjunto, sino en las eficacias del detalle: en la inusual certeza del adjetivo, en el brusco envión de los verbos. Esta solicitud verbal es una comprensión de los instantes y de las palabras, que son instantes duraderos del pensamiento. La causadora de ese desmenuzamiento fue en mi entender la guerra, que poniendo en peligro todas las cosas, hizo también que las justipreciaran.

Esto merece ilustración.

Si para la razón ha sido insignificativa la guerra, pues no ha hecho más que apresurar el apocamiento de Europa, no cabe duda que para los interlocutores de su trágica farsa fue experiencia intensísima. ¡Cuántas duras visiones no habrán atropellado su mirar! Haber conocido en la inmediación soldadesca tierras de Rusia y Austria, y Francia y Polonia, haber sido partícipe de las primeras victorias, terribles como derrotas, cuando la infantería en persecución de cielos y ejércitos atravesaba campos desvaídos donde mostrábase saciada la muerte universal y la injuria de las armas, es casi codiciadero pero indubitable sufrir. Añádase a esta sucesión de aquelarres el entrañable sentimiento de que estrujada de amenazas la vida —¡la propia calurosa y ágil vida!— es eventualidad y no certidumbre. No es maravilloso que muchos en esa perfección de dolor hayan echado mano a las inmortales palabras para alejarlo en ellas. De tal modo, en trincheras, en lazaretos, en desesperado y razonable rencor, creció el expresionismo. La guerra no lo hizo, mas lo justificó.

Vehemencia en el ademán y en la hondura, abundancia de imágenes y una suposición de universal hermandad: he aquí el expresionismo. Puede achacársele con justicia el no haber pergeñado obras perfectas. Entre los hombres que lo precedieron, resaltan tres —Karl Gustav Vollmoeller y los austríacos Rainer María Rilke y Hugo de Hofmansthal— que han realizado esa proeza.

En los mejores poemas expresionistas hay la viviente imperfección de un motín.

Los patriotas afirman que el expresionismo es una intromisión judaizante. Explicaré el sentido de esa suposición.

El pensativo, el hombre intelectual vive en la intimidad de los conceptos que son abstracción pura; el hombre sensitivo, el carnal, en la contigüidad del mundo externo. Ambas trazas de gente pueden recabar en las letras levantada eminencia, pero por caminos desemejantes. El pensativo, al metaforizar, dilucidará el mundo externo mediante las

---

españolizar los nombres propios: Jaime Joyce, Jorge Bernardo Shaw, Lorenzo Sterne, etc.

ideas incorpóreas que para él son lo entrañal e inmediato; el sensual corporificará los conceptos. Ejemplo de pensativos es Goethe cuando equipara la luna en la tenebrosidad de la noche a una ternura en un afligimiento; ejemplos de la manera contraria los da cualquier lugar de la Biblia. Tan evidente es esa idiosincrasia en la Escritura que el propio San Agustín señaló: La divina sabiduría que condescendió a jugar con nuestra infancia por medio de parábolas y de similitudes, ha querido que los profetas hablasen de lo divino a lo humano, para que los torpes ánimos de los hombres entendieran lo celestial por semejanza con las cosas terrestres.

(La teología —que los racionalistas desprecian— es en última instancia la logicalización o tránsito a lo espiritual de la Biblia, tan arraigadamente sensual. Es el ordenamiento en que los pensativos occidentales pusieron la obra de los visionarios judaicos. ¡Qué bella transición intelectual desde el Señor que al decir del capítulo tercero del Génesis paseábase por el jardín en la frescura de la tarde, hasta el Dios de la doctrina escolástica cuyos atributos incluyen la ubicuidad, el conocimiento infinito y hasta la permanencia fuera del Tiempo en un presente inmóvil y abrazador de siglos, ajeno de vicisitudes, horror de sucesión, sin principio ni fin.)

Considerad ahora que los expresionistas han amotinado de imágenes visuales la lírica contemplativa germánica y pensaréis tal vez que los que advierten judaísmo en sus versos tienen esencialmente razón. Razón dialéctica, de símbolo, donde la realidad no colabora.

Que tres poetas icen ahora sus palabras.

DER STURM Y HERWARTH WALDEN*

José Carlos Mariátegui

No es posible explorar los caminos del arte moderno en Alemania sin detenerse largamente en *Der Sturm. Der Sturm* no es solamente una revista. Es una casa de ediciones artísticas, una sala de exposiciones y conferencias, una galería de arte de vanguardia. Representa un hogar de las nuevas tendencias artísticas alemanas e internacionales.

Quien conozca la historia del expresionismo alemán sabe el lugar que ocupa en ella la revista *Der Sturm,* que ha cumplido ya su décimo séptimo año de existencia. El expresionismo no ha acaparado a *Der Sturm.* Cubistas y dadaístas, futuristas y constructivistas, sin excepción,

---

* Publicado en *Variedades,* de 29/1/1927, y reproducido en José Carlos Mariátegui, *El artista y la época,* págs. 79-81. Las notas pertenecen al editor de este libro.

han tenido en *Der Sturm* albergue fraterno. Herwarth Walden, director de *Der Sturm,* no se ha dejado nunca monopolizar por una escuela. Vanguardista auténtico, de rica cultura, de aguda visión y de penetrante inteligencia, su empeño consiste en cooperar, sin limitaciones, a la creación de un nuevo sentido artístico. Pero el hecho de que el expresionismo haya nacido en Alemania, lo ha vinculado particularmente a los hombres y a las obras de esta tendencia artística y literaria.

El movimiento expresionista exhibe, entre otros, el mérito de haber colocado a Alemania en rango principal en la pintura, después de un largo periodo en que permaneció, a este respecto, relegada a segundo orden. La época del impresionismo se caracteriza como la de la hegemonía de la pintura francesa. Monet, Renoir, Cézanne, Degas, etc., llenan con su trabajo y con su influencia un entero capítulo de la pintura moderna. En ese capítulo, Alemania tiene muy exigua figuración. En general, todo el ciclo realista, impresionista, naturalista, recibió un aporte escaso y opaco de los artistas alemanes. Ha sido con la victoria de la fantasía sobre la realidad, de la imagen y la figura sobre la cosa, marcada por las nuevas corrientes, que la pintura y la escultura alemanas han entrado en un periodo de resurgimiento. El abstractismo de estas nuevas tendencias parece más próximo o más asequible al espíritu alemán que el naturalismo o el objetivismo de las escuelas que se proponían la representación de la naturaleza, en las cuales han sobresalido, más bien, los latinos.

Dos hogares han tenido en Berlín el arte moderno: la casa de *Der Sturm* y la Casa de Paul Cassirer. Estas dos casas no han sido amigas, aunque en cierta forma hayan trabajado en una misma empresa. Y lo que las ha separado no ha sido razones de *bottega*[1] o de concurrencia ante el público. Mientras Paul Cassirer, cualquiera que haya sido la generosidad de la inteligencia de su mecenismo, se clasifica siempre como un corredor o un comerciante de obras de arte, Herwarth Walden[2] se libra de este título por la intransigencia o el extremismo que ha dado a su misión. La posición de Walden es hasta hoy una posición de extrema izquierda, no por una fácil adhesión a ultraísmos formales, sino por una reiterada afirmación de un espíritu realmente revolucionario. En tanto que, como ya he tenido oportunidad de apuntarlo, una gran parte de los presuntos vanguardistas revela, en su individualismo y su objetivismo exasperados, su espíritu burgués decadente, Walden reclama en la obra de arte una disciplina alimentada en móviles sociales. «Los conceptos de libertad y personalidad (en el arte) —escribe Walden— han cumplido su hora.» Y, luego, agrega: «De igual manera

---

[1] Equivalente a competencia.

[2] En *Amauta* (núm. 11, Lima, enero de 1928, págs. 17-18) insertó José Carlos Mariátegui la versión española de una breve pieza teatral de Herwarth Walden, titulada *El último amor.*

que parece muy difícil a la humanidad actual, sumergida dentro de una concepción burguesa, dejar de ver la libertad del hombre en la ilimitada posesión de capitales, y la libertad de la mujer en la ilimitada posesión de hombres subyugados, así también parece muy difícil, en la casa de los artistas, sumergida dentro de una concepción burguesa, abandonar su fe en la libertad del arte y en su victoria sobre las leyes éticas. Tan sólo eso que se llama la masa, guiada por un seguro instinto, ha reconocido que no hay privilegio para los trabajadores intelectuales, que es como los artistas gustan de llamarse en nuestros días.»

La actividad de Walden, en su revista y en sus exposiciones, es ampliamente internacionalista y cosmopolita. El valor de la nueva pintura francesa ha sido reconocido y proclamado por *Der Sturm*. La misma acogida ha dispensado Walden a los artistas nuevos de Italia, Rusia, etc. Durante mucho tiempo la escena de *Der Sturm* ha estado principalmente ocupada por los artistas rusos Archipenko, Chagall, Kandinsky y Kokoschka.

La galería privada de Herwarth Walden constituye uno de los más completos museos de cultura moderna del mundo. Están allí representados insuperablemente Archipenko, Humberto Boccioni, Carlo Carrà, Marc Chagall, Max Ernst, Albert Gleizes, Kandinsky, Paul Klee, Kokoschka, Fernand Léger, Gino Severini y el gran expresionista alemán, prematuramente muerto hace algunos años, Franz Marc. Estos son los nombres anotados por mí cuando visité la galería de Walden a principios de 1923. De entonces a hoy, Walden debe haber enriquecido notablemente su colección.

Los últimos números de *Der Sturm* lo presentan, como siempre, combativo y vigilante. La experiencia expresionista, que para otros ha sido estéril en este sentido, a Herwarth Walden le ha abierto y aclarado amplias perspectivas históricas y sociales. *Der Sturm* es para él, al mismo tiempo, un puesto de observación práctica y un instrumento de elaboración teórica.

CUESTIONES DE ARTE*

MÁRIO DE ANDRADE

En el número de agosto pasado del *Monthly Criterion* de Londres, el profesor Worringer publica un estudio importantísimo sobre las condiciones contemporáneas de las Artes Plásticas. Después de comprobar que el Expresionismo está en agonía (bajo la designación de Expresionismo el crítico incluye todos los «ismos» contemporáneos), el profe-

---

* Publicado en el *Diário Nacional,* de 30/9/1927. Agradezco la indicación a Telê Ancona Lopez.

sor Worringer expone las causas sociales y psicológicas de tal decadencia. Entre éstas destaca el extraño absurdo de las artes plásticas actuales que, repletas de tesis e intelectualismo, se volvieron verdaderos actos de inteligencia más que fenómenos sensoriales. Concluye que por eso han perdido la fuerza psicológica que poesían la pintura y la escultura en épocas pasadas. Por eso dejaron de ser elementos sociales de la humanidad, no actúan más como elementos de unanimismo popular y se convirtieron en mera circunstancia decorativa de paredes, cuya esencia es meramente libresca e individualista.

Las conclusiones del profesor Worringer son perfectamente ciertas y su admirable estudio contiene comprobaciones exactísimas sobre la psicología contemporánea.

Lo que hay de verdaderamente falso en su estudio es la afirmación preliminar de que el Expresionismo esté muriendo. Lo que en nada perjudica las acertadas conclusiones del ilustre crítico.

El Expresionismo, dado este nombre genérico a todos los «ismos» contemporáneos, no está agonizando; está evolucionando. Incluso los que reaccionan contra el exceso de intelectualismo teórico y libresco, que llevó a las artes plásticas a la extraña contradicción señalada por el crítico, son todavía, y obligatoriamente, formas evolutivas y más actuales del llamado Expresionismo.

El arte no se recorta entre fechas históricas bien fijadas; el arte vive en continua evolución. Es la pobreza de la percepción humana la que nos lleva a recortar esa evolución, del mismo modo que dividimos el tiempo en horas, minutos, segundos, para comprenderlo. Los nombres que damos a los momentos evolutivos del arte: barroco, neobarroco, academismo, impresionismo, etc., son simples términos ideológicos, iguales a las parcelas temporales que hacen posible la utilización intelectual de la idea «tiempo». A esas fases diversas de la evolución artística, en general las llamamos reacciones, porque, efectivamente, los artistas reaccionan contra el aspecto inmediatamente anterior del arte, contra aquello que no representa más las condiciones presentes de la sociedad ni de la inteligencia individual y colectiva. Pero los que reaccionan aún son hijos dilectos de la fase inmediatamente anterior, incluso esa reacción no sería admisible sin esa fase anterior. En cuanto a las tendencias, basta ver lo que los expresionistas le deben a la tesis de Seurat, a la solución plástica de Cézanne, al colorido de los impresionistas, para advertir que el Impresionismo en lugar de morir, evolucionó hacia el Expresionismo y estos nombres sólo son ideologías para volver comprensible el tiempo artístico. De la misma forma es fácil ver en el realismo que alcanzaron Picasso (en ciertas obras), Kirling, Dix, Grosz, Severini y tantos otros, apenas una desintelectualización del Expresionismo, que va llevando la deformación artística hacia un sensorialismo más legítimamente plástico.

Surrealismo

SURREALISMO: a) Alejo Carpentier, «En la extrema avanzada. Algunas actitudes del surrealismo» (1928).—b) Benjamin Péret, «La escritura automática» (1929).—José Carlos Mariátegui, «Balance del suprarrealismo» (1930).—d) César Vallejo, «Autopsia del superrealismo» (1930).—e) E. Dalid [Elías Piterbarg], «Manifiesto» (1930).—f) César Moro, «Presentación al catálogo de la Exposición Surrealista» (1939).

Tratar de presentar el surrealismo latinoamericano en pocas páginas arriesga la generalización. Sea por el elevado número de participantes, sea por los diferentes momentos y países en que surgió, sea por aquello que se pueda considerar estrictamente surrealista, sea, en fin, por el carácter mismo del movimiento, tan polémico. Los vínculos entre las vanguardias latinoamericanas y el surrealismo francés son inevitables[1]. Último de los *ismos* europeos, el surrealismo se distingue de todas las otras corrientes de vanguardia, pues propone un proyecto de liberación tanto individual como social. De ahí la polémica adhesión de sus miembros al Partido Comunista[2]. Fue el único movimiento de vanguardia que llegó a

---

[1] Para una extensa discusión sobre las variantes «surrealismo», «suprarealismo», «super-realismo», «sobre-realismo», etc., ver nota 1 de Guillermo de Torre, *Historia de las literaturas de vanguardia,* vol. 2, Madrid, Guadarrama, 1974, págs. 15-16. Allí el crítico cita la siguiente observación de Borges: «La forma *surrealismo* es absurda; tanto valdría decir *surnatural* por *sobrenatural, surhombre* por *superhombre, survivir* por *sobrevivir.*» Aunque la observación de Borges sea correcta, hoy está universalmente aceptado el galicismo «surrealismo» al cual nos atenemos.

[2] En 1927, Breton, Éluard, Aragon y Péret se afilian al Partido Comunista francés, del cual los dos primeros se alejarían en 1933.

proponer una actuación de orden político en pro de la revolución social y como medio de liberar al individuo de todos sus condicionamientos.

A diferencia de los españoles (Picasso, Dalí, Juan Gris, Miró, Buñuel y otros), las contribuciones de los latinoamericanos a la vanguardia europea fueron muy limitadas. En el caso del cubismo, la excepción fue Huidobro, que trató de integrarse en el grupo francés, llegando a fundar y dirigir, con Pierre Reverdy, la revista *Nord-Sud.*

Profundamente identificado con los principios del surrealismo, el peruano César Moro se instala en París en 1925, apenas un año después de la publicación del Primer Manifiesto Surrealista. Moro, que escribía en francés, es el único latinoamericano que participa activamente en el periódico *Le Surréalisme au Service de la Révolution,* dirigido por Breton en el periodo de 1930 a 1933.

Más fecundos fueron los rastros surrealistas en cada uno de los países de la América Latina, especialmente en aquellos visitados por surrealistas franceses. Es el caso del paso de Robert Desnos por La Habana, en marzo de 1928, en ocasión del Séptimo Congreso de la Prensa Latina, cuando conoce a Carpentier y a Asturias[3]; de Henri Michaux por Ecuador; y de Benjamin Péret por el Brasil. México fue el país que más se benefició con este tránsito[4]. No es por azar que Breton llega a afirmar que «México tiende a ser el lugar surrealista por excelencia». Llevados por diversas razones, una verdadera pléyade de escritores y pintores surrealistas pasa por México.

El primer nombre de envergadura es el de Antonin Artaud, que desembarca en la ciudad de México en 1936, y permanece allí nueve meses. Atraído por la cultura tarahumara, Artaud busca una experiencia trascendental por medio del peyote. Entre los escritores de la época. Mário de Andrade y Oswald de Andrade, D. H. Lawrence, Aldous Huxley, Alejo Carpentier, Miguel Ángel Asturias y otros, hay un gran interés por la mentalidad de las culturas precolombinas. Sin duda, la alianza del surrealismo con el psicoanálisis, en busca de una expresión del inconsciente individual y colectivo,

---

[3] Ver, de Asturias, «Tres cronistas para un mismo congreso», en Miguel Angel Asturias, *París, 1924-1944. Periodismo y creación literaria,* ed. Amos Segala, Madrid, Colección Archivos, 1988, págs. 924-939.

[4] Hubo dos momentos de inmigración surrealista al Nuevo Mundo: en la década del 20 y durante la Segunda Guerra. Para esta segunda etapa, ver las varias introducciones del catálogo *El surrealismo entre viejo y nuevo mundo,* Gran Canaria, Centro Atlántico de Arte Moderno, 1989. Para el caso mexicano, consultar el libro fundamental de Luis Mario Schneider, *México y el surrealismo (1925-1950),* México, Arte y Libros, 1978.

alentó estas investigaciones de los grupos indígenas poco contaminados por la cultura occidental. La visita de Artaud está documentada, en parte, en su obra y en los artículos que publicó en México durante su permanencia (por ejemplo, *Viaje al país de los tarahumaras,* 1937). En el momento en que va a México, Artaud ya era una especie de disidente del movimiento surrealista: «Artaud es un hereje del surrealismo, Breton es su pontífice máximo», dice Luis Mario Schneider[5].

Breton, monstruo sagrado del surrealismo, llega a México en 1938 y permanece ahí alrededor de seis meses. Sus motivos, en su mayor parte políticos, son muy diferentes de los de Artaud. Es el momento en que los intelectuales europeos, franceses y españoles en especial, buscan refugio en México. Sea por la ya iniciada Guerra Civil Española, sea por la cercanía de la Segunda Guerra Mundial, Breton va a buscar a Trotski, a quien conoce por medio de Diego Rivera. En 1938, los tres redactan el *Manifiesto por un Arte Revolucionario Independiente* y dos años más tarde, o sea mucho después de la época heroica del surrealismo europeo como movimiento de vanguardia, se organiza la Exposición Internacional del Surrealismo, en la galería de Inés Amor. En 1942 llegó a México una de las figuras principales del surrealismo. Benjamin Péret, acompañado por su mujer, la pintora española Remedios Varo. La pareja vivió en el país durante cinco años. En 1949, Paul Eluard, otro de los fundadores del movimiento, fue a México para participar en el Congreso de los Intelectuales.

A pesar de esto, fueron las artes visuales y no la literatura las más beneficiadas por el influjo en México. Artistas como Frida Khalo, Leonora Carrington y Remedios Varo, el fotógrafo Manuel Álvarez Bravo y el mismo Buñuel (cuya permanencia en México se prolongó desde 1946 hasta 1969) son algunos de los nombres de este importante grupo. En las letras, aunque la crítica haya vuelto toda su atención sobre esta escuela, y la generación de *Contemporáneos* haya discutido muchas de las cuestiones teóricas del movimiento, la poesía surrealista propiamente dicha surge tardíamente con Octavio Paz en la década del 50.

Si seguimos un criterio cronológico, la primera manifestación colectiva de cuño surrealista en América Latina tiene lugar en Buenos Aires. Se trata del movimiento fundado por Aldo Pellegrini en 1926, o sea, dos años después de la publicación del Primer Manifiesto Surrealista de André Bretón: «Me ha tocado a mí la responsabilidad de ser el fundador del primer grupo surrealista de habla

---

[5] *México y el surrealismo (1925-1950),* México, Arte y Libros, 1978, pág. 109.

española y seguramente el primer grupo surrealista en un idioma distinto del francés», dice Aldo Pellegrini[6].

A pesar de que esta primera profesión de fe surrealista aconteció en pleno auge de la revista *Martín Fierro,* el movimiento bretoniano prácticamente fue ignorado por la revista más importante de la vanguardia argentina. Ese auge martinfierrista y su desinterés por el surrealismo quizá tuvieron parte en el casi anonimato de esta tendencia en Buenos Aires en los años 20. «Cuando se mencionaba el surrealismo en la Argentina en la década del 20, generalmente se lo consideraba como una innovación retórica; virtualmente no se prestaba atención a la conciencia revolucionaria que Breton y sus colegas inspiraban», dice Francine Masiello[7]. Como resultado concreto de este primer movimiento liderado por Aldo Pellegrini, se lanzan dos números de la rarísima revista *Qué (Revista de Interrogantes).* El primer número apareció en 1928, el segundo, en diciembre de 1930[8]. El *Manifiesto,* publicado en el segundo número de *Qué,* firmado con varios pseudónimos, es un repudio de la realidad y del conformismo y una defensa de la utopía onírica, totalmente de acuerdo con los postulados bretonianos. En un lenguaje agresivo, los redactores afirman que «gritaremos y demostraremos la preeminencia del Sueño sobre la realidad y la trascendente realidad del Sueño».

Además de esta manifestación inicial, de consecuencias limitadas, otra obra de cuño nítidamente surrealista es *Espantapájaros* (1932), del poeta argentino Oliverio Girondo. Veinticuatro fragmentos y un caligrama bicolor, representación icónica del espantajo, componen este volumen de prosa poética, altamente experimental para su época: un surrealismo donde prevalece lo grotesco, la estetización de la fealdad y el *humour.* El surrealismo argentino no tiene continuidad como movimiento, pero más tarde se arraigó como estilo poético en autores de la talla de Aldo Pellegrini, Olga Orozco y Enrique Molina y, finalmente, en la generación posterior a Girondo y contemporánea del surrealismo de Octavio Paz.

Siguiendo con el punto de vista cronológico, el mismo año de lanzamiento de la revista *Qué,* Alejo Carpentier publica en La Ha-

---

[6] Stefan Baciu, *Surrealismo latinoamericano. Preguntas y respuestas,* Santiago, Ediciones Universitarias de Valparaíso, 1979, pág. 20.

[7] *Lenguaje e ideología,* pág. 89. Un proceso semejante se da en el modernismo brasileño, en el cual la influencia del cubofuturismo sobrepasó a todas las demás tendencias, incluso al surrealismo.

[8] La siguiente revista de carácter declaradamente surrealista en la Argentina surgirá varias décadas más adelante: *A partir de cero,* de 1952. Ver, Graciela de Sola, *Proyecciones del surrealismo en la literatura argentina,* Buenos Aires, Ediciones Culturales Argentinas, 1967.

bana el artículo «En la extrema avanzada. Algunas actitudes del surrealismo». En ese artículo, el autor de *Los pasos perdidos* (el título de esta novela revela su deuda con Breton) hace una verdadera apología del movimiento francés, enumerando a casi todos sus participantes. Hay varios puntos muy significativos en el texto. Carpentier, que no esconde su adhesión al pensamiento de Ortega y Gasset —cuyo libro *La deshumanización del arte* (1925) es uno de los primeros intentos de teorizar la literatura y el arte de vanguardia europeo— critica el materialismo y el escepticismo de la vanguardia anterior al surrealismo, privilegiando en este último su carácter espiritualista e idealista. Más aún, señala los vínculos entre el romanticismo y el surrealismo, teoría que sería desarrollada mucho más adelante[9]. El artículo de Carpentier es muy iluminador, no sólo por su carácter informativo, sino también por la reflexión crítica que hace sobre las vanguardias.

Chile se destaca por ser el país con un movimiento surrealista propiamente dicho. Se denominó Mandrágora. El nombre, sin duda, remite a esa planta de atributos considerados mágicos. La revista que publicaron con el mismo nombre perduró desde 1938 hasta 1943, sacando siete números. Los fundadores del grupo son Braulio Arenas, Enrique Gómez Correa y Jorge Cáceres, autores de *El AGC de la Mandrágora.* Lo mismo que en el resto de América Latina, el surrealismo chileno es tardío. La primera exposición que este grupo organizó en Chile fue en 1941.

No puede pasarse por alto la ostentosa aversión que los surrealistas chilenos tuvieron por Pablo Neruda. En el primer número de *Mandrágora,* Huidobro publica un poema inédito, mostrando así su apoyo al movimiento. Es posible que este gesto marque también la distancia entre Mandrágora y Neruda, ya que la rivalidad entre éste y Huidobro era notoria. Enrique Gómez Correa declara a Stefan Baciu: «[Neruda] y su "coro de aduladores" fueron nuestros mayores adversarios. Le atacamos duramente a lo largo de todos los números de la revista *Mandrágora,* en folletos y manifestaciones públicas. Ahí están los documentos. Para nosotros, y concretamente, para mí, su poesía era fácil, comercial, oportunista, superficial, interesada, incondicional hasta el servilismo (no por sus ideas políticas, sino por su incondicionalidad calculadora), carente de toda videncia y él, personalmente un *jettatore»*[10].

También Stefan Baciu comparte esa aversión por Neruda y lo

---

[9] Ver, Anna Balakian, *Surrealism. The road to the absolute,* 1.ª ed., Chicago, Chicago University Press, 1959.

[10] Stefan Baciu, *op. cit.,* pág. 28. «Jettatore», en italiano, tiene el sentido figurado de «provocador» y «portador de mala suerte».

excluye de su *Antología de la poesía surrealista latinoamericana*, en la cual reproduce palabras de André Breton pronunciadas durante su famoso viaje a México, en 1938: «No conozco *Residencia en la tierra* de Pablo Neruda, pero sea como fuere, no podría juzgarla bajo sus vinculaciones y afinidades con el surrealismo, sino de una manera retrospectiva; la agitación que su autor mantuvo recientemente, provocando a los ladradores profesionales sobre las persecuciones que sufrió, sumamente exageradas para el uso de cierta propaganda, basta para descalificarlo totalmente del punto de vista surrealista»[11]. A pesar del deseo negativo de sus detractores, no se puede negar el carácter pionero y surrealista de *Residencia en la tierra*. No es ni deja de ser surrealista un poeta por gracia de los decretos del papa del surrealismo. En este sentido, Juan Larrea hizo la siguiente afirmación sobre Neruda: «Su personalidad guarda no pocas afinidades con el surrealismo... Puede decirse que la personalidad del poeta chileno es el primer dominio establecido por el surrealismo en América así como la contraprueba de la efectiva correlación que existe entre este continente y aquel movimiento artístico»[12].

El vínculo de los escritores peruanos con el surrealismo es peculiar, debido principalmente a las obras de César Moro, J. C. Mariátegui y César Vallejo. La poesía en castellano de Moro permaneció durante mucho tiempo inédita, y fue publicada gracias al esfuerzo de André Coyné y, más recientemente, de Julio Ortega[13]. César Moro fue el único poeta verdadera y asumidamente surrealista del continente. Sus primeros poemas en castellano salieron en *Amauta,* en 1928. Vivió en París desde 1925 hasta 1934 y en francés escribió la mayor parte de su obra. En 1934 regresó a Lima y cuatro años después se trasladó a México, donde compuso su obra más importante, esta vez en castellano: los catorce poemas de corte puramente surrealistas reunidos en el libro *La tortuga ecuestre* (1938-1939). En 1940, con André Breton y el pintor Wolfgang Paalen, organiza, en México, la cuarta Exposición Internacional del Surrealismo. El texto de Moro, que sirve de introducción al catálogo de la exposición (con portada del fotógrafo Manuel Álvarez Bravo), es

[11] *Antología de la poesía surrealista latinoamericana,* Santiago, Editoriales Universitarias de Valparaíso, 1981, pág. 23.
[12] *El surrealismo entre viejo y nuevo mundo,* México, Cuadernos Americanos, 1944, págs. 85-86.
[13] André Coyné, *César Moro,* Lima, 1956; y César Moro, *La tortuga ecuestre y otros textos,* ed. Julio Ortega, Caracas, Monte Ávila, 1976. César Moro publicó en vida *Le château de grisou* (1943), *Lettre d'amour* (1944) y *Trafalgar square* (1954). Póstumamente se publicaron *Amour à mort* (1957), *Los anteojos de azufre* (1958) y *La tortuga ecuestre* (1957).

una auténtica profesión de fe surrealista. César Moro volvió a Lima en 1948, y allí permaneció hasta su muerte en 1958, siempre rodeado por una especie de «aura» de poeta maldito. Queda el retrato hecho por Mario Vargas Llosa en *La ciudad y los perros*, pues Moro fue su profesor en el colegio Leoncio Prado de Lima. De este poeta que no supo de concesiones, restan hoy los testimonios de sus contemporáneos y su breve y preciosa obra.

El haber pasado casi tres años en Italia y seis meses en Alemania, en un periodo que va de diciembre de 1919 a marzo de 1923, hizo que Mariátegui estuviese bien informado sobre las corrientes europeas de vanguardia. De regreso al Perú y hasta su muerte, Mariátegui se mantuvo siempre atento a la evolución de esas corrien-. tes. En 1930, el último año de su vida, Mariátegui tiene una visión global y definitiva de los movimientos de vanguardia europeos e hispanoamericanos. Ese mismo año, el surrealismo francés liderado por André Breton comienza a publicar el periódico *Le Surréalisme au Service de la Révolution* y el peruano entra en la etapa más comprometida de su militancia, adhiriéndose al marxismo. La perspectiva de un proyecto estético moderno aliado con una conciencia de la realidad política es preciosa para el pensamiento de Mariátegui, que no oculta su admiración por la escuela bretoniana. En «Balance del suprarrealismo» hace la siguiente afirmación: «Ninguno de los movimientos literarios y artísticos de vanguardia de Europa occidental ha tenido, contra lo que baratas apariencias pueden sugerir, la significación ni el contenido histórico del suprarrealismo.» La defensa del surrealismo francés es hecha por Mariátegui en detrimento del futurismo italiano, el único movimiento de vanguardia ante el cual no ahorra críticas. Aunque el autor de los *Siete ensayos* ya en 1921 se había manifestado contra el programa político del futurismo, en este artículo —publicado cuando el fascismo italiano ya estaba consolidado y era explícito el apoyo de Marianetti a Mussolini— Mariátegui es mucho más virulento contra la escuela italiana, alude a su «megalomanía histriónica» y a la «inocuidad fundamental de los futuristas» por haber sido captados por el fascismo.

Los textos de Mariátegui y de Vallejo sobre el surrealismo presentan argumentos diametralmente opuestos. «Balance del suprarrealismo» es publicado en *Variedades,* mientras el artículo de Vallejo, «Autopsia del super-realismo» sale, irónicamente, en *Amauta.* El texto de Vallejo impresiona por la virulencia y el tono insultante con que trata al surrealismo en general y a Breton en particular. Vallejo hizo tres viajes a la Unión Soviética: en octubre-noviembre de 1928, en septiembre-noviembre de 1929 y finalmente, en 1931. Se adhirió incondicionalmente al marxismo (publicó el reportaje *Rusia en 1931, Reflexiones al pie del Kremlin* y comenzó a redactar *Rusia ante el Segundo Plan Quinquenal)* y refutó con vehemencia la adhesión de los surrealistas al marxismo. No es extraño su dogmatismo en contra de Breton. Vallejo es uno de los firmantes, en 1930, del panfleto *Un cadáver*, contra el Segundo Manifiesto de Breton. De ahí las analogías necrófilas de ambos titulos.

De cualquier modo, y por más que los exégetas de Vallejo (especialmente Juan Larrea) quieren disculparlo por ese texto, sus críticas son, por lo menos, dignas de ser advertidas. Vallejo detecta cierto oportunismo político de parte de Breton, cuando éste engancha el movimiento al Partido Comunista. Por otro lado, llama la atención sobre el hecho de que el comunismo no es afectado ni por la forma ni por el contenido de la obra surrealista. Y finalmente, manifiesta su creencia de que la revolución será hecha por el proletariado, y que «la crisis de conciencia» de los intelectuales no ayudará en nada a la revolución social. Las opiniones de Vallejo sobre el surrealismo reflejan la actitud oficial de la intelectualidad rusa de la época. En su «libro de pensamientos» Vallejo transcribe, en trece puntos enumerados, «lo que dicen los escritores soviéticos». El cuarto punto dice así[14]:

> La inteligencia trabaja y debe siempre trabajar bajo el control de la razón. Nada de superrealismo, sistema decadente y opuesto abiertamente a la vanguardia intelectual soviética. Nada de freudismo, ni de bergsonismo. Nada de «complejo», «libido», ni «intuición», ni «sueño». El método de la creación artística es y debe ser consciente, realista, experimental, científico.

Dejamos para el final la cuestión del surrealismo en el Brasil. Aunque la Semana del 22 estaba en consonancia con todos los movimientos de vanguardia internacionales, prevaleció en ella, como tendencia general de la literatura y de las artes plásticas, el cubofuturismo. El surrealismo no llegó a consolidarse como tendencia significativa del modernismo; apenas se registraron esporádicas manifestaciones surrealistas en revistas, principalmente ejercicios de escritura automática y, en el caso de la antropofagia, una identificación de principios teóricos. Pero no se encuentra una obra literaria ni pictórica específicamente surrealista en los años 20[15].

---

[14] *El arte y la revolución,* Lima, Mosca Azul, 1973, pág. 114.
[15] En la introducción a *Raízes do Brasil* (Río de Janeiro, José Olympio, 1986, pág. xxxi) dice Alexandre Eulálio: «El interés de Sérgio [Buarque de Holanda] por el movimiento surrealista en Francia era intensamente compartido por Prudente de Mo-

El surrealismo en el Brasil adquiere importancia por el respaldo teórico que le proporcionó al movimiento antropofágico. El Manifiesto Antropófago dice que «ya teníamos la lengua surrealista». De hecho, hay una coincidencia en los presupuestos generales, en la búsqueda del elemento primitivo, en la recuperación de la dimensión mítica de la vida, en la búsqueda de una práctica artística que libere al hombre de los condicionamientos burgueses y en el recurrir a Freud, que aparece en ambos manifiestos como soporte teórico para la liberación de las energías inconscientes del hombre. «Péret trajo el magnífico coraje de una libertad», dice una reseña publicada en la *Revista de Antropofagia* (24/3/29) en ocasión de una conferencia pronunciada por el surrealista francés en São Paulo.

En un estudio que aproxima el movimiento antropofágico al surrealismo, Benedito Nunes dice: «Llamando al manifiesto antropófago. Oswald de Andrade lo canibaliza. Retoma el tema de la práctica del canibalismo que había seducido a Apollinaire, Picabia y Blaise Cendrars y lo transforma en pensamiento doctrinario. El texto en cuestión ya es un texto devorador. A ejemplo de los manifiestos dadaístas se aparta de cualquier seriedad, como su precedente europeo, el *Manifeste cannibal (Dadaphone,* París, 7/3/1920)»[16].

Lo más sorprendente en la ausencia de un surrealismo propiamente dicho en el Brasil, es la estadía de Benjamin Péret en el país, entre 1929 y 1931. Se casa con una brasileña, Elsie Houston y se vincula con los antropófagos paulistas, llegando a publicar en la *Revista de Antropofagia* varios aforismos[17], inclusive el poema «Le

raes Neto, y no será olvidado en la entrevista obtenida de Cendras para *O Jornal;* esa simpatía enriquecería de modo decisivo la experiencia creadora de los dos amigos, facultando a uno y otro. Prudente y Sérgio, a hacer ciertos experimentos de escritura automática, practicada por ellos en los moldes del grupo de Breton. Tales iniciativas pioneras en el Brasil permanecen singulares por el interés estético y psicológico que encierran; aparentemente son las únicas de que se tenga noticia en nuestro medio hasta el final de la Segunda Guerra, si se exceptúan ciertos sondajes del inconsciente de Jorge de Lima, que no poseen exactamente el mismo tenor y fueron ensayos de los últimos años del 30.» Ver también las declaraciones de Prudente de Moraes Neto, hechas a Maria Célia de Morais Leonel *(Estética. Revista trimestral,* pág. 186), donde hace un resumen de los primeros textos publicados en el Brasil, donde se aplica la escritura automática.

16 «Antropofagismo y surrealismo», *Remate de Males* 6 (1986), pág. 18. Publicado originalmente en *Surréalisme périphérique,* Montreal, 1984. Ver también, de Maria Eugenia Boaventura, «Modernismo e surrealismo», en *Transformations of literary language in latin american literature: from Machado de Assis to the vanguards,* Austin, Abaporu Press, 1987, págs. 25-31.

17 «Carne fría no apaga el fuego», «Cuatro siglos de carne de vaca, qué horror», «El sol no brilla y no nace para nadie», «Matar no es jamás robar» y «No todo lo que crece es blando».

bon vieux», compuesto especialmente para el número del 7/4/29. Entre los pocos textos escritos por Péret en el Brasil se destaca «La escritura automática» por su valor doctrinario. Redactado en 1929, para su publicación en un periódico paulista, en él se reproduce el método por excelencia de la escritura automática, así como una fiel aplicación de Péret de esa metodología. Se sabe también de la existencia de un manuscrito, «El almirante negro», sobre la revuelta de la marina brasileña en 1893, bajo el liderazgo de João Cândido, negro y anarquista. El texto fue confiscado por la propia Marina, en ocasión de la prisión y expulsión de Péret del Brasil en 1931, durante el gobierno de Getúlio Vargas, que lo acusó, entre otras cosas, de «agitador comunista»[18].

Así como Péret en los años 20 se interesaba por João Cândido y en los 50 por la República de los Esclavos (1640-1695), Blaise Cendrars quedó fascinado por Febrônio Indio de Brasil. Fue uno de los presos más famosos de Río de Janeiro en los años 20. Febrônio estaba acusado de crímenes sexuales y escribió las *Revelações do príncipe do fogo* (1923), cuyos ejemplares fueron incinerados por la policía carioca. Cendrars encontró en este personaje y en su novela un ejemplo de la más pura prosa surrealista. Las crónicas de sus visitas a Febrônio aparecen en su libro *La vie dangereuse*[19]. Las experiencias brasileñas de Benjamin Péret y de Blaise Cendrars son un ejemplo más del genuino interés de las vanguardias internacionales por las culturas primitivas. En el caso del surrealismo, la ruta americana era fundamental para la evolución y la difusión de sus presupuestos.

EN LA EXTREMA AVANZADA. ALGUNAS ACTITUDES DEL SURREALISMO*

ALEJO CARPENTIER

Si leéis el admirable *Manifiesto del surrealismo* de André Breton, sabréis los secretos de un arte mágico, cuyo descubrimiento constituye el

---

[18] Un interesante dossier sobre Benjamin Péret en el Brasil fue preparado por Sérgio Claudio de Franceschi Lima en *A Phala*, págs. 115-130. Ver también el prefacio de Ruy Coelho a Benjamin Péret, *O quilombo de Palmares,* Lisboa, Fenda, 1988. Este libro reproduce dos artículos de Péret, publicados originalmente en la revista *Anhembi* en 1956, en ocasión de su regreso al Brasil, de 1955 a 1957.

[19] Ver, Alexandre Eulálio, *A aventura brasileira de Blaise Cendrars,* São Paulo, Quíron/INL, 1978, págs. 30-31.

* Publicado en *Social* (diciembre, 1928) y reproducido en Hugo Verani, *Las vanguardias literarias en hispanoamérica,* págs. 145-149.

hecho poético más importante que haya tenido lugar desde la evasión literaria de Arturo Rimbaud. Conoceréis las virtudes de ese «dictado del pensamiento, en ausencia de todo control ejercido por la razón, fuera de toda preocupación estética o moral», que engendró los misteriosos y fascinadores poemas de Robert Desnos y los paisajes infinitos de *Campos magnéticos* de Soupault y Breton; acariciaréis las criaturas de ensueño que palpitan por primera vez en los lienzos de Masson, Ernst o Joan Miró; pasearéis por las ciudades desiertas de Chirico; percibiréis los mensajes líricos de Louis Aragon, Eluard y Péret... Pero la lectura de este documento fundamental de inquietudes modernas no os revelará la existencia de una «actitud surrealista», cuya trascendencia no preveía el mismo autor del manifiesto, al trazar sus líneas reveladoras.

El culto de la velocidad, la ponderación irreverente de los valores pretéritos, el amor al cinematógrafo, a los ritmos primitivos, el trasatlántico puesto a escala de pantufla, el desprecio ante las prudentes máximas veneradas por nuestros padres, la bancarrota de algunos principios considerados, hasta hace poco, como normas morales inamovibles, todas estas afirmaciones —por exaltación o negación— que constituyen la base misma del espíritu nuevo, han creado una gran leyenda de escepticismo en torno del hombre joven de hoy. Para el buen burgués, los artistas de mi generación resultan iconoclastas por juego: parecen individuos peligrosamente incrédulos para los cuales la vida carece de un sentido profundo... Sin embargo quien haya observado, siquiera ligeramente, los resortes que mueven el orden de ideas impuesto por las mentalidades de postguerra, verá que deben su lozana flexibilidad a una fe intensa, a un concepto casi religioso de las actividades intelectuales. Aunque se confíe menos en el alcance de las creaciones del espíritu, se les exigirá, no obstante, una pureza muy superior... Si los nuevos vuelven las espaldas a las banalidades pretenciosas de los Bordeaux, Echegaray o Bazin, si abominan de un teatro para tenderos, si aborrecen una pintura mezquinamente fotográfica, es porque confían a la obra del espíritu una alta misión de vehículo poético exenta de necedades... Todo el esfuerzo de los intelectuales contemporáneos, tiende a dar mayor dignidad a la concepción estética. En el fondo, quienes acusan a los nuevos de *deshumanizar* el arte[1], protestan contra la extracción de una broza humana —sensiblería, intrigillas hogareñas, psicología de cocido familiar— que lo inutilizaba para batir verdaderos *records* de altura.

Ninguna actitud hubiera podido definir mejor el espíritu eminentemente idealista de las nuevas generaciones, como la actitud adoptada por los surrealistas. Esta actitud, reciamente afirmada por manifesta-

---

[1] Referencia al libro de Ortega y Gasset, *La deshumanización del arte,* publicado originalmente en 1925, y de gran repercusión en la época.

ciones y protestas violentas llevadas a cabo por los surrealistas militantes, resume las tendencias de la mejor juventud intelectual francesa contemporánea. Aun ciertos grupos que no han seguido los caminos indicados en el *Manifiesto,* proclaman idénticos polos de atracción o repulsión. Así como el espíritu romántico define para las generaciones venideras, por la actitud surrealista: actitud de fe en realidades superiores.

Una de las características primeras del espíritu *surrealista* está en su aversión por el escepticismo. Para él, un hombre como Anatole France constituye el ejemplo más aborrecible. No es en momento como el actual que va a aceptarse el numen inmoral de un Gerónimo Coignard. El personaje resulta todo lo seductor que se quiera, pero debe convenirse en que los hombres formados durante los años terriblemente ejemplares de la guerra europea y la Revolución Rusa, necesitan de algo más que de las *boutades* de ese mal abate, egoísta, medroso, gozador y sin fe, creyente apenas en el dios que le confirió el hábito. «Viejos verdes, viejos astutos», llama Drieu la Rochelle a Bergeret, Coignard, Bonnard, esos hijos del viejo France, que reproducían tan bien los rasgos del padre, ese padre «sin derrotas definitivas, sin victorias completas», que había coqueteado con la filosofía, con el amor, con la política, con el comunismo, haciendo mutis a tiempo y sin llegar al fondo de nada. «Se nos dirá que ha sido nuestro Voltaire [dijo Josep Delteil], pero no necesitamos Voltaires; necesitamos hombres como Rousseau, como Bonaparte, como Robespierre...» El manifiesto titulado *Un cadáver*[2], publicado por surrealistas después de la muerte del literato de la Bellecherie resulta el más completo entierro de primera clase que pueda brindar toda una generación a un glorioso maestro nacional. Los jóvenes no perdonan nunca a quien pase sin dejar una fecunda estela de inquietudes.

La aversión por el escepticismo hace que los surrealistas condenen todo lo representativo de lo que ha convenido en llamarse «el claro genio francés» —encarnación de la sonrisa irónica, la ligereza y el tacto. El *Tratado del estilo* y el prefacio del *Libertinaje* de Louis Aragon, son cargas cerradas contra ese «claro genio». No son Voltaire, Molière, o Verlaine los que, según ellos, encarnan el genio francés, sino los grandes rebeldes, los inconformes, los innovadores en lucha abierta contra la sociedad y el pensamiento de sus épocas: Rimbaud, Lautréamont, Aloysius Bertrand, Jarry, Baudelaire, Gérard de Nerval, Germain Nouveau...

---

[2] «Un cadáver»: uno de los primeros documentos surrealistas, de 1924, firmado por Philippe Soupault, Paul Élouard, André Breton y Louis Aragon, «festejando» la muerte de Anatole France.

Cuando decimos que amamos el romanticismo [me decía Desnos recientemente], el público cree que queremos remozar sauces llorones, claros de luna y castillos en ruinas, sin comprender que lo que hallamos hermoso en hombres como Benjamin Constant, como Byron, es el dinamismo que los animaba, su inclinación por una vida peligrosa, su propensión valiente a jugar el todo por el todo.

Este culto de los rebeldes es originado por un furioso deseo de independencia. «En la sola palabra *libertad* se encierra todo lo que aún tiene la virtud de exaltarme», dice André Breton en su *Manifiesto;*

entre todas las desgracias que heredamos debe reconocerse que la *mayor libertad* de espíritu nos es concedida; de nosotros depende no utilizarla con malos fines. Reducir la imaginación a la esclavitud, aunque ello nos trajera lo que llamamos groseramente la dicha, equivale a sustraerse a todo lo que llevamos dentro de suprema justicia.

En una página de su libro, Breton nos brinda la descripción de una estancia, pescada en una novela realista[3]. No falta un solo detalle al cromo mezquino: color del papel que tapiza las paredes, calidades de los muebles, fotografías del diván, del tocador, de las sillas... Y Breton nos dice:

No tengo humor para admitir que el espíritu se proponga, aunque sea pasajeramente, tales *motivos*. Se me dirá que ese dibujo de escuela viene bien, y que en tal pasaje del libro, el autor tiene razones para agobiarme con él. No deja de perder su tiempo, porque yo no entro en su habitación. La pereza, la fatiga de los demás no me atraen. Tengo de la continuidad de la vida una noción demasiado inestable para poner al nivel de mis mejores minutos los instantes de depresión, de debilidad. Yo quiero que se calle quien deje de sentir.

«Digámoslo de una vez [añade Breton, unas páginas más adelante], lo maravilloso es siempre bello; todo lo maravilloso es bello; sólo lo maravilloso es bello.»

¿Y dónde buscar lo maravilloso, sino en nosotros mismos, en el fondo de esa imaginación, capaz de *crear* en el más completo sentido de la palabra?... El gran precursor del surrealismo fue Lautréamont, cuya imaginación hizo florecer las páginas prodigiosas de los *Cantos de Maldoror*. Para Lautréamont —dice Breton en *Les pas perdus*—:

la imaginación no es ya esa hermanita abstracta que juega en el parque

---

[3] Referencia al fragmento en prosa de Dostoievski, citado por Breton en el Manifiesto Surrealista como ejemplo de literatura realista, al cual le ha hecho gran oposición.

cercano; la habéis sentado en vuestras rodillas, habéis leído vuestra perdición en sus ojos. No se sabe lo que quiere; ella os da la conciencia de
muchos otros mundos, a tal punto que pronto no sabréis comportaros
en éste. A partir de Lautréamont, la verdad deja de tener un anverso y
un reverso.

Por consiguiente, nuestro esfuerzo creador debe tender a liberar la
imaginación de sus trabas, a hurgar en la subconsciencia, a hacer manifestarse el *yo* más auténtico del modo más directo posible. De ahí los
experimentos sorprendentes llevados a cabo por Robert Desnos, Man
Ray, Soupault, Breton y otros, por medio de la «escritura automática»
—escritura rapidísima, sin tema dado— destinada a sumir al sujeto en
un estado de exaltación inspirada, favoreciendo el «dictado del pensamiento, en ausencia de todo control ejercido por la razón, fuera de toda
preocupación estética o moral». De ahí el interés apasionado con que
los surrealistas siguen las búsquedas que le hacen tocar la médula misma del misterio poético, como *Un recuerdo de infancia* de Leonardo de
Vinci[4]. De ahí la calificación de *surrealistas* aplicada a hombres como
Swift «surrealista en la maldad», o el Marqués de Sade, «surrealista en
el sadismo».
   Concedidas todas las licencias a la imaginación, la imagen adquiere
una amplitud, una brillantez, una novedad insospechadas. La poesía
galopa vertiginosamente sobre esas imágenes —parcelas de infinito—
que sólo los surrealistas supieron crear con tal intrepidez y prodigalidad. Sus poemas nos revelan un mundo de milagros cuyas puertas acaban apenas de abrirse para nuestra sensibilidad. Los objetos más aleja-
dos encuentran inesperados vínculos, que los unen en una danza cósmica. Las comparaciones más insólitas se hacen posibles. El orden de
los prodigios se altera. La mágica reclama sus derechos. La esfinge devora a Edipo. La piedra filosofal existe. Tiresias hace quebrar la Agencia Havas.
   Y un pintor como Chirico —precursor, en cierto modo, del surrealismo— podrá decirnos:

   Hace falta liberar el arte de todo lo que contiene de conocido hasta ahora; todo asunto, toda idea, todo pensamiento, todo símbolo deben ser
   dejados a un lado, para que las cosas aparezcan bajo un aspecto nuevo,
   como ungidas por una constelación vista por vez primera.

Los pintores surrealistas —Masson, Ernst, Miró, Malkine, Picasso— son los primeros que pueden adoptar, después de los artesanos de

---

[4] Este texto autobiográfico de Leonardo da Vinci fue objeto de análisis por parte de
Freud en 1910: «Eine kindheitse Rinneruug des Leonardo da Vinci».

la Edad de Piedra, la orgullosa divisa, impresa en los programas de las exposiciones de Man Ray: «Algo nuevo bajo el cielo.»

Desde su estudio de la Rue Fontaine —junto al cabaret del *Infierno*— rodeado de sus cuadros maravillosos, de sus estatuas negras y esculturas mayas, André Breton acaba de dejar caer un libro de magia contemporánea; un libro tan lleno de misterio como de fe, un libro nutrido de la creencia en una realidad superior: *Nadja*.

¡Habrá todavía quien hable del escepticismo de las nuevas generaciones!...

LA ESCRITURA AUTOMÁTICA*

BENJAMIN PÉRET

¿Quién, por lo tanto, entre los lectores de este diario, no se sintió arrebatado por la extraña poesía que se desprende de los sueños? ¿Quién no vivió durante su sueño una o más vidas trepidantes, atormentadas, y sin embargo, más reales y más fascinantes que la miserable vida cotidiana? Antes de dormir y de soñar, ¿nunca se sorprendió, cuando sumergido en una especie de somnolencia, de ideas, de imágenes, de frases que venían a su espíritu y le producían preocupaciones, que en el estado de vigilia no tendrían el mínimo reconocimiento? Usted puede observar que el mismo fenómeno se produce apenas deja al espíritu vagar en el acaso. Allá la conciencia queda abolida, o casi. La razón regresó a su nicho y roe su hueso eterno.

Por lo tanto, basta de expulsar esa razón encadenadora y escribir, escribir, escribir, sin parar, sin tener en cuenta el embotellamiento de las ideas. No existe más la necesidad de saber qué es un alejandrino o una lítote. Tenga a mano papel, tinta y una lapicera con una pluma nueva e instálese confortablemente ante su mesa. Ahora, olvídese de todas sus preocupaciones, olvídese de que es casado, de que su hijo tiene sarampión, olvídese de que es católico, de que es comerciante y que el fracaso lo rodea, olvide que usted es senador, que usted es discípulo de August Comte o de Schopenhauer, olvídese de la antigüedad, de la literatura de todos los países y de todos los tiempos. A usted no le interesa más saber lo que es lógico y lo que no lo es, usted no desea más sa-

---

* Publicado en *A Phala. Revista do Movimento Surrealista* 1 (agosto, 1967), págs. 133-134. Nota editorial de *A Phala*: «Este texto fue copiado a mano por Elsie Houston [esposa de Benjamin Péret] y firmado por Péret que lo llevó a la redacción del *Diário da Noite*. El diario no lo publicó. Fecha probable: verano de 1929. (Colección Lívio Xavier.)

ber qué quieren decirle. Escriba lo más rápido posible, para no perder nada de las confidencias que le son hechas a usted mismo y sobre todo, no relea. Pronto se dará cuenta de que, en la forma y medida en que usted va escribiendo, las frases llegan más rápidas, más fuertes, más vivas. Y, si por casualidad, usted se encuentra súbitamente detenido, no dude, fuerce la puerta del inconsciente y escriba la primera letra del alfabeto, por ejemplo. Una letra sigue a la otra. El hilo de Ariadne regresará a sí mismo. Aquí punto. Yo comienzo.

Un manojo de espárragos que no tenía exactamente siete leguas, se puso a perseguir un arco iris dentro de una lata de grasa. El arco iris corre sobre la playa y busca un lugar encendido. Escucha al mar en la concavidad de su mano y regresa, después de años de estudios, a una isla de arenas movedizas, capitán de fragatas. Es cuando el rey de un país cualquiera le regala una sopera. Ahí coloca los huevos de tortuga y en el cambio de la luna la sopera levanta vuelo como el último suspiro de un tísico. Con todo, hacía una linda noche y las estrellas después de haber perdido mucho en el bacará fueron a pescar truchas con farolas de automóviles. Todo eso habría estado muy bien si la gran Duquesa Anastasia no hubiese comido ese día una gran hoja de papel esmerilado. En un tris la gran Duquesa tomando la banca perdió la cabeza. El resto del cuerpo siguió rápidamente y enseguida no quedó más nada que las uñas de los tobillos que se fueron a dibujar una señal luminosa en un rincón sombrío lleno de mandíbulas que se abrían y cerraban, siguiendo el ritmo de: «au clair de la lune mon ami Pierrot...». Nada más restaba al espectador desolado de esta escena que tragarse una gran taza de tinta bien negra. Él lo hizo sin gran repugnancia, si bien la temperatura muy elevada hizo germinar lapiceras en su tinta. Después de eso, él cerró las persianas de su ventana y se durmió, y durmió como un platillo que se olvidó de embriaguez en una taza de café.

Pero si el café rodea el pescuezo del adormecido él estará obligado a gritar fuego para llamar a los bomberos. Ellos llegan como arenques ahumados; ahí están, las armas sobre los hombros, no encontrando dónde está el cañón de su fusil y metiendo los cartuchos por la nariz, tirando la oreja de la portera, royendo simiente de papagayo, metiendo chupasangres en la caja fuerte del patrón, comiendo frituras de mosquitos y arrastrando al diablo por la cola para así hacerse conducir rápidamente y barato a la casa de su abuela. La pobre vieja no tiene piel sobre los huesos. De vez en cuando ella vende un pedazo de su piel para hacer un tambor que envía a uno de sus nietitos para su cumpleaños. Es extremadamente conmovedor, pero un poco grosero, porque cuando quede reducida al estado de esqueleto no tendrá más alternativa que la de habitar las casas fantasmales; su propietario detesta el ruido de la osamenta en las escaleras que ya están bastante carcomidas.

El tiempo pasa y la tierra gira, las moscas vuelan, el agua corre bajo los puentes que no saben más qué hacer con sus arcas después que Noé que está muy bien muerto cuyas pulgas que anidaban en sus orejas se refugiaron en los perros, sobre los perros que dan sus pelos a los gatos al cantar del gallo. La fuente de remolachas podría muy bien secarse y el salitre recubrir la nariz del Papa antes de que las hojas de acanto tomen el mes con los dientes. Este no es el caso de las juanitas que las autoridades colocaron en camisas de fuerza con desprecio por la justicia. Pero la justicia apenas trae viejos zapatos humillados por la avaricia y sus balanzas están de tal forma pesadas de papas podridas que ellas marcan el punto de la misma forma que el cuco. ¡Cuco! ¡Cuco! Es el soldadito de los pies helados. Hace «uno... dos» y helo ahí que rueda hasta los pies de la escalera metiendo la cabeza en una casilla de correo. Otro cuadrado quebrado, pero el vidriero no podrá hacer nada porque está, en ese instante, muy ocupado cortando unos pantalones en una vieja chimenea de usina. La suya levantó vuelo en ocasión del 14 de julio. Él se tomó por un globo cautivo y quiso liberarse. Hasta que lo consiguió. Yo le deseo buena suerte. El señor vidriero, el propietario, no era interesante. Ponía los ojos en pan de centeno y mugía, los domingos, mirando pasar las bicicletas, lo que no era conveniente. A veces las bicicletas se vengaban y del camino libre le disparaban piedras de fusil. Como él no tenía fusil, hacía cocinar las piedras con confites. Así es que él soñaba en abrir un restaurante, y hacer fortuna. Actualmente es ministro de finanzas y rico como un caldo picante. Se viste con hierbas de todas las especies, de las buenas y de las malas, lo que costó la bendición de las viñas y de los viñedos. El vino no es ni mejor, ni peor, pero los viñateros están más ebrios que nunca. Los vemos en todos los rincones, hasta sobre los tejados de las casas donde, en instantes de lucidez, intercambian tejas y facilitan el escurrimiento de las aguas de lluvia que beben sin hesitar. Haga el tiempo que hiciera pasean y afilan sus dientes en sus puñales o recíprocamente. Los dientes les son útiles, sea para comer manzanas, sea para matar el tiempo. Y las bocas abiertas en corazón tenían todos los días tréboles de cuatro hojas, pero la suerte es relativa y un trébol de cuatro hojas se protege siempre de la flor del clavel que tenía cinco pétalos como el pot-pourri que recubre un gato amarillo. Si él es amarillo, es que lo hicieron tostar y las cuatro hojas de trébol multiplicadas por las cinco de la flor del clavel no suministrarán nada. Allá está la desgracia. Existe un garfio en la mano izquierda y un par de pinzas en la mano derecha. Y con un giro de la mano, él arranca la nariz de los audaces, o prende con su garfio y lo coloca en el poste restante. La nariz no es inquieta por tan poco. Sabe que su ocasión llegará y las cerezas maduran; mas esperando le es necesario tomar la guardia y arrancar, de una manera o de otra, los largos cabellos que tratan de cubrirlo, sin eso el plagiario del barrio lo tomará por una peluca y lo colocará sobre el cráneo de su esposa calva.

EL BALANCE DEL SUPRARREALISMO*

José Carlos Mariátegui

Ninguno de los movimientos literarios y artísticos de vanguardia de Europa occidental ha tenido, contra lo que baratas apariencias pueden sugerir, la significación ni el contenido histórico del suprarrealismo. Los otros movimientos se han limitado a la afirmación, de algunos postulados estéticos, a la experimentación de algunos principios artísticos.

El «futurismo» italiano ha sido, sin duda, una excepción de la regla. Marinetti y sus secuaces pretendían representar, no sólo artística sino también política, sentimentalmente, una nueva Italia. Pero el «futurismo» que, considerado a distancia, nos hace sonreír, por este lado de su megalomanía histrionesca, quizás más que por ningún otro, ha entrado hace ya algún tiempo en el «orden» y la academia; el fascismo lo ha digerido sin esfuerzo, lo que no acredita el poder digestivo del régimen de las camisas negras, sino la inocuidad fundamental de los futuristas. El futurismo ha tenido también, en cierta medida, la virtud de la persistencia. Pero, bajo este aspecto, el suyo ha sido un caso de longevidad, no de continuación ni desarrollo. En cada reaparición, se reconocía al viejo futurismo de anteguerra. La peluca, el maquillaje, los trucos, no impedían notar la voz cascada, los gestos mecanizados. Marinetti, en la imposibilidad de obtener una presencia continua, dialéctica, del futurismo, en la literatura y la historia italianas, lo salvaba del olvido, mediante ruidosas *rentrées*. El futurismo, en fin, estaba viciado originalmente por ese gusto de lo espectacular, ese abuso de lo histriónico —tan italianos, ciertamente, y ésta sería tal vez la excusa que una crítica honesta le podría conceder— que lo condenaban a una vida de proscenio, a un rol hechizo y ficticio de declamación. El hecho de que no se pueda hablar del futurismo sin emplear una terminología teatral, confirma este rasgo dominante de su carácter.

El «suprarrealismo» tiene otro género de duración. Es verdaderamente, un movimiento, una experiencia. No está hoy ya en el punto en que lo dejaron, hace dos años, por ejemplo, los que lo observaron hasta entonces con la esperanza de que se desvaneciera o se pacificara. Ignora totalmente al suprarrealismo quien se imagina conocerlo y entenderlo por una fórmula, o una definición de una de sus etapas. Hasta en

---

* Publicado en *Variedades*, de 19/2/1930 y 5/3/1930, y reproducido en José Carlos Mariátegui, *El artista y la época*, págs. 45-49. [Las notas pertenecen al editor del libro.]

su surgimiento, el suprarrealismo se distingue de las otras tendencias o programas artísticos y literarios. No ha nacido armado y perfecto de la cabeza de sus inventores. Ha tenido un proceso. Dadá es nombre de su infancia. Si se sigue atentamente su desarrollo, se le puede descubrir una crisis de pubertad. Al llegar a su edad adulta, ha sentido su responsabilidad política, sus deberes civiles, y se ha inscrito en un partido, se ha afiliado a una doctrina.

Y, en este plano, se ha comportado de modo muy distinto que el futurismo. En vez de lanzar un programa de política suprarrealista, acepta y suscribe el programa de la revolución concreta, presente: el programa marxista de la revolución proletaria. Reconoce validez en el terreno social, político, económico, únicamente, al movimiento marxista. No se le ocurre someter la política a las reglas y gustos del arte. Del mismo modo que en los dominios de la física, no tiene nada que oponer a los datos de la ciencia; en los dominios de la política y la economía juzga pueril y absurdo intentar una especulación original, basada en los datos del arte. Los suprarrealistas no ejercen su derecho al disparate, al subjetivismo absoluto, sino en el arte; en todo lo demás, se comportan cuerdamente y esta es otra de las cosas que los diferencian de las precedentes, escandalosas variedades, revolucionarias o románticas, de la historia de la literatura.

Pero nada rehúsan tanto los suprarrealistas como confinarse voluntariamente en la pura especulación artística. Autonomía del arte, sí; pero, no clausura del arte. Nada les es más extraño que la fórmula del arte por el arte. El artista que, en un momento dado, no cumple con el deber de arrojar al Sena a un Flic[1] de M. Tardieu, o de interrumpir con una interjección un discurso de Briand, es un pobre diablo. El suprarrealismo le niega el derecho de ampararse en la estética para no sentir lo repugnante, lo odioso del oficio de Mr. Chiappe, o de los anestesiantes orales del pacifismo de los Estados Unidos de Europa. Algunas disidencias, algunas defecciones han tenido, precisamente, su origen en esta concepción de la unidad del hombre y el artista. Constatando el alejamiento de Robert Desnos, que diera en un tiempo contribución cuantiosa a los cuadernos de *La Revolución Surrealista,* André Breton dice que «él creyó poder entregarse impunemente a una de las actividades más peligrosas que existen, la actividad periodística, y descuidar, en función de ella, de responder a un pequeño número de intimaciones brutales, frente a las cuales se ha hallado el suprarrealismo avanzado en su camino: marxismo o antimarxismo, por ejemplo».

A los que en esta América tropical se imaginan el suprarrealismo como un libertinaje, les costará mucho trabajo, les será quizás imposible admitir esta afirmación: que es una difícil, penosa disciplina. Pue-

---

[1] Apodo que los parisinos aplican a los policías.

do atemperarla, moderarla, sustituyéndola por una definición escrupulosa: que es la difícil, penosa búsqueda de una disciplina. Pero insisto, absolutamente, en la calidad rara —inasequible y vedada al snobismo, a la simulación— de la experiencia y del trabajo de los suprarrealistas.

La Revolución Surrealista ha llegado a su número XII y a su año quinto. Abre el número XII un balance de una parte de sus operaciones, que André Breton titula: *Segundo Manifiesto del Suprarrealismo*.

Antes de comentar este manifiesto[2] he querido fijar, en algunos acápites, el alcance y el valor del suprarrealismo, movimiento que he seguido con una atención que se ha reflejado más de una vez, y no sólo episódicamente, en mis artículos. Esta atención, nutrida de simpatía y esperanza, garantiza la lealtad de lo que escribiré, polemizando con los textos e intenciones suprarrealistas. A propósito del número XII agregaré que su texto y su tono confirman el carácter de la experiencia suprarrealista y de la revista que la exhibe y traduce. Un número de *La Revolución Surrealista* representa casi siempre un examen de conciencia, una interrogación nueva, una tentativa arriesgada. Cada número acusa un nuevo reagrupamiento de fuerzas. La misma dirección de la revista, en su sentido funcional o personal, ha variado algunas veces, hasta que la ha asumido, imprimiéndole continuidad, André Breton. Una revista de esta índole no podía tener una regularidad periódica, exacta, en su publicación. Todas sus expresiones deben ser fieles a la línea atormentada, peligrosa, desafiante de sus investigaciones y sus experimentos.

AUTOPSIA DEL SUPERREALISMO*

CÉSAR VALLEJO

La inteligencia capitalista ofrece, entre otros síntomas de su agonía, el vicio del cenáculo. Es curioso observar cómo las crisis más agudas y recientes del imperialismo económico —la guerra, la racionalización industrial, la miseria de las masas, los cracs financieros y bursátiles, el desarrollo de la revolución obrera, las insurrecciones coloniales, etc...— corresponden sincrónicamente a una furiosa multiplicación de escuelas literarias, tan improvisadas como efímeras. Hacia 1914, na-

---

[2] Hemos suprimido del texto una frase circunstancial, en armonía con una práctica seguida por el propio José Carlos Mariátegui, cuando pudo revisar los artículos que escribía para revistas de actualidad: «Prometo a los lectores de *Variedades* un comentario de este manifiesto y de una *Introducción a 1930,* publicada en el mismo número por Louis Aragon.» El comentario del manifiesto forma la segunda parte del presente ensayo; pero la muerte frustró el que debió ser consagrado al artículo de Louis Aragon.

* Publicado en *Amauta* 30 (abril-mayo, 1930), págs. 44-47.

cía el expresionismo (Dvorck, Fretzer). Hacia 1915, nacía el cubismo (Apollinaire, Reverdy). En 1917 nacía el dadaísmo (Tzara, Picabia). En 1924, el superrealismo (Breton, Ribemont-Dessaignes). Sin contar las escuelas ya existentes: simbolismo, futurismo, neosimbolismo, unanimismo, etc. Por último, a partir de la pronunciación superrealista, irrumpe casi mensualmente una nueva escuela literaria. Nunca el pensamiento social se fraccionó en tantas y tan fugaces fórmulas. Nunca experimentó un gusto tan frenético y una tal necesidad por estereotiparse en recetas y clisés, como si tuviera miedo de su libertad o como si no pudiese producirse en su unidad orgánica. Anarquía y desagregación semejantes no se vio sino entre los filósofos y poetas de la decadencia, en el ocaso de la civilización greco-latina. Las de hoy, a su turno, anuncian una nueva decadencia del espíritu: el ocaso de la civilización capitalista.

La última escuela de mayor cartel, el superrealismo, acaba de morir oficialmente.

En verdad, el superrealismo, como escuela literaria, no representaba ningún aporte constructivo. Era una receta más de hacer poemas sobre medida, como lo son y serán las escuelas literarias de todos los tiempos. Más todavía. No era ni siquiera una receta original. Toda la pomposa teoría y el abracadabrante método del superrealismo, fueron condenados y vienen de unos cuantos pensamientos esbozados al respecto por Apollinaire. Basados sobre estas ideas del autor de *Caligramas,* los manifiestos superrealistas se limitaban a edificar inteligentes juegos de salón relativos a la escritura automática, a la moral, a la religión, a la política.

Juegos de salón —he dicho e inteligentes también: cerebrales— debiera decir. Cuando el superrealismo llegó, por la dialéctica ineluctable de las cosas, a afrontar los problemas vivientes de la realidad —que no dependen precisamente de las elucubraciones abstractas y metafísicas de ninguna escuela literaria—, el superrealismo se vio en apuros. Para ser consecuente con lo que los propios superrealistas llamaban «espíritu crítico y revolucionario» de este movimiento, había que saltar al medio de la calle y hacerse cargo, entre otros, del problema político y económico de nuestra época. El superrealismo se hizo entonces anarquista, forma ésta la más abstracta, mística y cerebral de la política y la que mayor se avenía con el carácter ontológico por excelencia y hasta ocultista del cenáculo. Dentro del anarquismo, los superrealistas podían seguir reconociéndose, pues con él podía convivir y hasta consustanciarse el orgánico nihilismo de la escuela.

Pero, más tarde, andando las cosas, los superrealistas llegaron a apercibirse de que, fuera del catecismo superrealista, había otro método revolucionario, tan «interesante» como el que ellos proponían: me refiero al marxismo. Leyeron, meditaron y, por un milagro muy burgués de eclecticismo o de «combinación» inextricable, Breton propuso a sus amigos la coordinación y síntesis de ambos métodos. Los superrealistas se hicieron inmediatamente comunistas.

Es sólo en este momento —y no antes ni después—, que el superrealismo adquiere cierta trascendencia social. De simple fábrica de poetas en serie, se trasforma en un movimiento político militante y en una pragmática intelectual realmente viva y revolucionaria. El superrealismo mereció entonces ser tomado en consideración y calificado como una de las corrientes literarias más vivientes y constructivas de la época.

Sin embargo, este concepto no estaba exento de beneficio de inventario. Había que seguir los métodos y disciplinas superrealistas ulteriores, para saber hasta qué punto su contenido y su acción eran en verdad y sinceramente revolucionarios. Aun cuando se sabía que aquello de coordinar el método superrealista con el marxismo, no pasaba de un disparate juvenil o de una mistificación provisoria, quedaba la esperanza de que, poco a poco, se irían radicalizando los flamantes e imprevistos militantes bolcheviques.

Por desgracia, Breton y sus amigos, contrariando y desmintiendo sus estridentes declaraciones de fe marxista, siguieron siendo, sin poderlo evitar y subconcientemente, unos intelectuales anarquistas incurables. Del pesimismo y desesperación superrealista de los primeros momentos —pesimismo y desesperación que, a su hora pudieron motorizar eficazmente la conciencia del cenáculo— se hizo un sistema permanente y estático, un módulo académico. La crisis moral e intelectual que el superrealismo se propuso promover y que (otra falta de originalidad de la escuela) arrancara y tuviera su primera y máxima expresión en el dadaísmo, se anquilosó en psicopatía de bufete y en clisé literario, pese a las inyecciones dialécticas de Marx y a la adhesión formal y oficiosa de los inquietos jóvenes al comunismo. El pesimismo y la desesperación deben ser siempre etapas y no metas. Para que ellos agiten y fecunden el espíritu, deben desenvolverse hasta transformarse en afirmaciones consecutivas. De otra manera, no pasan de gérmenes patológicos, condenados a devorarse a sí mismos. Los superrealistas, burlando la ley del devenir brutal, se academizaron, repito, en su famosa crisis moral e intelectual y fueron impotentes para excederla y superarla con formas realmente revolucionarias, es decir, destructivo-constructivas. Cada superrealista hizo lo que le vino en gana. Rompieron con numerosos miembros del partido y con sus órganos de prensa y procedieron en todo, en perpetuo divorcio con las grandes directivas marxistas. Desde el punto de vista literario, sus producciones siguieron caracterizándose por un evidente refinamiento burgués. La adhesión al comunismo no tuvo reflejo alguno sobre el sentido y las formas esenciales de sus obras. El superrealismo se declaraba, por todos estos motivos, incapaz para comprender y practicar el verdadero y único espíritu revolucionario de estos tiempos: el marxismo. El superrealismo perdió rápidamente la sola prestancia social que habría podido ser la razón de su existencia y empezó a agonizar irremediablemente.

A la hora en que estamos, el superrealismo —como movimiento marxista— es un cadáver. (Como cenáculo meramente literario —repito— fue siempre, como todas las escuelas, una impostura de la vida, un vulgar espantapájaros). La declaración de su defunción acaba de traducirse en dos documentos de parte interesada: el *Segundo Manifiesto Superrealista* de Breton y el que, con el título de *Un cadáver*, firman contra Breton numerosos superrealistas, encabezados por Ribemont-Dessaignes. Ambos manifiestos establecen, junto con la muerte y descomposición ideológica del superrealismo, su disolución como grupo o agregado físico. Se trata de un cisma o derrumbe total de la capilla, y el más grave y el último de la serie ya larga de sus derrumbes.

Breton, en su *Segundo Manifiesto*, revisa la doctrina superrealista, mostrándose satisfecho de su realización y resultados. Breton continúa siendo, hasta sus postreros instantes, un intelectual profesional, un ideólogo escolástico, un rebelde de bufete, un dómine recalcitrante, un polemista estilo Maurras, en fin, un anarquista de barrio. Declara, de nuevo, que el superrealismo ha triunfado, porque ha obtenido lo que se proponía: «suscitar, desde el punto de vista moral e intelectual, una crisis de conciencia». Breton se equivoca: Si, en verdad, ha leído y se ha suscrito al marxismo, no me explico cómo olvida que, dentro de esta doctrina, el rol de los escritores no está en suscitar crisis morales e intelectuales más o menos graves o generales, es decir, en hacer la revolución por arriba, sino, al contrario, en hacerla por abajo. Breton olvida que no hay más que una sola revolución: la proletaria y que esta revolución la harán los obreros con la acción y no los intelectuales con sus «crisis de conciencia». La única crisis es la crisis económica y ella se halla planteada —como hecho y no simplemente como noción o como «diletantismo»— desde hace siglos. En cuanto al resto del *Segundo Manifiesto*, Breton lo dedica a atacar con vociferaciones e injurias personales de policía literario, a sus antiguos cofrades, injurias y vociferaciones que denuncian el carácter burgués y burgués de íntima entraña, de su «crisis de conciencia».

El otro manifiesto titulado *Un cadáver*[1] ofrece lapidarios pasajes necrológicos sobre Breton. «Un instante —dice Ribemont-Dessaig-

---

[1] «Un cadáver»: panfleto violento, publicado en 1930, contra André Breton y como respuesta al Segundo Manifiesto del Surrealismo. Son sus signatarios, entre otros, G. Ribemont-Dessaignes, Roger Vitrac, Robert Desnos, Jacques Prévert y Georges Bataille. El texto se presta a confusiones, pues deliberadamente lleva el mismo título del manifiesto de 1924, «Un cadavre».

nes—, nos gustó el superrealismo: amores de juventud, amores, si se quiere, de domésticos. Los jovencitos están autorizados a amar hasta a la mujer de un gendarme (esta mujer está encarnada en la estética de Bretón). Falso compañero, falso comunista, falso revolucionario, pero verdadero y auténtico farsante, Bretón debe cuidarse de la guillotina: ¡Qué estoy diciendo! No se guillotina a los cadáveres.»

«Bretón garabateaba —dice Roger Vitrac—. Garabateaba un estilo de reaccionario y de santurrón, sobre ideas subversivas, obteniendo un curioso resultado, que no dejó de asombrar a los pequeños burgueses, a los pequeños comerciantes e industriales, a los acólitos de seminario y a los cardíacos de las escuelas primarias.»

«Bretón —dice Jacques Prevert— fue un tartamudo y lo confundió todo: la desesperación y el dolor al hígado, la Biblia y los Cantos de Maldoror, Dios y Dios, la tinta y la mesa, las barricadas y el diván de madame Sabatier, el marqués de Sade y Jean Lorrain, la Revolución Rusa y a la Revolución superrealista... Mayordomo lírico, distribuyó diplomas a los enamorados que versificaban y, en los días de indulgencia, a los principiantes en desesperación.»

«El cadáver de Bretón —dice Michel Leiris— me da asco, entre otras causas, porque es el de un hombre que vivió siempre de cadáveres.»

«Naturalmente —dice Jacques Rigaut— Bretón hablaba muy bien del amor, pero en la vida era un personaje de Courteline.»

Etc., etc., etc.

Sólo que estas mismas apreciaciones sobre Bretón, pueden ser aplicadas a todos los superrealistas sin excepción, y a la propia escuela difunta. Se dirá que este es el lado clownesco y circunstancial de los hombres y no el fondo histórico del movimiento. Muy bien dicho. Con tal de que este fondo histórico exista en verdad, lo que, en este caso, no es así. El fondo histórico del superrealismo es casi nulo, desde cualquier aspecto que se le examine.

Así pasan las escuelas literarias. Tal es el destino de toda inquietud que, en vez de devenir austero laboratorio creador, no llega a ser más que una mera fórmula. Inútiles resultan entonces los reclamos tonantes, los pregones para el vulgo, la publicidad en colores, en fin, las prestidigitaciones y trucos del oficio. Junto con el árbol abortado, se asfixia la hojarasca.

Veremos si no sucede lo propio con el populismo, la novísima escuela literaria que, sobre la tumba recién abierta del superrealismo, acaba de fundar André Therive y sus amigos.

París, febrero de 1930.

MANIFIESTO*

E. Dalid [pseud. de Elías Piterbarg]

Si es lo común juzgar de la perfección de un estado por el aquietamiento, o la dosis de placer que procura, no queremos, nosotros, ese metro para evaluar la verdad de cada vida.

Si aquella suposición permite fundar esperanzas en la inconmovilidad del sistema que nos rige, la nuestra, exige una subversión de valores y un deseo incesante e intrépido de dar al traste con todas nuestras satisfacciones, nuestra felicidad, nuestra paz y nuestra complicidad con la paz interior de los hartos.

Caducidad de las formas de la sociedad y de sus ideas, y de su expresión y más que nada, caducidad de sus sueños.

Mas, para la revolución política, vemos preparativos y sabemos de quienes se preparan abiertamente y quienes se arman a escondidas. Para la Revolución de los sueños no conocemos partidarios, ni oímos propagandistas.

Se habló, un tiempo, de Revolución en los espíritus, pero ésta se concebía como preparación teórica para idénticos fines políticos, es decir, prácticos. Nuestra iniciativa es esencialmente impráctica. Aboga también por la expropiación, pero ante todo, del sentido común, de la rutina y de la mezquindad en el pensar y en la ensoñación.

Paradójica expropiación que ha de enriquecer a sus víctimas libertándolas de exigencias convencionales y de las ataduras a palabras como Verdad, Belleza, y Razón, y otras mil parecidas.

Palabras y no cosas extraídas de sí mismo, porque, asimiladas a bienes materiales, se han ido heredando de padres y maestros presuntos, en lugar de extraerlas sangrantes del hervor de la espontaneidad. Ellas encadenaron al hombre a estimaciones ajenas, a los pliegues y elegancias de sus ropas, prohibiéndole contemplar su desnudez para amarla, fuese pictórica o miserable, como encarnación, sustentáculo de su vida y de su ira, excusa, por sí sola, de cualquier error; justificación suficiente del nacer; pagadora de la vida con la constancia y la eternidad de su rebeldía.

Llegar a esta sobreestimación del individuo, como parte sagrada de un todo y sólo en función de éste válida y realzada, que le permite la adquisición de una dignidad de Dios entre Dioses.

Democratización de los espíritus relegándose las dotes distintivas

---

* Publicado en *Qué* 2 (diciembre, 1930) y reproducido en *Las revistas literarias*, págs. 28-31.

de los hombres a meros galones de un mundo convencional. Sentido profundo del colectivismo, que afirma esa suprema igualdad de los espíritus.

Conquista de tal situación exige la confiscación de la rutina sentimental y de su consonante emocional. Vomitar sobre los engendros y engendradores de estados poéticos, y sus frutas podridas, vaporizadas con el agua de colonia de la languidez sexual.

Es preciso advertir a gritos, a los poseedores de inmensos tesoros de cultura y fina sensibilidad, de la contingencia de su seguridad.

Que el espíritu en extrema desesperación por lo imposible, que es su verdadera finalidad, vive despierto hoy más en los gritos y ya no en los ayes rimados, o en la foto versolibrista del reflejo de un ocaso en una muy quisquillosa sensibilidad.

Escupir al rostro del alba poética de hoy, con su amor ideal a sí misma. Amor y admiración a la belleza torturante del alma con su compleja trabazón de motivos y matices de motivos.

Renegar y destrozar la gama de las emociones que va, de aquella ilimitada autoadmiración, al goce delicado de sentirse sufriendo y que nos impulsa a buscar en «nuestros poetas» y en «nuestros músicos», los momentos, exclusivamente, que hablan de complicidad en idéntica miseria o aquellos que haciendo olvidar el mundo *inútil* nos vuelve exquisitamente sensibles a la percepción de los cólicos musicales y deliciosos del alma, atormentada por la monotonía de los placeres.

Nuestro deseo agudo y doloroso, como un clavo herrumbrado, es renegar de lo que nos une y es común a todos; pisotear nuestros dolores y cantar con sangre entre los dientes nuestro original motivo de lucha, nuestra peculiar excusa de vivir, y de ahí, la surgente e hirviente necesidad de machacar nuestras lenguas y romper los huesos de nuestras ideas, para decir, de sueños nuevos, con signos recién forjados por los dedos doloridos.

Seres de transición, de habla mixturada, de sentimientos banales embrollados con las intenciones de nuestros amaneceres, oscilamos, nosotros mismos, entre la añoranza de la paz que depara la camaradería de los cadáveres y la guerra, con sus hambres, que nos guarda, quizá, la rebelión contra el presente y contra aquel futuro con que el presente se ilusiona.

Comprendemos que al combatir a los demás, nos herimos con las armas, nuestra propia mano. Hay en nosotros parte de lo que aborrecemos en vosotros: sentimentalismos, respetos de contrabando, apetitos de mísera comodidad, gemidora autocompasión.

Por último, ¿quiénes sino cuasi individualistas literatuelos y presumidos melenudos leerán estas líneas?, esta es nuestra ridícula tragedia, la de pretender algo de quienes sabemos de antemano hundidos en la gozosa contemplación de su mugre, y sabernos, a nosotros mismos enfrascados, a ratos, en contemplación similar.

Pero del amasijo de nuestros gestos alguna chispa saltará y es la que alumbre nuestro entusiasmo, que ofrecemos, y que pedimos, para trastocarlo todo, para enderezar la rutina en la ruta de la negación profunda de sus afectos, y a la aceptación de lo venidero aún incierto, de los sueños, por sí; a certificar incansable la rebelión contra la realidad, contra toda forma de vivir estabilizada, contra todo llamado al reposo espiritual, contra toda situación a la que, sin sacrificios cruentos, demos nuestra conformidad.

Realistas de la utopía, voceadores del sueño imposible, del sueño informe en su expresión, pero concreto como el fuego, y presente constantemente en la inquietud que nos atosiga, sentimos la necesidad de auspiciar los cambios que prometan ser radicales y embarcarnos en la tarea de subversión de los conceptos y de las emociones.

Por la emoción rastrera paralela a la tierra ofrecemos la perpendicularidad que la penetra, y ensarta, a la vez, tierra y cielo.

Nuestro entusiasmo está dispuesto además a entregarse a cualquier movimiento que lleve en sí intenciones de nuevo mundo, no esperamos más que la ocasión.

Mientras tanto, gritaremos y demostraremos la preeminencia del Sueño sobre la realidad y la trascendente realidad del Sueño.

¿Y si nos resolviésemos en palabras y palabras? Aun confesando nuestra vergüenza, alzaremos los ojos inquiriendo al más fuerte para llevar adelante lo que con nosotros se empantanara.

No reconoceremos jamás el fracaso. A quienes anima la conciencia indubitable del Espíritu, la rebeldía por sí sola, zaparrastrosa o triunfante, salva de la humillante sensación de la derrota.

Este término, en verdad, no existe para nosotros mientras tengamos energía para abofetear con un NO, a cualquier afirmación de imbécil conformidad.

PRESENTACIÓN*

César Moro

El siglo xix estalla en una granada fantástica, se abre en un sostenido fuego de artificio, el árbol de la sangre al desnudo, en un cráter manando maravillas hacia 1910, fecha histórica en la que Pablo Picasso, el incomparable, inicia su búsqueda designada con el impropio nombre de cubismo. El milagro comenzado entonces, no termina ni con el

* Presentación al catálogo de la Exposición Surrealista en México, noviembre de 1939. Reproducido en Luis Mario Schneider, *México y el surrealismo*, págs. 173-175.

duro interregno, con el voraz espacio de tinieblas de la Gran Guerra.

1911 ve la aparición sensacional de Giorgio de Chirico, y las cortinas se descorren ante la presencia turbadora de Marcel Duchamp, el autor de «Cementerio de libreas y uniformes» y, así, de año en año, las solfataras se multiplican, nacen: el collage, Francis Picabia, el movimiento Dadá, y, más tarde, la soberbia concretización del inmenso deseo, de la nostalgia irreversible, del apetito insaciable, de la voluntad de dominio y de conquista del hombre en el terreno movedizo del espíritu; los castillos reservan mil puertas secretas cuyos resortes no han sido ensayados todavía y, de lo alto de sus almenas, la noche lee, los ojos desorbitados más altos que la cabeza, el camino espeso de la sangre escribiendo la palabra mágica del nuevo siglo: Surrealismo.

En plena guerra por segunda vez, los espíritus timoratos, los eternos engañados que siempre se dejan uncir a todos los carros, no dejarán de relinchar, en su calidad de caballos, sobre la oportunidad de una exposición surrealista. Inútil discutir tal punto. Sin embargo, el fantasma demasiado cercano y actual de la guerra puede oscurecer momentáneamente la nitidez de la capacidad de captación, aun en espíritus mejor ejercitados en la función de pensar que los primeros, si se dejan llevar por la evidente y fácil inclinación humana, adquirida más bien que congénita, de no ver sino lo que se tiene delante de los ojos y en un orden estrictamente cronológico: así el hecho más importante puede ser la última cena o la próxima cita de negocios.

Pero en vano un inmenso panorama de alucinaciones concretas y tangibles, de iluminaciones, ininterrumpido en su devenir y en el que brillan con fulgor de planeta incendiados, Lautréamont y Sade, como astros mayores o de luz más pura, no ha sufrido solución de continuidad sensible para llegar hasta nosotros gracias al esfuerzo conjugado de hombres que, como André Breton, Paul Eluard, Benjamin Péret, Max Ernst y algunos más cuyos nombres todos conocemos, han dado, quién más, quién menos, lo mejor de su dedicación a la vasta y magnífica empresa de transformación de recreación del mundo. Esto, pese a las traiciones del tipo de la escandalosa y asquerosamente significativa de Louis Aragon, por ejemplo, que pasó durante quince años por uno de los animadores del movimiento surrealista, para caer, en 1932, en la más baja categoría moral de provocador al servicio del oscurantismo y de la confusión necesarias para arrojar a las masas dóciles en una nueva carnicería en la que, según la filosofía, bien remunerada desde luego, de este señor, los imperialismos, se destruyen.

Por primera vez en México, desde siglos, asistimos a la combustión del cielo, mil signos se confunden y se distinguen en la conjunción de constelaciones que reanudan la brillante noche precolombina. La Noche purísima del Nuevo Continente en que grandiosas fuerzas de sueño entrechocaban las formidables mandíbulas de la civilización en México y de la civilización en el Perú. Países que guardan, a pesar de la invasión de los bárbaros españoles y de las secuelas que aún persisten, millares de puntos luminosos que deben sumarse bien pronto a la línea de fuego del surrealismo internacional.

La pintura surrealista es la aventura concreta por excelencia. Es el salto que aplasta las cabezas babosas y amorfas de la canalla intelectual. Del paso de la aventura surrealista quedan, entre millares de flores más grandes que lebreles y más pequeñas que el cielo, lancetas pueriles de quienes se pretendieron alacranes y sólo eran laboriosas hormigas. Una multitud de mariposas nocturnas cubre literalmente cada centímetro de pintura surrealista, los presagios y las maldiciones suculentas pululan: el cielo inerme confiesa, al fin, su empleo de tela de fondo al tedio, a la desesperación del hombre. La mirada del hombre partida lejos, delante de sí, emprende ahora la marcha del cangrejo para interrogar la esfinge que lo mata, y poblar de ojos la oscuridad tentacular que lo envuelve de la cuna al sepulcro. A esta sola condición surge la poesía donde termina el mercado.

Naturalmente todavía quedan espectadores para el largometraje de las telas anecdóticas, decorativas o simplemente sucias. El espectador de la pintura surrealista puede encontrarse bruscamente ante sí mismo y esto es lo que muchos no perdonan. La libertad de pintar como Picasso, para los que alegremente sostienen que es muy fácil pintar, así, queda inaugurada. ¿Y por qué no? El hombre es interminable y puede darnos las más grandes sorpresas. El surrealismo muestra sus armas terribles: la palabra, una tela, colores, humo, cola. Lo que durante siglos cretinizó al hombre, está ahora en manos del hombre y no en las manos de fantasmas académicos.

¡Qué tremenda lección para la pintura cuyo conformismo y comodidad le han hecho escoger, una vez por todas, el camino fácil que conduce a la recompensa oficial o al muladar!

Sería empresa ardua a la par que inútil presentar cada uno de los pintores que integran esta exposición. Cada uno tiene su mensaje: totalmente legible. Dejaron la sangre preciosa del «arte» para lanzarse a la conquista de la poesía, en la que el hombre ha de encontrar su clima ideal. El clima implacable del acto gratuito, del amor-pasión, del suicidio lento, violento, individual o colectivo y, como recompensa inmediata, la absoluta inconformidad, la desesperación tenaz como la monotonía.

Pero, habrá una vez, el muro que nos impide ver el mar total, la noche total, caerá: las puertas del sueño abiertas a todo batiente dejarán libre el paso, apenas perceptible, de la vigilia al sueño: el amor dejará para siempre sus muletas y las heridas que cubren su cuerpo adorable serán como soles y estrellas y todo género de planetas en su constelación de devenir eterno. Olvidado el lenguaje, se cumplirá la profecía del Cisne de Montevideo[1]. «LA POESÍA DEBE SER HECHA POR TODOS, NO POR UNO.»

---

[1] Referencia a Lautréamont, que nació en la ciudad de Montevideo.

La nueva poesía

LA NUEVA POESÍA: a) César Vallejo, «Poesía nueva» (1926).—b) Jorge Carrera Andrade, «Esquema de la poesía de vanguardia» (1931).

Aunque los manifiestos sean la punta de lanza de los varios movimientos europeos y latinoamericanos de vanguardia, es en la poesía donde se operan principalmente las grandes transformaciones de la estética moderna. En medio de los profusos artículos sobre las nuevas tendencias, en esta antología optamos por la inclusión de dos textos escritos por poetas que, pasada la etapa heroica de las vanguardias, presentan una visión crítica aguda y diferenciada.

En el caso de César Vallejo, el pequeño ensayo «Poesía nueva» tuvo difusión en tres grandes centros intelectuales de la vanguardia hispanoamericana: París, Lima y La Habana[1]. En ese texto ya se advierte una superación crítica del concepto de lo «nuevo». Vallejo, sin menospreciar los mitos de la modernidad (la máquina y el progreso), apunta hacia la necesidad de abandonar la mera enumeración modernólatra, toda vez que estaba agotada en su propia forma. El poeta peruano pregona una «sensibilidad» capaz de sobrepasar esos esquemas transitorios.

El poeta ecuatoriano Jorge Carrera Andrade vive en Europa entre 1928 y 1933, y publica en 1931 el «Esquema de la poesía de vanguardia». Este ensayo presenta una visión amplia y madura de los principios estéticos de la vanguardia (el antipasatismo, la

---

[1] *Favorables París Poema* 1 (julio, 1916). *Amauta* 3 (noviembre, 1926) y *Revista de Avance* 9 (agosto, 1927).

presentación del arte nuevo, el cosmopolitismo, la multiplicidad disciplinaria del arte moderno, el carácter sintético de las nuevas formas de representación, la nueva sensibilidad, etc.) y una de las escasas reflexiones que revelan una preocupación de ámbito continental. El texto representa una relectura de los distintos abordajes de los movimientos de vanguardia (Diego Rivera, Vallejo), revelando incluso un alto grado de información teórica[2]. Carrera Andrade, que había participado como representante del Partido Socialista del Ecuador en el V Congreso Internacional Comunista de Moscú (1928), no ignoraba «los credos sociales de los nuevos tiempos». En este sentido, están debidamente incorporadas a su texto referencias a Marx y a la Revolución Rusa de 1917. Tal como César Vallejo, Carrera Andrade «adjudicaba a la noción de vanguardia un sentido de expresión directamente relacionado a la lucha contra el orden social establecido. Vanguardia representaba para él, pues, un cuestionar no sólo de valores estéticos, sino también de la estructura de poder», dice Humberto E. Robles[3].

POESÍA NUEVA*

César Vallejo

Poesía nueva ha dado en llamarse a los versos cuyo léxico está formado de las palabras «cinema, motor, caballos de fuerza, avión, jazzband, telegrafía sin hilos», y en general, de todas las voces de las ciencias e industrias contemporáneas, no importa que el léxico corresponda o no a una sensibilidad auténticamente nueva. Lo importante son las palabras.

Pero no hay que olvidar que esto no es poesía nueva ni antigua, ni nada. Los materiales artísticos que ofrece la vida moderna, han de ser asimilados por el espíritu y convertidos en sensibilidad. El telégrafo sin hilos, por ejemplo, está destinado, más que a hacernos decir «telé-

---

2 «Durante su primera estancia en París (1929) [Jorge Carrera Andrade] se ocupaba de dar un toque final a una obrilla de crítica literaria que debía titularse *El vanguardismo,* con la cual esperaba dar a conocer en Francia las novedades de la creación poética en la América española», informa J. Enrique Ojeda en «Jorge Carrera Andrade y la vanguardia», *Revista Iberoamericana* 144-145 (julio-diciembre, 1988), pág. 681.
3 *La noción de vanguardia en el Ecuador,* Guayaquil, Casa de la Cultura Ecuatoriana, 1989, pág. 62.

* Publicado en *Amauta* 3 (noviembre, 1926), pág. 17.

grafo sin hilos», a despertar nuevos temples nerviosos, profundas perspicacias sentimentales, amplificando videncias y comprensiones y densificando el amor; la inquietud entonces crece y se exaspera y el soplo de la vida, se aviva. Esta es la cultura verdadera que da el progreso; este es su único sentido estético, y no el de llenarnos la boca con palabras flamantes. Muchas veces las voces nuevas pueden faltar. Muchas veces un poema no dice «cinema», poseyendo, no obstante, la emoción cinemática, de manera oscura y tácita, pero efectiva y humana. Tal es la verdadera poesía nueva.

En otras ocasiones el poeta apenas alcanza a cambiar hábilmente los nuevos materiales artísticos y logra así una imagen o un *rapport* más o menos hermoso y perfecto. En este caso, ya no se trata de una poesía nueva a base de palabras nuevas como en el caso anterior, sino de una poesía nueva a base de metáforas nuevas. Mas también en este caso hay error. En la poesía verdaderamente nueva pueden faltar imágenes o *rapports* —función ésta de ingenio y no de genio—, pero el creador goza o padece allí una vida en que las nuevas relaciones y ritmos de las cosas se han hecho sangre, célula, algo, en fin, que ha sido incorporado vitalmente en la sensibilidad.

La poesía nueva a base de palabras o de metáforas nuevas, se distingue por su pedantería de novedad y, en consecuencia, por su complicación y barroquismo. La poesía nueva a base de sensibilidad nueva es, al contrario, simple y humana y a primera vista se la tomaría por antigua o no atrae la atención sobre si es o no moderna.

Es muy importante tomar nota de estas diferencias.

ESQUEMA DE LA POESÍA DE VANGUARDIA*

JORGE CARRERA ANDRADE

DIRECTRICES

Las escuelas suramericanas de vanguardia nacieron del imperativo de coetaneidad impuesto por la vida moderna, las nuevas costumbres, las modas, las conquistas de la filosofía y de la ciencia, los credos sociales de los nuevos tiempos. Había la necesidad de actualizar la poesía y esto sólo podría lograrse por medio de la síntesis, ya que ella iba invadiendo gradualmente el campo de la vida, por medio de la imágenes inéditas que se encuentran en las costumbres de nuestro tiempo, en las

---

* Publicado en *Hontanar* 7 (diciembre, 1931) y reproducido en Humberto E. Robles (org.) *La noción de la vanguardia en el Ecuador,* págs. 152-156.

modas y en los inventos científicos y por medio del internacionalismo que las doctrinas de Marx y de la revolución social de Rusia han despertado entre los hombres. La vanguardia es así una milicia de poetas nuevos que aspiran a ponerse al compás de esta era de civilización manual y mecánica, y es el resultado del llamamiento que la filosofía de la historia ha venido haciendo a las más recientes generaciones para que cumplan con sus deberes de solidaridad con el mundo.

La nueva poesía, de pie ante el espectáculo de un siglo q'nace, ha desechado las formas literarias del pasado, pues ha visto en ellas el reflejo de la dominación de una clase y se ha lanzado valientemente a la conquista de la libertad de expresión que la ponga a salvo de la antigua dictadura estética. Esta libertad de expresión la ha encontrado plenamente en la visión simplista del universo. La originalidad, decía un fino glosador español, consiste «en ver las cosas como por primera vez».

Síntesis, novedad de imágenes, internacionalismo, infantilismo. Todavía es preciso añadir: anhelo de los artistas de ser representativos de su tiempo.

La síntesis poética la ha calificado el escritor Francisco Contreras como «una necesidad de rapidez». Esta norma la venía ya realizando el Cubismo pictórico. No podía vedarse a esa influencia la poesía. Alejo Carpentier, al estudiar al gran pintor mejicano Diego Rivera, encierra en pocas líneas el programa cubista: «Pintar objetos que cupieran en una mesa de café. Extraer sustancia plástica de frutas y violines, despertadores y mesas de canto, naipes y diarios, sin olvidar las guitarras y los frascos de Anís del Mono, únicas concesiones de Picasso al españolismo»[1].

Existe en el momento actual algo que se podría llamar la «interpenetración de las artes». La arquitectura y la escultura invaden el campo de la pintura nueva, que persigue una tendencia volumétrica; a su vez la pintura [o mejor dicho el dibujo] y la arquitectura invaden el campo de la poesía con sus métodos y formas de expresión.

La novedad de imágenes se presenta espontáneamente en la poesía con los nuevos descubrimientos y nuevas normas de la vida. Las realidades sociales y mecánicas son sus fuentes.

La introducción del internacionalismo en la poesía de esta hora cuenta con dos factores, a más de la ya señalada propaganda marxista: la pasión por el estudio de los pueblos y de las razas y el perfeccionamiento de los medios de transporte de que no podían disponer nuestros antepasados. La adaptación del haikai japonés a la estructura del poema y la incorporación del humorismo sajón y del fantasismo fran-

---

[1] Artículo reproducido en esta antología.

cés a la nueva sensibilidad son las características del internacionalismo de la vanguardia.

El infantilismo comprende la religiosidad y la atracción por el deporte. Una religiosidad que es más bien pantofilia, o sea estado de ánimo que tiende a la personificación de las cosas como la expresión más alta de amor universal. En los poemas de vanguardia leeremos: «risa vendedora de naranjas», «rábano monaguillo», «las chimeneas arengan a los astros», «los postes sargentos», «asnos chambelanes», etc.

En cuanto a la atracción por el deporte, buenos ejemplares son en nuestra América Fernán Silva Valdés domando potros a lazo, Parra del Riego cantando al fútbol, Alejandro Peralta haciendo sus excursiones andinistas. Maples Arce escribiendo «su canción desde un aeroplano».

Halina Izdebska, en su comentario de *L'esprit nouveau* sobre la poesía rusa actual, enumera las siguientes características:

1. Accesibilidad de la poesía a las masas.
2. Medios democráticos de expresión.
3. Sentimiento de la solidaridad cósmica, y
4. Misticismo al revés o ateísmo.

Estos lineamientos se pueden aplicar en general a la poesía de vanguardia. El vanguardismo suramericano rompe con la herencia simbolista, con la fastuosidad falsa del modernismo, con la retórica y la artificiosidad. Nada de música común, nada de anécdota, nada de pesimismo romantizante.

Los nuevos valores se proponen hacer de la poesía un factor de la vida, un colaborador de la obra multitudinaria. En la poesía de vanguardia de todos los países se puede notar lo que se ha llamado «atrofia de la vida personal». El Yo intrascendental y limitado cede su campo. El conjunto social es una formación madrepórica de individualidad. Impónese como directriz la filosofía del grupo.

El ateísmo, el internacionalismo y el humorismo adquieren gran relieve en la generación rusa de la Revolución, Kazine, Guerassimof, Ana Achmatova, Cherchenevitsch, Marina Tsevetoieva. El sentimiento de solaridad con el mundo está admirablemente expresado en el poema «SALUDAD LA MAÑANA DE LA REVOLUCIÓN» de Kamensky.

MÁS CARACTERÍSTICAS

Hojeando varios estudios sobre el vanguardismo, hemos hallado selectas páginas de Contreras, de Mañach, de Regino Botti, de Vallejo. El escritor peruano César Vallejo, en una requisitoria contra el vanguardismo[2], señala como las características de la nueva poesía algunos puntos esenciales:

1. Nueva ortografía
2. Nueva caligrafía de poema
3. Nuevos asuntos
4. Nuevas imágenes
5. Nueva conciencia cosmogónica de la vida
6. Nueva sensibilidad política y económica.

Tenemos que hacer el reparo de que ni la nueva ortografía, ni la nueva caligrafía del poema deben ser consideradas como verdaderas características, ya que no son reformas hechas para subsistir, sino reclamos para atraer actualmente la atención del gran público hacia la obra de arte. Los nuevos asuntos han sido la preocupación de la poesía en todos los tiempos y en lo que respecta a las nuevas imágenes, es natural que éstas aparezcan conforme se va enriqueciendo el mundo material con los avances del maquinismo y los tanteos de la ciencia. También nos place señalar en la citada requisitoria que lo que se califica en la nueva poesía como «conciencia cosmogónica de la vida» es más bien el ya anotado «sentimiento de solidaridad con el mundo», y que ese postulado poético no solamente se extiende «desde los trenes estelares de Laforgue y la fraternidad universal de Hugo, *hasta* Romain Rolland y Blaise Cendrars», sino que seguirá agitando la conciencia humana y, en consecuencia alimentando la obra artística en todos los tiempos. Estamos de acuerdo con su numeral último «Nueva sensibilidad política y económica». El espíritu democrático y burgués cede la plaza al sentimiento colectivista integral. Mas el escritor peruano concede duración a esta sensibilidad sólo hasta el movimiento superrealista. Menester es proyectarla, por el contrario, hasta la realización de un nuevo orden social en que las nuevas formas de vida engendren inquietudes de otro carácter y por lo tanto diferentes orientaciones en el plano espiritual.

Francisco Contreras, en un estudio publicado en París, subraya con notable acierto el primitivismo, el humorismo y el internacionalismo o cosmopolitismo como las características trascendentales de la literatura nueva. También enumera la psicología integral, la fantasía, la hostilidad a la retórica y la sorpresa, y, como características ocasionales: el afán por las cosas y actividades mecánicas, máquinas, muñecos, cinematógrafo, automovilismo, aviación, el amor a la forma geométrica a la manera cubista, el estilo artificiosamente oscuro, la suplantación de la pintura por el esquema.

---

[2] «Contra el secreto profesional», reproducido en esta antalogía.

LA VANGUARDIA COMO DEPURACIÓN

La realidad es que las escuelas de vanguardia han depurado la lírica suramericana de esa eterna poesía de juegos florales a que estábamos acostumbrados y la han librado del provincianismo cándido a que la tenían condenada las normas anteriores. Como la proa de un navío la poesía nueva va abriendo rutas inéditas e inaugurando horizontes con rumbo hacia continentes inexplorados aún por el espíritu. El productor de belleza ha ganado en disciplina intelectual y en acento humano y ha entrado en el actual clima literario del mundo.

Todas las más recientes denominaciones, como *nativismo* (Uruguay-Argentina), *estridentismo* (México), *runrunismo* (Chile), *titanismo* (Brasil), *indigenismo* o *andinismo* (Perú-Ecuador) caen dentro de los lineamientos generales de la poesía de vanguardia. Nos referimos solamente al movimiento suramericano, ya que en España el vanguardismo significa la vuelta a la tradición de los mejores tiempos, a través de los senderos gongorinos y tomando como guía la manera de los clásicos y los místicos[3]. La poesía se despoja de toda influencia extranjera y vuelve a ser «radicalmente española». Se retoma al romance, al cántico, a los éxtasis, al mito de los ángeles. Federico García Lorca, Rafael Alberti, que está evolucionando ahora hacia una mayor libertad, Pedro Salinas, Dámaso Alonso, Jorge Guillén son los poetas mayores del vanguardismo español. Sólo en la Argentina, algo en México y mucho en Cuba, aparecieron en su tiempo algunos continuadores de este movimiento. Mas, en general, la poesía suramericana de vanguardia persigue más amplios derroteros, busca un acento más humano y más libre y se orienta hacia una estética de contenido social.

---

[3] Carrera Andrade, al referirse a la vanguardia española, deja de lado el ultraísmo español para referirse a la generación del 27.

Estética vanguardista y revolución

ESTÉTICA VANGUARDISTA Y REVOLUCIÓN: a) [Roberto A. Ortelli, Alfredo Brandán Caraffa, Homero Guglielmini, Roberto Smith], «¿Reaccionarios? ¿Poco definidos?».—b) Pedro Henríquez Ureña, Reseña a la *Antología de la poesía argentina moderna* (1926).—c) José Carlos Mariátegui, «Arte, revolución y decadencia» (1926).—d) Magda Portal, «Andamios de vida» (1927).—e) Roberto Mariani, «La extrema izquierda» (1927).—f) «Martín Fierro *versus* Yrigoyen» (1928).—g) Serafín Delmar, «Poetas de la revolución mexicana: Manuel Maples Arce, Germán List Arzubide, Gutiérrez Cruz» (1928).—h) César Vallejo, «Anotaciones en *El arte y la revolución*».—i) «Literatura proletaria» (1928).—j) Oswald de Andrade, «Introducción a *Serafim Ponte Grande*» (1933).—k) Pablo Neruda, «Sobre una poesía sin pureza» (1935).—l) André Breton, Diego Rivera, [León Trotsky], «Manifiesto por un arte revolucionario independiente» (1938).—m) Jorge Luis Borges, «Un caudaloso manifiesto de Breton» (1938).

Dividida entre el cuestionamiento estético resultante de la proliferación de los *ismos* y las consecuencias, tanto de la Primera Guerra como de las revoluciones de México y de Rusia, la década del 20 se caracteriza por una fecunda confluencia de factores que llevan a un renacimiento de la vieja polémica entre los adeptos del «arte por el arte» y los del «arte comprometido». En América Latina esta confrontación está en los orígenes de los textos que presentaremos a continuación, los que tienen como denominador común la búsqueda y la justificación de un sentido histórico social para la actividad artística.

El editorial del primer número de la revista *Inicial* provoca una conmoción en los medios intelectuales porteños. En noviembre de 1923, en el artículo de apertura del segundo número, «¿Reaccionarios? ¿Poco definidos?», los editores (R. Ortelli, B. Caraffa, R. Smith y H. Guglielmini) intentan defenderse de las acusaciones contenidas en el título. Igualmente consideran a la clase obrera «revolucionaria de opereta», al marxismo, «traición bolchevique», y creen que la ciencia tiene un valor incuestionable, por encima de las ideologías. Atacan a Nietszche y a Lugones, a quien no titubean en llamar «curiosidad psicopatológica, que representa un gran peligro de orden espiritual». Pero lo más grave es el carácter explícitamente antisemita del editorial. Aunque este texto no se encuadre en el contexto de la dicotomía «arte» y «realidad», resulta evidente la tendencia conservadora y racista de la dirección de la revista, que no se encuentra en ninguna otra publicación de la época.

La necesidad de etiquetar a los autores, en una especie de vigilancia ideológica, ya aparece en la reseña escrita por Pedro Henríquez Ureña de la *Antología de la poesía argentina moderna* (1926) de Julio Noé. Ureña hace una crítica erudita, de preocupaciones estetizantes, que culmina en algo parecido a un mapa o árbol ideológico, en el cual clasifica a los autores según sus posiciones de «izquierda» o de «derecha». En la cima del árbol se encuentra Rubén Darío, el único que tiene un lugar en el centro de las dos tendencias. Además de maniqueo, el esquema no ofrece mucha coherencia. Evar Méndez, director de *Martín Fierro,* aparece a la izquierda, en oposición a Girondo, Córdova Iturburu y González Lanuza, a pesar de que todos pertenecen al mismo grupo. Más extraño aún es que sitúe a González Tuñón, vinculado al grupo socializante de *Boedo,* a la derecha, mientras que Ricardo Güiraldes, un representante de la oligarquía argentina, queda del lado izquierdo. Lugones está situado en la extrema izquierda, en la misma época en que definede a Mussolini y la estética parnasiana. Borges está a la derecha, en el momento en que apoya públicamente la candidatura a la presidencia de Hipólito Yrigoyen. Por lo demás, la nota *«Martín Fierro versus* Yrigoyen», aparecida en *La Pluma* de Montevideo, discute el motivo político de la «muerte» de *Martín Fierro* y documenta el liderazgo de Borges, tanto en el apoyo a la candidatura de Yrigoyen (que gana la elección) como en cuanto al cierre de la famosa revista.

El artículo de Roberto Mariani, «La extrema izquierda», de 1927, da continuidad a las reivindicaciones anticipadas en *Martín Fierro.* Además de ofrecer, también él, un esquema maniqueo de las tendencias ideológicas de la producción cultural argentina del momento (aunque mucho más coherente que el mapa de Henríquez Ureña del año anterior), Mariani contrapone las escuelas de

Florida y Boedo[1]. Su rechazo del «arte puro» queda corroborado por su oposición al ultraísmo y al uso gratuito de metáforas practicado por este grupo literario. Roberto Mariani no dispensa el uso de la metáfora, pero cree que este artificio literario «ha de estar subordinado al asunto, a la composición», sin transformarse en un fin en sí mismo.

Los artículos de los peruanos Magda Portal (según Mariátegui, la primera poetisa peruana) y Serafín Delmar [Reynaldo Bolaños] se caracterizan por sus posiciones políticas duras y cierto tono panfletario. Serafín Delmar tiene una visión panamericanista del proceso revolucionario, identificando a México como «la esperanza de Indoamérica». Curiosamente, hace una de las raras menciones al estridentismo mexicano, del cual cita algunos poemas. También Magda Portal participa de esa línea crítica, calificando el arte por el arte como algo «estéril» y «decadente», declarando su apoyo a *Amauta* y definiéndose como un «soldado de la revolución social».

En el ensayo «Arte, revolución y decadencia» Mariátegui reflexiona sobre las relaciones entre arte y revolución. Mucho más ponderado y sutil que los anteriores, Mariátegui cree, como Maiakovski, que las transformaciones formales son insuficientes para una verdadera revolución artística, y que los artistas no pueden desvincularse del proceso político, de la «trama de la historia». Más aún, en esa etapa heroica de su producción, prevalece la convicción de que la obra de arte debe ser principalmente referencial: «En esta época de decadencia de un orden social —por consiguiente de un arte— el más imperativo deber del artista es la verdad. Las únicas obras que sobrevivirán a esta crisis serán las que constituyen una confesión y un testimonio»[2]. Habiendo vivido en Italia y acompañado la evolución de las vanguardias, Mariátegui exalta, porque se preocuparon de lo social, el futurismo ruso (en detrimento del italiano), el surrealismo y la poesía de César Vallejo. Mariátegui también ataca al «arte decadente» debido a su carácter fragmentario y su sentido de disgregación. Ataca a Ortega y Gasset y a Huidobro, «que pretende[n] que el arte es independiente de la política». En los *ismos* de los años 20 que él testimonia con gran intensidad, el pensador peruano no deja de buscar una unidad estética enganchada con un finalismo de orden social.

Después de irse a París en 1923, César Vallejo hizo tres viajes a

---

[1] Ver capítulo Boedo *versus* Florida.
[2] *Siete ensayos de interpretación de la realidad peruana,* 1.ª ed., 1928, Barcelona, Grijalbo, 1975, pág. 303.

la Unión Soviética. Comenta con orgullo «Fui a Rusia antes que nadie»[3]. Los fragmentos que presentamos son fruto de esos viajes y forman parte de su «libro de pensamientos» publicado póstumamente en dos volúmenes con los títulos de *Contra el secreto profesional* y *El arte y la revolución*. Las páginas seleccionadas son una aguda reflexión sobre los vínculos entre el arte y la revolución, apoyándose en el pensamiento de Rosa Luxemburgo: «Para el verdadero artista, las opiniones políticas importan poco. Lo que importa es la fuente de su arte y de su inspiración y no el fin consciente que él se propone y las fórmulas especiales que recomienda.» Para Vallejo, la coincidencia entre la revolución artística y la revolución social sólo ocurre como excepción, ya que «hay una revolución en literatura (que no es necesariamente revolución en política: Proust, Giraudoux, Morand, Stravinsky, Picasso) y hay revolución en literatura (que es necesariamente revolución en política: Prokofiev, Barbusse, Diego Rivera)».

En una cuestión tan delicada como ésta y para un temperamento tan radical como el de Vallejo, su postura ponderada se contrapone a cualquier maniqueísmo, llevándolo a reconocer valores artísticos intrínsecos, sin vincularlos necesariamente con los programas revolucionarios. Un raro momento de humor es el *test* que Vallejo aplica a un «fanático del arte al servicio de la causa social», pidiéndole que escuche un fragmento de música de un autor desconocido a fin de que responda rápidamente «si esa música es revolucionaria o reaccionaria, clasista o socialista, proletaria o burguesa».

El artículo «Literatura proletaria», redactado en París, fue publicado originalmente en *Mundial* de Lima el 21/9/1928. Es una reflexión sobre la decisión de la VAPP (Asociación Panrusa de Escritores Proletarios) del 1/7/1925, promulgando la existencia de la literatura proletaria, en donde «la dictadura del proletariado es incompatible con la dominación de una literatura no proletaria». En este artículo, Vallejo trata de conciliar sus opiniones políticas, pautadas por las doctrinas oficiales del Partido Comunista ruso, con sus convicciones artísticas.

En forma paradójica, Vallejo defiende el principio de que el Estado debe someter el arte a sus intereses y utilizarlo para fines políticos. Por otro lado, y para justificar su posición de escritor, opone

---

[3] *El arte y la revolución,* Lima, Mosca Azul, 1973, pág. 9. Los viajes de Vallejo a la Unión Soviética fueron en 1928, 1929, 1931, este último en ocasión del Congreso Internacional de Escritores en Moscú. De ahí salen sus reportajes: *Rusia en 1931. Reflexiones al pie del Kremlin.* El texto *Rusia ante el Segundo Plan Quinquenal,* de 1932, se publicó por primera vez en 1965.

su condición de hombre a su condición de artista. Como ciudadano, Vallejo acepta la intromisión del Estado en la producción artística; como artista, rechaza el papel del arte definido por decretos gubernamentales: «No acepto ninguna consigna o propósito, propio o extraño, que aún respaldándose de la mejor buena intención, someta mi libertad estética al servicio de tal o cual propaganda política.» De temperamento original y rebelde, Vallejo trató de conciliar lo inconciliable al enfrentarse con la opinión entre libertad de creación y arte por interés político. El artículo sorprende, pues revela el gran conocimiento que Vallejo tenía de los escritores y críticos rusos de la época, así como la actualización de sus informaciones sobre la así denominada literatura proletaria.

En la presentación de la novela *Serafim Ponte Grande,* Oswald de Andrade hace la crítica social del Brasil y un implacable autorretrato en un lenguaje virulento e irreverente. Al contrario de los textos que aquí presentamos, caracterizados por su argumentación lógica, este documento mezcla la crítica social, histórica y literaria con la autocrítica y la autobiografía. Aunque *Serafim Ponte Grande* haya sido terminada en 1928, su prefacio es de 1933, año de la publicación de la novela. Ese intervalo de cinco años es fundamental en la evolución estético-ideológica del autor.

La publicación de la antológica *Revista de Antropofagia* y la redacción del Manifiesto Antropófago ocurrieron en 1928 y 1929, respectivamente. En 1929 ocurre el *crack* de la Bolsa de Nueva York que destruiría la situación financiera de Oswald. En 1931 se afilia al Partido Comunista (con el cual romperá en 1945) y publica, junto con Patricia Galvão, Pagú, el panfletario periódico *O Homem do Povo.* En 1933, Oswald ataca, con la intemperancia que siempre lo caracterizó, a la sociedad brasileña y a sí mismo. Llega a negar la novela por él presentada[4]. Se encuentra en ese momento, según dice en el prefacio, «poseído de una única verdad. Ser por lo menos soldado raso de la Revolución proletaria». Hay una especie de *mea culpa* por haber ignorado a Marx durante tanto tiempo y por pertenecer a la burguesía. Oswald trata de justificar su pasado: «La situación "revolucionaria" de esta bosta mental sudamericana, se presentaba así: lo contrario del burgués no era el proletario, ¡era el bohemio!» Este texto, definido por Haroldo de Campos como «uno de los más impresionantes documentos de nuestro modernismo»[5], nos ofrece un Oswald que reniega de la poesía y de la

---

[4] En la primera página de la edición primera de *Serafim Ponte Grande,* en vez de enlistar las «obras publicadas», Oswald enlista las «Obras renegadas», entre las cuales figura esa misma novela. Cfr. Oswald de Andrade, *Obras completas,* vol. 2, Río de Janeiro, Civilização Brasileira, 1971, pág. 97.

[5] «Serafim: um grande não-livro», en Oswald de Andrade, *Obras completas,*

novela experimental, para lanzarse a la ficción social y al teatro de tesis.

«Sobre una poesía sin pureza», texto de presentación de Pablo Neruda para la revista *Caballo verde para la poesía* (por él dirigida de octubre de 1935 hasta enero de 1936) ataca a la «poesía pura». Originalmente formulado por Paul Valéry, el concepto tuvo difusión mediante la obra del abate Henri Bremond, *La poésie pure* (1925)[6]. La «poesía pura» alude al sentido del arte por el arte, o arte destinado únicamente al goce, más preocupado por los procesos formales que por los contenidos. Sus repercusiones en América Latina se advierten especialmente en el periodo inicial de las vanguardias. Vicente Huidobro, en los orígenes del creacionismo, trató de evadirse de lo que no conducía al sentido puro de la poesía: «Nuestra divisa fue un grito de guerra contra la anécdota y la descripción, esos dos elementos extraños a toda poesía pura», dice en una entrevista a Ángel Cruchaga en 1919[7]. También Oswald de Andrade, en la época del Manifiesto Pau Brasil no se aleja mucho de esta afirmación, al expresar que «Nuestra época anuncia la vuelta al *sentido puro*». Tanto Huidobro como Oswald de Andrade ven la «poesía pura» como oposición a la retórica finisecular.

Sólo a fines de los años 20 comenzó a considerarse como «poesía pura» toda manifestación poética que no tuviese preocupaciones sociales. José Carlos Mariátegui, en «Aniversario y Balancé», al afirmar a fines de 1928 que la revista «*Amauta* no es una diversión ni un juego de intelectuales puros», advierte con claridad la evolución de lo estético hacia lo ideológico: «"nueva generación", "nuevo espíritu", "nueva sensibilidad", todos esos términos han envejecido». Una buena definición de esta postura es la que da Roberto Mariani («La extrema izquierda»): «No adherimos a la teoría del arte puro en el sentido estrecho, limitado y extraño que en Buenos Aires tiene, porque le descubrimos frivolidad y limitación. Para nosotros el arte es puro en cuanto no es tendencioso; y hoy ya no lo es»[8]. El *Manifiesto por un arte revolucionario independiente*

---

vol. 2: *Serafim Grande*, Río de Janeiro, Civilização Brasileira, 1971, pág. 125.

[6] Ver D. J. Mossop, *Pure poetry. Studies in french poetic theory and practice. 1746 to 1946*, Oxford, Clarendon Press, 1971 y Henry W. Decker, *Pure poetry, 1925-1930. Theory and debate in France*, Berkeley/Los Angeles, University of California Press, 1962.

[7] «Conversando con Vicente Huidobro (1919)», *Vicente Huidobro y el creacionismo*, Madrid, Taurus, 1975, pág. 63.

[8] En el libro de Luis Monguió, *La poesía postmodernista peruana* (México, Fondo de Cultura Económica, 1954), el crítico peruano divide los dos últimos capítulos de forma antinómica: «La poesía social peruana» y «La poesía pura en el Perú». También Emir Rodríguez Monegal, en *Mário de Andrade/Borges* (São Paulo, Perspectiva, 1978, pág. 34), al referirse a la polémica Florida-Boedo, define a los grupos

(1938), pone un punto final a la cuestión: «Está lejos de nosotros la idea de resucitar un supuesto "arte puro" que sirve generalmente los objetivos más impuros de la reacción.»

En este sentido, el texto de Neruda es una verdadera declaración de compromiso político cuyo contenido no deja margen a la duda sobre el sentido de la «poesía sin pureza». Se trata de una poesía comprometida con la realidad («la confusa impureza de los seres humanos»), principalmente cuando se sabe que la revista que dirigía tenía su sede en Madrid, en 1935, en vísperas de la Guerra Civil Española, cuando Neruda ocupaba el cargo de cónsul de Chile. A pesar del ataque a la «impureza poética», el nombre de la revista no deja de recordar el surrealismo (con resonancias de *Residencia en la tierra).* Más aún, el nombre *Caballo verde* podría ser una herencia diluida del importante almanaque *Der Blaue Reiter (El jinete azul),* revista del expresionismo alemán, de 1912. La revista dirigida por Neruda se imprimía en la imprenta del poeta Manuel Altolaguirre y en ella participaron figuras centrales de la generación del veintisiete: Federico García Lorca, Jorge Guillén, Luis Cernuda, Vicente Aleixandre, entre otros. En su libro autobiográfico *Confieso que he vivido,* Pablo Neruda dedica unas páginas nostálgicas a la revista. Su evocación termina así[9]:

> El sexto número de *Caballo verde* se quedó en la calle Viriato sin compaginar ni coser. Estaba dedicado a Julio Herrera y Reissig —segundo Lautréamont de Montevideo— y los textos que en su homenaje escribieron los poetas españoles, se pasmaron ahí con su belleza, sin gestación ni destino. La revista debía aparecer el 19 de julio de 1936, pero aquel día se llenó de pólvora la calle. Un general desconocido, llamado Francisco Franco, se había rebelado contra la República en su guarnición de África.

Los últimos textos que presentamos, ambos de 1938, muestran el desarrollo complejo de las relaciones entre arte y compromiso social. En aquella época, Stalin se había consolidado en el poder. Trotski, desterrado por Stalin en 1929, había buscado asilo en México, donde sería asesinado tres años más tarde. La Guerra Civil Española finalizaba, Guernica había sido bombardeada en 1937, las Brigadas Internacionales se habían retirado y el franquismo triunfaba. Hitler iniciaba su avance vertiginoso. Breton, como muchos de los surrealistas que se exiliaban en América, va a México

---

de manera maniquea: «En 1927, la nueva candidatura de Yrigoyen dividió a los martinfierristas: los *comprometidos* quedaron con Borges y los *poetas puros* con Girondo». (El subrayado es mío.)

[9] *Confieso que he vivido. Memorias,* Buenos Aires, Losada, 1974, pág. 165.

en 1938 para encontrarse con Trotski. (Sorprendentemente, en ese mismo año se realiza la Exposición Internacional del Surrealismo en París.) De tal encuentro surge el *Manifiesto por un Arte Revolucionario Independiente* que, aunque sólo fuera firmado por André Breton y Diego Rivera, contó con la colaboración de Trotski. El texto es un vehemente repudio al totalitarismo de Hitler y de Stalin, y sus autores no dudan en comparar a Alemania con Rusia.

El texto refuerza el principio de la libertad de creación artística («la libre elección de sus temas y la absoluta no restricción en lo que se refiere al campo de sus exploraciones constituyen para el artista un bien que él tiene derecho a reivindicar como inalienable [...] Ninguna autoridad, ninguna constricción, ni la más mínima traza de órdenes»), pero se expresa en contra del «arte puro» y declara que «la tarea suprema del arte en nuestra época es la de participar consciente y activamente en la preparación de la revolución». Luego sugieren la creación de la Federación Internacional del Arte Revolucionario (FIARI), destinada a «la reunión de todos los artistas revolucionarios, para servir a la revolución con los métodos del arte».

Esta especie de *rappel à l'ordre* (para usar la expresión de Jean Cocteau), produce en Borges una reacción de indignación, conforme demuestra «Un caudaloso manifiesto de Breton». De manera peyorativa, Borges identifica el texto de Breton, Rivera y Trotski con los manifiestos de los años 20, repudiándolos por lo que representan de autoritarismo cultural y de imposición de proyectos estéticos colectivos, inhibidores de las iniciativas individuales. De hecho, es contradictorio proponer un «arte revolucionario independiente» y al mismo tiempo defender la aglutinación de los artistas en una federación basada en la oposición al «arte puro» y en la preparación del artista para la revolución. Borges fue un ferviente antinazista[10], o sea que no se manifiesta en contra de este texto por carecer de una posición política clara en plena guerra. Para el autor del «Tema del traidor y del héroe» no parece haber tantas diferencias entre los argumentos que los firmantes del manifiesto intentan contestar y sus propias premisas. El artículo de Borges, de 1938, muestra un coraje asombroso.

---

[10] Ver especialmente cuentos como «Deutsches Requiem», «El milagro secreto», o el contundente artículo «Definición de germanófilo».

¿REACCIONARIOS? ¿POCO DEFINIDOS?*

[Roberto A. Ortelli,
Alfredo Brandán Caraffa,
Homero Guglielmini, Roberto Smith]

Inicial ha sido discutida. En todos los círculos ha provocado cierto apasionamiento saludable. Para los que creemos que la lucha es la más alta escuela de la juventud, ser discutidos equivale al mejor de los triunfos. Por eso recogemos el guante lanzado subrepticiamente desde ciertos cenáculos.

Se nos ha dicho reaccionarios, basándose en nuestras opiniones sobre la política obrera y alguien ha especificado que *en estos momentos* el que no esté con la *revolución* —léase *bolcheviquismo*— está con la burguesía. Ahora bien *en estos momentos* los intelectuales experimentan un fenómeno bien curioso. Desde que Ortega y Gasset puso de moda la tesitura novecentista, todos hablaron de un positivismo superado. Pero al mismo tiempo que se libertaban *del hecho,* reaccionaban violentamente contra toda supuesta metafísica o apriorismo, de que se les creyera sustentadores. En esta actitud mental fueron *revolucionarios* antes de la guerra, sin más ni menos fundamento que un Saint Simon o un Fourier. Su razonamiento se basaba en una fe ciega en la teología marxista y en un profundo amor por la humanidad. Ambos motivos sentimentales y el primero casi del todo metafísico. En *esos momentos,* se podía ser revolucionario, sin arriesgar las posiciones ganadas y asistiendo a los banquetes diplomáticos. Todavía se creía en la sociología de gabinete y se podía discutir do *(sic.)* sobremesa sobre las etapas lógicas de la sociedad comunista. Hoy todo ha cambiado. El mundo es un gigantesco laboratorio, donde se liquida todo lo falso y se acepta sólo lo viable. Es necesario entonces poner nuestra inteligencia al ritmo de los fenómenos y observar fríamente, con espíritu científico, la liquidación de cuentas que hace la vida de las teorías y los sistemas. Es admirable haber superado al positivismo, pero entre esto y olvidar por completo el espíritu científico hay un abismo de retrogadación intelectual. Descartes, que vio el verdadero sentido filosófico de la ciencia, no olvidaba jamás que ella se basaba sobre nuestras percepciones. Sin una verdadera cultura filosófica y científica, se corre el peligro de hacer teología y dialéctica escolástica en pleno laboratorio. Si alguien nos demostrara científicamente que el fascismo es la única forma posible de organizar a los pue-

---

* Publicado en *Inicial* 2 (noviembre, 1923), págs. 3-8.

blos, lo más honrado sería aceptar la verdad y preferir la relativa felicidad que él nos daría, al crimen de combatir y hacer derramar sangre, por un sentimentalismo equívoco y jamás realizable. ¿Tendremos miedo como Renán, de poseer la verdad, por presentirla demasiado amarga? Pero felizmente para la especie humana, la ciencia nos abre cada día nuevos caminos hacia la justicia y con ella podemos asegurar que el fascismo y la reacción burguesa, son tan sólo espasmos distintivos de esa euforia póstuma que vigoriza un instante toda agonía.

Se nos ha dicho reaccionarios porque, fieles a los dictados de nuestra cultura, hemos observado la guerra y la revolución rusa, fría y metódicamente y poniendo vallas a nuestro ímpetu sentimental hemos aceptado la realidad política que ellas nos han plasmado. Y la ciencia no es ni reaccionaria ni revolucionaria. Pasteur cuando entraba a su laboratorio, dejaba en la puerta sus creencias religiosas. El espíritu científico es la única atmósfera de dignidad y de progreso que puede respirar el hombre.

Y nuestro país se caracteriza hasta este instante de su evolución cultural, por una falta absoluta de sentido investigador y de serenidad subjetiva. En medio de una anarquía educacional absoluta, los jóvenes nos hemos formado a la sombra de los viejos improvisadores de nuestra feria cientificista. Y si en los valores de nuestro universo consideramos a la inteligencia como el primer peldaño que nos liberta de la animalidad, es necesario reconocer sus modalidades y aceptar heroicamente la ciencia, su más pura manifestación.

Con este sentido altruista de la ciencia, los verdaderos reaccionarios son aquellos que, clasificándose de intelectuales, prescinden por completo del sentido histórico de los fenómenos humanos, falla capital de Nietzsche, el más grande de los reaccionarios, y sin tener en cuenta las transformaciones profundas que la mentalidad del hombre sufre, presionada por los hechos, continúan barajando disparatadamente los mismos motivos que excitaban la personalidad antes de la guerra. Así es doble su profanación científica. Puesto que no sólo en su mecanismo externo el mundo se ha transformado, sino que la personalidad ha adquirido modalidades sorprendentes que es necesario apreciar y discutir. Hay otra actitud mental tan peligrosa como ésta, que se extiende a la sombra de un dilentantismo fulminante. En culturas incipientes y debido a la falta de división del trabajo que trae consigo la intensa vida del espíritu, los artistas de talento suelen ocupar el primer puesto, generalmente y siempre que no se trate de grandes artistas, la falta de sentido filosófico caracteriza a los que Croce llamó poetas secundarios. Cuando Schiller hace poesía pura alcanza a presentir la belleza. Pero cuando intenta penetrar en la campana neumática de la abstracción y de la ciencia, da la impresión de un niño traveseando muy serio en un observatorio. En nuestro país, por defecto de intensidad cultural, los artistas de talento pretenden ocupar el lugar que los pensadores y hombres de ciencia detentan en el mundo. Y esto no tendría gravedad si fueran tan honrados como para declarar que sus opiniones son nada más que divulgación de artículos y de libros autorizados. Pero con una vanidad rayana en el desprecio hacia las cosas del espíritu, están alertas a la última novedad explotable y dueños de las tribunas seculares plagian a respetables pensadores, artículos publicados dos días antes en esas mismas columnas. Es el caso de Leopoldo Lugones, mentalidad interesantísima para el profesor Freud, pero que para nosotros además de la curiosidad psicopatológica, representa un gran peligro de orden espiritual. Sus artículos dolorosamente pueriles: «El fracaso ideológico» y «La ilusión constitucional» son una prolija reedición de los hermosos ensayos de Ortega y Gasset sobre «El sentido histórico de la teoría de la relatividad», todos aparecidos en *La Nación*. Y el gran peligro está en el hecho siguiente, que mientras Ortega y Gasset, uno de los espíritus más cultos de Occidente, recibe con ciertas reservas el pluralismo pesimista de Spengler, y da recién los primeros pasos en su interpretación filosófica de la relatividad, Leopoldo Lugones, simple discípulo de Julio Laforgue y de los parnasianos, sin cultura filosófica ni científica de ningún género, acepta dogmáticamente a Spengler y aplica ya el relativismo y sus malabarismos históricos. Tan peligroso es, pues, el intelectual, ciego a los avances de la vida y de la cultura, como el diletante ávido de dialécticas sensaciones.

Los que nos han llamado reaccionarios no han hecho más que condenarse a sí mismos. Quien lea nuestras opiniones sobre política obrera, encontrará perfectamente especificados estos tres puntos: 1.º «Que las murallas capitalistas son artificiales a esta altura del progreso espiritual» (*Inicial*, núm. 1, pág. 42). 2.º «Que el caso de Italia, desde un punto de vista filosófico, no puede más que angustiarnos; pues nos demuestra lo lejano que está aún el día de la justicia. Pero considerado científicamente nos interesa, etc.» (*Inicial*, núm. 1, pág. 42); y 3.º «Que si bien la guerra ha sido desastrosa para la civilización, ha liquidado para siempre la estabilidad burguesa y ha puesto al proletariado en el camino de Damasco» (*Inicial* núm. 1, pág. 42). ¿Puede deducirse de aquí una mentalidad reaccionaria? La pregunta misma es ya absurda. ¿Cómo explicar entonces el misterio de tal calificativo? Muy sencillamente. Nos hemos hecho reos de lesa majestad. Hemos atacado al pontífice Marx y a los grandes *purpurados* del vaticano ruso. Hemos enrostrado a esos revolucionarios de opereta, sus vacilaciones y sus retrocesos. Les hemos dicho a los obreros del mundo que la policía obrera con sus dirigentes intelectuales es el mayor obstáculo que tendrán que vencer el día que deseen unirse para la gran batalla. Que el marxismo materialista es un lastre y no una energía. Que a causa de ese sentido demasiado económico del hombre, los fantoches comunistas han transado con la burguesía, disponiendo de un ejército proletario de dos millones de hombres y en momentos en que el terror paralizaba la máquina capitalista. Que los diez años de guerra han demostrado que el hombre más que un ser de temperamento económico, es un ser de temperamento religioso.

Que es necesario volver los ojos hacia el gran Sorel y recordar que Napoleón con un ejército irrisorio dominó a Europa, porque la fe centuplicaba a cada soldado. Que es imperdonable la traición bolchevique, puesto que jamás volverá el mundo a presentarse tan propicio para el triunfo de la revolución. Que de hoy en adelante *revolución* ya no es sinónimo de bolcheviquismo. Que es necesario hacer una revisión fundamental de la teoría comunista, puesto que la marcha económica del mundo nos sorprende con la realidad biológica del nacionalismo industrial. Que todos los sistemas nacen tocados de caducidad, que la vida supera todas las formas y que permanecer en la actitud mental de 1914 frente a las tablas Marxistas es el mayor de los reaccionarismos.

Nada —tal vez— nos ha regocijado tan íntimamente con oportunidad de la aparición de *Inicial* como la amargas diatribas y las despedidas ironías con que el judaísmo, parapetado detrás de su profusa prensa, ha recibido nuestro primer número.

Por cierto que habíamos hecho ya un balance aproximado de los aplausos y hostilidades que habrían de saludar nuestro advenimiento; pero jamás logramos imaginarnos que la peligrosísima aventura de fundar una revista con fines combativos, había de provocar una tal tormenta en el avispero intelectual judío, cuyos avispones mayores —como positivamente lo sabemos— han enristrado su aguijón contra nosotros y saturado la atmósfera que nos rodea con su asfixiante *foetus-iudaicus*. Y alegrémonos tanto más, cuánto más envenenado y agrio sea el ataque, desde el silencio de *La Nación* —donde se agazapa un semitismo vergonzante y cobarde— hasta la insidia de los periodiquillos israelitas, que vagan por las trastiendas de los mercachifles y los despachos de los plumíferos judaizantes. Esperábamos la respuesta, y la respuesta ha sido como la esperábamos.

Hasta este momento nuestro antijudaísmo era nada más que una comprobación histórica de la influencia fatal que el espíritu de Oriente había ejercido sobre Europa. Comprendíamos que la civilización mediterránea era un intento fervoroso de claridad pagana. Y como a pesar de Spengler, descubríamos en la historia una continuidad indiscutible del espíritu hacia su mayor intensidad de expresión, habíamos tratado de aclarar la posición de los personajes en el drama. Y Europa, teatro de la lucha secular de las dos civilizaciones, se nos aparecía en estos momentos debatiéndose por libertarse de aquello que para ella es su más peligrosa enfermedad. Pero ese estrecho espíritu de secta, tan feroz en los judíos que hoy se apiñan en las salas de concierto, como lo era en las edades batalladoras de su raza, incapaz de comprender el espíritu desinteresado del investigador curioso y ávido de sabiduría, ha encontrado en nuestras páginas un ataque que nosotros ni siquiera sospechábamos. Y su prensa soez y bárbara nos ha traído a la realidad del peligro judío, como mentalidad inadaptable al espíritu de Occidente. Nuestras relaciones con ellos sólo pueden ser de carácter guerrero. La compenetración, la saturación, la simpatía, casto ácido que pule las conciencias demasiado riscosas *(sic.)*, están más allá de las duras tablas de su ley. Su religión se grabó sobre la piedra y fue subrayada por el escalofrío hipnótico del rayo.

Nosotros declaramos categóricamente que a pesar de lo que ellos creen, *Inicial* jamás habría salido, si su único objeto hubiera sido combatirlos. Existen para nosotros cosas más bellas que la hora y la circuncisión; jamás dudaríamos entre combatir frente a frente con un león o tener que aplastar la cabeza de una víbora. Pero si ellos se ponen en nuestro camino, enroscados, al amparo de la maleza de las grandes y pequeñas redacciones, tendremos que dominar la repulsión que sentimos ante las pequeñas y mezquinas luchas, y alejarnos algunas horas de la belleza, en los antros grand-guignolescos de los modernos nibelungos.

Nosotros no despreciamos ninguna clase de lucha. Sólo despreciamos a aquellos que *sueñan* derrotar al enemigo. Venga pues la aurora plena del músculo liviano. En ella se plantarán bajo el sol las lanzas promisoras de la inicial victoria.

RESEÑA A LA «ANTOLOGÍA DE LA POESÍA ARGENTINA MODERNA»*

Pedro Henríquez Ureña

La antología de Julio Noé resulta, apenas lanzada al mundo, obra indispensable en su especie. Es constante la fabricación de antologías, totales o parciales, de la América española; pero esta labor, que en Francia o Inglaterra o Alemania se estima propia de hombres discretos, entre nosotros ha caído en el lodazal de los oficios viles. Pide valor, heroicidad literaria, sacarla de allí, cuando se sabe que el decoroso trabajo ha de ir a rozarse y luchar en la plaza pública con la deplorable mercadería de Barcelona. «La ordenación de una antología —cree Julió Noé—, no es empresa de las más arduas.» ¿Modestia quizás? Su esfuerzo no ha sido fácil: lo sé bien. En América se levanta junto al de Genaro Estrada en *Poetas nuevos de México* (1916): aquí, como allí, se

---

* Publicado en *Valoraciones* 10 (agosto, 1926), págs. 270-274.

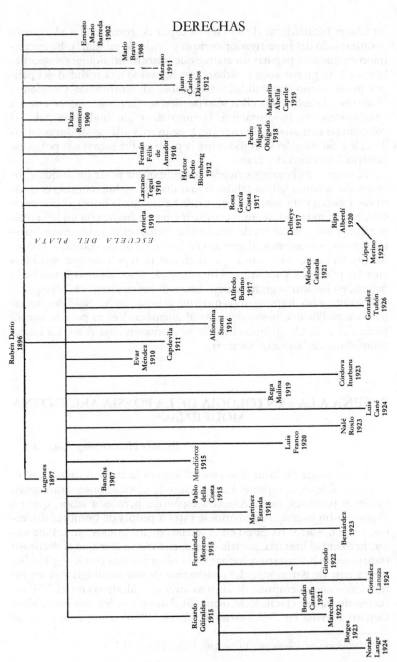

Ernesto
Mario
Barreda
1902

Mario
Bravo
1908

Marasso
1911

Juan
Carlos
Dávalos
1912

Margarita
Abella
Caprile
1919

Díaz
Romero
1900

Pedro
Miguel
Obligado
1918

Fermín
Félix
de
Amador
1910

Héctor
Pedro
Blomberg
1912

Lazcano
Tegui
1910

Rosa
García
Costa
1917

Arrieta
1910

Delheye
1917

Ripa
Alberdi
1920

López
Merino
1923

ESCUELA DEL PLATA

Rubén Darío
1896

Méndez
Calzada
1921

Alfredo
Bufano
1917

González
Tuñón
1926

Alfonsina
Storni
1916

Evar
Méndez
1910

Capdevila
1911

Córdova
Iturburu
1923

Rega
Molina
1919

Luis
Cané
1924

Nalé
Roxlo
1923

Luis
Franco
1920

Lugones
1897

Bancho
1907

Pablo
Mendióroz
della
Costa
1915

Martínez
Estrada
1918

Fernández
Moreno
1915

Bernárdez
1923

Girondo
1922

González
Lanuza
1924

Ricardo
Güiraldes
1915

Brandán
Caraffa
1921

Marechal
1922

Borges
1923

Norah
Lange
1924

ciñe la colección a la época que arranca del *modernismo,* momento de irrupción y asalto contra el desorden y la pereza romántica; aquí como allí, acompañan a cada poeta apuntaciones breves y exactas sobre su vida, su obra y la crítica que ha suscitado (no siempre alcanza Noé la precisión de Estrada: ¿por qué a veces faltan fechas en la bibliografía?). En la Argentina no ha entrado en completo eclipse la clara tradición de Juan María Gutiérrez, cuya *América poética* de 1846 —antes herbario que jardín, porque el tiempo favorecía los *yuyos* y no las flores— asombra por la solidez de su estructura y la feliz elección de cosas de sabor y carácter, como los diálogos de Bartolomé Hidalgo. A la obra de Julio Noé no le faltan precedentes estimables en los últimos años: la colección de Puig, la de Barreda, las de Morales, útiles por la cantidad (excepto la de *Poetas modernos,* buena en su plan, en su empeño de brevedad, pero deslucida en la elección arbitraria). Ninguna como la de Noé realiza el arquetipo orgánico y rotundo, alzándose como torre de cuatro cuerpos donde la figura atlántea de Lugones constituye sola el primero y sostiene los tres superiores.

La obra incita a trazar el mapa político de la poesía argentina contemporánea. El punto de partida de Julio Noé es el año 1900: antes, entre los poetas de la antología, muy pocos tenían versos en volumen; de esos pocos volúmenes, uno sólo era importante: *Las montañas del oro,* de Lugones (1897). Pero la «inauguración oficial» de la poesía contemporánea en la Argentina es la publicación de las *Prosas profanas* de Rubén Darío en Buenos Aires el año de 1896. Darío representaba entonces el ala revolucionaria de la literatura en todo el idioma castellano. A poco, con Lugones se destaca una extrema izquierda, especialmente desde *Los crepúsculos del jardín,* cuya amplia difusión en revistas, desde antes de comenzar el nuevo siglo, provoca una epidemia continental de sonetos a la manera de *Los doce gozos:* el contagio se ve en las *Harpas en el silencio,* de Eugenio Díaz Romero, volumen de 1900; para entonces ha cruzado el río, y hace egregia víctima en Julio Herrera y Reissig. En 1907, la aparición de Enrique Banchs tuvo carácter de *acontecimiento* como revelación personal, pero no modifica el mapa político: Banchs no es más revolucionario que Lugones. Para 1915, cuando surge Fernández Moreno, Darío es ya «el centro». Lugones continúa en la izquierda, pero *Las iniciales del misal* dan la nota extrema. Simultáneamente, con *El cencerro de cristal* de Ricardo Güiraldes se anunciaba, despertando todavía pocas sospechas, la novísima extrema izquierda: en 1925 la vemos arrogante y frondosa en *Proa* y *Martín Fierro.* Durante los últimos años el incesante empuje de los grupos nuevos ha alterado las situaciones y las relaciones: Lugones ya no puede parecernos de la izquierda, sino del centro; y desde hace pocos meses, con sus declaraciones contra el verso libre de la *vanguardia,* principia a erigirse en capitán de las derechas .

SOBRA Y FALTA

Borges cree que sobran nombres en la antología; donde se me entregan ochenta y siete, no he de regatear la calidad de cuatro o cinco. Sí lamento, con Borges, la omisión de Nora Lange, nota fundamental del clarín de vanguardia y única mujer activa de las izquierdas: la mayoría de las poetisas argentinas, fieles a la ley del sexo, se acogen al ala conservadora; sólo Alfonsina Storni ensaya audacias intermitentes. Con Francisco Piñero, desaparecido, pudo hacerse excepción a la regla áurea del «libro publicado» (¿no se hizo con Emilia Bertolé, q. D. g.?). Junto a esas omisiones de poetas nuevos, discuto la del más antiguo de los poetas contemporáneos de la Argentina, Leopoldo Díaz. Inexacto atribuirle «notoriedad anterior al movimiento modernista»; sus *Poemas* (1896) son esenciales y típicos en la era de *Prosas profanas, Las montañas del oro* y la *Castalia bárbara* de Jaimes Freire (1897). Temo que la supresión obedezca al deseo de no alterar la arquitectónica estructura de cuatro cuerpos, no cavarle sótano ni robarle a Lugones su soledad sustentadora. No por eso dejó Noé de encontrar acomodo —en el segundo cuerpo de la torre, especie de entresuelo dedicado a la historia— para Fernández Espiro, simple romántico rezagado, para Alberto Ghiraldo y Manuel Ugarte, que hasta publicaron volúmenes antes de *Prosas profanas.*

Excelente, las más veces, la elección de los versos. Cuando se espiga en todos lo volúmenes del poeta —como en Fernández Moreno—, contemplamos en breve panorama todo su desenvolvimiento espiritual. Fiel al límite de 1900, la antología no recoge nada de *Las montañas del oro.* Toque hábil, la inserción de *Los burritos,* no recogidos en volumen por su autor: lástima que la calidad no vaya con la rareza ¡ni con la longitud! ¿Por qué el injusto desdén hacia las *Odas seculares?* De *Los crepúsculos del jardín* pido —para nueva edición— los históricos *Doce gozos* íntegros y no partidos, para devolverles su arquitectura de poema, de secuencia de sonetos, según la ilustre tradición italiana. Y del *Libro de los paisajes* pido el paisaje mejor, *Salmo pluvial:*

> ...El cielo azul estaba fragante de romero
> y en los profundos campos silbaba la perdiz.

Nuestros poetas contemporáneos no sufren igual peligro que sus antecesores: si se le quitan a Bello sus dos *Silvas americanas* y sus apropiaciones de Víctor Hugo, a Olmedo su *Junín* y su *Miñorica,* a Heredia su *Niágara* y su *Teocalli de Cholula,* a Andrade su *Nido de cóndores* y su *Atlántida,* a Obligado su *Santos Vega,* se les reduce a pobreza irremediable. Pero los que vivimos haciéndonos antologías hipotéticas escogemos siempre, hasta en los poetas cuya obra es de calidad uniforme. Echo de menos, en Capdevila, su *Nocturno a Job* (del *Libro de la noche*), que me parece su grito hondo:

> ¿No me dijeron: ¡bebe!
> y mi copa rompí?

De Arrieta, suprimiría sin vacilar *La preferida,* maltratada presa de recitadoras trashumantes, y reclamo la *Canción de los días serenos* (de *Las noches de oro*).

De Alfonsina Storni, pediría los *Versos a la tristeza de Buenos Aires,* agua-fuerte de sabor único: la ciudad que a Borges le inspira su *Fervor* tranquilo y husmeante de muchacho rico, a la mujer que sabe de agonías la llena de sorda desesperanza, gris como las moles y el suelo de las calles, gris como el cielo de aguacero; visión inesperada, pero viva, de cosas muy de América.

Y de poetas menos populares quiero recordar versos que faltan. De Evar Méndez, su mejor *Nocturno* (de *Las horas alucinadas):*

> ¿A qué país partir, alma enemiga,
> multiforme y hostil ánima de las gentes?...

De López Merino, uno de los cuatro poetas más jóvenes de la antología (con Tallón, González Tuñón y Susana Calandrelli), pediría los versos de más personal y afinada expresión, como *Mis primas los domingos..., Libros de estampas,* tal vez las *Estancias del agua especular.*

Toda antología hace revelaciones: a la de Noé le debo la de Pablo della Costa, y sólo lamento que se le haya concedido espacio estrecho. La antología pudo, y no logró, hacernos otra revelación: Alberto Mendióroz, poeta *intelectualista,* muy desigual, pero con dos o tres rasgos duraderos, como *Spleen:*

> ...Una puerta, al cerrarse, quiebra el cosmos. Y nuevo
> soñar y divagar... Me parece que lluevo.

Y pudo la antología haberle regalado al público sagaz la revelación completa de Ezequiel Martínez Estrada, otro poeta intelectualista, con ricos dones expresivos que Mendióroz no alcanzó, y pulcro enemigo de las ferias de vanidad, como Pablo della Costa. Su poema *Argentina* es visión de síntesis espontánea que no alcanzó el *Canto* de Darío. Y en sus *Motivos del cielo* hay tres poemas que pongo en mis antologías hipotéticas: el *Zodíaco, Copernicano,* y señaladamente *El ciclo del día.*

¿Tablas de valores? Sea en otra vez. Digamos no más, ahora, que la antología argentina de Julio Noé es como vasto fresco nacional cuya riqueza sólo pueden emular ahora, entre los pueblos españoles, México (mucho menos rico, sin embargo, en poetas jóvenes) y España, con mayor caudal de emoción en su poesía pero no con más vigor imaginativo ni más invención de formas y expresiones.

ARTE, REVOLUCIÓN Y DECADENCIA*

José Carlos Mariátegui

Conviene apresurar la liquidación de un equívoco que desorienta a algunos artistas jóvenes. Hace falta establecer, rectificando ciertas definiciones presurosas, que no todo el arte nuevo es revolucionario, ni es tampoco verdaderamente nuevo. En el mundo contemporáneo coexisten dos almas, las de la revolución y la decadencia. Sólo la presencia de la primera confiere a un poema o un cuadro valor de arte nuevo.

No podemos aceptar como nuevo un arte que no nos trae sino una nueva técnica. Eso sería recrearse en el más falaz de los espejismos actuales. Ninguna estética puede rebajar el trabajo artístico a una cuestión de técnica. La técnica nueva debe corresponder a un espíritu nuevo también. Si no, lo único que cambia es el paramento, el decorado. Y una revolución artística no se contenta de conquistas formales.

La distinción entre las dos categorías coetáneas de artistas no es fácil. La decadencia y la revolución, así como coexisten en el mismo mundo, coexisten también en los mismos individuos. La consciencia del artista es el circo agonal de una lucha entre los dos espíritus. La comprensión de esta lucha, a veces, casi siempre, escapa al propio artista. Pero finalmente uno de los dos espíritus prevalece. El otro queda estrangulado en la arena.

La decadencia de la civilización capitalista se refleja en la atomización, en la disolución de su arte. El arte, en esta crisis, ha perdido ante todo su unidad esencial. Cada uno de sus principios, cada uno de sus elementos ha reivindicado su autonomía. Secesión es su término más característico. Las escuelas se multiplican hasta lo infinito porque no operan sino fuerzas centrífugas.

Pero esta anarquía, en la cual muere, irreparablemente escindido y disgregado el espíritu del arte burgués, preludia y prepara un orden nuevo. Es la transición del tramonto al alba. En esta crisis se elaboran dispersamente los elementos del arte del porvenir. El cubismo, el dadaísmo, el expresionismo, etc., al mismo tiempo que acusan una crisis, anuncian una reconstrucción. Aisladamente cada movimiento no trae

---

* Publicado en *Amauta* 3 (noviembre, 1926), págs. 3-4.

una fórmula; pero todos concurren —aportando un elemento, un valor, un principio— a su elaboración.

El sentido revolucionario de las escuelas o tendencias contemporáneas no está en la creación de una técnica nueva. No está tampoco en la destrucción de la técnica vieja. Está en el repudio, en el desahucio, en la befa del absoluto burgués. El arte se nutre siempre, conscientemente o no —esto es lo de menos— del absoluto de su época. El artista contemporáneo, en la mayoría de los casos, lleva vacía el alma. La literatura de la decadencia es una literatura sin absoluto. Pero así, sólo se pueden hacer unos cuantos pasos. El hombre no puede marchar sin una fe porque no tener una fe es no tener una meta. Marchar sin una fe es *patiner sur place*. El artista que más exasperadamente escéptico y nihilista se confiesa es generalmente el que tiene más desesperada necesidad de un Mito.

Los futuristas rusos se han adherido al comunismo: los futuristas italianos se han adherido al fascismo. ¿Se quiere mejor demostración histórica de que los artistas no pueden sustraerse a la gravitación política? Máximo Bontempelli dice que en 1920 se sintió casi comunista y en 1923, el año de la marcha a Roma, se sintió casi fascista. Ahora parece fascista del todo. Muchos se han burlado de Bontempelli por esta confesión. Yo lo defiendo: lo encuentro sincero. El alma vacía del pobre Bontempelli tenía que adoptar y aceptar el Mito que colocó en su ara Mussolini. (Los vanguardistas italianos están convencidos de que el Fascismo es la Revolución.)

César Vallejo escribe que, mientras Haya de La Torre piensa que la *Divina Comedia* y el *Quijote* tienen un substrato político, Vicente Huidobro pretende que el arte es independiente de la política. Esta aserción es tan antigua y caduca en sus razones y motivos que yo no la concebiría en un poeta ultraísta, si creyese a los poetas ultraístas en grado de discurrir sobre política, economía y religión. En ésta, como en otras cosas, estoy naturalmente con Haya de la Torre. Si política es para Huidobro, exclusivamente, la del *Palais Bourbon*[1], claro está que podemos reconocerle a su arte toda la autonomía que quiera. Pero el caso es que la política, para Haya y para mí, que la sentimos elevada a la categoría de una religión, como dice Unamuno, es la trama misma de la Historia. En las épocas clásicas, o de plenitud de un orden, la política puede ser sólo administración y parlamento; en las épocas románticas o de crisis de un orden, la política ocupa el primer plano de la vida.

Así lo proclaman, con su conducta, Louis Aragon, André Breton y sus compañeros de la «revolución suprarrealista» —los mejores espíritus de la vanguardia francesa— marchando hacia el comunismo.

---

[1] Alusión al carácter elitista y aristocratizante de Vicente Huidobro. Mariátegui critica el arte como sistema autónomo, conforme los presupuestos creacionistas.

Drieu La Rochelle, que cuando escribió *Mesure de la France* y *Plainte contre inconnu,* estaba tan cerca de ese estado de ánimo, no ha podido seguirlos; pero como tampoco ha podido escapar a la política, se ha declarado vagamente fascista y claramente reaccionario.

Ortega y Gasset es responsable, en el mundo hispano, de una parte de este equívoco sobre el arte nuevo. Su mirada así como no distinguió escuelas ni tendencias, no distinguió al menos, en el arte moderno, los elementos de revolución de los elementos de decadencia. El autor de *La deshumanización del arte* no nos dio una definición del arte nuevo. Pero tomó como rasgos de una revolución los que corresponden típicamente a una decadencia. Esto lo condujo a pretender, entre otras cosas, que «la nueva inspiración es siempre, indefectiblemente, cómica». Su cuadro sintomatológico, en general es justo; pero su diagnóstico es incompleto y equivocado.

No basta el procedimiento. No basta la técnica. Paul Morand, a pesar de sus imágenes y de su modernidad, es un producto de decadencia. Se respira en su literatura una atmósfera de disolución. Jean Coteau, después de haber coqueteado un tiempo con el dadaísmo, nos sale ahora con su *Rappel à l'ordre.*

Conviene esclarecer la cuestión, hasta desvanecer el último equívoco. La empresa es difícil. Cuesta trabajo entenderse sobre muchos puntos. Es frecuente la presencia de reflejos de la decadencia en el arte de vanguardia, hasta cuando, superando el subjetivismo que a veces lo enferma, se propone metas realmente revolucionarias. Hidalgo, ubicando a Lenin, en un poema de varias dimensiones, dice que los «senos salomé» y la «peluca a la garçonne» son los primeros pasos hacia la socialización de la mujer. Y de esto no hay que sorprenderse. Existen poetas que creen que el *jazz-band* es un heraldo de la revolución.

Por fortuna quedan en el mundo artistas como Bernard Shaw, capaces de comprender que el «arte no ha sido nunca grande cuando no ha facilitado una iconografía para una religión viva, y nunca ha sido completamente despreciable sino cuando ha imitado la iconografía después que la religión se había vuelto una superstición». Este último camino parece ser el que varios artistas nuevos han tomado en la literatura francesa y en otras. El porvenir se reirá de la bienaventurada estupidez con que algunos críticos de su tiempo los llamaron «nuevos» y hasta «revolucionarios».

ANDAMIOS DE VIDA*

MAGDA PORTAL

1. «AMAUTA» Y EL ARTE DE VANGUARDIA

Amauta es ecléctica en Arte —comulga con todos los credos de
Arte, siempre que en ellos la Belleza ilumine las parcelas de tenebrosidad que se trae de sus minas subterráneas de procedencia.—Pero
Amauta, revista de avanzada, tiene el deber, como dice Haya de la Torre, de revisar valores e inclinar toda su estructura moral hacia los
vientos de renovación estética e ideológica, para afianzar bien su cartel
de órgano de vanguardia.—De ahí que el arte nuevo— tal como lo
entendemos los jóvenes de América, para quienes —es necesario
decirlo una vez más— los *ismos* fenecidos en Europa no significan sino
la primera voz de alerta en la revolución del Arte, y de los cuales ya no
quedan sino sus páginas de historia —tenga en *Amauta* su hogar de derecho.

No es raro oír en toda la clase que no pertenece al proletariado el
comentario de burla e incredulidad respecto al triunfo de los nuevos
credos ideológicos, que señalan los días amanecidos para la fraternidad
humana. Así también en la burguesía intelectual, en el periodismo es-
púreo de los pueblos de América se combate con saña las nuevas manifestaciones estéticas y se les tilda hasta de ser producto de naturalezas
invertidas.

2. EL ARTE NUEVO Y LA GENERACIÓN ANTERIOR A LA GUERRA

El fenómeno tiene esta explicación: el Arte nuevo —hijo de una
época de formidables estallidos, la guerra europea, la revolución rusa,
las hambres alemana, china, rusa, y por último la revolución china—
de grandes triunfos científicos que han multiplicado la actividad de la
vida, borrando todos los kilómetros del mapa, desconcertando el sentido común y creando una nueva filosofía —el Arte nuevo tenía que ser
un resultado fatal e impostergable. Como todas estas conmociones filosóficas, sociológicas y científicas, pasaron epidérmicamente sobre la
conciencia de la generación anterior a la guerra, la persistencia de las
nuevas bocinas —llámeseles *jazzband,* bataclán, etc.— mortifica sus

---

* Publicado en *Amauta* 5 (enero, 1927), pág. 12.

auditivos acostumbrados a las campanas conventuales del romanticismo y decadentismo, etc.

Pero los hombres nuevos, nacidos en pleno cataclismo, cuando la tierra vivía su más grande hora de tormentosa inquietud, fatalmente cargaron sus cerebros con las placas instantáneas de la comprensión rápida y la creación sintética, como el momento, que es el único que vivimos —átomo y eternidad.—El Arte nuevo tuvo su primer vajido seguramente en la cabina de un aeroplano o en las ondas concéntricas del radio.

3. El sentido vital de las nuevas estéticas

Esto que para nosotros tiene su más perfecto sentido de humanidad y vida resulta alambicado, oscurecido por forzadas cerebraciones, para el ocio intelectual de la generación inmediatamente anterior a la guerra.—Para nosotros precisamente el arte nuevo tiene este sentido simbólico formidable: su DINAMISMO.

El Arte nuevo impele a la aclaración del motor cerebral —todo él, estructurado de nervios en agilidad es un excitante de la energía.—El Arte nuevo canta siempre la realidad de la ACCIÓN: sea pensamiento, sea movimiento.—Y para nuestros pueblos latinos, soñadores e inactivos, demasiada falta hace un propulsor de energías que despierte las fuerzas creadoras de un gran futuro próximo.

4. El arte nuevo y las nuevas corrientes ideológicas

En todas las épocas de la HUMANIDAD, el arte ha sido una resultante lógica de las diversas tendencias sociológicas y filosóficas. No ha sido un producto desconectado y anárquico —por más que en arte es donde más derecho de ser tiene la anarquía.—Directamente ligado a las bases más representativas de la época, el arte ha sido más bien un espejo anticipado del panorama total inminente a realizarse.

Y esto que está dentro de la más estricta lógica tampoco ha sido violado esta vez, a pesar de haberse violado la lógica común.

El arte nuevo —verdad, sintetismo, humana alegría de vida, fuerza y creación— responde a esta gran época nuestra de la post-guerra, señalada por inusitados triunfos de la ciencia y el grito de libertad que lanza el hombre.

Todo un desfile de cadáveres fue necesario para esto —también los millones de fantasmas hambrientos.—El arte se desvistió de las inútiles pompas de Darío —la Belleza en sí, es estéril, el arte debe ser creador— y penetrando en la raíz de la vida empezó su labor humana.

Antes de la guerra hubo un arte de decadencia, completamente estéril, para la vida, enervante y atrofiante para todo lo que no fuera paraísos artificiales.—La guerra con sus tajos de sangre puso más humanidad, más sentido de vida a las manifestaciones del arte y como en toda época caótica el arte tuvo su caos para escapar al decadentismo y llegar a las anchas estepas ya soleadas de libertad, que son el arte nuevo, sin escuela definida, pero hermanado en acción y pensamiento a la Revolución Social cuyas semillas fructifican en el mundo.

No importa que los primeros en cumplir esta misión —los poetas precursores— nieguen la ligazón del arte al movimiento social y desdigan lo que oscuramente realiza.—Los que llegan después, y ya han nacido en plena HUMANIZACIÓN DEL ARTE, son los que cumplen conscientemente su doble misión de BELLEZA y de VIDA.

5. El arte nuevo y los nuevos artistas

¿Pero con qué derecho «los burgueses de la literatura» exigen a este arte heroico y el único valiente —no deseo repetir las razones— un absoluto producto de sinceridad y de talento?

Los soldados de la revolución social estamos rodeados de una gran cantidad de falsos soldados, en cualquier momento traidores y disidentes o simplemente inútiles para la acción —todas las escuelas artísticas tuvieron sus malos discípulos, D'Annunzio, Chocano, etc.—El arte nuevo no está obligado a llenar de carteles eléctricos los panoramas del Mundo, señalando a los malos satélites.—Los periodistas seudo intelectuales y demás canalla artística, no tienen derecho a exigir una selección absoluta en el arte que recién yergue su planta alegre al oxígeno de la Realidad.

Y en cuanto a negarlo, es hacer como el pequeño burgués temeroso y por lo mismo incrédulo, que niega la marcha todavía lejana pero incontenible de los soldados de la Revolución Social.

LA EXTREMA IZQUIERDA*

Roberto Mariani

I. Provisionalmente, y por razones de espacio y de comodidad explicativa, aceptemos sin discusión las diversas denominaciones o etiquetas de las dos tendencias o escuchas literarias que, hoy y aquí, más

---

* Publicado en *Exposición de la actual poesía argentina (1922-1927)*, págs. x-xi. Este texto, una de las introducciones al libro en que fue originalmente publicado, fue dislocado para esta sección por una cuestión de coherencia temática.

escándalo fabrican, y que se oponen la una a la otra en actitudes beligerantes.

Florida	Boedo
Vanguardia	Izquierda
Ultraísmo	Realismo

Y como este procedimiento es cómodo y fácil, podríamos continuarlo hasta desfallecer por falta de argumentos:

«Martín Fierro» y «Proa»	«Extrema Izquierda», «Los Pensadores» y «Claridad»
La greguería	El cuento y la novela
La metáfora	El asunto y la composición
Ramón Gómez de la Serna	Fedor Dostoiewski

II.   Aceptemos el término «realismo» a falta de otro más exacto y preciso, y a ver si nos entendemos. Solamente discutiendo con mala fe se explican los nombres de Zola y Gálvez que se nos arrojó como afrenta. El realismo en literatura ha superado a Zola, y se ha desprendido de incómodas compañías (de la sociología principalmente y de la tesis y de los objetivos moralizadores) al mismo tiempo que se desarrollaba vigorosamente con aportes nuevos o rejuvenecidos, como el subsconsciente.

III.   No adherimos a la teoría del arte puro en el sentido estrecho, limitado y extraño que en Buenos Aires tiene, porque le descubrimos frivolidad y limitación. Para nosotros el arte es puro en cuanto no es tendencioso; y hoy ya no lo es. Es mal realismo el de Dicenta cuando compone un patrono asqueroso y un obrero con sentimientos de marqués. Nuestro realismo no es tendencioso; de modo que reivindicamos la pureza de nuestro arte. Lo que hay es que nuestro arte no lo independizamos del hombre; es su producto como la voz de la boca; y así como la voz dice tristeza o alegría, exaltación lírica o pesadumbre derrotista, del mismo modo nuestro arte expresa nuestras ideas y nuestros sentimientos.

IV.   Tenemos una interpretación seria, trascendental, del arte. El ultraísmo —o lo que sea— no nos sirve; queremos algo que nos permita más grandes cosas. Para combinaciones y construcciones importantes como el poema, el paisaje, el cuento, etc., nos servimos, como de un elemento secundario, de la metáfora.

V.   La metáfora, pues, es un material que sirve para componer fábricas literarias; cuentos, novelas, etc. No la despreciamos; seguimos creyendo que ha de estar subordinada al asunto, a la composición, etc.

VI. Mientras que todos los ultraístas se parecen entre sí con sus «ruidos que se suicidan» y sus «calles del recuerdo» y «el viento que se seca la cara en la tohalla (*sic.*) turca de las paredes» y «los faroles que se ahorcan», los «realistas», en cambio, son más diferenciados entre sí, más ricos de variedad, y cada uno muestra características peculiares, lo que es fundamental en arte.

VII. El ultraísmo —o lo que sea— amenaza desterrar de su «arte puro» elementos tan maravillosos como el retrato, el paisaje, los caracteres, las costumbres, los sentimientos, las ideas, etc. Es una desventaja y una limitación.

En tan poco espacio no caben más razones. Y perdónenme la falta de pedantería por las ausentes citas de Croce, Lipps, etc.

MARTÍN FIERRO VERSUS YRIGOYEN*

Uno de los más sonados sucesos del ambiente intelectual porteño, en esta últimas semanas, ha sido el manifiesto de adhesión a la candidatura presidencial del doctor Yrigoyen, lanzado por treinta escritores jóvenes, pertenecientes a las tendencias «de vanguardia» y algunos redactores del conocido periódico literario *Martín Fierro.*

Entre éstos se halla, en primer término, el joven poeta y crítico de renombre Jorge Luis Borges, que hasta ahora había sido uno de los puntales de *Martín Fierro.* Pero el caso es que *Martín Fierro* protestó de esa actitud política de Borges y otros amigos, declarando que ese periódico, y el grupo literario de su nombre, nada tienen que ver con la adhesión irigoyenista, y se mantiene rigurosamente al margen de la política.

Por su parte, Borges y los otros han respondido a *Martín Fierro* en forma violenta, deslizándose del grupo y del periódico. Se ha roto, pues, el frente «vanguardista» por obra de la política, que ha logrado reducir a los jóvenes escritores, hasta hoy apartados de ese campo.

Hay que tener en cuenta que el director de *Martín Fierro,* señor Evar Méndez, es uno de los secretarios de la Presidencia, amigo del doctor Alvear, y por tanto, contrario, de hecho, a Yrigoyen[1].

* Publicado en *La Pluma* (marzo, 1928), pág. 153.
[1] Para mayores informaciones sobre el panorama político de esta elección, consultar, de José Carlos Mariátegui, «La batalla electoral de Argentina», *Variedades* (11/2/1928). Reproducido en *Temas de nuestra américa,* 1960, págs. 137-140.

POETAS DE LA REVOLUCIÓN MEXICANA*

SERAFÍN DELMAR

Se han terminado todas las tentativas y posibilidades del futuro
—la obra artística definitiva se plasma en estos instantes: fuerza y carácter en base política y económica. La obra índice de esta hora de realizaciones pueden ser los poemas de Manuel Maples Arce —la novela
Los de Abajo, de Mariano Azuela y los frescos de Diego Rivera y Orozco. Cada una de estas manifestaciones responden a los objetivos de la
Revolución Mexicana —el termómetro donde se mide la esperanza de
Indoamérica.

Pocos, pero grandes hombres los que aplican el Arte a la Revolución, no la Revolución al Arte como creen menguados escritores de
nuestra América que tienen como meridiano España o Francia, ya que
no Rusia por cobardía.

Nosotros nada le devolveremos a Europa, porque nada le debemos, a no ser la destrucción de nuestra cultura autóctona. Pero sí im-
portaremos arengas rojas del espíritu a enredar las calles donde el proletariado tiene derecho a la vida. Que lo sepan por última vez los hombres de Europa que América despierta, estremeciendo sus montañas de
gritos. Y uno de estos gritos de incendio proletario es el libro *Poemas in-
terdictos* de Maples Arce, el mentor del *estridentismo,* escuela plasmada en
la vida, porque nunca tuvo programa. Los programas no salen de los
cerebros, sino los plasma la vida, y por eso es hoy la única fuerza capaz
de subrayar una época en la historia.

Poeta que sabe decir:

> Noche adentro
> los soldados,
> se arrancaron
> del pecho
> las canciones populares

En su mismo poema *Revolución*

> Trenes militares
> que van hacia los 4 puntos cardinales,
> el bautizo de sangre
> donde todo es confusión,
> y los hombres borrachos

---

* Publicado en *La Pluma* (marzo, 1928), págs. 133-134.

juego a los naipes
y a los sacrificios humanos;
trenes sonoros y marciales
donde hicimos cantando la Revolución.
. . . .
. . . .
Allá lejos,
mujeres-preñadas
se han quedado rogando
por nosotros
a los cristos de piedra.

Sólo América y Rusia pueden producir fuertes emociones y por
fortuna tenemos poetas como Maples Arce que levantan el nivel de la
poesía a la altura de la lucha social. Esto es un ejemplo para todos los
poetas jóvenes que equivocada o intencionalmente creen hacer «arte
puro» por vanidad burguesa.

German List Arzubide
Otro poeta de la Revolución Mexicana, convencido de que «el arte
es la expresión más genuina y más honda de un pueblo», que con M. A.
se han impuesto sembrar en América, desde México, con *Horizontes* y
publicaciones populares, la única semilla que germinará en las conciencias: La Justicia.
Es el poeta nacido para decir palabras proletarias de consuelo.
¡Qué alegría sacude su optimismo! Nunca ha sentido la necesidad de
remendar sus poemas con vanas palabras de orfebre; es cáustico en su
exposición deshabitada de mentiras, por eso llega a los espíritus humildes, para quienes está el triunfo de la Revolución.
Copio al azar este poema de su libro *Plebe:*

Campesino
que vives en derruida cabaña
espiando el horizonte para ver si la lluvia se aproxima

afila la guadaña,
que va a lucir el sol sobre la cima
y es la hora de segar;

ya está el grano maduro
y la mano del patrón ya quiere el grano

siega pronto esa mano
que te quiere robar
. . . .
. . . .
El hombre era un grito de sombra,
un siniestro rugido

. . . .
La noche comanditaria del crimen
borró la sombra, y apagó la voz.

List Arzubide está haciendo de su vida la bandera con que los campesinos cubrirán el sol de los campos.

Carlos Gutiérrez Cruz
El cantor genuino de los obreros y de los campesinos, él mismo un obrero intelectual, con la pureza del trabajador.

AL MINERO

Minero renegrido de tanta y tanta sombra,
el hombre que te nombra,
te imagina
en el sórdido seno de la mina,
con hambre muchas veces,
pero sacando a creces
el oro que germina.

Compañero minero,
doblado por el peso de la tierra,
tu mano yerra
cuando saca metal para el dinero.
Haz puñales
con todos lo metales,
y así,
verás que los metales
después son para ti.

Su poesía tiene el ritmo clásico, mejor instrumento de agitación de las masas. Sencillez y claridad son sus elementos fundamentales. La metáfora para él y para mí es un bello pretexto de servidumbre a la burguesía, cuando no es empleada directamente para el servicio de una causa y de una política.

Sangre Roja, su primer libro de poemas, reafirma su espíritu revolucionario fuera del mercado de las fluctuaciones cotizables. Y sabemos que los poetas se venden como cualquier meretriz al oro. Y afirmamos, con este poeta más, nuestro frente de trabajadores intelectuales, por la realización de la Justicia y por la unidad política de América.

ANOTACIONES*

César Vallejo

1. Un artista puede ser revolucionario en política y no serlo, por mucho que, consciente y políticamente, lo quiera, en el arte.
2. Viceversa, un artista puede ser, consciente o subconscientemente, revolucionario en el arte y no serlo en política.
3. Se dan casos, muy excepcionales, en que un artista es revolucionario en el arte y en la política. El caso del artista pleno.
4. La actividad política es siempre la resultante de una voluntad consciente, liberada y razonada, mientras que la obra de arte escapa, cuanto más auténtica es y más grande, los resortes conscientes, razonados, preconcebidos de la voluntad. Rosa Luxemburgo reflexionaba a este propósito: «Dostoiewski es, sobre todo en sus últimas obras, un reaccionario declarado, un místico devoto y un antisocialista feroz. Sus descripciones de revolucionarios rusos son nada menos que perversas caricaturas. Del mismo modo, las enseñanzas místicas de Tolstoy revisten un carácter reaccionario innegable. Y, sin embargo, las obras de los dos nos conmueven, nos elevan, nos liberan. Y es que, en realidad, son únicamente las conclusiones a las que ambos llegan y cada cual a su manera, y el camino que creen haber encontrado, fuera del laberinto social, lo que les lleva al callejón sin salida del misticismo y del ascetismo. Pero en el verdadero artista, las opiniones políticas importan poco. *Lo que importa es la fuente de su arte y de su inspiración y no el fin consciente que él se propone y las fórmulas especiales que recomienda»*[1].

Llamé en la calle a un «intelectual revolucionario», paladín ortodoxo y fanático del «arte al servicio de la causa social» y le dije:

—Venga usted a oír un trozo de música y va usted luego a decirme si esta música es revolucionaria o reaccionaria, clasista o socialista, proletaria o burguesa.

Nos detuvimos ante la puerta de una casa desconocida, donde alguien tocaba al piano una partitura. Tanto el «intelectual revolucionario», como yo, desconocíamos esta música, el título de ella, el nombre de su autor y el del pianista. Terminado el trozo, el «intelectual revolucionario» se vio en apuros para responderme. Temía dar su opinión y equivocarse. Estuvo a punto de aventurarse a decirme que esa música era reaccionaria, pero ¿y si su autor era un artista conocido y tenido

---

* Publicado en *El arte y la revolución. Obras completas* 2, págs. 34-36 y 141.
[1] Redondear lo de Rosa Luxemburgo, Los escritores bolcheviques contradicen a R. Luxemburgo. *[N. A.]*

por la crítica marxista como revolucionario? Iba a decir, por momentos, que estábamos ante un arte evidentemente clasista, pero ¿y si la pieza llevaba un título «au desus de la mêlée?... La cosa, en verdad, resultaba escabrosa. El «intelectual revolucionario», paladín ortodoxo y fanático del «arte al servicio de la causa social», vaciló, evadió, en suma, la respuesta y acabó por engolfarse en textos, opiniones y citas de Hegel, Marx, Freud, Bukharin, Barbusse y otros.

LITERATURA PROLETARIA*

CÉSAR VALLEJO

Por ordenanza administrativa de primero de julio de mil novecientos veinticinco, el Soviet ha declarado la existencia oficial de la literatura proletaria. «La lucha de clases —dice uno de los considerandos del decreto—, debe continuar en literatura como en todas las demás esferas sociales. En una sociedad de clase, no existe ni puede existir un arte neutro.»

La Vapp —Asociación Pan-rusa de los escritores proletarios—, secundando el espíritu del estatuto oficial, traza el carácter de la literatura proletaria en los siguientes términos: «La literatura —declara— es una incomparable bomba de combate. Si, como Marx lo ha observado ya, es innegable que las ideas directrices de una época son siempre las ideas de una clase dirigente, la dictadura del proletariado es incompatible con la denominación[1] de una literatura no proletaria. En las actuales condiciones, la literatura es, pues, uno de los campos donde la burguesía libra su ofensiva suprema contra el proletariado.»

Semejante definición y carta de naturaleza proletaria de la literatura en Rusia responde, como se ve, a un criterio político del arte y a una necesidad científica y técnica del Estado para realizarse. La historia demuestra que todos los Estados han visto siempre al arte a través de un anteojo político. Tal es su derecho y su obligación. El Estado y los hombres de Estado, deben ver o, por lo menos, están facultados a ver en todos los fenómenos sociales otros tantos instrumentos para realizar sus doctrinas políticas. Así lo han comprendido los gobiernos y los dirigentes políticos —reaccionarios o revolucionarios de hoy y de

---

* Publicado en *Mundial,* de 21/9/1928, y reproducido en César Vallejo, *Aula Vallejo* I, págs. 49-51. Agradezco a Amálio Pinheiro por la cesión de este artículo.
[1] Pensamos que se trata de un error tipográfico: «dominación», en vez de «denominación».

ayer—. Han constreñido a los escritores a orientarse, de grado o por fuerza, dentro de los horizontes espirituales que convienen a sus concepciones políticas y sociales de la vida. El gobierno o el hombre de Estado que no asumiese esta actitud, se traicionaría a sí mismo, substrayendo a su ideal político un importante medio de realizarlo. Lenin habría hecho mal si no extiende a las obras del espíritu los procedimientos de la dictadura proletaria. Idéntico error cometería Mussolini, si no hace lo propio desde su dictadura burguesa. Uno y otro están obligados —dentro de una concepción vital y creadora de la política— a no escatimar ningún medio —inclusive el arte—, para consumar sus experiencias políticas, que podrían, de otra manera, abortar total o parcialmente. El arquitecto no debe pararse en respetos por la belleza de los árboles, si quiere obtener de éstos la madera que exigen los croquis del monumento.

Sin embargo, muy diverso es y debe ser el concepto que los artistas tienen de arte. Cuando Haya de la Torre me subraya la necesidad de que los artistas ayuden con sus obras a la propaganda revolucionaria en América, le repito que, en mi calidad genérica de hombre, encuentro su exigencia de gran giro político y simpatizo sinceramente con ella, pero en mi calidad de artista, no acepto ninguna consigna o propósito, propio o extraño, que aun respaldándose de la mejor buena intención, someta mi libertad estética al servicio de tal o cual propaganda política. Una cosa es mi conducta política de artista, aunque, en el fondo, ambas marchan siempre de acuerdo, así no lo parezca a simple vista. Como hombre, puedo simpatizar y trabajar por la Revolución, pero, como artista, no está en manos de nadie ni en las mías propias, el controlar los alcances políticos que pueden ocultarse en mis poemas. Los escritores rusos ¿han rechazado el marco espiritual que les impone el Soviet? Lo ignoramos.

La cuestión de la literatura proletaria ha despertado, aparte de este debate sobre el derecho del Estado para imponer tal o cual estética a los escritores, ardientes discusiones sobre la naturaleza del arte proletario. Al criterio de Lenin, que quiere que aquél sea un instrumento del Estado para realizar una doctrina política, ha sucedido el de Trotsky, quien examinando más ampliamente el problema, extiende el criterio proletario del arte a más vastos y profundos dominios del espíritu y declara que ningún poeta ruso de la Revolución, empezando por Block y Gorki, ha logrado realizar aquellos trazos esenciales del arte proletario. De esta misma opinión —menos política y más humana que la del Soviet— participa Boris Pilniak, uno de los más interesantes escritores jóvenes de Rusia. Con todo, la literatura proletaria, según Trotsky y Pilniak, queda siempre encerrada dentro del catecismo espiritual del Estado comunista. Se trata solamente de una relativa ampliación de vistas de la posición política de la Vapp. Ambos criterios ven al arte, no desde un punto de vista estético y libre, sino desde un punto de vista político y dependiente del Estado.

Hay un tercer modo de caracterizar al arte proletario. Con ocasión de la apoteosis oficial de Gorki en Rusia, algunos críticos, como Plekhanov y Gorter, creían —confirmando la tesis de Trotsky y Pilniak— que Gorki no tiene nada de común con la clase obrera. Otros, como Lunacharsky y Bucarin (*sic.*), afirmaban lo contrario, apoyándose en Lenin, quien decía del autor de *Los vagabundos,* que es un gran artista proletario. Por último, el círculo literario de Pokrowsky solicitó al mismo Gorki expresamente su opinión sobre lo que es o debe ser la literatura proletaria. Gorki dijo: «El trazo típico del escritor proletario está en el odio activo contra todo lo que de dentro o de fuera oprime al hombre, impidiéndole su libre desenvolvimiento y el pleno desarrollo de sus facultades. El escritor proletario tiende a intensificar la participación de los lectores en la vida y a darles un mayor sentimiento de seguridad en sus propias fuerzas y en los medios de vencer todo enemigo interior, ayudándoles, al propio tiempo, a adquirir el gran sentido de la vida y la alegría inmensa del trabajo. He aquí, en suma, lo que pienso de un escritor del mundo de los trabajadores.»

La opinión de Gorki desilusionó a los críticos y técnicos soviéticos y el desacuerdo sobre el tema subsiste y se complica. La posición del autor de *La madre* se confunde, en efecto, con el espíritu de la literatura burguesa, que trata de realizar idénticos propósitos que los que Gorki atribuye, de modo harto genérico y vago a la literatura proletaria. Gorki no bosqueja el carácter estrictamente proletario del arte. Lo que dice de éste, han dicho del arte burgués los estetas y críticos burgueses de todas las épocas. Por otro lado, el concepto de Gorki responde a un criterio moral del arte y no a un criterio estético, en el sentido vital y creador de este vocablo.

Aún no se ha llegado en Rusia a dar con la naturaleza de la literatura proletaria. Mientras quiera dominar en el debate un criterio extraño a las leyes sustantivas del arte, tal como el criterio político o el moral, la cuestión seguirá cada vez más oscura y confusa.

París, agosto de 1928

«INTRODUCCIÓN» A «SERAFIM PONTE GRANDE»*

OSWALD DE ANDRADE

El mal fue haber medido mi avance sobre el cabestro metrificado y nacionalista de dos remotos animales: Bilac y Coelho Neto. El error, haber corrido en la misma pista inexistente.

Inauguró la ciudad de Río allá por el 16 o el 15. Lo que me hacía tomar el tren de la estación Central y escribir en francés; era un embrollo amoroso, más que cualquier otra veleidad. Andaba conmigo para acá y para allá, trasnochando y escrofuloso, Guilherme de Almeida —¿quién lo diría? — la futura Marquesa de Santos del Pedro I navío.

El anarquismo de mi formación fue incorporado a la estupidez letrada de la semicolonia. Frecuenté al repulsivo Goulart de Andrade, al lampiño João do Rio, al culón Martins Fontes, al bestia de Graça Aranha. Me embarqué sin dificultades en el ala mojada de las letras donde restallaba gordamente Emílio de Menezes.

La situación «revolucionaria» de esta bosta mental sudamericana se presentaba así: lo contrario del burgués no era el proletario, era ¡el bohemio! Las masas, ignoradas en el país tanto como hoy, estaban bajo la total depravación económica de los políticos y de los ricos. Los intelectuales jugaban a la ronda. De vez en cuando pegaban algunos tiros entre rimas. El único sujeto que conocía la cuestión social venía a ser mi primo postizo Domingos Ribeiro Filho, prestigioso en el Café Papagayo. Con poco dinero, fuera del eje revolucionario del mundo, ignorante del Manifiesto Comunista y sin querer ser burgués, naturalmente pasé a ser bohemio.

Había hecho un viaje. Conocí la Europa «pacífica» de 1912. Una sincera amistad por la ralea noctívaga de la *butte* Montmartre, me confirmaba en la tendencia curda con que, aquí, en los bares, mi embarullada situación económica protestaba contra la sociedad feudal que presentía. En fin, yo había pasado por Londres, de barba, sin advertir a Karl Marx.

Dos payasos de la burguesía, un paranaense, otro internacional «le pirate du lac Leman» me hicieron perder tiempo: Emílio de Menezes y Blaise Cendrars. Fui con ellos un payaso de clase. Animado por expectativas, aplausos y plata capitalistas, mi ser literario se embarró varias veces en la trinchera social reaccionaria. Lógicamente, tenía que volverme católico. La gracia siempre ilumina las herencias abundantes.

---

* Publicado en Oswald de Andrade, *Serafim Ponte Grande,* Río de Janeiro, 1933.

Pero cuando ya estaba arrodillado (¡con Jean Cocteau!) ante la Virgen María y le andaba prestando atención a la Edad Media de Santo Tomás, un cura y un arzobispo golpearon la puerta de mi escribanía heredada, un medio día policíaco del São Paulo iluminado. Los agarré a tiempo por la sotana. Mas, humanamente, descreí. El padre Leme llamó enseguida a su secretario particular el ladroncito principal de la asonada.

Seguí en la burguesía, en la que, más que aliado fui índice cretino, sentimental y poético. Dicté la moda Vieira al Brasil colonial[1] en el esperma aventurero de un triestino, proletario del rey, sastre de Don João VI[2].

De mi fundamental anarquismo brotaba siempre una fuente sana, el sarcasmo. Serví a la burguesía sin creer en ella. Como el cortesano explotado cortaba las ropas ridículas del Regente.

El movimiento modernista, que culminó en el sarampión antropofágico, parecía señalar un fenómeno avanzado. São Paulo poseía un poderoso parque industrial. ¿No podría acaso la suba del café colocar a la literatura nueva rica de la semicolonia a la altura de los costosos surrealismos imperialistas?

Pero, he aquí que el parque industrial de São Paulo era un parque de transformación. Con materia prima importada. A veces originaria de nuestro propio suelo. Macunaíma.

El alza del café fue una operación imperialista. La poesía Pau-Brasil también. Todo eso tenía que caer con las cornetas de la crisis. Como cayó casi toda la literatura brasileña «de vanguardia», provinciana y sospechosa, cuando no extremadamente agotada y reaccionaria. De la mía quedó este libro. Un documento. Un gráfico. El brasileño en la aventura de la marea alta de la última etapa del capitalismo. Maricón. Oportunista y revoltoso. Conservador y sexual. Casado en la policía. Pasando de pequeño burgués y empleado climático a bailarín y turista. Como solución, el nudismo transatlántico. En el apogeo histórico de la fortuna burguesa. De la fortuna mal adquirida.

Lo publico en su texto original, terminado en 1928. Necrológica de la burguesía. Epitafio de lo que fui.

En cuanto a los padres, de compañerismo sacrílego, en São Paulo con el profesor Mário de Andrade y en Río con el robusto Schmidt, cantan y entonan, en las últimas novenas repletas del Brasil:

---

[1] Posible comparación del lenguaje vanguardista de Oswald de Andrade con la palabra barroca del padre Antonio Vieira, considerada revolucionaria por el poeta paulista. Años más tarde Oswald de Andrade escribiría: «Resta una palabra sobre el Barroco. El estilo utópico. Nació con América. Con el descubrimiento. Con la Utopía», en *Do Pau-Brasil à antropofagia e às utopias*, pág. 227.

[2] Posible alusión genealógica de Oswald de Andrade a un antepasado triestino que inmigró al Brasil junto con la corte de D. João VI.

> ¡En el cielo, en el cielo
> con «su» madre estaré!

yo prefiero, simplemente, declararme asqueado de todo. Y poseído de una sola voluntad. Ser, por lo menos, soldado raso en la Revolución Proletaria.

El camino a seguir es duro, los compromisos contrarios son enormes, las taras y dudas aún mayores.

Tarea heroica para quien ha sido Hermano del Santísimo, bailó el minué en Minas y se disfrazó de turco a bordo.

Sea como fuere. Volver atrás es imposible. Mi reloj anda siempre para adelante. La Historia también.

Río, febrero de 1933

SOBRE UNA POESÍA SIN PUREZA*

PABLO NERUDA

Es muy conveniente, en ciertas horas del día o de la noche, observar profundamente los objetos en descanso: las ruedas que han recorrido largas, polvorientas distancias, soportando grandes cargas vegetales o minerales, los sacos de las carbonerías, los barriles, las cestas, los mangos y asas de los instrumentos del carpintero. De ellos se desprende el contacto del hombre y de la tierra como una lección para el torturado poeta lírico. Las superficies usadas, al gasto que las manos han infligido a las cosas, la atmósfera a menudo trágica y siempre patética de estos objetos, infunde una especie de atracción no despreciable hacia la realidad del mundo.

La confusa impureza de los seres humanos se percibe en ellos, la agrupación, uso y desuso de los materiales, las huellas del pie y los dedos, la constancia de una atmósfera humana inundando las cosas desde lo interno y lo externo.

Así sea la poesía que buscamos, gastada como por un ácido por los deberes de la mano, penetrada por el sudor y el humo, oliente a orina y a azucena, salpicada por las diversas profesiones que se ejercen dentro y fuera de la ley.

Una poesía impura como un traje, como un cuerpo, con manchas de nutrición, y actitudes vergonzosas, con arrugas, observaciones, sueños, vigilia, profecía, declaraciones de amor y de odio, bestias, sacudi-

---

* Publicado en *Caballo verde para la poesía* (octubre, 1935), pág. 5. Edición facsimilar, Kraus reprint, Glashutten im Taunus, D. Auvermann, 1974.

das, idilios, creencias políticas, negaciones, dudas, afirmaciones, impuestos.

La sagrada ley del madrigal y los decretos del tacto, olfato, gusto, vista, oído, el deseo de justicia, el deseo sexual, el ruido del océano, sin excluir deliberadamente nada, sin aceptar deliberadamente nada, la entrada en la profundidad de las cosas en un acto de arrebatado amor, y el producto poesía manchado de palomas digitales, con huellas de dientes y hielo, roído tal vez levemente por el sudor y el uso. Hasta alcanzar esa dulce superficie del instrumento tocado sin descanso, esa suavidad durísima de la madera manejada, del orgulloso hierro. La flor, el trigo, el agua tienen también esa consistencia especial, ese recuerdo de un magnífico tacto.

Y no olvidemos nunca la melancolía, el gastado sentimentalismo, perfectos frutos impuros de maravillosa calidad olvidada, dejados atrás por el frenético libresco: la luz de la luna, el cisne en el anochecer, «corazón mío» son sin duda lo poético elemental e imprescindible. Quien huye del mal gusto cae en el hielo.

MANIFIESTO POR UN ARTE REVOLUCIONARIO INDEPENDIENTE*

Diego Rivera, André Breton, [Leon Trotsky]

Puede afirmarse sin exageración, que nunca como hoy nuestra civilización ha estado amenazada por tantos peligros. Los vándalos, usando sus medios bárbaros, es decir, extremadamente precarios, destruyeron la antigua civilización en un sector de Europa. En la actualidad, es toda la civilización mundial, en la unidad de su destino histórico, la que vacila bajo la amenaza de fuerzas reaccionistas armadas con la eficacia de la técnica moderna. No aludimos tan sólo a la guerra que se prepara. Aún hoy, en tiempos de paz, la situación de la ciencia y del arte se ha vuelto intolerable.

---

* Publicado en *Partisan Review* 1 (1938) y reproducido en Luis Mario Schneider, *México y el surrealismo* (págs. 155-160). Este manifiesto está firmado por Breton y Rivera, pero Trotsky también participó en la elaboración del texto. En su *Histoire du surréalisme* (París, Seuil, 1964, pág. 174), nota 2, Maurice Nadeau comenta: «Redactado en gran parte por Trosky, Rivera sólo prestó su nombre para este asunto.» Opinión diferente es la del crítico mexicano Luis Mario Schneider que comenta: «Inserto [el manifiesto] otorgándole la paternidad no a Breton y a Trotsky —como el surrealista lo asienta—, o a Trotsky solamente como lo quiere Deutscher o los editores de sus *Obras Completas,* sino a Breton, a Rivera y a Trotsky, pues en alguna medida los tres fueron indiscutiblemente sus autores», en *op. cit.,* págs. 154-155.

En aquello que de individual conserva en su génesis, en las cualidades subjetivas que se ponen en acción para que sea inferido, un hecho que significa un enriquecimiento objetivo, un descubrimiento filosófico o artístico, aparece como el fruto de un azar precioso, es decir, como una manifestación más o menos espontánea de la necesidad. No es posible pasar por alto semejante aporte, sea desde el punto de vista de la conciencia en general (que tiende a desarrollarse así que se amplían las interpretaciones del mundo), sea desde el punto de vista revolucionario (pues para llegar a la transformación del mundo, es preciso tener una idea exacta de las leyes que rigen el movimiento). Particularmente, no es posible desentenderse de las condiciones según las cuales este enriquecimiento se manifiesta, no es posible cesar la vigilancia para que el respeto a las leyes específicas a las que está ligada la creación intelectual, sea garantizado.

En la actualidad, el mundo se ve obligado a constatar la violación cada vez más generalizada de estas leyes, violaciones a las que corresponde, necesariamente, un envilecimiento cada vez más abierto, no sólo de las obras de arte, sino también de la personalidad «artística». El fascismo hitleriano después de haber eliminado de Alemania a todos los artistas en quienes encontró en alguna medida la expresión del amor por la libertad, aunque sólo fuese ésta una libertad formal, obligó a todos los que aún podían sostener la pluma o el pincel a convertirse en lacayos del régimen y a celebrarlo según órdenes y dentro de los límites exteriores del peor convencionalismo. Dejando de lado la publicidad, lo mismo ha ocurrido en la URSS durante el periodo de furiosa reacción que hoy se encuentra en su apogeo.

Que no se suponga, ni por un instante, que nosotros seamos solidarios, cualquiera sea su destino actual, con la consigna: «Ni fascismo, ni comunismo», consigna que corresponde a la naturaleza del filisteo conservador timorato que se aferra a los vestigios del pasado «democrático». El verdadero arte, es decir, aquel que no se satisface con las variaciones de modelos preestablecidos, sino que se esfuerza por expresar las necesidades íntimas del hombre y de la humanidad, no puede dejar de ser revolucionario, es decir, no puede sino aspirar a una reconstrucción completa y radical de la sociedad, aunque sólo sea para liberar a la creación intelectual de las cadenas que la obstaculizan y para permitir a toda la humanidad elevarse a las alturas que sólo genios solitarios han alcanzado en el pasado. Al mismo tiempo, nosotros reconocemos que únicamente una revolución social puede abrir el camino a una nueva cultura. Si rehusamos cualquier solidaridad con la casta actualmente dominante en la URSS, es justamente porque a nuestro juicio ella no representa el comunismo sino su enemigo más pérfido y peligroso.

Bajo la influencia del régimen totalitario de la URSS, y a través de los organismos llamados «culturales» que éste controla en los otros países se ha difundido en el mundo un profundo crepúsculo, hostil a la afirmación de cualquier valor espiritual. Crepúsculo de fango y de sangre en el cual, disfrazados de artistas y de intelectuales se sumergen hombres que han hecho del servilismo un comodín, del renegar de sus principios un juego perverso, del testimonio falso y venal un hábito y del apoyo del delito su gloria. El arte oficial de la época stalinista refleja, con una crudeza sin parangón en la historia, sus irrisorios esfuerzos por ocultar y enmascarar su auténtico rol de mercenarios.

La sorda reprobación que suscita en el mundo artístico esta negociación desvergonzada de aquellos principios a los cuales el arte siempre ha obedecido y que ni aun los estados fundados sobre la esclavitud se han arriesgado a negar de un modo tan absoluto, debe dar lugar a una condenación implacable. La oposición artística es hoy una de las fuerzas que pueden contribuir de una manera útil al descrédito y a la ruina de los regímenes en los que se desconoce, al mismo tiempo que el derecho de la clase explotada a aspirar a un régimen mejor, todo sentimiento de grandeza y, aun, de dignidad humana.

La revolución comunista no teme al arte; comprende según los descubrimientos que se han verificado acerca de la formación de la vocación artística en la sociedad capitalista que se derrumba, que la determinación de dicha vocación no puede sino resultar del conflicto entre el hombre y un cierto número de formas sociales que le son adversas. Esa coyuntura tan simple, y la conciencia que de ella debe adquirir, hace del artista el aliado bien dispuesto de la revolución. El mecanismo de sublimación que actúa en tal caso, y que el psicoanálisis ha puesto en evidencia, tiene como objeto restablecer el equilibrio destruido entre el yo coherente y sus elementos reprimidos. Esta restauración se cumple en beneficio del ideal del yo que suscita, contra la realidad actual, insoportable, las potencias del mundo interior, del «sí mismo», común a todos los hombres, y constantemente en proceso de desdoblamiento en su devenir. La necesidad de emancipación del espíritu no tiene más que seguir su curso natural para ser llevada a fundirse y a renacer en esta necesidad primordial: la necesidad de emancipación del hombre.

En consecuencia, el arte no puede, sin entrar en decadencia, aceptar plegarse a cualquier directiva externa y encuadrarse dentro de los términos que algunos creen poder asignarle con fines pragmáticos extremadamente limitados. Vale más confiar en el don de la prefiguración, que es el alimento de todo artista auténtico, y que significa un principio de superación (virtual) de las contradicciones más graves de nuestra época y orienta el pensamiento de los contemporáneos hacia la urgencia que reviste la instauración de un orden nuevo.

La idea que el joven Marx tenía del escritor exige, en nuestros días, una afirmación vigorosa. Está claro que esa idea debe ser extendida en el plano artístico y científico, a las diversas categorías de artistas e investigadores.

«El escritor —decía Marx— debe naturalmente ganar dinero para poder vivir y escribir, pero en ningún caso debe vivir y escribir para ganar dinero... El escritor no considera de ninguna manera sus trabajos como un medio. Éstos son de aquéllos fines en sí, que constituyen un poco un medio para él mismo y para los otros, y el escritor sacrifica —si es preciso— su propia existencia a la existencia de éstos... La primera libertad para la prensa consiste en no ser una industria...» Es más que nunca oportuno valerse de esta declaración con aquellos que pretenden sujetar la actividad intelectual a fines extraños a la actividad misma y, despreciando todas las determinaciones históricas que le son propias, controlar, en función de presuntas razones de Estado, los términos del arte. La libre elección de sus temas y la absoluta norestricción en lo que hace al campo de sus exploraciones constituyen para el artista un bien que él tiene derecho a reivindicar como inalienable. En materia de creación artística importa fundamentalmente que la imaginación escape a cualquier constricción, que no se deje imponer falsas reglas bajo ningún pretexto. A aquellos que inciten, hoy o mañana, a consentir en que el arte sea sometido a una disciplina que consideramos incompatible con sus medios, oponemos una negativa sin apelación y nuestra voluntad deliberada de hacer valer la fórmula: todo está permitido en el arte.

Reconocemos naturalmente al estado revolucionario el derecho de defenderse de la reacción burguesa agresiva, aun cuando se cubra tras las banderas de la ciencia o del arte. Pero, entre estas medidas necesarias y temporarias de autodefensa revolucionaria y la pretensión de ejercitar una dirección sobre la creación intelectual de la sociedad, hay un abismo. Si para el desarrollo de las fuerzas productivas materiales, la revolución se ve obligada a erigir un régimen socialista de planificación centralizada, para la creación intelectual ésta debe, desde el principio, establecer y asegurar un régimen anárquico de libertad individual. Ninguna autoridad, ninguna constricción, ni la más mínima traza de órdenes. Las diversas asociaciones de hombres de ciencia y los grupos colectivos de artistas que trabajarán para resolver tareas que nunca habrán sido tan grandiosas, pueden surgir y desarrollar una tarea fecunda solamente sobre la base de una libre amistad creadora, sin la mínima constricción externa.

De todo lo dicho se deduce claramente que defendiendo la libertad de la creación no entendemos justificar el indeferentismo político y que está lejos de nosotros la idea de resucitar un supuesto «arte puro» que sirve generalmente los objetivos más impuros de la reacción. No; tenemos una idea muy elevada de la función del arte para rehusarle influencia sobre el destino de la sociedad. Consideramos que la tarea suprema del arte en nuestra época es la de participar consciente y activamente en la preparación de la revolución. Sin embargo, el artista puede servir la causa de la lucha emancipadora solamente si está compenetrado subjetivamente de su contenido social e individual, solamente si transmite el sentido y el drama en sus obras y si trata libremente de encarnar artísticamente su mundo interior.

En el periodo actual, caracterizado por la agonía del capitalismo, sea éste democrático o fascista, el artista, aun el que no ha tenido necesidad de manifestar su disidencia social, se ve amenazado por la privación del derecho a la vida y a la continuación de su obra, mediante el posible acceso a los medios de difusión. Es natural, entonces, que él se vuelva hacia las organizaciones stalinistas, que le ofrecen la posibilidad de huir de su aislamiento. Pero la renuncia por su parte de todo aquello que puede constituir su mensaje particular y las complacencias terriblemente degradantes que estas organizaciones exigen de él a cambio de ciertas ventajas materiales, le impiden quedarse, por fuerte que la desmoralización sea, y tener conciencia de su carácter. Es necesario que el artista comprenda desde ahora que su puesto es otro, no entre los que traicionan la causa de la revolución y, al mismo tiempo —es inevitable— la causa del hombre, sino entre los que testimonian su indeclinable fidelidad a los principios de la revolución, entre aquellos que por esa misma razón son los únicos capaces de ayudarla a completarse y de asegurar por su transcurso la libre expresión ulterior de todas la formas del genio humano.

El propósito del presente manifiesto es encontrar una base que permita la reunión de todos los artistas revolucionarios, para servir a la revolución con los métodos del arte y defender la libertad misma del arte, contra los usurpadores de la revolución. Estamos profundamente convencidos de que el encuentro sobre esta base es posible para los representantes de tendencias estéticas, filosóficas y políticas aun divergentes. Los marxistas pueden, sobre esta base, marchar junto a los anarquistas, a condición de que unos y otros rompan implacablemente con el espíritu policial reaccionario representado tanto por Stalin como por García Oliver.

Miles y miles de pensadores y de artistas aislados, cuyas voces son ahogadas por el odioso tumulto de los falsificadores regimentados están dispersas actualmente en el mundo. Numerosas revistas locales intentan reagrupar en torno a estas fuerzas jóvenes que buscan nuevos caminos y no el de las subvenciones. Cada tendencia artística progresista es condenada por el fascismo como una degeneración. Cada creación libre es definida como fascista por los stalinistas. El arte revolucionario independiente debe unirse para luchar contras las persecuciones reaccionarias y proclamar en voz alta su derecho a la existencia. Un reagrupamiento de esas características es el objetivo de la Federación Internacional de Arte Revolucionario Independiente (FIARI) que consideramos necesario crear.

No tenemos, por otra parte, la intención de imponer ninguna de las ideas contenidas en este manifiesto que nosotros consideramos solamente como un primer paso en el nuevo camino. A todos los representantes del arte, a todos sus amigos y defensores que no pueden dejar de comprender la necesidad del presente manifiesto, les demandamos que eleven inmediatamente sus voces. Dirigimos idéntica proposición a todas las publicaciones independientes de izquierda que estén dispuestas a tomar parte en la creación de la Federación Internacional y a examinar sus tareas y sus métodos de acción.

Cuando se establezca un primer contacto internacional por la prensa o mediante la correspondencia, procederemos a la organización de modestos congresos locales y nacionales. En la fase sucesiva deberá reunirse un congreso mundial que consagrará oficialmente la fundación de la Federación Internacional.

Aquello que deseamos es:
la independencia del arte —por la revolución
la revolución— para la liberación definitiva del arte.

México, 25 de julio de 1938

UN CAUDALOSO MANIFIESTO DE BRETON*

Jorge Luis Borges

Hace veinte años pululaban los manifiestos. Esos autoritarios documentos renovaban el arte, abolían la puntuación, evitaban la ortografía y a menudo lograban el solecismo. Si eran obra de literarios, les complacía calumniar la rima y exculpar la metáfora; si de pintores, vindicar (o injuriar) los colores puros; si de músicos, adular la cacofonía; si de arquitectos, preferir un sobrio gasómetro a la excesiva catedral de Milán. Todo, sin embargo, tiene su hora. Esos papeles charlatanes (de los que poseí una colección que he donado a la quema) han sido superados por la hoja que André Breton y Diego Rivera acaban de emitir.

Esa hoja se titula con terquedad: *Por un arte revolucionario independiente. Manifiesto de Diego de Rivera y André Breton por la liberación definitiva del Arte.*

* Publicado en *El Hogar*, de 2/12/1938, y reproducido en Jorge Luis Borges, *Textos Cautivos*, págs. 287-288.

El texto es aun más efusivo y más tartamudo. Consta de unas tres mil palabras que dicen exactamente dos cosas (que son incompatibles). La primera, digna del capitán La Palice[1] o del axiomático Perogrullo, es que el arte debe ser libre y que en Rusia no lo es. Anota Rivera-Breton: «Bajo la influencia del régimen totalitario de la U.R.S.S. se ha extendido por el mundo entero un profundo crepúsculo hostil al surgimiento de toda especie de valor espiritual. Crepúsculo de lodo y de sangre en el cual, disfrazados de intelectuales y de artistas, engañan hombres que han hecho del servilismo un recurso, del reniego de sus principios un juego perverso, del falso testimonio venal un hábito y de la apología del crimen un gozo. El arte oficial de la época stalinista refleja sus esfuerzos irrisorios para engañar y enmascarar su verdadero papel mercenario... A los que nos apremian, ya sea por hoy o por mañana, a consentir que el arte se someta a una disciplina que juzgamos radicalmente incompatible con sus medios, oponemos una negativa sin apelación y nuestra voluntad deliberada de atenernos a la fórmula: Toda licencia en arte.» ¿Qué conclusión podemos derivar de lo anterior? Juzgo que ésta, y sólo ésta: El marxismo (como el luteranismo, como la luna, como un caballo, como un verso de Shakespeare) puede ser un estímulo para el arte, pero es absurdo decretar que sea el único. Es absurdo que el arte sea un departamento de la política. Sin embargo, eso precisamente es lo que reclama este manifiesto increíble. André Breton, apenas estampada la fórmula «Toda licencia en arte», se arrepiente de su temeridad y dedica dos páginas fugitivas a renegar de ese dictamen precipitado. Rechaza el «indiferentismo político», denuncia el arte puro «que de ordinario sirve los fines más impuros de la reacción» y proclama «que la tarea suprema del arte contemporáneo es participar consciente y activamente en la preparación de la revolución». Acto continuo propone «la organización de modestos congresos locales e internacionales». Deseoso de agotar los deleites de la prosa rimada, anuncia que «en la etapa siguiente se reunirá un congreso mundial que consagrará oficialmente la fundación de la Federación Internacional del Arte Revolucionario Independiente (F.I.A.R.I.)».

¡Pobre arte independiente el que premeditan, subordinado a pedanterías de comité y a cinco mayúsculas!

---

[1] La Palice: sinónimo de Perogrullo o perogrullada. Afirmación obvia, banalidad.

Nacionalismo *vs.* cosmopolitismo

NACIONALISMO/COSMOPOLITISMO: a) Jorge Luis Borges, «Acotaciones» (1924).—b) José Carlos Mariátegui, «¿Existe un pensamiento hispanoamericano?» (1925).—c) «Nacionalismo y vanguardismo en la literatura y en el arte» (1925).—d) Mário de Andrade, «Modernismo y acción» (1925).—e) Alejo Carpentier, «Diego Rivera» (1927).—f) César Vallejo, «Contra el secreto profesional acerca de Pablo Abril de Vivero» (1927).—g) Mário de Andrade, «Regionalismo» (1928).

El conflicto entre «nacionalismo» y «cosmopolitismo» es tal vez la polémica cultural más constante y compleja del continente latinoamericano. Acentuada todavía más por el hecho de que los intelectuales y artistas de la región han cobrado mayor conciencia de su alteridad en relación con los pueblos que los colonizaron, emergiendo de ahí una imperiosa necesidad de afirmar sus especificidades. Ya son clásicas estas palabras de Antonio Candido: «Si fuese posible establecer una ley de evolución de nuestra vida espiritual, podríamos tal vez decir que toda ella se rige por la dialéctica del localismo y del cosmopolitismo, manifestada de las maneras más diversas»[1].

Gran parte de la producción cultural y literaria del siglo XIX y de las primeras décadas del XX se caracteriza por la intensa búsqueda de una afirmación nacional. Sarmiento, Rodó, José de Alencar y Euclides da Cunha son algunos de los mejores exponentes de estos intentos de definición de lo nacional. La eclosión de las van-

---

[1] «Literatura e cultura de 1900 a 1945 (panorama para estrangeiros)», en *Literatura e sociedade,* 2.ª ed., San Pablo, Cia, Editora Nacional, 1967, pág. 129.

guardias europeas en las primeras décadas del siglo agudizan aún más esa cuestión. ¿Cómo mantenerse a la par del «espíritu nuevo» y de la «nueva sensibilidad» sin perder las características regionalistas? ¿Cómo asimilar las nuevas técnicas desarrolladas en Europa y contribuir a la evolución literaria del país propio, sin caer en la mera imitación o convertirse en víctima del modelo importado? Por otro lado, ¿cómo expresar lo nacional sin caer en las limitaciones empobrecedoras del «color local»?

La década del 20 produjo reflexiones muy incitantes en el ámbito de esta polémica. La antropofagia, conforme los supuestos de Oswald de Andrade, quizá proporcione la respuesta más lúcida y creativa para la cuestión.

> El admirable «Tupí or not Tupí» del Manifiesto Antropófago de Oswald de Andrade —maestro incomparable de las fórmulas lapidarias— resume todo este proceso, de decidida incorporación de la riqueza profunda del pueblo, de la herencia total del país, en la estilización erudita de la literatura. Bajo este punto de vista, las intuiciones de la Antropofagia, a él debidas, representan el momento más denso de la dialéctica modernista...

dice Antonio Candido, en un artículo de 1954[2]. Deglutir al otro para asimilar sus atributos y producir con este acto de incorporación la síntesis de las diferencias, es una alternativa posible y creativa, aplicable no sólo al Brasil, sino a cualquier país que afronte la cuestión de la identidad y de la alteridad cultural. La metáfora antropofágica invierte los tradicionales mecanismos de importación directa y de copia del modelo europeo, y propone la exportación dinámica de un nuevo producto. Mário de Andrade formula su respuesta a la cuestión del modelo europeo de diferentes maneras: en el plano teórico, a lo largo de su vasta producción ensayística; en el plano ficcional, en *Macunaíma,* donde bautiza a su personaje como «el héroe sin ningún carácter» porque busca una definición del carácter brasileño.

Otra reflexión también lúcida y creativa sobre este tema es la de Borges, en «El escritor argentino y la tradición»[3]. Aunque el artículo no entre en el *corpus* crítico de los años 20, sin duda representa

---

[2] «A literatura na evolução de una comunidade», en *op. cit.,* pág. 188.
[3] Este ensayo da margen a confusiones cronológicas, pues en la edición de las *Obras completas* de 1974, se lo incluye en *Discusión* con fecha de 1932. Pronunciado originalmente como conferencia en 1951, el ensayo se reproduce por primera vez en *Cursos y Conferencias* (1951), después en *Sur* 232 (1955) y finalmente en la reedición de 1957 de *Discusión.* La inclusión del ensayo en este libro ha inducido posiblemente al editor de las *Obras completas* a la equivocación de las fechas.

la maduración de un pensamiento que comienza a germinar en aquella década. En el intento de definir el significado de una tradición literaria genuinamente argentina, Borges reduce a escombros la crítica tradicional que considera la literatura gauchesca uno de los pilares de la expresión del carácter nacional argentino. Racional e irónicamente, Borges muestra la gran diferencia existente entre la poesía de los *gauchos* propiamente dicha y la poesía gauchesca, concluyendo que «la poesía gauchesca, que ha producido —me apresuro a repetirlo— obras admirables, es un género literario tan artificial como cualquier otro». Considerando la convención del «color local» un equívoco, Borges dice todavía que «el culto argentino del color local es un reciente culto europeo que los nacionalistas deberían rechazar por foráneo». En el golpe final de su sarcástica argumentación, Borges da el siguiente ejemplo:

> Gibbon observa que en el libro árabe por excelencia, en el *Alcorán,* no hay camellos; yo creo que si hubiera alguna duda sobre la autenticidad del *Alcorán,* bastaría esta ausencia de camellos para probar que es árabe. Fue escrito por Mahoma, y Mahoma, como árabe, no tenía por qué saber que los camellos eran especialmente árabes; eran para él parte de la realidad, no tenía por qué distinguirlos; en cambio, un falsario, un turista, un nacionalista árabe, lo primero que hubiera hecho es prodigar camellos, caravanas de camellos en cada página; pero Mahoma, como árabe, estaba tranquilo; sabía que podría ser árabe sin camellos. Creo que los argentinos podemos parecernos a Mahoma, podemos creer en la posibilidad de ser argentinos sin abundar en color local.

Sin duda, este audaz ensayo, elaborado durante y en parte como respuesta al exacerbado nacionalismo peronista de los años 50, habría tenido efectos devastadores si lo hubiera formulado algunas décadas antes.

El artículo de Borges que reproducimos aquí, «Acotaciones al margen», de 1924, es una reseña del libro de poesía ultraísta *Prismas,* de un compañero de generación, Eduardo González Lanuza. Borges traza en él las diferencias entre el ultraísmo español y el argentino. A tres años de distancia de la heroica publicación de la hoja mural *Prisma,* Borges ya estaba reconsiderando el papel de la vanguardia. El ultraísmo europeo parece, según dice, pertenecer a una vanguardia que se volvió tradicional, la que ansía lo nuevo y caracteriza la era moderna, la que vincula la idea del arte con la del consumo: todo lo que Borges opta por llamar, baudelaireanamente, «actualidad cronológica». En esos momentos, Borges advierte y se opone a los peligros de la modernolatría y, como lo demuestra a partir de *Fervor de Buenos Aires,* comienza a preocuparse por la tradición, retomando valores permanentes y absolutos. Desde entonces niega el momento vanguardista, lo identifica como la novedad que se convierte en fórmula y se agota en su propio gesto: «Bella y triste sorpresa la de sentir que nuestro gesto de entonces, tan espontáneo y fácil, no era sino el comienzo torpe de una liturgia.» Su actitud es reflexiva y la enumeración que hace de obras literarias españolas y latinoamericanas que rechaza *(Hélices, Andamios interiores, Imagen* y otras) demuestra el conocimiento que tenía de toda una corriente literaria de carácter continental.

En «Regionalismo», Mário de Andrade intenta hacer una distinción entre «regionalismo» y «nacionalismo», dejando bien claro que el regionalismo es un elemento empobrecedor del arte y literalmente opone los dos términos: «El regionalismo es una plaga antinacional.» Mário de Andrade identifica «regionalismo» con «una pobreza más o menos consciente de expresión», «mezquina manera de actuar y crear», «pobreza que viene de la escasez de medios expresivos...». Advertimos una gran coincidencia, en el nivel de reflexión y de argumentación, con las ideas de Borges ya expuestas. Lo que Borges refuta al «nacionalismo», Mário lo rechaza en el «regionalismo». Mas de cualquier forma los dos escritores coinciden nuevamente al afirmar con vehemencia que el verdadero arte no puede ser fruto de un programa intelectual preconcebido[4].

Si, por un lado, Mário de Andrade considera empobrecedor el regionalismo, por el otro, también es consciente de los peligros de copiar los modelos extranjeros y de la falta de reflexión sobre el carácter nacional. En este sentido, «Modernismo e ação», publicado tres años después de la Semana del 22, ya es una crítica al carácter «imitativo» del modernismo brasileño: «¡Lo nuevo!... Ese fue el pensamiento estético que nos agitó aquí durante la guerra. ¿Dónde estaba lo nuevo? ¡Y allá fuimos, como los monos! A buscar lo nuevo en las Europas. E imitamos los *ismos* europeos.» Mário propone un arte de acción, anticontemplativo, que busque definir el carácter brasileño: «Dejaremos de ser afrancesados, dejaremos de ser aportuguesados, germanizados, no sé qué más, pa' abrasileñarnos. Yo tengo el orgullo de decir que soy un brasileño abrasileñado.»

El caso más radical de refutación del sano cosmopolitismo del periodo inicial de las vanguardias en América Latina se da en César Vallejo. Desde París denuncia «esa simiesca pesadilla de los escritores de América», donde «un verso de Maples Arce, de Neruda o de Borges, no se diferencia en nada de uno de Reverdy, de Ribemont o de Tzara». Ya por 1927 parecía cansado de esa especie de

---

[4] Ver en esta antología «Un caudaloso manifiesto de Breton», artículo escrito por Borges en 1938, en el cual queda muy clara esta actitud.

traducción de las vanguardias internacionales en hispanoamérica; entonces formula un llamado exaltado en contra del «espíritu nuevo» y de los modelos importados, y a favor de una vuelta a los elementos autóctonos americanos: «la endosmosis [...] lejos de nutrir, envenena».

Los artículos de José Carlos Mariátegui resumen una de sus preocupaciones centrales: la unidad del pensamiento latinoamericano, cuyo resultado sería la fusión de las culturas del colonizador y del colonizado. En el clásico *Siete ensayos de interpretación de la realidad peruana,* Mariátegui examina el efecto devastador que la conquista española produjo en el Perú, al exterminar y alienar la mayor parte de la cultura indígena. Esta división de las culturas está acentuada por las grandes diferencias geográficas del país, donde los habitantes del litoral están completamente integrados a la cultura blanca y occidental. La población andina, ajena al proceso de aculturación, se mantiene en un estado de alienación y pobreza que Mariátegui nunca cesó de denunciar. En función de las diferencias culturales del continente, Mariátegui contrasta las historias de la Argentina y el Uruguay con la del Perú. En el sincretismo cultural de las dos primeras naciones identifica las síntesis que busca y cuya carencia perjudica al Perú. Mariátegui dice[5]:

> Hoy mismo la literatura argentina, abierta a las más modernas y distintas influencias cosmopolitas, no reniega su espíritu gaucho. Por el contrario, lo reafirma altamente. Los más altruistas poetas de la nueva generación se declaran descendientes del gaucho Martín Fierro y de su bizarra estirpe de payadores. Uno de los más saturados de occidentalismo y modernidad, Jorge Luis Borges, adopta frecuentemente la prosodia del pueblo.

Mariátegui valoriza el elemento dialéctico, la yuxtaposición, la fusión de corrientes, y la generación martinfierrista parece ilustrar ejemplarmente sus ideas. Coherente, Mariátegui rescata la obra de Abraham Valdelomar, el «Conde de Lemos», primer escritor cosmopolita del Perú, que renovó la literatura del país en el inicio del siglo, sin abandonar la peruanidad y el «incaísmo». También hace una vehemente defensa de César Vallejo, por su «trama indígena, el fondo autóctono de su arte». Impresiona la confluencia de las concepciones —relativas a la importancia del cosmopolitismo— de Borges, Mário de Andrade y Mariátegui. Los *Siete ensayos,* con-

---

[5] *Siete ensayos de interpretación de la realidad peruana,* Barcelona, Grijalbo, 1975, pág. 100.

siderados por Florestan Fernandes «la más importante obra marxista latinoamericana»[6], se abren con la siguiente observación:

> No faltan quienes me suponen un europeizante, ajeno a los hechos y a las cuestiones de mi país. Que mi obra se encargue de justificarme, contra esa barata e interesada conjetura. He hecho en Europa mi mejor aprendizaje. Y creo que no hay salvación para Indoamérica sin la ciencia y el pensamiento europeos u occidentales. Sarmiento, que es todavía uno de los creadores de la argentinidad, fue en su época un europeizante. No encontró mejor modo de ser argentino.

En la cuestión del nacionalismo/cosmopolitismo, no se puede dejar de lado a otra gran personalidad marxista del continente. No tanto por el papel polémico que desempeñó dentro y fuera del Partido Comunista, sino por su extraordinaria contribución a las artes plásticas. Se trata de Diego Rivera, descrito por el entusiasta y barroco Alejo Carpentier en una conferencia de 1927. La formación de ambos debe mucho a las vanguardias europeas y de esa etapa habla Carpentier. Diego Rivera vivió quince años en Europa (de 1907 a 1921) y de ellos pasó una década en París, exactamente en el periodo de auge del cubismo: «Rivera pasará diez años [en París], discutiendo, estudiando, pintando, peleando, festejando, pasando hambre, aprendiendo mucho, haciendo mucho y yéndose desesperado, tan poco francés como si nunca hubiese vivido allá», dice su biógrafo Bertram D. Wolfe[7]. Su producción inicial se destaca por el trazo notoriamente cubista. «Nunca creí en Dios, pero creo en Picasso», diría el pintor allá por 1949[8]. Sólo a su regreso definitivo a México es cuando Rivera se dedica al muralismo, arte completamente comprometido, que cambiaría de modo radical las artes plásticas de su país.

A diferencia de Pettoruti, que vuelve a la Argentina para renovar el panorama estético local, Diego Rivera se compromete profundamente con la revolución social. Además, es en el mismo *annus mirabilis* de 1922, cuando Rivera se afilia al Partido Comunista y, gracias a su intercesión ante el presidente Lázaro Cárdenas, que Trotski recibe asilo político en México. Carpentier, en la conferencia que aquí reproducimos, hace una especie de retrospectiva de la etapa europea de Rivera, describe el gigantismo del arte muralista

---

[6] «Prefácio» a los *Sete ensaios de interpretação da realidade peruana,* San Pablo, Alfa Omega, 1968, pág. 10.
[7] *The fabulous life of Diego Rivera,* Nueva York, Stein and Day, 1963, pág. 64.
[8] *Ídem,* pág. 107.

y comenta el compromiso social de su pintura, sin dejar de reconocer el genio creador del artista mexicano. «Su copiosa producción continúa provocando asombro, y llegó a ser calificado como "una especie de Orinoco humano"», comenta Raquel Tibol[9].

ACOTACIONES*

JORGE LUIS BORGES

Hay que trazar una distinción fina y honda entre los propósitos íntimos que motivaron el ultraísmo en España y los que aquí le hicieron frutecer en claras espigas, dispersadas las unas y agavilladas en ulteriores libros las otras. El ultraísmo de Sevilla y Madrid fue una voluntad de renuevo, fue la voluntad de ceñir el tiempo del arte con un ciclo novel, fue una lírica escrita como con grandes letras coloradas en las hojas del calendario y cuyos más preclaros emblemas —el avión, las antenas y la hélice— son decidores de una actualidad cronológica. El ultraísmo en Buenos Aires fue el anhelo de recabar un arte absoluto que no dependiese del prestigio infiel de las voces y que durase en la perennidad del idioma como una certidumbre de hermosura. Bajo la enérgica claridad de las lámparas, fueron frecuentes, en los cenáculos españoles, los nombres de Huidobro y de Apollinaire. Nosotros, mientras tanto, sopesábamos líneas de Garcilaso, andariegos y graves a lo largo de las estrellas del suburbio, solicitando un límpido arte que fuese tan intemporal como las estrellas de siempre. Abominamos los matices borrosos del rubenismo y nos enardeció la metáfora por la precisión que hay en ella, por su algébrica forma de correlacionar lejanías.

Entre nosotros, ninguno tan vehemente en su fervor como González Lanuza. A nuestro parvo agrupamiento de criollos, desganado y burlón, trajo González un robusto alborozo de cantábrico, una roja alegría como de tamboriles y pífanos y leños de San Juan. Su entusiasmo era caudaloso como el de un río montañés. Con él publiqué *Prisma* —primera, única e ineficaz revista mural[1]— y fue su voz la que propuso, ya bajo los dinteles del alba, que pegásemos un ejemplar en la luna, grande y baldía a la sazón y a ras del suelo...

Desde ese ayer han sucedido tres años. Hoy González Lanuza ha publicado el libro de poemas que es la motivación de este examen. He

---

[9] En Diego Rivera, *Arte y política,* México, Grijalbo, 1979, pág. 443.
* Publicado en *Proa* 1 (agosto, 1924), págs. 30-32.
[1] Los dos números de *Prisma* están reproducidos en esta antología, páginas 108-112.

leído sus versos admirables, he paladeado la dulce mansedumbre de su música, he sentido cumplidamente la grandeza de algunas traslaciones, pero también he comprobado que, sin quererlo, hemos incurrido en otra retórica, tan vinculada como las antiguas al prestigio verbal. He visto que nuestra poesía, cuyo vuelo juzgábamos suelto y desenfadado, ha ido trazando una figura geométrica en el aire del tiempo. Bella y triste sorpresa la de sentir que nuestro gesto de entonces, tan espontáneo y fácil, no era sino el comienzo torpe de una liturgia.

Todos los motivos del ultraísmo están entretejidos con ahincada pureza en el volumen que declaro. Todas las voces fáusticas que intentan enlazar la lejanía y cuya sola anunciación es memorable del desangrarse del tiempo, son omnipresentes en él. La tarde, que no está nunca entre nosotros, sino en el cielo; el grito, que es un emblema de dolor de lo efímero, así como el irrevocable beso lo es de su gracia; el silencio, que es una pura negación hecha encanto: el ocaso que atañe doblemente a una lontananza espacial y a una perdición de las horas; el pájaro y la senda, que son la misma fugacidad hecha símbolo, están grabados en cada página suya. González Lanuza ha hecho el libro ejemplar del ultraísmo y ha diseñado un meandro de nuestro unánime sentir. Su libro, pobre de intento personal, es arquetípico de una generación. Son inmerecedores de ese nombre los demás himnarios recientes. Estorba en *Hélices* de Guillermo de Torre la travesura de su léxico huraño, en *Andamios Interiores* de Maples Arce la burlería, en *Barco Ebrio* de Reyes la prepotencia del motivo del mar, en la compleja limpidez de *Imagen* de Diego la devoción exacerbada a Huidobro, en *Kindergarten* de Bernárdez la brevedad pueril de emoción, en la bravía y noble *Agua del tiempo*[2] la primacía de sujetos gauchescos y en mi *Fervor de Buenos Aires* la duradera inquietación metafísica. González ha logrado el libro nuestro, el de nuestra hazaña en el tiempo y el de nuestra derrota en lo absoluto. Derrota, pues las más de las veces no hay una intuición entrañable vivificando sus metáforas; hazaña, pues el reemplazo de las palabras lujosas del rubenismo por las de las de la distancia y el anhelo es, hoy por hoy, una hermosura.

---

[2] *Agua del tiempo:* libro de 1921, del poeta uruguayo Fernán Silva Valdés. Tiene como subtítulo «Poemas nativos» y la temática es predominantemente criolla.

¿EXISTE UN PENSAMIENTO HISPANOAMERICANO?*

José Carlos Mariátegui

I

Tornemos a nuestra cuestión. ¿Existe un pensamiento característicamente hispano-americano? Me parece evidente la existencia de un pensamiento francés, de un pensamiento alemán, etc., en la cultura de Occidente. No me parece igualmente evidente, en el mismo sentido, la existencia de un pensamiento hispano-americano. Todos los pensadores de nuestra América se han educado en una escuela europea. No se siente en su obra el espíritu de la raza. La producción intelectual del continente carece de rasgos propios. No tiene contornos originales. El pensamiento hispano-americano no es generalmente sino una rapsodia compuesta con motivos y elementos del pensamiento europeo. Para comprobarlo basta revisar la obra de los más altos representantes de la inteligencia indo-íbera.

El espíritu hispano-americano está en elaboración. El continente, la raza, están en formación también. Los aluviones occidentales en los cuales se desarrollan los embriones de la cultura hispano o latino-americana —en la Argentina, en el Uruguay, se puede hablar de latinidad—, no han conseguido consustanciarse ni solidarizarse con el suelo sobre el cual la colonización de América los ha depositado.

En gran parte de Nuestra América constituyen un estrato superficial e independiente al cual no aflora el alma indígena, deprimida y huraña, a causa de la brutalidad de una conquista que en algunos pueblos hispano-americanos no ha cambiado hasta ahora de métodos. Palacios dice: «Somos pueblos nacientes, libres de ligaduras y atavismos, con inmensas posibilidades y vastos horizontes ante nosotros. El cruzamiento de razas nos ha dado un alma nueva. Dentro de nuestras fronteras acampa la humanidad. Nosotros y nuestros hijos somos síntesis de razas.» En la Argentina es posible pensar así; en el Perú y otros pueblos de Hispano-América, no. Aquí la síntesis no existe todavía. Los elementos de la nacionalidad en elaboración no han podido aún fundirse o soldarse. La densa capa indígena se mantiene casi totalmente extraña al proceso de formación de esa peruanidad que suelen exaltar e inflar nuestros sedicentes nacionalistas, predicadores de un nacionalismo sin raíces en el suelo peruano, aprendido en los evangelios imperialistas de Europa, y que, como ya he tenido oportunidad de remarcar, es el sentimiento más extranjero y postizo que en el Perú existe.

* Publicado en *Mundial,* a 1/5/1925, en *El Argentino,* a 14/6/1925, y reproducido en *Temas de nuestra América,* págs. 22-26.

II

Nada resulta más inutil, por tanto, que entretenerse en platónicas confrontaciones entre el ideal íbero-americano y el ideal panamericano. De poco le sirve al íbero-americanismo el número y la calidad de las adhesiones intelectuales. De menos todavía le sirve la elocuencia de sus literatos. Mientras el íbero-americanismo se apoya en los sentimientos y las tradiciones, el panamericanismo se apoya en los intereses y los negocios. La burguesía íbero-americana tiene mucho más que aprender en la escuela del nuevo Imperio yanqui que en la escuela de la vieja nación española. El modelo yanqui, el estilo yanqui, se propagan en la América indo-ibérica, en tanto que la herencia española se consume y se pierde. El hacendado, el banquero, el rentista de la América española miran mucho más atentamente a Nueva York que a Madrid. El curso del dólar les interesa mil veces más que el pensamiento de Unamuno y que la *Revista de Occidente* de Ortega y Gasset. A esta gente que gobierna la economía y, por ende, la política de la América del Centro y del Sur, el ideal íbero-americanista le importa poquísimo. En el mejor de los casos se siente dispuesta a desposarlo juntamente con el ideal pan-americanista. Los agentes viajeros del panamericanismo le parecen, por otra parte, más eficaces, aunque menos pintorescos, que los agentes viajeros —infantes académicos— del íbero-americanismo oficial, que es el único que un burgués prudente puede tomar en serio.

III

La nueva generación hispano-americana debe definir neta y exactamente el sentido de su oposición a los Estados Unidos. Debe declararse adversaria del Imperio de Dawes y de Morgan; no del pueblo ni del hombre norteamericanos. La historia de la cultura norteamericana nos ofrece muchos nobles casos de independencia de la inteligencia y del espíritu. Roosevelt es el depositario del espíritu del Imperio; pero Thoreau es el depositario del espíritu de la Humanidad. Henry Thoreau, que en esta época recibe el homenaje de los revolucionarios de Europa, tiene también derecho a la devoción de los revolucionarios de Nuestra América. ¿Es culpa de los Estados Unidos si los íbero-americanos conocemos más el pensamiento de Theodore Roosevelt que el de Henry Thoreau? Los Estados Unidos son ciertamente la patria de Pierpont Morgan y de Henry Ford; pero son también la patria de Ralph-Waldo Emerson, de William James y de Walt Whitman. La nación que ha producido los más grandes capitanes del industrialismo, ha producido asimismo los más fuertes maestros del idealismo continental. Y hoy la misma inquietud que agita a la vanguardia de la América Española mueve a la vanguardia de la América del Norte. Los problemas de la nueva generación hispano-americana son, con variación de lugar y de matiz, los mismos problemas de la nueva generación norteamericana. Waldo Frank, uno de los hombres nuevos del Norte, en sus estudios sobre Nuestra América, dice cosas válidas para la gente de su América y de la nuestra.

Los hombres nuevos de la América indo-ibérica pueden y deben entenderse con los hombres nuevos de la América de Waldo Frank. El trabajo de la nueva generación íbero-americana puede y debe articularse y solidarizarse con el trabajo de la nueva generación yanqui. Ambas generaciones coinciden. Los diferencia el idioma y la raza; pero los comunica y los mancomuna la misma emoción histórica. La América de Waldo Frank es también, como nuestra América, adversaria del Imperio de Pierpont Morgan y del Petróleo.

En cambio, la misma emoción histórica que nos acerca a esta América revolucionaria nos separa de la España reaccionaria de los Borbones y de Primo de Rivera. ¿Qué puede enseñarnos la España de Vásquez de Mella y de Maura, la España de Pradera y de Francos Rodríguez? Nada; ni siquiera el método de un gran Estado industrialista y capitalista. La civilización de la Potencia no tiene su sede en Madrid ni en Barcelona; la tiene en Nueva York, en Londres, en Berlín. La España de los Reyes Católicos no nos interesa absolutamente. Señor Pradera, señor Francos Rodríguez, quedaos íntegramente con ella.

IV

Al íbero-americanismo le hace falta un poco más de idealismo y un poco más de realismo. Le hace falta consustanciarse con los nuevos ideales de la América indo-ibérica. Le hace falta insertarse en la nueva realidad histórica de estos pueblos. El pan-americanismo se apoya en los intereses del orden burgués; el íbero-americanismo debe apoyarse en las muchedumbres que trabajan por crear un orden nuevo. El íbero-americanismo oficial será siempre un ideal académico, burocrático, impotente, sin raíces en la vida. Como ideal de los núcleos renovadores, se convertirá, en cambio, en un ideal beligerante, activo, multitudinario.

NACIONALISMO Y VANGUARDISMO EN LA LITERATURA Y EN EL ARTE*

José Carlos Mariátegui

I

En el terreno de la literatura y del arte, quienes no gusten de aventurarse en otros campos percibirán fácilmente el sentido y el valor nacionales de todo positivo y auténtico vanguardismo. Lo más nacional de una literatura es siempre lo más hondamente revolucionario. Y esto resulta muy lógico y muy claro.

Una nueva escuela, una nueva tendencia literaria o artística busca sus puntos de apoyo en el presente. Si no los encuentra perece fatalmente. En cambio las viejas escuelas, las viejas tendencias se contentan de representar los residuos espirituales y formales del pasado.

Por ende, sólo concibiendo a la nación como una realidad estática se puede suponer un espíritu y una inspiración más nacionales en los repetidores y rapsodas de un arte viejo que en los creadores o inventores de un arte nuevo. La nación vive en los precursores de su porvenir mucho más que en los supérstites de su pasado.

Demostremos y expliquemos esta tesis con algunos hechos concretos. Las aserciones demasiado generales o demasiado abstractas tienen el peligro de parecer sofísticas o, por lo menos, insuficientes.

III

Pero para establecer más exacta y precisamente el carácter nacional de todo vanguardismo, tornemos a nuestra América. Los poeta nuevos de la Argentina constituyen un interesante ejemplo. Todos ellos están nutridos de estética europea. Todos o casi todos han viajado en uno de esos vagones de la Compagnie des Grands Exprès Europeéns que para Blaise Cendrars, Valery Larbaud y Paul Morand son sin duda los vehículos de la unidad europea además de los elementos indispensables de una nueva sensibilidad literaria.

Y bien. No obstante esta impregnación de cosmopolitismo, no obstante su concepción ecuménica del arte, los mejores de estos poetas vanguardistas siguen siendo los más argentinos. La argentinidad de

* Publicado en *Mundial*, a 4/12/1925, y reproducido en José Carlos Mariátegui, *Peruanicemos al Perú*, págs. 76-79.

Girondo, Güiraldes, Borges, etc., no es menos evidente que su cosmopolitismo. El vanguardismo literario argentino se denomina «martinfierrismo». Quien alguna vez haya leído el periódico de ese núcleo de artistas, Martín Fierro, habrá encontrado en él al mismo tiempo que los más recientes ecos del arte ultramoderno de Europa, los más auténticos acentos gauchos.

¿Cuál es el secreto de esta capacidad de sentir las cosas del mundo y del terruño? La respuesta es fácil. La personalidad del artista, la personalidad del hombre, no se realiza plenamente sino cuando sabe ser superior a toda limitación.

IV

En la literatura peruana, aunque con menos intensidad, advertimos el mismo fenómeno. En tanto que la literatura peruana conservó un carácter conservador y académico, no supo ser real y profundamente peruana. Hasta hace muy pocos años, nuestra literatura no ha sido sino una modesta colonia de la literatura española. Su transformación, a este respecto como a otros, empieza con el movimiento «Colónida». En Valdelomar se dio el caso de literato en quien se juntan y combinan el sentimiento cosmopolita y el sentimiento nacional. El amor snobista a las cosas y a las modas europeas no sofocó ni atenuó en Valdelomar el amor a las rústicas y humildes cosas de su tierra y de su aldea. Por el contrario, contribuyó tal vez a suscitarlo y exaltarlo.

Y ahora el fenómeno se acentúa. Lo que más nos atrae, lo que más nos emociona tal vez en el poeta César Vallejo es la trama indígena, el fondo autóctono de su arte. Vallejo es muy nuestro, es muy indio. El hecho de que lo estimemos y lo comprendamos no es un producto del azar. No es tampoco una consecuencia exclusiva de su genio. Es más bien una prueba de que, por estos caminos cosmopolitas y ecuménicos, que tanto se nos reprochan, nos vamos acercando cada vez más a nosotros mismos.

MODERNISMO Y ACCIÓN*

MÁRIO DE ANDRADE

Todos los movimientos artísticos brasileños hasta ahora han sido de imitación. También el modernismo. Si desde los comienzos de la guerra ya se anunciaba una tendencia modernizante, aquí, en São Paulo, principalmente desde la aparición de Anita Malfatti (pintora) y de Brecheret (escultor), esa tendencia a fines de la guerra era un verdadero movimiento, consciente de sí mismo y, debilidad, ya constituido en lo que se denomina, con cierta impropiedad, capillita de elogios mutuos. ¿No les parece impropio? Lo es. Naturalmente, un tero no busca de compañero de su vida ni a un picaflor ni a un dorado. Busca teros. ¿Cómo nos iba a interesar un camarada que comenzara todas sus mañanas con un «Santo Olavo Bilac, ruega por nosotros, San Raimundo Correia, ruega por nosotros?» Fuimos buscando por las calles a los tipos de nuestra misma familia. Familia de bochincheros ¿no? Por lo menos es lo que se dice por ahí. En 1919, los bochincheros ya se sentían bien fuertes, gracias a Dios. Los músculos crecían con el aumento del grupo y con los estudios. Y el «box» comenzó de verdad. Fue una diversión. Un cortejo de exageraciones. Nuestras y de nuestros enemigos. A pesar de todo, esas tonterías son lindas. Principalmente porque hay mucha sinceridad en ellas. Uno se entrega, se da entero a una idea y la sigue como ciego, sin importarle el mundo, hasta la muerte o la victoria. ¿Vencimos? Me parece que sí. Al menos este pensamiento entró en la cabeza de todos los artistas de nuestra tierra: Hay que hacer algo nuevo.

¡Lo nuevo!... Ese fue el pensamiento estético que nos agitó durante la guerra. ¿Dónde estaba lo nuevo? Y allá fuimos, como los monos, a buscar lo nuevo a Europa. E imitamos los «ismos» europeos. Dos cosas diferenciaban nuestras imitaciones de las anteriores; imitábamos el presente y no una orientación fundada en épocas pasadas; y tal como sucedió con el Romanticismo, seguimos una tendencia universal. A veces yo mismo me rebelo contra eso de llamar a nuestro primitivo movimiento modernizante, imitación. Seguir el estado espiritual universal de su propia época es más una necesidad fatal que una simple monería. Y es tanto así que se dio con nosotros que descubriéramos novedades que ya estaban descubiertas por artistas que nosotros ignorábamos. En cuanto pude deletrear el alemán encontré en él las tendencias estéticas

* Publicado en *Jornal do Comércio*, de 24/5/1925, y reproducido en Neroaldo Pontes de Azevêdo, *Modernismo e regionalismo (Os anos 20 em Pernambuco)*, págs. 223-225.

de *Paulicéia desvairada,* escrita en una época en que yo aún no declinaba ni *die Mutter.* Hoy sé que esa palabra oscura quiere decir la vieja de uno y que los alemanes son todos hijos... *der mutter,* porque ya los mandé a plantar papas a todos los expresionismos y otros «ismos» europeos. Muchachos, Europa es nuestro Oriente. Corte.

Ese «nuevo» lo llevamos a Río de Janeiro en los finales de 1920. *Paulicéia* fue leída por los grupos más adelantados de allá. Y enseguida se establecieron las amistades intelectuales. Y cuando, al año siguiente, Graça Aranha regresó de Europa, logró cimentar esa unión con el entusiasmo y la natural grandeza que tiene. Como el grupo modernista de verdad aún era el de São Paulo, aquí organizó Graça la famosa Semana de Arte Moderno donde fuimos silbados. No lo digo con orgullo, no. Compruebo una verdad: fuimos silbados. Y lo merecíamos. Nunca vi un embrollo igual. Todas aquellas manifestaciones diferentes sin una explicación que les diese fundamento común, naturalmente, tenían que desorientar al público. Eso sucedió... Y fuimos silbados.

Esa fue en síntesis la experiencia «futurista» brasileña. Mucha sinceridad, un entusiasmo sublime, una vitalidad maravillosa de selva virgen del norte y mucha ilusión boba, mucho idealismo babieca, sin eficacia, mucha temeridad sin coraje, mucha pedantería. Nada de eso, ni siquiera las linduras señaladas, justifican ni honran un movimiento colectivo. Lo que justifica y lo que va a honrar a nuestro movimiento es su etapa actual, la evolución de ciertas tendencias oscuras aún en aquel tiempo, pero ya latentes en las primeras obras que creamos. La principal es la producción de un arte activo. Puede decirse que para ningún modernista el arte puede considerarse ya como creador de belleza. Hay belleza en nuestras obras, pero sólo como medio para interesar y llamar la atención hacia cosas más útiles y prácticas. Y si no caemos en el diletantismo, ese arte, por así decir, interesado, que estamos creando va a determinar por primera vez la psicología integral del brasileño. ¡Abajo la contemplación! ¡Abajo los versos patrióticos que no reconocen los defectos de la patria! ¡Abajo los versos de amor que no sirven para que la mujer amada por fin ceda! El Brasil tiene su hermosura. Hace pocos días yo decía en un discurso que a la puerta del Brasil había un papel en portugués equivocado: «Necesítase brasileños». Así es. El Brasil tiene de todo: sequías cearenses, la plaga del café, la lepra, la política, el barbero, los patriotas (?), las mujeres hermosas, la bahía de Guanabara, las revoluciones fracasadas siempre y el Amazonas. ¡Hasta tiene poetas, mi Dios! Lo único que el Brasil no tiene es brasileños. Ni con la linterna de Diógenes[1] se encuentra uno. Mas sujetos curtidos en versificación

---

[1] Diógenes (412 a.C.-323 a.C.). Filósofo griego. Defendía el naturalismo, afirmando que todos deberían vivir en total libertad, teniendo como parámetro la propia naturaleza. Andaba descalzo, vestía solamente una capa harapienta, dormía en las puertas de

para hacer un soneto sobre la linterna de Diógenes, de eso hay a montones. Resolución: la única manera de ser dignos es sacrificándonos a nosotros mismos. Y el sacrificio comenzó de inmediato. Nuestra norma ahora, de cualquier manera, es actuar naturalmente dentro de nuestro destino de artistas. Vamos a ver en qué resulta.

Dentro de esa norma de arte-acción estamos construyendo nuestra obra. ¿Se acuerdan de que al principio de este artículo hablé de la capillita del elogio mutuo? Se terminó. Hablé de imitación. También se acabó. No hay dadaístas ni surrealistas ni futuristas ni expresionistas en el Brasil. Es posible que algunas veces una que otra manifestación se parezca más o menos a lo que se hace en Europa, pero es simple coincidencia de objetivos. Tenemos el espíritu completamente vuelto hacia el Brasil. Y cada uno realiza el Brasil según su propia observación. Pensamos, reflexionamos y realizamos. Nuestro actual movimiento se caracteriza sobre todo por esto: abandonó el idealismo, es práctico. No andamos pregonando cosas hermosas, se hace cualquier cosa. Arte nacionalizante, arte sexual, arte de diversión. No se asombren. Arte de entretenimiento. Jugamos con el arte. ¿Acaso no es mejor jugar que tomar prestada una corneta de museo y andar gritando «Patria, palpito en ti»? Es mejor. El juego siempre socializa más que una sesión solemne. Y en la libertad del juego se determinan inconscientemente muchas características de una raza. Se podría escribir un libro sobre la psicología de las razas estudiando únicamente sus juegos nacionales. Por eso nosotros también jugamos. La alegría nunca le hizo mal a nadie, siempre que no se haga con ella un preconcepto. Osvaldo de Andrade, incluso dentro de esa formidable diversión que es su *João Miramar,* tiene páginas melancólicas. Es en la variabilidad admirable de nuestras reacciones psicológicas que tratamos de descubrir al brasileño. Y aparecerá. En la lengua, en el amor, en la sociedad, en la tradición, en el arte, nosotros realizaremos al brasileño. Todo sacrificio por ese ideal es hermoso y no será vano. Dejaremos de ser provincianos para ser nacionales por fin. Dejaremos de ser afrancesados, dejaremos de ser aportuguesados, germanizados, cualquier cosa, para abrasileñarnos. Yo tengo el orgullo de decir que soy un brasileño abrasileñado. «Juvenilia auriverde»[2], como jugueteé medio llorando y medio sufriendo en *Paulicéia desvairada.* Hasta nuestra llegada el arte brasileño fue un plátano: árbol de ornamentación. Nosotros, con el sacrificio de nosotros mismos, esta-

---

las casas. Descreía de la humanidad, la despreciaba y recorría las calles de Atenas con una linterna prendida, inclusive de día, buscando «un hombre honesto».

[2] Las «juvenilidades auriverdes» son una de las voces del poema «As enfibraturas do Ipiranga — (Oratório Profano)», del libro *Paulicéia Desvairada,* de Mário de Andrade.

mos realizando el misterio alimenticio de la mandioca[3]: se arranca la linda planta que enverdece la tierra y entonces surge, agarrada en la cola, la raíz que mata el hambre: hambre de Patria, cerda parida que devora a sus propios hijos. El día que seamos hijos de esta tierra, la humanidad se enriquecerá con una expresión que me parece muy querible: el brasileño. Yo siempre repito esto.

DIEGO RIVERA*

ALEJO CARPENTIER

En 1921, Diego Rivera regresa a México, después de pasar largos años en Europa... Y desde esa fecha —según cuenta— a menudo sufre una pesadilla que le inunda de sudores fríos, y le hace dar fuertes puñetazos en los paredones de la chata casa colonial en que vive: sueña que está aún en París, viéndose nuevamente en su estudio de la vieja Rue de Rennes, donde pasó amargas épocas de tristeza y angustia intelectual.

Cuando se visitan ciertas pinacotecas de México y se contemplan algunos de los cuadros que Diego, a título de documento sobre sí mismo, conserva colgados en los testeros de su casa, se comprende el malestar del pintor ante la evocación de su pasado. Se adivina la desorientación que debió sentir ese gigante, ávido de labores gigantescas, en una sociedad que sólo le pedía encajes, y que, parafraseando el verso famoso, sólo acepta combates de titanes si éstos se labran en el pomo de un daga.

Hoy se recuerda, no sin ironía, que Diego supo ser brillante cuando explotaba apacibles disciplinas académicas. Sus primeros atisbos de tipos mexicanos —realizados con la técnica de quienes enseñan a pintar con trípode y magnesio— resultan fotografías de óptima calidad. Diego, que las mira hoy como obras ajenas y no conserva ninguna, confiesa que le parecen excelentes...

Después, comienza la labor europea de Diego, labor de arte por el arte fecunda en inquietudes, camino erizado de problemas y dificultades, que el artista vence, jalonando su ruta con aciertos geniales. Su evolución es rápida, y llena de lógica. Puentes de Brujas, y aguas muertas, pintados con mano adiestrada en la caricia de la tradición. Catedrales impresionistas, Notre-Dame surgiendo de la bruma matutina, ¿cómo no rendir momentáneo tributo a las blancas barbas de Claude

---

[3] En el original portugués, Mário de Andrade usa la palabra «aipim», del tupí Ayipii, mandioca.
* Publicado en la *Revista de Avance,* de 15/8/1927.

Monet?... Reacción, geometría, aristas, dibujo incisivo —tal vez consejos de Derain, ese otro gigante—, y Diego construye obras análogas al extraordinario Puente de Toledo, que en su casa avecina con dioses aztecas, cuya copia es utilizada actualmente por un maestro japonés para enseñar composición a los pintores en ciernes de Yokohama.

Para un artista joven no existe actitud digna fuera de las extremas izquierdas. Y Diego, ya situado en las izquierdas, participó entonces en el gran movimiento cismático de la historia del arte: el cubismo. Fue uno de los directores de la nueva estética, incorporado al grupo insigne de Picasso, Braque, Juan Gris y Metzinger. También él se impuso la disciplina feroz de no pintar más que «objetos que cupieran en una mesa de café», y colaboró en el esfuerzo por extraer sustancia plástica de frutas y violines, despertadores y mesas de canto, naipes y diarios, sin olvidar las guitarras y los frascos de Anís del Mono —únicas concesiones de Picasso al españolismo.

Diego había conquistado una posición ventajosa a la vanguardia. Sus arlequines —¡también él hizo arlequines!— podían clasificarse entre los mejores. Guillaume Apollinaire lo citaba entre sus maestros favoritos... Pero Diego estaba profundamente descontento; descontento de sí mismo y de los demás. Sentía que su misión no era almacenar lienzos y contribuir al enriquecimiento de los mercaderes de cuadros. Sus obras —no me aparto de sus relatos— le asqueaban, apenas realizadas. Su desorientación era cruel, y el espectáculo de sus contemporáneos agravaba esa desorientación. Lleno de admiración por Picasso, a quien considera uno de los pintores más completos de todas las épocas, lo veía odiar al medio en que vivía, sin poder separarse de él; queriendo pintar a gran escala, sin poder hacerlo. Cuando estalló la revolución rusa, Diego pensó: «Allí Picasso podría hallarse plenamente...» Y reñía a Matisse y a Derain, porque éstos no se esforzaban en obtener paredes donde pintar... Y su disgusto aumentaba, su desaliento le entristecía la existencia...

El regreso a México —a un México transfigurado por la revolución— determinó una cristalización triunfal de su personalidad. Ante el espectáculo de un país dotado de formidables elementos plásticos, completamente inexplotados; ante ese pueblo, prodigiosamente artista, que a pesar de su diversidad ofrece una singular sensación de unidad étnica; ante el nuevo orden de ideas, concordante con sus más íntimas aspiraciones, Diego Rivera tuvo una revelación magnífica de su propia fuerza. Y su arte, ese arte que entraña una ideología tan hermosa como sus realizaciones, surgió maravillosamente lozano, planteando principios estéticos que habrán de regir por mucho tiempo el arte de nuestra América.

La decoración mural del Anfiteatro de la Preparatoria, de que tanto se habló, por ser su primera gran obra realizada en México, sólo fue una labor preliminar. Diego Rivera, el gigante, el maestro, aparece en toda plenitud en las series de frescos pintados en los dos patios del Ministerio de Educación Pública de México. En esa sinfonía pictórica —¡sinfonía pastoral, sinfonía heroica, sinfonía de las mil voces!— queda plasmada toda una era de la vida mexicana en realizaciones de una fuerza plástica inigualable. La solidez de técnica que ponen de manifiesto la composición, la estilización, el equilibrio, la factura misma, de esas pinturas, es prodigiosa... Y ¡qué motivos ha utilizado el maestro! En el *Patio de las fiestas,* desfilan todos los jolgorios populares y las rústicas ceremonias animadas de un pateísmo helénico, en que se canta después de una rica cosecha y se tejen guirnaldas de flores para la planta que ha dado más mazorcas. Fiestas de las flores y de los árboles y danzas *yaquis* [1] de la vida y de la muerte; tranquilos velorios de indios, gravemente sentados en sus cúbicas mansiones de adobe; visiones de los verdes canales de Santa Anita, y de esa prodigiosa llanura mexicana, tan sólo comparable a la de Castilla, por su austeridad, por su recogimiento. Luego aparecen las industrias típicas, los ingenios rudimentarios, las minas, las funciones: whitmaniano salmo al trabajo... Y las artes del pueblo: la copla ruda que habla de amores desventurados y exilios; la pintura tosca, la historia heroica o grotesca que se transmite por *corridos* [2] de generación en generación... Y, como eje, allá en el fondo del *Patio de las fiestas,* en un gran tríptico, se alzan los rojos pendones del 1.º de mayo, cuyo simbolismo es *leit motiv* que Diego hace sentir de cien maneras en el mundo plástico de sus frescos...

Recientemente, Paul Morand se maravillaba ante los frescos de Diego Rivera, señalando en ellos, sin embargo, rasgos de *Barbusianismo* pictórico, a los que concede poca importancia... Esta vez no fue tan aguda como de costumbre, la visión del irónico «guardagujas de vías internacionales»...

No es solamente una inmensa ternura, una piedad infinita por el humilde que sufre, por el indio —eterna víctima—, la que impulsa a Diego a trazar las figuras hurañas e inolvidables del «patrón de la hacienda», del «reparto de las tierras», de ese laico descendimiento de la cruz que es «la salida de la mina».

Diego asigna a la pintura un papel social: ser arte para la colectividad, en vez de arte para el comprador de la obra de arte. Cuando inicia a sus discípulos en la técnica del fresco, les enseña que los muros que habrán de cubrir con sus pinturas, serán «otras tantas posiciones ocupadas al enemigo en la lucha social» y que éstas «pueden ser perdidas,

---

[1] yaquis: tribus indígenas mexicanas del estado de Sonora, pertenecientes a la familia de los opatas.
[2] corridos: romance popular que evoca alguna historia o aventura, cantado y bailado con acompañamiento del pueblo.

recuperadas y vueltas a perder, dado que la burguesía posee aún los mayores medios de difusión, propaganda y sugestión».

El maestro se declara «apenas un primitivo anunciador del arte proletario, cuyas características serán la organización sólida y harmoniosa, la claridad y la sencillez» y cuyas obras estarán «animadas de una pasión más intensa y más fuerte que todas las pasiones, porque será la de un hombre —el artista—, a la cual se sumarán todas las pasiones de la masa proletaria»...

Esta ideología determinó la orientación estética de los frescos de la *Preparatoria*. Y Diego superó aun esa labor al crear los frescos de la *Escuela Agronómica* de Chapingo. Es la misma modalidad pero aplicada a realizaciones más amplia, más generosas aún, concebidas a una escala de titán...

Diego vive como piensa. De costumbre viste ese uniforme internacional del trabajo que es el *overall*, y hasta hace poco llevaba un grueso pistolón al cinto, pues gentes conservadoras y estudiantillos clericales se entregaban al edificante deporte de apedrear y raspar los frescos de los nuevos pintores mexicanos.

Extraordinario hasta en su físico y costumbres, Diego es uno de los hombres más corpulentos que he visto: su inseparable bastón de Apizaco debe pesar lo menos treinta libras, y su sombrero mexicano podría servir de techo a un molino de Holanda. Suele pintar sin descanso de diez a quince horas diarias. Y se jacta de trabajar como jornalero y ser pagado tal, mientras los *yanquis*, en los mercados de cuadros, se disputan sus lienzos por millares de dólares.

La casona de Diego es modesta; más bien pobre, pero es la casa más mexicana de todo México. Para describir su interior, no bastaría una larga enumeración de tornasolados *sarapes*[3], máscaras grotescas, ex votos, juguetes, pinturas recogidas en haciendas, *Judas* forrados de cohetes, cacharros, molinillos, *charros* de *zacate*[4], y botellones indios, sin contar bellísimas esculturas precortesianas... Por las tardes, sentadas silenciosamente en los peldaños de la escalera de madera, los modelos esperan a Diego: son indias hieráticas y sumisas, envueltas en tradicionales rebozos... Y Diego, después de trazar uno de sus maravillosos frescos, vuelve a trabajar, estudiando manos y expresiones con una pasión de principiante...

Muy de noche, se permite un momento de holganza por viejas calles coloniales. Lupe Marín, su esposa, cuida de que sólo salga con un *tostón*[5], porque si lleva más dinero, se lo regala a todo pobre que encuentra en su camino.

---

[3] sarapes: tipo de poncho de lana, tejido en formas de rayas en relieve, de colores muy vivos.
[4] charros de zacate: sombrero que acompaña el *charro* —campesino mexicano—, hecho de *zacate*, tipo de paja o fibra.
[5] tostón: moneda mexicana de plata que vale cincuenta centavos.

Sólo una cosa logra sacarlo de quicio, provocándole furias de grandeza bíblica: el mal gusto. Cierta vez —actitud que elogio calurosamente—, descargó su pistola sobre un gramófono que le obligaba a escuchar, por iniciativa de un tendero, melodías de ópera romántica italiana...

Tal es Diego Rivera, el formidable artista cuyas obras determinaron el magnífico renacimiento del arte mexicano contemporáneo.

CONTRA EL SECRETO PROFESIONAL
ACERCA DE PABLO ABRIL DE VIVERO*

CÉSAR VALLEJO

La actual generación de América no anda menos extraviada que las anteriores. La actual generación de América es tan retórica y falta de honestidad espiritual como las anteriores generaciones de las que ella reniega. Acuso a mi generación de impotente para crear o realizar un espíritu propio, hecho de verdad, de vida, en fin, hecho de sana y auténtica inspiración humana. Presiento desde hoy un balance desastroso de mi generación, de aquí a unos quince o veinte años.

Estoy seguro de que estos muchachos de ahora no hacen sino cambiar de rótulos y nombres las mismas mentiras y convenciones de los hombres que nos precedieron. La retórica de Chocano, por ejemplo, reaparece y continúa, acaso más hinchada y odiosa, en los poetas posteriores. Así como con el romanticismo, América presta y adopta actualmente la camisa europea del llamado «espíritu nuevo», en un rasgo de incurable descastamiento cultural. Hoy, como ayer, los escritores practican una literatura prestada. Hoy, como ayer, la estética —si así puede llamarse esa simiesca pesadilla de los escritores de América—, carece allá de fisonomía propia. Un verso de Maples Arce, de Neruda o de Borges, no se diferencia en nada de uno de Reverdy, de Ribemont o de Tzara. En Chocano hubo, por lo menos, el barato americanismo de los temas y nombres. En los de ahora ni eso.

Voy a concretar. La actual generación de América se ufana y se fundamenta en los siguientes aportes:

1) Nueva ortografía. Supresión de signos puntuativos y de mayúsculas. (Postulado europeo, desde el futurismo de hace veinte años, hasta el dadaísmo de 1920.)

2) Nueva caligrafía del poema. Facultad de escribir de abajo arri-

---

* Publicado en *Variedades* 1001 (7/5 1927) y reproducido en César Vallejo, *Desde Europa*, págs. 204-206.

ba, como los tibetanos o en círculo o al sesgo como los escolares del kindergarten; facultad, en fin, de escribir en cualquier dirección, según sea el objeto o emoción que se quiere sugerir gráficamente en cada caso. (Postulado europeo, desde San Juan de la Cruz y los benedictos del siglo XV, hasta Apollinaire y Beauduin.)

3) Nuevos asuntos. Al claro de luna sucede el radio. (Postulado europeo, en Marinetti como en el sinoptismo poliplano.)

4) Nueva máquina para hacer imágenes. Sustitución de la alquimia comparativa y estática, que fue la trinchera de la metáfora anterior, por la farmacia aproximativa y dinámica de lo que se llama *rapport* en la poesía *d'après-guerre*. (Postulado europeo, desde Mallarmé, hace cuarenta años, hasta el super-realismo de 1924.)

5) Nuevas imágenes. Advenimiento del poleaje casuístico y yazbándico de los puntos de apoyo de la metáfora, según leyes sistemáticamente opuestas a las leyes estéticas de la naturaleza; divorcio absoluto de los valores estéticos de la vida y los valores estéticos del arte (Postulado europeo, desde Lautrémont hace cincuenta años, hasta el cubismo de 1914.)

6) Nueva conciencia cosmogónica de la vida. Desarrollo del espíritu de unidad humana y cósmica. El horizonte y la distancia adquieren insólito significado, a causa de las facilidades de comunicación y movimiento que proporciona el progreso científico e industrial. (Postulado europeo, desde los trenes estelares de Laforgue y la fraternidad universal de Hugo, hasta Romain Rolland y Blaise Cendrars.)

7) Nueva sensibilidad política y económica. El espíritu democrático y burgués cede la plaza al sentimiento comunista integral. (Postulado europeo, desde Tolstoi, hace cincuenta años, hasta la revolución super-realista de nuestros días.)

En cuanto a la materia prima, al tono sutil e intangible, que no depende de preceptivas ni de teorías del espíritu del creador, no hay indicios concluyentes de su existencia en América. La producción literaria se queda allá en chisporroteos frustrados, en intermitentes posibilidades. Por medio de las nuevas disciplinas estéticas que acabo de enumerar a la ligera, los poetas europeos van realizándose más o menos, aquí o allá. En América, a causa justamente de que tales disciplinas son importadas y practicadas al pie de la letra, sin modificaciones, ellas no logran ayudar a los escritores a revelarse y realizarse, pues dichas disciplinas no responden a necesidades peculiares, ni han sido concebidas por libre impulso vital de quienes las cultivan. La endosmosis, tratándose de esta clase de movimientos espirituales, lejos de nutrir, envenena.

No se trata aquí de una conminatoria a favor de nacionalismo, continentalismo ni intereses raciales. Siempre he creído que estas clasificaciones están fuera del arte y que cuando se juzga a los escritores en nombre de ellas, se cae en grotescas confusiones y peores desaciertos.

No pido a los poetas de América que canten el fervor de Buenos Aires, como Borges, ni los destinos cosmopolitas, como otros muchachos. No les pido esto ni aquello. Hay un timbre humano, un sabor vital y de subsuelo, que contiene, a la vez, la corteza indígena y el sustractum común a todos los hombres, al cual propende el artista, a través de no importa qué disciplinas, teorías o procesos creadores. Dése esa emoción, sana, natural, sincera, es decir, prepotente y eterna y no importa de dónde vengan y cómo sean los menesteres de estilo, técnica, procedimiento, etc. A este rasgo de hombría y de pureza conmino a mi generación.

Mientras no se llegue a tal honestidad espiritual, tacho a mi generación de plagio grosero, plagio que le impide expresarse y realizarse dignamente. Y la tacho de falta de honradez espiritual, porque al imitar las estéticas extranjeras, están conscientes de esta imitación, y, sin embargo, la practican, alardeando que obran por inspiración autóctona, por sincero y genuino impulso personal. La autoctonía no consiste en *decir* que se es autóctono, sino en *serlo* efectivamente, aun cuando no se diga.

*

Leyendo el último libro de Pablo Abril de Vivero, *Ausencia,* he vuelto a pensar en la literatura de América. Libros como éste representan un momento muy significativo. De lejos se ve la nobleza de estos versos. Nobles, porque, en pleno 1927, no pretenden descubrir el remedio contra la tuberculosis y ni siquiera una escuela más de poesía. Pertenece este libro a la humana hermosura de la llana elocución y de la rara virtud de emocionar. Este libro es, por eso, de los nobles de América. Abril pudo enredar un poco la sintaxis y otro poco la lógica estética (no la otra lógica) y habría así, por este solo hecho, ingresado a esas masas de chiflados que, bajo tal o cual rótulo vanguardista, infestan América. (Digo masas, porque hoy, al revés de lo que debería o podría acontecer, la casi totalidad de los escritores son allá revolucionarios. De este modo, con un criterio aritmético, se podría afirmar que la aristocracia espiritual está en no ser vanguardista y lo vulgar y *standard* está en ser o, al menos, en rotularse tal.) Abril pudo mixtificar un poco, escribiendo, a ojos cerrados, y habría así *épaté* a los meridianos y círculos máximos. Si Abril hubiera siquiera escrito sin mayúsculas y con rascacielos —paradoja ésta muy vanguardista—, Abril habría vanguardizado para las galerías.

Pero el libro de Abril, como otros sinceros libros de América, se dejó llevar por la emoción, logrando, de esta manera, mantenerse fuera de toda escuela y acusando una personalidad vigorosa. *Ausencia* es la obra de un poeta sencillo y profundo, humano y trasparente. Así se ca-

racterizan los verdaderos artistas: dándose sin embadurnarse ni emba-
durnar a los demás. Los artistas que, como Abril, tienen algo que dar al
corazón, lo dan sana y naturalmente. Casi todos los vanguardistas lo
son por cobardía o indigencia. Uno teme que no le salga eficaz la tonada o siente que hay tonada que salga y, como último socorro, se refugian en el vanguardismo. Allí está seguro. En la poesía seudo-nueva
caben todas las mentiras y embrollos y a ella no puede llegar ningún
control. Es el «secreto profesional» que propone Jean Cocteau; es «el
reino que no es de este mundo», según el abate Brémond. La razón de
Paul Suday, la necesidad sagrada de la emoción auténtica y humana, no
tienen allí entrada.

Pero, por felicidad, salen una que otra vez libros como el de Abril
en América, que logran, entre el charleston vanguardizante, un paso
de equilibrio, una voz sana, un fresco brillo sin pretensiones. Por estos
libros es dado, de cuando en cuando, percibir indiscutibles posibilidades líricas en América. El capítulo *Nocturnos de Ausencia* llega a un alto
tono poemático.

Sólo que de Abril esperamos esa segura evolución estética que suele
frustrarse en los poetas de la actual generación de América. Abril tiene
de su parte la rara cualidad de no vanguardizar. Ello ya es una garantía
de su porvenir.

REGIONALISMO*

MÁRIO DE ANDRADE

En el arte brasileño, hasta en el propio arte moderno, el elemento
regional está apareciendo con una constancia pavorosa. Hay que acabar pronto con esto.

En la pintura, con excepción de Tarsila do Amaral, quien siempre
escapó con mucha discreción al elemento propiamente regional, tal
elemento se manifiesta muchas veces tendencioso, hasta en buenos artistas como Di Cavalcanti.

Hoy en día es rara una exposición brasileña de pintura que no tenga una dosis más o menos inconsciente de regionalismo. Quieren hacer «nacionalismo» para derivar luego hacia el elemento característico,
específicamente regional. Aunque sólo se trate de esto, demuestra en

---

* Publicado en *Diário Nacional*, de 19/2/1928, y reproducido en Aracy A. Amaral
(org.), *Arte y arquitectura del modernismo brasileño*, pág. 447. Traducción de Marta
Traba.

nuestros artistas una debilidad de concepción creadora y una pobreza *guaçú*[1] de cultura.

En arte como en política, el regionalismo jamás significó un nacionalismo, en el único concepto moral del término, es decir, realidad nacional. Significa más: una pobreza más o menos consciente de expresión, observándose y organizándose dentro de una determinada y mezquina manera de actuar y crear.

Regionalismo es pobreza sin humildad. La pobreza que proviene de la escasez de medios expresivos, de la cortedad de las concepciones, de la cortedad de la vida social, del «caipirismo» y del «saudosismo». Comadrería que no sale del bla-bla-bla y, lo que es aún peor: se contenta con eso. Porque cuando el artista es de veras creador, pese a que pueda dedicarse a charlar toda la vida, sin embargo, como sirven de ejemplo las obras brasileñas de Lasar Segall, saca del elemento regional un concepto más amplio y sobrepasa la información, humanizándola. La manifestación más legítima del nacionalismo artístico se da cuando ese nacionalismo es inconsciente de sí mismo. Porque en realidad cualquier nacionalismo, impuesto como norma estética, resulta necesariamente odioso para el verdadero artista, que es un individuo libre. No existe ningún gran genio que sea estéticamente nacionalista. Y hasta son infrecuentes aquellos que la gente podría llamar psicológicamente nacionalistas.

El nacionalismo sólo puede ser admitido conscientemente cuando el arte libre de un pueblo todavía está por formularse. O, cuando perdidas las características básicas por un exceso de comopolitismo o de progreso, la gente necesita buscar en las fuentes populares las esencias perdidas. Tal es el caso de la música italiana, después del absurdo periodo de Verismo. El regionalismo, en cambio, no contribuye en nada a la conciencia de la nacionalidad. Antes la ensucia y empobrece, sustrayéndola a otras manifestaciones y, en consecuencia, a la propia realidad. El regionalismo es una plaga antinacional. Tan plaga como imitar la música italiana o ser influidos por el estilo portugués.

---

[1] *guaçú*, del tupí-guaraní, significa «grande».

Antropofagia *vs.* Verde-amarillismo

ANTROPOFAGIA VS. VERDE-AMARILLISMO: a) Plínio Salgado,
«El curupira y el carão» (1927).—b) «La revolución del tapir» (1927).—c) Tasso de Silveira, «El tapir y la garrapata»
(1927).—d) Plínio Salgado, «El significado del Tapir»
(1927).—e) Marxillar (Oswald de Andrade). «Porque como»
(1929).—f) Poronominare [Oswald de Andrade]. «Una adhesión que no nos interesa» (1920).—g) «Primer Congreso Brasileño de Antropofagia» (1929).

La Escola da Anta (Escuela del Tapir) surge en oposición al movimiento antropofágico. Aunque el Manifiesto Nhengaçu Verde
Amarelo sea de 1929, los primeros textos de confrontación con la
antropofagia aparecen en el libro *O curupira e o carão,* de 1927, firmado por Plínio Salgado, Cassiano Ricardo y Menotti del Picchia.
Se trata de un movimiento que también busca definir la identidad
nacional brasileña y que rechaza todo elemento extranjero, especialmente europeo, defendiendo, según dice el manifiesto, «todas
las instituciones conservadoras».

Así comienzan a delinearse los contornos de una ideología nacional conservadora que, posteriormente, bajo el liderazgo de Plínio Salgado, desembocaría en el movimiento integralista, de inspiración fascista. La ideología verde-amarillista, fundada en la idea
de la «raza cósmica» de Vasconcelos —explícitamente mencionada en el Manfiesto Nhengaçu Verde-Amarillo—, prevé la fusión
total de las razas, en una sociedad única y mestizada. La justificación histórica residiría en la «absorción» ocurrida inicialmente
con el pueblo tupí, cuyo tótem sería el tapir, dando margen a una
fusión general de las razas. Es una visión espiritualista, casi mesiánica, que ve en el Brasil un espacio y un pueblo privilegiados y destinados a la redención, a la «concordia universal». El manifiesto,

aunque alegue carencia de prejuicios de todo tipo, no consigue evitarlos («cuando sucedió el 13 de mayo [fecha de la abolición], había negros ocupando ya altas posiciones en el país»).

El verde-amarillismo se propone como una escuela antirracionalista por excelencia, sin preocupaciones de orden estético, y premeditadamente al debate y a la teoría, rechaza «cualquier sistematización filosófica» y se entrega a una especie de *laissez-faire* universal a través de la acción. Es una suerte de vertiente nacionalista pragmática e irracional. Sus prioridades se concentran en la militancia: «Anta no sistematiza: actúa.» Contra el pensamiento racional y el intelectualismo (velada alusión al carácter reflexivo de Mário de Andrade), pues prevalecerían las «fatalidades cósmicas, étnicas, sociales o religiosas». Si la antropofagia incorpora a su sistema a Freud, el surrealismo y el humor como retórica, la Escola da Anta se sitúa exactamente contra todos esos valores. Como bien observa Gilberto Vasconcelos, *Festa* y Verde-amarillismo son la «versión reaccionaria del movimiento del 22»[1].

El carácter conservador y serio del grupo del Tapir significó para el espíritu beligerante e irreverente de Oswald de Andrade una oportunidad única de confrontación. La polémica Antropofagia *versus* Anta generó uno de los textos más cómicos del líder antropófago. Frente a la total ausencia de humor de los verdeamarillistas, Oswald responde a la publicación de *O curupira e o carão* con la graciosa «Antología» en la cual, a través de juegos paronomásticos, ridiculiza todo lo que pueda referirse al Anta (tapir en portugués)[2].

> Esos tales se dieron a bromear que esto acá es el país de Atalanta, mas tal el anta tal el cazador y la cacería al encontrar tanta anta no puede en serio tomar un anta tonante, que queriendo ser gigante no pasa de axinomántica. Así fue que la tal rumianta tomada de antopodosis periodística antirose desastradamente en intenso antiroteo que el guardia de la aduana mantiene en este antanaclásico clan.

Tasso da Silveira, perteneciente al movimiento espiritualista asociado a la revista *Festa* de Río de Janeiro, también toma a broma la elección del extraño tótem: «Por qué [el tapir] cruza las florestas en línea recta, abriendo camino, derribando obstáculos sin desviarse nunca, invencible en su temeridad? Esto es ceguera y no inteligencia. La inteligencia va por vías sinuosas». El movimiento verdeamarillista interesa no solo por el impulso que imprimió a los mo-

[1] *A ideología curupira,* San Pablo, Brasiliense, 1979, pág. 151.
[2] *Clima* 4, septiembre de 1941, págs. 137-139.

vimientos nacionalistas de la década del veinte, sino por lo que revela respecto de la formación del movimiento integralista[3].

Las respuestas a la Escola da Anta fueron publicadas en su mayor parte durante la época más «feroz» de la *Revista de Antropofagia* (la segunda fase). «Uma adesão que não nos interessa», firmada por Porominare (pseudónimo de Oswald de Andrade), acusa a los verde-amarillistas de un conservadurismo que pasa por el romanticismo alencariano, además de ser clasistas y de querer mantener el *status quo* de la cultura brasileña colonizada por los valores europeos:

> Los verde-amarillos de aquí quieren la toga y la esclavitud moral, la colonización del europeo arrogante e idiota y en medio de todo eso al guaraní de Alencar bailando vals. Una adhesión como esa no nos sirve de nada, pues el «antropófago» no es el indio de etiqueta de botella. ¡Evitemos esa confusión de una vez y para siempre! Queremos al antropófago de knicker-bockers y no el indio de ópera.

En esta misma línea de ataque agresivo, Oswald, en un artículo firmado con el pseudónimo de «Marxillar» (Marx + maxilar), reivindica la vuelta de los valores del clan primitivo como forma de criticar a la sociedad brasileña represiva y clasista:

> El indio no tenía policía, no tenía represiones, ni molestias nerviosas, ni comisaría de orden social, ni vergüenza de estar desnudo, ni lucha de clases, ni tráfico de blancas, ni Ruy Barbosa, ni voto secreto, ni se ufanaba del Brasil, ni era aristócrata, ni burgués, ni clase baja.

Dentro de ese proyecto de liberación, en las páginas de la *Revista de Antropofagia* aparece una lista de propuestas para el Primer Congreso Brasileño de Antropofagia que no llegó a realizarse. Los tópicos de la lista revelan principios basados en reivindicaciones socialistas y anarquistas, como el «divorcio», la «maternidad consciente» (léase legalización del aborto), la «impunidad del homicidio piadoso» (léase oficialización de la eutanasia) y la «supresión de las academias y su sustitución por laboratorios de investigación», entre otros. La transformación que el modernismo produjo en la cultura brasileña, por lo menos, consiguió esta última reivin-

---

3 Sin embargo, hay opiniones, como la de Florestan Fernandes, quien, en la presentación del libro de Gilberto Vasconcelos, dice: «hoy está de moda decir que se debe estudiar el integralismo. No compartimos esa opinión. Tampoco debemos preocuparnos por destruirlo».

dicación de los antropófagos. En «O modernismo», conferencia de Mário de Andrade de 1940, éste dice que los modernistas habían logrado «el derecho permanente a la investigación estética; a la actualización de la inteligencia artística brasileña; y el establecimiento de una conciencia creadora nacional».

EL CURUPIRA[1] Y EL CARÃO[2]*

[MENOTTI DEL PICCHIA, PLÍNIO SALGADO, CASSIANO RICARDO]

Se trabó la batalla. Esta es una crónica de guerra. Este libro señala varios momentos de la campaña.

De un lado el Carão, con más de doscientos años, ceniciento, huraño, de plumas ríspidas y sucias. Pasatista y misoneísta, reblandecido e intransigente. Del otro lado el Curupira, ágil, matinal, irónico, omnímodo. El Espíritu Viejo contra el Espíritu Nuevo. Lucha a muerte. Revolución.

*

El Curupira se presentó oficialmente en el Teatro Municipal de San Pablo, en la Semana de Arte Moderno, en 1922.

Antes estaba en el aire, desparramado en la conciencia cósmica, dinamizado en el instinto de la nueva generación, apto para firmar la nueva etapa. La transmutación de los valores estéticos de la postguerra lo había definido en su estado inicial y espectral, fantasmal, por sus audacias inéditas, todos los procesos corrientes en el arte.

¡Alarma en los cuarteles pasatistas! Formación apresurada del voluntariado académico para burlarse de la aparición de Curupira en el escenario del Municipal. ¡Noche de Calvario y de Transfiguración!

*

El Carão silbó como un demonio. Desencadenó tempestades de

---

* Publicado en Menotti del Picchia, Plínio Salgado e Cassiano Ricardo, *O curupira e o carão*, págs. 11-15.

[1] Curupira: mito tupí. Entidad fabulosa y diabólica que, según la superstición, habita las florestas y tiene el talón del pie volteado hacia adelante, y los dedos de los pies para atrás.

[2] Carão: mono del Amazonas.

hurras y de gritos frente al proscenio donde Curupira reía, sarcástico, desafiando la silbatina.

El clamor de la rechifla se volvió un huracán. Y cuando el Carão creyó haber asesinado públicamente a Curupira, éste, inquieto, inmortal, reapareció victorioso.

Carão gimió como urutaú[3]... Metió el pico triste bajo el ala floja. Se estremeció. Y murió...

*

Curupira, genio eterno de todas renovaciones, espíritu invisible que encadenas la tradición en su ciclo ascencional a través del tiempo y del espacio, viejo como la historia del pensamiento y nuevo como el último minuto, potencia única y proteiforme que naces, mueres y renaces en la resurrección periódica de las nuevas etapas de la inteligencia humana, ¿hiciste el milagro de crearle al Brasil una nueva conciencia?

Remolineas en la sangre de las jóvenes arterias que no se escaman con las incrustaciones paralizantes de la arterioesclerosis mental, rumbo al más bello destino. Hay en tu algazara una alegría inaugural y tus ojos rasgan cielos amplios y vírgenes para deslumbramiento de nuestra emotividad. Operas las cataratas que nos velaron la pupilas. Abres nuestros tímpanos al tumulto de las ansias de la raza. Iluminas nuestro camino para adherir, con una visión clara y directa, a nuestras realidades el sentido descubridor de nuestros rumbos. Toda la patria nueva anuncia la redención. ¡Curupira! ¡Tu adviento es una inauguración!

*

El último diálogo:

Carão: ¿Quién eres Curupira?

Curupira: Soy una nueva encarnación: la locomotora del ferrocarril después de la carreta. El teléfono después de la estafeta. La T.S.H.[4] y la radiofonía volvieron mediúmnico al telégrafo. Soy el espíritu complejo y renovador del Instante. Me llamo Presente en tránsito hacia el futuro... ¿Y tú, Carão?

Carão: Soy lo que tú serás mañana. Mírate cascarrabias. ¿Triste, no? Es condición de la vida. Somos dos caras del mismo personaje... Yo: la de tu paso cansado, la sombra de tu victoria; el Pasado. Un muerto...

---

[3] Urutaú: nombre de un ave nocturna.
[4] T. S. H.: telégrafo sin hilos.

*

Y después que Curupira venció se trizó en tres astillas el cristal de la armonía «futurista». En tres corrientes se dividió el gran río: la de Mário de Andrade con los extremistas; la de «Pau Brasil» importada de Francia por Villegaignon y labrada por Oswald de Andrade y la nuestra Verde-amarilla que quiere contener, vivos, el alma y el paisaje de la Patria.

*

Si un espíritu común es el Dios tutelar de las tres iglesias, cada una creó su Evangelio y su rito. La nuestra es, frente a la de Mário, como la Iglesia católica es para la griega ortodoxa. Oswald es el heresiarca, casi hugonote, a quien reservamos una noche de San Bartolomé[5]...

*

La historia Verde-amarilla —los episodios de sus campañas hasta la revolución del Anta— es la que reunimos aquí. Pensamiento en tránsito y en guerra. Que de él se levante un gran himno de amor y de gloria al Brasil.

LA REVOLUCIÓN DEL TAPIR*
(Por la unidad e independencia espiritual del Brasil)

PLÍNIO SALGADO

Yo había escrito y guardado las líneas que siguen, con el fin de que, tras la discusión sobre el Tapir y el nuevo programa nacionalista, entre los espíritus cultos, salieran a la publicidad, dedicándolas al gran público que será el ejecutor de las ideas que en ellas están contenidas.

Estos párrafos, como se verá, están redactados con estilo didáctico y aparecen aquí sin ninguna pretensión literaria, pero con una sincera intención social. A mis compatriotas les cuento de esta manera la historia del Tapir:

---

[5] Hugonote: designación despreciativa que los católicos franceses dieron a los protestantes, especialmente a los calvinistas, y que éstos adoptaron. La noche de San Bartolomé remite al sangriento masacre contra los protestantes en París, el 24/8/1572.

* Publicado en Menotti del Picchia, Plínio Salgado e Cassiano Ricardo, *O curupira e o carão,* págs. 91-97.

*

El Tapir es el tótem de la raza tupí. Los tupís, mucho antes de que llegaran aquí los portugueses, bajaron de las Ibiturunas (Cordillera de los Andes) y marcharon por las selvas rumbo al océano. Una parte de ellos se encaminó por el río Amazonas y de Marajó, yendo por la costa y fue desalojando a los tamyás; otra parte tomó hacia Piratininga[1] y vino hasta aquí, en la sierra de Santos, a contemplar el Atlántico por primera vez. Por entonces aparecieron las carabelas lusitanas.

*

Los tupís se decían descendientes del Tapir. Como es sabido, todos los clanes primitivos tuvieron sus tótems, es decir, animales de los que se pensaban hijos. La sangre de aquellos animales sagrados era, en fiestas rituales, inoculada en las venas de los guerreros para que se fortalecieran en ellos las virtudes totémicas de la raza. Con el tiempo, el «tótem» fue tomando mayor amplitud: del clan a la tribu; de la tribu a la Nación, a todo un grupo étnico u organización política. Por eso la «loba» de los romanos; el «gallo» de Francia; el «buey» o «cocodrilo» del antiguo Egipto, etc. El Anta [tapir] es el «tótem» brasileño, pues fue el indio la base de la formación nacional, como es ahora la base de la Raza Futura que saldrá del casamiento de todas las razas inmigrantes.

*

Pienso que, además del medio cósmico, existe también el médio étnico. Si no fuese por ese medio étnico por el cual pasaron los europeos en las largas décadas prebandeirantes, el blanco no hubiera entrado en el sertón. El matrimonio celebrado por Anchieta, de las dos razas que se enfrentaban como novias, posibilitó las expediciones, más tarde, de los Fernão Dias, de los Raposo Tavares, de los Paschoal Moreira y Anhangüeras. Inmunizados por el cruzamiento contra las enfermedades, las úlceras, los mil venenos y las insidias de los Payaguás[2] —que deben simbolizar las fatalidades climáticas y mesológicas— los sertanistas sufrieron, por un sentimiento atávico o por una adaptación al medio étnico, la nostalgia ancestral de las planicies del Oeste. Reflujo de la onda histórica atenuada por la creciente de un sueño marítimo, en la otra onda étnica, levantada en la línea del litoral, en la indecisión de un sueño continental.

---

[1] Piratininga: Tierra de las Palmeras. Nombre indígena de la ciudad de São Paulo.
[2] Payaguás: nación indígena que habitaba los márgenes del Río Paraguay, en Mato Grosso, Brasil.

*

Ahora que está disminuida, aunque presente en la imagen general brasileña, la influencia indígena actúa dentro de los mismos centros urbanos como agente modificador del carácter extranjero.

En las ciudades, cuyo aspecto cosmopolita no difiere de las grandes ciudades de los otros países, los hijos de los europeos crecen, sin embargo, radicalmente brasileños. ¿Cómo explicar semejante hecho si no actuase sobre ellos el «medio cósmico», es decir, si no influyese sobre ellos ese medio cósmico, aunque fuera por una de sus expresiones que es la variación termométrica?

Es que el «medio étnico» existe y en él no podemos negar la cooperación del factor indígena.

*

Las consecuencias prácticas del Tapir, el tótem nacional, son innumerables y abarcan los dominios político, social, moral y estético. Desde el punto de vista de nuestra política inmigratoria, podemos decir que el Anta será una especie de «denominador común» de las expresiones fraccionarias del conjunto étnico brasileño. En tales condiciones, dejando de lado los prejuicios de cultura y civilización propias que cada raza trae consigo; relegadas al pozo de las cosas inservibles las ideas de predominio de los grupos co-inmigrantes, ideas que son claras en la políticas «jus-sanguinis»[3] de los países de emigración; desaparecidas del Nuevo Mundo las incompatibilidades nacionales del Viejo Continente, todo quedará reducido a un andar uniforme hacia la realización de un tipo futuro americano, la «quinta raza» como la llamó José Vasconcelos[4].

En los dominios de la moral y de la estética, la afirmación sistemática del Anta representa nuestra completa libertad de pensamiento.

Indiscutiblemente, desde nuestra independencia política hemos vivido como miserables esclavos de la cultura europea. Peor que esclavos: como una nación hembra, gestando maravillosamente el Pensamiento Extranjero.

Pero eso es simplemente humillante.

El Brasil aún no produjo su filosofía, su pensamiento, su arte. Ni podrá hacerlo si primero no poseemos el sentido de la independencia.

*

---

[3] *jus-sanguinis:* derecho de sangre. Título considerado para atribuírsele a un individuo la nacionalidad, considerando los lazos de sangre.

[4] Ver artículo sobre *La raza cósmica.*

Ahora bien, nuestra generación debe convencerse de que será sacrificada. No realizará lo definitivo. No verá el adviento del Poeta, del Jefe, del Iniciado. Si no se crea el sentido de la Nacionalidad, es imposible lanzar el Nuevo Pensamiento. Esa Conciencia Nacional debemos formarla mediante la coordinación de los «factores comunes» de la raza en formación.

Ya lo dije en São Paulo y en artículos aparecidos en Porto Alegre, en Paraná, en la capital de la República, y quiero repetirlo ahora: el movimiento del Anta es más de acción que de pensamiento. Es una guerra contra todo lo que, inculcándose como brasileño, sea esencialmente extranjero.

Si fuera posible, nosotros nos atraeremos mediante un pacto solemne, para que, unidos todos los jóvenes del Brasil, asumir una actitud definida, echando mano a todos los medios para la campaña de nacionalización de nuestra vida mental, de nuestras costumbres.

*

No se trata de indianismo sino de americanismo. La absorción de la Vida Urbana por el espíritu rudo del Sertón donde están las grandes reservas nacionales, a que se refiere Oliveira Vianna.

*

Proclamando nuestra procedencia del indio, como él lo hizo diciendo que era hijo del Tapir, romperemos con todos los compromisos que nos han atado indefinidamente a los prejuicios europeos. Sólo el día que se haya formado una «conciencia nacional» fuerte y definitivamente caracterizada, podremos pensar con nuestras cabezas, ofreciendo al Mundo un Pensamiento, un Arte y una Política genuinamente americanas. Por eso mismo, lo que nos interesa a nosotros, escritores brasileños del siglo xx, no es ya la figura de Perí[5] o de Iracema[6], sino su sombra, lo que quedó tras ellos y que es el inmenso sustrato de la Nacionalidad. Son los «factores comunes» de donde salió la unidad nacional y que pueden constituir una fuerza de acción invencible para la destrucción que nos proponemos de los ídolos extranjeros.

---

[5] Perí: personaje indígena de la novela *O Guaraní,* de José de Alencar.
[6] Iracema: personaje principal de la novela *Iracema,* de José de Alencar.

EL TAPIR Y LA GARRAPATA*

Las grandes corrientes de sentimiento nacionalista andan a la búsqueda de símbolos que les den significación.

Pero, en este sentido, la imaginación brasileña se muestra estéril.

São Paulo, por medio del más vivo y fecundo de sus grupos literarios, propuso al «Anta» [Tapir]. En Río, el más entusiasta y dinámico de nuestros gremios de hombres de acción y de dinero, adoptó a la «garrapata».

Desgraciadas las dos evocaciones.

¿Por qué el tapir?

¿Por qué cruza las florestas en línea recta, abriendo camino, derribando obstáculos, sin desviarse nunca, invencible en su temeridad? Esto es ceguera y no inteligencia. La inteligencia va por vías sinuosas. Porque sabe para dónde va. No avanza nunca sin una meta. No gasta inútilmente sus fuerzas.

Además, el tapir es el más antiestético de nuestros animales. Deforme, sin elegancia, pesadón...

¿Por qué la garrapata? ¿Por el vigor con que se adhiere? La sugerencia es pésima. Los «bandeirantes»[1] podrían haber elegido un símbolo mucho más elevado de su generoso ideal de construcción brasileña.

Sea en uno, sea en otro caso, el símbolo a adoptarse debería expresar a un mismo tiempo la tradición y el misterio.

La tradición: la suma de los momentos supremos, de las realizaciones más expresivas, de los gritos más profundos del pasado de un pueblo. De los momentos, de las realizaciones y de los gritos que revelan el espíritu de ese pueblo, indican «su» vocación y muestran dentro de qué horizontes extremos y por qué sabias sendas él podrá alcanzar sus posibilidades totales. Este es el trascendente sentido del vocablo. Conocer la propia vocación y caminar a la luz de una clara lámpara. Para un pueblo, como para los individuos, obedecer al propio espíritu es realizar el destino más glorioso que le pueda caber en el planeta.

---

* Publicado en *Festa* 2 (noviembre, 1927), pág. 3.
[1] Bandeirantes: expedicionarios que en la región de São Paulo salían a capturar indios y a descubrir oro. Figuradamente, hombres que hacen negocios riesgosos y no tienen escrúpulos con tal de ganar dinero. [N. T.]

Por eso, todos los grandes pueblos, por una especie de instinto primordial, rinden culto a la tradición. Pero a «su» tradición, no hay que confundirse.

La Italia de hoy se rebeló contra las antiguas tradiciones romanas y no se equivocó. Porque esas no eran «sus» tradiciones. La Italia de hoy es una realidad nueva, diferente de la que murió aplastada por el tropel de los bárbaros, en el Imperio.

La Grecia de hoy, por voluntad de un grupo de dramaturgos nuevos, trata de revivir el teatro de Sófocles y Eurípides; ingenua y falsa propuesta. Porque el espíritu que animó la tradición antigua de la Hélade no es el mismo que salió de las mezclas de donde proviene el pueblo griego de estos días.

La tradición no pertenece al «lugar» donde se desarrolló, sino al «espíritu del pueblo», al particular «temperamento» del pueblo que la creó.

El Brasil tiene una tradición pequeña. Pero la tiene. Y si se la menospreciara, se habría, por lo menos, perturbado las grandes líneas de su destino...

El misterio: esto es lo que aún no está revelado, el futuro, la esperanza, la infinita ansiedad por lo porvenir...

La lámpara de la tradición aclara el camino. Pero el camino se extiende hacia distancias insondables.

Y marchando, sin embargo, a pasos firmes, el espíritu aún sueña. Y trata de entrever los paisajes sorprendentes que un día atravesará. Y goza anticipadamente las nuevas alegrías que le reserva el futuro. Deseo ardiente, inquietud... Pero en lo más íntimo, el optimismo saludable, y la audacia resuelta y la secreta e invencible certeza...

Se necesita un símbolo para todo eso.

El concurso está abierto...

EL SIGNIFICADO DEL TAPIR*

Plínio Salgado

Cuando inventamos el movimiento de Tapir, éste comenzó por provocar confusión entre sus mismos iniciadores.

Se discutió mucho el asunto, y finalmente llegamos a un acuerdo. El Tapir significaría:

---

* Publicado en *Correio Paulistano,* de 26/11/1927, y reproducido en *Festa* 4 (enero, 1928), pág. 13.

— guerra a los prejuicios raciales;
— guerra a los prejuicios culturales;
— guerra al escepticismo, al negativismo, a las ironiítas, al desánimo.

El Tapir representa, por lo tanto, un movimiento de independencia y de afirmación.

*

No es que necesitáramos un símbolo. El símbolo es algo demasiado intelectualizado. Queríamos una seña.

Muchos pensaron que pretendíamos un nuevo indianismo, lo que sería una actitud literaria. Otros creyeron que el Tapir era una expresión de jacobinismo. Otros, incluso, juzgaron que queríamos concretar en el tapir el aspecto más relevante de nuestra fisionomía histórica, o del amanecer de la conciencia de la Nacionalidad.

El doctor Almeida Magalhães nos propuso, para sustituir al Tapir, el «caracú», diciendo que el Brasil empezó a existir social y económicamente cuando se inició la industria pastoril. El distinguido escritor no había aprehendido el sentido exacto de nuestra revolución. No queríamos definir al Brasil, sino sencillamente, liberarlo. Liberarlo de todos los prejuicios.

Oswald de Andrade en notas en el *Jornal do Comércio,* tampoco entendió al Tapir, solamente jugó con él.

Muchos otros escritores hablaron del tótem tupí, pero, sea a propósito, sea de buena fe, no entendieron.

Y ahora viene Tasso da Silveira, en las columnas de *Festa* y ataca al tapir.

Al mismo tiempo, en la revista *Época* de la Universidad de Río de Janeiro, Narcélio de Queiroz escribe un artículo muy interesante donde se muestra perfecto señor del tema.

*

Quien descubrió al Tapir fue Alarico Silveira. Quien lo interpretó y lanzó fue Raúl Bopp. El grupo verde-amarillo adoptó el signo y le dio una significación que es útil explicar.

*

Es curioso que esta cosa profundamente brasileña y que, sin embargo, debe ser explicada en el Brasil, en Italia fue entendida sin explicación alguna.

Ardengo Soffici y Mino Macari, libres de los prejuicios de nuestas capillas y peleas literarias, advirtieron perfectamente nuestras intuiciones. Y están haciendo en Italia lo mismo que nosotros hacemos aquí con el movimiento del Tapir.

Verano Magni escribió un largo artículo en *Il Nuovo Giornale* de Florencia, con el título «L'Anta e il Selvaggio», donde demuestra cómo nuestra revolución intelectual se corresponde exactamente con la que están empeñados los espíritus nuevos de Italia en estos momentos. Por los demás, es la primera vez que un movimiento intelectual genuinamente brasileño tuvo repercusión en el extranjero y consiguió interesar.

Pero veamos el significado del Tapir.

Después de nuestra renovación estética que se inició en São Paulo con la Semana de Arte Moderno, donde Menotti del Picchia, Graça Aranha y Ronald de Carvalho presentaron a los escritores, poetas, escultores, pintores y músicos de la nueva generación, en el Brasil nos liberamos «de los prejuicios de la cultura clásica».

Con el futurismo de Marinetti, y los movimientos dadaísta, cubista, ultraísta, etc., liquidamos definitivamente:

— el soneto;
— la métrica de Castilho[1];
— la colocación de los pronombres;
— el parnasianismo;
— la frase académica;
— la retórica;
— la construcción portuguesa.

¡Fue una victoria, grande, enorme!

Sin embargo, en adelante continuamos bajo el yugo:

— de figuras literarias europeas;
— de fórmulas políticas retardatarias;
— de un nuevo preconcepto de forma y estilo.

*

Al mismo tiempo íbamos creando nuevos yugos con la «sistematización de la revolución literaria» que poco a poco fue «uniformando a los escritores y poetas».

---

[1] Referencia al *Tratado de metrificação*, de Antonio Feliciano de Castilho (1800-1875).

Esa uniformidad tiene un sentido «menos de sentimiento que de técnica».

Basta leer *Klaxon, Revista de Belo Horizonte, Terra roxa e outras terras, Revista do Brasil* y últimamente *Verde* de Cataguases.

En la producción de los poetas y prosistas publicados por esos periódicos, se evidencia la «metodización de las actitudes, la asimetría de los ritmos, la sistematización de los procesos».

Esta uniformidad de expresiones, esta oficialización de la técnica, por cierto, revelan «un estado de espíritu» que es un estado de espíritu cultural que no se corresponde con la realidad nacional y sí con una buena porción de la europea.

Entonces tenemos las experiencias de los grandes talentos curiosos, como Oswald de Andrade, pero seguimos cayendo, más o menos en los figurines literarios europeos.

*

En lo que respecta a nuestros problemas sociales, administrativos y políticos, también tenemos un remanente de pasatismo que no corresponde, en absoluto, a nuestra vanguardia literaria.

En conclusión: bajo muchos aspectos, seguimos siendo esclavos o de una cultura clásica, inconcebible en nuestros días, o de la influencia extranjera, expresada en formas y fórmulas que no pueden representar el rasgo original de nuestro espíritu.

*

Consideramos, además, que «hay mucha técnica» en el arte nuevo, que lo vuelve, en sentido e inteligencia «identificado con el arte viejo».

Comprobamos que la «procesalización del estilo» representa el «ciclo final» y no una elaboración creadora.

De donde concluimos que el Nuevo Arte envejeció muy rápido y su decrepitud exige un sucesor.

Todo esto nos sugirió un movimiento de rebeldía ante los «nuevos académicos» y la destrucción de los falsos ídolos.

Las experiencias superrealistas; la geometrización de las formas; el exceso de subconsciente (Freud entrometiéndose...); la práctica sistemática de la ironía; los temas preestablecidos (en algunos sólo decorativos); la búsqueda calculada y premeditada de formas sintácticas; todo esto no pasa de ser una prolongación de los prejuicios académicos que antes se llamaron: poesía científica; naturalismo; parnasianismo; regionalismo, etcétera.

Vicios de la cultura. Remanentes del siglo XIX y nada brasileño en el sentido profundo del tiempo.

*

En la imposibilidad de crear un arte y un nuevo sentido de vida para sustituir esas antiguallas defectuosas, inventamos al Tapir.

¿Qué es el Tapir? Nada.

Es nada y es todo, porque es la muerte de todos los preconceptos.

Tótem de una raza que desapareció, ¿qué significa racialmente?

Que no debe predominar aquí ninguna corriente inmigratoria, ya que ni el mismo indio predominó.

Signo de una acción nueva, ¿qué significa en los dominios del llamado pensamiento brasileño?

Que todavía no tenemos un pensamiento, una doctrina; que no nos podemos manifestar si no es por medio de una acción destructora de los dioses extranjeros, para esperar que algún día el Brasil pueda tener una voz propia.

Cuando decimos Tapir, decimos solamente afirmación.

¿Afirmación de qué?

De querer.

¿Cómo afirmamos?

Por la espontaneidad creadora. Por el comienzo de una cultura propia. Comienzo que aún no podemos comenzar, pero preparamos para que lo efectivice la generación que vendrá.

Se confunde mucho cultura con erudición. Un erudito puede no ser culto.

*

Se confunde cultura con ilustración, información. Un culto puede no estar bien informado, como el bien informado puede no ser culto.

El chino del siglo XVI era más culto en cultura china que el pirata o comerciante de especies (bien informado de todas las civilizaciones navegables) lo sería en cultura europea.

Cultura es cristalización de instintos. Es fijación de intenciones raciales o nacionales en expresiones caracterizadoras de colectividades. Es estilización humana de la geografía.

*

Cultura es ambientación, es sentido de límites de la personalidad, es conciencia de gestos y actitudes, «es certeza de cantidades» en las expresiones cualitativas de un pueblo.

Esa cultura nosotros aún no podemos tenerla. Todo lo que tenemos es de préstamos.

Si no hacemos un movimiento fuerte de destrucción objetiva y de afirmación subjetiva, nunca seremos nada. Pueblo tributario seremos.

*

El Tapir no sistematiza: actúa.

El Tapir es el espíritu salvaje de América.

El Tapir es un grito de independencia. Es el incendio de las bibliotecas. Es la candidez virginal y la estúpida violencia de los seres y de los que nacen de nuevo en función de querer.

*

Nota de «Festa». Debíamos a nuestros lectores la publicación del interesantísimo artículo en que el ilustre autor de *O Estrangeiro* [Plínio Salgado] explica su concepción del «Tapir» como una expresión de su pragmatismo nacionalista.

Tanto más la debíamos cuanto la nota «El Tapir y la garrapata» de Tasso de Silveira, parece que fue la gota que desbordó e incitó a Plínio Salgado a dirigirse una vez más a su y nuestra generación (de la cual él es una de sus más legítimas glorias), desde la alta tribuna que su talento le creó.

Festa no tiene otro programa que el implícitamente indicado por las realizaciones que su existencia suscita.

Sobre todo representa un impulso que se volvía irreprimible, una reunión de fuerzas que sentían la necesidad de volverse interactivas y concordantes para que el cauce fuese posible...

Festa no se cree infalible (ninguno de sus directores tiene menos de dieciocho años...)

No lanza «ukases»[2]...

PORQUE COMO*

Marxillar [Oswald de Andrade]

(El indio sí que era sano. El indio sí que era hombre. El indio sí que es nuestro modelo.)

El indio no tenía policía, no tenía complejos, ni enfermedades nerviosas, ni inspector del orden social, ni vergüenza de estar desnudo, ni

---

[2] Ukases: decretos del tsar.

* Publicado en la *Revista de Antropofagia,* de 24/4/1929 (2.ª dentición), pág. 10.

lucha de clases, ni tráfico de blancas, ni Ruy Barbosa, ni voto secreto, ni se jactaba del Brasil, ni era aristócrata, ni burgués, ni clase baja.
¿Por qué será?
El indio no era monógamo, ni quería saber cuáles eran sus hijos legítimos, no pensaba que la familia era la piedra angular de la sociedad.
¿Por qué será?

*

Después que vino la gente de afuera (¿por qué?), gente tan diferente (¿por qué será?), todo cambió, todo quedó arruinado. No tanto al principio, pero fue quedando, fue quedando. Ahora es cuando está peor.

*

Entonces llegó la ocasión de la «bajada antropofágica»[1].
Vamos a comer todo de nuevo.

UNA ADHESIÓN QUE NO NOS INTERESA*

PORONOMINARE [OSWALD DE ANDRADE]

Leíamos hace días un embrollo de estilo que publicó el llamado grupo verde-amarillo, ahora firmado por dos testigos.

Estos jóvenes vieron que la Antropofagia es invencible. Entonces resolvieron adherir, de un modo sinuoso y temeroso, prefiriendo un indio anecdótico, traducido de Chateaubriand y minuciosamente inexistente. Es que ellos aprendieron mal las lecciones de Raul Bopp.

La Antropofagia es simplemente la ida (no el regreso) al hombre natural, anunciada por todas las corrientes de la cultura contemporánea y avalada por la emoción muscular de una época maravillosa, ¡la nuestra!

El hombre natural que nosotros elegimos puede tranquilamente ser blanco, vestir saco y andar en avión. Como también puede ser negro y hasta indio. Por eso lo nombramos «antropófago» y no tontamente «tupí» o «parecí»[1]. No vamos a inutilizar nuestra ofensiva con

---

[1] Ver nota 2, pág. 142.
* Publicado en la *Revista de Antropofagia,* de 12/6/1929 (2.ª dentición), pág. 10.
[1] Parecí: tribu aruaque de Mato Grosso, Brasil.

grabados de taparrabos ni disparates de boleadoras. Eso puede figurar como elemento decorativo y sensacional de nuestra bajada; sin dudas y gustosamente nos reportamos a la época en que, en el azar de este continente, el hombre realizaba en el hombre la operación central de su destino: el devoramiento directo del enemigo valiente (transformación del Tabú en Tótem). Mas por haber hecho ese descubrimiento no vamos a renunciar a ninguna conquista material del planeta como el caviar o la vitrola, el gas asfixiante y la metafísica. ¡No! Tampoco queremos como los serios niños del verde-amarillo restaurar cosas que perdieron sentido: el tapir y la señora burguesa, el soneto y la Academia.

Lo que alabamos en esos cinco abnegados deditos de la mano negra conservadora es una osadía: ¡la de declararse sostenedores de un ciclo social que se cae por todos lados y grillos de un pasado intelectual y moral que ni en Italia está de moda! ¡Pandilleros!

Esta gente ignora verdades primarias, por ejemplo, que si el Fascismo tiene cierta vitalidad es porque, en realidad, no pretende restaurar gran cosa del vencido pasado. El profesor Vicente Ráo, está afirmando, ahí en la Facultad de Derecho, que la carta del labor fascista es una copia de la organización soviética. Y hay que tener un fuerte tracoma para no ver a Mussolini dando los últimos golpes en la tiara agonizante del papado.

Los verde-amarillos de por aquí quieren la casaca y la esclavitud moral, la colonización del europeo arrogante e idiota y en medio de todo eso el guaraní de Alencar bailando el vals. Una adhesión de ésas no nos sirve para nada, pues el «antropófago» no es indio de marbete de frasco. ¡Evitemos esta confusión de una vez para siempre! Queremos al antropófago de knicker-bockers[2] y no al indio de ópera[3].

Si quieren adherir, primero estudien. Abandonen esa «ausencia del universo» que a nuestro entender es el cándido patrimonio de los señores Dácio de Moraes, Cristiano das Neves y H. do Couto, y que ahora explica las tonterías que en son de cuajada llenan el referido manifiesto.

Entre los cinco versátiles hay uno que estudia y quema sus severas pestañas en la luz importada de todas las sabidurías.

Pero, lamentablemente, hay en el grupo cuatro que no creen en uno que vale cuatro y éste cree en la inteligencia de cuatro que no valen nada. Confusión pura. Consecuencias del herbivorismo que, en el manifiesto, distraídamente, ellos defienden.

---

[2] Knicker-bockers: pantalón ancho, ajustado en la rodilla, donde termina.
[3] Referencia a la ópera *O Guaraní* de Carlos Gomes.

PRIMER CONGRESO BRASILEÑO DE ANTROPOFAGIA*

ALGUNAS TESIS ANTROPOFÁGICAS

Tarsila do Amaral y Oswald de Andrade, más algunos modernistas, entre ellos Pagú, Anita Malfatti, Waldemar Belisario, que pasaron anteayer en el tren azul hacia Río, van a hacer allí, junto con Álvaro Moreira, Aníbal Machado, Clovis de Gusmão, Jorge de Lima, Julio Paternostro, Sinhó, Jurandir Manfredini, el pintor Cícero Dias y el jurisconsulto Pontes de Miranda, la maqueta del Primer Congreso Brasileño de Antropofagia, que se reunirá a fines de septiembre en aquella ciudad. Entre las tesis que el Club de los Antropófagos de São Paulo pondrán a consideración del Congreso se cuentan las siguientes, que a su vez, este Congreso enviará más tarde al Senado y a la Cámara, para solicitar algunas reformas de nuestra legislación civil y penal y de nuestra organización político social. Estas tesis que sólo representan un aspecto del pensamiento antropofágico, se resumen en el siguiente decálogo:

    I. Divorcio.
   II. Maternidad consciente.
  III. Impunidad para el homicidio piadoso.
  IV. Sentencia indeterminada. Adaptación de la pena al delincuente.
   V. Abolición del título muerto[1].
  VI. Organización tribal del Estado. Representación por clases. División del país en poblaciones técnicas. Sustitución del Senado y la Cámara por un Consejo Técnico de Consulta del Poder Ejecutivo.
 VII. Arbitraje individual en todas las cuestiones de derecho privado.
VIII. Nacionalización de la prensa.
  IX. Supresión de las academias y su sustitución por laboratorios de investigación.
     (Otras tesis serán incluidas posteriormente.)

---

* Publicado en la *Řevista de Antropofagia,* de 19/7/1929 (2.ª dentición), pág. 12.
[1] Privilegio de orden jurídico.

Boedo *vs.* Florida

BOEDO VS. FLORIDA: a) Roberto Mariani, «La extrema izquierda» (1924).—b) «Florida y Boedo» (1925).—c)Ronald Chaves [Elías Castelnuovo], «Los nuevos» (1926).

En los años 20, la dialéctica del localismo y del cosmopolitismo generó una famosa polémica entre los escritores argentinos, divididos en los grupos antagónicos de «Boedo» y «Florida», nombres que corresponden a dos calles de Buenos Aires con características sociales muy diferenciadas. Tales designaciones surgieron, supuestamente, por las sedes donde cada grupo realizaba sus reuniones[1].

A *grosso modo,* «Boedo» representa al sector urbano vinculado con la periferia y el proletariado, y asocia escritores con preocupaciones literarias socializantes. A este grupo sólo le interesa la obra de arte por su contenido, ignorando toda preocupación de orden formal. En contraposición, «Florida», la calle central más importante de la Buenos Aires de entonces, está situada en la parte elegante y comercial de la ciudad. Los escritores de Florida, de acentuado cosmopolitismo, tienen el propósito de incorporar al pano-

---

[1] Los lugares de encuentro de los dos grupos no se corresponden necesariamente con los nombres que les fueron atribuidos. En este sentido, Eduardo González Lanuza recuerda en *Los martinfierristas* (Buenos Aires, Ediciones Culturales Argentinas, 1971, pág. 100): «Cuando surgió el supuesto litigio entre Florida y Boedo, *Martín Fierro,* presunto órgano de la primera de las calles, aún no estaba en Florida y Tucumán, sino por la calle Victoria al 3400, mucho más cerca de Boedo en todo caso. Hago esta aclaración de carácter urbano para precisar lo que tenía de metafórico esto de *Florida,* en aquella época en que Florida era todavía Florida, calle del lujo y del buen gusto, no mera aglomeración de almacenes de zapatería y cafés al paso, y que el hecho de haberse trasladado posteriormente allí la minúscula oficina del periódico, fue mera coincidencia.»

rama cultural argentino los nuevos valores estéticos de la vanguardia europea, tanto en literatura como en las artes plásticas, la música y la arquitectura.

Adolfo Prieto define así las dos tendencias: «*Florida,* calle del ocio distraído, era un buen nombre para acuñar la variante local del concepto de gratuidad en el arte; *Boedo,* calle del tránsito fabril en un barrio fabril, una excelente bandera para agitar las conciencias con adecuadas fórmulas de subversión. *Florida* miraba a Europa y a las novedades estéticas de la post-guerra; *Boedo* miraba a Rusia y se inflamaba con el sueño de la revolución universal»[2].

Aunque la definición de las dos corrientes sea poco precisa, y la distinción entre ambas a veces es oscura, ellas están bien representadas. De un lado, los martinfierristas, aglutinados alrededor de una serie de publicaciones que influye desde la hoja mural *Prisma* a las revistas *Proa* (1.ª y 2.ª fases) hasta, principalmente, *Martín Fierro* (2ª fase). De ellas participan, entre otros, Jorge Luis Borges, Oliveiro Girondo, Eduardo González Lanuza, Evar Méndez. Los editores de *Martín Fierro,* la más cosmopolita y renovadora de las revistas argentinas del periodo, no ocultan su admiración por Apollinaire, Ramón Gómez de la Serna y hasta Marinetti, a quien dedican un número. La revista también fue vehículo de divulgación del ultraísmo criollo, la marca renovadora de la vanguardia argentina, que se manifiesta sobre todo a través de la poesía y de la expresión metafórica. Aliada incondicional de lo «nuevo» en el arte[3], *Martín Fierro* hace del humor, de la ironía y del sarcasmo instrumentos críticos por excelencia.

Del lado opuesto, empeñados en la literatura como medio capaz de reflejar y cambiar los rumbos de la sociedad, están Roberto Mariani, Leónidas, Barletta, Elías Castelnuovo, Santiago Ganduglia, Álvaro Yunque y los hermanos Tuñón. Sus paradigmas son el realismo-naturalismo (Zola, Barbusse, Rolland), la literatura rusa (Dostoievski, Tolstoi, Gorki) y la revista *Clarté.* Su fuerza reside en la narrativa comprometida con la realidad, que intenta retratar un mundo que acaba de salir de los horrores de la Primera Guerra Mundial y que ve en la Revolución Rusa un modelo de evolución social. El grupo tiene como órganos de difusión cultural las revistas *Renovación, Los Pensadores, Claridad* y *La Campana de Palo.*

---

[2] *Estudios de literatura argentina,* Buenos Aires, Galerna, 1969, pág. 35.

[3] Al respecto, en *Una modernidad periférica: Buenos Aires 1920-1930* (Buenos Aires, Nueva Visión, 1988, pág. 95), Beatriz Sarlo dice: «Si todo proceso literario se desarrolla en relación con un núcleo estético-ideológico que lo legitima (tradición, nacionalidad, una dimensión de lo social, la belleza como instancia autónoma), los jóvenes renovadores hicieron de *lo nuevo* el fundamento de su literatura y de los juicios que pronuncian sobre sus antecesores y sus contemporáneos.»

La polémica Boedo-Florida se inicia con el artículo «La extrema izquierda» de Roberto Mariani, publicado, irónicamente, en la revista *Martín Fierro*. El texto se caracteriza por una retórica violenta contra todo lo que considera instrumentos de la extrema derecha: el diario *La Nación* o la revista *El Hogar* (léase Borges), y contra algunos de los precursores del grupo de Florida. En este sentido, Mariani ataca vehementemente a Leopoldo Lugones por sus posiciones políticas, y no oculta su antagonismo frente a Paul Morand y a Ramón Gómez de la Serna. Un segundo artículo del mismo autor, publicado años más tarde como introducción a la *Exposición de la actual poesía argentina* (1927), también titulado «La extrema izquierda», formula las oposiciones con mayor precisión:

Florida	Boedo
Vanguardia	Izquierda
Ultraísmo	Realismo
Martín Fierro	*Extrema Izquierda*
Proa	*Los Pensadores. Claridad*
La *greguería*[4]	El cuento y la novela
La metáfora	El asunto y la composición
Ramón Gómez de la Serna	Fedor Dostoievski

Este esquema, aunque coherente como principio, peca de maniqueo y deja sin explicación algunos hechos contradictorios. Por ejemplo, los escritores que no pertenecen a ninguno de los dos grupos y son de difícil clasificación, o aquellos que colaboran en revistas de ideologías supuestamente contrarias. En el primer caso está Roberto Arlt, imposible de encuadrar en una de esas escuelas; en el segundo está Álvaro Yunque, notorio representante de Boedo que llega a publicar en *Proa,* o también Raúl González Tuñón que publica en *Martín Fierro*[5].

Aún más interesante es el caso de Borges, tradicionalmente acusado de cosmopolitismo, cuando es justamente él quien retoma en los años 20 las tradiciones del suburbio, la imagen del «compadrito», y trata de definir un lenguaje argentino, creando lo que

---

[4] Fórmula retórica creada por Ramón Gómez de la Serna, que la define así: «Humorismo + Metáfora: Greguería».

[5] Un lindo ejemplo es la invitación, formulada en carta de Álvaro Yunque a Oliverio Girondo, para la inclusión de éste en la antología *Poetas argentinos de hoy* que sería publicada por la editorial Claridad, instalada de hecho en la calle Boedo 837, y que dio nombre al grupo. Ver Jorge Schwartz, *Homenaje a Girondo,* Buenos Aires, Corregidor, 1987, pág. 267.

Beatriz Sarlo denomina criollismo urbano de vanguardia[6] y que es una de las contribuciones más originales de la vanguardia argentina.

También sorprende la afirmación de Santiago Ganduglia, en un artículo en *Martín Fierro,* de que «literariamente el grupo de Boedo pertenece a la extrema derecha»[7]. Que Boedo trate de producir una literatura naturalista lleva a Beatriz Sarlo a decir que, aunque sus miembros sustenten posiciones políticas de izquierda, sus obras literarias no sólo no son renovadoras, sino que son de derecha: «*Martín Fierro* reclama tozudamente un reconocimiento: el de que ocupa la izquierda estética del campo intelectual, constituyendo así el sector más revolucionario de la literatura argentina. Este lugar es imaginariamente disputado a los escritores de las revistas y editoriales de Boedo. *Martín Fierro* tiene un tema que pauta toda la historia de la revista: Boedo, cuya propiedad sobre el espacio de la izquierda política no se discute, es al mismo tiempo la derecha literaria»[8].

Aunque tendencioso, el segundo artículo, «Florida y Boedo», extraído de *La Campana de Palo,* resume toda la polémica, señalando las diferencias ideológicas más importantes y sugiriendo el nombre de «Floredo» para quienes niegan lo válido de la clasifica-

---

6 En «Vanguardia y criollismo. La aventura de Martín Fierro», pág. 159. Fernando Sorrentino, en *Siete conversaciones con Jorge Luis Borges* (Buenos Aires, Casa Pardo, 1974, págs. 16-17) reproduce este comentario de Borges relativo a su inclusión en el grupo de Florida: «Sí, ese grupo lo fundó Rafael Cansinos-Asséns y yo ya me daba cuenta de que él lo había hecho un poco irónicamente. Fue un poco en broma, como la polémica de Florida y Boedo, por ejemplo, que veo que se toma en serio ahora, pero —sin duda Marechal ya lo habrá dicho— no hubo tal polémica ni tales grupos ni nada. Todo eso lo organizaron Ernesto Palacio y Roberto Mariani. Pensaron que en París había cenáculos literarios, y que podía servir para la publicidad el hecho de que hubiera dos grupos. En aquel tiempo yo escribía poesía sobre las orillas de Buenos Aires, los suburbios. Entonces yo pregunté: "¿Cuáles son los dos grupos?", "Florida y Boedo", me dijeron. Yo nunca había oído hablar de la calle Boedo, aunque vivía en Bulnes, que es la continuación de Boedo, "Bueno", dije, "¿y qué representan?", "Florida es el centro y Boedo sería las afueras", "Bueno", les dije, "inscríbame en el grupo de Boedo", "Es que ya es tarde; vos estás en el de Florida", "Bueno", dije, "total, ¿qué importancia tiene la topografía?" La prueba está, por ejemplo, en que un escritor como Arlt perteneció a los dos grupos, un escritor como Olivari, también. Nosotros nunca tomamos en serio eso. Y, en cambio, ahora yo veo que lo han tomado en serio, y que hasta se toman exámenes sobre eso.»

7 J. L. Borges, R. González Tuñón y otros, *Boedo y Florida,* Buenos Aires, Centro Editor de América Latina, 1980, pág. 168.

8 «Vanguardia y criollismo. La aventura de Martín Fierro», pág. 161. Este ensayo es la reflexión más lúcida sobre la polémica «Boedo-Florida». Llama la atención el carácter moderado de la vanguardia argentina, muy bien señalado por la crítica, especialmente cuando se toman en cuenta las implicancias ideológicas de la antropofagia en el Brasil. Ver también el libro de Francine Masiello, *Lenguaje e ideología. Las escuelas argentinas de vanguardia,* Buenos Aires, Hachette, 1986.

ción. El ensayo también menciona otro aspecto relevante de la controversia: la preocupación por la lengua castellana, o mejor, por la lengua «argentina». «*Martín Fierro* tiene fe en nuestra fonética», dice Girondo en el Manifiesto Martín Fierro. De manera análoga a las preocupaciones de Mário de Andrade por el portugués, lo que se intenta es acercar el lenguaje escrito al hablado, reduciendo las distancias cada vez mayores impuestas por las rígidas normas de la Academia Española de la Lengua.

Pero ¿cuál sería el argentino correcto? Para los criollos que son argentinos desde hace varias generaciones, el castellano ideal sería el castizo hablado por ellos mismos, argentinos de «pura cepa». Los de Boedo, en cambio, piensan que hay que incorporar a la lengua literaria las contribuciones del inmenso caudal inmigratorio arribado hasta los años 20. Boedo protesta que es visto peyorativamente por el grupo de Florida, que los considera «hijos de gallego, de tano, de ruso, que escriben mal, "sin estilo", porque escriben como oyen hablar en las calles». Es indudable que el origen clasista del conflicto entre Boedo y Florida se refleja de modo transparente en la «fonética». En consecuencia, es muy diferente el castellano usado por Güiraldes en *Don Segundo Sombra* (1928), paradigma de la gran novela de los años 20, que mantiene impecable la lengua del narrador, que el castellano empleado por Roberto Arlt en *Los siete locos* (1929), adrede contaminado por el lenguaje de una ciudad donde, entonces, vivían más inmigrantes que argentinos.

Esta discusión termina en 1927, con el cierre de *Martín Fierro* por razones políticas[9]. Aunque la cuestión del carácter nacional en la literatura haya dado origen a un debate permanente en las letras latinoamericanas, pocas polémicas fueron tan duras como aquella entre los grupos de Boedo y Florida.

---

[9] Evar Méndez, director de *Martín Fierro,* rechaza usar la revista en favor de la candidatura a la presidencia de Hipólito Yrigoyen que en 1928 iba a ser elegido por segunda vez y en 1930 sería depuesto por la dictadura militar de Uriburu. Contraponiéndose a la dirección de la revista que prefiere la neutralidad, Borges apoya abiertamente el candidato de la Unión Cívica Radical. Ver «*Martín Fierro* versus Irigoyen», pág. 475 de esta antología.

MARTÍN FIERRO Y YO*

Roberto Mariani

Artículo de censura a *Martín Fierro* y su núcleo de redactores y colaboradores, no tenemos inconveniente de darlo a luz en nuestras columnas. No significa ello solidarizarnos con su doctrina y opiniones, que nos proponemos refutar, al mismo tiempo que insistiremos respecto de nuestra posición, en la cual nos afirmamos y no queremos variar, posición definida que, por lo visto, no resulta todavía clara para algunos, a pesar de nuestro editorial programa del primer número, nuestro manifiesto del tercero, y la demostración, no por cierto completa, sino apuntada (como que estamos en los preliminares de la realización de un amplio programa), de cuanto queremos decir y hacer, evidencia en los pocos números de esta segunda época de *Martín Fierro,* surgido en 1919 a impulso del sobresalto de la conciencia universal, y lógicamente adaptado al espíritu argentino del día y que denota la orientación de nuestros mejores intelectos jóvenes. Esta hospitalidad que ofrecemos gustosos a nuestro distinguido amigo y colaborador señor Mariani, es prueba, además, del designio de libertad en la expresión del pensamiento que inspira al grupo organizador de este periódico.

La Dirección

LA EXTREMA IZQUIERDA

La extrema derecha literaria tiene sus periódicos, desde *La Nación* y *El Hogar* hasta el minúsculo semanario de barrio. El centro —ni conservador ni revolucionario, pero más estático que dinámico—, posee en *Martín Fierro* un órgano eficaz. La izquierda cuenta con *Renovación.*

Pero *Renovación* trae en todos los números un renovado elogio de José Ingenieros, y esto araña los ojos y pincha nuestro sistema nervioso.

Los que estamos en la extrema izquierda revolucionaria y agresiva, no tenemos dónde volcar nuestra indignación, no tenemos dónde de-

---

* Publicado en *Martín Fierro* 7 (julio, 1924).

rramar nuestra dulzura, no tenemos dónde gritar nuestro evangélico afán de justicia humana. Por esto, y nada más que por esto, algunas gentes más o menos intelectuales, creen que toda la juventud argentina está orientada en la dirección que indican los periódicos del centro y de la derecha.

Y estas mismas gentes se asombran cuando aparece un autor como Elías Castelnuovo.

—Es una revelación —dicen—. Y éste, ¿de dónde sale?

Pues, señor: estaba en la izquierda, y no tenía abiertas hospitalariamente las planas de los periódicos vulgarizados y vulgarizadores. Ni acaso las querías abiertas así, de modo restringido y brillante.

Sin embargo, se seguirá observando solamente la orientación literaria de los escritores del centro y de la derecha cuando se quiere conocer el estado actual y la evolución de la literatura argentina.

El día en que aparezca un libro de Santiago Ganduglia, dirán todos:

—Y éste, ¿de dónde sale?

MARTÍN FIERRO Y LUGONES

Colmada está de elogios mi escarcela y a montones los apresa mi mano y los regala graciosamente a los ingeniosos e inteligentes escritores de *Martín Fierro*.

Pero en este momento se me ocurre caprichosamente detener el gesto dadivoso, componer el semblante al modo de los pedantes jefes de oficina, y oponer objeciones a los talentosos jóvenes que a [Evar] Méndez tienen por capitán.

Quiero decirles —y me perdonarán la audacia—, que faltan calor en el entusiasmo, y falta ímpetu en el combate, y falta rebeldía en la conducta.

Seamos justos: sobra gracia, sobra ingenio, sobra inteligencia, y es excesiva la imaginación.

Hay un pecado capital en *Martín Fierro*: el escandoloso respeto al maestro Leopoldo Lugones. Se le admira en todo, sin reservas; es decir: se le adora como prosista, como versificador, como filólogo, como fascista. Esto resbaló de respeto comprensivo e inteligente a idolatría de labriego asombrado. El asombro es antiintelectual.

¡Qué gesto el de *Martín Fierro* si se encarara con el maestro gritándole groseramente de esta guisa:

¡Maestro: su adhesión al fascismo es una porquería!

543

MARTÍN FIERRO Y MARTÍN FIERRO

Símbolo de criollismo por el sentimiento, el lenguaje y la filosofía, es Martín Fierro el poema de Hernández, el personaje de Hernández.

¿Por qué los que hacen *Martín Fierro* —revista literaria— se han puesto bajo la advocación de tal símbolo, si precisamente tienen todos una cultura europea, un lenguaje literario complicado y sutil, y una elegancia francesa?

¿Qué tiene *Martín Fierro* —revista literaria— que pueda ajustarse como anillo al dedo, al patrón criollista Martín Fierro?

Hasta hoy, la revista literaria *Martín Fierro* no tuvo para el personaje homónimo ni siquiera un recuerdo al pasar, como un incidental «Ah, sí, sí».

Bien es verdad que, como se infiere de las respuestas a la reciente inquisición o encuesta, comienzan los redactores de *Martín Fierro* por negar al pueblo argentino características genéricas y solidarias, con lo cual desglosan el inmortal poema de Hernández de su propio pueblo, de su propia tierra, de su época, de su ambiente.

Más cerca de Martín Fierro están aquellos que en literatura hacen labor llamada generalmente «realista» y que yo denominaría «humana».

O EXTRANJEROS O ARGENTINOS

«Cantar con toda la voz», pedía Martín Fierro.

Ahora recuerdo un proverbio de Antonio Machado. Los proverbios están en la raíz de la raza, y su filiación encontraríamos en el substancioso y sentencioso Rabí Don Sem Tob de Carrión. De provebios está lleno *Martín Fierro*.

Dice Antonio Machado:

> Despertad, cantores:
> Acaben los ecos,
> Empiecen las voces.

¡Eso: acaben los ecos y empiecen las voces!

He aquí una voz, una voz de muchacho porteño, de hoy de aquí: Nicolás Olivari.

Mientras que los redactores de MARTÍN FIERRO se alejan de nuestra sensibilidad (¡comienzan por negarla!) y adhieren a mediocres brillantes como Paul Morand, francés, y Ramón Gómez de la Serna, español, he aquí un escritor argentino que en su libro se denuncia habitante de su ciudad y conciudadano de sus conciudadanos, entroncando, por consiguiente, con el auténtico y genuino Martín Fierro.

FLORIDA Y BOEDO*

Con un criterio pueril, demasiado simplista, el director del periódico *Martín Fierro,* divide a la nueva intelectualidad argentina en dos partes definidas y rotuladas. Una: la que tiene por tribuna al periódico *Martín Fierro* y a la revista *Proa:* es la de Florida. La otra: la que tiene por tribuna a *Los Pensadores* es la de Boedo. Que haya una sección Florida, con una innumerable cohorte de niños que fabrican metáforas y se postran frente al ídolo Ramón: es innegable. Existe ese grupo, y bien definido, con su estética que responde al concepto burgués del «arte por el arte», con su indiferencia hacia el afligente problema social, con su desdén de «aristócrata del pensamiento» (sólo lo son del dinero) hacia la multitud que se apiña en los conventillos de los suburbios. Allí está la sociedad de «Los Amigos del Arte», protegiendo lo snob, a título de vanguardista. A todos los define una unánime pobreza ideológica.

En los libros de los mejores: Hidalgo, Borges, Girondo... todo lo más que puede hallarse son metáforas, estilo. Metáforas, particularmente, «Ramonistas» de ley, ellos creen que arte es sinónimo de ingenio. Son revolucionarios de buena fe; pero su revolucionarismo es de forma: fuego de artificio. Pirotecnia verbal, ruido de cohetes y luces de colores que comienza por entretener y concluye por hastiar, no bien se descubre la tramoya del juguete. Pasemos al otro grupo, al de Boedo. No existe, sencillamente. Todo él queda reducido a dos nombres: Castelnuovo y Barletta. El primero es un escritor vigoroso y colorido, de indiscutible aptitud literaria, aunque sea bien discutible su realismo. El otro, Leónidas Barletta, es un pobre diablo al que se le llamó, acertadamente, «el Quesada de Boedo». Lo es. Y así como los de Florida desdeñan a Josué, aunque de clasificarlo habría que meterle con ellos, Castelnuovo debe desdeñar a Leónidas, pese al realismo *(sic.)* truculento y pornográfico con el que pretende apareársele. Ahora bien, sacado «el Josué Quesada de Boedo», por estar fuera de la literatura, sólo queda Castelnuovo. Y un escritor no hace grupo. Boedo no existe.

Lo que sí existe es una literatura de arrabal, hecha por mozos nacidos y creados en el arrabal; y a la que la miopía de Evar Méndez consideró en bloque, sin ver que en ella hay matices y altibajos. Esta literatura realista, densa de preocupaciones sociales y en la que se da más im-

---

* Publicado en *La Campana de Palo* 4 (agosto, 1925), págs. 3-4.

portancia a una idea que a una metáfora, a un sentimiento que a un giro de expresión; sí existe. Hay un grupo numeroso también de jóvenes prosistas y poetas que no se consideran incluidos entre los «realistas» de Boedo y que son realistas y que creen que el arte tiene una finalidad a cumplir, seria y trascendental, como instrumento precioso e insustituible de renovación anímica y, por lo tanto, de evolución social. Porque las sociedades evolucionan según su grado de sensibilidad. Esta parte de la intelectualidad argentina joven, sin sede en Boedo, dispersa aún, y a la que ofrecemos *La Campana de Palo* para que cristalice, sí está frente a la fracción de Florida. Hijos del arrabal, empleados, periodistas casi todos ellos, han sufrido en carne propia la explotación capitalista: y exteriorizan su descontento en una literatura cargada de inquietud, de amenazas y de ilusiones...

«Florida contra el Arrabal». Así sí es aceptable la frasecita. Y la lucha está entablada sin conciliaciones posibles. Allá el Capital, aquí el Trabajo. ¿Cómo conciliárselos? Allá el arte por el arte, haciendo cabriolas a lo Ramón. Aquí el arte ideológico, amasando vida como un panadero sin nombre. ¿Puede conciliarse? Ni es posible ni es deseable tal conciliación. Para los unos, aquéllos son unos niños de guante blanco que ven la vida al través de sus libros franceses. Para los otros: éstos son unos hijos de gallego, de tano, de ruso que escriben mal, «sin estilo», porque escriben como oyen hablar en las calles. Arturo Cancela, entre dos sonrisas humorísticas, ha propuesto la creación de otro nombre: «Floredo», y en el cual cupieran ambas tendencias. La escisión es demasiado profunda para hacer posible la mueca conciliatoria. Y conciliarse es perder personalidad, esfumarse en las medias tintas, en lo borroso. Es dejar de ser. Lo que sí conceptuamos absurdo es el que se quiera encajonar en Boedo, y con las características de una literatura que va del realismo patológico a la truculencia pornográfica, a un grupo de jóvenes escritores que no participan de esa literatura y que han formado bien lejos de ella su cultura. ¿Por qué situar en Boedo, ya que niegan pertenecer a tal grupo, a tantos que no pertenecen a Florida?

LOS NUEVOS*

RONALD CHAVES [ELÍAS CASTELNUOVO]

Desde un tiempo a esta parte florece entre nosotros la literatura humilde. Hay ya un núcleo considerable de escritores, surgidos del pueblo, que tienen un plan común de trabajo y cuya obra llegará a darles una orientación firme a las llamadas letras nacionales. Nos referimos a los escritores de la izquierda: estén o no estén en Boedo.

Hasta ahora se había hecho literatura de reflejo o de importación. Salvo muy raras excepciones, todo era una repetición de lo que se escribía en Europa. Se hacía literatura con literatura. Fuera del ARTE, ninguna otra preocupación seria encendía la imaginación de los escritores. Se escribía a lo Vargas Vila o a lo Federico Nietzsche o a lo Victor Hugo. Los poetas nacionales imitaban o plagiaban pacientemente a los poetas franceses o españoles. Parecíamos una colonia extranjera de cantores exóticos. No había más que uruguayos, paraguayos y guacamayos entre nosotros. En España nos leían por vanidad, como leen los maestros las gansadas que escriben sus discípulos, y nos tenían una lástima espantosa. Nos leían, también, por misericordia.

Entonces, repetíamos malamente las lecciones aprendidas de memoria. Éramos literatos inodoros. Casi toda *nuestra literatura* no tenía nada de *nuestra*. Lo nuestro brillaba por su ausencia en nuestra literatura. No era el reflejo de nuestras costumbres, de nuestro medio o de nuestros sentimientos, sino el reflejo de las indigestiones de nuestras lecturas.

Nadie puede formarse una idea de la psicología americana leyendo, por ejemplo, a Vargas Vila o a Rubén Darío o a Herrera y Reissig. La literatura de hace veinte años, en líneas generales, era una literatura falsa y decadente. Se cultivaba la morfina y la declamación. Nuestros poetas se emborrachaban con el ajenjo de Verlaine y se enloquecían con el éter de Baudelaire. Había mucho veneno de botica: veneno de veneno. Había, asimismo, mucho ruido y poca consistencia. Se copiaba el interior y el exterior. Entonces, se vestía a lo Oscar Wilde o a lo Teófilo Gautier. Abundaba el tipo clásico de poeta melenudo, corbatudo, chambergudo y zarposo. Se rendía culto a las adherencias capilares y a la «grasita»...

Poeta sin melena: no era poeta.

---

* Prólogo de la primera edición de Clara Beter [Israel Zeitlin], *Versos de una...* (1926). Reproducido en César Tiempo [Israel Zeitlin], *Poesías completas,* Buenos Aires, Stilman, 1979, págs. 3-9.

Pocos escritores del pasado resisten ahora un análisis severo. Almafuerte, ya no es Almafuerte: grita demasiado. Es una mezcla de genio y de charlatán. Evaristo Carriego se resiente de algo parecido. Es el poeta de la lagrimita y del organito. Su lira tiene una sola cuerda. A veces, acierta. A veces, cae en la declamación cursi o en la declamación épica, tipo Victor Hugo. Ángel Falco nos resulta deplorable. Frente al poeta de cultura clásica se levantaba otro tipo de poeta tan malo como el anterior a quien podríamos denominar, ahora, poeta milonguero. Es el caso de casi todos los poetas revolucionarios que florecieron allá cuando la revolución no se esperaba. La revolución vino y degolló literariamente a todos los poetas revolucionarios. Uno se hizo comisario de policía. El otro ingresó en la perrera. Los poetas creían que la revolución social era un asunto que se podía cantar con guitarra y se asombraron ante una revolución práctica, de hacha y arado. Le cantaron al drama de la revolución suponiendo que la pieza iba a ser corta y «representable». Pero, en cuanto hubo que agachar el lomo para trabajar, se rebelaron como Santos Chocano. El poeta de entonces era una especie de aristócrata del verso que tronaba contra la aristocracia de la sangre y del dinero.

El que más, el que menos, declamaba furiosamente. Cuanto más chillaba un poeta, tanto más grande parecía. El valor de los novelistas se medía con el mismo patrón. Por eso, en 1900, Vargas Vila era el más grande. Después de haber tenido escritores como Sarmiento, Alberdi y Mansilla, volvimos a caer otra vez en Mármol y Echeverría.

La literatura de Vargas Vila, tras de ser inodora, era artificiosa y pedante. El novelista de antaño no sabía generalizar. Tampoco sabía escribir nada sin mezclarse en el relato. Reputaba indispensable su intervención. Todo empezaba con «yo» y terminaba con «yo». Federico Nietzsche les prendió el candelero de la egolatría. No escribieron para los otros ni sobre los otros, sino para ellos y sobre ellos mismos. El héroe de la novela era siempre el novelista, cuya batalla consistía solamente en escribir la novela. Lo único que se reflejaba allí era la vanidad de quien escribía. Los novelistas, queriendo pintar a los demás, se pintaban ellos mismos. Era una literatura egocéntrica.

Estaban ebrios de su talento y no distinguían lo que ocurría a su alrededor. Carecían de humildad y de ponderación y sentían un enorme desprecio por la chusma. Plagados están los libros de esa época con las expresiones de «chusma vil», «pueblo ignaro» o «plebe estulta y vacuna». Los poetas y los novelistas no vivían con el pueblo, sino con los libros. Se leía más en francés que en castellano. El francés era un idioma *chic*. Se había desencadenado una fiebre de cultura y el más inteligente era el que leía más libros. No se estudiaba directamente la vida: se la estudiaba en las bibliotecas. El que quería escribir una novela sobre el campo no se iba al campo, sino a la Biblioteca Nacional a consultar tratados de agricultura y novelas campestres. El poeta estudiaba las emociones en las emociones de otros poetas. Se abrigaba un concepto erróneo del estudio. Se suponía que el conocimiento se adquiría exclusivamente en los libros. En la vida había muy poco que aprender. Trabajar en una fábrica, para estudiar la fábrica, no era estudiar. Sin embargo, la cultura libresca no da ni quita inteligencia a nadie. El que nace burro, permanece burro aunque atraviese todas las aulas de la universidad. Puede, la cultura, ser un elemento del conocimiento general del hombre. Eso sí. Ahora, la solidez de la cultura proviene de otro género de estudio: la observación directa. Benito Lynch es un gran novelista porque es un gran observador de la realidad.

El primer escritor que se dio a mirar nuestras cosas con sus propios ojos fue Rafael Barrett.

Rafael Barret nos abrió el panorama de las selvas misioneras y paraguayas. Nos dio una pauta. Algo parecido hizo Sarmiento en *Facundo* y Lucio V. Mansilla en *Un viaje a los indios ranqueles*. Después vinieron Roberto J. Payró, Florencio Sánchez y Horacio Quiroga, en el núcleo de escritores que nos preocupaban, cuya primera piedra la arrojó Juan Palazzo con *La casa por dentro*. Juan Palazzo nació en un conventillo. Allí pudo estudiar directamente lo que escribió.

El estudio directo es el mejor método de estudio. Para estudiar el puerto, pongamos por caso, es menester vivir en el puerto, trabajar en el puerto, palpitar con la gente del puerto, y no leerse un tratado de diques y canales o mirar figuritas de vapores. El novelista que no vive con sus personajes no puede infundirles vida a sus muñecos. Hay que conocer todo lo que hace y produce el hombre, incluso los libros. Si Fedor Dostoievski no hubiese estado cuatro años encerrado en los presidios de Siberia no hubiera escrito nunca *La casa de los muertos*. Si Gorki no hubiera sido un vagabundo auténtico no hubiera escrito tampoco, nunca, esas dos obras maestras que se llaman *Los vagabundos* y *Los ex - hombres*. A Knut Hamsun le habría ocurrido lo propio con *Hambre,* su obra cardinal.

Recién ahora se empieza a cultivar la sinceridad entre nosotros. Digamos que nos habíamos independizado del extranjero materialmente pero moralmente seguíamos siendo sus humildes lacayos. Vamos rompiendo las cadenas, por lo visto, de semejante esclavitud. Empezamos a sentir el calor de la vida propia. Hemos descubierto que en la Argentina había un pueblo laborioso y tenaz, diseminado, acá y allá por toda la superficie del territorio que no era francés, ni alemán, ni checoslovaco. También hemos descubierto que la burguesía no era lo más representativo de nuestro espíritu. Nuestra burguesía no tiene carácter y no puede representar otra cosa que la falta de carácter. Lo que tiene carácter es el pueblo. Comprendemos por pueblo, no «al pueblo soberano», sino a las fuerzas vivas que animan el alma de la tierra.

El núcleo de escritores al cual nos venimos refiriendo ha descendido al pueblo. Mejor dicho, no ha descendido; surgió del mismo pueblo. Probablemente los parió la calle como a Clara Beter o el conventillo como a Juan Palazzo. Se ve a simple vista que no son escritores librescos, de esos que siguen como las mulas las huellas de sus congéneres. Hay en todos ellos un afán sincero de reflejar la vida de nuestro pueblo. Particularmente la vida del pueblo que sufre y que trabaja.

Un escritor español, Ángel Abella, se ocupó extensamente de los escritores aludidos y que por coincidencia o por afinidad de espíritu todos ellos forman parte de esta biblioteca. Vamos a entresacar algunos párrafos de dicho artículo. «En la Argentina —dice Abella— hay un plantel de escritores que deberían ser buscados en España como los maestros de la literatura rusa y escandinava: Enrique M. Amorim, Roberto Mariani (el hermano en espíritu de Antón Chéjov: no el Mario Mariani, italiano, autor de *El pobre Cristo*), Álvaro Yunque, Leónidas Barleta y Elías Castelnuovo. Tal vez Castelnuovo sea el menos desconocido entre nosotros. Y en nuestro sentir, acaso sea el más artista, el más formado y el más intenso. En Castelnuovo no hay nada de retórica. Desde la primera a la línea final todo es emoción, emoción intensa, a veces tan agobiante que nos obliga a soltar el libro unos instantes para respirar con fuerza. Esta cualidad, que le distingue, no ya de todos los escritores argentinos, sino hasta de los europeos, sólo a trechos, fragmentariamente, se encuentra en algunos escritores rusos y más que en otro alguno, en distinta forma, en el norteamericano Edgard Allan Poe.»

Esto que se dice de Castelnuovo podría hacerse extensivo a los demás.

A los nombres ya citados, la biblioteca incorpora tres nombres más de la misma categoría intelectual: Abel Rodríguez, Juan I. Cendoya y Clara Beter.

Clara Beter es la voz angustiosa de los lupanares. Ella reivindica con sus versos la infamia de todas las mujeres infames. Todos estos escritores traen un elemento nuevo a nuestra literatura: la piedad. Nada tienen que ver ellos con los novelistas vacíos de humanidad o con los milongueros incendiarios de hace veinte años. La rebelión, en ellos, es una rebelión contenida, casi orgánica. La rebelión se desprende del fondo y no de la forma. No se rebela el autor sino el lector. Porque la piedad fomenta la rebelión.

Clara Beter, hundida en el barro, no protesta: protesta el que la mira. Ella cayó y se levantó y ahora nos cuenta la historia de sus caídas. Cada composición señala una etapa recorrida en el infierno social de su vida pasada. Esta mujer se distingue completamente de las otras mujeres que hacen versos por su espantosa sinceridad.

Quizá los escritores aludidos son pobres, hijos de pobres, nietos de pobres, carne martirizada por el dolor, que traen ya en la sangre la fiebre de la reivindicación humana. Todos ellos están animados por un espíritu de justicia que los honra. Se dijera de aquellos que no han venido al mundo para ladrar su propia dicha, sino para labrar el bien común. Hay un propósito de redención manifiesta. Se presenta al hombre lleno de cadenas con el fin de desencadenarlo. Tarde o temprano estos muchachos recogerán el fruto. La semilla está plantada. ¿Qué porvenir le espera a la literatura y a la vida de estos países en quienes depositaron todas sus esperanzas los filósofos del siglo pasado? ¿Llegaremos un día, nosotros, a ser nosotros mismos?

Ahora, cerremos estas consideraciones generales y abramos el libro de Clara Beter.

Madrid, meridiano intelectual
de Hispanoamérica

EL MERIDIANO INTELECTUAL DE HISPANOAMÉRICA: a) Guillermo de Torre, «Madrid, meridiano intelectual de Hispanoamérica» (1927).—b) [¿A. Zum Felde?] «El meridiano intelectual de América» (1927).—José Carlos Mariátegui, «La batalla de *Martín Fierro*» (1927).

Caracterizadas por un espíritu polémico y contestatario, las revistas de vanguardia de América Latina no necesitaban mucha provocación para unirse, en amplia reacción en cadena, defendiendo su especificidad continental. Pocos temas desencadenaron una reacción tan rápida y unánime como la cuestión de la ascendencia de Madrid sobre los medios intelectuales hispanoamericanos. En un artículo con el desdichado título de «Madrid, meridiano intelectual de Hispanoamérica», Guillermo de Torre, participante del ultraísmo español y colaborador de varias revistas de vanguardia latinoamericanas, publica en abril de 1927, en el periódico madrileño *La Gaceta Literaria* (de la cual es secretario) y en *Repertorio Americano* de Costa Rica, el texto que reproducimos y que dio origen a toda la polémica.

En momentos en que la consciencia nacionalista comienza a consolidarse y en que la vanguardia se ve a sí misma como gesto de afirmación de lo nacional, este artículo de tenor colonialista y paternalista no podría haber sido menos oportuno. Aunque admite la pérdida del antiguo prestigio de España, Guillermo de Torre se opone al concepto de latinidad, advirtiendo sobre el efecto nocivo de la influencia francesa en la cultura americana: «latinismo dañino» o «monopolio gálico» son algunos de los adjetivos usados. El crítico español propone explícitamente un trueque de hegemonías y el regreso al antiguo eje. «Nosotros siempre hemos tendido a considerar el área intelectual americana como una prolongación del área española.»

Prácticamente no hubo revista del continente que hubiese dejado de protestar. La reacción más violenta vino de *Martín Fierro* (núm. 42 del 10/7/1927) que, en una feroz respuesta colectiva, une a griegos y troyanos (los escritores de Boedo y de Florida) en una especie de cruzada anti-española: «Se produjo un revuelo semejante al que hubiera podido suscitar una proposición de reimplantar el Virreinato», comenta Eduardo González Lanuza[1]. Hasta Borges, que reconoce que su formación estética se debe a los años pasados en Madrid, afirma en un artículo publicado en *Martín Fierro:*

> Madrid no nos entiende. Una ciudad cuyas orquestas no pueden intentar un tango sin desalmarlo; una ciudad cuyos estómagos no pueden asumir una caña brasileña sin enfermarse; una ciudad sin otra elaboración intelectual que las greguerías; una ciudad cuyo Yrigoyen es Primo de Rivera; una ciudad cuyos actores no distinguen a un mejicano de un oriental; una ciudad cuya sola invención es el galicismo —por lo menos en ningún otro lugar hablan tanto de él—; una ciudad cuyo humorismo está en el retruécano; una ciudad que dice «envidiable» para elogiar, ¿de dónde va a entendernos, qué va a saber de la terrible esperanza que los americanos vivimos?»

Este número de *Martín Fierro,* el cuadragésimo segundo, representa el «tijeretazo a todo cordón umbilical» previsto por Girondo en el Manifiesto Martín Fierro y sirve como afirmación de «argentinidad» en cuanto oposición a una supuesta influencia estética madrileña.

Los otros artículos que reproducimos, tanto el de *La Pluma* de Montevideo como el de José Carlos Mariátegui, ilustran el tono virulento desencadenado por la insólita propuesta de Guillermo de Torre, exactamente en el momento en que el dictador Primo de Rivera detenta el poder y en que la poesía española comienza su renovación con la llamada generación del veintisiete. Mariátegui, que parece haber tenido conocimiento de la polémica a través de *Martín Fierro,* analiza la función revolucionaria de la revista argentina en el panorama general de la América hispánica y hace una defensa histórica del significado de su independencia:

---

[1] *Los martinfierristas,* Buenos Aires, Ediciones Culturales Argentinas, 1971, pág. 77.

Sólo al precio de la ruptura con la Metrópoli, nuestra América ha empezado a descubrir su personalidad y a crear su destino. Esta emancipación nos ha costado una larga fatiga. Nos ha permitido ya cumplir libremente un vasto experimento cosmopolita que nos ha ayudado a reivindicar y revalorar lo más nuestro, lo autóctono.

MADRID, MERIDIANO INTELECTUAL DE HISPANOAMÉRICA*

GUILLERMO DE TORRE

Al mismo tiempo que en el *Diálogo de las lenguas*[1] va precisándose nuestro criterio, con referencia a Cataluña y a las demás lenguas peninsulares, interesa especialmente a *La Gaceta Literaria* fijar y delimitar su actitud respecto al ángulo específicamente americano de nuestro objetivo triangular. Afirmado ya nuestro iberismo, aludimos ahora a la América de lengua española, a Hispanoamérica, a los intereses intelectuales de aquella magna extensión continental, en su relación directa con España.

Adviértase el cuidado con que evitamos escribir el falso e injustificado nombre de América Latina. Nombre advenedizo que, —unas veces por atolondramiento, y otras, por un desliz reprobable —haciendo juego a intereses que son antagónicos de los nuestros—, ha llegado incluso a filtrarse en España. Subrayamos intencionadamente esta previa cuestión del nombre, porque, de su simple análisis y correspondiente crítica, han de brotar algunas de las reflexiones que hoy nos proponemos explanar. No hay, a nuestro juicio, otros nombres lícitos y justificados para designar globalmente —de un modo exacto que selle los tres factores fundamentales: el primitivo origen étnico, la identidad lingüística y su más genuino carácter espiritual— a las jóvenes Repúblicas de habla española, que los de Iberoamérica, Hispanoamérica o América española. Especialmente, cuando se aluda a intereses espirituales, a relaciones literarias, intelectuales o de cultura, ya que en la América hispanoparlante —he ahí, en rigor, la denominación exacta para estos fines, puesto que los vínculos más fuertes y persistentes no son los raciales, sino los idiomáticos—, puede afirmarse paladinamente que todos los mejores valores de ayer y de hoy —históricos, artísti-

---

* Publicado originalmente en *La Gaceta Literaria* 8 (abril, 1927) y reproducido en *Repertorio Americano* 9 (septiembre, 1927), págs. 135 y 143.
[1] Referencia al célebre y discutido libro de Juan de Valdés (?-1541), *Diálogo de las lenguas* (1553), donde ya existe una propuesta de promover la lengua española.

cos, de alta significación cultural—, que no sean españoles, serán autóctonos, aborígenes, pero, en modo alguno, franceses, italianos o sajones.

Eliminemos, pues, de una vez para siempre, en nuestro vocabulario, los espúreos términos de *América Latina* y de *latinoamericanismo*. Darles validez entre nosotros equivaldría a hacernos cómplices inconscientes de las turbias maniobras anexionistas que Francia e Italia vienen realizando respecto a América, so capa de latinismo. Estaríamos, en último caso, conformes con ese latinismo —del que en buena teoría somos indubitables copartícipes— si este aparente lazo étnico abarcase también, como es debido, a España. Pero obsérvese que en el latinismo intelectual que practican nuestras vecinas europeas, España y sus más auténticos exponentes, quedan siempre al margen o haciendo un papel muy borroso y secundario. El latinismo intelectual entraña no menores peligros que la influencia sajona en el plano político. ¡Basta ya, por tanto, de ese latinismo ambiguo y exclusivista! ¡Basta ya de tolerar pasivamente esa merma de nuestro prestigio, esa desviación constante de los intereses intelectuales hispanoamericanos hacia Francia!

Frente a los excesos y errores del latinismo, frente al monopolio galo, frente a la gran imantación que ejerce París cerca de los intelectuales hispanoparlantes tratemos de polarizar su atención, reafirmando la valía de España y el nuevo estado de espíritu que aquí empieza a cristalizar en un hispanoamericanismo extraoficial y eficaz. Frente a la imantación desviada de París, señalemos en nuestra geografía espiritual a Madrid como el más certero punto meridiano, como la más auténtica línea de intersección entre América y España. Madrid: punto convergente del hispanoamericanismo equilibrado, no limitador, no coactivo, generoso y europeo, frente a París: reducto del *latinismo* estrecho, parcial, desdeñoso de todo lo que no gire en torno a su eje. Madrid: o la comprensión leal —una vez desaparecidos los recelos nuestros, contenidas las indiscreciones americanas— y la fraternidad desinteresada, frente a París: o la acogida marginal y la lenta captación neutralizadora...

He ahí las profundas y esenciales diferencias de conducta que separan el latinismo y el panamericanismo. Mientras que los dos primeros significan, en términos generales pero exactos, el predominio de Francia o de los Estados Unidos, este último no representa la hegemonía de ningún pueblo de habla española, sino de la igualdad de todos. Tanto en la esfera política y social, como en el plano estrictamente intelectual. ¿Qué vale más, qué prefieren los jóvenes espíritus de Hispanoamérica? ¿Ser absorbidos bajo el hechizo de una fácil captación francesa, que llega hasta anular y neutralizar sus mejores virtudes nativas, dejándoles al margen de la auténtica vida nacional, o sentirse identificados con la atmósfera vital de España, que no rebaja y anula su personalidad, sino que más bien la exalta y potencia en sus mejores expresiones?

Pues ha llegado el momento de manifestar netamente nuestro criterio. No podemos ya contemplar indiferentemente esa constante captación latinista de las juventudes hispanoparlantes, ese cuantioso desfile de estudiantes, escritores y artistas hacia Francia e Italia, eligiendo tales países como centro de sus actividades, sin dignarse apenas tocar en un puerto español, o considerando, todo lo más, nuestro país como campo de turismo pintoresco. De ahí la necesidad urgente de proponer y exaltar a Madrid como el meridiano intelectual de Hispanoamérica. A nuestro juicio, las nuevas generaciones de estudiantes e intelectuales debieran romper la corriente errónea de sus antepasados, apresurándose a penetrar en la atmósfera intelectual de España, seguros de que aquí pueden hallar, no sólo una cordial acogida, sino hasta merecer una atención auténtica —más desinteresada y eficaz que la que encuentran, por ejemplo, en París, representada por media docena de hábiles aprovechadores del *latinismo*.

Que nuestro hispanoamericanismo, que el criterio de *La Gaceta Literaria,* en ese punto cardinal de vitalidad expansiva, es absolutamente puro y generoso y no implica hegemonía política o intelectual de ninguna clase, lo evidencia el hecho de que nosotros siempre hemos tendido a considerar el área intelectual americana como una prolongación del área española. Y esto, no por un propósito anexionista reprobable, sino por el deseo de borrar fronteras, de no establecer distingos, de agrupar bajo un mismo común denominador de consideración idéntica toda la producción intelectual en la misma lengua; por el deseo de anular diferencias valoradas, juzgando con el mismo espíritu personas y obras de aquende y allende el Atlántico.

Esta nivelación de relaciones de países y culturas heterogéneas tiene más importancia y trascendencia, es más revolucionaria de lo que a primera vista parece. Pues presupone la rectificación de un estado de cosas y la instauración de un nuevo espíritu amistoso entre dos mundos fraternos. ¿Para qué engañarnos? Como somos jóvenes y a los jóvenes espíritus hispanoamericanos nos dirigimos, mejor que acudir a las habituales y diplomáticas perífrasis, es hablarnos con valentía y sin rebozos. Creemos que nuestros amigos de allende el Atlántico nos agradecerán un planteamiento sincero de esta vitalísima cuestión, que hoy sólo tenemos espacio para bosquejar. Pues bien, digámoslo claramente: hasta hace poco tiempo la producción intelectual hispanoamericana, no sólo era poco conocida entre nosotros —ya que ninguna publicación, antes de *La Gaceta Literaria,* recogía sus novedades al día—, sino que hasta sufría cierto descrédito. ¿A qué atribuir esto? Pues no a otra cosa, en gran parte, que a los efectos contraproducentes usados en el sector específicamente literario por los torpes excesos del hispanoamericanismo infausto, que ha venido prevaleciendo hasta hace poco. Banquetes y cachupinadas[2], tremolar de banderas, fuegos de artificio retórico y disparos de magnesio habían alejado a España —la España intelectual, más joven y exigente— de América, en sus valores contemporáneos, en vez de aproximárnoslos.

Además, ¿de qué ha servido tamaño estruendo verbalista, cuál ha sido, en el orden práctico, su utilidad inmediata, si nuestra exportación de libros y revistas a América es muy escasa, en proporción con las cifras que debiera alcanzar, si el libro español, en la mayor parte de Suramérica, no puede competir en precios con el libro francés e italiano; y si por otra parte, la reciprocidad no existe? Esto es, que sigue dándose el caso de no ser posible encontrar en la librerías españolas, más que, por azar, libros y revistas de América.

He ahí algunos de los puntos concretos cuya resolución es urgente. Si nuestra idea prevalece, si al terminar con el dañino latinismo, hacemos a Madrid meridiano de Hispanoamérica y atraemos hacia España intereses legítimos que nos corresponden, hoy desviados, habremos dado un paso definitivo para hacer real y positivo el leal acercamiento de Hispanoamérica, de sus hombres y de sus libros.

EL MERIDIANO INTELECTUAL DE AMÉRICA*

[¿A. Zum Felde?]

La Gaceta Literaria de Madrid, —periódico muy interesante, que todos los americanos leemos con gran simpatía— ha cometido la tontería de declarar, en nota editorial de uno de sus últimos números, que «por Madrid pasa el meridiano intelectual de Hispanoamérica...», dando a entender, con ello, sin disimulos ni cortesías de clase alguna, que la élite intelectual española que se mueve en la órbita de *La Gaceta,* dirige, probablemente desde sus mismas columnas, la vida espiritual de estas tierras, siendo el árbitro metropolitano de todas sus valoraciones, así ideológicas como estéticas.

No sospechábamos —acaso pecamos de cándidos— que, tras el gesto amplio y fraterno con que *La Gaceta* acogía las manifestaciones más avanzadas de la literatura americana en el momento actual, se embozaba la vieja pretensión de una reconquista colonial, y se agazapaba la vanidad de querer devolver a Madrid la categoría de Metrópoli del mundo de habla hispana; porque, la actitud de *La Gaceta* —ahora que se ha quitado el embozo— significa, ni más ni menos, que un nuevo pujo del ingenuo imperialismo hispanizante, que, desplazado por im-

---

[2] cachupinadas: reunión de gente cursi, en que se baila y se hacen juegos.»
* Publicado en *La Pluma* 1 (agosto, 1927), págs. 10-11.

potencia material del terreno político, se refugió ilusoriamente en el terreno cultural.

De esa recalcitrante pretensión de los viejos políticos y académicos españoles, ya estábamos curados, y no la teníamos en cuenta, considerando que era un inofensivo consuelo del maltrecho orgullo español.

Ha poco, sonreíamos leyendo la declaración de uno de esos viejos políticos académicos —que siempre nos figuramos bonachones y achulapados como el boticario del *La Verbena de la Paloma*...—, el señor Vázquez de Mella: «El Porvenir de España está en América. España debe dedicarse a formar una agrupación de las naciones iberoamericanas, comprendiendo el Portugal, y presentarse así fuerte, a la cabeza de ese conjunto, ante los pueblos de Europa. Entonces recobrará su poder.»

¡Quién nos diría que —ha poco— íbamos a encontrar esa misma ingenua y necia pretensión, bajo el ultraísmo de *La Gaceta,* manifestada en el lenguaje metafórico y quintaesente de la generación «postguerra»!...

¿De una generación a otra, nada se ha modificado, más que las metáforas...? ¿Los jóvenes «vanguardistas» de 1927 siguen pensando, respecto a América, como los enfáticos vejestorios de ayer?... ¿Nada han aprendido, nada han olvidado?» El tan avisado Guillermo de Torre —a quien se atribuye la franqueza— ¿no ha tenido aviso de que, hace ya tiempo que nosotros, los americanos —y especialmente los americanos del Plata— hemos entablado relaciones directas con Europa, sin necesidad de pasar por las aduanas de los Pirineos?

Esto, en cuanto a las nuevas corrientes del pensamiento y del arte, que, engendradas en el seno de la cultura europea —en Francia, en Alemania— recorren todo el mundo occidental, con tal empuje renovador que hasta han logrado penetrar en la dura y refractaria España, merced —justo es reconocerlo y felicitarlos por ello— a los jóvenes que se agrupan en torno de *La Gaceta,* de la *Revista de Occidente,* y de otros órganos menores.

Bien está que la generación española de 1927 se sienta satisfecha de haber abierto las fronteras de España al movimiento renovador de la post-guerra y haberse asimilado los nuevos modos de sentir, pensar y hacer de nuestro tiempo. Pero de ello a engreírse ya tanto, que se crean árbitros y tutores de América..., media el breve paso que separa lo sublime de lo ridículo.

Es conveniente que *La Gaceta* se entere —a fin de evitar equívocos en adelante— de que aquí no consideramos que España sea capaz en este momento —como no lo ha sido en todo el siglo pasado— de ejercer, sobre la mentalidad americana, la hegemonía magisterial que en España se imagina.

No olviden nuestros amigos los españoles que, más allá de los Pirineos está Francia, y está la Europa Central, zonas donde la actividad del Espíritu, en todos los órdenes de la cultura ofrece a la joven América valores de mucho mayor categoría, y motivos de estudio más ricos y originales.

Lo que España posee está bien para España; como lo que nosotros los americanos, poseemos, está bien para nosotros. Pero, pretensiones magisteriales y directivas, ¡no!

Quite La Gaceta de la cabeza esa ilusión de imperialismo cultural respecto al Plata. América tiene entidad propia y distinta a la de España. Otros son nuestros problemas, otras nuestras coordenadas mentales, otra nuestra posición histórica. Cabe, no obstante, comunidad ideal en muchas cosas. Pero, esa comunidad sólo podrá afianzarse en el mutuo respeto a las soberanías. Y, sobre todo, ser discretos.

Deseamos mantener, e intensificar más aún, nuestras relaciones intelectuales con España. Pero, si España persiste en ese vano empeño de hegemonía cultural, América se vería obligada a adoptar a ese respecto una política intelectual de distanciamiento. A fin de evitar tan lamentable caso, invitamos a La Gaceta Literaria de Madrid a retirar las imprudentes palabras.

LA BATALLA DE MARTÍN FIERRO*

José Carlos Mariátegui

La rotunda negativa con que Martín Fierro ha respondido, bajo la firma de Rojas Paz, Molinari, Borges, Pereda Valdés, Olivari, Ortelli y algunos otros de sus colaboradores, a una extemporánea invitación de La Gaceta Literaria de Madrid, refresca mi simpatía por este aguerrido grupo de escritores argentinos y su animado periódico. Hace tres años, Oliverio Girondo —traído a Lima por su afán de andariego y en función de embajador de la nueva generación argentina— me hizo conocer los primeros números del intrépido quincenario que desde entonces leo sin más tregua que las dependientes de las distracciones del servicio postal[1].

Mi sinceridad me obliga a declarar que Martín Fierro me parecía en

---

* Publicado en *Variedades,* de 24/9/1927, y reproducido en José Carlos Mariátegui, *Temas de nuestra América,* págs. 115-118.

[1] Por ocasión del pasaje de Oliverio Girondo por Lima, Mariátegui escribe una reseña, publicada originalmente en *Variedades,* Lima, 15 de agosto de 1925. Reproducida en Jorge Schwartz, *Homenaje a Girondo,* págs. 175-177.

sus últimas jornadas menos osado y valiente que en aquellas que le ganaron mi cariño. Le notaba un poco de aburguesamiento, a pesar del juvenil desplante que encontraba siempre en sus columnas polémicas. (El espíritu burgués tiene muchos capciosos desdoblamientos.) *Martín Fierro*, a mi juicio, caía en el frecuente equívoco de tomar por señales de revolución las que son, más bien, señales de decadencia. Por ejemplo, cuando a propósito de Beethoven, dijo: «debemos defender nuestra pequeñez contra los gigantes, si es preciso», adoptó la actitud conformista, esto es burguesa, de los que, obedeciendo a una necesidad espiritual del viejo orden político y económico, repudian iconoclastas el pasado en nombre de un reverente acatamiento al presente. El ambicioso futurismo de otros días degenera así en un engreído presentismo, inclinado a toda suerte de indulgencias con los más mediocres frutos artísticos si los identifica y cataloga como frutos de la estación.

La función de *Martín Fierro* en la vida literaria y artística de la Argentina, y en general de Hispanoamérica, ha sido sin duda una función revolucionaria. Pero tendería a devenir conservadora si la satisfacción de haber reemplazado a los valores y conceptos de ayer por los de hoy, produjese una peligrosa y megalómana superestimación de éstos. *Martín Fierro*, por otra parte, ha reivindicado, contra el juicio europeizante y académico de sus mayores, un valer del pasado. A esta sana raíz debe una buena parte de su vitalidad. Su director Evar Méndez lo recuerda oportunamente en un ponderado balance de su obra publicado en la *Exposición de la Actual Poesía Argentina* de P. J. Vignale y César Tiempo (Editorial Minerva, Buenos Aires, 1927). «*Martín Fierro* —escribe Evar Méndez— tiene por nombre el de un poema que es la más típica creación del alma de nuestro pueblo. Sobre esa clásica base, ese sólido fundamento —nada podría impedirlo—, edificamos cualquiera aspiración con capacidad de toda altura.»

El activo de *Martín Fierro* está formado por todos los combates que ha librado obedeciendo a su tradición que es tradición de lucha. Y que por arrancar de «la más típica creación» del alma popular argentina no puede avenirse con un concepto antisocial del arte y mucho menos con una perezosa abdicación de la cultura ante las corrientes de moda. El pasivo está compuesto, en parte, de las innumerables páginas dedicadas, verbigracia, a Valery Larbaud que, juzgado por estos reiterados testimonios de admiración, podría ocupar en la atención del público más sitio que Pirandello. Evar Méndez está en lo cierto cuando recapitulando la experiencia martinfierrista apunta lo siguiente: «la juventud aprendió de nuevo a combatir; la crisis de opinión y de crítica fue destruida; los escritores jóvenes adquirieron el concepto de su entidad y responsabilidad».

Por todo esto me complace, en grado máximo, la cerrada protesta de los escritores de *Martín Fierro* contra la anacrónica pretensión de *La*

Gaceta Literaria de que se reconozca a Madrid como «meridiano intelectual de Hispanoamérica». Esta actitud nos presenta vigilantes, despiertos y combativos frente a cualquier tentativa de restauración conservadora. Contra la tardía reivindicación española, debemos insurgir todos los escritores y artistas de la nueva generación hispanoamericana.

Borges tiene cabal razón al afirmar que Madrid no nos entiende. Sólo al precio de la ruptura con la Metrópoli, nuestra América ha empezado a descubrir su personalidad y a crear su destino. Esta emancipación nos ha costado una larga fatiga. Nos ha permitido ya cumplir libremente un vasto experimento cosmopolita que nos ha ayudado a reivindicar y revalorar lo más nuestro, lo autóctono. Nos proponemos realizar empresas más ambiciosas que la de enfeudarnos nuevamente a España.

La hora, de otro lado, no es propicia para que Madrid solicite su reconocimiento como metrópoli espiritual de Hispanoamérica. España no ha salido todavía completamente del Medioevo. Peor todavía: por culpa de su dinastía borbónica se obstina en regresar a él. Para nuestros pueblos en crecimiento no representa siquiera el fenómeno capitalista. Carece, por consiguiente, de títulos para reconquistarnos espiritualmente. Lo que más vale de España —don Miguel de Unamuno— está fuera de España. Bajo la dictadura de Primo de Rivera es inconcebiblemente oportuno invitarnos a reconocer la autoridad suprema de Madrid. El «meridiano intelectual de Hispanoamérica» no puede estar a merced de una dictadura reaccionaria. En la ciudad que aspire a coordinarnos y dirigirnos intelectualmente necesitamos encontrar, si no espíritu revolucionario, al menos tradición liberal. ¿Ignora *La Gaceta Literaria* que el general Primo de Rivera negó libertad de palabra al profesor argentino Mario Sáenz y que la negará invariablemente a todo el que lleve a España la representación del pensamiento de América?

Nuestros pueblos carecen aún de la vinculación necesaria para coincidir en una sola sede. Hispanoamérica es todavía una cosa inorgánica. Pero el ideal de la nueva generación es, precisamente, el de darle unidad. Por lo pronto hemos establecido ya entre los que pensamos y sentimos parecidamente, una comunicación fecunda. Sabemos que ninguna capital puede imponer artificialmente su hegemonía a un Continente. Los campos de gravitación del espíritu hispanoamericano son, por fuerza, al norte México, al sur Buenos Aires. México está físicamente un poco cerrado y distante. Buenos Aires, más conectada con los demás centros de Sudamérica, reúne más condiciones materiales de Metrópoli. Es ya un gran mercado literario. Un «meridiano intelectual», en gran parte, no es otra cosa.

Martín Fierro, en todo caso, tiene mucha más «chance» de acertar que *La Gaceta Literaria.*

La raza cósmica

LA RAZA CÓSMICA: José Vasconcelos, *La raza cósmica* (1926).

José de Vasconcelos fue una de las figuras más controvertidas del panorama cultural mexicano de los años 20. Autor prolífico, su fama se asienta sobre *La raza cósmica* (1925), uno de los libros de mayor difusión de la época, en la cual desarrolla la teoría de la mezcla de las razas en América Latina. En el Brasil, sus ideas encontraron gran receptividad en el pensamiento de Plínio Salgado y de Graça Aranha. Estos conceptos sobre la raza cósmica sólo están expuestos en el prólogo del libro; en los capítulos siguientes hay una especie de diario de viaje por los países de América del Sur.

En 1922, Vasconcelos recibe del presidente Álvaro Obregón el encargo de jefe de la delegación que representaría oficialmente a su país en las conmemoraciones del Centenario de la Independencia del Brasil. Además de estar presente en las ceremonias de Río de Janeiro, donde el gobierno mexicano ofrece al Brasil una réplica de la estatua de Cuauhtémoc, Vasconcelos visita dos veces la ciudad de São Paulo. Se encontró con innumerables personalidades pero no llegó a conocer a ningún participante de la Semana de Arte Moderno. También visitó Santos, Belo Horizonte, Ouro Preto, Juiz de Fora y Foz de Iguazú. La delegación mexicana (de la cual son parte el poeta Carlos Pellicer y el pensador Pedro Henríquez Ureña) partió luego hacia la Argentina para participar en la ceremonia de asunción del presidente Marcelo T. de Alvear, sucesor de Hipólito Yrigoyen.

El extraordinario éxito del viaje no se limitó a los círculos oficiales. Los medios universitarios locales fueron bastante receptivos para las ideas vasconcelianas, especialmente en la Argentina, donde cuatro años antes, en 1918, se había efectuado una gran reforma universitaria de repercusión continental. Este periplo sudamericano, en el cual estuvieron incluidos Uruguay y Chile, le serviría a Vasconcelos como telón de fondo para la formulación de sus ideas sobre el mestizaje en el continente.

Bajo fuerte influencia nietzscheana, Vasconcelos sueña con la fusión étnica de los opuestos, una especie de quinta raza, superior y mejorada en relación con las anteriores, redentora de las vicisitudes del continente americano[1]:

> El objeto del continente nuevo y antiguo es mucho más importante. Su predestinación obedece al designio de constituir la cuna de una raza quinta en la que se fundirán todos los pueblos, para reemplazar a las cuatro que aisladamente han venido forjando la Historia (negro, indio, mongol, blanco). En el suelo de América hallará término la dispersión, allí se consumará la unidad por el triunfo del amor fecundo, y la superación de todas las estirpes. Y se engendrará de tal suerte el tipo [de] síntesis que ha de juntar los tesoros de la Historia, para dar expresión al anhelo total del mundo.

De modo similar al ideario antropofágico de Oswald de Andrade, las ideas vasconcelianas desembocan en el mesianismo y en el reino de la utopía. Pero, a diferencia de Oswald, que retomaría su pensamiento en la edad madura *(A crise da filosofia messiânica),* Vasconcelos sólo elabora sus principios de unificación étnica en *Ideología: una interpretación de la cultura iberoamericana contemporánea* (1927), libro apenas posterior a *La raza cósmica* (1925).

Este crisol de identidades diversas serviría de reacción contra el poder del blanco instalado en América Latina desde la época de la conquista. Aunque Vasconcelos haya residido en los Estados Unidos en dos ocasiones —en su exilio de 1916 a 1919 y voluntariamente de 1926 a 1928— su retórica es visceralmente antinorteamericana. En ese repudio a los Estados Unidos encuentra el motivo de esa amalgama de razas. De tal manera su discurso anticolonialista se alía con el pensamiento de la época expresado por Mariátegui, Víctor Raúl Haya de la Torre y José Ingenieros. A pesar de que no cree en el mejoramiento de las clases sociales por medio de algún proceso revolucionario (probablemente debido a la desilusión de la Revolución mexicana de 1910), Vasconcelos no deja de observar que «clero, latifundo y ejército [son] las tres mal-

---

[1] *La raza cósmica,* Madrid, 1925, pág. 15.

diciones de la América española»[2]. En cierta forma, en Vasconcelos resuena el pensamiento del peruano Manuel González Prada, que años antes había denunciado la «trinidad embrutecedora» del juez de paz, del gobernador y del cura[3]. La visión de Vasconcelos es idealista y arraigadamente cristiana. «El cristianismo predicó el amor como base de las relaciones humanas. Y ahora comienza a verse que sólo el amor es capaz de producir una Humanidad excelsa»[4].

Después de presentar la teoría de la formación de la raza, Vasconcelos se pone a desarrollar los principios de la ocupación del medio, y es en los trópicos donde descubre el *locus* privilegiado para la evolución del pueblo cósmico. Vasconcelos pregona la «conquista del trópico por medio de los recursos científicos», recordando un poco la retórica del bárbaro tecnificado de Keyserling, muy en boga en esa época, y bien aprovechada por Oswald de Andrade en la elaboración del proyecto del *homo antropofagus*.

Los presupuestos impresionistas de Vasconcelos lo conducen a salpicar su libro con afirmaciones claramente racistas: [5] «[...] no es justo que pueblos como el chino, bajo el santo consejo de la moral confuciana se multiplican como los ratones, vengan a degradar la condición humana [...]», o «tampoco es fácil convencer al sajón de que si el amarillo y el negro tienen su tufo, también el blanco lo tiene para el extraño, aunque nosotros no nos demos cuenta de ello»[6]. Ciertas aseveraciones, si se las retira del contexto, podrían confundirse con propaganda nazi[7]:

La especie entera cambiará de tipo físico y de temperamento, prevalecerán los instintos superiores, y perdurarán, como en sín-

---

[2] *Ibídem,* pág. 142.

[3] «Nuestros indios», en *Páginas libres. Horas de lucha,* Caracas, Ayacucho, 1979, págs. 332-342.

[4] *Op. cit.,* pág. 35.

[5] Sorprendentemente, Mariátegui, un ardoroso defensor de la causa indígena, cae groseramente en el prejuicio racial al tratar la cuestión del mestizaje en *Siete ensayos* (pág. 282): «El aporte del negro, venido como esclavo, casi como mercadería, aparece más nulo y negativo aún. El negro trajo su sensualidad, su superstición, su primitivismo. No estaba en condiciones de contribuir a la creación de una cultura, sino más bien de estorbarla con el crudo y viviente influjo de su barbarie.» Aunque parezca paradojal, y posiblemente influido por la teoría vasconceliana de la «raza cósmica», Mariátegui lamenta que este proceso no haya ocurrido en el Perú, donde los indígenas representan una raza y una clase social distintas de la sociedad blanca: «Aquí la síntesis no existe todavía. Los elementos de la nacionalidad en elaboración no han podido aún fundirse o soldarse. La densa capa indígena se mantiene casi totalmente extraña al proceso de formación de esa peruanidad (...)»

[6] *Op. cit.,* pág. 17.

[7] *Op. cit.,* pág. 25.

tesis feliz, los elementos de hermosura, que hoy están repartidos en los distintos pueblos.

Por lo demás, una de las etapas más siniestras y menos comentadas de José Vasconcelos es el periodo en que dirigió la revista *Timón,* en 1940, cuando difundía la ideología nazi. Itzhak Bar Lewaw, en *La revista «Timón» y José Vasconcelos* (México, Edimez, 1971, pág. 20) considera que *Timón* «reproduce —en calidad de portavoz no oficial del gobierno alemán— todo lo que suministra la maquinaria propagandística de Goebbels».

La herencia sarmienta es muy fuerte en el pensamiento de José Vasconcelos, que nunca cesó de elogiar al argentino. En los países visitados, casi sin excepción, Vasconcelos advierte un avanzado proceso de civilización, siempre en detrimento de la «barbarie» mexicana. Incluso en el Brasil, dice con admiración que «es un país en el que todo el mundo es instruido».

Pocos años más tarde, el autor del autobiográfico *El Ulises criollo,* al asumir su cargo como primer ministro de cultura de México, emprende la mayor reforma del sistema educativo realizada en esa nación. Lucha implacablemente contra el analfabetismo, crea escuelas, forma maestros, apoya empresas editoriales y promueve incondicionalmente a los autores y artistas de la época. Durante su gestión, de 1921 a 1924, Diego Rivera y la escuela muralista reciben todo el apoyo oficial. El momento más controvertido de su carrera política ocurre en 1929, cuando es derrotado como candidato a la presidencia del país. La historia de su campaña está teñida de violencia y sangre y el fraude del comicio es uno de los mayores escándalos electorales de la historia de México. Vasconcelos no recuperaría su antiguo prestigio ni el poder que había tenido en los años 20.

José Joaquín Blanco, uno de los mejores estudiosos de la trayectoria ideológica de José Vasconcelos, resume así el ideario de *La raza cósmica*[8]:

> Vasconcelos revivió el darwinismo social y lo «redimió», en vez de que esta doctrina justificara la pureza de una raza cerrada y dominante, la hizo proclamar la abolición de las razas por medio de un mestizaje universal que condujera a la Unidad Humana étnica y cultura. El mestizaje era la síntesis feliz de todas las posibilidades genéticas y culturales de la especie.
>
> Después alegó, con datos de la época, la antigüedad del hombre americano para fundamentar su derecho a incorporarse a la historia y al humanismo universales como un igual, ya no como

---

[8] *Se llamaba Vasconcelos,* México, Fondo de Cultura Económica, 1977, pág. 137.

inferior o periférico. Y de ahí arrancó con velocidad sinfónica. América era el continente de síntesis, reunía y conciliaba todas las posibilidades geológicas, étnicas, culturales, estéticas del planeta. América no era la periferia, sino el centro; no la prehistoria, sino el porvenir; no el desecho, sino el paradigma humanista del mundo: en América se habrían de dirimir las divisiones humanas (nacionalismos, religiones, raza, clases) en un monismo cósmico.

Esta profecía debía llevarse a cabo mediante el progreso científico y técnico (que acabaría con las necesidades materiales de los hombres y facilitaría su comunicación y transporte) guiado por una educación que aniquilara los prejuicios y antagonismos. Así, sobre las contingencias de la maldad y de la historia, se conseguiría un mundo regido por la estética purificadora y feliz. Lo ideal sería real, terreno lo edénico, cotidiana la utopía.

LA RAZA CÓSMICA*

[...]   José Vasconcelos

A pesar de esta firme cohesión ante un enemigo invasor, nuestra guerra de Independencia se vio amenguada por el provincionalismo y por la ausencia de planes trascendentales. La raza que había soñado con el imperio del mundo, los supuestos descendientes de la gloria romana, cayeron en la pueril satisfacción de crear nacioncitas y soberanías de principado, alentadas por almas que en cada cordillera veían un muro y no una cúspide. Glorias balcánicas soñaron nuestros emancipadores, con la ilustre excepción de Bolívar, y Sucre y Petión el negro, y media docena más, a lo sumo. Pero los otros, obsesionados por el concepto local y enredados en una confusa fraseología seudorrevolucionaria, sólo se ocuparon de empequeñecer un conflicto que pudo haber sido el principio del despertar de un continente. Dividir, despedazar el sueño de un gran poderío latino, tal parecía ser el propósito de ciertos prácticos ignorantes que colaboraron en la Independencia, y dentro de ese movimiento merece puesto de honor; pero no supieron, no quisieron ni escuchar las advertencias geniales de Bolívar.

Claro que en todo proceso social hay que tener en cuenta las causas profundas, inevitables que determinan un momento dado. Nuestra geografía, por ejemplo, era y sigue siendo un obstáculo de la unión; pero si hemos de dominarlo, será menester que antes pongamos en orden al espíritu, depurando las ideas y señalando orientaciones precisas.

---

* Publicado en *La raza cósmica*, págs. 11-15.

Mientras no logremos corregir los conceptos, no será posible que obremos sobre el medio físico en tal forma que lo hagamos servir a nuestro propósito.

En México, por ejemplo, fuera de Mina, casi nadie pensó en los intereses del continente; peor aún, el patriotismo vernáculo estuvo enseñando, durante un siglo, que triunfamos de España gracias al valor indomable de nuestros soldados, y casi ni se mencionan las Cortes de Cádiz, ni el levantamiento contra Napoleón, que electrizó a la raza, ni las victorias y martirios de los pueblos hermanos del continente. Este pecado, común a cada una de nuestras patrias, es resultado de épocas en que la Historia se escribe para halagar a los déspotas. Entonces la patriotería no se conforma con presentar a sus héroes como unidades de un movimiento continental, y los presenta autónomos, sin darse cuenta que al obrar de esta suerte los empequeñece en vez de agrandarlos.

Se explican también estas aberraciones porque el elemento indígena no se había fusionado, no se ha fusionado aún en su totalidad, con la sangre española; pero esta discordia es más aparente que real. Háblese al más exaltado indianista de la conveniencia de adaptarnos a la latinidad y no opondrá el menor reparo; dígasele que nuestra cultura es española y enseguida formulará objeciones. Subsiste la huella de la sangre vertida: huella maldita que no borran los siglos, pero que el peligro común debe anular. Y no hay otro recurso. Los mismos odios puros están españolizados, están latinizados, como está latinizado el ambiente. Dígase lo que se quiera, los rojos, los ilustres atlantes de quienes viene el indio, se durmieron hace millares de años para no despertar. En la Historia no hay retornos, porque toda ella es transformación y novedad. Ninguna raza vuelve; cada una plantea su misión, la cumple y se va. Esta verdad rige lo mismo en los tiempos bíblicos que en los nuestros, todos los historiadores antiguos la han formulado. Los días de los blancos puros, los vencedores de hoy están tan contados como lo estuvieron los de sus antecesores. Al cumplir su destino de mecanizar el mundo, ellos mismos han puesto, sin saberlo, las bases de un periodo nuevo, el periodo de la fusión y la mezcla de todos los pueblos. El indio no tiene otra puerta hacia el porvenir que la puerta de la cultura moderna, ni otro camino que el camino ya desbrozado de la civilización humana. También el blanco tendrá que deponer su orgullo; y buscará progreso y redención posterior en el alma de sus hermanos de las otras castas, y se confundirá y se perfeccionará en cada una de las variedades superiores de la especie; en cada una de las modalidades que tornan múltiple la revelación y más poderoso el genio.

*

En el proceso de nuestra misión étnica, la guerra de emancipación de España significa una crisis peligrosa[1]. No quiero decir con esto que la guerra no debió hacerse ni que no debió triunfar. En determinadas épocas el fin trascendente tiene que quedar aplazado; la raza espera, en tanto que la patria urge, y la patria es el presente inmediato e indispensable. Era imposible seguir dependiendo de un centro que de tropiezo en tropiezo y de descalabro en bochorno había ido bajando hasta caer en las manos sin honra de un Fernando VII. Se pudo haber tratado con las Cortes de Cádiz para organizar una libre Federación Castellana; no se podía responder a la Monarquía sino batiéndole sus enviados. En este punto la visión de Mina fue cabal: implantar la libertad en el nuevo mundo y derrocar después la monarquía en España. Ya que la imbecilidad de la época impidió que se cumpliera este genial designio, procuremos al menos tenerlo presente. Reconozcamos que fue una desgracia no haber procedido con la cohesión que demostraron los del Norte; la raza prodigiosa, a la que solemos llenar de improperios, sólo porque nos ha ganado cada partida de la lucha secular. Ella triunfa porque aduna sus capacidades prácticas con la visión clara de un gran destino. Conserva presente la intuición de una misión histórica definida, en tanto que nosotros nos perdemos en el laberinto de quimeras verbales. Parece que Dios mismo conduce los pasos del sajonismo, en tanto que nosotros nos matamos por el dogma o nos proclamamos ateos. ¡Cómo deben reír de nuestros desplantes y vanidades latinas estos fuertes constructores de imperios! Ellos no tienen en la mente el lastre ciceroniano de la fraseología, ni en la sangre los instintos contradictorios de la mezcla de razas disímiles; *pero cometieron el pecado de destruir esas razas, en tanto que nosotros las asimilamos, y esto nos da derechos nuevos y esperanza de una misión sin precedente en la Historia.*

De allí que los tropiezos adversos no nos inclinen a claudicar; vagamente sentimos que han de servirnos para descubrir nuestra ruta. Precisamente, en las diferencias encontramos el *camino;* si no más imitamos, perdemos; si decubrimos, si creamos, triunfaremos. La ventaja de nuestra tradición es que posee mayor facilidad de simpatía con los extraños. Esto implica que nuestra civilización, con todos sus defectos, puede ser elegida para asimilar y convertir a un nuevo tipo a todos los hombres. En ella se prepara de esta suerte la trama, el múltiple y rico plasma de la Humanidad futura. Comienza a advertirse este mandato de la Historia en esa abundancia de amor que permitió a los españoles crear raza nueva con el indio y con el negro; prodigando la estirpe

---

[1] La Guerra de Independencia de España, para expulsar el enemigo francés, se extiende de 1808 a 1813.

blanca a través del soldado que engendraba familia indígena y la cultura de Occidente por medio de la doctrina y el ejemplo de los misioneros que pusieron al indio en condiciones de penetrar en la nueva etapa, la etapa del mundo Uno. La colonización española creó mestizaje; esto señala su carácter, fija su responsabilidad y define su porvenir. El inglés siguió cruzándose sólo con el blanco, y exterminó al indígena; lo sigue exterminando en la sorda lucha económica, más eficaz que la conquista armada. Esto prueba su limitación y es el indicio de su decadencia. Equivale, en grande, a los matrimonios incestuosos de los Faraones, que minaron la virtud de aquella raza, y contradice al fin ulterior de la Historia, que es lograr la fusión de los pueblos y las culturas. Hacer un mundo inglés; exterminar a los rojos, para que en toda la América se renueve el norte de Europa, hecho de blancos puros, no es más que repetir el proceso victorioso de una raza vencedora. Ya esto lo hicieron los rojos; lo han hecho o lo han intentado todas las razas fuertes y homogéneas; pero eso no resuelve el problema humano; para un objetivo tan menguado no se quedó en reserva cinco mil años la América. El objeto del continente nuevo y antiguo es mucho más importante. Su predestinación obedece al designio de constituir la cuna de una raza quinta en la que se fundirán todos los pueblos, para reemplazar a los cuatro que aisladamente han venido forjando la Historia. En el suelo de América hallará término la dispersión, allí se consumará la unidad por el triunfo del amor fecundo, y la superación de todas las estirpes.

Y se engendrará de tal suerte el tipo de síntesis que ha de juntar los tesoros de la Historia, para dar expresión al anhelo total del mundo. [...]

Brasilidad

BRASILIDAD: a) *Caipira:* Monteiro Lobato, «Urupés» (1914).—b) *Mestizo:* Paulo Prado, «El reino del mestizaje» (1928).—c) *El hombre cordial:* Sérgio Buarque de Holanda, «El hombre cordial» (1936).—d) *El héroe sin ningún carácter:* Mário de Andrade, «Prefacio para *Macunaíma*» (1928).

Debido a la confluencia de las razas india, negra y europea a lo largo de su historia y al alto índice de mestizaje ocurrido desde el comienzo de la colonización, el intento de definir una identidad nacional brasileña desembocó en problemas muy específicos que siempre, e inevitablemente, pasaron por discusiones de tenor étnico. Las teorías racistas y del determinismo biológico y geográfico importadas de Europa (Agassiz, Gobineau y otros) dieron margen a explicaciones muy prejuiciosas en cuanto al estado subdesarrollado de la cultura brasileña. En tal contexto deben destacarse las ideas de Sílvio Romero que, a pesar de haber sido elaboradas y difundidas a finales del siglo XIX, ejercieron gran influencia en el pensamiento de muchos modernistas.

El etnógrafo y crítico literario de Sergipe puede considerarse un precursor de la ideología del mestizaje, anticipándose en más de cuatro décadas a la teoría de la «raza cósmica» de José Vasconcelos. En 1880, Sílvio Romero ya proponía la fusión de las distintas razas como una original manera de definir la identidad nacional: «Cuando hablo del mestizo no quiero referirme solamente al mestizo fisiológico —el mulato—; me refiero a todos los hijos de la colonia, a todos los criollos, que lo eran en un sentido lato»[1]. Sílvio

---

[1] «Mestiçagem e literatura nacional. Gregório de Matos», en *Sílvio Romero. Teoria, crítica e história literária,* Río de Janeiro, Vozes, 1978, pág. 55.

Romero, además, tiene el mérito de haber sido uno de los primeros en llamar la atención, en 1888, sobre el desprecio con que se consideraban las culturas africanas en el Brasil[2]:

> Es una vergüenza para la ciencia del Brasil que no hayamos consagrado nada de nuestros trabajos al estudio de las lenguas y de las religiones africanas, nosotros que tenemos material en casa, que tenemos el África en nuestras *selvas,* y a Europa en nuestros *salones,* ¡nada hemos producido en este sentido!

Aunque reconocido por el carácter pionero de sus teorías sobre el mestizaje, prevalece en Sílvio Romero una prejuiciosa ideología arianista, en su europeizante visión de la superioridad del blanco y en la perspectiva de una redención étnica por un gradual blanqueamiento de la raza: «El tipo blanco irá tomando preponderancia, hasta mostrarse puro y bello como en el viejo mundo. Será cuando ya esté totalmente aclimatado al continente. Dos hechos contribuirán mayormente a lograr este resultado: de un lado, la extinción del tráfico africano y la desaparición constante de los indios, y del otro, la inmigración europea»[3]. La década del 30 recibirá la influencia directa de sus trabajos, especialmente en el pensamiento de Gilberto Freyre. Sólo con Sérgio Buarque de Holanda y Caio Prado Jr. —ya desprendidos del pensamiento de Sílvio Romero— aparecería una visión más científica, imparcial y cercana a los datos de la realidad.

A comienzos del siglo XX, uno de los primeros nombres que debe ser considerado cuando se habla de la definición de un «carácter brasileño» es el de Monteiro Lobato. En la modorra paulista de 1918, la publicación de *Urupês* provoca una verdadera conmoción en los círculos literarios. No porque en los años 20, el nacionalismo xenófobo del creador de Jeca Tatú le impidiera adherir al grupo de la Semana del 22, éste deja de tener importancia en la

---

[2] *Estudos sobre a poesia popular do Brasil,* Río de Janeiro, Vozes, 1977 (1.ª ed., 1888), pág. 34.

[3] *A literatura brasileira e a crítica moderna* (1880), págs. 48-53. Las élites pensantes de los años 20 y 30, adhirieron a ese ideal del blanqueamiento. Al respecto, Thomas E. Skidmore dice en *Black into white* (Nueva York, Oxford University Press, 1974, pág. 173): «Los años 20 y 30 en el Brasil mostraron una consolidación del ideal del blanqueamiento y su aceptación implícita por los ideólogos y críticos sociales. Las dudas sobre la raza, manifestadas por las élites en años anteriores, perdieron su tono de convicción real durante este periodo. Curiosamente, la mayor parte de los escritores no asumió públicamente que la cuestión de la raza no ofrecía ninguna diferencia y que, esa cuestión racial debía dejarse de lado. Por el contrario, ellos afirmaban que el Brasil se estaba blanqueando progresivamente y por lo tanto, el problema quedaba resuelto.»

transformación cultural vigente: «*Urupês* cae como un bólido en la calma chicha en que vegetaba la literatura brasileña y marca un acontecimiento sin precedentes en las letras nacionales», afirma su biógrafo Edgard Cavalheiro[4].

Concebido inicialmente como libro de cuentos, Monteiro Lobato le agregó el artículo «Urupês», publicado cuatro años antes, sin mayor repercusión, en el diario *O Estado de São Paulo*. Allí el autor contrapone el idealizado indianismo de Alencar con el degradado ambiente rural del *caipira*[5]. Lobato describe al *caboclo*[6] como un ser feo, inerte y refractario al progreso: «Sólo él no habla, no canta, no ríe, no ama. / Sólo él, en medio de tanta vida, no vive.» Con este dístico termina el famoso libro. Quizá influido por las teorías racistas aún vigentes y por una malograda experiencia como hacendado, Lobato identifica en el *caboclo* una especie de indolencia innata —antes atribuida a los indios y a los negros— que causa los males del país. De ahí su insistencia en describir la arquetípica posición del *caboclo* en cuclillas:

> Porque la verdad nos manda decir que entre las razas de variado matiz, formadoras de la nacionalidad y metidas entre el extranjero reciente y el aborigen de aro en los labios, existe una que vegeta en cuclillas, incapaz de evolución, impenetrable al progreso. Fea e indolente, nada la pone de pie.

El dinámico creador de Jeca Tatú no tarda en cambiar radicalmente de posición al advertir que el problema no es de orden genético sino estructural. Adhiere a un programa nacional de saneamiento público contra la parasitosis que asolaba a la población campesina. Lobato advierte que hay posibilidades de cambiar socialmente al *caboclo* si se le dan las condiciones adecuadas[7]. Entonces adopta una posición diametralmente opuesta. Inventa a *Jeca Tatuzinho* (1924), personaje con el cual se lanza a la propaganda del Biotónico Fontoura, un producto farmacéutico cuyo almanaque de enor-

---

4 *Monteiro Lobato. Vida y obra*, San Pablo, Companhia Editorial Nacional, 1955, pág. 201.

5 *Caipira:* persona rústica y del interior del país. *[N. T.]*

6 *Caboclo:* originalmente era designación del mestizo de india y blanco, pero en la actualidad se aplica al hombre pobre del interior del país. Suele ser peyorativo. *[N. T.]*

7 Para un análisis de las continuas transformaciones ideológicas de Monteiro Lobato, ver Marisa Lajolo, «Jeca Tatu em três tempos», en Roberto Schwarz (ed.), *Os pobres na literatura brasileira*, San Pablo, Brasiliense, 1983, págs. 101-105. El artículo empieza con esta afirmación: «De 1914 a 1947, Monteiro Lobato parece haber recorrido casi todas las posiciones ideológicas disponibles para un intelectual de su tiempo.» Este ensayo es la mejor síntesis de la trayectoria ideológica del autor de *Urupês*.

me difusión tiene como figura emblemática al hambriento personaje de Lobato. De esa época es el inteligente eslogan: «O jeca não é assim: *está* assim.» [Jeca no *es* así *está* así.] Lobato invierte la perspectiva desde la cual observa a la pirámide social del Brasil y Jeca Tatú pasa a ser visto como víctima del sistema[8]:

> Los que hablan francés, bailan el tango, fuman habanos y, dueños de todo, te mantienen en ese suplicio infernal para poder impunemente vivir una vida holgada a costa de tu dolorido trabajo, ésos, Jeca, tienen en el alma todos los gusanos que tú tienes en el cuerpo.

En la década del 30, después de haber vivido más de cuatro años en los Estados Unidos, el polémico escritor vuelve a revisar sus posiciones, concluyendo que el problema no reside exclusivamente en los dueños de la tierra, ni en la estructura latifundista, sino en las relaciones económicas internacionales. Esto le lleva a crear un nuevo personaje, *Zé Brasil* (1947), y a empeñarse en una dramática lucha por la industrialización y por la nacionalización del hierro y el petróleo.

Aunque la invención de Jeca Tatú haya servido para una nueva evaluación del nacionalismo alencariano ufanista de fin de siglo, diseñando otra imagen capaz de definir el «tipo brasileño», aún faltarían varias décadas para que apareciese —con *Os parceiros do Rio Bonito* de Antonio Candido— una visión moderna del perfil antropológico del campesino.

Paulo Prado, paulista de la aristocracia rural cafetera, se hizo conocer como mecenas de la Semana del 22. Gracias a él fue posible llevar adelante las actividades de la Semana, en el Teatro Municipal de São Paulo. Su libro *Retrato do Brasil. Ensaio sobre a tristeza brasileira,* de 1928, es considerado «la primera interpretación rigurosamente psicológica de nuestra historia y de nuestro carácter nacional»[9].

Los mismos títulos de los capítulos ya dan idea de los valores atribuidos al carácter brasileño: «La lujuria», «La tristeza», «El romanticismo». En la medida en que casi no hubo inmigración de mujeres blancas en los inicios de la colonización, los cruces interraciales fueron inevitables. Por eso aparece el juicio conservador

---

[8] *Op. cit.,* pág. 212.
[9] Cfr. Dante Moreira Leite, *O carácter nacional brasileiro. História de uma ideologia,* 2.ª ed. revisada, refundida y ampliada, San Pablo, Pioneira, 1969, pág. 262.

y cristiano de la lujuria, del erotismo desenfrenado y degradante. La ideología del enriquecimiento rápido, la extracción de minerales para la metrópolis, en detrimento de una política de colonización, determinó, según Paulo Prado, el rasgo de la «codicia». El cruzamiento de la lujuria, de la codicia y del mal romántico (reducible a la fórmula lirismo + pesimismo) acaban configurando a la «tristeza» como modelo psicológico del brasileño. «En una tierra radiante vive un pueblo triste» es la frase que abre *Retrato do Brasil*. Paulo Prado vislumbra un futuro de gradual blanqueamiento epidérmico como «solución final» de la cuestión del color[10]:

> En su complejidad, el problema estadounidense no tiene solución, dicen los científicos norteamericanos, a no ser que se recurra a la esterilización del negro. En el Brasil, si hay mal, ya está hecho, irremediablemente: esperemos, en la lentitud del proceso cósmico, el desciframiento del enigma con la serenidad de los que hacen experiencias de laboratorio. Bastarán cinco o seis generaciones para que quede concluida la experiencia.

Este texto es considerado como una de las primeras interpretaciones modernas de la cuestión, sin embargo está aún imbuido de profundos prejuicios, pues enfoca la presencia del negro como un mal que el tiempo ha de curar. Al final del fragmento incluido en esta antología se atribuyen al negro las causas de los males sociales del Brasil: «de consecuencias aún incalculables». La mención al «proceso cósmico» quizá sea una velada referencia a la «raza cósmica» de José Vasconcelos, o también a las ideas de Graça Aranha; ambos vislumbraron un *melting pot* de razas como solución ideal a la cuestión de la identidad americana.

A pesar de que *Raízes do Brasil* de Sérgio Buarque de Holanda fue publicado en 1936, hay varios motivos para incluir un fragmento en esta antología. Primero porque su autor participa activamente en el movimiento modernista y está en el centro de los debates entre diversos grupos marcando su presencia en los periódicos de la época. Estando en Río de Janeiro representa a la primera revista de vanguardia, *Klaxon,* y cuando ésta sale de circulación pasa a dirigir, junto con Prudente de Moraes Neto, la importante revista *Estética*. Fue quizá el más erudito de los modernistas. Por otra parte, su primer libro, *Raízes do Brasil,* aunque publicado en 1936, fue concebido hacia finales de los años 20. Según Alexandre Eulálio: «En los años que suceden al regreso de Europa, Sérgio trata de elaborar sus maciza "Teoría de América" que, partiendo de viejas

---

10 *Retrato do Brasil,* pág. 139.

conversaciones con Prudente, fue escribiendo en un gordo cuaderno de Debe-Haber y que desarrollaría en parte en Alemania; de ese cuaderno saldría poco a poco la obra esbelta y provocadora que se llamaría *Raízes do Brasil*»[11].

La tesis del «hombre cordial» desarrollada en el quinto capítulo del libro se convirtió en una de las interpretaciones clásicas del carácter brasileño. En el fragmento que reproducimos, el autor de *Visão do paraíso* atribuye la cordialidad brasileña a su origen rural y patriarcal, y la considera un rasgo anti-urbano y anti-cosmopolita por excelencia. Distingue entre «cordialidad» y «urbanidad». Este último rasgo sería parte de un universo ritualista que no pertenece a las costumbres brasileñas, donde él advierte una «aversión al ritualismo social». El ensayo revela la erudición multidisciplinaria y enciclopédica de un Sérgio Buarque, historiador, lingüista, antropólogo y etnógrafo.

El autor busca ejemplos de cordialidad en el habla popular, en el uso constante del diminutivo, en las formas de tratamiento donde se omiten sistemáticamente los apellidos, prevaleciendo una «forma de convivencia determinada por una ética de fondo emotivo». Lo mismo ocurre con la cotidianidad religiosa del brasileño, con el tratamiento que le da a los santos, y ejemplifica con las fiestas del Señor Buen Jesús de Pirapora, donde «Cristo baja del altar para sambar con el pueblo». Vemos aquí enunciadas formas de carnavalización social, en la misma época en que Bakhtin las pensaba para la literatura. Concebido pocos años después de *Retrato do Brasil* de Paulo Prado, *Raízes do Brasil* muestra un panorama de la cultura brasileña que lo diferencia sobremanera y en todo sentido. La importancia renovadora del pensamiento de Sérgio Buarque de Holanda fue considerada así por Antonio Candido[12]:

> Quizá sea el primer pensador brasileño que abandonó la posición «ilustrada», según la cual cabe a esclarecidos intelectuales, políticos y gobernantes administrar los intereses y orientar al pueblo. Hace medio siglo, en este libro, Sérgio dejó en claro que sólo el mismo pueblo, tomando la iniciativa, podría cuidar de su destino. Lo que hace de él un coherente radical democrático, au-

---

[11] «Sérgio Buarque de Holanda Escritor», en Sérgio Buarque de Holanda, *Raízes do Brasil*, Río de Janeiro, José Olympio, 1986, págs. xxxiii-xxxiv. En *Tentativas de mitologia* (San Pablo, Perspectiva, 1979, págs. 14 y 30) dice en este sentido Buarque de Holanda: «[...] los estudios históricos, desarrollados en parte durante una prolongada estada en Berlín, adonde había traído, fruto de veinte años antes, dos capítulos, casi completos, de mi primer libro» y «Cuando volví al Brasil en 1931 traía un libraco de unas 400 páginas».

[12] «O significado de *Raízes do Brasil*», en Sérgio Buarque de Holanda, *Raízes do Brasil*, Río de Janeiro, José Olympo, 1986, pág. 11.

tor de una contribución que debe ser revisada y desarrollada en el sentido de una política popular, adecuada a las condiciones del Brasil, según principios ideológicos definidos.

A pesar de que, prácticamente, ningún intelectual haya dejado de cuestionar la esencia de la «brasileñidad», fue Mário de Andrade el que se detuvo con mayor ahínco en el problema, dedicando toda su vida a la definición de la identidad del brasileño. La poesía, la obra de ficción, los ensayos, los estudios sobre el folclore y la música, la vasta correspondencia, la actuación en el Departamento de Cultura de São Paulo y otras innumerables tareas que desempeñó, hacen de Mário uno de los intelectuales más dedicados a la historia de la cultura brasileña. Las tensiones entre la práctica social y la producción literaria, entre la vertiente nacional y la cosmopolita, fueron brillantemente estudiadas por Joan Dassin, que lo define así[13]:

> Y aquello que [la vida intelectual de Mário de Andrade] representó, fue, como ya vimos, una serie de oposiciones: contenido experimental *versus* contenido social en el arte; gusto y apoyo aristocrático *versus* la pasión de Mário por el pueblo; necesidad de investigación estética *versus* valores artísticos universales y atemporales; compromiso con esos valores *versus* responsabilidad política; búsqueda de la identidad nacional *versus* incorporación de formas europeas. Si esas oposiciones fueron centrales en la vida intelectual de Mário, ellas también estructuraron el modernismo como un todo.

Macunaíma representa la síntesis de todas esa tensiones y es, sin duda, su obra literaria más importante. Después de escribir la famosa novela en seis días ininterrumpidos, Mário de Andrade hace dos esbozos y algunas anotaciones para un posible prefacio, que terminó incorporando al libro. La costumbre que tenía de tirar los originales del material publicado no impidió que estos esbozos se salvasen[14]. El primer esbozo, «escrito inmediatamente después de terminada la primera versión»[15], en Araraquara, el 19 de diciembre de 1926, tiene elementos que ayudan a delinear al «herói sem nenhum caráter».

Sorprende que en un intento de definición de un héroe brasileño, éste venga desde el inicio con la marca de carencia de defini-

---

13 *Política e poesia em Mário de Andrade,* San Pablo, Duas Cidades, 1978, pág. 83.
14 *1.º Tempo Modernista,* págs. 289-295.
15 Telê Porto Ancona Lopez, *Macunaíma: a margem e o texto,* pág. 87.

ción. La exclamación más utilizada por Macunaíma: «¡Ay, qué pereza!» ya es un indicio de ese carácter «sin carácter». En el artículo «A divina preguiça» —publicado en *A Gazeta de São Paulo,* el 3 de septiembre de 1918— Mário de Andrade hace una apología de la pereza, mostrando cómo «en Grecia y en Roma [...] fue apreciada y casi divinizada», cómo «el cristianismo [...] hace de la pereza un pecado» y cómo «para nuestros indígenas, las almas liberadas de su envoltura carnal irían también a reposar, del otro lado de los Andes, en un ocio gigantesco»[16]. Años más tarde, el ideario antropofágico haría del ocio uno de sus baluartes ideológicos.

A pesar de que en el segundo esbozo Mário de Andrade afirme que «me repugnaría que se viese en Macunaíma una intención mía de hacer de él el héroe nacional», actualmente, *malgré lui, Macunaíma* adquirió prácticamente tal estatus. En el prefacio, el autor defiende la tesis de la ausencia de carácter contraponiendo el Brasil a otras civilizaciones. Y una de las definiciones más importantes aparece al final, cuando el poeta revela una clara intención de no transformar al héroe y su *locus* en portavoces de un regionalismo previsible, sino por el contrario:

> Uno de mis intereses fue faltarle el respeto legendariamente a la geografía, y a la fauna y flora geográficas. Así desrregionalizaba, en lo posible, la creación y al mismo tiempo conseguía el mérito de concebir literariamente al Brasil como entidad homogénea, un concepto étnico nacional y geográfico.

De tal modo, es posible hablar de Macunaíma no sólo como héroe brasileño sino también como latinoamericano[17]. La novela difícilmente habría sido concebida en esos moldes si el autor no hubiese pasado por la enriquecedora lectura de las vanguardias europeas. «El mismo héroe del libro lo tomé del alemán de Koch-Grünberg, no puede decirse que es del Brasil», confiesa Mário de Andrade en el segundo esbozo inédito. De esa manera, lo regional que Mário tanto había combatido acaba «desrregionalizándose» para dar lugar a lo nacional y a lo internacional: «Una colaboración puntual de lo nacional y lo internacional donde la fatalidad de aquél se condimenta con una elección discrecional y a propósito de éste», confirma en una de sus últimas anotaciones para el posible prefacio.

En resumen, existe por un lado la visión negativista del Jeca

---

[16] *1.º Tempo Modernista,* págs. 181-182.
[17] Raúl Antelo, «Macunaíma: apropriação e originalidade», en *Mário de Andrade, Macunaíma,* París/Brasilia, Archives/CNPq, 1988.

Tatú de Lobato (aunque la posición del autor hubiera sido revisada) y de la tristeza innata del brasileño en la definición de Paulo Prado. Por el otro lado, contrapuestas a estas visiones pesimistas, existen la tesis del «hombre cordial» de Sérgio Buarque de Holanda y la espectacular «ausencia de carácter» del héroe selváticourbano de Mário de Andrade. Indudablemente, esta última es la más creativa de las respuestas. El *homo antropofagus* de Oswald de Andrade, una de las formulaciones más importantes en la cuestión de la identidad nacional, está expuesta en otra sección de esta antología.

URUPÉS*

MONTEIRO LOBATO

[...]

No murió todavía. Evolucionó. El indianismo está de nuevo echando fronda, aunque con nombre cambiado. Bautizósele de «cobrismo». La vincha de plumas de guacamayo pasó a ser sombrero de paja requintado, en la cabeza; el tabuco tornóse rancho de sapé; el *tacapé* crió filo, crió gatillo, echó oído y es hoy fusil de chispa; el *boré* decayó lamentablemente en pito de llamado para las aves; la *tanga* ascendió a camiseta abierta en el pecho. Pero el substrato psíquico no cambió: orgullo indomable, independencia, hidalguía, bravura, virilidad heroica, todo el relleno, en suma, sin faltar una aceituna, de los Perís y Ubirajaras. Este setembrino retoñar de un arte muerto no se desgranó aún de todos sus frutos. Tendrá su «I-Juca-Pyrama», su «Canto do Piaga»[1] y quizá ofrezca tema para ópera heroica. Completo el ciclo vendrán a destrozar el invierno en flor de la ilusión indianista los prosaicos demoledores de ídolos, gente mala y desprovista de poesía. Los malvados irán a rascar los iconos con la cureta de la ciencia. ¡Y qué feas se han de entrever las campesinitas color de jambo, de Fagundes Varela! ¡Y qué chambones y estúpidos los Perís de pantalones, camisa y cuchillo al cinto!

Eso para el futuro. Hoy todavía existe el peligro de agitar el avispero. El cobrizo es el ¡ay, Jesús! nacional. Hay que ver el orgulloso empaque con que respetables figurones se golpean el pecho exclamando con altivez: ¡Soy de raza cobriza!

---

* Buenos Aires, Agencia General de Librería y Publicaciones, 1921. Traducción de Benjamín de Garay.
[1] Poemas del popular poeta brasileño Gonçalves Dias. [*N. T.*]

Años atrás, de lo que se enorgullecían era de una ascendencia de taparrabos repleta de plumas de tucán y dramas íntimos trabados a flechazos de curare. Día vendrá en que los veremos, marchitos en su orgullo, denunciando su verdadero abuelo, uno de los cuatrocientos de Gedeón, traídos por Thomé de Souza[2] en un «Satellite»[3] de aquellos tiempos, nuestro muy noble y fecundo *Mayflower*[4].

Porque la verdad desnuda impone decir que entre las razas de variado matiz formadoras de nuestra nacionalidad, y metidas entre el extranjero voraz que todo lo invade y el aborigen de tablillas en los morros, una existe que vegeta en cuclillas, incapaz de evolución, impenetrable al progreso.

Fea y perezosa, nada la pone de pie.

Cuando Pedro I lanzó a los ecos su grito histórico, y el país despertó atolondrado de la crisis de un cambio de dueño, el cobrizo se levantó, espió y se acuclilló de nuevo. Allá por el 13 de mayo[5] apenas revoloteó el florido decreto de la Princesa, el negro famélico y exhausto abandonó con un ¡uff! la azada. El cobrizo en cambio miró, meneó la cabeza, caviló y dejó que del viejo mundo viniese quien de nuevo diera con él.

El 15 de noviembre[6] se substituye un trono vitalicio por el sillón cuatrienal. El país se estremece ante el cambio inesperado. Pero el cobrizo, maldito si se interesó en ello.

Viene Floriano, estallan las granadas de Custodio, Gumersindo golpea a las puertas de Roma, Hermes convulsiona al país durante cuatro años. El cobrizo continúa en cuclillas, amodorrado.

Nada le despierta. Ningún aguijón lo pone de pie. Social como individualmente su actitud es esa. Para todos los actos de su vida, Jeca Tatú antes de obrar se pone en cuclillas.

Jeca Tatú es un pescador de Paraíba, maravilloso epítome de carne donde se resumen todas las características de la raza. Helo allí que viene a hablar al hacendado, en cuyas tierras vive aparasitado. Su primer movimiento, después de sujetar entre sus labios la chala del cigarrillo, sacar el pedazo de cuerda del tabaco y disparar un salivazo por el colmillo, es sentarse diestramente sobre los talones. Sólo entonces es cuando se le destraba la lengua y la inteligencia.

---

[2] Thomé de Souza vino al Brasil con 400 hampones portugueses. *[N. T.]*

[3] Barco que durante la presidencia de Hermes da Fonseca transportó desterrados para el territorio de Acre. *[N. T.]*

[4] Mayflower: nombre del barco que trajo, en 1620, al primer grupo de inmigrantes ingleses a los Estados Unidos.

[5] 13/5/1988, fecha de la abolición de la esclavitud en el Brasil, decretado por la princesa Isabel, de la familia Bragança.

[6] 15/11/1889, fecha de la proclamación de la República del Brasil, por el Mariscal Manuel Deodoro da Fonseca.

—No ve que...[7].

De pie, o sentado, las ideas se le confunden, la lengua se le anuda y no ha de decir nada conexo.

Por la noche, en su choza de paja, se acuclilla frente al fogón para «calentarlo», imitado por su mujer y su prole. Para comer, comerciar una bicoca, ingerir el café y tostar sobre las brasas un palo para hacer un cabo, hacerlo en otra posición sería un desastre seguro. En los mercados, a donde lleva la mercancía dominguera, es en cuclillas, cual un fakir de Bhramaputra, como vigila los cacharros de coco o el haz de palmito.

¡Pobre Jeca Tatú! ¡Qué bonito eres en la novela y qué feo en la realidad!

Jeca comerciante, Jeca labriego, Jeca filósofo...

Cuando se aparece en las ferias, todo el mundo adivina al instante lo que trae: siempre cosas que la naturaleza derrama por los montes y al hombre sólo le cuesta el trabajo de alargar el brazo y cogerlas: frutas selváticas o artefactos de tacuara o utensilios de madera fácil de labrar. Nada más.

Su gran preocupación es sacar todas las consecuencias de la ley del menor esfuerzo, y en esto va lejos. Comienza la aplicación de la ley en la vivienda. Su casa de paja y barro hace reír a los bichos que viven en cuevas y carcajear al hornero.

Moblaje, ninguno. La cama es una carcomida estera de paja, tirada sobre el suelo apisonado. A veces se da el lujo de un banquillo de tres patas, para los huéspedes. Tres patas dan equilibrio; inútil por lo tanto, la tarea de colocar una cuarta, lo que le obligaría a nivelar el pavimento.

¿Para qué asientos, si la naturaleza le dotó de sólidos talones?

[...]

Y ¿en el Arte? Nada.

El arte rústico del campesino europeo es rico al punto de constituir una preciosa fuente de sugestiones a los artistas de escuela. En ningún país el pueblo vive sin recurrir a él para un ingenuo embelesamiento de la vida. No se hable del campesino italiano o teutón, frutos de corrientes delicadas, propicios a todas las floraciones estéticas. Pero sí del ruso, del hirsuto mujik, medio atascado en la barbarie crasa. Los trajes nacionales de Ucrania en los cuales el color vivo y el serpenteado de ornamentación indican la ingenuidad del ser primitivo, y las *isbas* de Lituania, su cerámica, sus bordados, sus muebles, sus utensilios de

---

[7] Los lugareños tienen la costumbre de responder a las preguntas anteponiendo a las respuestas la frase: no ve que. [*N. T.*]

cocina, revelan en el más rudo de los campesinos, el sentimiento nativo del arte.

En el Samoyeda, en el piel roja, en el abisinio, en el papúa, un arabesco ingenuo acostumbra a adornarles las armas como les adornan la vida las canciones llenas de ritmos sugestivos. Que nada es eso, sabido como es, que el hombre prehistórico, compañero del oso en las cavernas, esculpía perfiles de mamuts en los cuernos de los ciervos.

Vuelvo a la regla. Jeca no denuncia el más remoto trazo de un sentimiento nacido con el troglodita.

Escudriñados en su casucha: ¿qué es lo que denota allí la existencia del más vago sentimiento estético? Una empuñadura de plomo en el cabo del rebenque y unos zig-zags trazados con navaja. Es todo.

A veces, en una familia, surge un genio musical cuya fama revolotea por los contornos. Helo con la guitarra: se concentra, tose, lanza un salivazo, hiere cuerdas y «tiempla». Y queda en eso, en la afinación.

Dirán: ¿la modiña?[8].

La «modinha», como las demás manifestaciones del arte popular existente en el país, es obra exclusiva del mulato, en cuyas venas la sangre reciente del europeo, rica de atavismos estéticos, burbujea mezclada con la sangre salvaje, alegre y sana del negro.

El cobrizo es lúgubre. No canta sino oraciones tristes. No danza sino el *batuque* monótono. No esculpe el cabo de su daga como el kabila. No compone su canción como el iellah de Egipto. Triste como el urutaú, ni siquiera silba.

En medio de la naturaleza brasileña, tan rica de formas y colores, donde los *ipés* floridos vuelcan hechizos en el ambiente, y el deshojar de los cedros a las primeras lluvias de setiembre abre la danza de los *tangarás*[9], donde hay abejas de sol, esmeraldas vivas, cigarras, zorzales, luz, color, perfume, vida dionisíaca en cataratas permanentes, el cobrizo es el sombrío «urupé» de los palos carcomidos, amodorrado silenciosamente en la soledad de los socavones de las barracas.

Solo él no habla, no canta, no ríe, no ama.

Solo él, en medio de tanta vida, no vive.

---

[8] Canción típica de la campaña brasileña. [N. T.]
[9] Pintoresco pajarillo que danza. [N. T.].

EL REINO DEL MESTIZAJE*

Paulo Prado

[...]

Al finalizar el siglo XVIII y en los primeros años del siglo siguiente, ya habíamos arribado a uno de los puntos culminantes de nuestro desarrollo histórico. El país iba a separarse de la madre patria. Aún no estaba formada la nación; sólo la sociedad, como simple aglomeración de moléculas humanas. Entretanto comenzaba a afirmarse la conciencia geográfica que fijaba y delimitaba el territorio. Examinemos las condiciones en que se iba a constituir la trama social determinando el crecimiento, los movimientos y el agrupamiento de la población.

Por esa época, en los centros marítimos de Pernambuco hacia el norte, diversos tipos étnicos contribuyeron a la formación continua del brasileño que surgiría, hacia 1817, en las luchas de la emancipación política. Estaban los europeos, los blancos nacidos en el Brasil, los mulatos de todos los matices, los mamelucos cruza de blanco e indio en todas sus variedades, los indios domesticados que eran los caboclos del norte, los indios aún salvajes que eran los tapuias, los criollos de la colonia, los africanos libertos o esclavos y, finalmente, los mestizos, clase innumerable que mediaba entre los indios y los negros. Por la amalgama de todos esos colores y caracteres se establecía en la evolución de la raza el reino del mestizaje.

Los blancos nacidos en el Brasil provenían de las antiguas familias de la aristocracia rural; algunos se consideraban descendientes de los primitivos encomenderos, se sentían muy orgullosos de su ascendencia y ostentaban con cierta ridiculez su propia importancia. Eran los propietarios de los grandes ingenios donde la vida transcurría quieta e indolente. Hecho común era la bastardía que la esclavitud propiciaba; para corregirla, funcionaba con frecuencia el asilo de los expósitos que inspiraban a la población un cariño casi supersticioso.

El mulato despreciaba al mameluco; pretendía pertenecer a la clase de los blancos y se vanagloriaba de no tener parientes indios. Sentía su inferioridad respecto del blanco, pues éste era superior en riqueza: podía humillarse ante otros mulatos más ricos o de mejor condición social. Le estaba permitido entrar en las órdenes sacras y ser magistrado; le bastaba un certificado de sangre limpia, aunque su apariencia desmintiese lo certificado. Koster —de quien extraemos estos datos— cuenta el caso de un negro que contestó a su pregunta sobre si cierto

---

* Publicado en Paulo Prado, *Retrato do Brasil,* págs. 113-117.

capitán era mulato; «Era, pero ya no lo es» y agregó su filosofía de negro viejo, «¿Acaso un capitán mayor puede ser mulato?»[1]. Los regimientos de milicias llamados regimientos de mulatos tenían oficiales y plazas de todos los matices, sólo se rechazaba el alistamiento de los blancos. El coronel de uno de esos regimientos de Recife fue a Lisboa y volvió de allá con la orden de Cristo. No eran raros los casamientos entre blancos y mulatos, sobre todo entre europeos y mujeres de color que tenían alguna dote. Koster agrega, con malicia, que los brasileños ricos o de alta alcurnia, rechazaban generalmente esas alianzas cuando la sangre mestiza era muy evidente. Los mamelucos sólo estaban en el sertón pernambucano. Eran más bellos que los mulatos, sobre todo las mujeres. En su independencia de carácter, en su repugnancia por la adulación al blanco, demostraban la nobleza de su ascendencia libre de los dos lados. El indio domesticado, en general, era el sertanejo, con sus virtudes conocidas, valiente, sincero, generoso, hospitalario, el tipo clásico de la *caatinga*[2] del Nordeste. El indio salvaje aparecía lejos del litoral, en las cercanías del Maranhão. El resto estaba constituido por el negro africano o criollo. Proliferando en todas las variedades de cruzamiento, sólo el negro puro, liberto, tenía el humilde orgullo de su raza: «negro, sí, pero derecho» decían. Los criollos tenían sus regimientos exclusivos, donde oficiales y soldados eran todos negros. Eran los Henriques, conservando en el nombre la tradición de Henrique Dias, de la época de la invasión flamenca. El negro cautivo era la base de nuestro sistema económico, agrícola e industrial y como en replesalia por los horrores de la esclavitud, perturbó y envenenó la formación de la nacionalidad, no tanto por la mezcla de su sangre sino por el relajamiento de las costumbres y por la disolución del carácter social, los dos de consecuencias aún incalculables.
[...]

EL HOMBRE CORDIAL*

SÉRGIO BUARQUE DE HOLANDA

[...]
Se ha dicho, en una expresión feliz, que la contribución brasileña a la civilización será la cordialidad; le daremos al mundo el «hombre cordial»[1]. La llaneza en el trato, la hospitalidad, la generosidad, virtu-

---

[1] Henry Koster, *Travels in Brasil,* 1816 [N. A.]
[2] caatinga: vegetación típica del nordeste brasileño.
* Publicado en Sérgio Buarque de Holanda, *Raízes do Brasil,* págs. 106-110.
[1] La expresión pertenece al escritor Ribeiro Couto, en una carta dirigida a Alfonso

des tan elogiadas por los extranjeros que nos visitan, representan, en efecto, un rasgo definitivo del carácter brasileño, por lo menos en la medida en que permanece activa y fecunda la influencia ancestral de los patrones de convivencia humana provenientes del medio rural y patriarcal. Sería engañoso suponer que esas virtudes puedan significar «buenas maneras», civilidad. Ante todo son expresiones legítimas de un fondo emotivo muy rico y desbordante. La civilidad tiene algo de coercitivo; puede expresarse en ordenanzas y sentencias. Entre los japoneses, donde, es sabido, el respeto envuelve los aspectos más comunes de la convivencia social, llega a confundirse a veces con la reverencia religiosa. Ya fue advertido por alguien este hecho significativo de que las formas externas de veneración a la divinidad, en el ceremonial sintoísta, no difieren esencialmente de los usos sociales en las demostraciones de respeto.

Ningún pueblo está más distante de esa noción ritualista de la vida que el brasileño. Nuestra forma común de convivencia social, en el fondo, es justamente lo contrario del respeto. Puede engañar en la apariencia, y eso se explica por el hecho de que la actitud respetuosa consiste precisamente en una especie de mímica deliberada de manifestaciones que son espontáneas en el «hombre cordial»: es la forma natural y viva que se convirtió en fórmula. Además, de alguna manera,

---

Reyes, que fue transcripta por éste en su publicación *Monterrey*. No parecería necesario reiterar lo que está implícito en el texto, es decir, que la palabra «cordial» debe tomarse, en este caso, en su sentido exacto y estrictamente etimológico, si no hubiese sido inversamente interpretada en una obra reciente del señor Cassiano Ricardo, donde se habla del *hombre cordial* de los aperitivos y de los «cordiales saludos», «que son cierre de cartas tanto amables como agresivas» y se antepone a la cordialidad así entendida el «capital sentimiento» de los brasileños, que será la bondad y hasta cierto punto, cierta «técnica de la bondad», «una bondad más envolvente, más política, más asimiladora».

Hecha tal aclaración y para señalar mejor la diferencia, realmente fundamental, entre las ideas sostenidas en la referida obra y las sugestiones que propone el presente trabajo, cabe decir que, en la expresión «cordialidad» se eliminan aquí, deliberadamente, los juicios éticos y las intenciones apologéticas a que parece inclinarse el señor Cassiano Ricardo, cuando prefiere hablar de «bondad» o de «hombre bueno». Cabe aún agregar que esta cordialidad, por un lado, es extraña a todo formalismo y convencionalismo social, por el otro, no abarca sólo y obligadamente sentimientos positivos y de *concordia*. La enemistad puede ser tan *cordial* como la amistad, puesto que una y otra nacen del *corazón*, proceden de la esfera de lo íntimo, de lo familiar, de lo privado. Para recurrir al *término* consagrado por la moderna sociología, pertenecen al dominio de los «grupos primarios», cuya unidad, según observa el mismo creador del concepto «no es solamente de armonía y amor». La amistad, cuando abandona el ámbito circunscripto por los sentimientos privados o íntimos, pasa a ser, a lo sumo, benevolencia, puesto que la imprecisión del vocablo admite una mayor extensión del concepto. Así como la enemistad, cuando es pública o política, y nada *cordial*, será llamada con más precisión hostilidad. Carl Schmitt formuló de modo claro la distinción entre enemistad y hostilidad, recurriendo al léxico latino: *«Hostis is est cum quo publice bellum habemus (...) in quo ab inimico differt, qui est is, quocum habemus privato odia...»* Carl Schmitt, *Der Begriff des Politischen*, Hamburgo (1933), pág. 11, nota. [*N. A.*]

el respeto es una organización de defensa ante la sociedad. Se detiene en la parte exterior, epidérmica del individuo, pudiendo incluso servir, cuando es necesario, de pieza de resistencia. Equivale a un disfraz que permitirá a cada uno preservar intactas su sensibilidad y sus emociones.

Por medio de semejante patronización de las formas externas de la cordialidad, que no necesitan ser legítimas para manifestarse, se muestra un decisivo triunfo del espíritu sobre la vida. Armado con semejante máscara, el individuo consigue mantener su supremacía ante lo social. Efectivamente, la cortesía implica una presencia continua y soberana del individuo.

En el «hombre cordial», la vida en sociedad, en cierto modo, es una verdadera liberación del miedo de sentirse vivir consigo mismo, de apoyarse sobre sí mismo en todas las circunstancias de la existencia. Su expansión hacia los otros reduce al individuo cada vez más a la parcela social, periférica, que en el brasileño —como buen americano— tiende a ser la que más importa. Es un vivir en los otros. Fue a ese tipo humano al que se dirigió Nietzsche cuando dijo: «El mal amor hacia ustedes mismos les convierte el aislamiento en un cautiverio»[2].

Nada más significativo de tal aversión al ritualismo social que, a veces, exige una personalidad fuertemente homogénea y equilibrada en todas sus partes, que la dificultad en que se sienten generalmente los brasileños cuando deben hacer una reverencia prolongada ante un superior. Nuestro temperamento admite fórmulas de reverencia y hasta de buen grado, pero sólo cuando no suprimen del todo la posibilidad de la convivencia más familiar. La manifestación normal de respeto en otros pueblos tiene aquí su réplica, por lo general, en el deseo de establecer intimidad. Y esto es tanto más específico, cuando se conoce el apego frecuente de los portugueses, tan cercanos a nosotros en tantos aspectos, por los títulos y señales de reverencia.

En el dominio de la lingüística, para citar un ejemplo, ese modo de ser parece reflejarse en nuestra exagerada tendencia a los diminutivos. La terminación «inho»[3] pospuesta a las palabras, sirve para familiarizarnos más con las personas y los objetos y, al mismo tiempo, para darles relevancia. Es la manera de hacerlos más accesibles a los sentidos y también de aproximarlos al corazón. Conocemos la frecuencia con que los portugueses bromean por los abusos de este apego nuestro por los diminutivos, abusos tan ridículos para ellos cuanto lo es para nosotros, muchas veces, el sentimentalismo lusitano, lacrimoso y amargo[4]. Un

---

[2] Friedrich Nietzsche, *Werke,* Alfred Kröner Verlag, IV (Leipzig, s. d.), página 65). [*N. A.*]

[3] Pronunciación «iño»; diminutivo equivalente al castellano «ito». [*N. T.*]

[4] Igual apego a los diminutivos fue observado por folcloristas, gramáticos y dialec-

estudio atento de nuestras formas sintácticas, traería, sin duda, revelaciones preciosas al respecto.

Al mismo orden de manifestaciones pertenece, por cierto, la tendencia a omitir el apellido en el tratamiento social. Regularmente prevalece el nombre personal, de bautismo. Esta tendencia que entre los portugueses resulta de una tradición muy enraizada —como se sabe, los apellidos sólo comienzan a predominar en la Europa cristiana y medieval a partir del siglo XII— se acentuó extrañamente entre nosotros. Quizá fuera plausible relacionar tal hecho a la sugestión de que el uso del nombre simple importa abolir psicológicamente las barreras determinadas por la existencia de familias diferentes e independientes unas de otras. Corresponde a la actitud natural de los grupos humanos que, aceptando de buen grado una disciplina de la simpatía, de la «concordia», rechazan el raciocinio abstracto que no tiene como fundamento, para emplear la terminología de Tönnies, las comunidades de sangre, de lugar o de espíritu[5].

El desconocimiento de las formas de convivencia que no sean dictadas por una ética de fondo emotivo representa un aspecto de la vida brasileña que pocos extranjeros llegan a penetrar con facilidad. Y es tan característica entre nosotros esa manera de ser que no desaparece ni siquiera en los tipos de actividad que deben sustentarse normalmente en el trato con ellos. Un negociante de Filadelfia, en cierta ocasión le

---

tólogos en países de lengua española, especialmente en América, pero también en varias regiones de España (Andalucía, Salmanca, Aragón...). Con razón anota Amado Alonso que la abundancia de testimonios semejantes y relativos a zonas distintas, perjudica el intento de interpretar al abuso de diminutivos como particularismo de cada una. Sin embargo, hay que admitir que ese abuso es un *rasgo regional,* propio de la lengua de las regiones en cuanto opuesta a la lengua general. Y como la oposición es mayor en el campo que en las urbes, el diminutivo representaría, sobre todo, un rasgo del habla rural. Dice Alonso: «La profusión de estas formas denuncia un carácter cultural, una forma socialmente plasmada de comportamiento en las relaciones coloquiales, que es la reiterada manifestación del tono amistoso en quien habla y petición de reciprocidad. Los ambientes rurales y dialectales que crearon y cultivan estas maneras sociales acostumbran ser contrarios a los tipos de relaciones interpersonales más disciplinadas de las ciudades o de las clases sociales cultas, porque los juzgan más convencionales y más faltos de sinceridad e inexpresivos que los suyos.» Cfr. Amado Alonso, «Noción, Emoción, Acción y Fantasía en los Diminutivos», *Volkstum der Romanen,* VIII, 1.º (Hamburgo, 1935), págs. 117-118. En el Brasil, donde ese rasgo persiste, incluso en los medios más fuertemente alcanzados por la urbanización progresiva, su presencia quizá denota una nostalgia y un *survival,* entre tantos otros, de los estilos de convivencia humana plasmados por el ambiente rural y patriarcal, cuya marca todavía no pudo ser borrada por el cosmopolitismo de nuestros días. Se puede decir que es un rasgo nítido de la actitud «cordial», indiferente o, de algún modo, opuesta a las reglas llamadas, y no por azar, civilizadas y urbanizadas. Una tentativa de estudio de la influencia ejercida sobre nuestras formas sintácticas por motivos psicológicos semejantes, se encuentra en João Ribeiro, *Língua Nacional* (San Pablo, 1933), pág. 11. *[N. A.]*

[5] O sea, las categorías: 1) de parentesco; 2) de vecindad; 3) de amistad.

manifestó a André Siegfried su asombro al comprobar que, tanto en el Brasil como en la Argentina, para conquistar un cliente debía hacerse amigo de él[6].

Nuestro viejo catolicismo, tan característico, que permite tratar a los santos con una intimidad casi irrespetuosa y que debe parecer extraño a las almas verdaderamente religiosas, proviene de los mismos motivos. La popularidad entre nosotros de una Santa Teresa de Lisieux —Santa Teresinha— resulta, en gran medida, del carácter intimista que puede adquirir su culto, culto amable y casi fraterno, que se acomoda mal con las ceremonias y suprime las distancias. Lo que también ocurre con nuestro niño Jesús, compañero de juego de los chicos y que hace pensar menos en el Jesús de los evangelios canónicos que en el de ciertos apócrifos, principalmente las diversas redacciones del Evangelio de la Infancia. Los que asistieron a las fiestas del Señor Buen Jesús de Pirapora, en São Paulo, conocen la historia del Cristo que desciende del altar para sambar con el pueblo.

[...]

PREFACIO PARA MACUNAÍMA*

MÁRIO DE ANDRADE

Este libro necesita algunas explicaciones para no engañar a la gente.

Macunaíma no es un símbolo ni deben tomarse sus casos por enigmas o fábulas. Es un libro de vacaciones, escrito entre mangos, ananás y cigarras en Araraquara[1]; un juego. Entre alusiones sin maldad ni continuación, descansé el espíritu en esa selva de la fantasía donde uno no escucha las prohibiciones, los temores, los miedos de la ciencia o de la realidad: silbatos de policías, ejes sin engrasar. Sin embargo, creo que, como todos los otros, mi juguete fue útil. Me divertí mostrando tesoros en los que, tal vez, nadie piensa.

Lo que me interesó en *Macunaíma* fue absolutamente la preocupación que tengo de trabajar y descubrir, en lo que más pueda, la entidad nacional de los brasileños. Después de pelear mucho llegué a una conclusión que me parece cierta: el brasileño no tiene carácter. Puede ser que alguien haya hablado de eso antes que yo, sin embargo, mi con-

[6] André Siegfried, *Amérique Latine* (París, 1934), pág. 148. *[N. A.]*

* Araraquara, 19/12/1926. Publicado en Marta Rossetti Batista, Telê Porto Ancona Lopez e Yone Soares de Lima, *Brasil: 1.º Tempo Modernista*, págs. 289-301.

[1] Araraquara: ciudad del interior del estado de San Pablo, donde Mário de Andrade redactó *Macunaíma*.

clusión fue una novedad para mí porque la sacaba de mi experiencia personal. Y con la palabra carácter no determino sólo una realidad moral, sino que la entiendo como entidad psíquica permanente, que se manifiesta en todo, en las costumbres, en la acción externa del sentimiento, en la lengua, en la Historia, en el andar, tanto para el bien como para el mal.

El brasileño no tiene carácter porque no tiene civilización propia ni conciencia tradicional. Los franceses tienen carácter, también los yorubas y los mexicanos. Sea por la civilización propia, peligro eminente, o porque la conciencia de siglos los haya auxiliado, lo cierto es que esos tienen carácter. El brasileño (no). Es como un muchacho de veinte años: más o menos se le pueden advertir tendencias generales, pero todavía no es el momento de afirmar ninguna cosa. De tal falta de carácter psicológico creo, con optimismo, que deriva nuestra falta de carácter moral. De ahí nuestras raterías inexpertas (la honradez elástica, la elasticidad de nuestra honradez), el desprecio por la cultura verdadera, la improvisación, la falta de sentido étnico en las familias. Y sobre todo, una existencia (improvisada) en el expediente (?), mientras la ilusión imaginativa al estilo Colón sobre la proa busca con mirada elocuente en la tierra Eldorado que no puede existir, entre telones de fondo y climas buenos y malos por igual, dificultades grandes que sólo la franqueza de aceptar la realidad podría atravesar. Es feo.

Pues, cuando pensaba en estas cosas topé con Macunaíma en el alemán de Koch-Grünberg[2]. Y Macunaíma es un héroe sorprendentemente sin carácter. (Me advertí.) Viví de cerca el ciclo de sus hazañas. Eran pocas. Aún por encima la historia de la muchacha alcanzó para injertar otro libro más sufrido. Tiempo de María... Entonces se apareció la idea de aprovecharla para una novelita, más otras leyendas, casos, juegos, costumbres brasileños o enraizados en el Brasil. Gasté muy poca imaginación en este poema fácil de escribir.

En cuanto al estilo, usé ese habla simple, tan sonorizada, verdadera música a causa de las repeticiones, que es usual en los libros religiosos y los cantos cristalizados en los rapsodas populares. Lo hice para apartar de mi camino a esa gente que compra libros pornográficos por causa de la pornografía. Ahora, si es cierto que mi libro tiene, además, sensualidad con olor a pornografía e incluso coprolalia, no habrá quien refute el valor calmante de bromuro de tal estilo.

---

[2] Theodor Koch Grünberg (1872-1924). Director del Linden Museum de Stuttgart. Profesor universitario, etnógrafo e investigador, viajó y observó gran parte de la región del Amazonas, el Río Negro y afluyentes, dejando valiosa documentación sobre la vida indígena. *Von Roraima Zum Orinoco (viaje al norte de Brasil y Venezuela)*, 2 vols., Berlín, 1916-1917. El dios Makunaíma, en el cual Mário de Andrade encuentra inspiración, se encuentra en el segundo tomo de esta obra.

No podía sacar la documentación obscena de las leyendas. Una cosa que no me sorprende pero activa mis pensamientos es que, en general, esas literaturas rapsódicas y religiosas, frecuentemente son pornográficas y en general, sensuales. No es necesario poner ejemplos. Además, una pornografía desorganizada es también una cotidianidad nacional. Paulo Prado, espíritu sutil a quien dedico este libro, va a destacar esto en una obra de la que me apovecho anticipadamente.

Y póngase atención en que hablé de «pornografía organizada». Porque los alemanes científicos, los franceses de sociedad, los griegos filosóficos, los indianos especialistas, los turcos poéticos, etc., existieron y existen, lo sabemos. La pornografía entre ellos tiene carácter étnico. Y se dice que tres brasileños juntos, es seguro que están hablando de porquerías... De hecho. Mi interés por Macunaíma sería preconcebido hipócritamente si yo podase del libro lo que abunda en nuestras leyendas indígenas (Barbosa Rodrigues, Capistrano de Abreu, Koch-Grünberg) y le diese a mi héroe amores católicos y discreciones sociales que no le serían propias.

Si sumamos a eso mi preocupación brasileña profundamente pura, tenemos *Macunaíma,* mi libro.

En cuanto a algún escándalo posible que mi trabajo pueda causar, sin sacudirme el polvo de las sandalias, pues no uso ese tipo de sandalias, siempre tuve una paciencia (mucha) piadosa por la imbecilidad, para que el tiempo de mi cuerpo no cadenciara mis días de luchas con noches llenas de calma (para que en el tiempo de mi cuerpo no viniese a cadenciar mis días de lucha las noches llenas de calma).

Araraquara, 19 de diciembre de 1926.

*

...para que no viniesen a cadenciar mis luchas, unas noches bien dormidas (unas noches dormidas en calma).

(Por fin, este libro no pasa de ser una antología del folclore brasileño.)

(Uno de mis intereses fue faltarle el respeto legendariamente a la geografía y a la fauna y a la flora geográficas. Así desrregionalizaba, en lo posible, la creación y al mismo tiempo conseguía el mérito de concebir literariamente al Brasil como entidad homogénea, en un concepto étnico nacional y geográfico.)

(Decir también que no estoy convencido de que por haber usado simplemente elementos nacionales, haya hecho una obra brasileña. No sé si soy brasileño. Es una cosa que me preocupa y en la que trabajo, pero no tengo la convicción de haber dado un paso grande hacia adelante. No.)

Indigenismo

INDIGENISMO: José Carlos Mariátegui, «Nativismo e indigenismo en la literatura americana» (1927).

Así como el negrismo es una manifestación literaria marcada por las preocupaciones sociales, la literatura indigenista no puede ser leída sin tomar en cuenta el referente racial, la serie histórica y el carácter tradicionalmente reivindicatorio o de denuncia del texto. El indigenismo siempre fue motivo de polémica. El crítico Ángel Rama distingue cuatro momentos en la literatura indigenista de América[1]:

> El indio aparecía por cuarta vez en la historia de la América conquistada como pieza maestra de una reclamación: había sido primero la literatura misionera de la conquista; luego la literatura crítica de la burguesía mercantil en el periodo precursor y revolucionario que manejó como instrumento el estilo neoclásico; por tercera vez en el periodo romántico como expresión de la larga lamentación con que se acompañó su destrucción, retraduciendo, ahora para la sociedad blanca, su autoctonismo; por cuarta vez, en pleno siglo XX, bajo la forma de una demanda que presentaba un nuevo sector social, procedente de los bajos estratos de la clase media, blanca o mestiza. Inútil subrayar que en ninguna de esas oportunidades habló el indio, sino que hablaron en su nombre.

El indigenismo nace en la época de la Conquista y de la colonización, cuando la población aborigen comienza a explotarse como

---

[1] *Transculturación narrativa en América Latina,* México, Siglo XXI, 1982, pág. 139.

mano de obra esclava. Queda como testimonio de este periodo inicial la vehemente defensa de los indios emprendida por el padre Bartolomé de las Casas, en su antológico debate con Juan Ginés de Sepúlveda. La vindicación de la cuestión indígena, la mayor parte de las veces, contó con el paternalismo de los blancos, que siempre hablaron por los indios. Sin embargo hay algunas excepciones, unos pocos casos de descendientes de indios que pudieron relatar y recuperar la historia de sus pueblos. Es el caso del inca Garcilaso de la Vega, primer mestizo de América que se empeño en registrar su herencia cultural. Sus *Comentarios reales* (1613) constituyen uno de los relatos más importantes para la preservación de la memoria incaica. También está el caso de la *Nueva corónica* (1615), texto acompañado de una extraordinaria iconografía, escrito e ilustrado por Guaman Poma de Ayala. Pero es en el siglo XIX, con el ascenso de la burguesía y el desarrollo del género novelesco, que comienzan a aparecer con mayor frecuencia textos indigenistas, caracterizados por la denuncia y por la defensa de una clase social. Además, no hay, prácticamente, crítico contemporáneo del indigenismo que no se haya servido de la lúcida distinción establecida por José Carlos Mariátegui, entre literatura *indigenista* y literatura *indígena*[2]:

> La literatura indigenista no puede darnos una versión rigurosamente verista del indio. Tiene que idealizarlo y estilizarlo. Tampoco puede darnos su propia ánima. Es todavía una literatura de mestizos. Por eso se llama indigenista y no indígena. Una literatura indígena, si debe venir, vendrá a su tiempo. Cuando los propios indios estén en grado de producirla.

Aves sin nido (1889) de la peruana Clorinda Matto de Turner (1854-1909) es considerada tradicionalmente la primera novela indigenista. Pero el estudio de Efraín Kristal, *The Andes viewed from the city*[3] demuestra que los primeros textos políticos y literarios sobre la cuestión indígena en el Perú comienzan a surgir a mediados del siglo XIX, o sea, unas cuatro décadas antes de *Aves sin nido*.

Aunque el nombre de Mariátegui esté consagrado como el gran defensor de la causa indígena en el Perú de los años 20, sea a través de la acción política de sus escritos, de sus discursos o sea por medio de la revista *Amauta,* no puede dejarse de lado un nombre fun-

---

[2] *Siete ensayos de interpretación de la realidad peruana,* pág. 252.
[3] Nueva York, Peter Lang, 1987.

damental: Manuel González Prada (1844-1918)[4]. Una de las principales ideas de Mariátegui, inspirada probablemente en González Prada, es que la cuestión indígena no es de índole racial sino social. «La tesis de que el problema indígena es un problema étnico no merece siquiera ser discutida», afirma perentoriamente Mariátegui en el artículo «El problema de las razas en América»[5]. Esta transferencia del concepto de raza al de cultura será fundamental en el pensamiento posterior a Mariátegui, como es el caso de José María Arguedas, quien en 1952 dice: «Hablamos en términos de cultura, no tenemos en cuenta para nada el concepto de raza»[6].

A pesar de que la problemática indígena es común a países como Ecuador, Bolivia, Guatemala y México, es en el Perú donde se produjo una reflexión más profunda del problema, desarrollada en numerosos textos críticos y literarios. Esto se debe principalmente a la alta densidad de la población indígena y a los cuatro siglos de marginación que tuvo en relación con el desarrollo cultural y económico de la parte «blanca» del Perú. Las condiciones geográficas del país, con su nítida división entre la sierra y el litoral, contribuyeron al secular aislamiento de las culturas autóctonas. Sólo con el proceso de modernización producido durante la segunda presidencia de Augusto B. Leguía (1919-1930) comenzó una masiva migración interna rumbo a las ciudades, especialmente a Lima. En esta época se entronca el proceso de mestizaje racial y cultural con la inevitable modernización urbana[7].

---

4 Ver especialmente el ensayo «Nuestros indios» (escrito en 1904 mas publicado póstumamente en 1924), en *Páginas libres. Horas de lucha,* prólogo y notas de Luis Alberto Sánchez, Caracas, Ayacucho, 1979, págs. 332-243. Dice Sánchez en nota: «A partir de este artículo de Prada acerca del indio, cambia radicalmente el planteamiento de esta cuestión en la literatura sociológica peruana.» En ocasión del décimo aniversario de la muerte de Manuel González Prada, la revista *Amauta* 16 (julio, 1926), dirigida por Mariátegui, publica un número especial de homenaje.

5 *Ideología y política,* Lima, Amauta, 1969, pág. 26. Texto original de 1929.

6 «El complejo cultural en el Perú y el primer congreso de peruanistas», en *América Indígena* 12 (abril, 1952), pág. 133. Respecto de la «negritud», tanto Gilberto Freyre en el Brasil, como Fernando Ortiz en Cuba —los dos contemporáneos de Mariátegui— también la transfieren del concepto de «raza» al concepto de «cultura».

7 Comparando la cultura autóctona peruana con la mexicana, el escritor José María Arguedas, en «El complejo cultural en el Perú y el primer congreso de peruanistas» (págs. 136-137) hace la siguiente reflexión: «El mestizo en el Perú no tiene el número, ni el poder, ni la influencia que ejerce en México, donde el territorio no está torturado y dividido por abismos profundos e indomeñables cordilleras como las que quiebran el suelo peruano. El español tuvo en México una movilidad incomparablemente mayor que en el Perú. Nunca cruzó una diligencia de Lima al Cuzco, ni de Lima a Trujillo o Arequipa. La locomoción con tiros animales no era practicable ni en la costa ni en la sierra del Perú; el arenal suelto del desierto y los abismos de las cordilleras lo impedían. Los pueblos peruanos estuvieron siempre aislados

En la década del 20 se proyectan los dos nombres de mayor envergadura en la defensa de la causa indígena: el crítico marxista José Carlos Mariátegui y Víctor Raúl Haya de la Torre, fundador en 1926, del APRA (Alianza Popular Revolucionaria Americana). Por otro lado, el movimiento indigenista del Perú conoce su auge. Según José Tamayo Herrera[8]:

> Hacia la década de 1920, y más exactamente entre 1926 y 1930, llegará para el indigenismo lo que Karl Jaspers ha denominado para otras culturas el TIEMPO EJE, el periodo cenital del climax glorioso y simultáneo del indigenismo limeño, cuzqueño y puneño. Será una época inigualada por el fervor indigenista, la profusión de publicaciones de revistas y libros, y en que tres generaciones peruanas confluirán con idénticas aspiraciones indiófilas: la generación del Centenario de Mariátegui, Haya de la Torre, Sánchez Basadre, Jorge Guillermo Leguía; la generación cuzqueña de «La Sierra» o «Escuela Cuzqueña» con Luis E. Valcárcel, José Uriel García, Luis Felipe Aguilar, José Ángel Escalante y Francisco Tamayo, etc.; la generación puneña de «Orkopata» con Gamaliel Churata, Alejandro Peralta, Emilia Armanza, Emilio Vázquez, Mateo Jaica, Inocencio Mamani, etc.

El artículo que reproducimos es un fragmento del libro más conocido de Mariátegui, *Siete ensayos de interpretación de la realidad peruana,* de 1928[9]. Deseoso de definir los contornos de la nacionalidad peruana, el director de *Amauta* constata la vigencia de un pluralismo étnico y cultural aún en formación en el país. Mariátegui abre dos frentes de lucha, una en el campo político, la otra en el cultural. Esa militancia bifronte se refleja en los *Siete ensayos,* la mitad de los cuales están dedicados a cuestiones literarias. La lectura de la revista *Amauta* también revela la convivencia de lo político con el más actual vanguardismo. Atento a los acontecimientos sociales y culturales del continente, el pensador peruano no evade hacer comparaciones entre las culturas de América del Sur. Advierte en la Argentina y el Uruguay, al contrario del Perú, un criollismo sedimentario, con características propias y fácilmente reconocibles. En ese tiempo que estaba viviendo, Mariátegui identifica por un lado una incipiente pluralidad mestiza en el Perú, y por

---

por la topografía invencible. Y se atomizaron por eso. Hace apenas unos veinte años que las antiguas áreas culturales, que fueron respetadas durante la administración colonial, están siendo destrozadas y reordenadas por las carreteras. El aislamiento geográfico de los pueblos es la causa determinante del mayor poder e influencias que en el Perú tuvo y tiene la cultura nativa.»

[8] *El pensamiento indigenista,* Lima, Mosca Azul, 1981, pág. 13.
[9] Barcelona, Grijalbo, 1976.

otro, una realidad histórica que se contrapone a las limitaciones estrictamente literarias de la gauchesca argentina o del nativismo uruguayo:

> El indigenismo no es aquí un fenómeno esencialmente literario, como el nativismo en la Plata. Sus raíces se alimentan de otro humus histórico. Los indigenistas que explotan temas indígenas por puro exotismo, colaboran, conscientemente o no, en una obra política y económica de reivindicación, no de restauración ni de resurrección.

Mariátegui repudia el indigenismo exótico y la expresión de la raza como mera demostración de «color local» a la manera de la literatura costumbrista o del indianismo romántico del siglo XIX. Conocedor de los movimientos de vanguardia europeos a los cuales sigue de cerca, el pensador peruano tampoco se conforma con un indigenismo realista, de técnicas convencionales. Cuando advierte el cosmopolitismo urbano de Girondo, Borges o Güiraldes, Mariátegui reivindica un «americanismo lírico más de acuerdo con el imperativo de la vida». En la poesía de César Vallejo *(Los Heraldos negros* y *Trilce),* Mariátegui encuentra una respuesta a estos deseos de renovación, pues allí se destaca la feliz confluencia de un «indigenismo auténtico» con las conquistas del «arte nuevo».

A pesar de que actualmente no quedan dudas sobre el carácter pionero de la revolución emprendida por Mariátegui en defensa de los indios, contra la oligarquía y a favor de la división de las tierras, hay una corriente crítica que rechaza el pensamiento del escritor peruano. En realidad, tales críticos se basan en una reivindicación del mismo Mariátegui, quien, cuando constata la inexistencia de una literatura indígena, sugiere que el pueblo indio hable por su propia voz. En este sentido, Wankar (pseudónimo de Ramiro Reynaga Burgoa), autor de *Tawantinsuyu,* advierte que su libro «no está dirigido a la minoría blancoide, dueña exclusiva y tradicional de toda comunicación escrita. Ya bastante[s] hermanos aymaras y qheswas están alfabetizados. La he escrito para ellos»[10]. Otros críticos de Mariátegui lo acusan de falta de conocimiento de la comunidad, de la lengua y de la cultura indígena[11].

---

[10] *Tawantinsuyu (Cinco siglos de guerra qheswaymara contra España),* Chukiapu-Kollasuyu, Centro de Coordinación y Promoción Campesina, Mink'a, 1978.

[11] Por ejemplo, el economista César Augusto Reinaga dice en *El indio y la tierra en Mariátegui* (Cuzco, 1959, págs. 5-6), que «el conocimiento directo de la realidad indígena es, pues, el verdadero manantial de las investigaciones nacionales antropológicas, socieconómicas, etc.; de otro modo, todo cuanto se escriba a la manera de José Carlos Mariátegui o de Manuel González Prada, arrebujados en la placidez

En cierta forma, este cuestionamiento también remite al movimiento de la literatura negrista y de la negritud, disconforme con el uso que hacen los escritores blancos del repertorio negrista. A pesar de las justificadas críticas de los antropólogos, los sociólogos y lingüistas, la gran obra del pensador peruano está aún lejos de ser invalidada. Además, muchas de las transformaciones sociales ocurridas posteriormente, incluso la reforma agraria de la década del 70, corresponden a reivindicaciones del joven Mariátegui. Éste creía que el indigenismo se encontraba aún en un «periodo de germinación» y llamaba la atención sobre la necesidad de una literatura de calidad, y sobre la ausencia de una obra suprema. De hecho, serían necesarias algunas décadas para que surgiese una prosa de los quilates de la narrativa de José María Arguedas, quien, de alguna manera, se entronca con el pensamiento revolucionario de José Carlos Mariátegui.

NATIVISMO E INDIGENISMO EN LA LITERATURA AMERICANA*

José Carlos Mariátegui

La corriente «indigenista» que caracteriza a la nueva literatura peruana, no debe su propagación presente ni su exageración posible a las causas eventuales o contingentes que determinan comúnmente una moda literaria. Tiene una significación mucho más profunda. Basta observar su coincidencia visible y su consanguineidad íntima con una corriente ideológica y social que recluta cada día más adhesiones en la juventud, para comprender que el indigenismo literario traduce un estado de ánimo, casi un estado de conciencia del Perú nuevo.

---

burguesa de Lima, sin conocer ni hablar la lengua aborigen, o con el candoroso concepto del primero de ellos de que para explicarse, por ejemplo, el regionalismo peruano es mejor fijarse "en un mapa del Perú" *(Siete ensayos,* pág. 159), constituye mera especulación, verbalismo espumoso y camino directo a las generalizaciones y a perspectivas mutiladas». Ver también Ángel Rama, *op. cit.,* págs. 143-144.

* Publicado en *La Pluma* 1 (agosto, 1927), págs. 41-43, y reproducido, con ligeras modificaciones en José Carlos Mariátegui, *Siete ensayos de interpretación de la realidad humana.*

Nota editorial de La Pluma: «El siguiente artículo, fue escrito por José Carlos Mariátegui poco antes de salir del Perú, desterrado por el Gobierno del señor Leguía, que ha considerado subversiva la noble propaganda que el escritor venía sosteniendo en su revista *Amauta,* acerca de la redención social del Indio. Con la inserción del vigoroso artículo, *La Pluma,* a tiempo que refleja una faz interesantísima de la vida americana, adhiere a la protesta provocada por el acto de aquel Gobierno.»

Este indigenismo, que está sólo en un periodo de germinación —falta aún un poco para que dé sus flores y sus frutos— podría ser comparado, salvadas todas las diferencias de tiempo y de espacio, al «mujikismo» de la literatura rusa pre-revolucionaria. El «mujikismo» tuvo parentesco estrecho con la primera fase de la agitación social en la cual se preparó e incubó la revolución rusa. La literatura «mujikista» llenó una misión histórica. Constituyó un verdadero proceso del feudalismo ruso, del cual salió éste inaplazablemente condenado. La socialización de la tierra, actuada por la revolución bolchevique, reconoce entre sus gérmenes espirituales la novela y la poesía «mujikista». Nada importa que al retratar al mujik —tampoco importa si deformándolo o idealizándolo— el poeta o el novelista ruso estuvieran muy lejos de pensar en la socialización.

De igual modo el «constructivismo» y el «futurismo» rusos, que se complacen en la representación de máquinas, rascacielos, usinas, etc., corresponden a una época en que el proletariado urbano, después de haber creado un régimen cuyos usufructuarios son hasta ahora los campesinos, trabaja por occidentalizar a Rusia, llevándola a un grado máximo de industrialismo y electrificación.

El indigenismo de nuestra literatura actual no está desconectado de los demás elementos nuevos de esta hora. Por el contrario, se encuentra articulado con ellos. El problema indígena, tan presente en la política, la economía y la sociología, no puede estar ausente de la literatura y del arte. Se equivocan gravemente quienes juzgándolo por la incipiencia o el oportunismo de pocos o muchos de sus corifeos, lo consideran, en conjunto, artificioso.

Tampoco cabe duda de su vitalidad por el hecho de que hasta ahora no ha producido una obra maestra. La obra maestra no florece sino en un terreno abonado por una anónima u oscura multitud de obras mediocres. El artista genial de una estirpe no es, ordinariamente, un principio, sino una conclusión. Aparece, normalmente, como el resultado de una vasta experiencia.

Menos aún cabe alarmarse de esporádicas exageraciones. Ni unas ni otras encierran el secreto ni conducen la savia del hecho histórico. Toda afirmación necesita tocar sus límites extremos. Detenerse a especular sobre la anécdota es exponerse a quedar fuera de la historia.

Esta corriente indigenista de otro lado, encuentra un estímulo en la asimilación por nuestra literatura de elementos de cosmopolitismo. Ya he señalado la tendencia autonomista o nativista del vanguardismo en América. (En la nueva literatura argentina nadie se siente más «porteño» que Girondo y Borges, ni más «gaucho» que Güiraldes. En cambio, quienes como Larreta permanecen enfeudados al clasicismo español se revelan radical y orgánicamente incapaces de interpretar a su pueblo).

Otro acicate, en fin, en algunos, es el exotismo que a medida que se acentúan los síntomas de decadencia de la civilización occidental, invade la literatura europea. A César Moro, a Jorge Seoane y a los demás artistas que últimamente han emigrado a París, se les pide allá temas nativos, motivos indígenas. Nuestra escultora Carmen Saco ha llevado en sus estatuas y dibujos de indios el más válido pasaporte de su arte.

Este último factor exterior es el que decide a cultivar el indigenismo, —aunque sea a su manera y sólo episódicamente—, a literatos que podríamos llamar «emigrados», como Ventura García Calderón, a quien no se puede atribuir la misma moda vanguardista artificiosa ni el mismo contragio de los ideales de la nueva generación que se supone en los literatos jóvenes que trabajan en el país.

*

Veamos ahora por qué una corriente, nacionalista y revolucionaria al mismo tiempo, en la literatura peruana, tenía que ser definidamente indigenista y no genérica o integralmente criollista.

El criollismo no ha podido prosperar en nuestra literatura, como una corriente de espíritu nacionalista, ante todo porque el criollo[1] no representa todavía la nacionalidad. Se constata casi uniformemente, desde hace tiempo, que somos una nacionalidad en formación. Se percibe ahora, precisando ese concepto, la subsistencia de una dualidad de raza y de espíritu. En todo caso se conviene unánimemente en que no hemos alcanzado aún un grado elemental siquiera de fusión de los elementos reales que conviven en nuestro suelo y que componen nuestra población. El criollo no está netamente definido. Hasta ahora la palabra «criollo» no es casi más que un término que nos sirve para designar genéricamente una pluralidad, muy matizada, de mestizos. Nuestro criollo carece del carácter que encontramos, por ejemplo, en el criollo argentino. El argentino es identificable fácilmente en cualquier parte del mundo: el peruano, no. Esta confrontación es precisamente la que nos evidencia que existe ya una nacionalidad argentina, mientras no existe todavía, con peculiares rasgos, una nacionalidad peruana. El criollo presenta aquí una serie de variedades. El costeño se diferencia fuertemente del serrano[2]. En tanto que en la sierra la influencia telúri-

---

[1] El autor usa el término criollo para caracterizar al blanco de descendencia europea, nacido en América.

[2] El Perú se divide en tres grandes regiones: a) la costa, estrecha y desértica; b) la sierra, que incluye las cordilleras andinas; c) la montaña, que es la región oriental, ocupada por la Amazonia peruana. La referencia al criollo de la costa y al serrano, caracteriza el habitante de una de esas regiones.

ca indigeniza al mestizo, casi hasta su absorción por el espíritu indígena, en la costa el predominio colonial mantiene el espíritu heredado de España.

En el Uruguay, la literatura nativista, nacida como en la Argentina de la experiencia cosmopolita, ha sido criollista, porque allí la población tiene la unidad que a la nuestra le falta. El nativismo, en el Uruguay, por otra parte, aparece como un fenómeno esencialmente literario. No tiene, como el indigenismo en el Perú, una subconsciente inspiración política y económica. Zum Felde, uno de sus suscitadores como crítico, declara que ha llegado ya la hora de su liquidación. «A la devoción imitativa de lo extranjero —escribe—, había que oponer el sentimiento autonómico de lo nativo. Era un movimiento de emancipación literaria. La reacción se operó; la emancipación, fue, luego, un hecho. Los tiempos estaban maduros para ello. Los poetas jóvenes volvieron sus ojos a la realidad nacional. Y, al volver a ella sus ojos, vieron aquello que, por contraste con lo europeo, era más genuinamente americano: lo gauchesco. Mas, cumplida ya su misión, el tradicionalismo debe a su vez pasar. Hora es ya de que pase, para dar lugar a un americanismo lírico más acorde con el imperativo de la vida. La sensibilidad de nuestros días se nutre ya de realidades y de idealidades distintas. El ambiente platense ha dejado definitivamente de ser gaucho; y todo lo gauchesco —después de arrinconarse en los más huraños pagos— va pasando al culto silencioso de los museos. La vida rural del Uruguay está toda transformada en sus costumbres y en sus caracteres, por el avance del cosmopolitismo urbano.»

En el Perú, el criollismo, aparte de haber sido demasiado esporádico y superficial, ha estado nutrido de sentimiento colonial. No ha constituido una afirmación de autonomía. Se ha contentado con ser el sector costumbrista de la literatura colonial sobreviviente hasta hace muy poco. Abelardo Gamarra es, tal vez, la única excepción en este criollismo domesticado, sin orgullo nativo.

Nuestro «nativismo» —necesario también literariamente como revolución y como emancipación—, no puede ser simple «criollismo». El criollo peruano no ha acabado aún de emanciparse espiritualmente de España. Su europeización —a través de la cual debe encontrar, por reacción, su personalidad— no se ha cumplido sino en parte. Una vez europeizado, el criollo de hoy difícilmente deja de darse cuenta del drama del Perú. Es él precisamente el que, reconociéndose a sí mismo como un español bastardeado, siente que el indio debe ser el cimiento de la nacionalidad. (Valdelomar, criollo costeño, de regreso de Italia, impregnado de d'annunzianismo y de snobismo, experimenta su máximo deslumbramiento cuando descubre o más bien imagina la belleza del Inkario.) Mientras el criollo puro conserva generalmente su espíritu colonial, el criollo europeizado se rebela, en nuestro tiempo, contra ese espíritu, aunque sólo sea como protesta contra su limitación y su arcaísmo.

Claro que el criollo, diverso y múltiple, puede abastecer abundantemente a nuestra literatura —narrativa, descriptiva, costumbrista, folclorista, etc.— de tipos y motivos. Pero lo que subconscientemente busca la genuina corriente indigenista en el indio, no es sólo el tipo o el motivo. Menos aún el tipo o el motivo pintoresco. El «indigenismo» no es aquí un fenómeno esencialmente literario, como el nativismo en el Plata. Sus raíces se alimentan de otro humus histórico. Los indigenistas que explotan temas indígenas por puro exotismo —colaboran, conscientemente o no, en una obra política y económica de reivindicación—, no de restauración ni de resurrección.

El indio no representa únicamente un tipo, un tema, un motivo, un personaje. Representa un pueblo, una raza, una tradición, un espíritu. No es posible considerarlo y valorarlo desde puntos de vista exclusivamente literarios, como un color o un aspecto característico nacional, colocándolo en el mismo plano que otros elementos etnográficos del Perú.

A medida que se le estudia, se averigua que la corriente indigenista no depende de simples factores sociales y económicos. Lo que da derecho al Indio a prevalecer en la visión del peruano de hoy es, sobre todo, el contraste y el conflicto entre su predominio demográfico y su servidumbre —no sólo inferioridad— social y económica. La presencia de tres millones de hombres de la raza autóctona en el panorama mental de un pueblo de cinco millones, no debe sorprender a nadie en una época en que este pueblo siente la necesidad de encontrar el equilibrio que hasta ahora le ha faltado en su historia.

Criollismo

CRIOLLISMO: a) Pedro Figari, «El gaucho» (1919).—b) Jorge Luis Borges, «El tamaño de mi esperanza» (1926).—c) «Nuestras imposibilidades» (1931).

Ciertos proyectos de unidad cultural en América Latina resultaron en la creación de símbolos que terminaron sirviendo como elemento de identificación ideal de las diferentes clases sociales. En la segunda mitad del siglo XIX, al idealizar al indio y a la selva virgen, José de Alencar propuso una de esas imágenes unificadoras de la identidad nacional. Los intelectuales rioplatenses, a su vez, encontraron en el criollismo gaucho respuestas análogas para una especie de «esencia» o «verdad» argentina o uruguaya. Los mismos principios prevalecieron en el gauchismo riograndense de los años 20, como respuesta al modernismo urbano originado en la Semana del 22, en São Paulo[1].

Esas metáforas nacionalistas fueron creadas por escritores urbanos que, probablemente, nunca tuvieron contacto con los indígenas de las selvas brasileñas o con los ya desaparecidos gauchos del campo argentino. «La literatura gauchesca no es obra del gaucho en trance de inspiración literaria o de necesidad expresiva. Los autores gauchescos no son de ningún modo gauchos, sino escrito-

---

[1] Las investigaciones de Lígia Chiappini demuestran que, rigurosamente, no existió una vanguardia modernista en Río Grande do Sul. «Hubo y no hubo modernismo en Río Grande do Sul», dice la autora, concluyendo que el modernismo paulista y carioca provocó, por oposición, una reafirmación y renovación del regionalismo y del gauchismo, así como de la prosa crítica, especialmente la de Augusto Meyer. Ver, de Lígia Chiappini Moraes Leite, *Modernismo no Rio Grande do Sul. Matériais para o seu estudo.* San Pablo, Instituto de Estudos Brasileiros, 1972, y *Regiuonalismo e modernismo,* San Pablo, Atica, 1978.

res que practican la expresión castellana culta», dice Ángel Rosenblat[2]. Es el caso de autores clásicos como Bartolomé Hidalgo, Estanislao del Campo, José Hernández y otros en el Uruguay y en la Argentina, o José de Alencar en el Brasil[3]. A pesar de su formación urbana, estos escritores hicieron una literatura que avaló la difusión y la consolidación de mitologías selváticas y rurales.

Con la aparición de las vanguardias estos mitos evolucionaron de distintas formas. En el caso del Brasil, las leyendas indígenas le sirvieron a Mário de Andrade para crear *Macunaíma, o herói sem nenhum caráter* (1928), haciéndolas convivir con el capitalismo salvaje y la *fourmillante cité* que era São Paulo en los años veinte. También Oswald formuló su teoría antropofágica a partir de la imagen del indio, pero éste ya era un sincrético «bárbaro tecnificado» e integrado a los nuevos tiempos. Tanto uno como otro buscan respuestas que dieran cuenta de la modernidad urbana, de las nuevas tecnologías y del creciente cosmopolitismo derivado del flujo inmigratorio de las primeras décadas del siglo.

La respuesta argentina toma dos caminos. Por un lado *Don Segundo Sombra* (1926), consagrada como la gran novela de la década. El texto presenta una visión altamente idealizada del gaucho, cuyas costumbres y tradiciones son relatadas en el culto lenguaje de Güiraldes, quien redactó buena parte de su libro en París. Por otro, en esa misma década Borges publica sus primeros libros de poesía —*Fervor de Buenos Aires,* (1923), *Luna de enfrente* (1925) y *Cuaderno San Martín* (1929)— así como una serie de ensayos en un lenguaje adrede acriollado[4].

El exterminio de los indios en el siglo XIX y la extinción de los negros (usados como carne de cañón en la Guerra de la Independencia y en la Guerra del Paraguay) eliminaron la posibilidad de una discusión sobre el carácter étnico de la Argentina, a la manera de lo que había sucedido en Cuba y en el Brasil. No ocurrió en la región del Plata lo mismo que en estos países, de gran herencia africana, donde la polémica tuvo como referente clases sociales que llegaron a luchar por su propia identidad. Hacia mediados del siglo XIX el gaucho ya es un tipo social en camino de completa de-

---

[2] *Las generaciones literarias argentinas del siglo XIX ante el problema de la lengua,* Buenos Aires, Universidad de Buenos Aires, 1960, pág. 46.

[3] También Alencar se preocupó por el tema gauchesco. En 1870 publicó *O Gaúcho, romance brasileiro.* Esta novela fue traducida al castellano en la década del 20.

[4] En las sucesivas reediciones de estos tres libros Borges hizo una operación de «limpieza» de los criollismos, adoptando un lenguaje mucho más académico y convencional. En la edición definitiva apenas quedan vestigios de aquella lengua agauchada.

saparición. Por un lado, las alambradas de las propiedades rurales significaron un bloqueo concreto para su temperamento esencialmente itinerante, condición *sine qua non* de su concepto de «hombre libre». Por el otro, quienes vivían en los márgenes de las ciudades (el gaucho *orillero)* tampoco podían competir con la mano de obra inmigrante y europea, imbuida de una ideología progresista que no compartían.

El debate alrededor de aquello que se supone «más» o «menos» argentino sitúa, como telón de fondo, la gran oposición sarmientina entre «civilización» y «barbarie». Globalmente, para los ideólogos conservadores, una lengua verdaderamente «argentina» debería mantener la pureza de las tradiciones hispánicas conforme la normas gramaticales de la Real Academia Española. Más aún, este castellano debería, por un lado, mantenerse apartado de los giros de habla criolla, inspiradores de la literatura gauchesca, y por otro lado, evitar su degradación por el clima babélico que adquirió Bueno Aires desde finales del siglo XIX. Sarmiento vislumbró el proceso civilizador a través de la eliminación del indio y de la importación de mano de obra europea; mas irónicamente, esta última acabó convirtiéndose en elemento amenazador, casi bárbaro, ante los ojos tradicionalistas de la oligarquía argentina. Esta discusión culminaría en el caudaloso artículo de Ernesto Quesada, «El criollismo en la literatura argentina», publicado en 1902[5]. Ese ensayo intenta refutar el lenguaje acriollado como expresión legítima de la esencia argentina.

La discusión sobre la vasta producción de género gauchesco se produce en una época en que el gaucho ya era un tipo casi en total extinción. Esta literatura *(Santos Vega, Martín Fierro, Juan Moreira,* entre otros) es la manifestación utópica de un nacionalismo que, a la vez, trata de afirmarse por oposición a España. Con la intención de desmontar esa supuesta identidad criolla, Quesada alega que son de origen español —más específicamente, andaluz— los giros lingüísticos considerados típicamente gauchescos. Elitista y prejuiciado, Quesada rechaza también la contaminación extranjera.

Sumado a todo esto, los inmigrantes, en la imposibilidad de aprender rápidamente la lengua, acaban manejándose con idiolectos de gran difusión, como el *cocoliche* (ítalo-español macarróni-

---

[5] Este texto, así como los otros que acompañan la polémica, se encuentran en Alfredo Rubione (ed.), *En torno al criollismo,* Buenos Aires, Centro Editor de América Latina, 1983. Ver el importante «Estudio preliminar» de Alfredo Rubione. También es fundamental consultar a Adolfo Prieto, *El discurso criollista en la formación de la Argentina moderna,* Buenos Aires, Sudamericana, 1988.

co), que no estaban ausentes de los giros criollos. Para seguir sumando, también estaba el *lunfardo,* argot de la mala vida de los suburbios de Buenos Aires, que es visto como una grave amenaza por los puristas de la lengua. Frente a estas versiones degradadas y populares del castellano[6], se levanta una especie de pánico sobre el futuro de la lengua, o de aquello que más tarde se podría convertir en un lenguaje argentino. El escritor y político argentino Miguel Cané, por ejemplo, cree que estas modalidades del castellano son frutos de la ignorancia[7]:

> [...] el día que tengamos escuelas suficientes para educar a millares de niños que vagan de sol a sol, en los mil oficios callejeros de nuestra capital, el «lunfardo», el «cocoliche», y otros «idiomas nacionales» perecerán por falta de cultivo.

En contraposición a la corriente conservadora, están los que creen en el lenguaje como una entidad dinámica, capaz de transformarse y de asimilar los nuevos tiempos. Esta fue la propuesta de Louis Abeille, en el polémico texto *Idioma nacional de los argentinos* (1900) y de Miguel de Unamuno, en los ensayos que escribió sobre el tema[8]. Dos décadas más tarde, la generación martinfierrista retomó el tema. En su «Carta abierta a la Púa»[9], de 1922, Oliverio Girondo dice:

> Porque es imprescindible tener fe, como tú tienes fe, en nuestra fonética, desde que fuimos nosotros, los americanos, quienes hemos oxigenado el castellano, haciéndolo un idioma respirable, un idioma que puede usarse cotidianamente y escribirse de «americana»[10] nuestra de todos los días...

Esta afirmación resonará dos años más tarde en la propuesta cosmopolita del Manifiesto Martín Fierro: uno de sus postulados dice que *«Martín Fierro* tiene fe en nuestra fonética».

---

[6] «*Cocoliche:* máscara que representa a un italiano acriollado» y «*lunfardo* es la lengua orillera del Gran Buenos Aires, usada no ya sólo por los ladrones, como lo fue en su origen, sino también por la gente de mal vivir, de cuyo vocabulario han pasado a la lengua común del pueblo, buen número de palabras cuyo sentido especial se ha adecuado en boca de éste para otros usos», son las acepciones que encontramos en el *Diccionario lunfardo* de José Gobello (Buenos Aires, A. Peña Lillo, 1975, págs. 48 y 125).

[7] «El criollismo», en Alfredo Rubione (ed.), *En torno al criollismo,* pág. 232.

[8] *Op. cit.,* págs. 43-61 y 277-286.

[9] Texto dirigido al poeta lunfardesco Carlos de la Púa. *[N. T.]*

[10] Referencia a la chaqueta *sport,* muy de moda en la Argentina de los años 20, usada aquí por Girondo como símbolo de una vanguardia desacralizada vuelta hacia los signos de lo cotidiano.

Borges no permanece ajeno a la polémica. Por el contrario[11]. En su casa paterna ya había conocido a escritores como Evaristo Carriego (al que dedicaría en 1930 un libro de ensayos, *Evaristo Carriego)* y el legendario Macedonio Fernández. Tanto el uno como el otro constituyen influencias asumidas por Borges en su ideología gauchesca. Al regresar de Europa en 1921, con ese sentimiento de argentinidad aguzado, Borges cultiva con ahínco una poesía de lengua extremadamente acriollada y redacta varios ensayos teóricos sobre la cuestión del «lenguaje argentino». En julio de 1925 publica en la revista *Proa,* que dirigía, el artículo «El idioma infinito», donde define claramene las dos políticas del idioma castellano en la Argentina:

> Dos conductas de idioma (ambas igualmente tilingas e inhábiles) se dan en esta tierra: una, la de los haraganes galicistas que a la rutina castellana quieren anteponer otra rutina y que solicitan para ello una libertad que apenas ejercen; otra, la de los casticistas, que creen en la Academia como quien cree en la Santa Federación y a cuyo juicio ya es perfecto el lenguaje.

Borges defiende una actitud transformadora frente a la lengua: «lo grandioso es amillonar el idioma, es instigar una política del idioma»[12]. Un año más tarde el escritor argentino publica su libro de ensayos *El tamaño de mi esperanza* (1926), cuyo artículo de apertura reproducimos en esta antología[13]. Las líneas iniciales expresan un anticosmopolitismo ostentoso, una toma de posición donde el criollismo aparece como un valor diametralmente opuesto al de la cultura europea. Pero Borges no deja de reconocer en la Argentina una «tierra de desterrados natos [...], de nostalgiosos de lo lejano y lo ajeno», y clasifica dos tipos de desterrados y nostálgicos: los gringos, con los cuales «no habla mi pluma», y los gauchos[14]. Mas

---

[11] Tampoco Roberto Arlt. Entre sus artículos periodísticos reunidos con el título de *Aguafuertes porteñas* (Buenos Aires, Edicom, 1969), está «El idioma de los argentinos», de 1930, donde dice: «[...] lo absurdo que es pretender enchalecar en una gramática canónica, las ideas siempre cambiantes y nuevas de los pueblos».

[12] Borges también hace su agradecimiento a Xul Solar: «Estos apuntes los dedico al gran Xul Solar, ya que en la ideación de ellos no está libre de culpa.» De hecho, en aquella misma época Xul Solar andaba preocupado por el *neo-criollo,* una especie de lengua franca para América Latina, en la cual predominarían raíces del español y del portugués. Ver Alfredo Rubione, «Xul Solar. Utopía y vanguardia», en *Punto de vista* 29 (abril-julio, 1987), págs. 37-39.

[13] Borges no permitió la reedición de esta colección de ensayos, tampoco de *Inquisiciones* (1929) y de *El idioma de los argentinos* (1928).

[14] Este artículo es importante en la medida en que muestra el conocimiento que Borges tenía de la historia y la política argentina. Y su preocupación por ellas. Fue escrito en 1926, cuando el escritor resuelve apoyar la candidatura a la presidencia de Hipólito Yrigoyen, a quien menciona elogiosamente.

el autor de *Fervor de Buenos Aires* es consciente de que el gaucho no existe en la condiciones en que había sobrevivido en el siglo XIX, y que «hoy es palabra de nostalgia».

Tal vez por eso, el lenguaje adrede agauchado del ensayo sea la manera ideal e idealizada para Borges de luchar contra la historia y recrear su mitología gauchesca. Esta actitud es anti-sarmientina por excelencia, y no le faltó coraje para calificar al autor de *Facundo* de «norteamericanizado indio bravo, gran odiador y desentendedor de lo criollo.» Esto no significa que Borges opte por la barbarie, mucho menos por el concepto sarmientino de barbarie.

Anclado en la historia, el escritor argentino se encuentra en el límite de dos épocas, entre la herencia de cierta tradición gauchesca y los signos irreversibles de la modernidad, de la cual él había sido promotor poco antes, durante la fundación y difusión de la vanguardia ultraísta. Borges sabe que su tarea es la de restaurar los signos de la historia, de una historia que pertenece cada vez más al universo de las letras y de las leyendas. De ahí sale esta pregunta poética y al mismo tiempo retórica:

> ¿Dónde estará (repito) el malevaje
> que fundó, en polvorientos callejones
> de tierra o en perdidas poblaciones
> la secta del cuchillo y del coraje?

Aunque en *El tamaño de mi esperanza* el deseo de una expresión y de un lenguaje parece ser mayor que la empobrecedora realidad circundante, Borges menciona la «esencial pobreza de nuestro hacer», y dice que «nuestra realidá vital es grandiosa y nuestra realidá pensada es mendiga».

En 1927, Borges retoma la cuestión en la conferencia «El idioma de los argentinos»[15], privilegiando el carácter dinámico de la lengua en detrimento de la rigidez y de las fórmulas académicas. También allí revela su desagrado por el «lunfardo», definido como «jerigonza ocultadiza de los ladrones» y «lengua especializada de la infamia». Por esa misma época, Mário de Andrade trata de reducir la distancia entre el lenguaje hablado y el escrito. Borges tiene plena conciencia de esta diferencia:

> [...] el no escrito idioma argentino sigue diciéndonos, el de nuestra pasión; el de nuestra casa, el de la confianza, el de la conversada amistad.

---

[15] El texto de la conferencia integrará al año siguiente el volumen *El idioma de los argentinos,* Buenos Aires, M. Gleizer, 1926, págs. 163-183. Citamos por la edición de Jorge Luis Borges y José Edmundo Clemente, *El idioma de los argentinos y El idioma de Buenos Aires,* Buenos Aires, Peña, Del Giudice, 1952.

«Nuestras imposibilidades», artículo que abre el libro de ensayos *Discusión* (1932), también pertenece al extenso elenco de ensayos de los años 20 e inicios de los 30 que Borges no volvería a reeditar. Más que en otras partes, ahí trata de definir el carácter nacional argentino, y en especial el porteño, pero lo hace inversamente, como lo indica el título, resaltando «ciertos caracteres de nuestro ser que no son muy gloriosos».

Apartándose de las cuestiones específicas del habla argentina, Borges desarrolla en este ensayo elementos definitorios del carácter argentino que ya habían sido sutilmente sugeridos en *El tamaño de mi esperanza*. Creando neologismos, como «inargentino» o «incuriosidad», el escritor hace una crítica virulenta a la xenofobia, a la intolerancia, a los prejuicios y al machismo que imperan en su país. También vuelve a tomar, con ironía y realismo, la cuestión del criollismo, dejando en claro su preocupación por restaurar la imagen pura, no contaminada, de aquello que podría representar mejor la «esencia» del carácter argentino:

> El criollo, pienso, deberá ser investigado en esas regiones donde una concurrencia forastera no lo ha estilizado y falseado, verbigracia, en los departamentos del norte de la República Oriental.

Para Borges, este criollismo no se limitaba a la Argentina, pues siempre tomó en cuenta la otra margen, la Banda Oriental del Uruguay. «La criolledad en Ipuche» es el artículo publicado en octubre de 1924 en la revista *Proa,* donde trata de dos poetas uruguayos afiliados a la tradición de la poesía gauchesca: Fernán Silva Valdés y Pedro Leandro Ipuche. Al compararlos, Borges destaca la pureza del lenguaje criollo:

> La criolledad en Silva Valdés está inmovilizada ya en símbolos y su lenguaje, demasiado consciente de su individuación, no sufre voces forasteras. En Ipuche el criollismo es una cosa viva que se entrevera con las otras.

Fernán Silva Valdés es el fundador del nativismo, movimiento que trata de renovar la literatura criolla uruguaya. En respuesta a un cuestionario de la revista de vanguardia *La Cruz del Sur* (1927), el poeta uruguayo señala las diferencias entre nativismo y criollismo[16]:

---

[16] «Nativismo», *apud* Hugo Verani, *Las vanguardias literarias en Hispanoamérica,* Roma, Bulzoni, 1986, pág. 303.

[...] *nativismo* es el movimiento que puede definirse de este modo: el arte moderno que se nutre en el paisaje, tradición o espíritu nacional (no regional) y que trae consigo la superación estética y el agrandamiento geográfico del viejo criollismo que sólo se inspiraba en los tipos y costumbres del campo (...) El criollismo es una cosa vieja y estática; el nativismo es una cosa nueva y en evolución.

Otro defensor de lo gaucho en el Uruguay es el pintor Pedro Figari. Conocido por retratar las costumbres tradicionales de Montevideo, especialmente el *candombe,* baile de los negros uruguayos, Figari, hacia 1919, defendía la necesidad de rescatar lo gaucho como uno de los símbolos más originales de América Latina. Temía el avance de la cultura europea y trataba de resistir los peligros de una cultura mezclada:

> [...] miramos al gaucho como la esencia de nuestras tradiciones criollas, como la valla auténtica opuesta a la conquista ideológica que subsiguió a la era de las emancipaciones políticas. Las urbes se han hibridizado: hay parises, madrides, romas, vienas y hasta berlines por estas comarcas, en tanto que la ciudad americana, de pura cepa, y aún de media cepa, está por verse; y hasta parece ser de realización utópica.

En relación a la identidad nacional el criollismo se diferencia sobremanera del indigenismo andino o de la negritud, en los moldes en que ésta se manifiesta en las Antillas e incluso en el Brasil. Aimé Césaire, uno de los líderes de la negritud antillana, emprende un movimiento cuya revolución se opera principalmente en el plano del lenguaje: «Quería hacer un francés antillano, un francés negro, que aún siendo francés, llevara la marca negra», dice el escritor martiniqueño[17]. Se advierte ahí una postura respaldada por una sólida reivindicación de fondo social, diametralmente opuesta a la de Ernesto Quesada.

Que se sepa, no hubo ningún gaucho que escribiera poesía gauchesca o hubiera reivindicado una lengua criolla. La mitología gaucha es una reflexión hecha por una generación de intelectuales urbanos que buscaron en el pasado la restauración de símbolos que pudieran consolidar y dar sentido a la identidad ríoplatense. El fenómeno se consolida a través de la literatura gauchesca y el debate permanece circunscrito a la lengua criolla, frente a aquello que amenaza convertirse en el idioma nacional argentino. Esto no

---

[17] «Sonia Aratán, René Depestre / con Aimé Césaire», en *Casa de las Américas* 49 (julio-agosto, 1968), pág. 138.

quiere decir que el criollismo no tuviera acceso a las clases populares. Por el contrario, fueron justamente las clases populares las creadoras de los nuevos lenguajes y las grandes consumidoras de la literatura folletinesca gaucha, cuyo extraordinario éxito editorial ni los mismos autores habían previsto[18].

EL GAUCHO*

PEDRO FIGARI

Se ha lanzado la idea de inmortalizar al gaucho; y la aplaudo por mi parte. Ante la exigua, siempre exigua gratitud humana, debe atraer nuestras simpatías todo lo que tienda a rehabilitarnos, y dicho héroe bien merece un monumento. No hagamos sentimentalismo, sin embargo. Tiene de sobra ese «gestor de América» para sobreponerse a los retaceos partidarios. Su obra, enorme, se yergue muy por arriba de las empalizadas donde se embotan nuestras pasiones bravías. Si hemos de magnificar, magnifiquemos. Hay que mirar a este factor medular de nuestra economía por su aspecto más noble, más alto y genuino. Subamos la mira, pues.

Por lo que resulta más representativo el gaucho en nuestra sociología, no es, a mi ver, porque haya sufrido y contribuido más a soportar los azares y quebrantos de nuestra vida turbulenta, sino porque es, si no lo único, lo que ha conservado y tendido más a mantener contacto con el medio americano, vale decir, con su ambiente propio. Así es que, fuera de lo precolombiano, miramos al gaucho como la esencia de nuestras tradiciones criollas, como la valla autóctona opuesta a la conquista ideológica que subsiguió a la era de las emancipaciones políticas. Las urbes se han hibridizado: hay parises, madrides, romas, vienas y hasta berlines por estas comarcas, en tanto que la ciudad americana, de pura cepa, y aún de media cepa, está por verse; y hasta parece ser de realización utópica.

El gaucho, no es el poblador, de cualquier indumentaria rural o urbana, que rinde culto a los dioses, ídolos y fetiches de ultramar, sino el que, compenetrado con el ambiente, forja allí mismo su carácter. Es el nativo de América, que siente la altivez de su privilegio regional, y que, por lo propio, se manifiesta autónomo, ya use chiripá, bombacha o

---

[18] Ver Adolfo Prieto, *El discurso criollista en la formación de la Argentina moderna,* Buenos Aires, Sudamericana, 1988.

* Publicado en *Pegaso* 10 (abril, 1919), págs. 367-369.

frac. Podrá haber desaparecido el arquetipo, si pudo encarnarse alguna vez, pero no es menos cierto que al desvanecerse dicha entidad dejó plasmada su obra estructural como baluarte inexpugnable de la individualidad americana: su psicología. No sólo porque el gaucho, trabado con la naturaleza, hizo sacrificios y sufrió, al propio tiempo que rendía culto a sus aves y sus flores, merece nuestra admiración y nuestra gratitud. Es, particularmente, porque ha salvado la virginidad de América, en tanto que estas poblaciones inorgánicas se sentían apabulladas por la ola de los deslumbramientos de las viejas civilizaciones, perdiendo pie en la realidad, sin acertar a ver lo propio, y sometidas al dictamen de todos, como sea en materia de libertades políticas: ese es el mayor y mejor título del gaucho.

Si lo que se quiere magnificar es el «eslabón» que une lo americano autóctono con la conciencia moderna de América, elaborada en medio del cosmopolitismo avasallador de las inmigraciones trabajadoras, en estos pueblos formados por una rápida acumulación de hombres y familias que proceden de todas partes del mundo, más bien que por un proceso normal y razonado de selección asimilativa: ¡enhorabuena! Si el gaucho representa algo así como un filtro de resistencia a la incorporación sin arraigo, al poblador que sólo mira nuestra espléndida naturaleza como una gran caja de fierro repleta de oro y de papeles cotizables: ¡enhorabuena! Será el símbolo de la autonomía americana, que es nuestro mayor bien moral y material.

A esa entidad, simpática y fuerte, que, como represa destinada a impedir que nos europeicemos a destajo, fundidos en lo heterogéneo abigarrado, y que, como germen fecundo, generó la noción individual e «individualizante», debemos el supremo beneficio de ser lo que debemos ser: americanos. Y en este campo virgen, vivero de todas las selecciones, es donde buscan expansión libérrima las conquistas e ideales que fermentan penosamente en el Viejo Mundo por entre las mallas de una tradición ósea. Aquí es donde se cultiva el fruto óptimo del progreso, para disfrutarlo exento de las coimas que subsisten aún allá a expensas de las glorias y prestigios del pasado, exóticos, felizmente exóticos para nosotros. No sólo para disfrutar mejor de todo esto vive la América autónoma, sino también para retribuir con hidalguía al benemérito campeón ancestral, rejuvenecidos y lozanos, los nuevos tallos de su propia planta, como precio de sus ingentes, admirables aportes a la obra de la evolución mundial, y para ofrecerle también algunos tallos de las plantas nuestras.

Esta es la representación superior del gaucho, de ese elemento que vemos poetizado en nuestras idealizaciones habituales, y en ese sentido es más que un símbolo patrio: es el símbolo de la América Latina.

EL TAMAÑO DE MI ESPERANZA*

JORGE LUIS BORGES

A los criollos les quiero hablar: a los hombres que en esta tierra se sienten vivir y morir, no a los que creen que el sol y la luna están en Europa. Tierra de desterrados natos es ésta, de nostalgiosos de lo lejano y lo ajeno: ellos son los gringos de veras, autorícelo o no su sangre, y con ellos no habla mi pluma. Quiero conversar con los otros, con los muchachos querencieros y nuestros que no le achican la realidá a este país. Mi argumento de hoy es la patria: lo que hay en ella de presente, de pasado y de venidero. Y conste que lo venidero nunca se anima a ser presente del todo sin antes ensayarse y que ese ensayo es la esperanza. ¡Bendita seas, esperanza, memoria del futuro, olorcito de lo por venir, palote de Dios!

¿Qué hemos hecho los argentinos? El arrojamiento de los ingleses de Buenos Aires fue la primera hazaña criolla, tal vez. La Guerra de la Independencia fue del grandor romántico que en esos tiempos convenía, pero es difícil calificarla de empresa popular y fue a cumplirse en la otra punta de América. La Santa Federación[1] fue el dejarse vivir porteño hecho norma, fue un genuino organismo criollo que el criollo Urquiza (sin darse mucha cuenta de lo que hacía) mató en Monte Caseros[2] y que no habló con otra voz que la rencorosa y guaranga de las divisas y la voz póstuma del Martín Fierro de Hernández. Fue una lindísima voluntá de criollismo, pero no llegó a pensar nada y ese su empacamiento, esa su sueñera chúcara de gauchón, es menos perdonable que su Mazorca[3]. Sarmiento (norteamericanizado indio bravo, gran odiador y desentendedor de lo criollo) nos europeizó con su fe de hombre recién venido a la cultura y que espera milagros de ella. Después ¿qué otras cosas ha habido aquí? Lucio V. Mansilla, Estanislao del Campo y Eduardo Wilde inventaron más de una página perfecta, y en las postrimerías del siglo la ciudá de Buenos Aires dio con el tango. Mejor dicho, los arrabales, las noches del sábado, las chiruzas[4], los

---

* Publicado en *El tamaño de mi esperanza*, págs. 5-10.
[1] Referencia a la dictadura de Juan Manuel de Rosas en Buenos Aires, que se mantuvo en el poder durante veinticuatro años. Contra los unitarios, los federalistas usaban el slogan «Viva la Santa Federación». [N. T.]
[2] Batalla (1852) entre las tropas brasileñas, uruguayas y el ejército de Urquiza contra las tropas de Rosas quien, vencido, partió para Inglaterra.
[3] Mazorca: sociedad organizada en Buenos Aires durante el gobierno de Rosas para sembrar el terror entre los unitarios. Tenía como símbolo una espiga de maíz.
[4] chiruza: mujer vulgar, de poca instrucción.

compadritos[5] que al andar se quebraban, dieron con él. Aún me queda el cuarto de siglo que va del novecientos veinticinco y juzgo sinceramente que no deben faltar allí los tres nombres de Evaristo Carriego, de Macedonio Fernández y de Ricardo Güiraldes. Otros nombres dice la fama, pero yo no le creo. Groussac, Lugones, Ingenieros, Enrique Banchs son gente de una época, no de una estirpe. Hacen bien lo que otros hicieron ya y ese criterio escolar de bien o mal hecho es una pura tecniquería que no debe atarearnos aquí donde rastreamos lo elemental, lo genésico. Sin embargo, es verdadera su nombradía y por eso los mencione.

He llegado al fin de mi examen (de mi pormayorizado y rápido examen) y pienso que el lector estará de acuerdo conmigo si afirmo la esencial pobreza de nuestro hacer. No se ha engendrado en estas tierras ni un místico ni un metafísico, ¡ni un sentidor ni un entendedor de la vida! Nuestro mayor varón sigue siendo don Juan Manuel: gran ejemplar de la fortaleza del individuo, gran certidumbre de saberse vivir, pero incapaz de erigir algo espiritual, y tiranizado al fin más que nadie por su propia tiranía y su oficinismo. En cuanto al general San Martín, ya es un general de neblina para nosotros, con charreteras y entorchados de niebla. Entre los hombres que andan por mi Buenos Aires, hay uno solo que está privilegiado por la leyenda y que va en ella como en un coche cerrado; ese hombre es Yrigoyen. ¿Y entre los muertos? Sobre el lejanísimo Santos Vega se ha escrito mucho, pero es un vano nombre que va paseándose de pluma en pluma sin contenido sustancial, y así para Ascasubi fue un viejito dicharachero y para Rafael Obligado un paisano hecho de nobleza y para Eduardo Gutiérrez un malevo romanticón, un precursor idílico de Moreira. Su leyenda no es tal. No hay leyendas en esta tierra y ni un solo fantasma camina por nuestras calles. Ese es nuestro baldón.

Nuestra realidá vital es grandiosa y nuestra realidá pensada es mendiga. Aquí no se ha engendrado ninguna idea que se parezca a mi Buenos Aires, a este mi Buenos Aires innumerable que es cariño de árboles en Belgrano y dulzura larga en Almagro y desganada sorna orillera en Palermo y mucho cielo en Villa Ortúzar y proceridá taciturna en las Cinco Esquinas y querencia de ponientes en Villa Urquiza y redondel de pampa en Saavedra. Sin embargo, América es un poema ante nuestros ojos; su ancha geografía deslumbra la imaginación y con el tiempo no han de faltarle versos, escribió Emerson el cuarenta y cuatro en sentencia que es como una corazonada de Whitman y que hoy, en Buenos Aires del veinticinco, vuelve a profetizar. Ya Buenos Aires, más que una ciudá, es un país y hay que encontrarle la poesía y la música y la

---

5 compadrito: individuo fanfarrón, que se viste, habla y actúa de manera presumida.

pintura y la religión y la metafísica que con su grandeza se avienen. Ese es el tamaño de mi esperanza, que a todos nos invita a ser dioses y a trabajar en su encarnación.

No quiero ni progresismo ni criollismo en la acepción corriente de esas palabras. El primero es un someternos a ser casi norteamericanos o casi europeos, un tesonero ser casi otros; el segundo, que antes fue palabra de acción (burla del jinete a los chapetones, pifia de los muy de a caballo a los muy de a pie), hoy es palabra de nostalgia (apetencia floja del campo, viaraza de sentirse un poco Moreira). No cabe gran fervor en ninguno de ellos y lo siento por el criollismo. Es verdá que de enancharle la significación a esa voz —hoy suele equivaler a un mero gauchismo— sería tal vez la más ajustada a mi empresa. Criollismo, pues, pero un criollismo que sea conversador del mundo y del yo, de Dios y de la muerte. A ver si alguien me ayuda a buscarlo.

Nuestra famosa incredulidá no me desanima. El descreimiento, si es intensivo, también es fe y puede ser manantial de obras. Díganlo Luciano y Swift y Lorenzo Sterne y Jorge Bernardo Shaw[6]. Una incredulidá grandiosa, vehemente, puede ser nuestra hazaña.

Buenos Aires, enero de 1926.

NUESTRAS IMPOSIBILIDADES*

Jorge Luis Borges

Esta fraccionaria noticia de los caracteres más inmediatamente afligentes del argentino requiere una previa limitación. Su objeto es el argentino de las ciudades, el misterioso espécimen cotidiano que venera el alto esplendor de las profesiones de saladerista o de martillero, que viaja en ómnibus y lo considera un instrumento letal, que menosprecia a los Estados Unidos y festeja que Buenos Aires casi se pueda hombrear con Chicago homicidamente, que rechaza la sola posibilidad de un ruso incircunciso y lampiño, que intuye una secreta relación entre la perversa o nula virilidad y el tabaco rubio, que ejerce con amor la pantomima digital del *seriola,* que deglute en especiales noches de júbilo, porciones de aparato digestivo o evacuativo o genésico, en establecimientos tradicionales de aparición reciente que se denominan *parrillas,* que se vanagloria a la vez de nuestro *idealismo latino* y de nuestra *viveza porteña,* que ingenuamente sólo cree en la viveza. No me limitaré

---

6 Ver nota 1, págs. 408-409.
* Publicado en *Discusión,* págs. 11-17.

pues al criollo: tipo deliberado ahora de conversador matero y de anecdotista, sin obligaciones previas raciales. El criollo actual —el de nuestra provincia, a lo menos— es una variedad lingüística, una conducta que se ejerce para incomodar unas veces, otras para agradar. Sirva de ejemplo de lo último el gaucho entrado en años, cuyas ironías y orgullos representan una delicada forma de servilismo, puesto que satisfacen la opinión corriente sobre él... El criollo, pienso, deberá ser investigado en esas regiones donde una concurrencia forastera no lo ha estilizado y falseado —verbigracia, en los departamentos del norte de la República Oriental. Vuelvo, pues, a nuestro cotidiano argentino. No quiero su completa definición, sino la de sus rasgos más fáciles.

El primero es la penuria imaginativa. Para el argentino ejemplar, todo lo infrecuente es monstruoso —y como tal, ridículo. El disidente que se deja la barba en tiempo de los rasurados o que en los barrios del chambergo prefiere culminar en galera, es un milagro y una inverosimilitud y un escándalo para quienes lo ven. En el sainete nacional, los tipos del Gallego y del Gringo son un mero reverso paródico de los criollos. No son malvados —lo cual importaría una dignidad—; son irrisorios, momentáneos y nadie. Se agitan vanamente: la seriedad fundamental de morir les está negada. Esa fantasmidad corresponde a las seguridades erróneas de nuestro pueblo, con tosca precisión. *Eso* para el pueblo, es el extranjero: un sujeto imperdonable, equivocado y bastante irreal. La inepcia de nuestros actores, ayuda. Ahora, desde que los once compadritos buenos de Buenos Aires fueron maltratados por los once compadritos malos de Montevideo, el extranjero *an sich* es el uruguayo. Si se miente y exige una diferencia con extranjeros irreconocibles, nominales ¿qué no será con los auténticos? Imposible admitirlos como una parte responsable del mundo. El fracaso del intenso film *Hallelujah* ante los espectadores de este país —mejor, el fracaso de los expectadores extensos de este país ante el film *Hallelujah*[1]— se debió a una invencible coalición de esa incapacidad, exasperada por tratarse de negros, con otra no menos deplorable y sintomática: la de tolerar sin burla un fervor. Esa mortal y cómoda negligencia de lo inargentino del mundo, comporta una fastuosa valoración del lugar ocupado entre las naciones por nuestra patria. Hará unos meses, a raíz del lógico resultado de unas elecciones provinciales de gobernador, se habló del *oro ruso;* como si la política interna de una subdivisión de esta descolorida república fuera perceptible desde Moscú, y los apasionara. Una buena voluntad megalomaníaca permite esas leyendas. La completa nuestra incuriosidad, efusivamente delatada por todas las revistas gráficas de

---

[1] *Hallelujah:* dirigida por King Vidor, en 1929, es esta la primera película de temática exclusivamente negra rodada en Hollywood. Para las relaciones de Borges con el cine, ver de Edgardo Cozarinsky, *Borges y el cine,* Buenos Aires, Sur, 1974.

Buenos Aires, tan desconocedoras de los cinco continentes y de los siete mares como solícitas de los veraneantes costosos a Mar del Plata, que integran su rastrero fervor, su veneración, su vigilia. No solamente la visión general es paupérrima aquí, sino la domiciliaria, doméstica. El Buenos Aires esquemático del porteño, es harto conocido: el Centro, el Barrio Norte (con aséptica omisión de sus conventillos), la Boca del Riachuelo y Belgrano. Lo demás es una inconveniente Cimeria, un vano paradero conjetural de los revueltos ómnibus *La Suburbana* y de los resignados Lacroze[2].

El otro rasgo que procuraré demostrar, es la fruición incontenible de los fracasos. En los cinematógrafos de esta ciudad, toda frustración de una expectativa es aclamada por las venturosas plateas como si fuera cómica. Igual sucede cuando hay lucha: jamás interesa la felicidad del ganador, sino la buena humillación del vencido. Cuando, en uno de los films heroicos de Sternberg, hacia un final ruinoso de fiesta, el alto pistolero Bull Weed se adelanta sobre las serpentinas muertas del alba para matar a su crapuloso rival, y éste lo ve avanzar contra él, irresistible y torpe, y huye de la muerte visible — una brusca apoteosis de carcajadas festeja ese temor y nos recuerda el hemisferio en que estamos. En los cinematógrafos pobres, basta la menor señal de agresión para que se entusiasme el público. Ese disponible rencor tuvo su articulación felicísima en el imperativo *¡sufra!*, que ya se ha retirado de las bocas, no de las voluntades. Es significativa también la interjección *¡tomá!* usada por la mujer argentina para coronar cualquier enumeración de esplendores —verbigracia, las etapas opulentas de un veraneo—, como si valieran las dichas por la envidiosa irritación que producen. (Anotemos —de paso— que el más sincero elogio español es el participio *envidiado*.) Otra suficiente ilustración de la facilidad porteña del odio la ofrecen los cuantiosos anónimos, entre los que debemos incluir el nuevo anónimo auditivo, sin rastros: la afrentosa llamada telefónica, la emisión invulnerable de injurias. Ese impersonal y modesto género literario, ignoro si es de invención argentina, pero sí de aplicación perpetua y feliz. Hay virtuosos en esta capital que sazonan lo procaz de sus vocativos con la estudiosa intempestividad de la hora. Tampoco nuestros conciudadanos olvidan que la suma velocidad puede ser una forma de la reserva y que las injurias vociferadas a los de a pie desde un instantáneo automóvil quedan generalmente impunes. Es verdad que tampoco el destinatario suele ser identificado y que el breve espectáculo de su ira se achica hasta perderse, pero siempre es un alivio afrentar. Añadiré otro ejemplo curioso: el de la sodomía. En todos los países de la tierra, una indivisible reprobación recae sobre los dos ejecutores del

---

2 Lacroze: línea de tranvía.

inimaginable contacto. *Abominación hicieron los dos; su sangre sobre ellos,* dice el Levítico. No así entre el malevaje de Buenos Aires, que reclama una especie de veneración para el agente activo —porque lo embromó al compañero. Entrego esa dialéctica fecal a los apologistas de la *viveza,* del *alacraneo* y de la *cachada,* que tanto infierno encubren.

Penuria imaginativa y rencor definen nuestra parte de muerte. Abona lo primero un muy generalizable artículo de Unamuno sobre *La imaginación en Cochabamba;* lo segundo, el incomparable espectáculo de un gobierno conservador, que está forzando a toda la república a ingresar en el socialismo, sólo por fastidiar y entristecer a un partido medio.

Hace muchas generaciones que soy argentino; formulo sin alegría estas quejas.

Negrismo y negritud

NEGRISMO Y NEGRITUD: a) «¡El enemigo del negro es el negro!» (1924).—b) «La cuestión del negro» (1929).—c) Fernando Ortiz, «Ni racismos ni xenofobias» (1929).—d) Nicolás Guillén, «Prólogo a *Sóngoro Cosongo*» (1931).—e) «Comunicado del *Frente Negro Brasileño*» (1932).—f) «Hablando con Don Luis Palés Matos» (1932).—g) Fernando Ortiz, Nicolás Guillén *et alia.* «Contra los racismos» (1936).

La discusión de la temática negrista en la cultura latinoamericana de los años 20 exige algunas aclaraciones preliminares. Primero, el *negrismo* como manifestación específicamente literaria poco tiene que ver con la *negritud,* término que engloba a los movimientos surgidos en los años 30 para reivindicar los derechos de los negros. Segundo, el negrismo no se configura como un movimiento estético organizado, regido por manifiestos o propuestas teóricas, análogo a los *ismos* de la década (futurismo, expresionismo, dadaísmo, cubismo, etc.)[1].

A pesar de eso, no deja de haber puntos de contacto entre el negrismo y ciertos procedimientos característicos de la vanguardia europea. La búsqueda del exotismo, la introducción de una estética basada en la plástica de los fetiches africanos o de las máscaras

---

[1] Igualmente, Ramón Gómez de la Serna le dedicó al negrismo un capítulo entero de su famoso *Ismos* (Buenos Aires, Poseidón, 1943, págs. 123-136, 1.ª ed., 1931). Probablemente inspirado en las reflexiones de Apollinaire, que es mencionado en el texto, Gómez de la Serna se atiene a las relaciones que el cubismo mantiene con el arte primitivo africano. Cita también a dos hispanoamericanos: Diego Rivera, cuyo óleo de Ramón serviría de tapa para la primera edición de *Ismos,* y Oliverio Girondo, que poseía una bella escultura africana. Al final del ensayo encontramos diversas greguerías «negristas».

polinesias y el regreso a los elementos primitivos de la cultura son algunos de los factores determinantes de las nuevas reglas de composición de la vanguardia parisiense de las primeras décadas del siglo. En la misma época se publican importantes estudios sobre las culturas primitivas (Tylor, Frazer, Lévy-Bruhl y Freud), así como las fundamentales investigaciones del etnólogo Leo Frobenius, especializado en las culturas africanas. Picasso, Vlaminck, Braque, Brancusi, Klee, Giacometti y Modigliani apenas son algunos de los artistas plásticos que recurrieron al primitivismo negro como fuente de temas y formas.

La literatura europea sigue esta huella abierta por las artes plásticas y también empieza a explorar la nueva temática: Apollinaire es el teórico que, al reflexionar sobre los efectos del arte africano en el cubismo, divulga y consolida la importancia de aquélla[2]. Gertrude Stein inaugura la prosa de vanguardia de temática negrista con su cuento *Melanctha* (1909). Blaise Cendrars, en su *Anthologie nègre* (1921) de gran difusión en la época, hizo una compilación de leyendas, mitos, cuentos y poemas africanos, llegando a afirmar en el prólogo que «el estudio de las razas primitivas es uno de los conocimientos más indispensables para la historia del espíritu humano...»[3]. André Gide narra sus experiencias en *Voyage au Congo* (1927). Paul Morand contribuye con *Magie noire* y *Paris Tombouctou,* ambos de 1928. Este último libro, escrito en la tradición de los diarios de viaje, reduce el negrismo a su aspecto turístico, y hasta es ilustrado con un mapa del África hecho por el propio autor, quien comenta[4]:

> Convencido de que el turismo, en cuestión de pocos años, va a desarrollarse en el África Occidental Francesa, me parece que estas notas podrían, en ausencia de un guía africano, ser útiles a aquellos que no son comerciantes, ni funcionarios, ni viajantes de comercio, ni cazadores de marfil, ni soldados... sino, solamente, aficionados a los viajes.

A la fascinación de la temática negrista no escaparían ni siquiera los surrealistas, como, por ejemplo, Philippe Soupault que, en 1929, escribió *La nègre.*

De inmediato se advierte que el negrismo, como tema de la vanguardia, constituye un repertorio importado, desvinculado de una realidad vivenciada. Se trata de un discurso plástico producido por una élite artística blanca y europea que incorpora la temáti-

---

[2] Ver el fundamental libro de Jean-Claude Blachère, *Le modèle nègre,* Dakar/Abidijan/Lomé, Les Nouvelles Éditions Africaines, 1981.

[3] *Anthologie nègre,* París, Éditions de la Sirène, 1921.

[4] *Paris Tombouctou,* Documentaire, París, Flammarion, 1928, pág. 8.

ca negra para divulgarla ante un público también blanco, en general, perteneciente al mismo grupo de élite cultural. Por eso, las manifestaciones artísticas europeas inspiradas en el negrismo, aunque hayan revolucionado el arte moderno, no son una tendencia ideológica de fondo liberacionista. De ningún modo tienden a preservar la identidad del negro a través de su historia, o siquiera a representar un movimiento de concienciación, como ocurriría más tarde con la negritud, de carácter acentuadamente político[5]. En una época en que los valores europeos entran en crisis, los elementos de la cultura africana incorporados a la literatura europea quedan reducidos a ambientes y sonidos, a la descripción del negro por lo que tiene de exótico, a la mitología de su sensualidad y a la nostalgia de un universo primitivo. (Paul Gauguin, probablemente, sea el mejor representante, en las artes plásticas, de este último aspecto.)

Los escritores latinoamericanos no tardan en producir su versión de la literatura negrista bajo variados nombres: poesía afrocubana, poesía afroantillana, poesía negra, mulata, poesía negroide, poesía negrista. En 1923, en una conferencia en la Sorbonne, Oswald de Andrade observa que, si para el europeo el negro no pasa de ser un elemento exótico, para el brasileño «el negro es un elemento realista»[6]. Pocos años después, el crítico uruguayo Alberto Zum Felde haría una afirmación semejante: «...el negro es exótico en Francia, pero aquí, en la Plata, es nativo. Es tan nativo aquí como el indio o el gaucho»[7]. Sin embargo, merecen crédito los europeos, pues, irónicamente, en una especie de efecto *boomerang,* ellos son los que llevan a los escritores latinoamericanos a reconocer la existencia del negro.

Dice Antonio Candido[8]:

---

[5] Eso no significa que sea imposible establecer vínculos entre el negrismo estetizante de los años 20 y el movimiento político de la negritud que se iniciaba allá por fines de la década del 30. En una entrevista a Aimé Césaire, su entrevistador, René Depestre, dice: «Ha habido también un movimiento anterior a la negritud propiamente dicha, como se ha manifestado entre las dos guerras, un movimiento, si quieres, de la *prenegritud,* que veo en el interés por el arte africano que se podía observar entre los pintores europeos. ¿Ves tú una relación entre ese interés manifestado por los artistas de Europa y la toma de conciencia de los negros?» «Seguro. Ese movimiento es también uno de los componentes de nuestra toma de conciencia», en «Sonia Aratán, René Depestre / con Aimé Césaire», en *Casa de las Américas* 9 (julio-agosto, 1968), pág. 142.

[6] «L'effort intellectuel du Brésil contemporain», *Revue de l'Amérique Latine* 5 (mayo-agosto, 1923), pág. 200.

[7] *Proceso intelectual del uruguay,* vol. 3, Montevideo, Librosur, 1985, pág. 161, 1.a ed., 1930.

[8] «Literatura e cultura de 1900 a 1945», en *Literatura e sociedade,* San Pablo, Companhia Editora Nacional, 1973, pág. 121, 1.a ed., 1965.

Ahora bien, en el Brasil las culturas primitivas se mezclan en la vida cotidiana o son reminiscencias aún vivas de un pasado reciente. Las terribles osadías de un Picasso, de un Brancusi, de un Max Jacob, de un Tristan Tzara, en el fondo, eran más coherentes con nuestra herencia cultural que con la de ellos.

El proceso será análogo en los países con fuerte herencia africana, como es el caso de las Antillas, del Brasil e, inclusive, del Uruguay. Sorprendentemente, la búsqueda de una expresión negra es un proyecto que termina atrayendo más a los autores blancos que a los escritores de ascendencia africana[9]. Entre los nombres más destacados se encuentra el puertorriqueño Luis Palés Matos, cuyo libro más conocido es *Tun tún de pasa y grifería* (1924-1937). Palés Matos usa frecuentemente versos con hemistiquios de seis sílabas, enfatizando los sonidos y los ritos africanos[10]:

> [...]
> Calabó y bambú.
> Bambú y calabó.

---

[9] La lista de los autores que exploraron la temática negrista en América Latina en los años 20 es mucho más extensa de lo que muestra este ensayo, en el cual apenas se mencionan los nombres más representativos en el campo de la poesía. Sin embargo, debe hacerse una excepción con la novela *¡Ecue-Yamba-O!* de Alejo Carpentier, publicada en Madrid en 1933. Hay varias antologías que dan una visión continental del tema. Emilio Ballagas, *Antología de la poesía negra hispanoamericana*, Madrid, Aguilar, 1935; Ildefonso Pereda Valdés, *Antología de la poesía negra americana*, Santiago, Ercilla, 1936; Emilio Ballagas, *Mapa de la poesía negra americana*, Buenos Aires, Pleamar, 1946; Simón Latino, *Antología de la poesía negra latinoamericana*, Buenos Aires, Nuestra América, 1963; y Luis Morales, *Poesía afroantillana y negrista*, Río Piedras, Universidad de Puerto Rico, 1981.

[10] Jean-Claude Blachère, en la obra citada (pág. 8), llama la atención sobre el primitivismo lingüístico que los antropólogos de fines de siglo miraban con cierto prejuicio, pero que los poetas de la vanguardia parisiense aprovecharon como elemento de renovación del lenguaje poético: «Lucien Lévy-Bruhl también enfatiza en sus obras, lo que él imagina como un trazo constante de las lenguas arcaicas: "Entre los primitivos, el pensamiento y la lengua tienen un carácter exclusivamente concreto" (Lévy-Bruhl, *La mentalité primitive*, pág. 506). Nosotros, en muchas ocasiones, tuvimos la oportunidad de destacar la fertilidad de esta opción (aparentemente avalada por la ciencia de su tiempo) en poetas ansiosos por definir un nuevo lenguaje poético. En Cendrars, tanto como en Tzara, encontraremos trazos evidentes de este primitivismo lingüístico.» Adviértase que, en un momento dado del Manifiesto Antropófago, Oswald de Andrade dijo: «Somos concretistas.» En ese mismo manifiesto, se realza la mención de Lévy-Bruhl. La afirmación de Oswald probablemente se fundamenta en el pensamiento del filósofo francés, refiriéndose esa «concretud» a un habla más esencial, liberada de las normas académicas. En *Poesia Pau Brasil* se encuentran varios ejemplos del habla del negro, a propósito opuesta al habla académica. Ver, especialmente, «vício na fala», «o gramático», «o capoeira», y «pronominais».

> El Gran Cocoroco dice: tu-cu-tú.
> La Gran Cocoroca dice: to-co-tó.
> Es el sol de hierro que arde en Tombuctú.
> [...]
>
> («Danza negra»)

En el mismo poema, Palés Matos pone de relieve la importancia geográfica de la raza negra y los vínculos entre el África y las Antillas:

> [...]
> Pasan tierras rojas, islas de betún:
> Haití, Martinica, Congo, Camerún;
> las papiamentosas antillas del ron
> y las patualesas islas del volcán,
> que en el grave son
> del canto se dan.
> [...]

Varios poetas introducen la temática afroantillana en Cuba: Ramón Guirao, Nicolás Guillén, Emilio Ballagas, Gómez Kemp y José Zacarías Tallet. El más famoso de ellos es Nicolás Guillén, especialmente por *Motivos del son* (1930), *Sóngoro cosongo* (1931) y *West Indies, Ltd.* (1934). El primero de estos libros se compone de ocho poemas que reproducen el habla del negro, donde, generalmente, la «s» y otras consonantes finales se eliminan, la «v» es sustituida por la «b», etc. Este proyecto se acerca bastante a los intentos iniciados muchos años antes por Borges para «argentinizar» el castellano y por Mário de Andrade al proponer una lengua «brasileña». En todos prevalece el deseo de aproximar la lengua oral a la escrita:

> [...]
> Camina, negra, y no yore,
> be p'ayá;
> camina, y no yore, negra,
> ben p'acá;
> camina, negra, camina,
> ¡que hay que tené boluntá!
> [...]
>
> («Hay que tené boluntá»)

A partir de su segundo libro, *Sóngoro cosongo* (1931), crece la fama de Guillén. En él, el poeta cubano abandona parcialmente las formas oralizantes, optando por un lenguaje más castellano. Guillén formula un proyecto estético e ideológico para la poesía mediante la temática mestiza y el sincretismo religioso (cristiano/yoruba):

620

[...]
En esta tierra, mulata
de africano y español
(Santa Bárbara de un lado,
del otro lado, Changó).
[...]

(«La canción del bongó»)

La propuesta aparece claramente expuesta en el prólogo del libro, uno de los raros documentos, si no el único, en defensa de la poesía mestiza. Guillén reconoce estar escribiendo una poesía del pueblo cubano, denominándola de «versos mulatos», puesto que «el espíritu de Cuba es mestizo». El poeta consigue mantenerse distante del aspecto turístico del negrismo y acaba atribuyendo a éste coherencia histórica. Pocos escritores son tan consistentes en su producción y en el proyecto de una literatura mestiza: un poeta mulato, una poesía mulata, un país mulato[11].

La poesía negrista brasileña tuvo en Raul Bopp su mejor representante. El autor de *Cobra Norato* (1931) permanece, a lo largo de su obra, fiel a la búsqueda de una expresión telúrica y nacionalista. En el prefacio a *Urucungo. Poemas negros,* escrito en 1932, Raul Bopp expone sus intenciones[12]:

> Ahora saco estos pedazos negros que están como esclavos hace muchos años escondidos en el fondo de la maleta. Revolví unos y otros para desarrugarlos. La mayor parte de la negrada es de 1922, 23, 24. Esotéricamente, yo tenía la intención de hacer un libro «urucungo», solo del gemido de negro. Una parte: África; prehistórica, sexual y mística. Otra parte, con el cautiverio, unos pedazos de cultivos, etc. Después unas cosas cabalísticas (sambas y macumbas) y al final una sesioncita de «chorados» [lloros] y «cata piolhos» [matapiojos] que son una especie de canciones de cuna.

Aunque publicado en 1932, la concepción y la composición del libro se remontan exactamente a la Semana del 22, cuando la mayo-

---

[11] Esta afirmación da margen para la siguiente discusión: ¿es una poesía de temática negra, escrita por un poeta negro, más representativa de la negritud que la escrita por un blanco? O, ¿será, la obra de los escritores blancos, como Palés Matos y Emilio Ballagas, menos negra o menos mestiza que la poesía de Guillén? Los resultados demuestran que la calidad de la poesía no depende necesariamente del color de la piel del escritor. Una discusión extensiva del tema puede encontrarse en los artículos de Fernando Ortiz, «Más acerca de la poesía mulata. Escorzos para su estudio», en *Revista Bimestre Cubana* 37 (1.º sem. 1935), págs. 23-39 y 439-443.

[12] Río de Janeiro, Ariel, 1932, pág. 8.

621

ría de los modernistas, incluso el mismo Raul Bopp, buscaban identificar la brasilidad en el indio antropófago. En tal sentido, Bopp sobresale entre sus compañeros vanguardistas: además de tratar de definir la brasilidad a través del tema negro, se advierten, ya en el prefacio a *Urucungo,* formas altamente coloquiales, propias del proyecto modernista. El libro se compone de veinte poemas, la mayor parte en verso libre. Prevalece la nostalgia por los antepasados a través de las leyendas africanas («Cata piolho do rei Congo») y de las tradiciones negras («Marabaxo», «Mãe Preta»[13]), a veces entremezclados con rituales cristianos («São Benedito»). Hay poemas incluso altamente narrativos («Dona Chica» y «Romance nº 2»). El humor, propio del modernismo, aparece justamente en las formas coloquiales. El uso abundante de la onomatopeya retoma una constante en la representación de poética de la poesía negra de América Latina: *Bum, Qui-ti-bum- Qui-tibun Bum-bum* («Marabaxo»), o en el refrán *Aratabá-becúm / Aratabá-becúm* («Casos da Negra Velha»).

A pesar de que también quería que su poesía fuera instrumento de denuncia de las arbitrariedades que se cometían con los negros, Raul Bopp no se libera completamente de los arquetípicos prejuicios relativos a la sensualidad y la indolencia de la raza negra, como se puede advertir en «Marabaxo»: *Numa preguiça lasciva as fêmeas de carne sedosa, em ronda, rengueiam, bambas, num balanço lento.* [Con una pereza lasciva las hembras de carne sedosa, en ronda, renguean, bamboleantes, meciéndose lentamente.]

La herencia de un «estilo modernista» predomina aún en poemas como «Favela (film)», cuyas metáforas visuales recuerdan de inmediato a *Poesia Pau Brasil* de Oswald de Andrade, o las metáforas ultraístas de la cámara-ojo *(camera-eye)* de Oliverio Girondo en los años veinte[14]:

A bananeira botou as tetas do lado de fora.

Lá em baixo
passa um trem de subúrbio riscando fumaça.

Na porta da venda
um negro bocejou como um túnel.

---

[13] Esclava negra cuya función era ser ama de leche. *[N. T.]*

[14] Al comentar la evolución de las imágenes en la poesía de Raul Bopp —un trayecto que va del ultraísmo al surrealismo— dice Lígia Morrone Averbuck en *Cobra Norato e a revolução Caraíba* (Río de Janeiro, José Olympio/Instituto Nacional do Livro, 1985, pág. 148): «En la poesía de Bopp, la existencia de una vertiente dirigida a la "espacialidad" puede verificarse por igual en una construcción metafórica de tipo concreto, visual, arquitectónico.»

[La bananera echó las tetas del lado de afuera.
Allá abajo pasa un tren de suburbio dibujando humareda.
En la puerta de la tienda
un negro bostezó como un túnel.]

Jorge de Lima, geográficamente distante del modernismo paulista y carioca, también representa a la corriente negrista. Aunque
sus *Poemas negros* (1947) se destacan nítidamente en el corpus de
su obra, ya a fines de los años 20 había comenzado a publicar poemas de temática negrista. En el libro *Poemas* (1927), «Xangó» es
un ejemplo del uso del lenguaje primitivo y los efectos onomatopé-
yicos y de sincretismo religioso que cultivaba el poeta alagoano:

[...]	[...]
São Marcos, São Marcos	[San Marcos, San Marcos
com o signo de Salomão	con el signo de Salomón
com Oghum Chila na mão	con Ogum Chila en la mano
com tres cruzes no surrão	con tres cruces en el zurrón
S. Cosme! S. Damião!	¡S. Cosme! ¡S. Damián!
Credo	Credo
Oxum-Nila	Oxum-Nila
Amen.	Amén.]

Su poema más conocido, pronto traducido al castellano, «Essa negra Fulô» pertenece al libro *Novos poemas* (1929), en el cual explo-
ta el paisaje afro («Serra da barriga»), la cocina afrobrasileña («Comidas») y las historias de esclavos («Madorna de Iaiá»). Jorge de
Lima rememora las narraciones de su infancia, haciendo presente
la herencia negra del brasileño. De ese modo se aparta del peligro
del exotismo fácil del poeta blanco que opta por escribir poesía de
tema negrista:

O Fulô! O Fulô!¹⁵	[¡Oh. Fuló! ¡Oh, Fuló!
(era a fala da Sinhá)	(Era la voz de su ama)
vem me ajudar, ó Fulô,	ven a ayudarme, Fuló,
vem me abanar	ven a abanicarme el cuerpo
que eu estou suada, Fulô!	que estoy sudando, Fuló,
vem coçar minha coceira,	ven, ráscame los picores,
vem me catar cafuné,	ven a quitarme las liendres,
vem balançar minha rede,	ven a mecerme en la red,
vem me contar uma história,	ven y cuéntame una historia
que eu estou com sono, Fulô!	que tengo sueño, Fuló!
Essa negra Fulô!	¡Esa negra Fuló!]
	[trad. Ángel Crespo]

---

15 Corrupción de *flor* en el habla de los negros *[N. T.]*

El uso de la anáfora en el imperativo («vem») reproduce y refuerza la dialéctica de la relación amo/esclavo. El verso breve y el uso del estribillo «Essa negra Fulô» dan el tono coloquial propio del proyecto de la poesía modernista.

En los «Poemas da negra» (1929) de Mário de Andrade, escritos un año después de *Macunaíma,* la temática negrista es casi imperceptible, si no fuese por el título de la colección. Son doce poemas líricos, dirigidos a la mujer, donde el elemento negro aparece bastante diluido en la retórica romántica e idealizada del texto:

[...]
É a escureza suave que vem de você, que se dissolve em mim.
[...]

[Es la oscuridad suave que viene de ti, que se disuelve en mí.]

(Poema III, *Remate de males*)

A pesar del origen negro de Mário de Andrade y de su constante preocupación por definir el «carácter brasileño» no se encuentran en su poesía los temas y sonidos afrobrasileños como sucede con Jorge de Lima[16]. Veamos las palabras de David Brookshaw[17]:

> [...] la contribución más significativa de la fase «primitivista» de los años veinte, finalmente, fue verificar que el potencial cultural y la originalidad brasileña no están ni en la tradición amerindia ni en la afrobrasileña, sino en una combinación de las dos, conjuntamente con la tradición portuguesa. Si el Brasil debiese volverse racialmente más blanco, las bases culturales del país igualmente estarían establecidas por la herencia de las tres razas, resultando de eso una nueva y sincrética cultura brasileña. Esto es lo que el mestizaje significaba para los modernistas y Mário de Andrade fue su exponente más lógico y coherente.

Finalmente, pero no de menor importancia, es el uruguayo Ildefonso Pereda Valdés, uno de los pioneros de la literatura negrista en América del Sur. Los dos libros que dedicó a la poesía ne-

---

[16] Roger Bastide, en *A poesia afro-brasileira* (San Pablo, Martins, 1943) no incluye a los modernistas en sus consideraciones. Pero igualmente dice: «Sería, al mismo tiempo, un error grave creer que no existe una poesía afrobrasileña, con sus características propias, sus signos distintivos y sus descubrimientos líricos. Sólo que el África no es el asunto aparente. Ella está, como la filigrana, inscripta en la transparencia del papel, en la textura, en la trama de la obra escrita, en el segundo plano de los sentimientos expresados y su música se oye en sordina, resonancia lejana y sutil, en cada pausa del verso o de la estrofa.»
[17] *Raça e cor na literatura brasileira,* Porto Alegre, Mercado Aberto, pág. 84.

grista son *La guitarra de los negros* (1926) y *Raza negra* (1929). A diferencia de los autores mencionados, Pereda Valdés dedicó gran parte de su obra al estudio de las tradiciones negras, tanto del Uruguay como de otras partes. Inspirado en las obras de Nina Rodrigues, Arthur Ramos, Gilberto Freyre y Mário de Andrade, con quien mantuvo correspondencia, Pereda Valdés es un precursor de la investigación antropológica del negro en el Uruguay con sus libros: *Línea de color. Ensayos afroamericanos* (1938), *El negro rioplatense y otros ensayos* (1937) y *Negros esclavos y negros libres* (1941). Profundo conocedor de la literatura negra, también compiló una *Antología de la poesía negra americana* (1936). Esta obra cubre el ámbito continental, presentando a los mejores poetas negros norteamericanos, de la poesía antillana y también de la brasileña. Pereda Valdés se vinculó en los años 20 con el movimiento martinfierrista de Buenos Aires y en los años 30 hizo varios viajes al Brasil, llegando a publicar poemas en varias revistas modernistas.

NEGRITUD

Aunque la *negritud* sea un concepto polémico, difundido en los años 30 por Aimé Césaire y Leopold Senghor, en esta antología optamos por el empleo de tal denominación para señalar las manifestaciones ideológicas que tratan de la identidad del negro, así como de las reivindicaciones políticas de las décadas del 20 y del 30, especialmente en Cuba y el Brasil. Por lo tanto no debe confundirse con el *negrismo*. Según Roger Bastide[18]:

> La negritud, al principio, fue la toma de conciencia de la originalidad del pensamiento africano y el descubrimiento de una nueva nobleza. Desde ese punto de vista, en su origen, la negritud reúne los fenómenos que la antropología cultural norteamericana designó con el nombre de contra-aculturación. En suma, es el periodo de los primeros poemas de Senghor.

En Cuba, como en el Brasil, hacia los fines de la década del 20 y especialmente en la década del 30, surgieron manifestaciones políticas muy concretas en defensa de los derechos de los negros. La fundación del Partido Comunista cubano en 1925 contribuyó a la formación de una conciencia de clase, aglutinando a negros y blancos

---

[18] *Apud* Miriam Nicolau Ferrara, *A imprensa negra paulista* (1915-1963). Tesis de maestría, San Pablo, Faculdade de Filosofia Letras e Ciências Humanas/ Universidade de São Paulo, 1981, pág. 8.

en la reivindicación de sus prerrogativas. De ese movimiento resulta un progresivo abandono de la idea de «raza» y al mismo tiempo una mayor difusión del concepto de «cultura cubana», en la cual el negro pasa a ser considerado como miembro de una clase social.

Cabe a dos hombres la primacía por los derechos de los negros en Cuba: son Fernando Ortiz y Nicolás Guillén. Antropólogo y jurista, Ortiz es responsable de una inmensa producción intelectual. Autor de libros fundamentales sobre la cultura negra *(Hampa afrocubana, Glosario de afronegrismos, Los negros brujos, Los esclavos negros, Los negros cubanos* y el clásico *Ensayos etnográficos),* fue director de varias asociaciones y de revistas importantes dedicadas el tema del negro, en especial la *Revista Bimestre Cubana.* Sus obras se introducen en las tradiciones africanas, en una tentativa de recuperar los vínculos perdidos con las culturas originales de las distintas etnias negras. Fernando Ortiz ayudó más que nadie a crear una conciencia del valor de la cultura afrocubana, en un país cuya población incluye una porción sustancial de negros y mulatos, promoviendo el estudio de las lenguas, las religiones, las tradiciones y la literatura de origen afrocubano «en aquella Babel africana que en Cuba creó la trata negrera»[19].

En noviembre de 1928, en visita oficial a España, Ortiz pronunció en el restaurante Lhardy de Madrid, la conferencia «Ni racismos ni xenofobias», un texto de gran interés conceptual, que traslada el énfasis del concepto de «raza» hacia el de «cultura». En aquellos momentos, Cuba y España vivían bajo dictaduras, las de Gerardo Machado y Primo de Rivera, respectivamente. Ortiz sostuvo una posición política radical y plena de coraje, principalmente en un país obligado a conmemorar el Día de la Raza (justamente el 12 de octubre, un mes antes de la conferencia) y en una época en que aún no había contestación para el argumento oficial en favor del «papel benéfico» de España en la conquista y colonización de América. La conferencia provocó reacciones inmediatas. Una de ellas, bastante conservadora, niega la validez de los conceptos de «raza» y de «cultura» y apela a la religión como elemento unificador de América y España. La importante *Revista Bimestre Cubana,* de la cual Fernando Ortiz fue director, publicó no sólo la conferencia, sino todos los artículos derivados de ella en los periódicos madrileños de la época[20].

[19] Fernando Ortiz, «Los afronegrismos de nuestro lenguaje», en *Revista Bimestre Cubana* 17 (noviembre-diciembre, 1922), pág. 326. Este artículo demuestra cómo el español colonizador, además del total desinterés por las lenguas y culturas africanas, fue responsable de la desaparición de ellas.

[20] *Revista Bimestre Cubana* 24 (1929), págs. 25-50, 570-576 y 716-720.

También merece ser destacado Nicolás Guillén, actualmente muy conocido por su poesía. Pues, en 1929, antes de publicar *Motivos del son* (1930), su primer libro de «poesía mulata», Guillén tuvo importante papel como periodista al publicar una serie de artículos en «Ideales de una raza», página negra del suplemento dominical del *Diario de la Marina.* «Por primera vez en Cuba, se planteaban en un diario importante e influyente, los problemas del negro, sin eufemismos, con franqueza. El negro podía asomarse a una tribuna a protestar por su preterición, a reclamar el reconocimiento efectivo de sus derechos civiles y sociales», comenta el crítico Ángel Augier[21]. A diferencia del Brasil, no existían en Cuba periódicos negros, como *O Clarim da Alvorada.* Por eso, el recurso de un suplemento dominical en el diario más importante de La Habana, como era el *Diario de la Marina,* a pesar de que, según Ángel Augier, era un diario extremadamente conservador. A semejanza con el Brasil, la dictadura de Gerardo Machado (1925-1933) terminó con todas las reivindicaciones, tal como la dictadura de Getúlio Vargas puso fin al primer partido político formado por los negros brasileños.

Esa primera etapa en el interés por el tema de los negros se consolidará en diciembre de 1936 con la fundación de la Sociedad de Estudios Afrocubanos, que tiene a Fernando Ortiz como presidente y a Nicolás Guillén como vicepresidente. Además de los estatutos de esa asociación, ambos escriben «Contra los racismos», una especie de manifiesto contra los prejuicios raciales, que fue firmado en adhesión por un gran número de intelectuales. El texto alertaba sobre los peligros del racismo que, ante el ascenso del nazismo, se encontraba en franca evolución en Europa: «Toda la humanidad está sufriendo profundamente por la absurda prédica de los odios raciales»[22]. En el texto también se hace un sumario histórico que, partiendo del siglo XVI, muestra las razones que llevan a la inferioridad social del negro en Cuba.

Con elegancia y sin exageraciones, el texto hace un llamado («a la integración nacional definitiva»). Teniendo en cuenta la «recíproca interpenetración racial», se advierte una voluntad de estudio y observación de las especificidades de la cultura negra, pero en última instancia, prevalece el ideal del «color cubano», como

---

[21] *Nicolás Guillén. Estudio biográfico-crítico,* La Habana, Unión de Escritores y Artistas de Cuba, 1984, pág. 89.

[22] En 1935, ocurrió un proceso análogo en el Brasil, cuando apareció el Manifiesto de los Intelectuales Brasileños contra el Prejuicio Racial, firmado, entre otros, por Roquette Pinto, Arthur Ramos y Gilberto Freyre y reproducido en Arthur Ramos, *Guerra e relações de raça,* Río de Janeiro, Editora da União Nacional dos Estudantes, 1943, págs. 171-174.

diría Guillén. Esta voluntad de fusión, de alguna manera, recibe los ecos de la «raza cósmica» de José Vasconcelos.

La prohibición del tráfico de esclavos se dio en 1850 y la abolición de la esclavitud en 1888, pero fue en los años 20 cuando los negros brasileños comenzaron a buscar su identidad racial y a luchar por sus derechos en una sociedad impregnada de una retórica que negaba la misma existencia del prejuicio racial en el Brasil[23]. En esa época se inician ciertos procesos de desenmascaramiento que acaban por repercutir en diferentes áreas culturales, constituyendo las primeras manifestaciones de afirmación de la cultura y de los derechos civiles de negros y mulatos en el país. Esa concientización incipiente de los negros como clase se da principalmente en São Paulo, mediante la creación de gremios y de periódicos dedicados a sus problemas y reivindicaciones. Al respecto escriben Renato Jardim Moreira y José Correia Leite[24]:

> Desde 1915 se venían fundando organizaciones de negros que resultaban desvirtuadas al convertirse en bailes. El hecho es que la finalidad de esas entidades no era de aglutinación de la raza, sino más bien cultural y benéfica. Así se fundaron de 1918 a 1924, la *Sociedade Beneficiente 13 de Maio,* el *Grêmio Recreativo e Cultural,* y otras más. Constituye una excepción para la época, el *Grêmio Recreativo Kosmos,* que realizó un programa educativo, tuvo un grupo dramático y un periódico que publicaba noticias sociales y ensayos literarios.

El primer periódico negro paulista, *O Menelick* (dirigido por Deocleciano Nascimento), es de 1915, pero sólo en la década del 20 el vehículo periodístico se transformó en instrumento de reivindicación social[25]. En este sentido, *O Clarim da Alvorada* es, tal vez una de las voces más elocuentes de la época. «Aparecido en enero de 1924 con pretensiones puramente literarias, se convirtió un año después en un periódico doctrinario y de lucha, forzado por las co-

---

[23] Treinta años después de la abolición de la esclavitud aún se encuentran opiniones como la de A. Oliveira, expuesta en un artículo aparecido en el periódico paulista *O Alfinete (apud* Florestan Fernandes, *A integração do negro...,* pág. 81): «¿Mas, de qué sirvió finalmente la ley del abolicionismo en el Brasil? Únicamente para mostrar al extranjero nuestra aparente civilización, porque si ella abolió la esclavitud oficial, implantó el servilismo particular; si derribó el régimen de esclavos obligatorios impuso el de siervos voluntarios.»

[24] *Movimentos sociais no meio negro, apud* Florestan Fernandes, *op. cit.,* págs. 12-13.

[25] Roger Bastide, «A imprensa negra no Estado de São Paulo», en *Estudos afro-brasileiros,* San Pablo, Perspectiva, 1973. También la tesis de maestría de Miriam Nicolau Ferrara, *A imprensa negra paulista* (1915-1963, San Pablo, FFLCH/USP, 1981.

laboraciones que recibía», comentan Renato Jardim Moreira y José Correia Leite (este último uno de sus fundadores)[26]. En el quinto número, publicado en ocasión del aniversario de la abolición (13 de mayo de 1924), estampan un violento editorial: «O inimigo do preto é o preto»[27].

El texto, firmado por «Ejalves», es, sin duda alguna, extraordinario para su época. Basado en el marxismo, extrapola la tradicional oposición entre «negro» y «blanco» para considerar la cuestión a partir de la perspectiva de la lucha de clases: «En el Brasil hay dos clases que combaten cuerpo a cuerpo: no la *blanca* ni la *negra,* pero sí el *capital privado* y el *trabajo esclavo*»[28]. Y más adelante dice: «Somos los productores, los esclavizados, los infelices, en fin, los que trabajamos para la grandeza de la patria, pero, en primer lugar, para el enriquecimiento de media docena de explotadores privilegiados, sean blancos o negros.» De tal manera, el texto también ataca a los negros o mulatos que, por haber ascendido económica o socialmente, dejan de identificarse con los grupos reivindicatorios, desempeñando el mismo papel opresor tradicionalmente atribuido a los «blancos»: «Nosotros, los trabajadores, debemos unirnos para luchar contra los que gozan el capital privilegiado, aunque sean de nuestro color.»

El segundo texto, de 1932, es un comunicado del Frente Negro Brasileño. Esta asociación resulta ser el mayor movimiento de concientización de la causa negra en el Brasil, y según Florestan Fernandes[29]:

> El éxito inmediato [del Frente Negro Brasileño] fue asombroso. En poco tiempo contaba con miles de miembros, con un podero-

---

[26] *Movimentos sociais no meio negro,* págs. 3-4, *apud* Florestan Fernandes, *A integração do negro...,* pág. 11.

[27] En el Brasil, el término «negro» sólo tuvo consenso algunos años más tarde, en lugar de expresiones como «persona de color» o «preto». En los Estados Unidos, lo mismo que en las Antillas, la adopción de la palabra «negro» *(black)* no siguió un proceso pacífico. Aimé Césaire, fundador del movimiento de la negritud, en una entrevista dada a René Depestre, recordaba: «Como los antillanos se avergonzaban de ser negros, buscaban toda clase de perífrasis para designar a un negro. Se decía un negro, un hombre de piel morena y otras tonterías como ésas... Y entonces tomamos la palabra negro como palabra de desafío. Era un nombre desafío. Era un poco una reacción de joven encolerizado. Ya que había la vergüenza de la palabra negro, tomamos la palabra negro. Debo decir que cuando fundamos L'*Étudiant Noir,* yo quería en realidad llamarlo L'*Étudiant Nègre,* pero hubo una gran resistencia entre los antillanos...», en «Sonia Aratán, René Depestre / con Aimé Césaire», en *Casa de las Américas* 9 (julio-agosto, 1968), págs. 140-141.

[28] Muchos años más tarde, Roger Bastide haría, en *A poesia afro-brasileira* (San Pablo, Martins, 1943, pág. 135) la siguiente observación: «La raza se transformó, después de la abolición, en clase económica.»

[29] *Op. cit.,* pág. 35.

so núcleo dirigente en São Paulo y varias ramificaciones por el interior y en otros estados. A partir del 18 de marzo de 1933 mantuvo un periódico propio, *A voz da Raça,* además de poner en práctica un programa de proselitismo que nunca tuvo paralelo con otros intentos ulteriores.

En 1936, el frente se registró como partido político, pero fue cerrado por el golpe del Estado Novo, en 1937. El comunicado repite la denuncia contra el racismo vigente, retomando la ardua lucha en contra del preconcepto de que en el Brasil no hay prejuicios:

> la irritante afirmación de que, *en este Brasil que es nuestro,* no existe el prejuicio de raza. Tal afirmación parece fruto de la ignorancia, pues es lo mismo que, en un día de sol abrasante, tratar de hacer sombra con un tamiz [subrayado del autor].

La historia de estos movimientos fue estudiada por Florestan Fernandes, Octávio Ianni, Fernando Henrique Cardoso, Thomas Skidmore y otros. Por el momento vale la pena mencionar los motivos del fracaso de este movimiento en desnudar lo que Florestan Fernandes denomina «el mito de la democracia racial». En primer lugar, el movimiento tiene un carácter integracionista: los negros querían incorporarse a la misma sociedad blanca que durante décadas trató de negar la existencia del prejuicio racial, esperanzada, a su vez, en la fusión étnica «blanqueadora»[30]. En segundo lugar, al llevar adelante lo que se consideraba como una «Segunda Abolición», el movimiento sólo tuvo el apoyo de una parte limitada de la población negra. Y finalmente, las divergencias profundas, por ejemplo, entre *O Clarim da Alvorada* y *A Voz da Raça,* órgano oficial del Frente Negro Brasileño, no sólo no facilitaron las cosas, sino que, sin duda, debilitaron el movimiento como un todo. De todas maneras, es interesante destacar que estos movimientos, iniciados en la segunda mitad de la década del 20, alcanzaron su auge en los años 30, justamente la época en que se acentuaron las cues-

---

[30] Thomas Skidmore, «The whitening ideal after scientific racism», en *Black into white,* Nueva York, Oxford Univesity Press, 1974, págs. 173-218. Respecto de la cuestión del blanqueamiento de la raza negra, vale la pena transcribir la siguiente observación: «Miguel Pereira y Belisario Pena afirmaron que el Brasil es un vasto hospital. Y nosotros no tememos afirmar que ese vasto hospital deriva de la enfermedad más grave, que es el prejuicio de raza y de color, en fin, el dolor de la mentalidad de nuestros dirigentes, dejando que perezca toda una gente que es necesario que sea sustituida, porque es mestiza, porque es negra y deberá ser blanca, cueste lo que cueste, incluso a costa del debilitamiento del Brasil, por la ralea del arianismo internacional inmigrado», afirma Arlindo Veiga dos Santos en el «Congresso da Mocidade Negra Brasileira. Mensagem aos Negros Brasileiros», en *O Clarim da Alvorada* 17, 9/6/1929, *apud* F. Fernandes, *op. cit.,* pág. 79.

tiones ideológicas y cuando el país se volcaba sobre los problemas sociales.

¡EL ENEMIGO DEL NEGRO ES EL NEGRO!*

EJALVES

Leyendo uno de los últimos números de *Getulino*, órgano de los hombres negros de Campinas, para la defensa de esa clase, un artículo en bastardilla y a doble espacio, lo que evidentemente demuestra su valor no sólo por el hecho de ser su autor un conocido periodista paulista, uno de los redactores de la *Folha da Noite*, sino también por su sustanciosa demostración.

A pesar de que ya han salido diversos periódicos de la clase, algunos, lamentablemente, de muy breve existencia, parece que hasta ahora no ha sido ventilado este tema de acuerdo con su real importancia.

Bien dice Moacyr Marques en su artículo, al agradecer el envío de un ejemplar de *Getulino*, que, por lo leído, encontraba que sus hermanos de Campinas aún no habían descubierto el punto en que se revela nuestro problema.

—En el Brasil hay dos clases que combaten cuerpo a cuerpo, mas no son la *blanca* y la *negra*, sino el *capital privilegiado* y el *trabajo esclavo*.

Es necesario que nosotros, los negros, nos olvidemos del color y pensemos que somos los productores, los esclavizados, los infelices, en fin, que somos lo que trabajamos para la grandeza de la patria, pero, en primer lugar, para el enriquecimiento de media docena de explotadores privilegiados, sean blancos o negros.

Puede que el lector diga: ¡Qué exageración decir que hay explotadores privilegiados negros! Y bien digo, porque si acaso existiese, tratará por todos los medios de probar que aunque sea negro, por la piel no puede negarlo, es extranjero o hijo de extranjero, así que no se mezclará (con raras excepciones).

Por experiencia hablo así, porque, a pesar de que puede no existir ni un explotador negro en esta Capital que represente a nuestro enemigo, conozco algunos negros que sólo por tener un empleíto público e incluso particular, o poseer algunos bienes, ya tratan de escapar de sus hermanos negros; muchas veces, empleados de la misma repartición, sólo por el hecho de ser inferiores en categoría, se amigan con los blan-

---

* Publicado en *O Clarim da Alvorada* 5, de 13/5/1924.

cos, amarillos, etc., basta con que sean de igual o mejor posición, instigando muchas veces a otros, casi siempre blancos, que suelen convivir bien en sociedad de los negros más simples, hablando de esta forma: ¡Fulano!, deje a los negros, no se meta con ellos, nada se puede conseguir; ¿acaso ellos algo que consiguen no lo deben a esa desgraciada clase que es la explotada?

Esto que acabo de afirmar, de que *el enemigo del negro es el propio negro*, se verifica hasta en el mismo seno de la familia, entre hermanos legítimos.

Por eso, nosotros los trabajadores debemos unirnos para luchar contra los que gozan el capital privilegiado, aunque sean de nuestro color.

Debemos luchar contra todos los que construyen su riqueza con las piedras de nuestras miserias, que nos dan a ganar el pan y nos chupan la sangre, y más todavía, nos chupan la leche con que amamantamos a nuestros hijos, y nos dan casa para vivir cobrando precios exorbitantes lo que es una verdadera injusticia, ¡y todo esto se practica indistintamente!...

También dice el digno redactor de la *Folha da Noite,* único órgano independiente de esta Capital, que nosotros, los trabajadores negros, debemos formar al lado de nuestros hermanos blancos, para la conquista de la libertad que no nos llegó en el 88[1] y que sólo podrá ser conquistada a golpes de pensamiento, de dedicación, de sacrificios, hasta con la propia sangre.

LA CUESTIÓN DEL NEGRO*

Una «élite» inteligente y sensitiva de la raza negra ha comenzado a diseñar un «idearium» cuyos focos parecen ser: la superación espiritual del negro, partiendo de un principio de afirmación racial, y la armonización de sus aspiraciones con las del blanco para la constitución de un ideal nacionalista único.

La «cuestión del negro» —que no [es] problema, porque el negro no ha sido un problema para el blanco ni mucho menos para la nacionalidad— está sintetizada en esos dos puntos capitales. Una generatriz de cultura y un índice de comprensión —en el fondo, de cooperación. Nunca han sido otras las bisectrices ideales de toda convergencia de familias, pueblos y razas.

Lo admirable es que sea precisamente el negro quien haya plantea-

---

[1] Fecha de la abolición de la esclavitud.
* Publicado en *Revista de Avance* 30 (enero, 1929), págs. 5-6.

do esta vez «su» cuestión en términos de limpio doctrinarismo, con un ánimo ostensible de honrada sustanciación y sin el menor viso de resentimiento o recelo. Porque antes de ahora, blancos y negros nos tenían acostumbrados a abrir la polémica de razas como válvulas de desahogo y pasioncillas y rencores, cuando no para suscitar primitivos y, por consiguiente, ya anacrónicos antagonismos étnicos. Y aun esto en forma esporádica e intrascendente, pues las reacciones más comunes han sido casi siempre un silencio vergonzante o resentido en unos y un rezongo inutalmente (*sic.*) despectivo en otros. Por apartía o pereza, el blanco se ha inhibido de modo casi sistemático del estudio y discusión de este asunto como de tantos otros del dramático cuestionario criollo. Y lo que en los hombres de tez clara ha podido ser flojedad de espíritu, en los de tez oscura ha sido orgullo o timidez estériles. Les ha faltado a unos y otros —cosa muy corriente entre nosotros— ese impudor clínico que se necesita para aplicar a las cuestiones la luz dilacerante del análisis. Es curioso cómo ahora ciertas juventudes tropicales, puestas a meterse en honduras étnicas, han preferido construirse un problema nuevo con materiales importados o de gabinete y se han movilizado para una utópica reivindicación del indio americano, como si nuestra cuestión racial tuviera un cariz siboney[1] o caribe[2] y no evidentemente afrocubano. Siempre que oímos a un cubano hablar del indoamericanismo como de cosa propia, pensamos en el complejo de ignorancia, ingenuidad y esnobismo que suele dar origen a ciertos movimientos. Más que la deificación de Hatuey[3], creemos sinceramente que debe interesarnos el conocimiento de Maceo. Los intereses de una raza que cooperó a nuestra emancipación son doblemente nuestros: primero, por un espíritu de mera solidaridad humana, fortificado por la larga convivencia; después por un sentimiento nacionalista, que arranca de las raíces mismas de la historia.

Pero importa más que sea el negro y no el blanco quien dé muestras de sensibilidad en esta cuestión. En última instancia es una cuestión de cultura y el hacer de su entidad racial una entidad cultural, con caracteres y valores genuinos, es tarea de las minorías de color, de esas que ya están «sintiendo» más que viendo el problema. Es una trayectoria de dentro a fuera la que hay que recorrer y no viceversa, como han podido pensar algunos que han visto excéntricamente la cuestión. Al blanco le toca la contribución del estímulo, de la expectación fraternalmente acogedora y, sobre todo, de la noble expeditividad.

Va todo lo dicho en el supuesto de un mutuo coeficiente de inteli-

---

[1] siboney: entre los indígenas de la época precolombina, cubano, natural de Cuba.

[2] caribe: nombre histórico de los aborígenes de Cuba.

[3] Hatuey: cacique cubano, célebre por sus luchas contra los españoles.

gencia en ambas partes. No hablamos ni para el blanco ni para el negro necio. Por encima de todas las diferencias étnicas y biológicas, los espíritus inteligentes se hacen sus guiños de comprensión.

NI RACISMOS NI XENOFOBIAS*

Fernando Ortiz

Las ideas «racistas» son, al igual, contraproducentes. El concepto de raza, que es el más sobado y de mayor ingenuidad aparente, es también, sin duda, muy perjudicial. Ante todo, porque es falso. No hay una raza hispánica, ni siquiera española. Y menos en América, donde conviven las razas más disímiles, con tal intensidad numérica que en no pocas repúblicas no es la que pudiera decirse raza hispánica la predominante. El racismo hispánico es tan nocivo en nuestros países de América como puede serlo el «racismo negro» o el «racismo indio» y aun el «nórdico» anglosajón, que también agitan algunos en aquellas tierras.

El racismo divide y es disociador, no sólo desde un punto de vista universal, que ahora no interesa tanto, sino también desde una mira estrictamente nacional, allá donde, como en nuestras repúblicas, la nacionalidad necesita robustecerse por la creciente integración patriótica de todos sus complejísimos factores raciales.

Pero entonces, preguntaréis: ¿Cómo se podrá significar el arca de ese positivo acervo de esencias espirituales que a todos los hispánicos nos corresponde en común? Fácilmente. Pensemos en que lo realmente nuestro, lo que nos pertenece troncalmente a todos, es «una misma cultura», aunque de matices variados, y en que lo único que puede vincularnos unos a otros en el porvenir para nobles y puras actividades no es sino «la cultura» en su sentido más comprensivo y supremo, sin las coloraciones parciales de tal o cual política, religión, escuela o raza.

Claro está que la voz «raza» ha sido adaptada a falta de otra absolutamente precisa para significar esa comunidad espiritual que nos une y agrupa, a veces aun en contra de nuestra premeditada voluntad, a todos los que hablamos el más bello de los lenguajes; pero ¿es que no hay otra mejor, sin vernos obligados a crear y dar acepciones sociográficas equívocas a palabras que deben ser de pura etnografía? ¿No es preferible el vocablo «cultura»?

La raza es concepto estático; la cultura, lo es dinámico.

* Publicado en *Revisa Bimestre Cubana* XXIV, 1 (enero-febrero, 1929), páginas 13-15.

La raza es un hecho; la cultura es, además, una fuerza. La raza es fría; la cultura es cálida. Por la raza sólo pueden animarse los sentimientos; por la cultura los sentimientos y las ideas. La raza hispánica es una ficción, generosa, si se quiere; pero la cultura hispánica es una realidad positiva, que no puede ser negada ni suprimida en la fluencia de la vida universal. La cultura une a todos; la raza sólo a los elegidos o a los malditos. De una cultura puede salirse para entrar en una cultura mejor, por autosuperación de la cultura nativa o por expatriación espiritual y alejamiento de ella. De su raza propia nadie puede arrepentirse; ni aun puede con su encomio propagarla, porque al extraño nunca le será dado adquirirla, ni aun en la sangre de sus hijos.

En Cuba, por ejemplo, está vigente una ley que impide la formación de partidos con propagandas racistas, porque se estima que el racismo nos llevaría a una desintegración suicida. Y si la ley impide un racismo negro, ¿podemos a la vez permitirnos otro racismo cualquiera, por superior que lo creamos? Situaciones parecidas se dan en otros países de allende, donde la idea de raza tiene significaciones demográficas, políticas, históricas y hasta económicas, que son insospechadas en España. Y no es posible ignorar esas realidades ultratlánticas, so pena de errores gravísimos, de irreparables trascendencias.

Ningún negro, ningún indio, ningún chino, ningún sajón, ningún italiano, pongamos por casos, podrá nunca sentirse atraído por un criterio étnico hispánico, entre otros motivos, porque la raza es algo congénito que no puede perderse, así como en las playas de mi tierra cubana abandonan sus conchas los macaos. ¿Imagináis algo más risible que un negro diciéndose a sí mismo «de raza española»? ¿No es claro que un hispánismo a base «de raza» ha de tener la indiferencia o la enemiga de todos aquellos que no sean hispánicos ya, por su nacimiento? En cambio, cualquiera puede incorporarse a una cultura que no sea la nativa, y el ser más etiópico o mongoloide puede llegar a sentirse y proclamarse orgulloso como de hispánica cultura, cualquiera que sea su tez. Una cultura puede atraer; una raza, no.

Y con esto ya puede darse mucho por dicho, que ahora no hay por qué decir mejor.

Centremos todas nuestras actividades concordantes en una serena, pero vigorosa aspiración superadora de cultura: así de cultura universal, a la que hemos de contribuir con aportaciones propias y a la que debemos estar medularmente incorporados para aseguramiento de nuestro provenir; como de cultura hispánica, de esa cultura fuerte y fina que a nosotros nos ha sido dada para que sea el más bello ritmo en la sinfonía de la civilización. Trabajemos juntos por la cultura propia en el seno de la universal, y por captar de todas sus floraciones las más exquisitas esencias. Si lo hacemos tened por seguro que todo lo demás nos será dado.

PRÓLOGO*

Nicolás Guillén

¿Prólogo? Sí. Prólogo...

Pero nada grave, porque estas primeras páginas deben ser frescas y verdes, como ramas jóvenes.

Realmente, yo soy partidario de colocar los prólogos al final, como si fueran epílogos. Y en todo caso, dejar los epílogos para los libros que no tengan prólogo.

Por otra parte, un prólogo ajeno tiene cierta intención provisional de cosa prestada. Después de impreso el libro, el autor que le puso al comienzo unas líneas del amigo debe vivir con el sobresalto de que éste se las pida:

—Dice Menéndez que cuando usted termine con el prólogo, se lo mande...

Y a lo mejor, es para emplearlo en otra obra. Para prestárselo a otro amigo.

Mi prólogo es mío.

Puedo decir, pues —aclarado lo anterior— que me decido a publicar una colección de poemas en virtud de tenerlos ya escritos. En esto soy un poco más honrado que ciertos autores cuando anuncian sus obras sin haber redactado una sola línea de ellas. Casi siempre, dicho anuncio aparece en el primer libro, con un título lleno de goma: «Obras en preparación.» Y enseguida, una lista que comprende varios tomos de poesías, crítica, teatro, novela... Todo un mundo de aspiraciones, pero con muy cortas alas para el vuelo.

No ignoro, desde luego, que estos versos les repugnan a muchas personas, porque ellos tratan asuntos de los negros y del pueblo. No me importa. O mejor dicho: me alegra. Eso quiere decir que espíritus tan puntiagudos no están incluidos en mi temario lírico. Son gentes buenas, además. Han arribado penosamente a la aristocracia desde la cocina, y tiemblan en cuanto ven un caldero.

Diré finalmente que éstos son unos versos mulatos. Participan acaso de los mismos elementos que entran en la composición étnica de Cuba, donde todos somos un poco níspero. ¿Duele? No lo creo. En todo caso, precisa decirlo antes de que lo vayamos a olvidar. La inyección africana en esta tierra es tan profunda, y se cruzan y entrecruzan

---

* Publicado en *Sóngoro Cosongo,* La Habana, 1931. Reproducido en *Obra poética 1922-1958,* págs. 101-102.

en nuestra bien regada hidrografía social tantas corrientes capilares, que sería trabajo de miniaturista desenredar el jeroglífico.

Opino por tanto que una poesía criolla entre nosotros no lo será de un modo cabal con olvido del negro. El negro —a mi juicio— aporta esencias muy firmes a nuestro coctel. Y las dos razas que en la Isla salen a flor de agua, distantes en lo que se ve, se tienden un garfio submarino, como esos puentes hondos que unen en secreto dos continentes. Por lo pronto, el espíritu de Cuba es mestizo. Y del espíritu hacia la piel nos vendrá el color definitivo. Algún día se dirá: «color cubano».

Estos poemas quieren adelantar ese día.

COMUNICADO DEL «FRENTE NEGRO BRASILEÑO»*

¡Ciudadanos Negros!

¡Viva la Raza!

Cada día que pasa se ve el gran triunfo de la causa sagrada de la brasileñidad integral. Los negros brasileños están conquistando, a golpes de fe, coraje y esfuerzo realizados por el «Frente», su digno lugar, el respeto que merecen dentro de la comunidad nacional. ¡Ciudadanos! ¡Nada de desaliento! ¡Alístense en el «Frente Negro Brasileño»! Traigan a sus padres, hermanos, hijos y amigos. No presten oídos a las intrigas de los despechados, de los ignorantes, y de los enemigos del negro y del Brasil. ¡Negros, únanse por nuestros derechos de trabajo, por nuestros derechos sociales y políticos! Unanse por nuestras reivindicaciones, por el Brasil que es NUESTRA TIERRA, contra las amenazas de todos los internacionalistas.

Mis hermanos Negros

Diariamente casi, observamos en los diarios de distintos puntos del Brasil, la irritante afirmación de que, en *este Brasil que es nuestro* [subrayado del autor] no existe el prejuicio de raza. Tal afirmación parece fruto de la ignorancia, pues es lo mismo que, en un día de sol abrasante tratar de hacer sombra con un tamiz. Ese prejuicio no debería existir, pero su existencia se hace patente en todos los sentidos y en diversos aspectos, no somos nosotros los que afirmamos su existencia. Leamos un fragmento del artículo publicado en la *Tribuna de Santos*, el día 8 del

---

* Publicado en *Progresso* 45, de 31/1/1932.

corriente, bajo el título «Imitando a los Estados Unidos» y con el subtítulo «Donde se ve que la Revolución de Octubre no se hizo para destruir ciertos preconceptos...»

En uno de los párrafos del referido artículo, la *Tribuna* dice lo siguiente: «Como se ve, nuestro país parece dispuesto a imitar a los Estados Unidos en su rechazo por el elemento que no tuvo la ventura de nacer con la pigmentación color de nieve. Y esto es tanto más injustificable, cuando nosotros sabemos muy bien que el pueblo brasileño, en todas sus clases, está infiltrado de sangre africana. Transportados hacia aquí los negros se constituyeron enseguida en un auxiliar precioso de los colonizadores.» Además de otras verdades, la *Tribuna de Santos* termina diciendo que: «Pretender apartar al negro de su convivencia con los blancos, es una rematada tontería, porque el portugués, la única raza blanca que domina a las demás en todo el territorio brasileño, haciendo sentir su influencia marcada en todos los núcleos humanos de nuestro inmenso país, no tuvo aquí el sentimiento selectivo que los puritanos transmitieron a sus descendientes en América del Norte. Esta es la verdadera historia en su cristalina transparencia. El coronel Rabelo, que por su ideología positivista sabe que la raza negra fue altamente situada por Augusto Comte, que en ella veneró la constancia afectiva, va a proceder en este caso, y *es lo que todos esperan* [subrayado del autor] con un inflexible criterio de justicia y escudado en los primorosos postulados del fundador de la Religión de la Humanidad.»

HABLANDO CON DON LUIS PALÉS MATOS*

[...]
Nosotros, en la Antillas, como punto de partida podríamos tomar a Llorens Torres y a los poetas cubanos Guillén y Ballagas. Estos poetas, con manera personal y distinta, han levantado el andamiaje ideal de una poesía típicamente antillana y están llevando nuestro verso a sus cauces lógicos y naturales. Llorens, sin embargo, se limita a la pintura del jíbaro, campesino de pura descendencia hispánica, adaptado al trópico, y hace abstracción de otro núcleo racial que con nosotros se ha mezclado noblemente y que por lo fecundo, lo fuerte y lo vivo de su naturaleza, ha impreso rasgos inconfundibles en nuestra psicología, dándole, precisamente, su verdadero carácter antillano. Me refiero al negro. Una poesía antillana que excluya ese poderoso elemento me parece casi imposible.

---

* Entrevista dada a Angela Negrón Muñoz, en *El Mundo,* San Juan de Puerto Rico, de 13/11/1932 y republicada en Luis Palés Matos, *Poesía completa y prosa selecta,* págs. 215-217.

El negro vive física y espiritualmente con nosotros y sus características, tamizadas en el mulato, influyen de modo evidente en todas las manifestaciones de nuestra vida popular. En el campo de los deportes impera por su vitalidad, su dinamismo y su naturaleza primitiva. En la música impone la plana, el son y el mariandá. La danza misma, que es música de blancos, o por lo menos de tradición blanca, ha tenido sus más eximios intérpretes en los compositores de color. En la política nos da su pasión, su verbosismo exuberante, su elasticidad de actitudes y su extraño magnetismo, que adquiere en el mulato una especie de fuerza mística arrolladora.

Fíjese usted en nuestro mitin político. Es una bambolla sonora de color, de luz, de gritos estentóreos de epiléptico fanatismo partidista, que sólo encuentra réplica en el «revival», el «halleluyah» o el «pentecostés» americano. La mayoría de los oradores pertenece a la raza negra. Y el orador que no carga su discurso en tren de colorines y metáforas resulta eficaz adormidera de las multitudes. Personalismo o lirismo; de lo directo a lo fantástico. No existe el término frío y razonable del análisis, de la exposición serena de la doctrina y el principio. Se ha de ser tropical y verboso, ascender a las nubes, levantar himnos al crepúsculo, hervir en santo furor patriótico, dibujar pajaritas en el aire y no decir nada, absolutamente nada al pueblo, que por lo mismo aplaude frenético hasta romperse las manos. Nuestro llamado «pico de oro», ese tenor de la tribuna pública cuya garganta se hincha en vibrante pirotecnia de metáforas como una bolsa de viento, es casi siempre mulato. Y mulata es también la murga —cuatro, tambor y güiro— que al remate de cada discurso prende musicales banderillas y entusiasmo en la muchedumbre al cálido estruendo de plenas y danzones.

Refiriéndose al yanqui, Jung sostiene que el americano es un europeo con maneras de negro y alma de indio. Soslayando este concepto hacia nosotros, yo diría que el antillano es un español con maneras de mulato y alma de negro. Esta definición sublevará, indudablemente, a muchos temperamentos. Pero ni el español ni el negro protestarán.

En toda esta mescolanza que forma específicamente el carácter antillano hay muchas cosas repudiables y primitivas, que deben ser eliminadas o por lo menos sublimadas psicológicamente. Pero hay también recursos y energías de primera calidad, que constituyen inagotable cantera de una lírica virgen que aguarda la mano del animador para fundirse en el tronco de una cultura y una personalidad.

No conozco, pues, un solo rasgo colectivo de nuestro pueblo que no ostente la huella de esa deliciosa mezcla de la cual arranca su tono verdadero el carácter antillano. Negarlo me parece gazmoñería. Esta es nuestra realidad y sobre ella debemos edificar una cultura autóctona y representativa con nobleza, con orgullo y con plena satisfacción de nosotros mismos.

CONTRA LOS RACISMOS*

Fernando Ortiz, Nicolás Guillén *et alia.*

SOCIEDAD DE ESTUDIOS AFROCUBANOS

Contra los racismos

Advertencia, comprensión y designio

A los cubanos y sus convivientes:

Dos razas, principalmente, forman en Cuba la población de la Isla: esta dos razas son la blanca y la negra. La primera de ellas, o sea la raza conquistadora, está asentada sobre toda la América desde el momento mismo en que el Descubridor puso sus plantas en el Nuevo Mundo; y la segunda vino casi a seguido, intregrando una parte principalísima del pueblo que vive en las Antillas y extendiéndose no poco por el Continente.

Como es de sobra conocido, la conquista acabó pronto en dichas islas con los indios aborígenes, y ello planteóle inmediatamente al colonizador la necesidad de importar una fuerza de trabajo que sustituyera a la que su mismo ímpetu había hecho desaparecer. Esta fuerza de labor fue aportada por los negros, cuya aparición en Cuba data de los primeros años del siglo XVI, en los albores del predominio español. Y ambas razas integraron la sociedad de Cuba, sedimentándola en posiciones económicas distintas: la raza blanca fue la clase dominante que todo lo poseía y la raza negra fue la masa informe, esclavizada, a la que todo bienestar le estaba prohibido.

Con los españoles llegaron a Cuba, como a la mayor parte de la América, las más variadas manifestaciones de la cultura europea, a través de varios siglos de hegemonía; pero al mismo tiempo, cada barco negrero que vació su dolorosa carga en nuestras costas, trajo a su vez el motor humano que serviría para mover aquella maquinaria social. En verdad, no es posible describir la historia de la producción azucarera entre nosotros —la principal fuente de riqueza de Cuba—, sin tropezar enseguida con los negros, que desde los primeros momentos formaron la población trabajadora de nuestras plantaciones y fábricas de azúcar, y la masa más profundamente popular en todo el país. En otros territorios de América, como México, Perú, Bolivia, Ecuador, etc., este

---

* Publicado en *Revista Bimestre Cubana* XXXVIII, 2 (septiembre-diciembre, 1936), págs. 296-300.

papel está asignado al indio, que resistió al exterminio colonizador de tal modo que ha podido arribar a nuestros días; pero en las Antillas, y por tanto en Cuba, el hombre indiano fue sustituido por el hombre de África. Nuestro indio ha sido y es el negro.

En cuatro siglos de constante convivencia más o menos íntima, las dos razas han tenido incesadas ocasiones de influirse, de mezclarse, y hasta de realizar una creciente, aun cuando todavía incompleta, fusión de caracteres fundamentales, propios e imborrables. Por lo pronto, el negro asimiló rápidamente la cultura de sus dominadores, se arraigó en lo más hondo de la tierra a que fue trasplantado, y unió sus destinos a los de la raza que lo había sometido a la esclavitud. Y de tal modo prodújose esta inserción, que es patente a su vez la influencia del negro sobre la raza dominante, al entreverar en la psicología de ésta un grueso caudal de elementos espirituales, es decir, religiosos, lingüísticos, artísticos y de profunda caracterología, que son ya representativos, junto con los meramente españoles, del alma criolla.

Todo este atrayente proceso, todavía en ebullición, ha brindado siempre a nuestros hombres de estudio una riquísima sustancia en la que experimentar las diversas modificaciones, sutiles y profundas, de que es susceptible ese cuerpo vivo que es una sociedad. Sin embargo, el análisis de esos fenómenos de recíproca interpenetración racial ha sido limitado a la investigación de unos pocos, y sus resultados son todavía incompletos y necesitados de una labor de más sistema, hecha con seriedad de métodos, con absoluta objetividad de criterios y con honesta responsabilidad intelectual.

Las más de las veces, esos fenómenos no tan sólo son imperfectamente conocidos sino tozudamente negados, como consecuencia de una multitud de prejuicios emocionales, intelectuales y éticos que impiden ver las realidades, sean éstas favorables o adversas, echando sobre una raza todas las abominaciones y poniendo en otra todas las excelencias.

Esta actitud social de recíproca ignorancia, cuando no de abierta antipatía y hostilidad, entre los varios elementos raciales que integran un pueblo, es muy frecuente en el mundo entero, máxime cuando corresponde a una correlativa estructura económica, y no podía dejar de presentarse en Cuba. Toda la humanidad está sufriendo profundamente por la absurda prédica de los odios raciales, disfrazando el juego de otros factores más verdaderos y trascendentes. Pero en Cuba la permanencia de los elementos racistas y de sus históricas antipatías afecta de manera harto profunda a la existencia de nuestra sociedad, impidiéndonos la integración nacional definitiva y entregándonos casi indefensos a la agresión de intereses forasteros, a la continuación de este triste estado de colonizaje espiritual y económico en proyecto ajeno, que sólo los inconscientes o los perversos pueden preferir. Máxime cuando la vehemencia de la pasión racista y su trascendencia disociadora penetran hasta las mismas masas homogéneas, fragmentándolas en grupos de intereses comunes pero artificialmente contrapuestos, de modo que se impide la colaboración de todos para la bienandanza común. No son tan sólo blancos y negros los campos en que la humanidad está, por desgracia, dividida. Aun dentro de cada raza, la ignorancia y la malicia fomentan los antagonismos, aprovechándose de las diversidades naturales, para contraponerlas absurdamente, en vez de armonizarlas en provecho general.

En Cuba también se sufren esas disgregaciones con pretextos de raza. Blancos y negros estamos divididos, no solamente unos contra otros, sino dentro de cada grupo mismo.

De todos esos conflictos basados en realidades o en ficciones étnicas, el más grave y trascendente es en Cuba el de negros y blancos, más que el de peninsulares y criollos, que el de yanquis y nativos, que el de judíos y cristianos, que el de hispánicos y anglosajones, que el de latinos y germanos, no sólo por sus mayores coeficientes numéricos sino por su carácter más íntimo y a la vez más exteriorizable, más básico y más históricamente definido.

Contra esa feroz tendencia de etnofobia que propicia la discordia humana debemos luchar con especial ahínco los cubanos todos, cualquiera que sea nuestra pigmentación dérmica y nuestra oriundez ancestral, no sólo por las graves disociaciones internas que hay que atenuar hasta que desaparezcan, sino porque con harta frecuencia todos nosotros en conjunto somos también cínicamente calificados con menosprecio por falsos pretextos de raza, como ha ocurrido siempre que unas gentes débiles, así de blancos como de negros, han sido expoliadas por la prepotencia abusiva y ésta ha querido recubrir con filosofías hipócritas su ética barbarie.

Se impone, pues, a todos la justa apreciación de los factores raciales de Cuba sin otra norma que la verdad objetiva. Solamente así, por el conocimiento recíproco, vendrá la efectiva estimación de todos los valores cubanos y con ésta la integración de los esfuerzos nacionales para el progreso común y el bienestar de todos.

Blancos y negros deben conocerse y reconocerse recíprocamente en Cuba; y, sintiéndose conjuntamente responsables de la fuerza histórica que integran, propender honradamente, en una identificación totalitaria, al examen profundo, inteligente, valeroso e imparcial de los fenómenos producidos en la isla a causa del contacto entre sus pobladores más étnicamente característicos.

La *Sociedad de Estudios Afrocubanos,* que ahora nace, aspira a ser un instrumento para ese examen y para esa unión. Es simplemente un concierto de personas interesadas en el más amplio conocimiento de Cuba, las cuales tendrán a su cargo, como miembros de la dicha Sociedad, y en lo que alcance la modestia de sus medios, el estudio, con criterio objetivo, de las relaciones que han existido y existen entre la raza blanca y la raza negra, sus puntos de unión y de divergencia, y, en general, todas las causas, geográficas, antropológicas y sociales que entrelazadas con nuestra etnia colectiva, producen el completo panorama de nuestra patria. Junto con este estudio, completado por el contacto con los centros intelectuales extranjeros de análogas dedicaciones y las comparaciones etnográficas, se procurará una limpia faena de divulgación popular, por medio de conferencias, libros, folletos, artículos y cuantos otros recursos estén a nuestro alcance para lograr que llegue la realidad cubana a todos los que participan de ella.

Pedimos y esperamos colaboración. Hay entre nosotros muchas inteligencias y voluntades que pueden ayudarnos con su experiencia o sencillamente con su apoyo: queremos que ellas estén a nuestro lado, y que traigan su aporte a una obra de cultura que nos es común, como que va a buscar en el hondón de nuestra alma de pueblo y a llevarle luz y amor.

¿Qué más? Apenas una aclaración que debiera ser innecesaria. No hay en la *Sociedad de Estudios Afrocubanos* sectarismos de ningún género, ni prevenciones sociales, económicas, religiosas, sexuales, racistas u orientaciones políticas al uso; sus miembros pueden sustentar cualquier ideología, hallarse afiliados a cualquier agrupación o partido y pertenecer a cualquier raza, porque no se espera de ellos otro interés que el de estar al servicio de Cuba, con un noble designio de progreso humano, unidos en la paciente pero atractiva tarea de desentrañar, para el porvenir, la complicada madeja que tejieron sobre nuestra tierra las dos razas que, sembradas en ella, le han dado la troncalidad y la floración de su historia y mezclan las savias de su porvenir.

MOTIVOS
DE SON

[1930]

Ilustración de Nicolás Guillén para *Motivos de son*

Bibliografía

Me he limitado a mencionar apenas las obras consultadas durante la elaboración de la antología, porque existen excelentes listas bibliográficas en los trabajos dedicados a los distintos movimientos de vanguardia, mencionados en el texto y en la bibliografía final. Entretanto, quiero destacar la más reciente y más completa de ellas, organizada por Merlin H. Forster y K. David Jackson, *Vanguardism in latin american literature: an annotated bibliographical guide* (Nueva York, Greenwood Press, 1990, 214 págs.). Este proyecto tiene el mérito de ser una bibliografía comentada y de incorporar al Brasil dentro de un panorama bibliográfico unificado de las vanguardias en América Latina. Desgraciadamente, este tomo ha llegado a mis manos cuando ya había entregado los originales a la editorial.

I. Revistas de época

ARGENTINA: *Caras y Caretas; Claridad; El Hogar; Inicial; La Campana de Palo; Martín Fierro* (2.ª época); *Nosotros; Prisma; Proa* (1.ª época); *Proa* (2.ª época); *Sur; Valoraciones.*

BRASIL: *A Phala; Arco & Flexa; A Revista; Estética; Festa; Klaxon; Movimento Brasileiro; O Homem do Povo; O Clarim da Alvorada; Progresso; Revista de Antropofagia; Revista do Brasil* (2.ª época); *Terra Roxa e Outras Terras; Verde; Clima.*

COLOMBIA: *Cultura.*

COSTA RICA: *Cultura; Repertorio Americano.*

CUBA: *Cuba Contemporánea; Revista Bimestre Cubana; Revista de Avance.*

CHILE: *Elipse.*

ESPAÑA: *Caballo Verde para la Poesía.*

MÉXICO: *Bandera de Provincias; Contemporáneos; El Maestro; El Universal Ilustrado; Gladios; Irradiador; La Antorcha; La Falange; La Nave; La Pajarita de Papel; México Moderno; Monterrey. Correo Literario de Alfonso Reyes; Nuestro México; Pegaso; San-ev-ank; Ulises; Vida Mexicana.*

NICARAGUA: *El pensador.*

PERÚ: *Amauta; Boletín Titikaka; Cultura; trampolín/hangar/rascacielos/timonel.*

URUGUAY: *La Cruz del Sur; La Pluma; Los Nuevos; Pegaso.*
VENEZUELA: *Élite; válvula.*

II. BIBLIOGRAFÍA

ABDULMASSIK WOOD DA SILVA, Margaret, «O projeto de estudos de periódicos do Instituto de Estudos Brasileiros da Universidade de São Paulo», *Revista do Instituto de Estudos Brasileiros* (1979), págs. 117-122.

ADORNO, Theodor, *Aesthetic theory,* ed. Gretel Adorno e Rolf Tiedemann, Nueva York, Routledge & Kegan, 1984 (1.ª ed. alemana, 1970).

— «On the fetish-character in music and the regression of listening», en *The essential Frankfurt reader,* Nueva York, Continuum, 1982, págs. 270-299.

ALEGRÍA, Fernando, «Proyecciones políticas de la vanguardia hispanoamericana», en *Revista Iberoamericana. En este aire de América, Homenaje a A. Roggiano,* Instituto Internacional de Literatura Iberoamericana, 1990, págs. 191-199.

AMARAL, Aracy, *Arte para quê? A preocupação social na arte brasileira 1930-1970,* San Pablo, Nobel, 1987.

— *Arte y arquitectura del modernismo brasileño (1917-1930),* Caracas, Ayacucho, 1978.

— *Tarsila: sua obra e seu tempo,* San Pablo, Perspectiva, 1975.

ANDERSON IMBERT, Enrique, *Historia de la literatura hispanoamericana,* vol. 2, México, Fondo de Cultura Económica, 1954.

ANDRADE, Mário de, «A escrava que não é Isaura» (1922-1925), en *Obra imatura,* San Pablo, Martins, 1960. (Texto original de 1925.)

— *Amar, verbo intransitivo,* Belo Horizonte, Itatiaia, 1982. (Texto original de 1927.)

— *Macunaíma,* ed. crítica de Telê Porto Ancona Lopez, París/Brasilia, Archives/CNPq, 1988. (Texto original de 1928.)

— «Modernismo», en Mário de Andrade, *O empalhador de passarinho,* San Pablo, Martins/MEC, 1972. (Texto original de 1940.)

— «O movimento modernista», en Mário de Andrade, *Aspectos de literatura brasileira,* San Pablo, Martins, 1972. (Texto original de 1942.)

— «Poemas da negra», en *Remate de males,* San Pablo, Independência, 1930.

— *Poesias completas,* ed. Diléa Zanotto Manfio, Belo Horizonte/San Pablo, Itatiaia/Edusp, 1987.

— «Questões de arte», *Diário Nacional,* 30/9/1927.

— *Taxi e crónicas no Diário Nacional,* ed. Telê Porto Ancona Lopez, San Pablo, Duas Cidades/Secretaria da Cultura, Ciência e Tecnologia, 1976.

ANDRADE, Oswald de, «L'effort intellectuel du Brésil contemporain», *Revue de l'Amérique Latine* 5 (mayo, 1923).

— *Memórias sentimentais de João Miramar y Serafim Ponte Grande,* Río de Janeiro, Civilização Brasileira, 1975. (Texto original de 1924 y 1933.)

— «O modernismo», *Anhembi* 17, núm. 9 (diciembre, 1954).

— *Os dentes do dragão: entrevistas* (ed. Maria Eugenia Boaventura), San Pablo, Globo/Secretaria de Estado da Cultura, 1990.

— *Obras completas,* vol. 5: *Ponta de lança,* Río de Janeiro, Civilização Brasileira, 1972.

— *Obras completas,* vol. 7: *Poesias reunidas,* Río de Janeiro, Civilização Brasileira, 1974.

ANGUITA, Eduardo, y TEITELBOIM, Volodia (eds.), *Antología de poesía chilena nueva,* Santiago, Zig-Zag, 1935.

ANTELO, Raúl, *Na ilha de Marapatá (Mário de Andrade lê os hispano-americanos),* San Pablo, Hucitec/Instituto Nacional do Livro, 1986.

— *«Macunaíma:* apropriação e originalidade», en Mário de Andrade, *Macunaíma,* ed. Telê Porto Ancona Lopez, París/Brasilia, Archives/CNPq, 1988, págs. 255-265.

APOLLINAIRE, Guillaume, «L'esprit nouveau et les poètes», *Mercure de France* 130 (noviembre, 1918), págs. 385-396.

ARANHA, Graça, *Futurismo: manifestos de Marinetti e seus companheiros,* Río de Janeiro, Pimenta de Mello e Co., 1926.

ARATÁN, Sonia; DEPESTRE, René; CÉSAIRE, Aimé, «Sonia Aratán, René Depestre / con Aimé Césaire», *Casa de las Américas* 49 (julio-agosto, 1968), págs. 134-142.

ARCE, Margot, «Más sobre los poemas negros de Luis Palés Matos», *Revista Bimestre Cubana* 38 (2.º sem. 1936), págs. 30-39.

ARGUEDAS, José María, «El complejo cultural en el Perú y el primer congreso de peruanistas. (Lo indio, lo occidental y lo mestizo. Los prejuicios culturales, la segregación social y la creación artística)», *América Indígena* 12, núm. 2 (abril, 1952), págs. 131-139.

ARLT, Roberto, «El idioma de los argentinos», en Roberto Arlt, *Aguafuertes porteñas,* Buenos Aires, Edicom, 1969.

ARNONI PRADO, Antônio, *1922 — Itinerário de uma falsa vanguarda,* San Pablo, Brasiliense, 1983.

ASSIS BARBOSA, Francisco, «Prólogo», en Sérgio Buarque de Holanda, *Visión del Paraíso,* Caracas, Ayacucho, 1987, págs. ix-lxvi.

AUGIER, Ángel, «Para hablar en negro de verdad», en Ángel Augier, *Nicolás Guillén. Estudio biográfico-crítico,* Habana, Unión de Escritores y Artistas de Cuba, 1980.

BACIU, Stefan (ed.), *Antología de la poesía surrealista latinoamericana,* Santiago, Ediciones Universitarias Valparaíso, 1981.

— «Estridentismo: medio siglo después. Entrevista a Germán List Arzubide», *La palabra y el hombre* (octubre-diciembre, 1981), págs. 49-54.

— *Surrealismo latinoamericano. Preguntas y respuestas,* Santiago, Ediciones Universitarias Valparaíso, 1979.

— «Un estridentista silencioso rinde cuentas», *La palabra y el hombre* 47 (julio-diciembre, 1968), págs. 447-455.

BALAKIAN, Anna, *Surrealism. The road to the absolute,* Chicago, Chicago University Press, 1986 (1.ª ed., 1970).

BALLAGAS, Emilio (ed.), *Antología de la poesía negra hispanoamericana,* Madrid, Aguilar, 1935.

— *Cuaderno de poesía negra,* Habana, Santa Clara, 1934.

— *Mapa de la poesía negra americana,* Buenos Aires, Pleamar, 1946.

— *Pasión y muerte del futurismo,* Habana, Molina y Compañía Impresores, s. f.

BANDEIRA, Manuel, *Literatura hispano-americana,* Río de Janeiro, Pongetti, 1949.

— *Poesias reunidas. Estrela da vida inteira,* Río de Janeiro, José Olympio, 1979.

BAR LEWAW, Itzhak, *La revista «Timón» y José Vasconcelos,* México, Edimex, 1971.

BASTIDE, Roger, «A imprensa negra do Estado de São Paulo», en Roger Bastide, *Estudos afro-brasileiros,* San Pablo, Perspectiva, 1973.

— *A poesia afro-brasileira,* San Pablo, Martins, 1943.

BAYNES, Ken, «Far out or sell out», *The Times Literary Supplement,* 6/8/1964.

BENJAMIN, Walter, «Surrealism», en Walter Benjamin, *Reflections,* Nueva York, Harcourt Brace Jovanovich, 1978, págs. 177-192.

BLACHÈRE, Jean-Claude, *Le modèle nègre,* Dakar/Abidjan/Lomé, Les Nouvelles Éditions Africaines, 1981.

BLANCO, José Joaquín, *Se llamaba Vasconcelos,* México, Fondo de Cultura Económica, 1977

BLANCO, Tomás, «Poesía y recitación negras», en *Revista Bimestre Cubana* 38 (2.º sem. 1936), págs. 24-30.

BOAVENTURA, María Eugenia, «Modernismo e surrealismo», en K. David Jackson (ed.), *Transformations of literary language in latin american literature,* Austin, Abaporu Press, 1987, págs. 25-31.

— *Movimento brasileiro,* San Pablo, Secretaria de Cultura, Ciência e Tecnologia, 1978.

BOLAÑO, Roberto, «Arqueles Vela», *La palabra y el hombre* 40 (octubre-diciembre, 1981), págs. 85-89.

Boletim Bibliográfico Biblioteca Mário de Andrade 45 (enero-diciembre 1984). Ed. Elza Miné da Rocha e Silva, número especial dedicado a Jorge Luis Borges.

BOPP, Raul, *Vida e morte da antropofagia,* Río de Janeiro, Civilização Brasileira/Instituto Nacional do Livro, 1977.

— *Urucungo. Poemas negros,* Río de Janeiro, Ariel, 1932.

BORGES, Jorge Luis, «Acerca del expresionismo», *Inicial* 3 (1924).

— «An autobiographical essay», en Jorge Luis Borges, *The aleph and other stories, 1933-1969,* Nueva York, E. P. Dutton, 1970, págs. 203-260.

— *Cartas de juventud (1921-1923),* ed. de Carlos Meneses, Madrid, Orígenes, 1987.

— «El escritor argentino y la tradición», en Jorge Luis Borges, *Otras inquisiciones,* 1953.

— «El idioma de los argentinos», en Jorge Luis Borges, *El idioma de los argentinos,* Buenos Aires, M. Gleizer, 1928, págs. 163-183.

— «El idioma infinito», *Proa* 12 (jul. 1925), págs. 43-46.

— «El tamaño de mi esperanza», en Jorge Luis Borges, *El tamaño de mi esperanza,* Buenos Aires, *Proa,* 1926, págs. 5-10.

— «La criolledad en Ipuche», *Proa* 3 (oct. 1924), págs. 27-29.

— «Las nuevas generaciones literarias», *El Hogar,* 26/2/1937.

— «Nuestras imposibilidades», en Jorge Luis Borges, *Discusión,* Buenos Aires, M. Gleizer, 1932, págs. 11-17.

— «Prólogo», en Norah Lange, *La calle de la tarde,* Buenos Aires, J. Samet, 1924.

— *Textos cautivos,* ed. Enrique Sacerio-Gari y Emir Rodríguez Monegal, Barcelona, Tusquets, 1986.

BORGES, Jorge Luis y CLEMENTE, José Edmundo, *El idioma de los argentinos* y *El idioma de Buenos Aires,* Buenos Aires, Peña del Giudice, 1952.

BOSI, Alfredo, «Moderno e modernista na literatura brasileira», en Alfredo Bosi, *Céu, inferno,* San Pablo, Ática, 1988, págs. 114-126.

BREDIÑANA, Francisco C., «La luna en la poesía negra», *Revista Bimestre Cubana* 38 (2.º sem. 1936), págs. 12-16.

BRIHUEGA, Jaime (ed.), *Manifiestos, proclamas panfletos y textos doctrinales (Las vanguardias artísticas en España: 1910-1931),* Madrid, Cátedra, 1979.

BROOKSHAW, David, *Raça e cor na literatura brasileira,* Puerto Alegre, Mercado Aberto, 1983.

BROWN, Milton W., *The story of the Armory Show,* Nueva York, Abbeville Press, 1988.

BUARQUE DE HOLANDA, Sérgio, *Tentativas de mitologia,* San Pablo, Perspectiva, 1979.

— *Raízes do Brasil,* 18.ª ed., Río de Janeiro, José Olympio, 1986 (1.ª ed., 1936).

BUENO ROMANELLI, Kátia, «Depoimento de Guilhermino César», en *Revista Verde. Contribuição para o estudo do modernismo brasileiro,* San Pablo, Universidade de São Paulo, 1981.

BÜRGER, Peter, *Teoría de la vanguardia,* pról. Helio Piñón, Barcelona, Península, 1987.

CALINESCU, Matei, «Avant-garde, neo-avant-garde, postmodernism: the culture of crisis», *Clio* 4, n.º 3 (1975), págs. 317-340.

— «Avant-garde, some terminological considerations», *Yearbook of Comparative and General Literature* 23 (1974), págs. 67-78.

— *Five faces of modernity,* Durham, Duke University Press, 1987.

CAMARINHA DA SILVA, Mário, «Glossário de homens e coisas da *Estética* (1924-1927)», en *Estética,* ed. facsimilar, Río de Janeiro, Gernasa, 1974.

— «Tempo de Festa», en *Festa (1927-1929),* ed. facsimilar, Río de Janeiro, PLG-Comunicação/Inelivro, 1980.

CAMPOS, Augusto de, *Pagu. Vida-obra,* San Pablo, Brasiliense, 1982.

— «Revistas re-vistas: os antropófagos», *Revista de Antropofagia,* ed. facsimilar, San Pablo, Abril/Metal Leve, 1975.

CAMPOS, Haroldo de, *A arte no horizonte do provável,* San Pablo, Perspectiva, 1969.

— *Morfologia de Macunaíma,* San Pablo, Perspectiva, 1973.

— *Ruptura dos gêneros na literatura latino-americana,* San Pablo, Perspectiva, 1977.

— «Uma poética da radicalidades», en Oswald de Andrade, *Obras completas,* vol. 7, *Poesias reunidas,* Río de janeiro, Civilização Brasileira, 1974, páginas 9.59.

— «Da razão antropofágica: diálogo e diferença na cultura brasileira», *Boletim Bibliográfico Mário de Andrade* 44 (enero-diciembre de 1983). (Versión española en *Vuelta* 88, junio de 19820.

CANDIDO, Antonio y CASTELLO, José A., *Presença da literatura brasileira. Modernismo,* San Pablo, Difel, 1975.

Candido, Antonio, «A literatura e a formação do homem», separata de *Ciência e Cultura* 24 (sept. 1972).

— *Brigada ligeira*, San Pablo, Martins, 1945.

— «Literatura e cultura de 1900 a 1945» y «A literatura na evolução de uma comunidade», en Antonio Candido, *Literatura e sociedade*, San Pablo, Companhia Editora Nacional, 1967.

— «Literatura y subdesarrollo», en César Fernández Moreno (ed.), *América Latina en su literatura*, México, Siglo XXI, 1972, págs. 335-353.

— «O significado de *Raízes do Brasil*», en Sérgio Buarque de Holanda, *Raízes do Brasil*, 18.ª ed., Río de Janeiro, José Olympio, 1986, págs. xxxix-l.

— *Os parceiros do Rio Bonito*, Río de Janeiro, José Olympio, 1964.

— «Prefácio», en Telê Porto Ancona Lopez, *Macunaíma: a margem e o texto*, San Pablo, Hucitec, 1974.

Cansinos-Asséns, Rafael, *El movimiento V. P.*, Madrid, Hiperión, 1978.

Cara-Walker, Ana, «Creolization in Argentina: folk poetry, tango, and literary criticism», *American Folklore Society* (1976).

Cardinal, Roger, *Expressionism*, Londres, Paladin, 1984.

Cardoza y Aragón, Luis, «Artaud en México», *Plural* 19 (abr. 1973).

Carter, Boyd G., *Historia de la literatura hispanoamericana a través de sus revistas*, México, Ediciones de Andrea, 1968.

Carvalho, Ronald de, *Imagens de México*, Río de Janeiro, Anuário do Brasil, 1929.

Carvalho Neto, Paulo de, *La obra afro-uruguaya de Ildefonso Pereda-Valdés*, Montevideo, Centro de Estudios Folklóricos del Uruguay, 1955.

Cavalheiro, Edgard, *Monteiro Lobato. Vida e obra*, San Pablo, Companhia Editora Nacional, 1955.

Cendrars, Blaise, *Antologie nègre*, París, Éditions de la Sirène, 1921.

César, Guilhermino, «Os verdes de *Verde*», en *Verde*, ed. facsimilar, San Pablo, Metal Leve, 1978.

Chang-Rodríguez, Eugenio, *Poética e ideología en José Carlos Mariátegui*, Madrid, José Porrúa Torranzas, 1983.

Chiappini Moraes Leite, Lígia, *Modernismo no Rio Grande do Sul. Materiais para o seu estudo*, San Pablo, Instituto de Estudos Brasileiros, 1972.

— *Regionalismo e modernismo (O «caso» gaúcho)*, San Pablo, Ática, 1978.

Cooper, Douglas, «Establishment and avant-garde», *The Times Literary Supplement*, 3/9/1964.

Córdova Iturburu, C., *La revolución martinfierrista*, Buenos Aires, Ediciones Culturales Argentinas, 1962.

Cornejo Polar, Antonio, *Literatura y sociedad en el Perú: la novela indigenista*, Lima, Lasontay, 1980.

Coyne, André, *César Moro*, Lima, Imprenta Torres Aguirre, 1956.

Costa, René de (ed.), *Vicente Huidobro y el creacionismo*, Madrid, Taurus, 1975.

Cuesta, Jorge (ed.), *Antología de la poesía mexicana moderna*, México, Contemporáneos, 1928.

DANTAS, Pedro, «Vida da estética e não estética da vida», en *Estética,* ed. facsimilar, Río de Janeiro, Gernasa, 1974.

DARÍO, Rubén, *Obras completas,* vol. 8, *Letras,* Madrid, Mundo Latino, 1911.

DASSIN, Joan, *Política e poesia em Mário de Andrade,* San Pablo, Duas Cidades, 1978.

DECKER, Henry W., *Pure Poetry, 1925-1930. Theory and debate in France,* University of California Publications in Modern Philology, vol. 64, Berkeley/Los Angeles, University of California Press, 1962.

DEPESTRE, René, «Las metamorfosis de la negritud en América», en *Etnología y Folklore* 7 (ene.-jun. 1969), págs. 43-53.

DINIZ, Almacchio, F. T. *Marinetti: sua escola, sua vida, sua obra em literatura comparada,* Río de Janeiro, Lux, 1926.

DOYLE, Plínio, «História de revistas e jornais literários», *Revista do Brasil,* Año XI, n.º 35, 4.º trimestre 1968, págs. 53-61; Año XII, n.º 37, 2.º trimestre, 1969, págs. 99-116; n.º 33, 2.º trimestre 1968, págs. 103-119; Año XIII, n.º 40, 1.er trimestre 1970, págs. 53-68; Año XIII, 2.º trimestre 1970, n.º 41, págs. 54-70; Año XIII, n.º 43, 4.º trimestre 1970, págs. 56-61.

DRUMMOND DE ANDRADE, Carlos, *Fazendeiro do ar (1952-1953) & Poesia até agora,* Río de Janeiro, José Olympio, 1955.

DUNCAN, Barbara, *Joaquín Torres-García, 1874-1949. Chronology and catalogue of the family collection,* Austin, University of Texas, 1974.

EGBERT, Donald D., «The idea of "avant-garde" in art and politics», *The American Historical Review* 73, n.º 2 (dic. 1967), págs. 339-366.

EITZ, William S., «The rise and the dissolution of the avant-garde», *Vogue,* 1/9/1963.

El pez y la serpiente. 50 años del Movimiento de Vanguardia de Nicaragua, Managua, Nicaragua, 1978-1979.

El surrealismo entre Viejo y Nuevo Mundo, Las Palmas de Gran Canaria, Centro Atlántico de Arte Moderno, 1989.

ENZENSBERGER, Hans Magnus, «The aporias of the avant-garde», en Gregory T. Polletta (ed.), *Issues in contemporary literary criticism,* Boston, Little, Brown and Company, 1973.

EULÁLIO, Alexandre, «Sérgio Buarque de Holanda escritor», en Sérgio Buarque de Holanda, *Raízes do Brasil,* 18.ª ed., Río de Janeiro, José Olympio, 1986, págs. xxv-xxvii.

FABRIS, Annateresa, *Futurismo: uma poética da modernidade,* San Pablo, Perspectiva, 1987.

— O *«futurismo paulista»; hipóteses para o estudo da chegada da vanguardia ao Brasil,* tesis de libre-docencia, San Pablo, Universidade de São Paulo/ Escola de Comunicações e Artes, 1990.

Favorables París Poema 1-2 (julio-octubre, 1926), ed. facsimilar, Barcelona, César Viguera Editor, s. f.

FEIJOO, Samuel, «Influencia africana en Latinoamérica, literatura oral y escrita», en Manuel Moreno Fraginals (relator), *África en América Latina,* México, Unesco/Siglo XXI, págs. 185-214.

653

FERDINANDY, Georges, *L'oeuvre hispano-americaine de Zsgimond Remenyik*, The Hague/ París, Mouton, 1975.

FERNANDES, Florestan, *O negro no mundo dos brancos*, San Pablo, Difel, 1972.

— «Os movimentos sociais no "meio negro"», en Florestan Fernandes, *A integração do negro na sociedade de classes*, vol. 2, San Pablo, Dominus/Edusp, 1965, págs. 1-95.

— «Prefácio», en José Carlos Mariátegui, *Sete ensaios de interpretação da realidade peruana*, trad. Salvador Obiol de Freitas e Caetano Lagrasta, San Pablo, Alfa Omega, 1968.

FERNÁNDEZ DE LA VEGA, Oscar, «Origen del negrismo lírico antillano desde tres perspectivas», en *Homenaje a Lydia Cabrera*, Miami, Ediciones Universal, 1977, págs. 131-138.

FERNÁNDEZ MORENO, César, *La realidad y los papeles*, Madrid, Aguilar, 1967.

FERNÁNDEZ RETAMAR, Roberto, «La poesía vanguardista en Cuba», en Óscar Collazos (ed.), *Los vanguardismos en la América Latina*, Barcelona, Península, 1977.

FORSTER, Merlin H., «Latin american *vanguardismo:* chronology and terminology», Merlin H. Forster (ed.), en *Tradition and Renewal*, Urbana, University of Illinois Press, 1975.

— *Los Contemporáneos, 1920-1932. Perfil de un experimento vanguardista mexicano*, México, Ediciones de Andrea, 1964.

FORSTER, Merlin, H. y JACKSON, K. David, *Vanguardism in latin american literature. An annotated bibliographical guide*, Nueva York, Greenwood Press, 1990.

FRAGINALS, Manuel Moreno (relator), *África en América Latina*, México, Unesco/ Siglo XXI, 1972.

HULTEN, Pontus (ed.), *Futurism & Futurisms*, Nueva York, Abbeville Press, 1986.

GIMELFARB, Norberto, «Du surréalisme en Amérique Latine et de la trajéctoire d'Aldo Pellegrini», *Études de Lettres* 2 (1986), págs. 81-98.

GIRONDO, Oliverio, *Obras completas*, Buenos Aires, Losada, 1967.

GOBELLO, José, *Diccionario lunfardo*, Buenos Aires, A. Peña Lillo, 1975.

GÓMEZ DE LA SERNA, Ramón, «Fundación y manifiesto del futurismo» y «Movimiento intelectual. El futurismo», *Prometeo* 6 (abr. 1909), págs. 65-73 y 90-96.

— *Ismos*, Madrid, Biblioteca Nueva, 1931.

GONZÁLEZ LANUZA, E., *Los martinfierristas*, Buenos Aires, Ediciones Culturales Argentinas, 1971.

— «Lugones, la metáfora y mi generación», *El Hogar*, 12/3/1937.

GONZÁLEZ Y CONTRERAS, Gilberto, «La poesía negra», *Revista Bimestre Cubana* 37 (1.er sem. 1936), págs. 40-45.

GOUVEIA DAMASCENO, Benedita, *Poesia negra no modernismo brasileiro*, Campinas, Pontes Editores, 1988.

GREMBECKI, María Helena, *Mário de Andrade e L'Esprit Nouveau*, San Pablo, Instituto de Estudos Brasileiros/Universidade de São Paulo, 1969.

GUILLÉN, Nicolás, *Obra poética, 1922-1958,* edición, prólogo y notas de Ángel Augier, Habana, Editorial Letras Cubanas, 1980.

GUIRAO, Ramón, *Órbita de la poesía afrocubana*, Talleres de Ucar, García y Cía., 1938.

HALL, Michael M. y Sérgio PINHEIRO, Paulo, «O grupo *Clarté* no Brasil, da Revolução nos espíritos ao Ministério do Trabalho», en Antonio Arnoni Prado (ed.), *Libertários no Brasil,* San Pablo, Brasiliense, 1986, págs. 251-287.

HAYA DE LA TORRE, Víctor Raúl, «Pureza del idioma», «Castellano de España y castellano de América» y «Un congreso de la lengua», en Víctor Raúl Haya de la Torre, *¿A dónde va indoamérica?,* Santiago, Ercilla, 1935, págs. 198-210.

HERNÁNDEZ AQUINO, Luis, *Nuestra aventura literaria: los ismos en la poesía puertorriqueña, 1913-1948,* 2.ª ed., San Juan, Universidad de Puerto Rico, 1966.

HIDALGO, Alberto, *Simplismo, poemas inventados por Alberto Hidalgo,* Buenos Aires, 1925.

HORTA BECCARI, Vera d', *Lasar Segall e o modernismo paulista,* San Pablo, Brasiliense, 1984.

HUIDOBRO, Vicente, *Obras completas,* vols. 1 y 2, Santiago, Andrés Bello, 1976.

IBARRA, Néstor, *La nueva poesía argentina. Ensayo crítico sobre el ultraísmo. 1921-1929,* Buenos Aires, Molinari e Hijos, 1939.

HIDALGO, Alberto; HUIDOBRO, Vicente, y BORGES, Jorge Luis (eds.), *Índice de la nueva poesía americana,* Buenos Aires, El Inca, 1926.

INOJOSA, Joaquim, *A arte moderna. O Brasil brasileiro,* Río de Janeiro, Meio-Dia, 1977.

IONESCO, Eugène, «Discours sur l'avant-garde» y «Toujours sur l'avant-garde», en Eugène Ionesco, *Notes et contre-notes,* París, Gallimard, 1968, págs. 75-99.

IRBY, James E., «Encuentro con Borges», *Revista de la Universidad de México* (1962), págs. 4-10.

JARNÉS, Benjamín, «Raza, grillete», *Revista Bimestre Cubana* 24, n.º 1 (ene.-feb. 1929), págs. 44-48.

JITRIK, Noé, «Papeles de trabajo: notas sobre la vanguardia latinoamericana», *Revista de Crítica Literaria Latinoamericana* 15 (1982), págs. 13-24.

JOZEF, Bella, *História da literatura hispano-americana,* Petrópolis, Vozes, 1971.

— «Modernismo brasileiro e vanguarda hispano-americana», *Atas do XVIII Congresso Internacional da Literatura Ibero-Americana,* Río de Janeiro, 1978, págs. 42-52.

KRAUSS, Rosalind E., *The originality of the avant-garde and other modernist myths,* Cambridge, Mass., The MIT Press, 1986.

KRISTAL, Efraín, *The Andes viewed from the city (Literary and political discourse on the indian in Peru 1848-1930),* Nueva York, Peter Lang, 1987.

LAFETÁ, João Luis, *A crítica e o modernismo,* San Pablo, Duas Cidades, 1974.

LAFLEUR, Héctor René y PROVENZANO, Sergio D. (eds.), *Las revistas literarias,* Buenos Aires, Centro Editor de América Latina, 1980.

LAFLEUR, H. R.; PROVENZANO, S. D.; y ALONSO, F. P. (eds.), *Las revistas literarias argentinas (1893-1960),* Buenos Aires, Ediciones Culturales Argentinas, 1962.

LAJOLO, Marisa, «Jeca Tatu em três tempos», en Roberto Schwarz (ed.), *Os pobres na literatura brasileira,* San Pablo, Brasiliense, 1983.

LARA, Cecilia de, «Terra Roxa... e outras terras. Um periódico Pau Brasil», en *Terra Roxa,* ed. facsimilar, San Pablo, Martins/Secretaria da Ciência e Tecnologia, 1977.

LARREA, Juan, *César Vallejo y el surrealismo,* Madrid, Visor, 1976.

— *El surrealismo entre viejo y nuevo mundo,* México, Cuadernos Americanos, 1944.

LATINO, Simón (ed.), *Antología de la poesía negra latinoamericana,* Buenos Aires, Nuestra América, 1963.

LAVANDERO, Ramón, «Negrismo poético y Eusebia Cosme», *Revista Bimestre Cubana* 38 (2.º sem. 1936), págs. 39-45.

L'Esprit Nouveau, Revue Internationale Illustrée de l'Activité Contemporaine 1 (nov. 1920).

Letterature d'America I, 4/5, Roma, Bulzoni, 1980.

LEVILAIN, GUY VIET, *Cultural identity, negritude and decolonization,* Nueva York, The American Institute for Marxist Studies, 1978.

LINSTROM, Naomi, *Literary expressionism in Argentina,* Tempe, Arizona State University, 1977.

LIST ARZUBIDE, Germán, *El movimiento estridentista,* Jalapa, Ediciones de Horizonte, 1927.

— *El movimiento estridentista,* México, Secretaría de Educación Pública, 1967.

LLAGOSTERA, María Raquel (ed.), *Boedo y Florida,* Buenos Aires, Centro Editor de América Latina, 1980.

— *La generación poética de 1922,* Buenos Aires, Centro Editor de América Latina, 1980.

MAGASSY DORN, Georgette, «Las colecciones de literatura hispánica en la Biblioteca del Congreso», *Revista Interamericana de Bibliografía* 29, núms. 3-4 (1979), págs. 337-344.

Manifesto dos intelectuais brasileiros contra o preconceito racial, Río de Janeiro, octubre de 1935, en Arthur Ramos, *Guerra e relações de raça,* Río de Janeiro, União Nacional dos Estudantes, 1943, págs. 171-174.

MANSUR, Mónica, *La poesía negrista,* México, Era, 1973.

MAÑACH, Jorge, *Indagación del choteo,* Habana, Revista de Avance, 1928.

MAPLES ARCE, Manuel, *Andamios interiores,* México, Cultura, 1922.

— *Vrbe. Super-poema bolchevique em 5 cantos,* México, Andrés Botas e Hijo, 1924.

MARIÁTEGUI, José Carlos, *Correspondencia (1915-1930),* ed. Antonio Melis, Lima, Amauta, 1984.

— *El artista y su época,* Lima, Amauta, 1959.

— «El grupo Clarté», en José Carlos Mariátegui, *La escena contemporánea,* Lima, Minerva, 1925, págs. 193-198.

— «El problema de las razas en la América Latina», en José Carlos Mariátegui, *Ideología y política,* Lima, Amauta, 1969, págs. 21-104.

— «La novela de la guerra. Los libros de guerra en Alemania», en José Carlos Mariátegui, *El alma matinal y otras estaciones del hombre de hoy,* Lima, Amauta, 1950, págs. 226-228.

— *Mariátegui,* Manuel L. Bellotto y Anna Maria M. Corrêa (eds.), San Pablo, Ática, 1982.

— *Peruanicemos al Perú,* Lima, Biblioteca Amauta, 1970.

— *Siete ensayos de interpretación de la realidad peruana,* Barcelona, Grijalbo, 1975 (1.ª ed., 1928).

— *Temas de nuestra América,* Lima, Biblioteca Amauta, 1960.

MARIÁTEGUI, José Carlos y SÁNCHEZ, Luis Alberto, *La polémica del indigenismo,* Lima, Mosca Azul, 1976.

MARÍN, Juan, *Looping,* Santiago, 1929.

MARINELLO, Juan, «Sobre el vanguardismo en Cuba y en la América Latina», en Oscar Collazos (ed.), *Los vanguardismos en la América Latina,* Barcelona, Península, 1977.

MARTINS, Wilson, *História da inteligência brasileira,* vol. 6, San Pablo, Cultrix/ Universidade de São Paulo, 1978.

MARX, Karl, *The communist manifesto,* ed. Frederic L. Bender, Nueva York, W. W. Norton, 1988.

MASIELLO, Francine, *Lenguaje e ideología. Las escuelas argentinas de vanguardia,* Buenos Aires, Hachette, 1986.

MATTA, Roberto da, «Digressão: a fábula das três raças, ou o problema do racismo à brasileira», en Roberto da Matta, *Relativizando,* Petrópolis, Vozes, 1981, págs. 58-85.

MELITÓN MERINO, Francisco, *El negro en la sociedad montevideana,* Montevideo, Ediciones de la Banda Oriental, 1982.

MELLO E SOUZA, Gilda, *O tupi e o alaúde,* San Pablo, Duas Cidades, 1979.

— «Prefácio», en Vera d'Horta Beccari, *Lasar Segall e o modernismo paulista,* San Pablo, Brasiliense, 1984, págs. 9-19.

— «Vanguarda e nacionalismo da década de vinte», *Almanaque* 6 (1978), págs. 74-86.

MENDONÇA TELES, Gilberto, *Vanguarda européia e modernismo brasileiro,* 6.ª ed., Río de Janeiro, Vozes, 1982.

MENESES, Carlos, *Poesía juvenil de Jorge Luis Borges,* Barcelona, José Olañera, 1978.

MERQUIOR, José Guilherme, «Il faut connaître Donga ou modernisme brésilien et avant-garde française», *Lendemains* 27 (1982), págs. 91-96.

MICHELI, Mario de, *Las vanguardias artísticas del siglo veinte,* Córdoba, Editorial Universitaria de Córdoba, 1968.

MILLIET, Sérgio, «Alguns aspectos da poesia negra», en Sérgio Milliet, *Quatro ensaios,* San Pablo, Martins, 1966, págs. 59-74.

MONTEIRO LOBATO, José Bento, *Urupés,* trad. Benjamín de Garay, Buenos Aires, Patria, 1921.

MONTERDE, Francisco, *Las revistas literarias de México,* México, Instituto Nacional de Bellas Artes, 1963.

MORAES BELUZZO, Ana María (ed.), *Modernidade: vanguardas artísticas na América Latina,* San Pablo, Memorial da América Latina/Unesp, 1990.

MORAIS LEONEL, Maria Célia, *Estética e modernismo: revista trimensal,* San Pablo, Hucitec, 1984.

MORALES, Jorge Luis, *Poesía afroantillana y negrista,* Río Piedras, Universidad de Puerto Rico, 1981.

MORAND, Paul, *Paris Tombouctou, Documentaire,* París, Flammarion, 1928.

Moreira Leite, Dante, *O caráter nacional brasileiro. História de uma ideologia,* 2.ª ed., revisada y ampliada, San Pablo, Pioneira, 1969.

Moro, César, *La tortuga ecuestre y otros textos,* Julio Ortega (ed.), Caracas, Monte Ávila, 1976.

— *Obra poética,* Lima, Instituto Nacional de Cultura, 1980.

Morrone Averbuck, Lígia, *Cobra Norato e a Revolução Caraíba,* Río de Janeiro, José Olympio/Instituto Nacional do Livro, 1985.

Mossop, D. J., *Pure poetry, studies in french poetic theory and practice. 1746 to 1945,* Oxford, Clarendon Press, 1971.

Movimientos literarios de vanguardia en Iberoamérica. (Memoria del Undécimo Congreso), México, Universidad de Texas, 1965.

Müller Berg, Klaus, «Corrientes vanguardistas y surrealistas en la obra de Alejo Carpentier», *Revista Hispánica Moderna* 35 (octubre-diciembre, 1969), páginas 323-340.

— «De Agú y Anarquía a la Mandrágora: notas para la génesis, la evolución y el apogeo de la vanguardia en Chile», *Revista Chilena de Literatura* 31 (1988), págs. 32-61.

Nadeau, Maurice. *Histoire du surréalisme,* París, Seuil, 1964.

Nava, Pedro, «Recado de uma geração», *A Revista. Belo Horizonte, 1925/1926,* ed. facsimilar, San Pablo, Metal Leve, 1978.

Négritude et Amérique Latine, Colloque de Dakar: 7-12 enero 1974, Dakar, Les Nouvelles Éditions Africaines, 1978.

Nelson, Daniel Ernest, *Five central figures in avant-garde art and literature: Emilio Pettoruti, Xul Solar, Oliverio Girondo, Jorge Luis Borges, Norah Borges,* tesis doctoral, University of Texas at Austin, 1989, 258 págs.

Neruda, Pablo, «Caballo Verde», en Pablo Neruda, *Confieso que he vivido. Memorias,* Buenos Aires, Losada, 1974, págs. 162-165.

— «Por una poesía sin pureza», en *Caballo Verde para la Poesía* 1 (oct. 1935), pág. 5, ed. facsimilar, Kraus Reprint, 1974.

Nicolau Ferrara, Miriam, *A imprensa negra paulista (1915-1963),* tesis de maestría, San Pablo, Universidad de São Paulo, 1981.

Noé, Julio (ed.), *Antología de la poesía argentina moderna (1900-1925),* Buenos Aires, Nosotros, 1926.

— *Antología de la poesía argentina moderna (1896-1930),* 2.ª ed., Buenos Aires, El Ateneo, 1931.

Novaes, Wagner, «Imagens do negro na tradição oral», *Letterature d'America* I, 4/5, Roma, Bulzoni, 1980, págs. 205-213.

Novo, Salvador, *Continente vacío,* Madrid, Espasa-Calpe, 1935.

— «Notas sobre la poesía de los negros en los Estados Unidos», *Contemporáneos* 1, núms. 40-41 (1931), págs. 197-200.

Nunes, Benedito, «Antropofagismo e surrealismo», *Remate de Males* 6 (1986), págs. 15-25.

Núñez, Estuardo, «En Alemania», en Estuardo Núñez, *La experiencia europea de José Carlos Mariátegui,* Lima, Amauta, 1978, págs. 49-67.

— «Expresionismo en la poesía indigenista del Perú», en *The Spanish Review* 2 (nov. 1935), págs. 69-80.

— «José Carlos Mariátegui y el expresionismo alemán», en Xavier Abril *et. al. Mariátegui y la literatura*, Lima, Amauta, 1980, págs. 137-148.

— «José Carlos Mariátegui y la recepción del surrealismo en el Perú», *Revista de Crítica Literaria Latinoamericana* 3, núm. 5 (1977), págs. 57-66.

OJEDA, J. Enrique, «Jorge Carrera Andrade y la vanguardia», *Revista Iberoamericana* 144-145 (jul.-dic. 1988), págs. 675-690.

ORELLANO, Jorge Eduardo, *El Movimiento de Vanguardia en Nicaragua*, Managua, Imprenta Novedades, 1969.

ORTIZ, Fernando, «Los afronegrismos de nuestro lenguaje», *Revista Bimestre Cubana*, 17, núm. 6 (nov.-dic. 1922), págs. 321-336.

— «Los últimos versos mulatos», *Revista Bimestre Cubana* 35, núm. 3 (mayo-jun. 1935), págs. 321-336.

— «Más acerca de la poesía mulata. Escorzos para su estudio», *Revista Bimestre Cubana* 37 (1.º sem. 1936), págs. 23-39 y 439-443.

— «Ni racismo ni xenofobias», *Revista Bimestre Cubana* 24, núm. 1 (ene.-feb. 1929), págs. 12-15.

— «Sociedad de Estudios Afrocubanos» y «Contra los racismos», *Revista Bimestre Cubana* 38, núm. 2 (set.-dic. 1935), págs. 294-301.

ORTIZ, Renato, *Cultura brasileira e identidade nacional*, San Pablo, Brasiliense, 1985.

OSORIO T., Nelson, «Antecedentes de la vanguardia literaria em Venezuela (1909-1925)», *Hispamérica* 33 (dic. 1982).

— *El futurismo y la vanguardia en América Latina*, Caracas, Centro de Estudios Latinoamericanos Rómulo Gallegos, 1982.

— «El primer libro de Uslar Pietri y la vanguardia literaria de los años veinte», *Revista de Crítica Literaria Latinoamericana* 9 (1.º sem. 1979).

— *La formación de la vanguardia literaria en Venezuela (Antecedentes y documentos)*, Caracas, Biblioteca Nacional de la Historia, 1985.

— *Manifiestos, proclamas y polémicas de la vanguardia literaria hispanoamericana*, Caracas, Ayacucho, 1988.

— «Para una caracterización histórica del vanguardismo literario hispanoamericano», *Revista Iberoamericana* 114-115 (ene.-jun. 1981), págs. 227-254.

PACHECO, José Emilio, «Nota sobre la otra vanguardia», *Revista Iberoamericana* 106-107 (ene.-jun, 1979), págs. 327-334.

PALÉS MATOS, Luis, *Poesía completa y prosa selecta*, Margot Arce de Vázquez (ed.), Caracas, Ayacucho, 1978.

PATTÉE, Richard, «La América Latina presta atención al negro», *Revista Bimestre Cubana* 38 (2.º sem. 1936), págs. 17-23.

PAZ, Octavio, *Los hijos del limo. Del romanticismo a la vanguardia*, Barcelona, Seix Barral, 1974.

— ¿Poesía Latinoamericana?, en *El signo y el garabato*, México, Joaquín Mortiz, 1973, págs. 153-165.

PEREDA VALDÉS, Ildefonso (ed.), *Antología de la poesía negra americana,* Santiago, Ercilla, 1936.
— *El negro rioplatense y otros ensayos,* Montevideo, C. García, & Cía., 1937.
— *La guitarra de los negros,* Montevideo, La Cruz del Sur, 1926.
— *Lo negro y lo mulato en la poesía cubana,* Montevideo, Ciudadela, 1970.
— *Raza negra,* Montevideo, edición del diario negro uruguayo *La Vanguardia,* 1929.
— *Antología de la moderna poesía uruguaya (1900-1927),* Buenos Aires, El Ateneo, 1927.
PÉRET, Benjamin, *O quilombo de Palmares, Crónica da «República dos Escravos», Brasil, 1640-1695,* Lisboa, Fenda, 1988.
PERLOFF, Marjorie, *The futurist moment. Avant-garde, avant guerre, and the language of rupture,* Chicago, The University of Chicago Press, 1986.
PESTINO, Joseph F. «Mário de Andrade and André Breton. Strange bedfellows», *Tinta* 4 (verano de 1984), págs. 15-20.
PETERSON, Theodore, «Magazines for cultural minorities», en *Magazines in the Twentieth Century,* Urbana, University of Illinois Press, 1964, págs. 402-440.
PIZARRO, Ana y RUSSOTTO, Márgara, «Les discours antropophages de l'avant garde latino-américaine», *Lendemains* 27 (1982), págs. 91-96.
PINSARD CACCESE, Neusa, *Festa. Contribuição para o estudo do modernismo,* San Pablo, Instituto de Estudos Brasileiros, 1971.
PONTES DE AZEVEDO, Neroaldo, *Modernismo e regionalismo — os anos 20 em Pernambuco,* João Pessoa, Secretaria da Educação e Cultura, 1984.
PORTAL, Magda, «Una revista de cuatro nombres», *Hueso Húmero* 7 (1980), Lima, Mosca Azul, pág. 101.
PORTO ANCONA LOPEZ, Telê; ROSSETTI BATISTA, Marta; SOARES DE LIMA, Yone, *Brasil: 1.º Tempo Modernista — 1917/1929. Documentação,* San Pablo, Instituto de Estudos Brasileiros, 1972.
PORTO ANCONA LOPEZ, Telê, «Arlequim e modernidade», *Revista do Instituto de Estudos Brasileiros* 21 (1979), págs. 84-100.
— *Macunaíma, a margem e o texto,* San Pablo, Hucitec, 1974.
— «Uma difícil conjugação», en Mário de Andrade, *Amar, verbo intransitivo,* 10.ª ed. Belo Horizonte, Itatiaia, 1982, págs. 9-44.
PORTUONDO, José Antonio, «La "negritud" en las literaturas antillanas», en *Letteratura d'America,* I, 4/5 (1980), págs. 193-204.
PRADO, Paulo, *Retrato do Brasil. Ensaio sobre a tristeza brasileira,* San Pablo, Ibrasa/ Instituto Nacional do Livro, 1981 (1.ª ed., 1928).
PRIETO, Adolfo, *El discurso criollista en la formación de la Argentina moderna,* Buenos Aires, Sudamericana, 1988.
— *Estudios de literatura argentina,* Buenos Aires, Galerna, 1969.
— «Una curiosa revista de orientación futurista», *Boletín de Literaturas Hispánicas* 3 (1961), págs. 53-62.
RACINE, Nicole, «The Clarté movement in France, 1919-1921», *The Journal of Contemporary History* 2 (1967), págs. 195-208.

RAMA, Ángel, «Las dos vanguardias latinoamericanas», *Maldoror* 9 (1973), págs. 58-64.

— *Transculturación narrativa en América Latina,* México, Siglo XXI, 1982.

RAMOS, Arthur, *Guerra e relações de raça,* Río de Janeiro, União Nacional dos Estudantes, 1943.

— *Le métissage au Brésil,* París, Hermann et Cie., 1952.

REHMAN-SRINIVASAN, Kathryn, *Revolution in writing. Borges' reading of the expressionists,* University Microfilms DA 8702010, *Dissertations Abstracts* 47, núm. 10 (abril 1987), pág. 3766-A.

REINAGA, César Augusto, *El indio y la tierra en Mariátegui,* Cuzco, 1959.

REYES, Alfonso, *Obras completas,* vol. 14, México, Fondo de Cultura Económica, 1962.

REYNAGA BURGOA, Ramiro, *Ideología y raza en América Latina,* La Paz, Ediciones Futuro Bolivia, 1971.

RIPOLL, Carlos, *Índice de la Revista de Avance,* Nueva York, Las Américas Publishing Co., 1969.

— *La generación del 23 en Cuba,* Nueva York, Las Américas Publishing Co., 1968.

RIVAS, Pierre, «Eléments pour une histoire de l'expressionisme en Amérique Latine», *Obliques* 6-7 (1981).

RIVERA, Diego, *Arte y política,* ed. Raquel Tibol, México, Grijalbo, 1979.

ROBLES, Humberto E., *La noción de vanguardia en el Ecuador. Recepción, trayectoria, documentos, 1918-1934,* Guayaquil, Casa de la Cultura Ecuatoriana, 1989.

RODRÍGUEZ MONEGAL, Emir, «El olvidado ultraísmo uruguayo», *Revista Iberoamericana* 118-119 (ene.-jun. 1982), págs. 257-274.

— *Jorge Luis Borges. A literary biography,* Nueva York, E. P. Dutton, 1978.

— *Mário de Andrade/Borges,* San Pablo, Perspectiva, 1978.

— *The Borzoi anthology of latin american literature,* vol. 2. Nueva York, Knopf, 1977.

RODRÍGUEZ REA, Miguel Ángel, «Guía del Boletín Titikaka (Puno, 1926-1930)», *Hueso Húmero* 10 (julio-octubre, 1981), págs. 184-204, y *Hueso Húmero* 11 (octubre-diciembre, 1981), págs. 140-159.

ROMERO, Sílvio, *Estudos sobre a poesia popular do Brasil (1870-1880),* Río de Janeiro, Vozes, 1977 (1.ª ed., 1888).

— «Mestiçagem e literatura nacional. Gregório de Matos», en Antonio Candido (ed.), *Sílvio Romero. Teoria, crítica e história literária,* Río de Janeiro, Vozes, 1978.

RUBIONE, Alfredo (ed.), *En torno al criollismo,* Buenos Aires, Centro Editor de América Latina, 1983.

— «Xul Solar. Utopía y vanguardia», *Punto de Vista* 29 (abr.-jun.1987), páginas 37-39.

RUFFINELLI, Jorge, «Borges y el ultraísmo: un caso de estética y política», *Cuadernos Americanos* 9, 1988, págs. 155-174.

SALGADO, Plínio; PICCHIA, Menotti del; RICARDO, Cassiano, *O curupira e o carão,* San Pablo, Hélios, 1927.

SALLES GOMES, Paulo Emílio, «Os azes de Cataguazes», en *Língua e Literatura* 4 (1975), págs. 455-473.

SALVADOR, Nélida, *Revistas argentinas de vanguardia (1920-1930),* Buenos Aires, Universidad de Buenos Aires, 1962.

SÁNCHEZ, Luis Alberto, «Amauta, su proyección y su circunstancia», *Cuadernos Americanos* 1 (ene.-feb. 1977), págs. 142-149.

— «La prosa de Manuel González Prada», en Manuel González Prada, *Páginas libres/Horas de lucha,* Caracas, Ayacucho, 1979.

SANTIAGO, Silviano, «Permanência do discurso da tradição no modernismo», en *Cultura brasileira, tradição, contradição,* Río de Janeiro, Zahar/Funarte, 1987, págs. 113-133.

SARAIVA, Arnaldo, *O modernismo brasileiro e o modernismo português,* 3 vols., Porto, 1986.

SARLO SABAJANES, Beatriz, *Una modernidad periférica, Buenos Aires 1920 y 1930,* Buenos Aires, Nueva Visión, 1988.

— «Vanguardia y criollismo: la aventura de *Martín Fierro»,* en Carlos Altamirano y Beatriz Sarlo, *Ensayos argentinos. De Sarmiento a la vanguardia,* Buenos Aires, Centro Editor de América Latina, 1983, págs. 127-171.

— *Martín Fierro,* Buenos Aires, Carlos Pérez, 1969.

SCHMALENBACH, Fritz, «La palabra *expresionismo», Eco,* núm. 4 (ago. 1961), págs. 390-400.

SCHNEIDER, Luis Mario, *El estridentismo o una literatura de la estrategia,* México, Instituto Nacional de Bellas Artes, 1970.

— *México y el surrealismo (1925-1950),* México, Arte y Libros, 1978.

SCHOLZ, Laszlo, «Del fenómeno internacional de las vanguardias (Relaciones literarias entre Hungría y América Latina en los años 20)», *Acta Litteraria Academiae Scientiarum Hungariae* 26 (1984), págs. 440-447.

— «Remenyik, un vanguardista húngaro en América Latina», *Hueso Húmero* 7 (oct.-dic. 1980).

SCHOPF, Federico, *Del vanguardismo a la antipoesía,* Roma, Bulzoni, 1986.

SCHWARTZ, Jorge, «A bibliografia latino-americana na coleção Marinetti», *Boletim Bibliográfico Biblioteca Mário de Andrade* 44 (ene.-dic. 1983, publicado en 1985), págs. 131-145.

— «Cansinos-Asséns y Borges, ¿Un vínculo (anti)vanguardista?», *Hispamérica* 46-47 (abr.-ago. 1987), págs. 167-177.

— *Homenaje a Girondo,* Buenos Aires, Corregidor, 1988.

— «La vanguardia en América latina, una estética comparada», *Revista de la Universidad Autónoma de México* 1 (ene. 1983), págs. 12-16.

— *Vanguarda e cosmopolitismo,* San Pablo, Perspectiva, 1983.

SENGHOR, Léopold Sédar, *Lusitanidade e negritude,* Lisboa, Academia de Ciências de Lisboa.

— *The foundations of «africanité» or «négritude» and «arabité»,* trad. Mercer Cook, París, Présence Africaine, 1971.

SÉRGIO BUENO, Antônio, *O modernismo em Belo Horizonte, década de vinte,* Belo Horizonte, Universidade Federal de Minas Gerais/PROED, 1982.

SIGAL, León, «Lecturas blancas de los negros del Plata», *Letterature d'América* I, 4/5, 1980, Roma, Bulzoni, págs. 71-90.

662

Silva Brito, Mário, *Ângulo e horizonte,* San Pablo, Martins, 1966.

— *História do modernismo brasileiro. Antecedentes da Semana de Arte Moderna,* 4.ª ed., Río de Janeiro, Civilização Brasileira, 1974.

— «O alegre combate de Klaxon», en *Klaxon. Mensário de Arte Moderno,* ed. facsimilar, San Pablo, Martins/Secretaria de Estado da Cultura, 1976.

Silveira, Tasso da, *Definição do modernismo brasileiro,* Río de Janeiro, Foria, 1932.

Skidmore, Thomas E. *Black into white,* Nueva York, Oxford University Press, 1974.

Sola, Graciela de, *Proyecciones del surrealismo en la literatura argentina,* Buenos Aires, Ediciones Culturales Argentinas, 1967.

Sorrentino, Fernando, *Siete conversaciones con Jorge Luis Borges,* Buenos Aires, Casa Pardo, 1974.

Subirats, J. Salas, *Marinetti (Un ensayo para los fósiles del futurismo),* Buenos Aires, Tor, s.f.

Sucre, Guillermo, *Borges el poeta,* Caracas, Monte Ávila, 1967.

Surréalisme périphérique (Luis de Moura Sobral, ed.), Montreal, Université de Montréal, 1984.

Szabolscsi, Miklós, «La "vanguardia" literaria y artística como fenómeno internacional», *Casa de las Américas* 74 (set.-oct. 1972), págs. 4-17.

Tamayo Herrera, José (ed.) *El pensamiento indigenista,* Lima, Mosca Azul, 1981.

Teitelboim, Volodia, *Neruda,* Buenos Aires, Losada, 1985.

«The changing guard», *The Times Literary Supplement,* 6/8/1964.

«The changing guard II», *The Times Literary Supplement,* 3/9/1964.

Thiollier, René, *Episódios de minha vida,* San Pablo, Anhembi, 1956.

Torre, Guillermo de, *Historia de las literaturas de vanguardia,* 3 vols., Madrid, Guadarrama, 1965.

— «Literatura de color», *Revista Bimestre Cubana* 38 (2.º sem. 1936), págs. 5-11.

— *Literaturas europeas de vanguardia,* Madrid, R. Caro Reggio, 1925.

— «Para la prehistoria ultraísta de Borges», en Jaime Alazraki (ed.), *Jorge Luis Borges,* Madrid, Taurus, 1976, págs. 81-91, (art. orig. 1964).

Torres-García, Joaquín, *Historia de mi vida,* Montevideo, 1939.

— *Primer manifiesto del constructivismo,* Madrid, Ediciones Culturales Hispánicas, 1976 (Edición facsimilar de *Dessins,* 1930).

— *Testamento artístico,* Montevideo, Biblioteca de Marcha, 1974.

Undurraga, Antonio de. «Teoría del Creacionismo», en Vicente Huidobro, *Poesía y Prosa,* Madrid, Aguilar, 1957, págs. 15-186.

Unruh, Vicky, «El vanguardismo indigenista de Alejandro Peralta», *Discurso Literario* 2 (primavera de 1987), págs. 553-566.

— «Mariátegui's aesthetic thought, a critical reading of the avant-gardes», *Latin American Research Review* 24 (1989), págs. 45-69.

Valdés, Héctor (ed.), *Los contemporáneos,* México, Unam, 1982.

Vallejo, César, *Desde Europa, Crónicas y artículos (1923-1928),* ed. Jorge Puccinelli, Lima, Fuente de Cultura Peruana, 1987.

— *Obras completas, El arte y la revolución,* vol. 2, Lima, Mosca Azul, 1973.

VASCONCELOS, Gilberto, *A ideología curupira. Análise do discurso integralista,* San Pablo, Brasiliense, 1979.

VASCONCELOS, José, *La raza cósmica,* Madrid, Agencia Mundial de Librería, 1925.

VATTIMO, Gianni, *El fin de la modernidad,* Barcelona, Gedisa, 1986.

VERANI, Hugo (ed.), *Las vanguardias literarias en Hispanoamérica (Manifiestos, proclamas, manifiestos y otros escritos),* Roma, Bulzoni, 1986.

VIDALES, Luis, *Suenan timbres,* Bogotá, Colcultura, 1976 (1.ª ed., 1926).

VIDELA, Gloria, *El ultraísmo,* Madrid, Gredos, 1971 (1.ª ed., 1963).

— «Poesía de vanguardia en Iberoamérica a través de la revista *La Pluma,* de Montevideo (1927-1931)», *Revista Iberoamericana* 118-119 (ene.-jun. 1982).

VIDELA DE RIVERO, Gloria, «El runrunismo chileno (1927-1934), El contexto literario», *Revista Chilena de Literatura* 18 (1981), págs. 72-87.

— «L'ultraisme en Espagne et en Amérique Latine», en Jean Weisberger (ed.), *Les avant-gardes littéraires au XXème. siècle,* Budapest, Akadémiai Kiadó, 1984.

— *Direcciones del vanguardismo hispanoamericano. Estudios sobre poesía de vanguardia en la década del veinte,* 2 vols., Mendoza, Universidad Nacional/Facultad de Filosofía y Letras, 1990.

VIGNALE, Pedro-Juan y TIEMPO, César (eds.), *Exposición de la actual poesía argentina,* Buenos Aires, Minerva, 1927.

VILELA LUZ, Nícia, «A década de 1920 e suas crises», *Revista do Instituto de Estudos Brasileiros* 6 (1969), págs. 67-75.

WALTER, Richard J., *Student politics in Argentina; the university reform and its effects, 1918-1964,* Nueva York, Basic Books, 1968.

WANKAR [Ramiro Reynaga Burgoa], *Tawantinsuyu (Cinco siglos de guerra qheswaymara contra España).* Chukiapu-Kollasuyu, Centro de Coordinación y Promoción Campesina, Mink'a, 1978.

WASHINGTON BA, Sylvia, *The concept of negritude in the poetry of Leopold Sédar Senghor,* New Jersey, Princeton University Press, 1973.

WEISBERGER, Jean (ed.), *Les avant-gardes littéraires au XXe. siècle,* 2 vols., Budapest, Akadémiai Kiadó, 1984.

WEISSTEIN, Ulrich (ed.), *Expressionism as an international literary phenomenon,* Budapest, Akadémiai Kiadó, 1973.

WEY, Valquiria, «El Río de Reyes», en *Gaceta del Fondo de Cultura económica,* número conmemorativo del centenario del nacimiento de Alfonso Reyes, mayo de 1989.

WILSON, Leslie N., *La poesía afroantillana,* Miami, Universal, 1979.

WISE, David O. «Mariátegui's *Amauta* (1926-1930), a source for peruvian cultural history», *Revista Interamericana de Bibliografía* 21 (1979).

— «Vanguardismo a 3800 metros, el caso del *Boletín Titikaka* (Puno, 1926-1930)», *Revista de Crítica Literaria Latinoamericana* 20 (1984).

WOLFE, Bertram D. *The fabulous life of Diego Rivera,* Nueva York, Stein and Day, 1963.

YURKIEVICH, Saúl, *Fundadores de la nueva poesía latinoamericana,* Ariel, Barcelona, 1984 (1.ª ed., 1973).

— «Rosa Náutica, un manifiesto del movimiento de vanguardia chileno», *Bulletin de la Faculté des Lettres de Strasbourg* (abr. 1968), págs. 649-655.

— «Altazor o la rebelión de la palabra», en René de Costa (ed.), *Vicente Huidobro y el creacionismo*, Madrid, Taurus, 1985.

ZEA, Leopoldo, «Negritud e indigenismo», en *Négritude et Amérique Latine*, Dakar, Les Nouvelles Éditions Africaines, 1978, págs. 25-36.

ZUM FELDE, Alberto, *Proceso intelectual del Uruguay*, vol. 3, Montevideo, Librosur, 1985, (1.ª ed., 1930).

Glosario

ORGANIZADO POR GÊNESE A. DA SILVA Y LA COLABORACIÓN
DE SOLEDAD TRAVERSO-RUEDA

El glosario incluye solamente a autores latinoamericanos, portugueses y españoles. La información sobre autores extranjeros mencionados en los textos de vanguardia se encuentra en las notas al pie de página. Con respecto a los autores incluidos en el glosario, los títulos mencionados se limitan, en cada caso, a las obras más representativas.

ABREU, João Capistrano de (1853-1927). Historiador brasileño, autor de *Caminhos antigos e o povoamento do Brasil* y *Capítulos da história colonial*.

ALCÂNTARA MACHADO, Antonio Castilho de (1901-1935). Escritor brasileño. Colaboró también en periódicos como *Jornal do Comércio, Diário da Noite* y participó en la política del país. Se destacó en el movimiento modernista al retratar figuras populares y el lenguaje del pueblo paulista. Dirigió algunas de las principales revistas literarias de la época: *Revista de Antropofagia, Terra roxa e outras terras, Revista Nova*. Escribió *Pathé Baby, Brás, Bexiga e Barra Funda, Laranja da China* y *Mana Maria*.

ALCÁZAR, Baltasar del (1530-1606). Poeta español, autor de poesía epigramática. También escribió sonetos y poesía religiosa.

ALENCAR, José Martiniano de (1829-1877). Principal representante del romanticismo brasileño. Formado en derecho, se dedicó sin embargo al periodismo y a la literatura. Su extensa obra suele dividirse en novelas históricas, novelas indianistas, novelas regionalistas y novelas urbanas. Entre estas obras se destacan *Iracema, O guarani, As minas de Prata, Lucíola*.

ALMEIDA, Guilherme de Andrade e (1890-1969). Poeta brasileño, cuya obra presenta una fase premodernista y una fase modernista. Participó en la Semana del Arte Moderno. Escribió *Poesia vária* y *Toda a poesia*.

ALOMAR, Gabriel de (1873-1941). Poeta y ensayista mallorquín. Escribió en catalán y en castellano. Se destaca por haber usado el término «futurismo» antes de F. T. Marinetti. Se dedicó también a la política y lle-

669

gó a ser jefe del partido de la Unión Socialista de Cataluña. Colaboró en la revista *Renacimiento*. Entre sus obras se destacan: *La columna de foc* (poesía), *La formación de sí mismo* y *La política idealista* (ensayos).

AMARAL, Amadeu (1875-1929). Periodista, escritor, crítico literario, dialectólogo y memorialista brasileño. Entre sus obras se destacan *Urzes, Névoa, Espuma* (poesía) y *A pulseira de ferro* (novela).

AMARAL, Tarsila do (1897-1973). Pintora brasileña, la más destacada del modernismo. Estudió en Europa; sus primeros trabajos son académicos, seguidos por tendencias cubistas y realistas. Al volver al Brasil lo «redescubre» y pinta cuadros de acuerdo con los principios del movimiento *Pau Brasil* y *Antropofagia*. También pintó cuadros de contenido social. Estuvo casada con Oswald de Andrade. Obra pictórica: *Abaporu, Antropofagia, A negra,* y otros.

AMOROSO LIMA, Alceu. Ver Ataíde, Tristão de.

ANCHIETA, Padre José de (1534-1597). Nacido en las Islas Canarias, vino joven al Brasil, donde fundó, con el Padre Manuel da Nóbrega, el Colegio de Piratininga. Se dedicó a catequizar a los indígenas, utilizando autos y poemas que él mismo escribía. Entre sus poemas se destacan *De Beata Virgine Dei Matre Maria* en que narra la vida y las glorias de la Virgen María.

ANDRADA E SILVA, José Bonifácio (1763-1838). Estadista y escritor brasileño. Llamado «Patriarca de la Independencia», pues influyó junto a Don Pedro I para que ésta fuese proclamada (7/9/1822). Nombrado Ministro del Imperio y de los Negocios Extranjeros, ante la oposición popular, fue preso y deportado para Francia (1823). Al volver al Brasil en 1829 fue nombrado tutor de Don Pedro II, hijo del Emperador. Obras: *Américo Elísio (Poesias Avulsas)* e innúmeras obras sobre mineralogía.

ANDRADE, Mário Raul de Morais (1893-1945). Escritor y musicólogo. Fue líder del modernismo brasileño. Escribió poesía, ficción y crítica literaria y artística. Se dedicó también al estudio de la música y el folclore. Su obra se caracteriza por el abrasileñamiento del lenguaje y la utilización de elementos populares y de folclore brasileño. Fue uno de los principales participantes de la Semana del 22. Se destacan sus textos doctrinarios sobre el modernismo. Obras: *Paulicéia desvairada, Há uma gota de sangue em cada poema, Poesias* (poesía); *Macunaíma, Amar, verbo intransitivo* (prosa).

ANDRADE, Olegário Víctor (1841-1882). Escritor argentino; fue también periodista y participó en la vida política del país. Entre sus poemas se destacan *Nido de cóndores, Atlántida* y *Prometeo*.

ANDRADE, Oswald de (1890-1954). Poeta, prosista y dramaturgo, se ha convertido, junto a Mário de Andrade, en la figura más importante del modernismo brasileño. Llevó a Brasil las vanguardias europeas y fue uno de los principales organizadores de la Semana del 22. Se destacan en su obra la parodia de varios textos —inclusive fragmentos de crónicas de la literatura colonial—, el poema-minuto, el infantilismo y un «indianismo» al revés. Obras: *Poesia Pau Brasil, Primeiro caderno do aluno de poesia Oswald de Andrade, Cântico dos cânticos para flauta e violão* (poesía); *Memórias sentimentais de João Miramar, Serafim Ponte Grande* (prosa); *O rei da vela, A morta, O homen e o cavalo* (teatro).

ANGUITA, Eduardo (1914). Periodista, cuentista y poeta chileno. Publicó en 1935 su *Antología de la poesía chilena nueva,* compilada en colaboración con Volodia Teitelboim. Obras: *Tránsito al fin, Antología de Vicente Huidobro, Inseguridad del hombre.*

ARENAS, Braulio (1913). Escritor chileno. Organizó en 1937 el movimiento surrealista la Mandrágora, publicando una revista con el mismo nombre. Obras: *El mundo y su doble, La mujer mnemotécnica, Luz adjunta, La simple vista, Actas surrealistas* (editor).

ARRIETA, Rafael Alberto (1888-1975). Escritor argentino. Fue presidente de la Academia Argentina de Letras. Dirigió la revista *Atenea* y ganó el premio Nacional de Filosofía por su obra *Don Gregorio Béeche y los bibliógrafos americanos de Chile y del Plata.* Obras: *Alma y momento, Las noches de oro, Estío serrano, Tiempo cautivo.*

ASCASUBI, Hilario (1807-1875). Escritor argentino. Luchó contra Rosas y estuvo preso al lado de Urquiza. Se dedicó a la literatura, destacándose entre los poetas gauchescos. Fundó periódicos que tuvieron como nombre sus pseudónimos —Paulino Lucero y Aniceto el Gallo—, que más tarde se convirtieron en títulos de libros. Su obra trata de las costumbres gauchescas. Obra: *Santos Vega.*

ATAÍDE, Tristão de (1893-1983). Pseudónimo de Alceu Amoroso Lima. Pensador y ensayista brasileño. Se destacó también como periodista. Colaboró en *O Jornal* y dirigió la revista *A Ordem.* Fundó el centro de debates Don Vital, polemizó sobre cuestiones espirituales con Jackson de Figueiredo y terminó por convertirse al catolicismo. Perteneció a la Academia Brasileña de Letras. Obras: *Introdução à economia moderna, Problema da burguesia, A realidade americana, A revolução suicida.*

BALLAGAS, Emilio (1908-1954). Poeta cubano. Escribió poesía pura y poesía social. Trata en su poemas distintos aspectos de la vida de los negros. Obras: *Júbilo y fuga, Sabor eterno, Cuaderno de poesía negra.*

BANCHS, Enrique J (1888-1968). Poeta argentino, en cuyas obras se encuentran elementos modernistas, aunque se vuelque también en los clásicos españoles e italianos. Escribió *Las barcas, El libro de los elogios, El cascabel del halcón, La urna* y *Lecturas* (prosa).

BARRETO DE MENEZES, Tobías (1839-1889). Escritor político brasileño. Se destacó por su carrera política. Perteneció al romanticismo brasileño, y se dedicó a la crítica filosófica, religiosa y política. Obras: *Dias e noites, Um sinal dos tempos, Vários escritos* y otros.

BATLLE Y ORDOÑEZ (1854-1930). Estadista uruguayo perteneciente al

Partido Colorado. Fue presidente de Uruguay. Su época se caracterizó por un liberalismo socializante.

BELLO, Andrés (1781-1864). Escritor venezolano. Vivió un tiempo en Londres, donde se dedicó a la filología, a cuestiones jurídicas y a la poesía. Vivió también en Chile y participó activamente en la vida intelectual chilena. Se destaca en su poesía el tono didáctico. Conocía muy bien las literaturas griega, latina y española. Su composición más conocida es *Silvas a la agricultura en la zona tórrida,* en la cual se destacan elementos de la naturaleza americana y la influencia de Virgilio. Tradujo a Lord Byron y a Victor Hugo. Escribió también la conocida *Gramática de la lengua castellana.*

BERNÁRDEZ, Francisco Luis (1900-1978). Poeta argentino. Fue bastante influido por Fray Luis de León. Cultivó la métrica tradicional y utilizó también elementos clásicos. Obras: *Alcándara, Poemas elementales y poemas de carne y hueso, Kindergarten, El ángel de la guarda.*

BILAC, Olavo Brás Martins dos Guimarães (1865-1918). Es el poeta más conocido del parnasianismo brasileño. Fue también orador, conferenciante y cronista. Obras: *Poesias, Tratado de versificação,* entre otras.

BOPP, Raul (1898-1984). Poeta brasileño. Actuó en la fase primitivista del modernismo. Participó en el grupo verde-amarillo y después en el movimiento antropofágico, del cual fue uno de sus creadores. Obra: *Cobra Norato* y *Urucungo.*

BORGES, Jorge Luis (1899-1986). Autor argentino, considerado el más importante de los escritores hispanoamericanos, conocido mundialmente y traducido a varias lenguas. Participó en los principales movimientos literarios de su época, fundando el ultraísmo español y argentino. Contribuyó en varios periódicos y revistas. Obras: *Fervor de Buenos Aires, Inquisiciones, Ficciones, El aleph, Otras inquisiciones, Historia de la eternidad, Historia universal de la infamia, El hacedor.*

BRÁS CUBAS. Personaje de la novela *Memórias Póstumas de Brás Cubas,* de Machado de Assis.

BRECHERET, Victor (1894-1955). Escultor brasileño. Estudió en el Liceo de Artes y Oficios de São Paulo y se perfeccionó en París donde fundó junto con otros el Salón Tuileries. Participó en el grupo modernista de São Paulo y de la Semana del 22. Trabajó especialmente el bronce, el mármol, el granito y la terracota. Se inspiró sobre todo en el folclore indígena.

BUARQUE DE HOLANDA, Sérgio (1902-1982). Historiador y sociólogo brasileño. Durante el modernismo participó en la revista *Klaxon* y publicó la revista *Estética.* Fue también corresponsal de los *Diários Associados* y crítico del *Diário Carioca* y del *Diário de Notícias.* Se destacó por su participación en algunas entidades culturales brasileñas: Instituto Nacional do Livro, Biblioteca Nacional y otras instituciones. Renovó los estudios históricos y literarios. Obra: *Raízes do Brasil, Visão do Paraíso* y otros.

BUNSTER, Martín (Zaim Guimel). Escritor chileno autor del «Primer manifiesto Agú» que se publicó en *Claridad* en 1920.

CÁCERES, Jorge (1923-1949). Escritor chileno. Participó en el grupo surrealista Mandrágora. También fue pintor. Obra: *René o la mecánica celeste, Pasada libre.*

CAIRU, Vizconde de (1756-1835, José da Silva Lisboa). Periodista y político brasileño. Estudió derecho y filosofía en Portugal. Al volver a Brasil fue profesor y periodista, además de político. Entre sus títulos están el de barón, vizconde y senador del Imperio.

CAMPO, Estanislao de (1834-1880). Escritor argentino. Publicó gacetillas satíricas con el pseudónimo de Anastasio el Pollo. Autor del primer poema gauchesco *Fausto, impresiones del gaucho Anastasio el Pollo en la representación de esta ópera,* publicado en 1866.

CANCELA, Arturo (1892-1956). Cuentista argentino. En sus cuentos se encuentra una crítica de la sociedad argentina de su época. Obra: *Tres relatos porteños.*

CANÉ, Miguel (1851-1905). Escritor argentino de la generación del 80. Ocupó varios cargos políticos en su país. Obras: *Ensayos, Prosa ligera, Juvenilia* (novela; su obra más conocida).

CANSINOS-ASSÉNS, Rafael (1883-1964). Escritor y crítico literario español. Fue uno de los fundadores del ultraísmo. Se destacó también como traductor. Entre los grandes clásicos que tradujo, están Goethe y Dostoievski. Obras: *Poetas y prosistas del novecientos, El candelabro de los siete brazos, El movimiento V.P., La nueva literatura.*

CAPDEVILLA, Arturo (1889-1966). Escritor argentino, ganador del Premio Nacional de Literatura en 1920 y 1923. Su extensa producción incluye: *Jardines solos, La fiesta del mundo, Romances argentinos, La ciudad de los sueños, Córdoba del recuerdo, Las vísperas de Caseros, Las invasiones inglesas* y otros.

CARPENTIER, Alejo (1904-1980). Novelista cubano. Editor de la revista *Carteles,* y fundador de la *Revista de Avance.* Obra: *¡Ecué-Yamba-O!, El reino de este mundo, Guerra del tiempo, Literatura como política en América Latina, El recurso del método, El arpa y la sombra.*

CARRANZA, Eduardo (1913). Poeta colombiano que encabezó al grupo «Piedra y Cielo». Los temas de su poesía son la naturaleza, la patria, y la religiosidad. Tradujo a Tagore y a Rémy de Gourmont. Obras: *Azul de ti: sonetos sentimentales, Los pasos contados, Canciones para iniciar una fiesta.*

CARRERA ANDRADE, Jorge (1903-1978). Poeta ecuatoriano. Publicó dos artículos de temática vanguardista: «El destierro de nuestra generación» (1931) y «Esquema de la poesía de vanguardia» (1932). Obras: *Microgramas, Estanque inefable, La guirnalda del silencio.*

CARRIEGO, Evaristo (1883-1912). Poeta argentino. Escribió una poesía realista, que trata de la vida sencilla, los suburbios, el tango y los emigrantes. Obras: *Misas herejes, El alma del suburbio, Ritos en la sombra* y *La canción del barrio.*

CARVALHO, Ronald de (1893-1935). Poeta y diplomático brasileño. Fue uno de los fundadores de la revista portuguesa de vanguardia *Orfeo*. En 1922 participa en São Paulo en la Semana del Arte Moderno. Fue uno de los primeros divulgadores de la cultura brasileña contemporánea en el extranjero.

CASTELNUOVO, Elías (1893-1982). Escritor argentino. En sus cuentos denunció las injusticias sociales. Fue influido por Gorki, Dostoievski, Zola y Henri Barbusse. Participó en el grupo de «Boedo». Obras: *Tinieblas, Malditos, Entre los muertos, Calvario*.

CÉSAR DA SILVA, Guilhermino (1908). Crítico literario brasileño. Se destacó como poeta en la segunda fase del modernismo. Fue uno de los editores de la revista *Verde*. Obras: *Meia pataca, Lira coimbrã e Portulando de Lisboa, Arte de matar* (poesía), *Euclides da Cunha, O brasileiro na ficção portuguesa* (ensayos) y otros.

CHIACCHIO, Carlos (1884-1947). Escritor y crítico brasileño. Colaboró en periódicos, como *A Tarde*. Se destacó por su participación en el grupo modernista de Bahía, en torno a la revista *Arco & Flexa*. Obras: *Canto de marcha* (poesía); *Euclides da Cunha, Modernistas e ultramodernistas* (crítica); *Primavera* (ensayos).

COELHO NETO, Henrique Maximiliano (1864-1934). Escritor brasileño. Fue presidente de la Academia Brasileña de Letras y recibió el título de «Príncipe de los Prosadores Brasileños». Con obra numerosa y variada, se ha servido de varios géneros, destacándose novelas y cuentos volcados en lo rural y lo urbano. Su poesía es también bastante variada, abordando temas orientales, clásicos, europeos o nacionales, exaltando a veces a la naturaleza, a veces a la ciudad. Obras: *A capital federal, Turbilhão, O rei negro*.

CONSTANT BOTELHO DE MAGALHÃES, Benjamin (1839-1891). Profesor y político brasileño, participó en el movimiento de Proclamación de la República, y formó parte del Gobierno Provisional.

CONTRERAS, Francisco (1877-1933). Poeta, ensayista y crítico chileno. Participó en la revista argentina *Martín Fierro*. Vivió mucho tiempo en París. En 1927 publicó «La littérature d'avant-garde-Ricardo Güiraldes: "Don Segundo Sombra"», en *Mercure de France*. Obras: *Raúl, Toisón, Los modernos, Almas y panoramas*.

CORONEL URTECHO, José (1906). Poeta nicaragüense. Fundó el Movimiento de Vanguardia de Nicaragua. Ha practicado diferentes formas y modalidades y, buscando una expresión popular, se ha servido del folclore y de elementos de la cultura popular.

CORREIA, Raimundo (ver nota Azevedo Correia, Raimundo da).

COUTO DE MAGALHÃES, José Vieira (1837-1898). Político y escritor brasileño. Se destacan, en su vida política, los mandatos como diputado y como presidente de las provincias de Goiás, Pará, Mato Grosso y São Paulo. Colaboró activamente en la expulsión de los paraguayos del territorio brasileño. Obras: *Teses e dissertação, Os goianenses, Dezoito mil milhas do interior do Brasil.*

CRUCHAGA, Angel (1893-1964). Escritor y poeta chileno. Poesía mística. Recibió el Premio Nacional de Literatura en 1948. Le hizo algunas entrevistas a Vicente Huidobro. Obras: *Las manos juntas, La selva prometida.*

CUADRA, Pablo Antonio (1912). Poeta nicaragüense. Fue uno de los fundadores del Movimiento Nicaragüense de Vanguardia. Se destaca su regionalismo, siendo relevantes en sus poemas el color local y la inspiración indígena. Escribió: *Poemas nicaragüenses, Canto temporal, El jaguar y la luna.*

CUESTA, Jorge (1903-1942). Escritor mexicano. Formó parte del grupo literario «Contemporáneos». Su poesía tiene un tono pesimista. Obras: *Antología de la poesía mexicana moderna, Naufragio de la duda, Triángulos de silencios.*

DARÍO, Rubén (1867-1916, Félix Rubén García y Sarmiento). Nicaragüense, principal poeta del modernismo hispanoamericano. Influido por los simbolistas franceses, Verlaine y Mallarmé, transformó la poesía de lengua española del siglo XIX. Se destacan en su obra el lenguaje elaborado, la musicalidad e imágenes decadentistas. Obras: *Azul, Prosas profanas, Cantos de vida y esperanza, El canto errante.*

DELMAR, Serafín (1901, Reinaldo Bolaños). Escritor peruano. Fue uno de los directores de la revista de vanguardia peruana *trampolín - hangar - rascacielos - timonel*. Obras: *Los espejos envenenados, El derecho a matar*. En 1927, junto con Magda Portal, publicó *Radiograma del Pacífico. El hombre de estos años: gimnasia de poemas humanos.*

DEODORO DA FONSECA, Marechal Manuel (1827-1892). Mariscal brasileño, proclamó la República del Brasil (1889) y fue su primer presidente.

DI CAVALCANTI, Emílio (1897-1976, Emiliano Augusto Cavalcanti de Alburquerque e Melo). Pintor brasileño. Participó en la organización de la Semana del Arte Moderno. Conoció en Europa a los grandes maestros de la vanguardia: Picasso, Cocteau, Blaise Cendrars, Matisse y otros. Ilustró varios libros: *Juca Mulato,* de Menotti del Picchia; *Losango cáqui,* de Mário de Andrade, libros de Oscar Wilde y algunos de su autoría: *Testamento da alvorada, Reminiscências líricas de um perfeito carioca.* Fue también cronista y colaboró en periódicos y revistas.

DIAS, Cícero (1908). Pintor brasileño. Participó, en París, del grupo *Espace.* Realizó en Recife lo que tal vez haya sido la primera pintura mural abstracta sudamericana. Expuso, entre otros, en la XXVI Bienal de Venecia, en los salones de Mayo en París y en la Muestra de Arte Moderno en Brasil, en 1957.

DÍAS CASANUEVA, Humberto (1908). Poeta y diplomático chileno. Poesía de tipo metafísico. Recibió el Premio Nacional de Literatura en 1971. Obras: *El aventurero de Saba, Poemas para los niños, Vigilia por dentro.*

Díaz, Leopoldo (1862-1947). Poeta argentino del modernismo, influido por los poetas franceses, aunque presenta en su obra elementos de influencia española. Obras: *Los genios, Bajorrelieves* y *El sueño de una noche de invierno.*

Diego, Gerardo (1896-1987). Poeta español. Sus temas son muy variados, de lo rural a lo urbano, de lo tradicional a lo más moderno. Participó en el movimiento de vanguardia español. Obra: *El romancero de la novia, Imagen, Limbo, Canciones a Violante, Poesía amorosa, Vuelta del peregrino.*

Dinis, Almacchio (1880-1937). Escritor y crítico brasileño. Fue el primer traductor al portugués y divulgador del manifiesto futurista de F. T. Marinetti. Obras: *Eterno incesto, Troféus em cinzas* (teatro), *Crises, Pavões, Bodas negras* (novela), *Da estética na literatura comparada* (crítica).

Drumond de Andrade, Carlos (1902-1987). Destacado poeta brasileño, ha sido también cuentista y cronista. Fundó, junto a João Alphonsus, Ciro dos Anjos, Martins de Almeida y otros, *A Revista* y colaboró también con otras publicaciones. Obras: *As impurezas do branco, A rosa do povo, Boitempo.*

Eguren, José María (1874-1942). Poeta y pintor peruano. Participó en el grupo *Colónida.* Obras: *La canción de las figuras, Poesías.*

Estrada, Genaro (1887-1937). Bibliógrafo, ensayista y poeta mexicano. Creador del *Anuario bibliográfico mexicano.* Obras: *Escalera, Crucero, Paso a nivel, Senderillos a ras, Visionario de la Nueva España, Pero Galén.*

Fagundes Varela, Luís Nicolau (1841-1875). Poeta romántico brasileño. Obras: *Cantos e fantasias, Cantos dos ermos e da cidade* y *Anchieta ou O evangelho na selva,* poema épico indianista.

Fernández, Macedonio (1881-1952). Filósofo, poeta y cuentista argentino. Influyó a la vanguardia con su humorismo sarcástico. Obras: *No es toda vigilia la de los ojos abiertos, Papeles de recienvenido, Una novela que comienza.*

Fernández Moreno, Baldomero (1886-1950). Poeta argentino, fundador del «sencillismo»: cantar las cosas simples, convirtiendo todo en materia poética. Obras: *Las iniciales del misal, Penumbra, El libro de Marcela.*

Figari, Pedro (1861-1928). Pintor uruguayo. Retrató temas criollos y negristas. Participó en la revista *Proa* dibujando algunas viñetas. Obras: *Arte estética, ideal: ensayo filosófico encarado de un nuevo punto de vista, El arquitecto: ensayo poético, con acotaciones gráficas.*

Figueiredo, Jackson de (1891-1928, Jackson de Figueiredo Martins). Periodista y escritor, promovió la difusión del catolicismo junto a un grupo modernista brasileño. Fundó el Centro Dom Vital y la revista literaria *A Ordem,* para reespiritualizar el país. *Obras: Pascal e a inquietude moderna, Coluna de fogo, Correspondência* y *Aevem.*

Freyre, Gilberto (1900-1987). Antropólogo y escritor brasileño. Renovó los estudios afrobrasileños con su obra clásica *Casa grande e senzala* y *So-*

brados e mucambos. Participó en el movimiento modernista de Recife, con el «Manifesto Regionalista», cuya fecha de redacción fue motivo de polémica.

GALVÃO, Patrícia Rehder (1910-1962, Pagú). Novelista y militante política brasileña. Participó en el movimiento modernista y dirigió, junto a Oswald de Andrade, la revista *O Homem do Povo*. Ejerció también la actividad periodística, trabajando en diversos periódicos de Brasil y del extranjero. Pasó por Alemania, donde estuvo bajo la custodia de la Gestapo. En Francia luchó por el Frente Popular. Durante la época del Estado Novo (Getúlio Vargas) estuvo presa y fue torturada. En 1945 formó parte del grupo de intelectuales de la Vanguardia Socialista. Fue candidata a diputada en 1950. Obras: *Parque industrial* (pseudónimo Mara Lobo), *La famosa revista* (junto con Geraldo Ferraz).

GÁLVEZ, Manuel (1882-1960). Novelista argentino. En su obra se destacan el realismo y el naturalismo, además de temas históricos. Fue uno de los cronistas más importantes de su época. También escribió biografías. Obras: *La maestra normal, Nacha Regules, Escenas de la guerra del Paraguay, Miércoles Santos* y biografías de Rosas, Gabriel García Moreno. Con *El general Quiroga* recibió el «Premio Nacional de Literatura», en 1932.

GANDUGLIA, Santiago. Escritor argentino ultraísta que participó en la revista *Martín Fierro*. Perteneció al grupo de Boedo.

GARCÍA MONGE, Joaquín (1881-1958). Escritor costarricense. Fundó y dirigió la revista literaria *Repertorio Americano*.

GHIRALDO, Alberto (1884-1946). Poeta y dramaturgo argentino. Escribió teatro de tesis social y dirigió revistas importantes, como *Martín Fierro* (primera época). En España, editó colecciones de autores hispanoamericanos. En su poesía encontramos elementos románticos, modernistas y rasgos de un anarquismo literario. Obras: *Músicas prohibidas, Alas, Triunfos nuevos, El archivo de Rubén Darío* (crítica).

GIRONDO, Oliverio (1891-1967). Poeta argentino. Perteneció al grupo Martín Fierro. Escribió, en 1924, el manifiesto de propagación nacional de la revista *Martín Fierro* (segunda época). En su obra hay elementos dadaístas y surrealistas. Casado con la escritora Norah Lange. Obras: *Veinte poemas para ser leídos en el tranvía, Espantapájaros, Interlunio, En la masmédula*.

GÓMEZ CORREA, Enrique (1915). Poeta chileno que participó en el grupo surrealista la Mandrágora. Obras: *Las hijas de la memoria, Cataclismo en los ojos, Sociología de la locura*.

GÓMEZ DE LA SERNA, Ramón (1888-1963). Escritor español, cuya obra, de cerca de ochenta títulos, abarca casi todos los géneros literarios. Fue uno de los fundadores de la vanguardia española e inventó la «greguería» (humorismo + metáfora = greguería). Entre otros, escribió *Ismos*, antología sobre los movimientos de vanguardia.

GÓMEZ HARO, Enrique (1871-1938). Dramaturgo y periodista mexicano. Fundó varios periódicos. Obras: *Historia del teatro principal, El Cristo de bronce, Entre la vida y la muerte*.

GONZÁLEZ LANUZA, Eduardo (1900-). Poeta argentino. Uno de los fundadores y uno de los principales representantes de la corriente ultraísta. Perteneció al grupo de Florida. Su principal obra es *Prismas*. Escribió también *Treinta y tantos poemas, Oda a la alegría*.

GONZÁLEZ PRADA, Manuel (1848-1918). Ensayista y poeta peruano. Polemista político. Propuso terminar con el colonialismo español y el poder de la Iglesia. Influyó en Mariátegui. Vivió en París. Obras: *Páginas libres, Horas de lucha*. Poesía: *Presbiterianas, Libertarias*.

GONZÁLEZ TUÑÓN, Raúl (1905-1974). Poeta urbano argentino. Se identificó con el grupo socializante de Boedo, y se destacó por sus actividades políticas, especialmente durante la Guerra Civil Española. Obras: *El violín del diablo, Miércoles de ceniza, La calle del agujero en la media, Poemas de Juancito caminador, La rosa blindada*.

GOULART DE ANDRADE, José Maria (1881-1936). Dramaturgo, novelista y poeta del parnasianismo brasileño. Fue miembro de la Academia Brasileña de Letras.

GRAÇA ARANHA, José Pereira da (1868-1931). Escritor del premodernismo brasileño. Su participación en la Semana del 22 fue conflictiva. Su obra se vuelca hacia problemas políticos y religiosos, como se ve en *Canaã, Malazarte* y *A viagem maravilhosa*.

GROUSSAC, Paul (1848-1929). Escritor de origen francés, pero totalmente ligado a la literatura argentina. Fue director de la Biblioteca Nacional de Buenos Aires. Escribió sobre varios temas históricos. Fundó la revista *La Biblioteca*. Su obra principal es *Mendoza y Garay*.

GUERRERO RUIZ, Juan (1893-1955). Poeta español, fue secretario de la revista *Índice*. Dirigió el suplemento literario del periódico *La verdad,* a través del cual se tornaron conocidas sus traducciones de James Joyce, D. H. Lawrence y Valery Larbaud. Fundó la revista *Verso y prosa*.

GUILLÉN, Nicolás (1904-1989). Poeta cubano, uno de los principales representantes de la poesía negra en lengua española. Su obra se vuelve hacia lo burlesco y lo social, sirviéndose de elementos populares, folclóricos y temas raciales. Se destacan: *Sóngoro Cosongo, Motivos de son, West Indies Limited* y *El son entero*.

GÜIRALDES, Ricardo (1886-1927). Escritor argentino. Participa en la vanguardia al fundar, junto con Borges y otros, la revista *Proa*. Inició una carrera literaria con el libro de poemas *El cencerro de cristal,* pero sus obras más destacadas son las novelas y los cuentos gauchescos que traen elementos de su experiencia. Obras: *Cuentos de muerte y de sangre, Xaimaca* y *Don Segundo Sombra,* esta última su novela más conocida.

GUIRAO, Ramón (1908). Poeta cubano. Escribe poesía negrista. Fue miembro fundador de la Sociedad de Estudios Afrocubanos. Obra: *Bongó, poemas negros* y *Órbita de la poesía afrocubana.*

GUTIÉRREZ CRUZ, Carlos (1897-1930). Poeta romántico mexicano. Obras: *El libro de la amada, Sangre roja, Versos libertarios, Versos revolucionarios.*

GUTIÉRREZ, Eduardo (1853-1900). Escritor argentino. Dio inicio a la novela folletinesca e influyó en el teatro popular. Se destaca en la novela gauchesca y con obras de fondo político. Obras: *Juan Moreira, Juan Cuello.*

GUTIÉRREZ HERMOSILLO, Alfonso (1905-1935). Poeta y traductor mexicano. Formó parte del grupo jalisciense que se reunió en torno a la revista *Bandera de provincias* y en la revista *Campo*. Colaboró también en la revista *Contemporáneos*. Obras: *Tratado de un bien difícil, Itinerario.*

GUTIÉRREZ, Juan María (1809-1878). Argentino, uno de los principales investigadores de la literatura hispanoamericana. De su vasta obra crítica, se destacan: *Apuntes biográficos de escritores, oradores y hombres de Estado de la República Argentina, Estudios sobre poesía americana*. Editó las primeras antologías de poesía hispanoamericana: *América poética* y *El lector americano*. Dirigió la *Revista del Río de la Plata* y escribió poesías y ensayos. Participó también en la vida política del país como ministro y diputado.

HAYA DE LA TORRE, Víctor Raúl (1895-1979). Intelectual peruano que fundó en 1924 el APRA (Alianza Popular Revolucionaria Americana). Obras: *Dos cartas, Por la emancipación de América Latina, Teoría y táctica de la juventud antiimperialista.*

HENRÍQUEZ UREÑA, Pedro (1884-1946). Escritor, filósofo y crítico dominicano. Organizó a los jóvenes escritores que se reunían en la Preparatoria en el «Ateneo de la Juventud». Ocupó el cargo de ministro de Educación en la República Dominicana. Obras: *Seis ensayos en busca de nuestra expresión, Antología del centenario, Observaciones sobre el español en América y otros estudios filológicos, La utopía de América* y una *Gramática castellana* (en colaboración con Amado Alonso).

HEREDIA, José María de (1803-1839). Poeta romántico cubano. De formación clásica, se destacan en su lírica elementos románticos. Sus poemas más conocidos son «Niágara» y «En el Teocalli Cholula», de fondo americanista, pero con elementos clásicos y europeos. También escribió en prosa y ha hecho traducciones.

HERNÁNDEZ, José (1834-1886). Poeta y político argentino. Escribió *Martín Fierro,* obra clásica de la literatura gauchesca. Tuvo gran éxito entre los lectores, lo que lo llevó a escribir *La vuelta de Martín Fierro*. Ejerció cargos de diputado y senador.

HERNÁNDEZ AQUINO, Luis (1907). Profesor, ensayista, novelista, periodista y poeta puertorriqueño. Editor de revistas literarias como *Ínsula, Bayoán* y *Jaycoa*. Obras: *Aguas del remanso, Cantos a Puerto Rico, Diccionario* de voces indígenas de Puerto Rico, *Nuestra aventura literaria: los ismos en la poesía puertorriqueña, 1913-1948.*

HERRERA Y REISSIG, Julio (1875-1910). Uruguayo, considerado uno de los mayores poetas modernistas. Se inició en esta corriente estética a través de Darío y Lugones. Sufrió influencia de los franceses y también de Góngora. Así, en su obra, se destacan aspectos más pastoriles y también aspectos barrocos. Ejerció influencia en la transición del modernismo al ultraísmo y en los poetas posteriores. Obras: *Los éxtasis de la montaña, La torre de las esfinges, Los parques abandonados.*

HIDALGO, Alberto (1897-1967). Poeta peruano de tendencias futuristas. Obras: *Química del espíritu* y *Simplismo.*

HIDALGO, Bartolomé (1788-1822). Poeta argentino, nacido en Uruguay, considerado el creador del género gauchesco. Fue el primer autor que cantó al gaucho, retratando sus costumbres. Obras: *Diálogos patrióticos, Lira argentina.*

HUIDOBRO, Vicente Ruiz (1893-1948). Poeta chileno. Fundador del «creacionismo», primera corriente de vanguardia en América Latina. Durante su estadía en París, estuvo vinculado a los mayores nombres de la vanguardia europea. Ejercitó varios géneros literarios. Se destacan en su obra *Ecos del alma, Altazor, Mío Cid Campeador.*

INGENIEROS, José (1877-1925). Escritor, sociólogo y psiquiatra, introductor del positivismo en Argentina. Autor, entre otros, de la obra satírica *El hombre mediocre.*

IPUCHE, Pedro Leandro (1889-1976). Poeta y cuentista uruguayo. Desarrolló temas criollos y metafísicos. Obras: *Engarces, Alas nuevas, Tierra honda, Júbilo y miedo.*

JAIMES FREYRE, Ricardo (1870-1933). Poeta e historiador argentino nacido en Bolivia. Fundó, junto con Rubén Darío, la *Revista de América,* muy importante para la difusión del modernismo. Fue también profesor, político y diplomático. Escribió textos didácticos (*Leyes de la versificación castellana*) y estudios históricos, además de obras literarias, entre las cuales está *Castalia bárbara,* considerada una de las principales obras del modernismo.

JIMÉNEZ, Juan Ramón (1881-1958). Uno de los principales poetas de España. Expresión de una poesía pura, en la cual se destaca el panteísmo en una comunión con la naturaleza y la búsqueda de la soledad. Ejerció gran influencia sobre la generación del 27. Recibió el Premio Nobel de Literatura en 1956. Obras: *Platero y yo* (su obra más popular), *Poesías escojidas.*

LANGE, Norah (1906-1972). Escritora argentina. Participó en el movimiento martinfierrista. Esposa del poeta Oliverio Girondo. Colaboró en las revistas de vanguardia argentinas. Obras: *La calle de la tarde, Los días y las noches, El rumbo de la rosa, Cuadernos de Infancia, Estimados congéneres* (discursos).

LEME, Sebastião (1882-1942). Prelado brasileño. Arzobispo de Olinda, fue nombrado cardenal, destacándose al final de la Revolución de 1930. Mandó erigir el monumento del Cristo Redentor, encima del Corcovado, en Río de Janeiro.

LIMA, Jorge Matheus de (1893-1953). Poeta brasileño que hizo incursiones por varios géneros: la poesía parnasiana, la regionalista, la religiosa, la negra y finalmente la abstracta. Escribió también biografías, ensayos y libros infantiles. Obras: *Tempo e eternidade* (junto con Murilo Mendes), *A túnica inconsútil*, *Invenção de Orfeu*.

LIST ARZUBIDE, Germán (1898). Poeta y crítico mexicano, fundador, junto a Manuel Maples Arce, del «estridentismo». Obras: *El movimiento estridentista*, *Esquina*, *El viajero en el vértice*.

LLORÉNS TORRES, Luis (1879-1944). Poeta puertorriqueño. Estudió en España, donde tuvo contacto con las principales tendencias literarias y publicó su primer libro de poemas: *Al pie de la Alhambra*. Con la publicación de *Sonetos sinfónicos* fue considerado el introductor del modernismo en su país. Fundó en 1913 *La revista de las Antillas*.

LUGONES, Leopoldo (1874-1934). Una de las principales figuras del modernismo argentino. Fue muy atacado por la generación martinfierrista. Obras: *Las montañas de oro*, *Los crepúsculos del jardín*, *Odas seculares*, *Lunario sentimental*. Escribió obras en prosa: *La guerra gaucha* y *El payador*.

MACHADO, Aníbal (1894-1964). Escritor brasileño del modernismo. Se destaca por el lenguaje sencillo, irónico y la atención dada a los hechos cotidianos. Obras: *Histórias reunidas* y *João Ternura*.

MACHADO DE ASSIS, José Maria (1839-1908). Considerado el mayor novelista brasileño del siglo XIX. Iniciador de la estética realista con la novela *Memórias póstumas de Brás Cubas*. Fue uno de los fundadores y primer presidente de la Academia Brasileña de Letras. Obras: *A mão e a luva*, *Iaiá Garcia*, *Quincas Borba*, *Dom Casmurro*.

MALFATTI, Anita (1896-1964). Pintora brasileña del modernismo. Viaja a Alemania donde entra en contacto con el expresionismo. Al regresar, realizó en São Paulo, en 1917, una exposición pionera de artes plásticas, bastante polémica. Participó en la Semana del 22.

MANSILLA, Lucio Victorio (1831-1913). Escritor argentino de gran actividad política. Aislado en el interior del país, estudió la vida de los indios y los problemas de la administración de la frontera. Obra: *Una excursión a los indios ranqueles*.

MAPLES ARCE, Manuel (1900-1981). Principal poeta y fundador del estridentismo mexicano. Se vuelca hacia el futuro, y en su obra se encuentran términos referentes al progreso, industrialización, además de elementos políticos. Obras: *Vrbe-poema bolchevique en 5 cantos*, *Andamios interiores* y *Memorial de la sangre*.

MARIANI, Roberto (1892-1946). Escritor argentino. Relatos de protesta social. Perteneció al grupo de Boedo. Obras: *Regreso a Dios, Las acequias, Cuentos de la oficina.*

MARIÁTEGUI, José Carlos (1895-1930). Ensayista peruano y activista político. Fundador del Partido Socialista Marxista Peruano. Dirigió la revista *Amauta* en torno a la cual se agruparon los intelectuales peruanos de variadas tendencias. Obras: *La escena contemporánea, Siete ensayos de interpretación de la realidad peruana, Peruanicemos al Perú.*

MARTÍNEZ ESTRADA, Ezequiel (1895-1965). Intelectual argentino que se destaca por sus ensayos, especialmente *Radiografía de la Pampa* y *Muerte y transfiguración de Martín Fierro.* También escribió poesía y ficción.

MARTÍNEZ VIGIL, Carlos (1870-1949). Escritor uruguayo. Fundó, junto con su hermano David y Pérez Petit, la *Revista de Literatura y Ciencias Sociales.*

MARTINS FONTES, José (1884-1937). Poeta brasileño, situado entre el Parnasianismo y el Simbolismo. Se dedicó también a la medicina y al periodismo, pero se destacó más como poeta y conferencista. Obras: *Arlequinada, Boêmia galante, Volúpia* y *Sevilha, Granada.*

MATTO DE TURNER, Clorinda (1854-1909). Escritora peruana representante del naturalismo. Conocida por su novela de protesta indigenista, *Aves sin nido.*

MATURANA, José de (1884-1917). Escritor argentino. Colaboró en periódicos y divulgó ideales revolucionarios. Obras: *Cromos, Naranjo en flor, Canción de primavera, El balcón de la vida, Gentes honradas.*

MÉNDEZ, Evar (1888-1955). Director de la revista *Martín Fierro,* promotor de la generación martinfierrista.

MENEZES, Emílio de (1866-1918). Poeta brasileño, iniciador del simbolismo. Fue miembro de la Academia Brasileña de Letras. Obras: *Marcha fúnebre, Poemas da morte, Últimas rimas.*

MENOTTI DEL PICCHIA, Paulo (1892-1988). Poeta del modernismo brasileño, participó en la Semana del 22. Sus crónicas del modernismo llevan la firma de «Hélios». Fue uno de los fundadores, junto a Plínio Salgado y Cassiano Ricardo, del movimiento verde-amarillista, ala ultranacionalista opuesto a la antropofagia de Oswald de Andrade. Se destacan en sus textos elementos regionalistas. *Juca Mulato* es su obra más conocida.

MISTRAL, Gabriela (1889-1957). Poetisa chilena. Recibió el Premio Nobel de Literatura en 1945. Viajó a México invitada por José Vasconcelos. Obras: *Croquis mexicanos, Desolación, Ternura, Tala.*

MOLINARI, Ricardo (1898-). Poeta argentino que perteneció al grupo *Martín Fierro.* Obras: *El imaginero, Libro de la paloma, Mundos de la madrugada, Una sombra antigua.*

MONTERO BUSTAMANTE, Raúl (1881-). Poeta uruguayo. Fundó *La Revista Literaria* y *Vida Moderna.* Obras: *Versos, Antología de poetas uruguayos, Historia crítica de la literatura uruguaya.*

MONTEIRO LOBATO, José Bento (1882-1948). Escritor, traductor y polemista brasileño. Se destacó por su actividad editorial. Obras: *Urupês, Idéias do Jeca Tatu, Mr. Slang e o Brasil, O escândalo do petróleo.* Literatura infantil: *Emília no país da gramática, O picapau amarelo.*

MONTOYA, Padre Antonio Ruiz de. Autor del famoso *Arte de la lengua guaraní, ó mas bien tupí* (1876).

MORENO, Delfino C. (1888). Poeta mexicano. Obras: *Psiquis, Odas libres* y *Semblanzas literarias.*

MOREYRA DA SILVA, Álvaro (1888-1969). Poeta simbolista brasileño. Se destacó con el poema en prosa. Fue también cronista, memorialista y dramaturgo. Obras: *Cocaína, A cidade mulher, Boneca vestida de arlequim, Adão e Eva e outros membros da família, Tempo perdido.*

MORO, César (1906-1956, Alfredo Quispez Asín). Poeta peruano surrealista que participó en la revista *Le surréalisme au service de la révolution.* Vivió muchos años en París y escribió parte de su obra en francés. Obra: *La tortuga ecuestre y otros poemas.*

MOTA AZEVEDO CORREIA, Raimundo da (1859-1911). Poeta brasileño. Fue uno de los fundadores de la Academia Brasileña de Letras. Se destaca en su obra cierto pesimismo, nihilismo, abordaje de temas metafísicos y referencias a la naturaleza. Obras: *Primeiros sonhos, Sinfonias, Aleluias, Versos e versões.*

MOURA, Emílio Guimarães (1901-1971). Poeta brasileño. Fue periodista y profesor. Miembro de la Academia Mineira de Letras, participó en la implantación del modernismo brasileño, colaborando con *A Revista.* *Itinerário poético* es una reunión de su obra poética y algunos textos inéditos.

NERUDA, Pablo (1904-1973, Nefatalí Ricardo Reyes Basoalto). Destacado poeta chileno, que influyó a toda una generación. Fundó en Madrid la revista *Caballo verde para la poesía.* Ejerció intensa actividad política, ingresando en 1939 en el Partido Comunista de Chile. Fue embajador en París durante el gobierno de Allende. Recibió el Premio Nobel de Literatura en 1971. Obras: *Crepusculario, La canción de la fiesta, Veinte poemas de amor y una canción desesperada, Residencia en la tierra, Canto general, Alturas de Machu Pichu.*

NERVO, Amado Ruiz de (1870-1919). Escritor modernista mexicano. En su obra se destacan la religiosidad, poemas más intimistas e influencias del simbolismo francés. Obras: *Serenidad, Perlas negras, Los jardines interiores, El bachiller.*

OBLIGADO, Rafael (1851-1920). Poeta argentino. Su obra se destaca por el color local: elementos típicos del paisaje y tradiciones populares. Sus poemas más famosos están reunidos bajo el título *Leyendas argentinas.* Entre ellas se encuentra *Santos Vega.*

OLIVARI, Nicolás (1900-1966). Poeta y cuentista argentino. Participó tanto en el grupo Florida, concretamente en la revista *Martín Fierro,* como en el grupo de Boedo. Obras: *La musa de la mala pata, La amada infiel.*

OLIVEIRA VIANNA, Francisco José (1883-1951). Escritor brasileño. Autor de estudios sobre la formación de la etnia brasileña. Se dedicó a los problemas socio-políticos del país. Defendió la centralización político-administrativa y el Estado corporativo para llegar a la democracia social. Obras: *Populações meridionais do Brasil, Evolução do povo brasileiro, O ocaso do Império.*

OLMEDO, José Joaquín (1780-1847). Escritor y político ecuatoriano. Jugó un papel importante en el movimiento para la independencia. De la unión de la literatura con la política resultó la célebre oda heroica *La victoria de Junín: canto a Bolívar.*

ORTIZ, Carlos (1870-1910). Poeta argentino. Perteneció al modernismo, influenciado por Rubén Darío. Obras: *Rosas del crepúsculo, El poema de las mieses.*

ORTIZ DE MONTELLANO, Bernardo (1899-1949). Escritor mexicano. Fue uno de los directores de la revista *Contemporáneos.* Obras: *Avidez, El trompo de siete colores, Red.*

ORTIZ, Fernando (1881-1969). Antropólogo y sociólogo cubano. Fue el gran renovador de los estudios afrocubanos, fundando varias instituciones. Entre ellas, la Institución Hispano-Cubana de Cultura. Obras: *Las cuatro culturas indias de Cuba, Hampa afrocubana.* Fue director de la *Revista Bimestre Cubana.*

PALACIO, Ernesto. Escritor argentino. Obras: *Historia de la Argentina* y *Teoría del estado.*

PALÉS MATOS, Vicente (1903-1963). Poeta puertorriqueño. Junto con Tomás Batista es autor del «Manifiesto Euforista» de 1922 y del «Segundo Manifiesto Euforista» de 1923. Participó también en el movimiento «noísmo». Editor de los diarios *La Opinión* y *El Pueblo.* Poesía publicada póstumamente: *Viento y espuma.*

PALÉS MATOS, Luis (1898-1959). Poeta puertorriqueño. Fundó, junto con José I. de Diego Padró, el «diepalismo». Conocido por su poesía afroantillana. Obras: *Pueblo negro, Tuntún de pasa y grifería.*

PELLICER, Carlos (1899-1977). Escritor mexicano que formó parte del grupo «Contemporáneos». Ganó el Premio Nacional de Poesía en 1964. Director del Museo Nacional de Bellas Artes. Obras: *Colores en el mar y otros poemas, Piedra de sacrificio, Seis, siete poemas.*

PEREDA VALDÉS, Ildefonso (1899). Poeta uruguayo, precursor de la poesía afroamericana. Participó en los movimientos de vanguardia a través de revistas. Hay en su obra protesta social. Introduce en la literatura uruguaya el tema de los negros marginados y oprimidos. Obras: *La guitarra de los negros, Prosa negra, Antología de la poesía negra americana.*

PÉRET, Benjamin (1899-1959). Poeta francés. Fue uno de los fundadores del surrealismo, movimiento del cual participó hasta su muerte. Dirigió el periódico *La Révolution Surréaliste,* junto con Pierre Naville. Vivió en Brasil, casado con Elsie Houston, y en México, casado con Remedios Varo. Se destaca su participación política: ingresó en el partido comunista, del cual se desligó después, adhiriéndose al trotskismo. Participó en la Guerra Civil Española y llegó a ser preso por agitación política. Obras: *Je sublime, Je ne mange pas de ce pain là, Mort aux vaches et au champ d'honneur, Anthologie des mythes, légendes et contes populaires d'Amérique.*

PÉREZ PETIT, Víctor (1871-1947). Escritor uruguayo. Uno de los fundadores de la *Revista de Literatura y Ciencias Sociales,* que dio inicio al modernismo uruguayo en 1895.

PIÑERO, Francisco. Escritor argentino. Uno de los fundadores —junto con González Lanuza y Jorge Luis Borges— del diario mural *Prisma,* de expresión ultraísta.

PONTES DE MIRANDA, Francisco Cavalcanti (1892-1979). Jurista y escritor brasileño. Fue diplomático en los Estados Unidos y en Colombia. Se destacó por sus obras jurídicas. Escribió también poesías: *Poèmes et chansons.*

PORTAL, Magda (1901-1988). Escritora peruana de corte social. Junto con Federico Bolaños dirigió la revista *Flechas.* También participó en la dirección de la revista *trampolín - hangar - rascacielos - timonel.* Obra: *La trampa.*

PRADO, Paulo da Silva (ver Silva Prado, Paulo da).

PRADO, Pedro (1886-1952). Escritor chileno que reunió el grupo «LOS DIEZ», proponiendo una renovación estética. Fue también el fundador de la *Revista Moderna.* Escribió poesía y prosa y recibió el Premio Nacional de Literatura en 1949.

QUESADA, Ernesto (1858-1934). Pensador argentino, fue también profesor. Entre sus obras, *La sociología: carácter científico de la enseñanza, Las doctrinas presociológicas, La evolución social argentina.*

REYES, Alfonso (1889-1959). Diplomático y literato mexicano, de prolífera obra en 27 volúmenes. Escribió ensayos, cuentos y poesía. Durante su permanencia como embajador de México en Río de Janeiro (1930-1936), dirigió *Monterrey. Correo Literario de Alfonso Reyes.* Fundó la Cátedra de Historia de la Lengua y Literatura Española. Obras: *Cuestiones gongorinas, La experiencia literaria, Obra poética, Ifigenia cruel.*

RIBEIRO COUTO, Rui (1898-1963). Poeta simbolista brasileño, también considerado «penumbrista». Participó inicialmente en la Semana del Arte Moderno. Su poesía se destaca por el tono melancólico y descriptivo, por el lirismo popular y por el tema de la infancia. Ha escrito también cuentos y novelas. Obras: *Poesias unidas, O jardim das confidências, Cabocla* (novela).

RIBERA CHEVREMONT, Evaristo (1896-1976). Poeta puertorriqueño. Vivió en España entre 1919 y 1924, donde tuvo contacto con los movimientos vanguardistas europeos. A su regreso a Puerto Rico comenzó a publicar una editorial «Página de vanguardia» en el periódico *La de-*

mocracia. Obras: *La copa de los Hebe, Los almendros de los paseos de Covadonga, Pajarera.*

Río, João do (1880-1921, João Paulo Emílio dos Santos Coelho Barreto). Escritor del premodernismo brasileño. Inició su carrera como periodista, destacándose como cronista en la prensa carioca. Su obra tiene rasgos acentuadamente cosmopolitas. Fue influido por Jean Lorrain y Oscar Wilde. Obras: *As religiões do Rio, O momento literário, Dentro da noite, Vida vertiginosa.*

Rivadeneyra, Manuel (1805-1872). Editor de la *Biblioteca de Autores Españoles,* conocida como *Biblioteca Rivadeneyra.*

Rivera, Diego (1886-1957). Pintor mexicano, famoso por sus murales. Aún joven, fue influido por los grabados de José Guadalupe Posada. En Europa entró en contacto con el neoimpresionismo, Gauguin, Cézanne y el cubismo de Picasso. Buscó formas artísticas que reflejasen la transformación social mexicana. Casado con la pintora surrealista Frida Kahlo.

Rodó, José Enrique (1871-1917). Uruguayo, importante pensador y prosador del modernismo. Su obra principal, *Ariel,* defiende el idealismo hispanoamericano en oposición a los norteamericanos. Buscaba la perfección ideal sirviéndose del ensayo didáctico y moralista, como *El mirador de Próspero.*

Rojas Jiménez, Alberto (1900-1934). Escritor chileno. Fundador de la Escuela Agú, cuyo manifiesto fue publicado en la revista *Claridad* (1920), periódico semanal de sociología y arte de tendencia izquierdista.

Rojas Paz, Pablo (1896-1956). Escritor argentino. En su obra se describe la situación social de las poblaciones rurales. Obras: *Arlequín, El patio de la noche, Hombres grises, montañas azules, Mármoles bajo la lluvia.*

Rojas, Ricardo (1882-1957). Escritor argentino. En su obra se notan influencias románticas y modernistas. Se destacó como crítico, bastante preocupado con la cultura del país. Obras: *Historia de la literatura argentina, Eurindia y Archipiélago.*

Rokha, Pablo de (1894-1968, Carlos Díaz Loyola). Escritor chileno. Perteneció al movimiento 'tremendista'. Obras: *Los gemidos, U, Satanás, El folletín del diablo, Heroísmo sin alegría, Ecuación: canto de la fórmula estética.*

Salgado, Plínio (1895-1975). Novelista y político brasileño. Participó en el movimiento de la Semana del Arte Moderno. Es considerado uno de los principales representantes del grupo Verde-Amarillo, al lado de Cassiano Ricardo y Menotti del Picchia, en oposición al movimiento de antropofagia de Oswald de Andrade. Fue uno de los ideólogos del Partido Integralista Brasileño de inspiración fascista. Obras: *O estrangeiro, O esperado, O cavaleiro de Itararé.*

Salvat-Papasseit, Joan (1894-1924). Poeta catalán. Fundó el periódico

Un enemic del poble. Obras: *Poemes en ondes hertzianes* y *L'irradiador del port i les gavines.*

SÁNCHEZ, Florencio (1875-1910). Dramaturgo uruguayo con obras de contenido social. Perteneció al Partido Blanco. Fundó el Centro Internacional de Estudios Sociales, donde se combatían los viejos prejuicios y se afirmaba el anarquismo. Obras: *Los muertos, En familia, El pasado.*

SÁNCHEZ GUERRERO, Gabriel (1895). Poeta y abogado mexicano. Fundó la revista *Primaveral* y *El estudiante.* Fue director del diario *La Opinión.* Obra: *Madrigales.*

SANTOS CHOCANO, José (1875-1934). Poeta modernista peruano. Fue también profesor, diplomático y participó en movimientos políticos. Viajó por varios países de América. Lo han expulsado de algunos de ellos y murió misteriosamente asesinado. Influido por los románticos y por los parnasianos, es el más americano de los poetas modernistas. Obras: *El canto del siglo, La epopeya del morro.*

SARMIENTO, Domingo Faustino (1811-1888). Escritor y político argentino. Se opone a la dictadura de Rosas, exilándose en Chile. Participó en la batalla de Caseros al lado de Urquiza, contra Rosas. Fue diputado, senador, ministro, gobernador de San Juan, embajador en Chile, Perú y Estados Unidos hasta llegar a presidente de la República. Obras: *Facundo, Conflicto y armonías de las razas en América, Recuerdos de provincia.*

SCHMIDT, Augusto Federico (1906-1965). Escritor del modernismo brasileño. Se destacan en su obra la melancolía y algunos rasgos románticos. Obras: *Canto da noite, Mar desconocido.*

SEGALL, Lasar (1890-1957). Pintor ruso, naturalizado brasileño. Participó en el movimiento expresionista alemán y fundó el Dresdner Sezessin Gruppe. En Brasil participó en la Sociedade Pró-Arte Moderna. Ejerció gran influencia en la pintura moderna de Brasil. Publicó muchos libros de grabados: *Recordação de Vilna, Mangue.*

SILVA PRADO, Paulo da (1869-1943). Escritor y empresario brasileño. Se destaca por su actividad intelectual, al lado de Monteiro Lobato. Fue el principal patrocinador de la Semana del 22. Fundó la *Revista Nova; História de São Paulo* y *Retrato do Brasil: ensaio sobre a tristeza brasileira,* su obra más conocida.

SILVA VALDÉS, Fernán (1887-1975). Poeta y cuentista uruguayo, representante del movimiento nativista y criollista. Obras: *Ánforas de barro, Humo de incienso: poesías, Agua del tiempo, Poemas nativos.*

SILVEIRA, Alarico da (1878-1943). Escritor brasileño, filólogo y ensayista. Formó parte del grupo Verde-Amarillo. Colaboró en varios periódicos y ejerció también varios cargos públicos. Obras: *Estudos brasileiros, Enciclopédia brasileira.*

SILVEIRA, Tasso da (1895-1968). Poeta brasileño. Perteneció al grupo espiritualista de la revista *Festa,* que reaccionó a la corriente Pau Brasil. Obras: *América Latina, Árvore nova, Definição do modernismo brasileiro.*

Sílvio Romero (1851-1914, Sílvio Vasconcelos da Silveira Ramos Romero). Crítico literario y escritor brasileño. Colaboró en la prensa, fue también funcionario público y diputado. Su concepción de la crítica e historiografía literaria tiene como base el determinismo biológico y sociológico, el evolucionismo darwiniano y spenceriano. Obras: *Cantos do fim do século; História da literatura brasileira* es su obra más conocida. Influyó posteriormente en el pensamiento de Gilberto Freyre.

Sinhô (1889-1930, José Barbosa da Silva). Compositor brasileño. Fue el primer gran sambista del país. Su vasta obra es como una crónica de la ciudad de Río de Janeiro. Se tornó célebre como creador del estilo coloquial del samba hablado.

Solís y Rivadeneyra, Don Antonio de (1610-1686). Dramaturgo, poeta, historiador y político español. Dejó la corte y se ordenó en 1667. En el teatro fue influido por Calderón. Su obra principal es *Historia de la Conquista de México, población y progresos de la América septentrional.*

Staden, Hans (ca. 1525-ca. 1576). Viajante y cronista alemán. Realizó dos viajes a Brasil y escribió una de las obras de crónica más divulgadas del siglo XVI, con vasto material sobre los indígenas que habitaron el litoral brasileño. En 1553 fue designado por el gobernador-general Tomé de Sousa con la incumbencia de combatir a los indígenas. Prisionero de los indios tupinambás y llevado para Ubatuba (litoral de São Paulo) en 1554, consiguió escapar a la muerte después de nueve meses. Su aventura fue narrada por él y publicada en alemán, en *Duas viagens ao Brasil,* Marburgo, 1557. La primera edición en portugués salió en 1892, en la *Revista do Instituto Histórico: Descrição verdadeira de um país de selvagens.*

Storni, Alfonsina (1892-1938). Poetisa argentina. Al saber que tenía una enfermedad incurable, se suicidó. Obras: *La inquietud del rosal, Mascarilla y trébol, El mundo de siete pozos.*

Tallet, José Zacarías (1893). Poeta y periodista cubano. Participó en el grupo «Protesta de los Trece» contra el presidente Alfredo Zaya. De 1927 a 1928 fue editor de la *Revista de Avance.* Junto con Nicolás Guillén, Ramón Guirao y Regino Pedroso, Tallet fue uno de los fundadores de la poesía negrista en Cuba. Obra: *La semilla estéril.*

Teitelboim, Volodia (1913). Escritor y político chileno. Colaboró en la *Antología de la poesía chilena nueva,* publicada en 1935. Obras: *El amanecer del capitalismo y la conquista de América; Hijo del salitre; La semilla en la arena; Neruda.*

Tiempo, César (1906-1980, Israel Zeitlin). Poeta argentino, ucraniano de nacimiento. Desarrolla la temática argentino-judaica. Obras: *Clara Beter, versos de una..., Libro para la pausa del sábado, Sabatión argentino, Sábadodomingo.*

Tobias Barreto (ver Barreto de Menezes, Tobias).

Torre, Guillermo de (1900-1971). Ensayista y poeta español. Fue crítico y teórico del movimiento ultraísta. Colaboró en las revistas de vanguardia y escribió, en 1920, el «Manifiesto Vertical Ultraísta». Entre sus obras *Hélices* (poesía) y la *Historia de las literaturas de vanguardia,* su obra más conocida.

TORRES BODET, Jaime (1902-1974). Poeta y novelista mexicano. Formó parte del grupo «Contemporáneos» y fue director de la revista del mismo nombre. Obras: *Fervor, Canciones, Biombo, Los días, Destierro, Cripta, Margarita de niebla.*

TORRES-GARCÍA, Joaquín (1874-1949). Pintor uruguayo, creador del constructivismo. Dejó vasta obra escrita. Escribió el manifiesto catalán «Art-evolució» en 1917 y en 1919 «La regeneració de si mateix» y «L'art en relació en l'home eterno y l'home que passa». En 1930, «Manifiestos del arte constructivo». En 1934, a los sesenta años de edad, y después de cuarenta y tres años de ausencia de Montevideo, vuelve a su ciudad natal, donde funda el Taller Torres-García.

UGARTE, Manuel (1878-1951). Escritor argentino de ideas socialistas, amigo de José Ingenieros. También diplomático, periodista, autor de libros de viaje y cuentista. Vivió largo tiempo en París. Obras: *Las espontáneas, Crónicas parisienses, La joven literatura hispanoamericana.*

USLAR PIETRI, Arturo (1906). Novelista y cuentista venezolano. Participó en la revista de vanguardia *válvula,* que sólo contó con un número. Obras: *Barrabás y otros relatos, Las lanzas coloradas, Red.*

VALDELOMAR, Abraham (1888-1919, Conde de Lemos). Poeta y cuentista peruano, narrador de crítica social. Fundó la revista *Colónida* en 1916, experimental y antiacadémica. Los escritores que participaban se llamaban los colónidas. Obras: *El caballero Carmelo, La ciudad de los tísicos, La ciudad muerta.*

VALENCIA, Guillermo (1873-1943). Importante poeta modernista colombiano, aunque haya publicado un único libro de poemas, *Ritos.* En París conoció a Mallarmé y a Oscar Wilde. Participó en la vida política y administrativa del país.

VALLE, Rosamel del (1901-1965). Poeta chileno. Obras: *Mirador, País blanco y negro.*

VALLE-INCLÁN, Ramón María del (1866-1936). Novelista y dramaturgo español perteneciente a la generación del 98. Creador de la teoría del esperpento. Obras: *Sonata de invierno, Sonata de otoño, Tirano Banderas, Divinas Palabras, Luces de Bohemia.*

VALLEJO, César Abraham (1892-1938). El poeta peruano más importante, y una de las principales voces de la lírica moderna. En su obra encontramos elementos modernistas y después vanguardistas. Vivió en París desde 1923, hasta su muerte en 1938. Visitó Rusia dos veces y España. Obras: *Los heraldos negros, Trilce, Poemas humanos, Tungsteno, España, aparta de mí este cáliz.*

VANDO VILLAR, Isaac del. Editor de la revista sevillana *Grecia,* que acogió al movimiento ultraísta español, inclusive a Borges. Obra: *La sombrilla japonesa.*

VASCONCELOS, José (1881-1959). Escritor mexicano. Participó en la Revolución de 1910. Perteneció al grupo El Ateneo de la Juventud. Obregón le ofreció los puestos de rector de la Universidad de México y de ministro de la Educación. Durante el tiempo que desempeñó estos cargos invitó a muchos escritores a México. Obras: *Pitágoras, El monismo estético, La raza cósmica, Indología, El Ulises criollo.*

VIEIRA, Padre Antonio (1608-1697). Nacido en Lisboa, estudió en el Colegio de los Jesuitas, ingresó en la Compañía de Jesús y va a Brasil. Defensor de los cristianos-nuevos, fue castigado por el Tribunal de la Santa Inquisición. Excelente orador desde la juventud, su nombre es fundamental en el barroco brasileño y en el portugués. De los muchos sermones que escribió, se destacan el *Sermão da Sexagésima* y el *Sermão do Mandato.*

VIGNALE, Pedro-Juan (1903). Participó en la revista argentina de vanguardia *Martín Fierro.* Fue director de la revista *Poesía.* Junto con César Tiempo organizó la antología *Exposición de la actual poesía argentina.*

VILLEGAIGNON, Nicolás Duran de (1510-1570). Almirante francés que fue a Brasil para fundar una colonia. Se instaló en la isla que tiene hoy su nombre, en Río de Janeiro.

WILDE, Eduardo (1844-1913). Escritor, médico y político argentino nacido en Bolivia. También participó en la vida política del país: fue ministro de Instrucción Pública y del Interior. En su obra se destacan el realismo dramático, el humor. Obras: *Tiempo perdido, Aguas abajo, Prometeo y Cia.*

YUNQUE, Álvaro (1893, Arístides Gandolfi Herrero). Poeta, cuentista y novelista argentino. Perteneció al grupo de Boedo. Influido por el realismo socialista. Obras: *Versos en la calle, Zancadillas, Barcos de papel, Ta-te-ti, Jauja, Espantajos.*

ZUM FELDE, Alberto (1889-1976). Distinguido crítico e historiador de la literatura uruguaya. Fue editor de la revista *La Pluma.* Fundó la Academia Nacional de Letras y fue director de la Biblioteca Nacional de Uruguay. Obras: *Proceso intelectual de Uruguay, Índice crítico de la literatura hispanoamericana* y *La narrativa en hispanoamérica.*

Índice

Prólogo 9

La parábola de las vanguardias latinoamericanas (Alfredo Bosi).   13

Introducción 25

    América Latina 25
    Periodización 28
    Vanguardia, vanguardias 32
    Utopías americanas 40
    Miradas retrospectivas 46

Chile 65

    «Arte poética». Vicente Huidobro 70
    «Non serviam». Vicente Huidobro 71
    «Prefacio» a *Adán*. Vicente Huidobro 73
    «La actual literatura en lengua española». Vicente Huidobro.   77
    «La creación pura». Vicente Huidobro 79
    «Época de creación». Vicente Huidobro 84
    «El creacionismo». Vicente Huidobro 85
    «Rosa náutica». Movimiento vanguardista chileno 95
    «Cartel núm. III». Zigmond Remenyk 98

Ultraísmo argentino 100

    «Anatomía de mi ultra». Jorge Luis Borges 102
    «Ultraísmo». Jorge Luis Borges 103
    «Mural Prisma núm. 1». 108
    «Mural Prisma núm. 2». 111
    «Manifiesto Martín Fierro». Oliverio Girondo 112

693

Brasil 115

Prefácio interessantísimo & A escrava que não é Isaura 118
«Prefácio interessantísimo». Mário de Andrade 120
«La esclava que no es Isaura». Mário de Andrade 125
Manifiesto de la poesía «Pau Brasil» 135
«Manifiesto de la poesía Pau Brasil». Oswald de An-
drade 137
Manifiesto antropófago 142
«Manifiesto antropófago». Oswald de Andrade 143
«Nhengaçu verde amarillo» 153
Estridentismo mexicano 159

«Actual núm. 1». Manuel Maples Arce 162
«Manifiesto estridentista núm. 2» 170
«Manifiesto estridentista núm. 3» 172
«Manifiesto estridentista núm. 4» 174
Perú 178
«Bandera» 182

Puerto Rico 183

«Manifiesto euforista». Vicente Palés Matos y Tomás L. Ba-
tista 188
«Segundo manifiesto euforista». Vicente Palés Matos y Tomás
L. Batista 189
«El hondero lanzó la piedra». Evaristo Ribera Chevremont . 191
«Del noísmo - gesto» 193
«Manifiesto atalayista». C. Soto Vélez 197

Venezuela . . . .'. 199

«Somos». Arturo Uslar Pietri 202

Movimiento de Vanguardia de Nicaragua 204

«Oda a Rubén Darío». José Coronel Urtecho 207
«Primer manifiesto» 210
«Dos perspectivas». Pablo Antonio Cuadra 214
«Prólogo solo». Joaquín Pasos y Joaquín Zabala 216

Argentina (revistas) 218

«Al oportuno lector». Jorge Luis Borges *Proa* 222
Inicial 223
Proa (1924) 225

Proa (1925) 230
«Las campanas». *La Campana de Palo* 232

Brasil (revistas) 234

Klaxon 236
Estética 238
A Revista 240
Terra Roxa... e outras terras 244
Festa 248
Verde 255
Revista de Antropofagia 261
Arco & Flexa 266
Leite Criôlo 273
O Homem do Povo 276

México (revistas) 281

«Un llamado cordial». *El Maestro* 285
«Propósitos». *La Falange* 290
«Santo y seña». *Bandera de Provincias* 291
«Manifiesto del Grupo sin nombre». *Bandera de Provincias* 292
«Propósito». *Monterrey* 294
«Palabras iniciales». *La Antorcha* 298

Perú (revistas) 300

«Presentación de *Amauta*» 304
«Aniversario y balance». *Amauta* 307

Cuba (revistas) 311

«Al levar el ancla». *Revista de Avance* 312

Uruguay (revistas) 315

«Programa». *La Pluma* 317

Ecuador (revistas) 322

Hélice 325
Lampadario 326
Nervio 327

Antologías: prólogos y posfacio 328

Índice de la nueva poesía americana 330
Antología de la poesía argentina moderna 339
Exposición de la actual poesía argentina 341

Antología de la moderna poesía uruguaya 351
Antología de la poesía mexicana moderna 354
Antología de poesía chilena nueva 357

Futurismo 368

«Marinetti y el futurismo». Rubén Darío 373
«Una nueva escuela literaria». Almacchio Diniz 379
«Aspectos viejos y nuevos del futurismo». José Carlos Mariátegui 381
«Futurismo y maquinismo». Vicente Huidobro 383
«Marinetti y el futurismo». Graça Aranha 386
«Marinetti». Mário de Andrade 390
«Estética y maquinismo». César Vallejo 391
«De la vida literaria». Jorge Luis Borges 393

Constructivismo 394

«Naturaleza y arte». Joaquín Torres-García 397
«Querer construir». Joaquín Torres-García 398

Expresionismo 401

«Acerca del expresionismo». Jorge Luis Borges 408
«Der Sturm y herwarth Walden». José Carlos Mariátegui ... 410
«Cuestiones de arte». Mário de Andrade 412

Surrealismo 414

«En la extrema avanzada. Algunas actitudes del surrealismo». Alejo Carpentier 423
«La escritura automática». Benjamin Péret 428
«El balance del suprarrealismo». José Carlos Mariátegui 431
«Autopsia del superrealismo». César Vallejo 433
«Manifiesto». E. Dalid 438

La nueva poesía 444

«Poesía nueva». César Vallejo 445
«Esquema de la poesía de vanguardia». Jorge Carrera Andrade 446

Estética vanguardista y revolución 451

«¿Reaccionarios? ¿Poco definidos?» 459
«Reseña a la *Antología de la poesía argentina moderna*». Pedro Henríquez Ureña 463

«Arte, revolución y decadencia». José Carlos Mariátegui 468
«Andamios de vida». Magda Portal 471
«La extrema izquierda». Roberto Mariani 473
«*Martín Fierro* versus Yrigoyen» 475
«Poetas de la revolución mexicana». Serafín Delmar 476
«Anotaciones». César Vallejo 479
«Literatura proletaria». César Vallejo 480
«Introducción a *Serafim Ponte Grande*». Oswald de Andrade .. 483
«Sobre una poesía sin pureza». Pablo Neruda 485
«Manifiesto por un arte revolucionario independiente» 486
«Un caudaloso manifiesto de Breton». Jorge Luis Borges ... 491

Nacionalismo *versus* cosmopolitismo 493

«Acotaciones». Jorge Luis Borges 499
«¿Existe un pensamiento hispanoamericano?» José Carlos Mariátegui 501
«Nacionalismo y vanguardismo en la literatura y en el arte». José Carlos Mariátegui 504
«Modernismo y acción». Mário de Andrade 506
«Diego Rivera». Alejo Carpentier 509
«Contra el secreto profesional acerca de Pablo Abril de Vivero». César Vallejo 513
«Regionalismo». Mário de Andrade 516

Antropología *versus* Verde-amarillismo 518

«El curupira y el carão». Plínio Salgado 523
«El tapir y la garrapata». Tasso da Silveira 527
«El significado del tapir». Plínio Salgado 528
«Porque como». Marxillar 533
«Una adhesión que no nos interesa». Poronominare 534
«Primer congreso brasileño de antropofagia» 536

Boedo *versus* Florida 537

«*Martín Fierro* y yo». Roberto Mariani 542
«Florida y Boedo» 545
«Los nuevos». Ronald Chaves 547

Madrid, meridiano intelectual de Hispanoamérica 552

«Madrid, meridiano espiritual de Hispanoamérica». Guillermo de Torre 554
«El meridiano intelectual de América» 557

697

«La batalla de *Martín Fierro*». José Carlos Mariátegui 559

La raza cósmica 562

«La raza cósmica». José Vasconcelos 566

Brasilidad 570

«Urupés». Monteiro Lobato 578
«El reino del mestizaje». Paulo Prado 582
«El hombre cordial». Sérgio Buarque de Holanda 583
«Prefacio para *Macunaíma*». Mário de Andrade 587

Indigenismo 590

«Nativismo e indigenismo en la literatura americana». José Carlos Mariátegui 595

Criollismo 600

«El gaucho». Pedro Figari 608
«El tamaño de mi esperanza». J. L. Borges 610
«Nuestras imposibilidades». Jorge Luis Borges 612

Negrismo y negritud 616

«¡El enemigo del negro es el negro!». Ejalves 631
«La cuestión del negro» 632
«Ni racismos ni xenofobias». Fernando Ortiz 634
«Prólogo» a *Sóngoro cosongo*. Nicolás Guillén 636
«Comunicado del "Frente negro brasileño"» 637
«Hablando con Luis Palés Matos» 638
«Contra los racismos» 640

Bibliografía 645

Glosario 664